人 民 军 队 征 战 丛 书　　　《人民军队征战丛书》编写委员会

# 抗日战争

## 艰苦奋战

### 1941 年 1 月—1943 年 6 月

郭　辉　赵南迪　编著

人 民 出 版 社

# 总　序

1927 年 8 月 1 日凌晨，南昌城头的枪声划破了黎明前的黑暗，中国共产党领导下的人民军队由此诞生。之后，这支人民军队在党的领导下，历经风雨，不断发展壮大。从土地革命战争到抗日战争、解放战争，再到抗美援朝战争，人民军队在每一个历史阶段都发挥了重要作用，都为民族独立和人民解放事业作出了巨大贡献。

在土地革命战争时期，南昌起义部队与秋收起义队伍在井冈山会师后，逐步形成中国工农红军，并在以毛泽东同志为主要代表的中国共产党人领导下，由城市转入农村，在农村建立和扩大根据地，深入开展土地革命，一次次粉碎国民党军的"进剿"、"会剿"和"围剿"。在第五次反"围剿"斗争遭到严重挫折后，中央红军进行了举世闻名的二万五千里长征，使革命转危为安，打开了中国革命的新局面。而留在南方根据地的红军和游击队则在险恶的生存环境下，紧密依靠群众，坚持了三年不屈不挠、英勇顽强的游击战争。

在抗日战争时期，东北各地自发成立的各抗日义勇武装，纷纷举起抵抗日本帝国主义侵略的大旗，并最终会聚成中国共产党领导的东北抗日联军。1937 年全民族抗战爆发后，红军主力部队改编为国民革命军第八路军（简称"八路军"，后改称"第十八集团军"），活动在江西、福建、广东、湖南、湖北、河南、浙江、安徽等八省的红军游击队集中改编为国民革命军陆军新编第四军（简称"新四军"）。在中国共产党倡导的以国共合作为基础的抗日民族统一战线旗帜下，中国共产党以全民族的全面抗战为总路线，以持久战为总方针，独立自立地领导八路军、新四军、华南抗日游击队和东北抗日联军等武装，深入敌后开展游击战争，创建扩大根据地，不断壮大力量，并发起百团大战。在敌后抗战进入严重困难时期后，中国共产党一面顽强地坚持独立自主与自力更生的对日作战，一面反投降、反分裂，不断粉碎国民党顽固派的反共摩擦，经过不懈的艰苦斗争与浴血奋战，终于战胜重重困难，最终迎来了抗日战争的伟大胜利，在全民族抗战中发挥了中流砥柱作用。

在解放战争时期，中国共产党为争取国内和平，一面与国民党政府谈判，一面不断击退国民党军队的进攻。到1946年6月，国民党在美国支持下，撕毁停战协定和政协协议，悍然对解放区发起全面进攻。解放区军民奋起反击，中国共产党领导的武装部队也开始陆续使用"人民解放军"称号。在连续粉碎国民党军队的全面进攻和重点进攻后，人民解放军遵照中共中央的战略计划，由战略防御转入战略进攻，将战争推进到国民党统治区，经过辽沈、淮海、平津三大战役，以摧枯拉朽之势摧毁了国民党赖以维持其反动统治的主要军事力量，转入了向全国进军的新阶段。以渡江战役为起点，中国共产党领导人民军队向仍残存于大陆的国民党军队展开了大规模进攻，并在胜利进军的凯歌声中，迎来了新中国的诞生。从此，中国彻底摆脱了半殖民地半封建社会的悲惨命运，真正实现了民族的独立和解放并走向富强。

新中国成立后不久，朝鲜内战爆发。美国立即进行武装干涉，同时侵入中国台湾海峡，将战火烧到鸭绿江边。中共中央和毛泽东等在国家安全面临严重威胁的情况下，经过艰难曲折的抉择，作出了"抗美援朝、保家卫国"的决策，组成中国人民志愿军赴朝作战。中国人民志愿军同朝鲜人民军密切配合，经过连续五次战役，将侵略军从鸭绿江和图们江边赶回到了"三八线"

附近，迫使侵略者展开谈判，并最终在停战协定上签字。抗美援朝战争的胜利，不仅保卫了朝鲜民主主义人民共和国和中国的安全，而且捍卫了远东和世界和平，对国际局势也产生了深远影响。

2027 年 8 月 1 日，是中国人民解放军诞生 100 周年纪念日。为此，我们组织编写了这套《人民军队征战丛书》。丛书分为 4 篇共 16 部：土地革命战争篇分为《星火燎原》《铁血破围》《万里远征》《烽火南国》4 部；抗日战争篇分为《孤悬喋血》《深入敌后》《巩固发展》《艰苦奋战》《反攻凯歌》5 部；解放战争篇分为《大开局》《大转折》《大决战》《大追击》4 部；抗美援朝战争篇分为《艰难决策》《席卷千里》《战场逼和》3 部。这套丛书的作者，都是从事军事历史与军事理论研究或教学的专业人员，因此特色明显。

一是宏观与微观相汇融。各部书大多以时间顺序作为纵线，不仅从战略层面记述了各场战争的来龙去脉、决策过程，而且对战争中的重要环节和场面进行了全景式地画面描绘。历史纵深感强，场景复杂宏阔。在重点叙述人民军队作战行动壮阔画卷的同时，还细致入微地记述了众多革命先烈和英雄人物，立体、具体、多元地呈现了我军征战的历程。

二是学术性与生动性相兼顾。各部书在学术上保持权威、可靠、严谨的基础上，文风鲜明活泼、语言晓畅明白，力求深入浅出地将历史讲清楚、讲生动。特别是书中融入大量权威的将帅传记内容与战争当事者原汁原味的回忆史料原文，使对人民军队征战的叙事更加活泼多姿、引人入胜，具有较强的可读性。

三是史与论相结合。各部书坚持马克思主义历史观，严格依据正史讲述战争的发生发展进程，同时引入大量的原始电报、文件、档案等历史资料，力争重要引言与对话皆有出处，不作臆断发挥，以保证严谨与严肃性。同时，各部书注重恰如其分地加入适当的历史背景分析、战略战术评价等，画龙点睛地揭示出战争发生的矛盾源头与战争发展的内在规律，以给读者以更为深入的思想启迪。

希望广大读者能够通过这套丛书，更全面更准确地了解人民军队征战的辉煌历史与优良传统，以利于更好地把握今天、面向未来，以昂扬向上的精神风貌投身于全面建设社会主义现代化国家和实现中华民族伟大复兴的事业中去。

由于我们水平有限，且本套书史料繁杂，涉及面广，难免有疏漏和不当之处，恳请读者批评指正。

《人民军队征战丛书》编写委员会

2025 年 8 月

# 目　录

# 第一章
## "皓电"出笼

蒋介石"三喜临门"，准备发起第二次反共高潮——中共中央多次要求皖南新四军北渡，项英力主原地发展——新四军皖南部队错过北撤良机——国民党顽固派抛出"皓电"——毛泽东仔细研判国际形势的变化并广泛征求意见——中共中央发出"佳电"，拒绝国民党顽固派的无理要求

## 蒋介石"三喜临门"，准备发起第二次反共高潮

自 1940 年夏秋以来，国际反法西斯战争的形势开始发生急剧变化，中国人民抗日战争的敌后斗争局面越来越朝着不利的一面发展，预示着严重困难的时期即将来临。

在这一段时间内，德国法西斯继侵占丹麦、挪威、荷兰、比利时、卢森堡之后，在意大利军的协同下，紧接着又入侵法国，迫使其投降，继而将英国军队赶出了欧洲大陆。德、意法西斯在欧洲所攫取的利益，进一步助长了日本在亚洲的侵略野心。日本侵略者拟乘英国和美国无力顾及亚洲之机，开始推行南进政策，夺取英、美、法、荷等国在东南亚和南太平洋上的殖民地。

为此，1940 年 7 月 23 日，日军大本营和日本政府的联席会议确定了《伴随世界形势进展对时局处理纲要》，声称"为了应付变化着的世界形势"，"应迅速解决中国事变，并抓住有利时机解决南方问题"，建立所谓的"大东亚

共荣圈"。9月23日，日军一部进占法属印支北部，随后于9月27日，日本与德国、意大利在柏林签订了《德意日军事同盟条约》，三国轴心军事同盟正式形成。为了能够放手在亚洲南进，日本帝国主义者急于谋求在巩固其侵华既得利益的前提下，尽快结束对中国的战争或稳定在中国的战局，遂于11月13日在御前会议上制定了《处理中国事变纲要》，决定"除继续进行武力战外，应采取断绝英、美的援蒋行为及调整日、苏邦交等一切政治和军事手段，力求摧毁重庆政权的抗战意志，以迫使其迅速屈服"，并实现蒋介石与汪精卫的"合流"，如果到1940年底不能达成上述目的，即转而采取长期战的战略，以确保日本在华北和华中的长江中、下游及华南沿海等地的重要占领区，同时要特别加强占领区内的"治安"。为此，日本一面增强对中国的经济封锁和对中国内地政治、经济中心的空袭，一面加紧对蒋介石的诱降活动，做出停开运城和鄂北两个飞机场、从南宁和陇州等地撤兵的让步姿态。而德、意两国为利用日本在亚洲钳制英、美，也极力劝说蒋介石对日妥协和加入德、日、意军事同盟。

同样，英、美两国为利用中国遏制日本南进，一改以前所推行的以牺牲中国利益为核心的"东方慕尼黑"政策，转为采取积极支持中国抗战的"远东策略"。美国于1940年10月6日发布通告，开始从在华沦陷区撤出美侨，并向国民党政府提供大量贷款，对日本采取战略物资禁运措施。英国则在1940年10月8日发布通告，重新开放因日本压力而关闭了三个月的滇缅公路，开放香港交通。英美外交官员也开始在重庆展开积极的外交活动，明显是要拉拢蒋介石加入英美联盟。而苏联为了防止日本北上、避免东西两面受敌，也采取了积极援助国民党政府的政策，除继续给中国贷款外，还派出后来曾在第二次世界大战中成长为著名军事将领的瓦西里·崔可夫来华，担任驻华武官和蒋介石的总军事顾问，随其同来的共有15名军事顾问和军事专家，其任务是协调蒋介石军队和中国共产党的抗日行动，而不介入国共之间的意见分歧。同时，苏联还给蒋介石提供了150架战斗机、100架快速轰炸机、近 300 门大炮、500 辆吉斯—5 型汽车等装备援助，全部归属蒋介石支配。[1] 1940 年 10 月 16 日，斯大林还亲自致电蒋介石，电报中说："依余意见，中国主要任务在于保持及加强中国人民的军队"，"只须中国人民的军队坚固强壮，则中国必可克服任何困难"。[2]

来自国际上三大力量的同时拉拢，使得一直被丧师失地弄得一筹莫展的蒋介石自感身价陡增，并终于得到了松口气的机会。但蒋介石得以喘息时，要集中力量对付的却非日军，反而是中国共产党领导的八路军和新四军。

1940 年 10 月 25 日，毛泽东给远在重庆的周恩来去电报时就说："我们应估计到最困难最危险最黑暗的可能性，并把这种情况当作一切布置的出发点，而不是把乐观情况作出发点。"[3] 11 月 1 日，周恩来就蒋介石所处的优越形势电告毛泽东称："三国协定后，英积极拉蒋，蒋喜。现在日本拉蒋，蒋更喜。斯大林电蒋，蒋亦喜。此正是蒋大喜之时，故蒋于日军退出南宁、斯大林复电之后，立往成都，此行决非偶然"，"蒋现在处于三个阵营争夺之中，他认为以一身暂时兼做戴高乐、贝当[4]、基玛尔[5]，最能左右逢源。故他自己躲在成都，让其夫人及英美派拉英美，朱家骅、桂永清拉德，让亲日派谈和，让孙（科）、冯（玉祥）亲苏，让何（应钦）、白（崇禧）反共，以便他居中选择，并以反共为轴心来运用"。周恩来还提醒说："破裂的危机已至，务请中央迅速考虑各种办法，权衡轻重，比较何者对全局有利，速行决策电示。"[6]

向共产党下手一直是蒋介石的凤愿。在全民族抗战的大形势下，日军占领中国大片国土，他无可奈何，而对于八路军和新四军在敌后奋战、收复国土、不断发展，他却无法忍受，视之为心腹之患。正如后来中共中央在回顾总结中所说："国民党认为国际形势于他们有利，认为日美斗争尖锐化，日本已不敢攻华，美国必积极援华，而苏联亦非借重他们不可，遂放手发动第二次的反共高潮，造成皖南事变。"[7]

1941 年 1 月初皖南事变的发生，正是蒋介石对同为抗日武装的共产党军队痛下杀手的实际操作，同时也标志着国民党顽固派第二次反共高潮顶点的到来。

## 中共中央多次要求皖南新四军北渡，项英力主原地发展

早在1940年9月6日，毛泽东就接到重庆的周恩来、叶剑英联名发来的绝密电报：已经得到确切消息，国民党军令部已向顾祝同[8]发出"扫荡"江南江北新四军的命令。毛泽东立即指示中共中央军委把这一情况通报给全军，并要求叶挺、项英和刘少奇准备自卫行动，特别强调皖南尤须防备。

几天后，中共中央又得到情报：现在皖豫交界之处李仙洲[9]的三个师，准备东进援助黄桥的韩德勤[10]，有渡淮河向砀山前进的迹象。攻击皖东的除了第一三八师及李本一[11]部共七个团外，又增加了第一七二师。作为总预备队的汤恩伯[12]部，现已派三个团组成三个侦察支队，下月初就要向豫东皖西之太和、阜阳、潢城前进。且汤部主力正在豫西整训，也准备东进。为此，中共中央要求叶挺、项英率领部队迅即渡江，应于两星期内渡毕，以增援皖东为要。

但事实上，叶挺、项英部显然没有执行中央命令。1940年9月22日，毛泽东接到叶挺、项英等人来电，电文中重点报告了国民党军第三战区派遣部队对其贴近包围、停发其弹药和器材并构筑工事、截断了新四军军部与第三支队之间的联系等情况。

> 战区近来对我外表缓和，而实际加紧限制，缩小我在皖南活动地区。将友军靠近军部附近，形成包围。并密令友军以实力对实力，组织对组织，公开对公开，秘密对秘密，来打击和摧残我军周围之地方与群众组织，强迫接近我分子自首。停发我军弹药、器材（已有半年之久，四月经费至今未发）。近日加调一四四师开入军部与三支队之间的地区

（青阳以东中山镇、乔木湾、何家湾、六里丁、戴家汇），大构筑工事。双方步哨远则不过三五里，近则二三百米突[13]。该师师部与军部仅隔一个山，并有一部已入三支作战地区，在名义上为布放水雷与袭击长江，将我军作战地区划入该师范围。一〇八师近有一个团开到泾县及军部以东地区，并诡计有可能派队进驻章家渡。该地区如此。一四四师、五十二师、一〇八师一面将三支与军部截断，一面形成对我紧密包围。友军之一切移动和战区作战行动并未知道，也无通报。目前三支与友部之地区回旋甚小，特别在敌"扫荡"时，三支无法回旋，有被夹击之危险。我交涉抗议，彼则敷衍或不理。估计以目前局势，特别两党谈判之际，彼尚不敢公开向我进攻。但此企图和举动，显然系对敌人[14]不作实际进攻准备，在形势突变中以便于随时对我攻击，使我困难防范和作战。前曾经联合要求重划作战地境，划清我友防地，均未理。当继续交涉，估计无成功。我军除严加戒备和遵守严格自卫立场外，但此种对峙形势恐难免冲突。此情是否请恩来直向蒋、何[15]提出抗议，并划分作战地境，以避免冲突。如此，在将来冲突时，以免彼方造谣责我。同时，请给以对策指示（请延安即转重庆）。[16]

在这份电报中，项英对中共中央要求其迅即渡江撤离皖南的要求并未直接回应，只是强调了当下处境和采取行动的困难，并敦请周恩来向国民党方面提出抗议。实际上，这不是项英第一次坚持要留在皖南，也不是中共中央第一次给项英发出"迅即渡江"的指示。

1939年底，新四军在成立两周年之际，各部将领就曾探讨过未来的发展方向：刘少奇依赖其江北指挥部下属的第四和第五支队、江北游击纵队以及黄克诚率领的八路军第五纵队，主张从皖东向苏北发展；陈毅凭借其江南指挥部的下属人马，认为可以先巩固苏南，然后过长江，再向苏北发展；彭雪枫领导着第六支队，倾向于巩固豫皖苏边区，后来该支队于1940年7月与八路军的两个团合编为八路军第四纵队；而项英率领着新四军军部直属队及第三支队，则主张发展皖南。

毛泽东、周恩来与刘少奇、陈毅的想法基本相同，认为新四军应该向北发展，力争苏北。但因为当时国民党顽固派还没有盯上皖南，而且中共中央从长远战略着想，认为在力争苏北的情况下，也可以在皖、浙、赣三省边界一带留条退路，所以并没有立即否定项英的主张。但时隔未久，蒋介石把摩擦重点转移到了华中，江南方面变得处境困难起来。鉴此，中共中央于1939年12月27日指示新四军有关各部：

（一）立即在部队中进行必要的解释工作，提高警惕性，以防局部的突然事变。

（二）军部各机关减缩非战斗人员，加强其防御能力。

（三）皖南方面抽一部分干部，要武装过江北，发展和巩固津浦南段地区。

（四）陈毅方面抽有力部队过江，发展扬州以东。

（五）东南局地方工作应着重皖、浙、赣三省边区。

（六）这样，才能使在将来极不利局面下，有江北及皖、浙、赣三省边界的两条退路。你们应该坚决执行这一计划。**17**

接到中共中央指示后，项英于1940年1月14日主持召开了东南局和新四军分会联席会议，讨论并决定针对江南的行动方针。在会上，项英并不认可中共中央要求其抽一部分干部、武装过江北的指示。他认为自己所率的各部应该向南发展，而且立足点就是皖南。因为南方各省在政治与群众基础上均有利于新四军的发展，而且在战略上，北方也必须有南方的配合，南方在可能发生突然事变时，也应该有一支自己的军队作为核心，来团结与领导南方各省武装与群众的斗争。所以，在项英的主导下，这次会议得出的结论是，"皖南环境北渡较困难"，应由"江南大力争取苏北，来配合江北与华北打成一片"，"因此，皖南与江南组成两个独立作战单位，在不影响争取苏北条件下，由江南加强皖南力量"，还应"加强在苏（州）、（无）锡一带工作"，使"部队求得人枪款之解决"。**18**

项英分析认为，新四军如果经苏南向苏北发展，就必然会以上海和苏南地区为中心，这一地区加上苏北沿江、浙江沿海，都是中国大资产阶级、大地主阶级产生和发达的老家，也正是这些阶级的代表——蒋介石集团的老窝，而且这一地区在日寇占领上海、南京、杭州以后，又成为日、汪的心脏地区，这里的工商业和进出口贸易，占到了全国的五分之三，大利所在，日、蒋、汪势在必争。新四军插到这个地区去发展，不仅与国民党的矛盾势必激化，而且日、汪也绝不会容忍，再加上这一地区多系平原水网，火车、汽车、轮船交通便捷，敌顽兵力易于集中，会让新四军的处境尤为不利。所以，新四军向这一带的江南敌后进军，实际上是"在极困难条件下进行的最困难的任务"，其结果不仅会破坏国共合作的统一战线，而且还会在与日伪的"扫荡"摩擦中把自己的部队搞垮。而皖南地区则不同，日军未来必然要打通浙赣铁路，攻占金华、上饶，到那时，国民党军第三战区司令长官部就会在上饶一带存身不住，势必会逃往闽西或赣南，待他们的主力部队撤走后，新四军便可以乘虚而入，在新的敌后地区黄山、天目山、武夷山一带获得大发展，甚至可以恢复当年中央苏区的领土，在中国南方打开偌大的一个天下。

项英的分析不无道理，甚至很具有战略眼光，但问题是，蒋介石绝不允许新四军在皖南发展壮大。中共中央并没有否认皖南可以作为未来可资利用的退路，但在当时的险恶环境下，新四军向北发展才是主要方向，向南则必须得等到有合适的时机才行，更不要说由江南抽调兵力向皖南加强了。为此，中共中央书记处 1940 年 1 月 19 日专程给项英发来指示电。

一、新四军向北发展的方针，六中全会早已共同确定，后来周恩来到新四军时又商得"向南巩固,向东作战,向北发展"的一致意见。华中是我们目前在全国最好发展的区域,在华中可以发展(彭雪枫部由三连人发展到十二个团,李先念由几百人发展到九千人),而大江以南新四军受到友军十余师的威胁和限制的时候,我们曾主张从江南再调一个到两个团来江北,以便大大的发展华中力量。

二、今后全国形势的发展,即使全国发生大事变后,新四军能否向南发展,向皖浙赣大活动,抑或应过江向北,要看今后的形势来决定。假如全国"剿共",则我们可以向南,假若前途是国共划界而治,则我们不宜大举向南,而宜向北,以求与蒋隔江而治。所以新四军的退路有二:一为皖北、苏北,一为皖、浙、赣、闽交界地区。现在两条退路都要准备,但最后取那一条路要到那时才能决定。

三、(略)

四、皖南既不能再调部队过江到皖北,我们同意不再调。新四军在皖南、江南力求扩大的计划,我们完全同意。由江南抽兵到皖南,请考虑。因为我们觉得似乎皖南发展较难,江南发展较易,江南陈毅同志处应努力向苏北发展。**19**

中共中央发出这封电报后,仍然不放心,仅隔10天,毛泽东和王稼祥又于1月29日联名给项英和叶挺发来电报叮嘱:

甲、你们主要出路在江北,虽已失去良机,但仍非力争不可。

乙、须秘密准备多数渡江,为紧急时用。**20**

此间,陈毅凭着自己和项英的个人关系亲密,又多次向项英陈述利害。二人从三年游击战争时起就一道工作多年,感情颇为深厚,陈毅每次到新四军军部,并不住招待所或另辟房间,总是在项英房间里正对着项英的大床摆放一张门板铺，同吃同住同谈心。经过陈毅的再三动员和劝说，项英终于答应将新四军军部和皖南主力移到江南敌后去。于是，1940年2月10日，中央军委根据中共中央2月1日对全军战略部署的决定，下达了更为明确具体的指示："八路军、新四军的当前战略任务是在粉碎敌人'扫荡'、坚持游击战争的总的任务下，扫除一切投降派、顽固派的进攻，将整个华北直至皖南、江南打成一片，化为民主的抗日根据地。"[21]

但时过未久，还不到一个月，随着国民党第一次反共高潮被打退，反共重心逐渐南移，华中地区反共风云日紧。1940年3月4日，国民政府安徽省主席兼第二十一集团军总司令李品仙调集5000余兵力，分三路袭击皖东定远、大桥地区的中共中央中原局和江北指挥部，并进攻新四军第四支队和江北游击纵队。同时，国民政府江苏省主席兼鲁苏战区副总司令韩德勤为配合李品仙的反共摩擦，也积极调集兵力准备进攻皖东津浦路东抗日根据地。江北、苏南的形势骤然紧张起来。

此时，蒋介石的摩擦中心正在急速南下，他在派遣白崇禧到江南视察之时，已制定了"剿灭"新四军的计划，再三命令新四军"江北部队全数移至江南"，"不得故意延宕，否则以违抗命令破坏抗战论罪"[22]；同时电令李品仙、韩德勤和第九十二军军长李仙洲："着选编纪律严明政治知识充实之多数机动小部队，各配属以优秀政工人员，派员统一指挥，预为充分之准备，先肃清淮南路两侧及蒙、涡、宿、永[23]各附近地区之伪军[24]、伪组织，尔后相机迅速进出于洪泽湖南北附近地区"，"协力将伪军压迫于大江以南，或一举剿灭之，务截断南北伪军之连系"。蒋介石还特别强调："行动须迅速，企图须秘密，力求击破伪军之主力，或将其向倭寇较多之地区压迫。伪军化整为零时，划分区域扫荡。伪军化零为整时，则集结各进剿部队相机一举聚歼之。"[25]

为配合蒋介石的军事行动，顾祝同立即调集5个师、1个旅，连同地方保安团约18个团的兵力，意图切断新四军皖南、苏南之联系，围歼皖南，威逼苏南，同时勒令新四军江北第四、第五支队和叶飞、陶勇部队南调。

蒋介石此时把江北新四军一并南调，一是为了截断新四军与八路军之间的战略联系，二是要把新四军送到中日作战的锋线上，欲先借日军之手消灭新四军。即使日军没有得手，新四军也会陷入皖南、苏南狭窄地区，之后就只能任由国民党顽固派摆布，终将被消灭。但苏南与皖南的地区形势并不相同：苏南是敌后地区，国民党军队不敢去，即使去也是少量的，真正摩擦起来，新四军未必吃亏；而皖南不是敌后，皖南的新四军正处在国民党军第三战区部队的三面包围之中。蒋顽对两个地区形势的分析说得更为露骨："叶、项在皖南，如瓮中之鳖，手到擒来；陈、粟在苏南，如海滨之鱼，稍纵即逝。"[26] 而以当时的新四军兵力部署来看，皖南、苏南两处的新四军实难同时应敌，最可行的策略就是皖南的新四军军部迅即向苏南靠拢，一旦两处会合，身处敌后，无论是东进还是北上，都会更如"海滨之鱼"，大可在苏南、苏北纵横驰骋。

毛泽东的对策是以淮河、淮南铁路为界，在此线以西地区避免武装斗争，在此线以东地区则应坚决控制在新四军手中；将来八路军到达华中后，则应坚决争取全部苏北在新四军手中。1940 年 3 月 29 日，毛泽东、王稼祥等发出指示："陈毅部队立即应当向苏北发展"，"在华中为新四军磨擦日益尖锐的条件下，顽方有可能利用其优势兵力向新四军军部地区进攻。因此，军部及皖南部队应预先有所准备，以免袭击。万不得已时，可向苏南陈支队[27] 靠拢，再向苏北转移"。[28]

毛泽东的判断极为准确。4 月 2 日，顾祝同致电蒋介石，已制定出了对皖南新四军"必要时拟断然予以制裁"的三项办法。

一、第五十二师应抽集控置至少两个团兵力，准备对付该军主力，以捣毁扑灭其泾县附近根据地为主目的，并牵制其北渡，钳制其活动，即预为必要准备，随时严密戒备，免为所乘。

二、第一四四师必要时由绩溪进驻旌德，预密为制裁之准备。

三、电冷副总指挥<sup>29</sup>及另派员，确探其是否遵命南渡，并设法牵制其北渡或向南陵方面转移。

上三项除饬遵照妥密准备外，必要时拟断然予以制裁，以遏乱萌。可否之处，谨电鉴核示遵。<sup>30</sup>

4月3日，毛泽东见项英仍然没有动静，就又给项英发了电报，询问皖南部队是否已做好应付突然事变的准备。这份电报，是毛泽东以个人名义专门发给项英个人的，而毛泽东内心的焦急，从电报中一系列的问号就能看得出来。

项英同志：

请以你对下列各项的意见电告：

一、军部及皖南部队被某方<sup>31</sup>袭击时，是否有冲出包围避免重大损失的办法？其办法以向南打游击为有利，还是以向东会合陈毅为有利？渡江向北是否已绝对不可能？

二、党内干部是否已有应付某方可能袭击的精神上的充分准备？

三、皖南、江南地区各友军中，是否有坚持抗日、同情我党的高级、中级进步军官与进步部队？在突然事变时，是否有掩护我军或与我军一致行动的可能？我在附近友军中统一战线工作如何？

四、某方在第三战区的意向如何？顾祝同等中央军态度如何？黄绍雄<sup>32</sup>态度如何？东南局领导下的地方党是否有保存干部、蓄积力量、应付突然事变的精神上和实际上的准备？<sup>33</sup>

泽东

三日

就在项英思考毛泽东向他提出的一系列问题时，蒋介石已于 4 月 5 日对顾祝同于 4 月 2 日提请的拟对皖南新四军实施"断然予以制裁"的三项办法作出了十分肯定的回复："查所拟三项办法尚属可行，仰切实督令遵照。"**34** 然而，项英却在 4 月 9 日给毛泽东的回电中称：

一、对袭击已有相当准备，可能冲出。当时混乱，但工作人员众多，损失不可免。

二、当受袭击时，要争取与三支队（铜陵、繁昌）会合，才能反击突围，这是重要关节，某方已注意这一点。

三、向南，为黄山、天目山、纯石山，人少粮缺；靠江，则须经过敌友之间，极不利；渡江，绝对不可能，敌在长江封锁更严，江北桂军已密布江边。

四、向东，某方已有布置，须冲过两道封锁，经过几次战斗，才能与陈支**35**会合。到苏南，地区不利，处在敌友夹击，地区狭小。只有在广德、宁国一带坚持，继续战斗。

五、党内准备，半年前已进行，但干部皆为苏区的及新的工作，大都随军队发展，无秘密工作经验，准备程度差。**36**

从这一回电中可以看出，项英并没有做好足够的准备以应对国民党顽固派的袭击。此前，陈毅本已对皖南新四军军部转移做好了路线勘察，约好了通信联络方法，并安排好了迎护力量，而项英因为改变了主意、重新坚持固守皖南，没有履行先前与陈毅的约定，不得已，派出政治部主任袁国平去向陈毅解释。

陈毅对于项英突然变卦本已大为光火，就把气话都说给了袁国平：皖南的部队南边有顾祝同、冷欣，北边有李品仙、韩德勤，这四个摩擦专家硬要摩擦，新四军是回避不了的，待到顽固派"摩"上头来，无论北上还是东移都将陷于被动局面，但目前如果军部能够东移，就算遭到了顾祝同的袭击也不怕，这边有我们去接，可以两头对进，最多一天半就可以会合。说完后，他又让袁国平告知中共中央对此事的具体指示。袁国平为人诚笃，一切如实相告，承认陈毅的看法和中央指示一致，并说中央也批评了新四军军部。陈毅对项英向他"封锁消息"非常恼火，并要求袁国平回去报告项英等人，他的电台要和中央直接联系。[37]

好在这一次在顽军还没来得及实施对皖南新四军的袭击之时，由于日军发起对皖南的春季大"扫荡"，才打断了顾祝同预定的"围剿"部署。

## 新四军皖南部队错过北撤良机

转眼春去夏往，到了1940年秋季，由于国际形势的变化，蒋介石获得了前所未有的大好时机，准备掀起新一轮反共高潮。虽有情报表明，国民党军令部已向顾祝同发出"扫荡"江南江北新四军的命令，且中共中央也希望皖南新四军能够渡江前往皖东，但项英固守皖南的想法仍然没有改变。周恩来在重庆已根据项英的意见，向蒋介石提出了抗议，但顽军并没有将之当作一回事。刘秉哲率领的第五十二师仍在不断向皖南新四军挑衅，强令新四军拆除一些兵站，并以演习为名逼近新四军驻地，还公开辱骂新四军为"匪军"，甚至还扣押和毒打了新四军的通信和采购人员。皖南新四军的处境日益危急。

1940年10月8日，毛泽东、朱德、王稼祥致电新四军各路将领："蒋令顾、韩[38]扫荡大江南北新四军，大江南北比较大的武装磨擦是可能的，主力战将在苏北与江南。韩进攻陈毅部队，被消灭二千余。另有顾、冷[39]一师到江边还有北渡增援韩之模样，而李品仙等也可在策应，但是次要的方向。最困难的是在皖南的战争与军部。我们意见，军部应移动到三支地区，如顽军来攻不易长期抵抗时则北渡长江，如移苏南尚有可能，也可移苏南。向南深入黄山山脉游击，无论在政治上、军事上是最不利的。"**40**

10月9日，苏北的刘少奇也给叶挺和项英发来电报："军部在皖南即不可能，建议从速北移。因目前交通尚有可能，如果迟缓，恐有被顽固派阻断封锁可能。皖南阵地即用游击战坚持，如不可能坚持即放弃亦可。因我如能巩固皖东、苏北、鄂北广大地区，使之民主化，这是中国革命中一个极重要的因素。指挥部暂时不能北移，希夷**41**同志及若干人员是否可以首先北来？如何处理望告，二、四支队及游击纵队如何策应亦望指示。"**42**

刘少奇之所以提出让新四军军部"从速"北移的建议，的确是因为这是难得一遇的绝佳时机。此时，在新四军皖南部队的四周，虽然右有戎纪五的东北军第一〇八师，后有刘秉哲的国民党中央军第五十二师，左有唐名昭和孟浩然的川军第一四四师和第一四五师，共计四万多人，但其他顽军"围剿"皖南部队的条件都还不成熟，新四军尚可顺利突围。而且突围出去以后，还有两条路可供北上选择：一是绕道走苏南，二是经铜陵、繁昌直接进入江北。原本由云岭东进苏南的门户泾县，一直被顽军第五十二师牢牢占据，但在日军的"扫荡"中，第五十二师于10月7日不战而逃，皖南新四军几经奋战，于10月9日成功收复了泾县，而随后避战归来的第五十二师必会催促新四军办理移交手续、退出城防，利用这一门户的大好时机稍纵即逝。即使不走苏南，直接进入江北，也有很好的保障条件。当时桂军在江北还没有部署好堵截，日军也没有封锁长江通道，而在必经之路巢（县）无（为）地区，新四军军部此前在7月已派孙仲德率江北游击纵队的一个大队从淮南根据地南下无为，与当地的地方武装合编成无为游击纵队，增强了新四军在江北沿江一带的实力。另外，此前为了掩护新四军军部渡江准备通道，新四军第三支队参谋长林维先在9月已率领一个营由皖南北渡长江进入无为桐城地区，与地方武装会合，扩编为新四军第三支队挺进团。两支队伍经过努力，已建立起以银屏山为中心的巢无抗日游击根据地，并形成了东、西呼应之势，已为接应新四军军部由皖南北上渡江创造了极为有利的条件。

　　然而，项英在 10 月 11 日给毛泽东、朱德和刘少奇的回电中，却诉说了北移的诸多困难："'扫荡'皖南敌军被我追击，已向青弋江下游退走。希夷尚在泾县，明日回部，讨论后再作详报。现在我军已积极布置准备。最近三十二集团军指挥部移宁国，新增来八十八军（原在上饶）两个师，行动布置已至绩溪、宁国一带，附近友军（总共 8 个师）不久前曾有军官会议之举行。地方政府传说正在开会，显系战备，正从各方布置。依据各方形势与条件，军部困难北移，也不便移三支区域（地区太小，敌友进攻无法住），仍以军部所在地作基点较有利，以便与三支地区连成一片，作准备已相当完备。"[43]

　　这个时候，顽军第五十二师已从新四军手里要回了泾县，从皖南进入苏南的门户已被封堵，且桂系李品仙的军队正在调动。刘少奇万分焦急，担心皖南新四军北渡的道路也可能随时被切断。于是，刘少奇在 10 月 12 日又致电毛泽东、朱德和王稼祥，提出建议："据各方情报，蒋、李[44]将大举向皖东进攻，并有桂军两个团进入无为县讯（原无为有桂军一两团），江南军部北渡道路可能被切断"，"前次建议江南军部及三支队即速北移（因移苏南已不可能），你们意见如何？我意应速下决心放弃皖南阵地，或以游击坚持皖南，而集中力量巩固华中已得阵地，否则华中、华南均不得巩固，于我不利。除华北外，如我再巩固目前华中已得阵地，对中国革命的胜利就有了相当的保证，时局的好转亦有相当的保证"，"军部现有大批干部，并有工作能力的机关在皖南，又没有很多工作可作，故为巩固华中，应付磨擦与'扫荡'，军部及三支均以即速北渡为有利"。[45]

　　中共中央接到刘少奇的电报后，当天即给叶挺、项英、刘少奇等人回电，指出目前新四军的行动方针："蒋在英美策动下可能加入英美战线，整个南方有变为黑暗世界之可能。但因蒋是站在反日立场上，我不能在南方国民党地区进行任何游击战争。曾生部队在东江失败[46]就是明证。因此，军部应乘此时速速渡江，以皖东为根据地，绝对不要再迟延。皖南战斗部队，亦应以一部北移，留一部坚持游击战争。"**47**

这份电报将新四军军部要渡江北上的原因、目的、方式、方向、时效以及不听从的前车之鉴等都已经说透了，可项英直到10月28日才给中央回电，仍然坚持皖南部队不北移，也不同意部分人员北移。

一、北渡因只能去工作人少数与少数部队易于转移，而且要相当时间。因沿江敌人握有较密之封锁据点，易于暴露而遭敌友打击。

二、仅少数人或一部部队留皖南，依敌友情况与地形条件，很难坚持游击战，必然限于靠近狭小地区，除非好转，相安无事，否则易遭消灭，或突破后方方能生存，这又在政治上不便。

三、少数或一部部队留皖南，即或一时相安，但地方工作、广大群众组织均无法完全保持，绝大部必遭打击和摧残。

四、要坚持皖南阵地，必须有相当强的兵力才能保证，因此原有的力量不能减弱北移。

五、坚持目前情形，当以加强江北为主要，以求控制华中一带，要坚持皖南，确难二者得兼矣。为了便于将来我更大发展，坚持皖南阵地有极大作用。如现放弃，将来不易取得这一个强固的支点。

六、目前总的方针，应有明确的政策，以便于各方之准备(如干部、人员之分配)。如必要坚保皖南阵地，兵力不能减弱，而领导人要留一强者来统一指挥，如决定放弃皖南，则各方应积极准备，而不能形成顾此失彼等。应如何？请速示。**48**

事实上，待到项英给中共中央和中央军委发出这份回电的时候，新四军军部已经错过了转移北上的最佳时机。与此同时，项英再想固守皖南不动的打算也已成为泡影，因为国民党顽固派不仅排兵布阵已大体完成，而且在反共态度上也达成了空前一致，已明确提出了要求中国共产党军队北撤的要求，第二次反共高潮正在浊浪涌动。

## 国民党顽固派抛出"皓电"

1940年10月19日，蒋介石指使参谋总长何应钦、副参谋总长白崇禧以国民政府军事委员会的名义致电朱德、彭德怀、叶挺，大肆诬蔑八路军、新四军进行"寇能往，我亦能往"的灵活游击战为"不守战区范围自由行动"；诬蔑积极发展抗日武装力量为"不遵编制数量自由扩充"；诬蔑建立抗日民主政府为"不服从中央命令，破坏行政系统"；诬蔑为生存和抗日而实施自卫性的反摩擦作战为"专事吞并友军"，并限令八路军、新四军在一个月内全部开到《中央提示案》中规定的地区。**49** 因为这份电文是19日发出的，按照电报中所使用的韵目代日法，19日为皓日，所以，这份电文又称"皓电"。它实际上是国民党顽固派发动内战、掀起第二次反共高潮的一篇"檄文"。中共中央接到国民党的"皓电"后，着实吃了一惊：不仅期限紧，只给一个月，而且还要开到所谓《中央提示案》中规定的地区，蒋介石实在是狮子大开口。

所谓的《中央提示案》只是三个月前蒋介石在国共谈判中单方面丢出的一份提案，并未得到中共中央的同意。

1940年6月，中国共产党在击退国民党顽固派第一次反共高潮后，为维护团结抗日局面，派出周恩来和叶剑英，在重庆与蒋介石派出的代表何应钦、白崇禧展开了谈判。

谈判开始，中国共产党先向国民党提出了《六月提案》，随后，国民党也向中共方面提出了《七月提案》。但因两个提案差距太大，两党代表谈判无果。1940年7月16日，国民党又重新拟定了一份《八月提案》，也就是所谓的《中央提示案》，并于7月21日交到周恩来手中，其内容包括：

关于十八集团军及新四军作战地境问题：

取消冀察战区，将冀察两省及鲁省黄河以北，并入第二战区。阎锡山仍任战区司令长官，卫立煌、朱德仍分任副司令长官；

十八集团军全部，及新四军全部，应如数调赴朱副长官所负责之区域内（即冀察两省及鲁北晋北），并将新四军加入第十八集团军战斗序列，归朱副长官指挥；

十八集团军及新四军须于奉命后一个月内，全部开到前条之规定地区内；

十八集团军及新四军调赴前条规定地区后，不得在原驻各地设立留守处、办事处、通讯处及其他一切类似机关；

十八集团军及新四军开赴前条之规定地区后，不得变更名义，留置部队或武器弹药于原地，更不得藉抗日民众力量为掩护，秘密武装，在原地活动；

十八集团军及新四军，在前条规定之地区内，非奉军事委员会命令，不得擅自越出地境线外，除军事委员会别有命令规定外，在其他各战区以及任何地方，一律不得再有十八集团军及新四军名义之部队。

关于十八集团军及新四军编制问题：

十八集团军，除编为三军六个师三个补充团外，再加两个补充团，不准有支队（师之编制为整理师，两旅四团制）。

新四军编为两个师（师之编制为整理师，两旅四团制）。**50**

国民党这份所谓的《中央提示案》，不仅要控制八路军和新四军的兵力规模，而且还要将八路军和新四军的活动区域限制在黄河以北，这当然不能为中国共产党所接受。对于这次国共两党谈判，周恩来后来曾经提到，"第一次反共高潮过去了，就来了第一次谈判。我们的方针是有理、有利、有节。我们打了胜仗不骄傲，还是和他谈判。我们是相忍为国。那次是我出去谈判的。我们和他一谈判，他就想讨一点便宜。那时谈判有四件事：党的合法，边区的承认，军队的增加，还有作战地区划分。中心是在第四条。他就是想把我们赶到黄河以北，不要新四军在长江以南。那个时候有几个'北'：山东是鲁北，山西是晋北，还有一个黄河以北。他是想把我们都往北送，这真是'投畀有北'[51]。那我们就不干，所以发生了严重的争论。他毫无让步。我们作了一点让步，答应皖南部队退到长江以北，也是一个'北'，叫做江北。但是他还不干……他坚持《中央提示案》"[52]。

在抗日战争胜利以前，蒋介石当然不会公开终止国共合作，也不会结束抗日民族统一战线，但他却一直在考虑着如何调整战略格局，以待抗战结束后，在未来国共纷争中占据有利位置。正如陈诚所言："蒋委员长看问题是看得很远的，皖南离首都南京很近，如果现在不把它干了，等到抗战胜利后，共产党军队就会威胁南京，后患无穷。现在抗战虽然还没有胜利，但是蒋委员长已经看到了这个问题，并且作了抗战胜利后的准备。蒋委员长还在苏南、苏北布置了军事力量，要韩德勤在那里指挥。山东也作了布置……我们要懂得蒋委员长，就必须从他的这些做法当中来了解他，这样才能增进认识蒋委员长的英明远见。他处理问题，总是要先发制人的。皖南的事情，在没有发动以前，我们很担心，我们把共产党在皖南的军事力量估计过高，以为是不容易把它打垮的，没有想到会这样轻而易举地解决问题。"[53]

蒋介石要把中国共产党的军队赶到黄河以北，还有其他的考虑。黄河以北的大多地区较为贫瘠，将共产党军队赶到那里，国民党就可以占有相对富庶的华中地区。更重要的是，此时蒋介石正在与日本进行秘密谈判。蒋介石提出的条件之一，是要求日本答应"恢复七七事变前原状"，也就是让日军退到山海关以外。日军为了抽出足够的兵力南下东南亚，参加太平洋战争，也确实在考虑从华中和华南撤军。[54]如果日蒋谈判成功，黄河以北就会变成将来中日战争的最前线，而被赶到黄河以北的八路军和新四军，无疑会成为他的挡箭牌。即使日蒋谈判不成，由于日军南进东南亚已成定局，其下一步在中国国土内的进攻路线必然指向华南、西南方向，日军一南下，国民党军队必将望风而逃，如果共产党军队不北撤，随着南方大片国土沦为敌后，新四军和八路军肯定会跟在日军之后南下，将南方各地转变成抗日根据地。这是蒋介石绝对不愿意看到的，他还有更深一层的考虑：在抗战爆发后，蒋介石嫡系部队都已大规模地退到了后方，而北方的胡宗南、阎锡山等军阀正在越坐越大，让共产党军队退回北方，正好可以使得这些军队互相残杀、相互消耗。所以，蒋介石的"皓电"一抛出，不仅共产党不服，连在第一次反共高潮中充当急先锋的胡宗南、阎锡山等，态度也来了个一百八十度的大转弯，当即表示强烈反对，特别是冯玉祥，更是放言要"撕破脸皮"跟蒋介石对抗到底。

国民党的"皓电"要把共产党领导下的全部军队都撤到旧黄河以北，对此，共产党当然不能答应，但同时还必须迅速准备，以应付国民党可能的大举进攻，因为"皓电"把北撤的期限仅仅限定为一个月之内。正在重庆谈判的周恩来首先想到的就是皖南部队，在"皓电"发出的第二天，他就致电叶挺和项英：蒋介石和何应钦逼迫我新四军渡江的决定"决不会取消"，因此急应抢渡一部。周恩来在电文中还指出：部队在安徽无为渡江有危险、"宜在无为以东地区渡江"，并要叶挺和项英向顾祝同说明，如果相逼太甚，背水之军就只有向南冲出一条生路，这样说或许可使顾祝同在执行蒋、何密令时会有所顾虑，便于我转移和布置各方面的分散。[55]这是国民党方面发出"皓电"后，项英再次接到中央领导有关新四军皖南部队渡江北移的第一个电报。

这时，中共中央正针对国民党发出的"皓电"进行着紧锣密鼓的研究和决定。从1940年10月20日起，在延安的中共中央高级领导人开始接连在毛泽东的窑洞里开会，不仅要预先研判国民党可能的进攻计划和部署，而且还对当时国际形势的状况和未来可能的走向进行了激烈的讨论。中共中央政治局在 10 月 21 日得出初步结论，认为目前时局有由小风波转到大风波的可能，如果美国在新加坡打败日本，日军投降，日本就会退出中国，中国转而将由日本殖民地变为美国殖民地，而国民党政府在得到美国的支持和武装后，国共合作就会变成大规模的内战，这将是中国的最黑暗局面，党的工作布置应放在准备整个东方大黑暗的基点上。**56**

周恩来也在重庆忙碌地收集着各路消息，作着预判。10 月 24 日，他在一天之内连续给毛泽东发出了两封长电：当前的反共高潮正在着着上升，建议中央考虑"皓电"时，在原则上不能同意，但须答复。在军事上，可将新四军主力北移，以便"集结应战"，或"立即分散"。皖南部队一部分秘密转至苏南渡江，一部分准备就地打游击。江北部队"须作应战准备"，防备"地方借故解决，李先念部要防范陈诚'清剿'"。国民党方面整个计划大意是为"扫荡"大江南北的新四军，第一步意在打通大江南北及皖苏的补给增援路线，切断我在大江南北及皖苏的联络，第二步恐为进攻。**57**

而毛泽东见屡次催促项英都未得到利落的回应，又于会议期间，与朱德、王稼祥转而给陈毅、粟裕发去了电报："关于军部北移与胡服**58**会合、统一领导华中问题，我们已屡电叶、项，你们可去电催。"**59** 他们一方面在担忧着皖南部队的安全，另一方面也期盼着新四军部队和各领导机构能迅速整合好，准备迎接即将到来的反共高潮。

而项英在 10 月 28 日给中央的回电中，虽然仍在坚持皖南部队不北移，但他已明显感觉到了国民党顽固派"皓电"里的威逼意味，也对北撤做了些初步的准备工作：一方面派人勘察北移路线，以便逐步派小股人马过江；另一方面又让叶挺于 28 日前往泾县国民党军第五十二师师部，会晤国民党军第三十二集团军总司令上官云相，探询其对皖南部队北移问题的态度。

上官云相身为顾祝同的下属，与顾祝同及顾祝同的另一位下属韩德勤都是保定军官学校的六期生，其中顾祝同与韩德勤还都是苏北人，对利用抗战机会得以经营的苏北这块地方充满了眷恋，而顾祝同又与蒋介石、何应钦、白崇禧共为此次反共联盟的四大成员，其中又尤以蒋介石与顾祝同为最想"剿灭"皖南新四军者，现在，韩德勤刚刚遭到苏北新四军陈毅部的重创，而皖南新四军恰又在上官云相的囊中，顾祝同若要报复新四军，上官云相将是最方便出刀的不二人选。而顾祝同若想让上官云相动手，最方便的借口就是韩德勤。因此，"皓电"发出后，苏北的韩德勤就成了一颗尤其重要的"劫子"。于是，毛泽东等人在第二天就电告刘少奇："必须保留兴化及韩德勤方有文章可做，否则我重庆办事处有被攻击危险。我军应在大邹庄以东、射阳以北、蚌延河以南停止，进行谈判。速告黄、陈[60]，至要至要。近日国民党对我十分险恶。"[61] 而暂缓对韩德勤的军事行动，也为接下来叶挺与上官云相的会晤提供了条件。

10月30日，叶挺返回云岭新四军军部，项英立即将叶挺与上官云相的会谈情况向毛泽东、朱德、周恩来等人作了报告。电文中称：上官云相在与叶挺的私人谈话中，主要询问了我方在苏北问题上的态度，着重问及苏北是否已停止行动，并能否保障今后不再进攻兴化；在新四军皖南部队北移方案上，上官云相提出北移皖北的方案，但叶挺答复去皖北实行困难，又重提先移苏南的方案，唯双方均未作出最后决定，只算初步商谈。上官云相在谈及皖南局势时称：顾祝同对向我进攻仍迟疑不决，一因无完全把握消灭我军，二则估计如皖南动手，则我对苏北必将彻底消灭韩德勤。电文的最后列出了三个方案，请中央决定哪条可作为与对方谈判的方针。

1. 保持皖南阵地，根本不转移。

2. 完全放弃皖南到皖北，这会引起与桂军的磨擦。

3. 完全放弃皖南，移苏南。

在执行"2、3"方案时，地方党必遭受重大破坏。敌后地区仅一条线，无论大小部队均无法留下，最后必然是完全放弃。欲留一部分转移一部分亦不可能。以上望中央速电复方针。[62]

这里虽然列出了三个方案，但在说明中又否定了后两个，实际上只留下了第一个方案给中央决定，还是要求皖南部队不移动。但中央显然不会同意，毛泽东、朱德、王稼祥于 11 月 1 日对此给出的答复是："要求顾祝同划郎溪、广德、溧阳、溧水、金坛、宜兴六县为我防地，并保证移动时沿途的安全，你们可答应移苏南。"**63**

同在 11 月 1 日，中共中央书记处也对项英 10 月 28 日的请示电给予了答复："（一）希夷及一部工作人员必须过江北指挥江北大部队。（二）你及皖南部队或整个移苏南再渡江北，或整个留皖南准备于国民党进攻时向南突围，二者应择其一，这一点可以确定。（三）如移苏南须得顾祝同许可，如顾不许可则只好留皖南（因据来电直过皖北已无可能），但须准备打内战，并蒙受政治上不利（蒋介石'进剿'新四军的计划是决定了的）。"**64**

这份答复电已经包含着严厉的警告意味了：第一，叶挺必须过到江北；第二，项英及皖南部队只有两条路可走，要么移苏南再到江北，要么留在皖南等着国民党进攻时突围；第三，现在就算想移苏南，也得取得顾祝同的许可，如顾不许可，也只能等着打内战蒙受不利了。也就是说，现在皖南新四军的最佳出路只有一条：争取得到顾祝同的许可，先移往苏南。这一点，陈毅、粟裕早已看到了，在中共中央书记处回复电之前，他们于 10 月 31 日就致电项英，速速让叶挺去上饶恳求顾祝同，允许他们北移："希夷去上饶，以求得移皖北为最好，次则移苏南，如留皖南极不利。在长江以北归我控制之下，将来南渡大举发展皖南是极便利的，可无多考虑。我们建议如此，请速决定。"**65**

## 毛泽东仔细研判国际形势的变化并广泛征求意见

此时的中共中央，正在紧张地为应对国民党"皓电"和国民党顽军将发起的进攻思考对策，由于当下国际形势发展扑朔迷离，又要充分考虑到中国共产党在全国的大局及未来的命运，这种对策并不容易决定。让毛泽东甚为不解的是，蒋介石这次对共产党军队提出威胁的范围之广，前所未有，威胁到江南的部队，他们确实有底气，可在华北、华中敌后，国民党顽军根本就无法与共产党军队抗衡，蒋介石究竟要靠谁来帮助他实现计划呢？对于蒋介石这次大规模反共的国际背景，毛泽东并未完全弄清楚，仍在尽力地去推测并整理自己的思路。

一开始，毛泽东以为蒋介石将依仗的是英国和美国。只要日本与英美开战，蒋介石必然要投入英美的怀抱。但毛泽东又分析："德、意、日不久必有大规模行动。德不攻英伦，即向非洲、印度，英国快到手忙脚乱之时。日本将取先占南洋、后扫中国政策。中国香港、新加坡、仰光、荷印[66]四地一旦落于日本之手，中国英美派又将手忙脚乱。美国准备未周，不一定很快作战，如德攻英伦，美海军便要同时对付大西洋，不能集中对付太平洋。日本进攻南洋各地时，不一定便发生日美战争，那时重庆英美派将望着发干急，他们现在的兴高采烈，带着单相思性质。放弃独立战争加入英美同盟是重庆英美派的志愿，但他们也怕英美不可靠。如日占南洋而日美战争又迟迟不爆发，英国又被德、意、日三国打得七零八落"，蒋介石就不会马上与日本翻脸，"他们仍有走贝当路线可能，故他们现在仍是动摇于英美路线与贝当路线之间，他们仍不敢过于得罪苏联，全面反共的决心也不容易下"。

但是，毛泽东认为，还有一种"最黑暗的情况"，"是日本对新加坡久攻不下，美海军控制新加坡，德攻英伦不下"，这样，"中国英美派放弃独立战争，加入英美同盟的危险就加大了，大多数中间派跟蒋介石跑的危险也更大了"。"还须假定这种情况，即美国海军集中力量打败日本海军，日本投降美国，日本陆军退出中国，美国把中国英美派从财政上军事上武装起来，中国由日本殖民地变为美国殖民地，国共由合作变为大规模内战，最黑暗莫过如此。"

不过也有一种"中间情况","即日美相持不下，中日相持不下，国共相持不下，欧洲英德也相持不下，全世界全中国都是不痛不痒的，我们也要准备对付这种情况"。**67**

毛泽东作出上述总结的这天是 1940 年 10 月 25 日，但他并没有中断思索，根据不断得到的情报和反复研究外电，他对局势的认识马上又深入了一步。同日，他又将新的结论电告了周恩来、彭德怀、刘少奇和项英。

> 甲、德国仍在准备攻英伦，即使不攻英伦，但埃及、土耳其、阿拉伯、伊拉克必落入德军之手。日本必攻香港、新加坡、仰光及荷属。总之，英国倒霉时期快到了，不论美国是否迅速参战，英国倒霉是定了的，美国迅速参战也无救于英国倒霉，因此中国英美派也是要倒霉的。
>
> 乙、在日美战争紧张时，日本有放弃宜昌、武汉，让国共两党冲突，对消抗日力量之可能。
>
> 丙、国民党现在发动的反苏反共新高潮，一方面是放弃独立战争，参加英美同盟的准备步骤，其目的在为参加英美同盟肃清道路，好把民族资产阶级、上层小资产阶级拉过去；一方面也有向日本示意的作用。国民党愿意替日本担负镇压中国民族革命的责任，以求交换日本对国民党的让步；同时又将加入英美同盟吓日本，以求日本的让步。故何应钦等反共活动特别起劲，日本也正在拉蒋、何。
>
> 丁、我们要准备蒋介石做戴高乐或做贝当，准备他宣布我们为反革命而发动全面反共，我们要准备对付最黑暗局面，任何黑暗局面我们都是不怕的。**68**

在此期间，党中央各位主要领导人之间频繁地互通情报，商量对策。身在重庆的周恩来更是穿梭于各党派、各民主团体及各类人士之间，广泛听取意见。这些意见中有劝中共缓和、拖的，有骂蒋介石的，有主张打完再谈的，众说纷纭。周恩来特意与苏联驻中国大使潘友新见了面，潘友新认为，仅据现有材料尚难判定蒋介石已与日本妥协，并认为"非新四军从江南撤退，不能使蒋满意和停止'剿共'战争"。**69**

1940 年 11 月 1 日，周恩来结合近日的所见所闻，致电毛泽东，谈了自己对时局的分析及相关对策建议："时间是紧迫了，只有二十天，局部'剿共'战争会开始。在二十天内，无论如何，日美战争不会爆发，中日妥协不会成功，中苏关系也不会一下改善。于是，'剿共'战争有可能相当改变了三个阵线的争夺形势，使表面上内战先于妥协，实质上就是停止抗战；使英美感到中国不能拉住日本，有与日本暂时妥协以推延冲突的可能；而中苏接近与苏联调解，中日或国共关系的可能更加紧张，这是整个局势的不利。""如果我们能够推延'剿共'战争的爆发和友党关系的破裂，以便抢先暴露贝当、戴高乐、基玛尔的阴谋，而推动抗战，这是有可能的，但并非说严重斗争能避免，而只是争取推延，这是应该的。欲推延，唯一可能的办法，必须作表面的服从，实际的某些让步（指退出江南），以某些让步避免某些损失，争取政治影响，便于我们准备布置和争取同情中国分子及分化顽固势力。"**70**周恩来的对策归总为一句话就是：国共关系的破裂可以争取推延，唯一办法就是表面服从，退出江南。

周恩来在电文中还附列了中共中央南方局给中央提出的三个应对建议：上策是"用朱、彭、叶、项名义通电答复何、白，并呈蒋，要求解决悬案（边区、扩军、补给、冀察政权、党案等），表示在充分保障（政、军、经）下，可北调，特别要保证在移动中不受友军袭击。此通电准备公开，实际上只是放弃江南，以便集中兵力到江北布置良好阵势"，"使我能为主动，不论分合和战都利"。第二个对策是"公开的电复何、白，先以江南移动，而不及其他。这个可延缓一两个月时间，但'剿共'布置是不会放松的"。第三个对策则是"一切照旧，准备打了再说。但还必须估计有可能一发而不可收，并也须先行电复何、白，说明苦衷，不能移动，以便向外宣传"。**71**南方局提出的三个对策中，上策也是要放弃江南，转而退到江北形成主动。

就在毛泽东反复思考、广泛征求意见，还没有对如何回复"皓电"作出最终决定之时，同在11月1日，他接到了蒋介石的最后通牒：在11月20日以前，将在华中与山东的新四军、八路军一律开至华北。情报机构也送来确切消息：汤恩伯率九个师、李品仙率三个师离开豫、皖，准备在期限一到就向两地发起进攻。

蒋介石再次强调要让八路军与新四军离开华中与山东，不得不让毛泽东怀疑，国民党顽固派要抢夺共产党军队在敌后的大片土地，他们又如何能够突破日军封锁线实现他们的计划呢？蒋介石很可能有一个更大的阴谋，一个与日本合谋消灭共产党的阴谋。于是，毛泽东紧急致电刘少奇、叶挺、项英、张云逸、陈毅、黄克诚、彭雪枫、李先念："你们应立即开始加紧军事、政治各方面的准备，补充兵员，厉行整训，征集资财，加紧根据地的创造与巩固，加强友军中统战工作，加强部队中政治工作，并预计如何打破蒋介石的这一严重进攻，预先向内部与民众宣传反共如何是罪恶，是为至要。"**72**

由于几天来，包括在延安的书记处会议上，大家一直未能对当前的形势和任务达成完全一致，毛泽东在11月1日还把自己对时局的分析致电八路军、新四军的各路将领，以广泛征求意见并鼓舞士气。

一、一个月来，英美与日德意在中国的斗争是异常激烈的。后者要求中国政府放弃抗日战争，加入日德意同盟。前者要求中国放弃独立战争，加入英美同盟。目前这一斗争已到白热化，蒋介石态度也因之大变。

二、英国的开放滇缅路，美国的借款与撤侨，都向中国表示英美的反日决心，要求中国不跑德日意路线；而英美两使坐镇重庆，紧紧拉住蒋介石不让跑掉。

三、运城、鄂北两飞机场的停闭，阿部[73]的回国，南宁、龙州的撤兵，海通社[74]在重庆的正式开设，则是表示日本让步与德国劝和的开端。这种趋势有急转直下可能。

四、蒋介石现在是待价而沽，一方面准备加入英美同盟，一方面准备加入日德意同盟。如果日美战争能早日爆发，并有胜利把握，他是愿意加入英美同盟的。一个月来，他已利用日德意同盟的声势，不久他还会利用日本向他的让步，向英美再敲一笔竹杠。

五、如果带决战性质的日美战争不能迅速爆发（这个可能多），或虽爆发美无胜利把握（两年内是无把握的）；如果英国被德意日三国在今冬明春打得落花流水（十有八九）；如果日本能退出武汉等地，仅占沿海与华北，并声明主权仍属中国，由蒋介石派人管理（可能性很大）；如果参加日德意同盟，反对英美能使中国资产阶级发洋财，他是愿意投降日本的。蒋介石走这条路的可能性最大。

六、目前的反苏反共新高潮是放弃独立战争加入英美同盟的准备，但尤其是放弃抗日战争投降日本与加入德日意同盟的准备。我们不要被蒋介石的宣传所迷惑，他的联合英美是宣传，投降日本则是实际。

七、因为要日本让步须用威迫、利诱两个政策，所以蒋介石一面装腔作势地要加入英美同盟以威迫之，一面又发动反共高潮以利诱之。蒋介石知道日本南进需要一个巩固的后方，一个"太平"的中国，而共产党今天已成了破坏日本这个后方的最严重因素，于是蒋介石表示愿意替日本担负巩固后方的职务，以求得日本对他的让步。同时欧洲的德意需要交换亚洲的资源，蒋介石反共于德意亦有利益。故此次反共高潮，主要是准备投降日本与德意的步骤。

八、在七八月间蒋介石确曾准备于重庆失守时迁都天水，准备亲苏和共与某些政治改良，至九月已动摇，至十月乃大变，这是德意日同盟与英美对日积极化的结果。

九、但苏联出面调整中日关系的可能性仍是有的，中国要争得比较法国优胜的地位，只有苏联出面调整与我们坚持努力才有可能。

十、但无论哪一种局面，国共间的严重斗争是不可免的，蒋介石不论投降日德意或投降英美，均将给我党以大的打击，用武力驱逐新四军、八路军于老黄河以北而严密封锁之，这一计划是下了决心的。故我们有迅速考虑应付办法之必要。

十一、但不管怎样严重局面，我们是能够冲破的。这种信心应在全党建设起来。我们一方面要坚持华北华中各根据地，一方面要打破蒋介石的进攻，这就是我们所处的严重局面。如何有步骤有计划有秩序的冲破这一严重局面，这就是今天我们要解决的问题。

十二、你们意见如何？望告。**75**

电文发出后，中共中央高级领导人的会议与研究仍在进行。毛泽东在怀疑蒋介石可能有着与日本合谋消灭中国共产党的阴谋后，决定再观察一下形势的发展，担心会由于判断失误、处理不慎而影响决策。1940 年 11 月 2 日，毛泽东将自己的想法电告了周恩来："中央几次会议都觉此次反共与上次不同，如处理不慎，则影响前途甚大。故宣言与指示拟好又停"，"我们在时机没有成熟以前不拿出积极办法，稍等一下再说话不迟。现距何、白'皓电'限期尚有 20 天，拟日内拟好复电，待 10 号左右拍发，不必复得太早。对时局宣言，虽已有基本估计并已拟好决定，但尚须看一看日苏谈判与美国大选后形势，看一看日蒋关系的发展，才能决定发表。关于南方布置及宣传反驳诸项，各同志均同意你及南方局意见，毫无异议。关于华中、华北的军事部署，小的不日开始调动，大的(准备调15万）正在与老彭**76**协商，亦宜慢慢办，不甚性急。此次蒋介石如果投降，必然是四分五裂。我们有 50 万军队，有全国人心，虽有无穷困难，是能打得开局面的。关于汤、李**77**进攻，我们决不能听其封锁住，必须打到反共军后方去，这一点是书记处同志一致意见"。**78**

　　尽管周恩来转达了苏联大使潘友新的意见，认为目前尚不能断定蒋介石已决心与日本妥协，蒋介石实际上仍处于三岔路口，但毛泽东在11月3日致电周恩来时，还是让周恩来将自己的不同看法转告苏联大使：潘友新的意见是对的，我们亦判断蒋目前还处在三角交叉点上，对德日谈判，目前还在讨价还价中，唯目前是一回事，将来又是一回事。依客观估计，蒋将来靠英美的可能性小，靠德日的可能性大，因德日的压力与引力都是很大的。只有共产党、中国人民，再加上苏联的压力，才能制止蒋集团的投降。他要"剿共"，我们一定要反"剿共"，如果我们在反对内战口号下不怕内战，待他的"剿共"军前进时，出15万精兵抄到他的后方，打几个大胜仗，那时苏联再出来调解一番，好转也不是不可能的。自然，打起来后，蒋介石也有做贝当的可能，但彼既组织"剿共"军，我当然不能坐以待毙，当然不能让他筑好十道八道西起宁夏、东至滨海的纵深重层封锁线，让他把我们放在日蒋夹击消灭中而毫不动手动脚。**79**

## 中共中央发出"佳电"，拒绝国民党顽固派的无理要求

　　基于已有的认识与判断，毛泽东在推迟对"皓电"回应的同时，已有条不紊地作出了针对国民党顽固派即将发起进攻而进行的各方面部署，基本形成了击退国民党反共高潮的两种方案。

　　第一种方案是政治上进攻，军事上防御。即对反共军只在八路军、新四军根据地附近加以反击，不打入蒋的后方，待蒋介石投降日寇的面目为全国人民所了解时，再向蒋介石反攻。如采取此方案，则目前从华北八路军中调5万人南下即够了，主力仍坚守各抗日阵地。这一方案在政治上可以剥夺蒋介石的反共借口，但不能以实力制止蒋介石的投降，在军事上也是不利的，因为待蒋介石重层纵深封锁线完全部署成功后，八路军、新四军有着必遭日

蒋联合夹击的严重危险。

第二种方案是政治上进攻，军事上也进攻。即八路军、新四军不待日、蒋联合夹击到来，即从50万人中抽调10万至15万精兵，分数路突入蒋介石后方，而留其余多数部队仍在原地抗日。如采取此方案，可能会制止蒋介石的投降，在军事上也是有利的，因为可事先避免最严重的日、蒋联合夹击（夹击是不可避免的，但严重性可减少）。

11月3日前后，是中共中央对国共关系的估计最为悲观的日子，认为蒋介石可能投降日本，并倾向于采取第二种方案，以在军事上采用进攻的策略来对付日、蒋联合"剿共"的危险，先发制人。

尽管毛泽东清楚地知道，在蒋介石还没有公开投降日本的情况下，向国民党实行军事进攻也是一种冒险，但比较被国民党几十万军队赶过黄河，"置我于日蒋夹击中而消灭之"，到底是危险性稍小的一种冒险。11月2日，周恩来请示："惟既准备决裂，即需顾及外间疏散隐蔽需时，中央宣言及回何、白复电，均请缓发，以免打草惊蛇，使各方受到不可能避免的袭击"，并决定把在重庆的博古、凯丰[80]先一步撤离，乘飞机到兰州转延安。毛泽东当即批准。

11月3日，毛泽东不断地发出电报：电告叶挺、项英，明确皖南部队北移；要求各方面对形势的判断"放在最黑暗局面上，丝毫不能动摇"[81]；要求李克农加紧做白崇禧秘书的工作；要求彭德怀我军不待日蒋联合夹击到来，即从50万人中抽调至少10万至15万精兵，分数路突入敌后方，抄到他后方去打几个大胜仗，以此来"避免最严重的日蒋夹击"，并提出：拟将全军区分为三个纵队，以老黄河以南各军为左纵队，其精锐约5万，准备出鄂豫陕边；以汾离路、正太路、沧石路以北各军为右纵队，其精锐约5万，准备出陕甘川边；以两地之间各军为中央纵队，其精锐约5万，或出左纵队方面，或出右纵队方面，依将来情况决定。[82]

在一切做好安排之后，毛泽东仍然不能放心，他认为此举事关重大，面临着与国民党的全面破裂，具有一定的冒险性，并没有决胜的把握，于是决定向共产国际作出请示。11月4日，毛泽东致电共产国际领导人季米特洛夫等，详细说明了他将采取这一系列重大行动的必要性。他说："蒋介石计划是驱逐我们至华北，修筑重层纵深封锁线（正在大规模修筑），置我们于日蒋夹击中而消灭之"，"反共战争有一触即发之势"；"在我取退让态度而仍被坚决进攻之时，我们拟举行自卫的反攻"，"在日蒋夹击中，如不采取此种军事步骤，打破进攻与封锁是不可能的，我之地位是很危险的"，此举"有可能闹到蒋介石与我最后大破裂"，但我们"最后决心还没有下"，"请求你们给以指示"。**83**

共产国际和斯大林对毛泽东的计划持反对态度，并明确表示不赞成毛泽东的形势估计和策略方针。他们认为蒋介石的主要危险，还只是有被亲日派牵入圈套而由反共走向投降的可能性，并无全面"剿共"和降日的决心；而亲日派的目的，正是要设法挑起国共战争，逼蒋降日。共产党切不能中此诡计，在政治上、军事上只应做防御的自卫战的准备。斯大林明确认为：中共"在国内的地位还不巩固，蒋介石可以轻而易举地联合日本人来反对共产党"，因此，把枪口对准国民党，必然使自己"处于走投无路的境地"，而由此把蒋介石推到日本一边去，不论对中国革命还是苏联的安全，都是一种严重的"危险"。**84**

事实上，斯大林也在对蒋介石施加压力，警告蒋不能挑起国共内讧，此举将极大地不利于世界反法西斯战争。日本多年以来一直在为是南下夺取英、法、美等国殖民地还是北上进攻苏联争论不休。日本此次拉拢蒋介石，正是为了抽身南进或北上。西面的希特勒正在筹划进攻苏联，如果中国不能拖住日本，苏联红军将面临东、西两线作战的艰难局面。国共内战只能给日本可乘之机，特别是蒋介石受到重大打击后，一看形势不妙，为免遭灭亡，就会假戏真做，投降日本。

中共中央在接到共产国际和斯大林发来的指示的同时，也收到了周恩来从重庆发来的"重要情报",说是英美正在极力设法控制中国,国民党内高层亦强调"蒋本人受英美影响大过德日",力主发动英美反对亲日派逼蒋介石投降的阴谋,制止"剿共"战争,蒋介石本人也在11月3日下午将各地请求"剿共"的文电改为"缓发",说是需要再作考虑。

针对这些新情况,毛泽东重新进行了一番思考,并改变了自己原有的一些形势估计和军事对策,转而先放下第二种方案,倾向于采取第一种方案来应对当前的形势,即政治上采取进攻,军事上采取防御。

1940年11月6日,毛泽东致电周恩来:"蒋加入英、美集团有利无害,加入德、意、日集团则有害无利","目前不但共产党、中国人民、苏联这三大势力应该团结,而且应与英、美作外交联络,以期制止投降,打击亲日亲德派活动","如能由上述四种势力的联合与配合,好转可能性还是有的。'剿共'则亡党亡国,投降则日寇必使中国四分五裂,必使蒋崩溃"。为争取时局好转这一可能性,要"利用时机向国民党各方奔走呼号,痛切陈词,以图挽救"。[85]

与此同时,中共中央为揭露国民党顽固派的阴谋,唤起全国人民提高警惕,同时也为了答复和驳斥以何应钦、白崇禧名义发出的"皓电",于11月9日,以朱德、彭德怀、叶挺、项英的名义,经由重庆的叶剑英之手,向何、白发出电报,阐述了八路军、新四军行动的正当性,八路军、新四军的防地、编制及补给的合理性,以及中国共产党对团结抗战大计的态度,对"皓电"中提出的对于八路军、新四军的种种污蔑,据理进行了有力驳斥,并断然拒绝了要新四军、八路军开赴黄河以北的无理要求,明确表达了国民党如进攻中共必定自卫的严正立场,另外也同意为了顾全抗日大局,答应江南部队北移。[86]按照电报中所使用的韵目代日法,9日为佳日,所以,这份电文又称"佳电"。

同在11月9日,中央还决定派叶挺前往上饶会见顾祝同,商谈由对方发放开拔费、军需补给,保证通过安全及到苏南稍作停留等条件。因为现在留给皖南新四军的出路，已经不再是或去或留二选一，唯有征得顾祝同的允许后北移这一条路可走了，而且是限期行动。

## 注　释

*1.* [苏] 瓦·崔可夫：《在华使命》，万成才译，新华出版社 1983 年版，第 40—64 页。

*2.* 杨云若：《共产国际和中国革命关系纪事》，中国社会科学出版社 1983 年版，第 137 页。

*3.* 《对目前世界形势的估计及对国民党可能进攻的对策》，1940 年 10 月 25 日，见《毛泽东军事文集》第二卷，军事科学出版社、中央文献出版社 1993 年版，第 566—567 页。

*4.* 贝当，法国军事元帅，1940 年法国被德军侵占后成为维希傀儡政府首脑。

*5.* 基玛尔，1922 年在苏联支持下领导土耳其人民打败了由英国支持的希腊武装侵略者，1923 年当选为土耳其总统。

*6.* 《周恩来关于目前形势的分析和对策致毛泽东电》，1940 年 11 月 1 日，见中国抗日战争军事史料丛书编审委员会编：《新四军·文献》（3），解放军出版社 2015 年版，第 159 页。

*7.* 《中共中央一九四一年四月政治情报——国际国内形势》，1941 年 4 月 18 日，见《中共中央文件选集》第 13 册，中共中央党校出版社 1991 年版，第 78—79 页。

*8.* 顾祝同，时任新四军所隶属的第三战区司令长官。

*9.* 李仙洲，时任国民党军第九十二军军长。

*10.* 韩德勤，时任国民党军鲁苏战区副总司令、国民政府江苏省主席。

*11.* 李本一，时任皖东专员兼国民党军第五战区第十游击纵队司令。

*12.* 汤恩伯，时任国民党军第三十一集团军总司令。

*13.* 米突，长度单位“米”的旧称。

*14.* 敌人，这里指日军。

*15.* 蒋、何，指蒋介石、何应钦。何应钦时任国民政府军事委员会参谋总长、军政部部长。

*16.* 《叶挺、项英关于国民党军有围攻新四军皖南部队企图致毛泽东等电》，1940 年 9 月 22 日，见中国抗日战争军事史料丛书编审委员会编：《新四军·文献》（3），解放军出版社 2015 年版，第 91 页。

*17.* 《中共中央书记处关于华中及江南工作的指示》，1939 年 12 月 27 日，见中国抗日战争军事史料丛书编审委员会编：《新四军·文献》（2），解放军出版社 2015 年版，第 197 页。

*18.* 刘树发主编：《陈毅年谱》（上），人民出版社 1995 年版，第 263 页。

*19.* 《中共中央书记处对新四军发展方针的指示》，1940 年 1 月 19 日，见中国抗日战争军事史料丛书编审委员会编：《新四军·文献》（2），解放军出版社 2015 年版，第 214 页。

*20.* 《毛泽东、王稼祥关于皖南部队须力争江北致项英、叶挺电》，1940 年 1 月 29 日，见

中国抗日战争军事史料丛书编审委员会编：《新四军·文献》（2），解放军出版社 2015 年版，第 218 页。

21. 刘树发主编：《陈毅年谱》（上），人民出版社 1995 年版，第 266 页。

22.《蒋介石关于督令新四军江北部队移至江南致顾祝同电》，1940 年 3 月 25 日，见中国抗日战争军事史料丛书编审委员会编：《新四军·参考资料》（5），解放军出版社 2015 年版，第 56 页。

23. 蒙、涡、宿、永，即安徽省蒙城、涡阳、宿县及河南省永城。

24. 伪军、伪组织，蒋介石电报中的提法，污指新四军及中国共产党创建的组织。

25.《蒋介石关于"进剿"豫苏皖边新四军致李品仙电》，1940 年 3 月 28 日，见中国抗日战争军事史料丛书编审委员会编：《新四军·参考资料》(5)，解放军出版社 2015 年版，第 59 页。

26.《粟裕战争回忆录》，解放军出版社 1988 年版，第 210 页。

27. 陈支队，指以陈士榘任支队长的八路军第一一五师晋西独立支队。

28.《毛泽东、王稼祥关于目前华中军事策略致朱德等电》，1940 年 3 月 29 日，见中国抗日战争军事史料丛书编审委员会编：《新四军·文献》（2），解放军出版社 2015 年版，第 249 页。

29. 冷副总指挥，即冷欣，时任国民党军第三战区第二游击区副总指挥兼第六十三师师长。

30.《顾祝同关于准备制裁皖南新四军致蒋介石电》，1940 年 4 月 2 日，见中国抗日战争军事史料丛书编审委员会编：《新四军·参考资料》（5），解放军出版社 2015 年版，第 60 页。

31. 某方，这里指国民党顽固派武装。

32. 黄绍雄，即黄绍竑，时任国民政府浙江省主席、浙江省国民抗敌自卫团总司令。

33.《毛泽东询问皖南部队是否已做好应付突然事变的准备致项英电》，1940 年 4 月 3 日，见中国抗日战争军事史料丛书编审委员会编：《新四军·文献》（2），解放军出版社 2015 年版，第 256 页。

34.《顾祝同关于准备制裁皖南新四军致蒋介石电》，1940 年 4 月 2 日，见中国抗日战争军事史料丛书编审委员会编：《新四军·参考资料》（5），解放军出版社 2015 年版，第 60 页。

35. 陈支，指陈毅为司令员的新四军第一支队。

36.《项英关于皖南部队应付突然事变的准备情况致毛泽东电》，1940 年 4 月 9 日，见中国抗日战争军事史料丛书编审委员会编：《新四军·文献》(2)，解放军出版社 2015 年版，第 257 页。

37.《陈毅传》编写组：《陈毅传》，当代中国出版社 2015 年版，第 129 页。

38. 顾、韩，指顾祝同、韩德勤。

39. 冷，指冷欣。

40.《毛泽东、朱德、王稼祥关于新四军皖南部队移动方向致叶挺等电》，1940 年 10 月 8 日，见中国抗日战争军事史料丛书编审委员会编：《新四军·文献》（3），解放军出版社 2015 年版，第 112 页。

41. 希夷，即叶挺，字希夷。

**42.**《刘少奇关于军部应速北移致叶挺等电》，1940年10月9日，见中国抗日战争军事史料丛书编审委员会编：《新四军·文献》(3)，解放军出版社2015年版，第114页。

**43.**《项英关于皖南情况及军部北移困难致毛泽东等电》，1940年10月11日，见中国抗日战争军事史料丛书编审委员会编：《新四军·文献》(3)，解放军出版社2015年版，第116页。

**44.** 蒋、李，指蒋介石、李宗仁。李宗仁，时任国民党军第五战区司令长官。

**45.**《刘少奇建议放弃皖南集中力量巩固华中致毛泽东等电》，1940年10月12日，见中国抗日战争军事史料丛书编审委员会编：《新四军·文献》(3)，解放军出版社2015年版，第119页。

**46.** 曾生部队在东江失败，指1940年2月，曾生、王作尧分别率领东江抗日游击队离开敌后抗日基地，向海丰、陆丰转移途中，遭到国民党军围堵，损失严重。

**47.**《毛泽东、朱德、王稼祥关于新四军的行动方针致叶挺等电》，1940年10月12日，见中国抗日战争军事史料丛书编审委员会编：《新四军·文献》(3)，解放军出版社2015年版，第117页。

**48.**《项英关于新四军皖南部队北移意见致中共中央、中央军委电》，1940年10月28日，见中国抗日战争军事史料丛书编审委员会编：《新四军·文献》(3)，解放军出版社2015年版，第145页。

**49.**《何应钦、白崇禧关于限令八路军新四军开到黄河以北致朱德、彭德怀、叶挺代电》，1940年10月19日，见中国抗日战争军事史料丛书编审委员会编：《新四军·参考资料》(5)，解放军出版社2015年版，第36页。

**50.**《中央提示案》，见安徽省文物局新四军文史征集组编：《皖南事变资料选》，安徽人民出版社1981年版，第399—401页。

**51.** "投畀有北"，意为放逐到北方寒冷荒凉的地方去，出自《诗经·小雅·巷伯》。

**52.** 周恩来：《论统一战线》，见《周恩来选集》上卷，人民出版社1980年版，第200—201页。

**53.** 陈里特：《陈诚谈皖南事变》，见《江苏文史资料选辑》第57辑。

**54.** 日本防卫厅防卫研究所战史室编：《中国事变陆军作战史》第3卷第2分册，田琪之、齐福霖译，中华书局1983年版，第45—47页。

**55.** 中共中央文献研究室编：《周恩来年谱（一八九八——一九四九)》(修订本)，中央文献出版社1998年版，第482页。

**56.**《对目前世界形势的估计及对国民党可能进攻的对策》，1940年10月25日，见《毛泽东军事文集》第二卷，军事科学出版社、中央文献出版社1993年版，第566页。

**57.** 中共中央文献研究室编：《周恩来年谱（一八九八——一九四九)》(修订本)，中央文献出版社1998年版，第482页。

**58.** 胡服，即刘少奇。

**59.** 中共中央文献研究室编：《毛泽东年谱（一八九三——一九四九)》(修订本)中卷，中央文献出版社 2013 年版，第 216 页。

**60.** 黄、陈，指黄克诚、陈毅。

**61.** 中共中央文献研究室编：《毛泽东年谱（一八九三——一九四九）》（修订本）中卷，中央文献出版社 2013 年版，第 215 页。

**62.** 《叶挺、项英关于同上官云相会谈情况及请示行动方针致毛泽东等电》，1940 年 10 月 30 日，见中国抗日战争军事史料丛书编审委员会编：《新四军·文献》（3），解放军出版社 2015 年版，第 147 页。

**63.** 《毛泽东等关于新四军军部移苏南的条件致叶挺、项英电》，1940 年 11 月 1 日，见中国抗日战争军事史料丛书编审委员会编：《新四军·文献》（3），解放军出版社 2015 年版，第 157 页。

**64.** 《中共中央书记处关于新四军皖南部队行动方针致项英电》，1940 年 11 月 1 日，见中国抗日战争军事史料丛书编审委员会编：《新四军·文献》（3），解放军出版社 2015 年版，第 158 页。

**65.** 《陈毅、粟裕建议军部速北移致叶挺等电》，1940 年 10 月 31 日，见中国抗日战争军事史料丛书编审委员会编：《新四军·文献》（3），解放军出版社 2015 年版，第 149 页。

**66.** 荷印，指当时在荷兰殖民者统治下的印度尼西亚。

**67.** 《毛泽东关于国际国内形势的估计和对策致周恩来电》，1940 年 10 月 25 日，见中国抗日战争军事史料丛书编审委员会编：《新四军·文献》（3），解放军出版社 2015 年版，第 141—142 页。

**68.** 《毛泽东关于目前国际国内形势的估计致周恩来电》，1940 年 10 月 25 日，见中国抗日战争军事史料丛书编审委员会编：《新四军·文献》（3），解放军出版社 2015 年版，第 143 页。

**69.** 中共中央文献研究室编：《周恩来年谱（一八九八——一九四九）》（修订本），中央文献出版社 1998 年版，第 484 页。

**70.** 《周恩来关于目前形势的分析和对策致毛泽东电》，1940 年 11 月 1 日，见中国抗日战争军事史料丛书编审委员会编：《新四军·文献》（3），解放军出版社 2015 年版，第 159—160 页。

**71.** 《周恩来关于目前形势的分析和对策致毛泽东电》，1940 年 11 月 1 日，见中国抗日战争军事史料丛书编审委员会编：《新四军·文献》（3），解放军出版社 2015 年版，第 159—160 页。

**72.** 中共中央文献研究室编：《毛泽东年谱（一八九三——一九四九）》（修订本）中卷，中央文献出版社 2013 年版，第 219 页。

**73.** 阿部，指阿部信行，日本政府前首相、陆军大将。

**74.** 海通社，德国希特勒政府的通讯社。

**75.** 《毛泽东关于目前时局的分析致贺龙等电》，1940 年 11 月 1 日，见中国抗日战争军事史料丛书编审委员会编：《新四军·文献》（3），解放军出版社 2015 年版，第 161—163 页。

**76.** 老彭，指彭德怀。

**77.** 汤、李，指汤恩伯、李品仙。

**78.**《毛泽东关于蒋介石反共形势的分析及其对策致周恩来电》，1940 年 11 月 2 日，见中国抗日战争军事史料丛书编审委员会编：《新四军·文献》（3），解放军出版社 2015 年版，第 164 页。

**79.**《毛泽东关于国内形势和应付投降、力争时局好转致周恩来》，1940 年 11 月 3 日，见中央档案馆编：《皖南事变》（资料选辑），中共中央党校出版社 1982 年版，第 38—39 页。

**80.** 博古即秦邦宪，凯丰即何克全。

**81.** 中共中央文献研究室编：《毛泽东年谱（一八九三——一九四九）》（修订本）中卷，中央文献出版社 2013 年版，第 220 页。

**82.**《对付日蒋联合反共的军事部署》，1940 年 11 月 3 日，见《毛泽东军事文集》第二卷，军事科学出版社、中央文献出版社 1993 年版，第 570 页。

**83.**《毛泽东给季米特洛夫、曼努伊斯基的信》，1940 年 11 月 4 日，转引自杨奎松：《皖南事变前后毛泽东的形势估计和统战策略的变动》，载《抗日战争研究》1993 年第 3 期。

**84.**［苏］瓦·崔可夫：《在华使命》，万成才译，新华出版社 1983 年版，第 33—36 页。

**85.**《毛泽东关于应向各方活动制止蒋介石反共和投降致周恩来电》，1940 年 11 月 6 日，见中国抗日战争军事史料丛书编审委员会编：《新四军·文献》（3），解放军出版社 2015 年版，第 181 页。

**86.**《朱德、彭德怀、叶挺、项英为顾全大局挽救危亡致何应钦、白崇禧电》，1940 年 11 月 9 日，见中国抗日战争军事史料丛书编审委员会编：《新四军·文献》（3），解放军出版社 2015 年版，第 188—191 页。

# 第 二 章

# 北移博弈

叶挺会见顾祝同，失望而归——韩德勤就是大局中的一颗"劫子"——毛泽东发起反投降反内战运动——华中新四军八路军总指挥部成立——曹甸之战未能彻底解决苏北问题——上官云相在徽州密谋包围新四军皖南部队——项英连日向中共中央发电请示行动方针——蒋介石与周恩来的圣诞会谈

## 叶挺会见顾祝同，失望而归

中共中央发出"佳电"后，毛泽东最担心的仍是蒋介石会发起大规模进攻。毛泽东认为，蒋介石若发起大规模进攻，必然是与日本达成妥协协议之后。当时，蒋介石与日本是边打边谈，但谈判进行得极其诡秘，且多渠道并行，中共中央根本不可能掌握他们之间的谈判进程，无法获得预警情报。

但毛泽东找到了可以得到预警的关键点，那就是汤恩伯率领的第三十一集团军。国民党军队要发起大举进攻，就必须越过津浦线，但若日蒋谈判没有达成一致，日军就不可能让国民党几十万大军越过其控制的交通大动脉津浦线，直达其占领区向共产党军队发起进攻，一旦国民党军队大举东移，就可能说明国民党已经全面降日，与日本成功达成了协议，而后中国共产党就要面临着生死之战了。所以，关注到驻在南阳的汤恩伯大军是否向东移动，就可以判断出蒋介石是否要展开大举进攻。

1940年11月9日，毛泽东在告知周恩来"佳电"即将发出之时，就嘱

附道：李宗仁如过重庆，"请与开诚一谈"，"汤恩伯是否移动，正向洛阳方向调查，尚未得复，请在重庆调查见告"，"如汤东进则战事难免，皖南部队北移亦难免发生波折"。**1**

11月10日，在叶挺即将动身前往上饶会见顾祝同时，毛泽东专程电告叶挺："希夷见顾时，请要求顾电蒋停止汤恩伯、覃连芳**2**两军东进，否则引起战争，由彼方负责"，并"请质问顾，一面苏北言和，皖南令我北移，一面派二十万大军东进，是何用意，是否彼方已准备决裂。希夷谈判时，应以此项大局为第一位问题，其余都是第二位问题"。**3**

然而，毛泽东交给叶挺在谈判中要办的"第一位问题"，却没有得到有效的回应。顾祝同对于汤恩伯调兵之事，一律推说不知。

叶挺是于11月11日赶到上饶国民党军第三战区总部的。见顾祝同拒不透露汤恩伯军的动向与目的，叶挺只好转而提出皖南新四军北移方案中急需明确的其他重要问题。

首先是新四军北移走哪条路线的问题。由于日军对长江水道封锁得很严，正规武装无法偷渡，叶挺提出，希望能第一步先移到苏南，然后再从江苏长江南岸镇江岸、靖江岸北渡，到达苏北，因此请划定苏南的溧阳、溧水、宜兴、金坛四县为途经暂驻区，由此逐步进入敌后。其次希望在新四军移动期间，第三战区的部队暂时不要调动，军事部署保持10月间的原状，使新四军在转移期间得到安全保证。**4**

对此，顾祝同表示，愿以他自己的政治人格担保新四军的移动安全，允许新四军经过苏南，但不批准途中驻地，并且限12月1日起，皖南要和苏北同时北移。

叶挺接着又提出了皖南新四军北移前急需的军需补给问题，要求补发军饷、政治工作经费、伤亡抚恤费，并发放北渡特别费，补充500支步枪、100挺轻机枪、枪弹各100万发、手榴弹2万个，以及相应的粮食、医药费用等。**5**

顾祝同又应付说，经费他决定不了，要转报重庆，呈请军政部核批。**6** 其他各项，为减轻北撤部队负担，粮食和器材可就北撤路上分批领取，械弹一项则需视库存情况，并在第一批部队越过日军防线后才能酌量给予补给。

叶挺与顾祝同谈判期间，第三十二集团军总司令上官云相也在上饶，他对叶挺说："照我看，皖南的问题还是以和平方式解决为好。三战区有些黄埔系的少壮派是主张打的，但我个人认为，就是把皖南新四军全部杀光了，也不能解决整个国共关系问题。"上官云相这次到上饶第三战区总部，就是来与顾祝同就"堵击"新四军的部署进行密谋的。

上官云相还试探道："军事委员会有命令：着新四军在年底以前全部开到长江以北，希望你们能遵期过江。在行进路线上，最好是从现在的驻地直接向北，在芜湖以西荻港附近过江到无为**7**距离最近。有需要我协助的事情，我尽力帮忙。"他的建议是让皖南新四军不走苏南，而是走无为直往皖北之路。

如果新四军从上官云相所说的这条路北上的话，说不定顾祝同和上官云相还真会"尽力帮忙"。因为新四军皖南部队一直在他们的地盘上活动，他们巴不得尽快送走眼中的"瘟神"，但新四军从苏南走，渡江过去就是苏北，如今顾祝同的嫡系韩德勤在苏北已快顶不住了，新四军皖南部队再加入进去，必然会进一步增加韩德勤的压力。而走无为这条路则不然，渡江过去，是桂系的地盘，顾祝同和上官云相当然愿意。

但这样走，白崇禧可不愿意。全面抗战爆发后，走出广西的桂军好不容易在大别山站稳脚跟，准备在此坐大以后再与老蒋逐鹿中原，没想到在这个地带的彭雪枫部发展壮大，这已令他们坐卧不安，如果皖南部队再进入此地，势必会给桂军造成更大的威胁。因此，"皓电"发出不久，何应钦、白崇禧就电告江北的桂系第二十一集团军总司令李品仙："惟江南之匪，由三战区实施进剿，其必向江北无为一带渡江。"为此，李品仙已电令所属第一七六师"应准备以主力阻止其渡江，应逐步肃清江北之匪军为要"。**8** 到11

月 10 日，第一七六师已在江北作出了详细的围堵部署，只要新四军从无为一带渡江上岸，必欲将其一网打尽。

因此，皖南新四军北移可走的两条路中，顾祝同和上官云相并不愿意他们走苏南，更希望走无为，但走无为桂军不让过，走苏南又暗含凶险，上官云相为了"围剿"可能不听话的皖南新四军，已经从江西前线增调了一部分兵力过来。好在此时顾祝同还没有明确拒绝苏南这条路线，如果皖南部队能够趁机赶紧移动，或许还有得以保存的可能。

叶挺在上饶一直会谈到 11 月 18 日，才返回云岭军部。顾祝同对他所提出的各项北渡条件，"既不下命令，也不正式决定"。而项英据此在给中共中央的电报中称："北移方针当无问题。如依目前情况确定速移，则我们仍再交涉北移期限延长，无论如何弄点补充，并作各种实际之准备和布置；如认目前局势有拖下之必要，也请指示，以作应付。"**9**

## 韩德勤就是大局中的一颗"劫子"

为了加强皖南新四军北移的安全，迫使顾祝同、上官云相不敢轻易下手，同时也能照顾到抗战大局，避免内战，中共中央一直在灵活运用韩德勤这颗"劫子"，将皖南、皖东、苏北放在一盘棋局中，通过在苏北采取"存韩拉韩"的方针，以增加同蒋介石等顽固派交涉的筹码。

早在 10 月 12 日，毛泽东、朱德、王稼祥致电叶挺、项英等，要求皖南部队"速速渡江""绝对不要再迟延"的同时，就告知刘少奇、陈毅、黄克诚：我部的目的只是要在苏北"迫韩放弃反我方针，承认我之抗日根据地"。**10** 10 月 14 日，毛泽东、朱德、王稼祥又指示陈毅在与韩德勤的谈判中，要韩德勤向蒋介石、顾祝同要求："（一）停止安徽向皖东进攻；（二）撤退皖南对新四军之包围；（三）撤退苏南对新四军之包围。"**11**

10 月 15 日，周恩来在重庆致电毛泽东："顾祝同为救韩德勤，来电要求缓和。我方既已灭韩主力，根据地已确定，当前重心应求得逼韩让步。做到有韩在不仅使顾对江南新四军让步，并使蒋有缓冲和讲价余地，对李品仙、白崇禧也有教训作用。如灭韩，则蒋一不做二不休，只有拼到底，而李、白也将兔死狐悲。"[12]毛泽东立即电告刘少奇、陈毅：恩来意见与我完全一致，即我们取自卫立场，不是彻底驱韩。

然而，毛泽东在大棋局中以韩德勤做"劫子"、要通过"存韩拉韩"做活全局的想法，也并不是一下子就能得到所有人认可的，连刘少奇这样深具大局观念者也曾提出过不同的主张。

刘少奇从巩固黄桥战役的胜利成果、建立抗日民主新苏北的设想出发，主张先将皖南军部及第三支队即速北移皖东，集中力量巩固华中已得阵地，并请调八路军一部增援淮北和皖东，然后以黄克诚部、陈毅部一举驱歼韩德勤。10月13日，刘少奇从皖东致电陈毅、粟裕、黄克诚并报毛泽东等："如能驱走韩，便可能组织华中敌后统一民主政府与总司令部，使我公开正式地站在领导地位，是有极大号召与法律上的作用。如不能驱走韩，即使我有实力的优势与某些实际领导地位，但不能公开正式站在领导地位号召与对各根据地颁布法律命令；相反韩之命令法律，仍在民众中有极大作用，这对人民是大问题。"为此，刘少奇又进一步提出："如我能在目前乘胜一鼓攻克兴化，彻底消灭韩部，驱走顽韩，那在政治上、军事上对我是极有利的。"在刘少奇看来："在蒋、顾已下决心'扫荡'江南北新四军之时，我彻底消灭韩部并不破坏统战，相反恰是保持统战的有效办法。只有蒋、顾放弃其对我进攻之决心时，我才能适可而止。"[13]10月20日，刘少奇再次致电中共中央，列举了韩德勤反共的众多罪状，以示韩德勤非灭不可。过了十几天，11月4日，刘少奇又一次致电毛泽东、朱德、王稼祥，陈述自己的想法："我们意见迅速消灭韩德勤，统一苏北与皖东于我手中以后，再行全部主力增援皖东，如此较为有利。如韩部不解决，则陈毅与五纵留下部队不能巩固苏北，李明扬[14]等十分可能反我；黄部由涟水、淮阴以北过运河，再过淮河，沿途河泊及敌据点很多，随时有被敌隔断危险。如将韩部解决，控制运河，增援容易。皖东部队与黄部易受韩与李品仙之夹击，如李品仙用亲蒋政策逐步推进，则使我东西不能兼顾，苏北、皖东均处困难地位。"[15]

但在中共中央正式回复之前，苏北海安的陈毅、粟裕首先对刘少奇的意见提出了异议："立即灭韩固然便利，恐先给蒋以大举反共之口实，于政治上不利。"[16] 为此，刘少奇、黄克诚于 11 月 7 日南下海安，前去与陈毅、粟裕会晤，准备就苏北新四军行动统一认识。可就在这个时候，国民党东北军霍守义的第一一二师 4000 余人，由鲁南开到了苏北，"声言武装调查磨擦"，显然是来增援韩德勤的。11 月 9 日，刘少奇将这一情况向中共中央作了报告，并提出欲先劝其撤离现地区，不要参加内战，"如不听忠告即行歼灭之"的意见。[17]

次日，即 11 月 10 日，毛泽东、朱德、王稼祥复电刘少奇等，指出："我对东北军基本政策是争取，不是打击"，"只有至万不得已时才作自卫反击，但随即退还人枪，争取友好"。[18] 中央的意思是，在目前的险恶形势下，不能多面出击，对于那些只是争夺地盘的国民党军，可以姑且让一步，以集中力量对付亲日反共的顽固派。特别是东北军，在西安事变中曾和共产党一度合作，更要对之采取联盟的态度。

但是，除了东北军外，顽军同时也在步步逼近。几乎在东北军霍守义部进抵苏北沭阳以南地区的同时，李品仙部莫德宏师也进入淮南铁路以东地区。11 月 10 日，刘少奇在给中共中央的电报中分析认为，各方反共军步步逼近，构筑封锁线，"如不迅速解决韩德勤部，巩固苏北阵地，不集中主力给反共军主力以痛击，消灭一、二个主力师，则华中形势愈趋愈危险愈难应付"，并决定以八路军第五纵队一部监视霍守义部，"主力即进攻宝应、射阳镇以北之曹甸、车桥、平桥一带韩部据点，控制淮安、宝应段之运河，得手后相机南攻兴化、沙河，彻底解决韩部"[19] 打通与皖东之联络。第二天，刘少奇又致电延安，建议"首先消灭韩德勤，巩固苏北，确保津浦路以东地区，集中全力在皖东决战后再相机向西大发展"。[20]刘少奇显然灭韩决心已定。

11月11日，延安复电："目前即刻动手打韩德勤、霍守义、何柱国，在政治上极端不利，尚须忍耐。"[21]11月13日，毛泽东、朱德、王稼祥联合致电刘少奇、陈毅、黄克诚，针对上述情况作了进一步的说明和指示："目前正从重庆设法，缓和汤、李进攻，朱、彭、叶、项联名致何、白'佳电'已发出，周、叶正在谈判，做到仁至义尽。如彼最后决心进攻，毫无转圜余地，我们方可动手打韩，故目前只能作打韩准备，不能马上动手，至必须动手时，我们当有命令。"同日，毛泽东、朱德、王稼祥再次致电彭雪枫并告刘少奇："（一）目前在政治上军事上均只能作防御的自卫战。（二）只能依靠现有兵力，不能希望华北增援。（三）目前在重庆办交涉，须做到仁至义尽，不能马上动手打。"[22]

毛泽东在确定已经说服刘少奇放弃了灭韩决心之后，于11月14日电告周恩来："已令苏北取拉韩政策，非至万不得已时不得解决韩，与重庆活动配合一致。"[23]以让周恩来放下心来，继续进行谈判工作。

## 毛泽东发起反投降反内战运动

在中共中央发出"佳电"之后，国民党顽固派仍在紧锣密鼓地为着进攻共产党军队而进行着筹备。1940年11月14日，国民党政府军事委员会军令部制定了《"剿灭"黄河以南"匪军"作战计划》和"解决江南新四军案"，接着，又密令第三十一集团军汤恩伯、第二十一集团军李品仙和鲁苏战区韩德勤等部共20万人，准备向华中八路军和新四军进攻，并密令第三战区顾祝同部从浙皖前线抽调兵力，部署围歼皖南新四军军部及其所属部队。

对此，毛泽东于11月15日致电全党全军，倡导以发动反投降、反内战运动的方式，来对付蒋介石的反共高潮，并为此作出了详细部署。

一、根据中央十一月七日对时局指示及朱、彭、叶、项佳日联名复何、白电所取政治立场，对于蒋介石此次反共进攻，决定对皖南取让步政策（即北移），对华中取自卫政策，而在全国则发动大规模反投降、反内战运动，用以争取中间势力，打击何应钦亲日派的阴谋挑衅，缓和蒋介石之反共进军，拖延抗日与国共合作时间，争取我在全国之有理有利地位。

二、蒋对华中压迫已具决心，因此我要积极准备自卫。但蒋进攻亦有几种困难：

第一、是我取缓和态度，何应钦缺少了挑拨的借口（虽然还有可借口者），蒋介石、白崇禧要顾虑中间派态度，故我应广泛宣传《佳电》内容，剥夺蒋、何、白之政治资本。

第二、蒋介石很怕八路军南下，尤怕我从西北突出。故我应宣传彼方如果打新四军，则八路不能坐视不救，请求彼方停止二十九个师之行动，否则八路不能听新四军挨打。到处适当地散布这种空气，向顽固派取"谣言攻势"，使之有所畏而不敢胡干。

第三、蒋介石怕我皖南不动，扰其后方，故我对皖南部队既要认真作北移之准备，以为彼方缓和进攻时我们所给之交换条件，又要要求彼方保证华中各军停止行动，以为我方撤退皖南部队时彼方给我之交换条件。

第四、蒋介石、顾祝同均怕我消灭韩德勤，故我应在各地放出如下之空气，略谓苏北事件我已遵令和解，不咎既往，但如汤、李、霍（守义）、莫（德宏）不停止进攻，则我不得不打韩德勤。此空气尤应直接从韩本人及顾祝同方面着手，表示我可继续保全韩德勤，但以必须停止汤、李、霍、莫进攻作交换条件。

第五、蒋介石进攻还有一个困难，就是在他未同日本人真正讲好条件之前（如条件讲好则全局大变），他的"剿共"战场是不方便的，他的东进大军不易通过淮南路、津浦路两道日本封锁线，其北进大军亦难通过涡河敌垒及以北敌据点。如彼仅使用霍、莫等小部，则我游击队即足以对付之。故我对霍、莫、何（柱国）、孙（桐萱）、马（彪）等一切接近之部队，应强调大敌当前不应内战之宣传，并加强统战工作，在彼等小部进攻时（如霍、莫），只用众多之游击队缠绕之（此等游击队主要作用是宣传队），而避免与之作真面目战斗，不损伤桂系与东北军之感情，预留尔后讲价还价余地。同时在皖东则说明，该地是廖磊故主席划给新四军之防地，在皖东北则说明该地是卫（立煌）长官承认给彭（雪枫）支队的游击区。总之，在这些区域要使我全体军民振振有词，使进攻者词穷理绌。

三、如我各方面做得好，这次反共高潮是可能打退的，虽然我们决不应该估计蒋会放弃对我的压迫政策（这是决不会的），并且还要准备对付投降、夹击的最黑暗局面。

以上意见请考虑酌行之。**24**

从这份电报可以看出，毛泽东对于目前形势的估计已比以前轻松了许多。

## 华中新四军八路军总指挥部成立

与此同时，中共中央在军事上也采取了预先的防范措施。1940 年 11 月 17 日，为迎接当前严峻形势和统一指挥长江两岸的新四军和八路军，华中新四军八路军总指挥部在苏北海安宣布成立。

其实，自八路军和新四军 10 月 10 日在白驹镇胜利会师后，在华中建立统一领导各武装力量的指挥机构，已经成为迫不及待的事情。

新四军及华中地区的抗日斗争，最初是由中共中央长江局和东南分局领导的。1938 年秋，中共六届六中全会决定撤销长江局，成立中原局，同时将东南分局改为东南局。原东南分局与长江局是隶属关系，新成立的中原局与东南局是并列关系。中原局成立后，中共中央于1938年11月9日致电相关单位，确定以刘少奇为中原局书记，"所有长江以北河南、湖北、安徽、江苏地区党的工作，概归中原局指导"[25]。为了划定北方局与中原局的管辖范围，避免关系上的纠纷，中共中央书记处于1939年1月19日分别致电北方局和南方局："以陇海铁路为界。陇海路南的部队及地方党，无论在指挥上及建制上一概拨归中原局管理。——五师在路南发展的地方武装一概交中原局，主力部队则归师部，将来调回路北活动和发展。"[26]不过，虽然中原局与北方局的管辖范围明确了，但在陇海路以南中原局的管辖区内，指挥却长期未能统一。1939年12月26日，中原局给中共中央书记处转发山东分局的电报称："陇海路南、津浦路东皖东北及苏北地区，因为过去没有党的组织，各方派人去该地区工作是必要的，但因此也造成了今日该地区党与军事工作指挥不统一的现象。"[27]

在军事指挥上，新四军军部能直接指挥的就是新四军第一、第二、第三支队。江北的新四军第四支队最初是由长江局直接指挥的，但新四军江北指挥部成立后，其与新四军军部又有了一定的关系。自刘少奇进入皖东敌后，新四军江北指挥部基本归中原局指挥。至于豫皖苏边区的彭雪枫部、豫鄂边区的李先念部，虽以新四军名义活动，皖南的新四军军部其实指挥不了，他们从组建开始就一直是由长江局和中原局领导的。1939年9月17日，中共中央在关于坚持鄂东斗争的指示中就谈道："新四军彭雪枫、李先念支队及鄂东第五、第六大队，均系由地方党创造的抗日部队，虽经多次战斗，但至今未能取得国民党之正式承认，与军部关系亦不密切，部队给养均仰给地方。"[28]就连彭雪枫、黄克诚如此高级别的人物，也经常弄不清楚应该听谁指挥。

随着新四军原有四个支队的日益发展，各路游击支队和豫鄂挺进纵队的走向正规化，八路军一部南下到华中地区，华中地区共产党领导的部队就更多了。但这些部队各有自己的指挥系统，相互行动难以协调，日伪军"扫荡"和国民党顽固派反共进攻的形势又日趋严峻，华中抗日部队建立统一指挥机构的问题显得愈加迫切。

1940 年 6 月，彭德怀致电刘少奇，建议将彭雪枫、黄克诚两部合编，组织陇海八路军陇海路南支队，统一指挥陇海路南及津浦路西之抗日部队。1940 年 6 月 22 日，刘少奇就此致电毛泽东等人，认为这样做虽然对创造党的主力部队是好的，但涉及其他问题，就似乎不妥了。同时谈道："目前华中部队已不少，均分散各处，且已取得地区，惟将来在战略以至战役上均须配合行动。华中环境各方面均较华北更复杂，困难更多，而我部队内部在建制上、指挥上亦不完全一致，问题亦多，在目前迫切需要建立有威信、有工作能力的华中总司令部（公开名称另定），在指挥上以至建制上统一华中各部队，否则在目前紧张情况下，不能迅速解决问题，必致引起许多不必要的困难与损失。目前江北指挥部能力过弱，不能照顾华中全局，在干部及物质方面，亦不能解决各部的问题与要求。我个人在军事上多少还是外行，且有党政方面的工作，在军事上是不能负责的，因此请中央迅速考虑这个问题，派人到华中负责军事责任，或朱（德）、彭（德怀）中来一人，或稼祥同志来，或（八路军）三个师长与陈毅同志中来一个。" **29**

然而，朱德、彭德怀、王稼祥以及八路军的三个师长都是重要岗位上的重要负责人，无法脱身，而陈毅虽然已久经考验，但欲获得服众的资本，还需有更大的战绩。直到 1940 年 10 月的黄桥决战，陈毅高超的指挥能力获得了广泛认可。10 月 14 日，毛泽东、朱德、王稼祥致电陈毅并告刘少奇等："同意陈毅统一苏北军事指挥，同意胡服去苏北与陈会合，布置一切。" **30**10 月 19 日，刘少奇、邓子恢、赖传珠致电毛泽东等："目前，华中的斗争急需建立统一的司令部，而中原局与苏北指挥部会合仅能解决苏北的指挥问题。解决华中统一指挥问题最园满的办法是军部速即移来，统一华中指挥并可兼指挥江南。" **31**11 月 10 日，刘少奇又致电中共中央："为统一华中军事指挥起见，提议由中央任命陈毅同志为八路军、新四军华中各部之总指挥，并加入中原局为委员。如叶希夷同志到华中，即由叶任总指挥，陈毅副之。"[32]不久，中共中央书记处复电："同意在叶挺过江后，以叶挺为华中新四军八路军总指挥，陈毅为副总指挥。在叶挺未过江前，由陈毅代理总指挥。并决定，以胡服为政委，叶、陈、胡统一指挥所有陇海路以南之新四军与八路军。对外交涉，以新四军军部叶、项名义。项英同志，在皖南部队移动事宜就绪，经重庆来延安参加七大。"[33]

1940年11月17日，华中新四军八路军总指挥部在苏北海安召开成立大会，陈毅在会上作《关于当前形势及华中我军任务的报告》。总指挥部机关主要由中共中央中原局机关、苏北指挥部机关、江北指挥部机关部分人员组成，参谋长赖传珠，政治部主任邓子恢（未到职）。11月24日，华中新四军八路军总指挥部移驻盐城文庙。

华中新四军八路军总指挥部的成立，使共产党在华中的抗日武装形成一个整体，也为后来新四军新军部的成立做了组织上的准备。在皖南新四军军部出现突遭灭顶之灾的严重情况之后，新四军并未由此而失去指挥中心，并能在很短时间内重建军部，全赖有华中新四军八路军总指挥部这个机构。

## 曹甸之战未能彻底解决苏北问题

项英接到毛泽东11月15日的电文，见第三条将蒋介石在华中停止行动作为皖南部队北撤的交换条件，立即看到了可以继续留在皖南的一线希望。11月21日，毛泽东在关于粉碎蒋介石反共阴谋的指示中表示："我除在文章上'佳电'表示和缓及皖南一点小小让步外（实际我早要北移，但现在偏要再拖一两个月），其他是寸土也不让。"[34]同日，中共中央书记处正式致电项英："你们可以拖一个月至两个月（要开拔费，要停止江北进攻），但须认真准备北移。我们决心以皖南的让步换得对中间派的政治影响。"[35]可见，毛泽东作出这样的决定是为了与蒋介石博弈而采取的临时策略，欲以违命方式进一步压制蒋介石的无理要求，但并未否定皖南北移的决策，而且明确提出要通过皖南北移来换取政治影响。也就是说，北移为真，但暂时要用拖来作为当下的对策。

然而，毛泽东这一松口，项英立即于11月22日致电中共中央及毛泽东、朱德："皖南部队开动需相当时间。数月来均是积极进行坚持作战之动员与布置，亦非数日所能改变。如地方工作之转变，残废伤病之安插，各种资材之处置，特别大多数士兵均系本乡本地之人，如无相当之教育与政治的巩固工作，无法消灭大批逃亡的严重现象"。"由苏南北移之交通布置，须费相当时间才有保证。溧武路至大江边的敌人据点，今年更增加，空隙缩小"，"若无相当时间逐渐分批转移，大军是不能停留该区，又无法一下通过，停留则受敌打击"。"移至苏南溧武路以南地区，如不会有安全时间，分批北移而发生变化，此地非战地，我甚不利，无论地势、群众条件都差"，"我军进至该地后，彼必将重兵押后，占据有利地形以堵我，使我处于河湖及敌封锁线之狭小包围圈中，既不能全部立即转入敌区，又不能实行机动作战"。总之，"反不如停留皖南，胜利把握较多"，"因此，我们意见，极短期内无法开动。如估计有战斗情况发生，反不如暂留皖南好"。**36**

由此，自叶挺前往上饶谈判回来，在顾祝同虽然希望皖南部队从无为北撤、却也并未拒绝其走苏南的条件下，皖南新四军失去了最后一次有利的转移时机，因为此时的苏北形势正在急剧恶化。韩德勤虽然黄桥兵败，但仍拥兵数万，与在苏北的八路军、新四军相比，兵力仍然占据优势，现已按捺不住，扬言要"恢复黄桥决战前的状态"，同时东北军霍守义部也在大踏步南下，不断向八路军黄克诚部驻地逼近。

黄克诚为避免内战，暂时命令第五纵队退出苏家嘴、凤谷村、青沟等驻地，让步于霍守义师。但他担心对于东北军霍守义部这种"贴身舞剑"的策略，如果坚持不打，对方必然会步步进逼。于是，刘少奇、陈毅等向中共中央转告了黄克诚的顾虑，并报告华中军事形势，"现各方均来电要求先打韩，争取战略上的主动，以便将来能集中力量对付西面汤、李之进攻"**37**。

1940 年 11 月 19 日，毛泽东、朱德、王稼祥复电刘少奇等："你们目前一个短时间内的总方针是积极整军，沉机观变。只要军队能打是可以变被动为主动的。"同时还提醒，"五纵队主力须位置于韩、霍两军之间，隔断其联络，万万不可听其打成一片，能办到这点，霍师态度就会好转，韩德勤也会就范"，"为达此目的，你们应立即准备一个局部战斗，即是用五纵队主力，从东沟、益林出发，突然攻占凤谷村、车桥两点，再行攻占平桥、阳念、黄浦、安丰地区，打通皖东、苏北联系。限电到五日内准备完毕，待命攻击"。并再次强调，"根本方针仍是拉韩拒汤、李"。**38** 但黄克诚经过仔细衡量，认为霍部火力颇强，战斗经验丰富，转向中央提出，要"以小部钳制东北军，以新四军及五纵队主力消灭韩德勤部，占领兴化及以西以北地区，彻底解决苏北问题"**39**。意见的核心即避开霍守义，先解决韩德勤。

由于战场形势的骤变，这一次，陈毅与黄克诚、刘少奇在"先消灭韩德勤"问题上达成了一致。11 月 21 日，刘少奇和陈毅等要求"各部务于 26 日之前进入各自攻击准备位置，秘密集结完毕，待命攻击"，并于次日将部署意见报告给了延安。**40**

但延安并不同意马上发起进攻，希望到 12 月中旬左右再打。毛泽东认为："只要蒋介石未与日本妥协，大举'剿共'是不可能的，他的一切做法都是吓我让步，发表'皓电'是吓，何之纪念周演说是吓，汤、李东进也是吓，胡宗南集中四个师打关中也是吓，命令李克农撤销办事处也是吓，他还有可能做出其他吓人之事。除吓以外，还有一个法宝即封锁"，对一切吓我之人，应以我之法宝（政治攻势）转吓之，我们除在"佳电"中表示和缓、在皖南作出让步外，其他有进攻者，必须粉碎之。胡宗南部正准备进攻关中边区，只待胡发动进攻，我们即在苏北发动一个局部战役以报复之，隔断韩德勤、霍守义两部，打通皖东、苏北。"只有软硬兼施，双管齐下，才能打破蒋介石的诡计，制止何应钦的投降，争取中间派的向我，单是一个软，或单是一个硬，都达不到目的。"[41]因此，毛泽东回电刘少奇等人：估计国民党汤恩伯、李品仙集团进攻新四军彭雪枫部、张云逸部的时间约在12月中旬左右，届时苏北新四军、八路军即动手解决韩德勤部，衅自彼开，我后发制人，政治上有理，处于主动地位。

考虑到新四军在苏北打击韩德勤部队，顾祝同肯定要拿皖南新四军来报复，中共中央为了保证不让进攻韩德勤影响到皖南的安全，又着急地于11月24日连发两份命令，一份称："（一）你们必须准备于12月底全部开动完毕。（二）希夷率一部分须立即出发。（三）一切问题须于二十天内处理完毕。"[42]另一份称："立即开始分批移动，否则一有战斗发生，非战斗人员及资材势必被打散。"[43]

对此，项英给中共中央回电："（一）我们正准备北移一切必要措置，但无论如何要在十二月底才能完毕开动。（二）工作人员及资材先行北上，大部由苏南走，小部由皖南渡北。（三）部队渡过后集结，看那时交通情况，或全部走苏南，或把一部就原地至皖北。（四）中央大计如何？究竟有何举动？假若是队伍既未到苏南，又已离皖南，在半路上要战斗，则颇不利。但如有何变动，来的快时，则请无须顾虑，我们就在皖南打，资材与人员的损失是顾不了的。"[44]

可就在项英仍在拖拉之时，苏北的刘少奇已经着急要打韩德勤了。因为苏北的部队集结之后，后方出现空虚，刘少奇因敌情变动迅速，担心己方多日不动会出现危险，即于11月26日发出了华中新四军八路军总指挥部的第一道作战命令："各兵团应于27日进至攻击位置，均于29日拂晓开始攻击。"并同时致电毛泽东、朱德、王稼祥："因桂军向皖东进攻很急，我们可以增援皖东为理由，向阻断苏北与皖东交通的沙沟、射阳、安丰、平桥地区推进，占领该地区。"[45]

11月28日，中共中央考虑到苏北的实际情况，复电同意向所报告的地区发起进攻，但也重申：不得攻打韩德勤省府所在地兴化。

由于苏北的战斗随时可能打响，项英连续致电中共中央，报告新的北移计划。11 月 27 日电文称："经我们多方研究与考虑，由苏南北移路线，途中困难多，危险性较大，反不如由三支地区兼程移皖北较利（仅有一道封锁与长江），既时间经济，又直接增援皖东。""因此，我们决心将大批工作人员即刻化装过封锁与部分资材先经苏南至苏北，同时以迷惑各方，再以突击方式，将部队由现地区突过长江至皖北。目前正在积极布置中。"**46** 11 月 29 日又报告："我们决心目前公开走苏南，兵力留后结集，大部密渡皖北，一切完毕仍在年底。"并询问："苏北动作如何？如与大局无碍，可否延至我安全北渡后？"**47**

毛泽东对项英这一次积极的北移态度感到满意，而让他更为满意的是来自日本方面的消息：1940 年 11 月 30 日，日本宣布正式承认南京汪精卫伪政权为中华民国国民政府，这意味着日蒋合谋计划的流产。毛泽东悬着的心终于落了下来。中共中央最初接到国民党"皓电"后，对形势最悲观的估计，是蒋介石完全投降日本，国共全面开战，如今日本诱降蒋介石未能得逞，国共大规模内战是不可能了。于是，毛泽东对形势的估计一下子乐观了起来，认为"此次蒋、何、白串通一气用'皓电'、调兵、停饷、制造空气、威胁办事处等等手段，全为吓我让步，并无其他法宝"，"他只有吓人一法，对日本是吓，对我们也是吓，除了这个流氓手段外，他是一筹莫展的。蒋现在的特点是内外不稳固（内外危机交迫）"，"至于在实际上，此次反共规模，不会比上次大，只会比上次小，因为我更强了，彼更弱了"。所以，毛泽东、朱德在 11 月 30 日复电项英称："（一）你们布置很对。（二）苏北动作不碍大局，只在淮安、宝应间打一缺口，以便隔断韩、霍，打通苏皖，顾、韩会要叫几声的，你们敷衍一下就完了。（三）日蒋决裂，日汪拉拢，大局从此有转机，蒋对我更加无办法，你们北移又让他一步，以大势判断，蒋、顾是不会为难你们的，现在开始分批移动，十二月底移完不算太迟。"**48** 中共中央的口气又缓和了下来。

项英在得到中共中央 11 月 30 日的指示和肯定后，确实也开始着手做起了北移的实际准备工作。这从国民政府军事委员会委员长侍从室抄送给何应钦的情报中亦可得到证实。

一、新四军军部人员及主要文件，由泾县云岭陆续向繁昌县渡江北移，该县宛里丁家垮附近尚驻有该军一营。

二、该军北移仅新编部队及政工人员与眷属等……十二月一日有辎重队约千人渡江开往无为，九日夜有一千人由泾县西南章家渡移驻南陵以南汀潭，又北贡里盟李何家湾途上，不断有行李及零散部队北开，小河口修械所亦移走，十一日有六百余人携带短枪由马头镇东开。

三、泾县新四军政工人员到达郎溪县即化装贩卖烟卷糖果，潜入高淳、溧阳、溧水等县，刺探我军情。**49**

12 月 4 日，项英在给中共中央和中央军委的电报中也称：我们的兵站已于 12 月 1 日开始恢复至苏南交通，大批工作人员及资材一部，已于 12 月 3 日开始分批向苏南移动。整个战斗部队正在加紧各种动员与教育，等候情况与时机移动。但可能是受到了毛泽东在电报中乐观情绪和缓和口气的影响，项英在电文的后半部分再次列举了一大堆困难，同时又开始纠结起自己前往延安参加中共七大的路线，认为"先过江北，要各地直接派队护送北上"也困难，最好是先"化装随军车到渝"。**50**

然而，此时的苏北战场却出现了些许意外。中共中央同意在那里打的仅是一场"不碍大局"的局部战斗，目的在于"隔断韩、霍，打通苏、皖"，但实际上打起来的却俨然是一场"灭韩"之战。11 月 29 日夜间，华中新四军八路军总指挥部已向韩德勤发起了大规模进攻，以 10 个团的兵力分三路由东向西逐次攻击前进。

受到攻击的韩德勤赶紧向蒋介石、何应钦告急，要求"速调大军驰援"，以挽危局。何应钦收到电报后，立即把苏北战事与皖南新四军北移联系起来："可令汤恩伯东进，但仍恐缓不济急。故对在江南之新四军不准由镇江北渡，只准由江南原地北渡，或另予规定路线，以免该部直接参加对韩德勤部之攻击。若江北异军竟敢攻击兴化，则第三战区应将江南新四军立予解决。本案请照上意速签呈委座核示。"**51** 蒋介石当即批准。

国民党顽固派为了解决韩德勤部队受到的强势进攻，同样也想从皖南新四军这里找到挽救苏北的"交换条件"。因此，国民党军事委员会办公厅制发了《防制皖南新四军具体意见》，其中说："必须于军事政治两方兼筹并顾，即以必要之军事措置防制彼等军事之意外，以政治防御抵御彼等政治之进攻。"其中，在军事方面针对皖南新四军的具体对策是：

1. 不划分该军作战区域。

2. 由司令长官部命令该军第三支队仍归第二十五军指挥，不归还建制。

3. 第一四四师与第五十二师应切取联络，以遮断第三支队与该军军部之联系。

4. 第二十五军与第五十军应常派小部队，向章家渡以南地区活动，以威胁小河口与云岭间之交通。

5. 江南未复旧观以前，该军与江南交通线不应使之恢复。

6. 为威胁有力起见，除第五十二师于泾县、南陵、繁昌，第一四四师位置于青阳、铜陵外，应控制有力之一师于旌德与太平之间。**52**

这些措施不仅将皖南新四军军部与新四军第三支队分割开，而且还对其采取了严密的限控。

在苏北，经过黄桥惨败的韩德勤部，仍有约两万兵力，退守于兴化、曹甸、平桥、宝应、安丰、沙沟等地，正精心构筑工事，以图固守待援。而新四军、八路军各参战部队，经过猛打猛冲、分兵突进，已连续突破韩军三道防线。韩军见正面堵击失败，便收缩兵力，退守在安丰、曹甸、平桥一线，并力图与东北军第一一二师打通联系。根据韩军部署和战法的变化，华中新四军八路军总指挥部认为："韩主力已向西北曹甸方向溃窜，估计有可能与车桥、泾口之东北军靠近并有向北逃窜之可能。该军粮款无济、弹药甚缺，军心动摇，为我歼灭该军之良机。"**53** 至此，华中新四军八路军总指挥部已将战役目的最终上升为消灭韩德勤，作战规模也随之进一步扩大。

12月4日，华中新四军八路军总指挥部命令：新四军第二纵队除以第六团继续攻击沙沟、中堡外，主力于陶家林一带肃清顽军残余武装，巩固后方；八路军第五纵队第一支队向安丰、曹甸攻击，求得在曹甸地区歼灭韩军主力；新四军第一纵队配合八路军第五纵队第一支队攻击曹甸韩军，并确实控制平桥及运河交通；八路军第五纵队第二、第三支队继续监视东北军第一一二师，与各方机动配合，并警戒淮安日伪军出扰。

12月5日晚，八路军第五纵队第一支队第一、第三团向曹甸发起猛攻。曹甸筑有坚固工事，周围是水网地带，易守难攻。进攻部队苦战一夜未能奏效。华中新四军八路军总指挥部鉴于韩军固守待援的情况，及时加强了第一线的攻击力量，并同时向韩军各据点发起攻势。

12月6日，中共中央在得知苏北战况的最新进展后，见战役目的与规模都有失控的危险，赶紧为"灭韩之战"踩刹车。毛泽东、朱德、王稼祥电示："只待曹甸、安丰、阳念、黄浦、平桥等地占领，此次战役即可结束。仍留兴化、高邮及他处不打，保存韩德勤。"**54**

## 上官云相在徽州密谋包围新四军皖南部队

蒋介石发出的"皓电"已勒令所有共产党军队都后退到黄河以北，后又拟定了分步北撤的时间，现在不仅孤军深入的皖南部队不撤，而且聚集在华中的共产党部队还要吞掉韩德勤，这要让他的老脸往何处安放？12月7日，蒋介石正式批准了军令部在11月14日拟定上报的《"剿灭"黄河以南"匪军"作战计划》，并批示："此部署与计划可照办，但时期当略展缓，须待本月下旬再定实施时间，故本计划可暂缓下令。"**55**

中国的抗战大局毕竟正受到世界范围的关注，在对共产党采取实际军事进攻之前，蒋介石必须先要做足政治文章。12月8日，他授命何应钦、白崇禧发出致朱德、彭德怀、叶挺、项英的"齐电"，再次强令八路军、新四军"将黄河以南之部队，悉数调赴黄河以北"。12月9日，蒋介石又下达手令："凡在长江以南之新四军，全部限本年十二月三十一日开到长江以北地区，明年一月三十日以前开到黄河以北地区作战。现在黄河以南之第十八集团军所有部队，限本年十二月三十一日止开到黄河以北地区。"**56**

12月10日，国民政府军事委员会军令部长徐永昌对蒋介石12月7日在该部上报作战计划上"暂缓实施计划"的批示，提出了不同意见，认为当下已是12月中旬，如暂缓下令，到12月下旬实施时恐各部队准备不及，再加上苏北新四军已经先发制人，为避免国军被其各个击破，及声援鲁苏地区，立于主动地位，应该马上下达命令。蒋介石接受了这个建议，并向上饶的顾祝同发出特急密电。

（一）查苏北匪伪不断进攻韩部，为使该军江南部队，不因直接参加对韩部之攻击，应不准其由镇江北渡，只准其由江南原地北渡，或由该长官另规路线亦可。

（二）该战区对江南匪部，应按照前定计划，妥为部署并准备。如发现江北匪伪竟敢进攻兴化或至限期（本年十二月三十一日）该军不遵命北渡，应立即将其解决，勿再宽容！**57**

同时，国民党方面还故意泄露皖南新四军北移路线，以期得到日军配合，加强沿江封锁兵力。很快，国民政府军事委员会委员长侍从室就得到了盼望的情报。

> 沪敌军部参谋长樱井赴南京，晋见敌酋西尾寿造，商定进袭新四军计划如下：
>
> 一、对散驻京沪杭地区之新四军，决迫其向皖南退却，并设法使其与中央部队自相火并。
>
> 二、对散驻长江北岸皖豫边境之新四军，决动员第十五、第一一六等师团之一部兵力进袭扫荡。
>
> 三、由驻沪敌军第十三军团长藤天进负责指挥。**58**

获此消息后，顽军大喜过望。江北的李品仙立即下令在无为地区加强布防，预先做好了与日军夹击新四军皖南部队的准备。

而在皖南的上官云相也在徽州召开了秘密军事会议，密谋包围新四军皖南部队。出席会议的有第三战区司令长官部代表——少将、参谋处长岳星明，第二十三集团军总司令唐式遵，第五十二军军长范子英，第二十五军军长张文清，第五十二师师长刘秉哲，第四十师师长方日英，第七十九师师长段霖茂，第一四四师师长戴传薪以及上官云相的参谋长陈以忠等人。

上官云相分析说，新四军北移可能性小，"南窜"可能性大，还有"劫夺"徽州仓库弹药、再实现"三山计划"（黄山、天目山、四明山）的企图。随后，岳星明传达了顾祝同的意旨："新四军北移要'掩护好'，如'南窜'则务必要堵截住，无论如何，皖南必须统一指挥。唐副长官担负的正面已宽，责任已经很重，所以这次打算暂由上官云相长官负责统一指挥。"虽然唐式遵与上官云相同为第三战区副司令长官，但由于唐所指挥的川军属于"不可靠"之流，而且顾祝同又认为他的指挥能力太差，所以唐式遵只好"委屈"一下，在围攻皖南新四军这一大任上，让给了顾祝同的嫡系上官云相。这次会议还商定，为了对外保守秘密和避免舆论指责，不再另设名义和机构等。

会后，上官云相曾对贴心幕僚说："消灭新四军的任务是很艰巨的，顾长官早就打算好了，才调我到皖南来担任这个任务。"并信誓旦旦地声称："我的作战要旨是：如果新四军不遵令于年底以前渡江，决以优势兵力加以包围消灭。指挥要领是：压迫北开，候其越过守备线，即严阵不使再退入守备线，大部队渡江，必遭日寇袭击消灭。新四军如在云岭按兵不动，则就地包围，坚决消灭他。"**59**

顾祝同第三战区的秘密活动，皖南新四军不可能没有察觉。12月12日，项英等向中央汇报："据密报，顾电各进攻新四军主力于十二月底过繁铜、高淳，勿谈再过苏南，以免延误，如该军故意不动，即予以彻底解决等情。"并报告了第一四四师、第五十二师及第四十师的部分部署情况。**60**12月13日，项英又致电中央："因国党到处散布我军北移，已使敌注意，到处增加兵力，严密封锁"，"到皖北道路，敌与顽均在沿江增兵筑工事，大部渡江困难，仅可偷渡一部，还要等待时机"，"苏南情况更紧张，如封锁线均增加日军，穿插甚不易"，"因行动已定，消息又已吐露，无法保密与突然行动，则应再延一时，待敌戒备稍弛，目前当很难求得迅速北渡"，"战区仍以我军先行北渡，再发各种费用，对子弹置之不理，还在交涉中。我们的态度，不发饷弹即不开动。我们行动应如何，请电复"。**61**

可见，项英此时非常清楚皖南部队面临的危机：不动，会被彻底解决，而北移，走苏南又增加了日军封锁，走皖北却仅可偷渡少部。可他给出的解决方案却仍然是继续拖延，不开动。而身在华中前线的刘少奇和陈毅同样清楚皖南部队的困境，并认为要解决问题，就需尽快找出大部人员途经苏南的办法，他们在给中央和项英等人的电报中谈道：

> 由于国党故意在各方宣布和宣传我军北移，使日寇近日在江南各据

点及封锁线增加大批日军，并进行"扫荡"……江北敌人已在三支附近据点增兵，最近飞机在我地区不断侦察……故此种情况如继续发展，实有碍我军之转移。全军向江北转移，据各方考察恐难做到，将来只能以一部移江北，大部还须经苏南。因渡江一次，最多只能渡一团多人，不能继续偷渡。如再滞一时，但又碍于顽军在后夹击。如无此顾虑与危险，当可分批偷渡，不过顽军绝不会让我如此转移。**62**

而中共中央书记处于 12 月 14 日复电称："蒋介石为使我军移动不生变化起见，确已命令顾祝同通知各军加以协助，故阻碍是不会的，但你们仍须注意警戒。"中共中央的这个判断，显然过于乐观，但也并没有放松对皖南新四军北移的时间限制："移动时间蒋限 12 月底移完，我们正交涉展限一个月，但你们仍须于本月内尽可能移毕。"**63**

然而，此时苏北对韩德勤的作战因为没能拿下曹甸，又给皖南新四军增加了一层困难。周恩来从重庆给中共中央发送消息：蒋介石对苏北的冲突越来越恼火。毛泽东义致电华中新四军八路军总指挥部：国民党甚关心苏北冲突，你们应坚持原定方针，不打兴化，保留韩德勤，并望 10 天内结束曹甸作战。但八路军、新四军在 12 月 13 日夜里向曹甸发起总攻后，虽一度突破韩军前沿阵地，但未能攻克其核心部位。12 月 15 日，刘少奇致电毛泽东、朱德、王稼祥等："我攻曹甸未下。此次战役，我伤亡共约两千人，消耗甚大"，"韩德勤及东北军尚有八千多人在车桥、泾口、安丰、曹甸一带"，"苏北问题已成僵局，急切不能彻底解决"。**64**12 月 16 日，毛泽东、朱德、王稼祥复电，同意刘少奇的部署，华中新四军八路军总指挥部当日下令撤出战斗。曹甸战役历时 18 天，继黄桥战役之后，进一步削弱了韩德勤的反共力量，有利于苏北抗日根据地的建设。但曹甸攻而未下，却留下了隐患。蒋介石、顾祝同由此认为韩德勤在苏北仍余勇可贾，不再是国民党在皖南采取行动的顾忌，而共产党军队未能拿下曹甸，就无法在皖北生根，因此在 12 月

14日曹甸之战大局初定时就致电叶挺、项英,以"经过苏南不免迟缓"为由,令新四军皖南部队"应以主力就近北渡皖北"。这就进一步增加了新四军北移的难度。

## 项英连日向中共中央发电请示行动方针

12月16日,项英在致电中共中央时提到:"因苏北霍师及韩部不能解决(曹甸未下),张云逸、罗炳辉无信心坚守皖北,胡服已决定放弃路西,使我们将来无法过皖北。"而"皖北因桂军大活动,对岸有一渡口已为顽军占领",但顾祝同已"指定由皖南北渡皖北(走繁昌过江)一线"。就算走苏南,因苏南12日"发生敌情,一切辎重运输及人员皆已停止"。"因此,目前无论走苏南或渡皖北皆不容易",请中央"给我们以行动方针(或拖或走)及行动范围的指示,以便执行,并望速复"。**65**当日,毛泽东、朱德、王稼祥在致刘少奇、陈毅并告叶挺、项英的电报中明确指示:"依大局看,大举'剿共'是不可能的,局部进攻是必然的。""苏北部队亟须整训扩大一段时期,然后以主力一部增援皖东。""皖南部队务须迅速渡江,作为坚持皖东之核心。其大批干部分配苏北、皖东两处,建设根据地。"**66**

可见,苏北的曹甸战役结束后,皖东的形势逐渐危急起来。这是因为:蒋介石在密谋皖南的同时,还调动30万大军进攻华中的各个抗日根据地,妄图将共产党军队就地消灭或驱逐至黄河以北,而进攻豫皖苏边区的第三十一集团军兼淮北"清剿"区总司令汤恩伯部,兵力最多,进攻也最积极。

1940年底,汤恩伯部奉蒋介石的反共命令,由南阳地区陆续东移,并利用在萧县、永城一带的地方关系,于12月12日策反了中共豫皖苏边区保安司令耿蕴斋、华中八路军第四纵队第六旅副旅长兼第十八团团长吴信容和第十七团团长刘子仁,带走了2000多兵力。12月中旬以后,永(城)北、萧县、夏邑地区均为叛军盘踞,使新四军失去了巩固的后方,造成豫皖苏边区形势恶化。

这样，也使得皖南新四军的处境更加危险。12 月 18 日，中共中央电告南方局、东南局："应分别向顾祝同、何应钦及参政会特种委员会提出江北苏、皖、鄂三省已在大举进攻新四军，皖南、苏南之新四军军部及其三个支队亦已被中央军重重包围，有准备攻击讯，请其制止江北之进攻，撤退皖南、苏南之包围。"[67] 同日，毛泽东、朱德、王稼祥又两次致电叶挺、项英："重庆形势严重，项、曾[68] 二人暂勿离开部队。希夷及一部人员北上，望速作部署。秘密文件必须烧毁，严防袭击。"[69]"你们的机密文件须一律烧毁，切勿留片纸只字，以免在通过封锁线时落入敌人手中，你们的密码须由负责人带在自己身上。"[70]

12 月 19 日，毛泽东、朱德、王稼祥致电彭德怀、叶挺、项英等并告刘少奇、陈毅，"据西安消息，现在皖、豫交界之李仙洲三个师，准备东进援助韩德勤，有渡淮河向砀山前进讯。综合各方情况，蒋、桂对华中进攻是有决心的。以打击李仙洲为目的，望彭德怀、左权令杨得志率部南下，须于一个半月内达到彭雪枫地区，望陈光、罗荣桓令第五旅迅即南下，不可再推迟，应于半月内到达张爱萍地区"，并向皖南新四军发出要求："望叶、项率部迅即渡江，应于两星期内渡毕，增援皖东为要。"[71] 12 月 20 日，毛泽东、朱德、王稼祥又就叶挺先行北上事专程致电叶挺、项英："希夷渡江以速为好，不应征蒋同意，如蒋反对，便不好过江了。江边须有周密布置，速与胡服、云逸联系在对岸作准备。"[72] 随后即致电刘少奇、陈毅："叶军长及干部一部分准备渡江，你处需在江边作周密布置。"[73]

然而，虽然中共中央在一遍遍地急切催促皖南新四军渡江北上，并作着尽量周密的落脚安排，但项英显然还不着急，他于 12 月 21 日就所处境况向毛泽东、朱德、王稼祥等报告：顾祝同"至今仅批开拔费 5 万元，子弹一粒不发，要我改道铜繁北渡"，"苏南日寇已将溧武路与铁路严密封锁，在路北不断大'扫荡'，我军人员与资材均停在路南，无法通过"，桂军"准备攻无为木东乡我军",且"自希夷从上饶回来,国民党即故意贴标语及口头大放空气,使敌伪知道来阻我,同时既要我从铜繁北渡,而大批桂军突然向无为进攻,占领沿江口岸以堵我,显系故意使我不能北渡,使在北渡中遭敌歼灭"。**74**

项英报告的情况无误,实际情况甚至较此更为凶险。蒋介石早在12月2日即已电告桂军李品仙:"据报,新四军长江南北两岸联络线及登陆地点计分六处:(一)繁泥线,由繁昌县属之沙洲城渡江,至北岸无为县属之泥汉镇登陆;(二)无刘线,由无为县属南岸舒家坝渡江,至北岸刘家渡登陆;(三)无凤线,由无为属南岸观音阁渡江,至无为北岸凤凰颈登陆;(四)无胡线,由无为属南岸柁沟渡江,至北岸胡垄登陆;(五)铜新线,由铜陵县属坝埂头渡江,至北岸无为县新沟登陆;(六)铜土线,由铜陵小湖洲、讧埂、章家仓渡江,至北岸土桥登陆。"**75**李品仙接到电报后,马上转告第四十八军军长苏祖馨,要他们立即按此部署防堵。虽然江北的新四军为迎接皖南部队,已在泥汉、姚家沟等沿江港汉搭架浮桥以备会合,但顽军已紧急通知各部队"严防并破坏其浮桥",并称"匪军声势浩大,恐周围兵力不敷应付",申请"加强得力部队堵截,以免势成燎原"。**76**同时,日军根据国民党散布的消息和江南新四军大批集合的迹象,也迅速加强了长江封锁,烧毁大、小渡口的全部船只,加派部队驻扎到文兴洲等处,构筑工事防御新四军渡江,并于沿江停泊兵舰汽艇,以备应急。

对此,项英在电文中向中共中央提出建议:"将江北桂军之进攻无为应向何(应钦)、白(崇禧)抗议,并提出如此下去,我军即不北渡,并向外宣传,以打破彼之阴谋,使其无所借口。"而江北的刘少奇、陈毅却在为皖南部队的撤出推算着最后的可能性。

由于桂军从六安以东吴岳庙、青龙厂、梁园、三和集、兰岗集直至古河以东均建立了封锁线,路西与无为的交通已不可能,部队通过已甚

困难，目前苏南苏北交通亦甚困难，因此江南部队北移只有以下列方式
与四、五支会合：

（一）以合法方式取得李品仙的允许，到皖东才能与四支队会合。

（二）由无为到含山、和县地区集结，再从全椒县以东、津浦以西
北上，穿过日寇两道公路到达斟家集、藕塘一带与四支会合。

（三）由含山、和县经浦口以北乌衣附近，过津浦路东到五支队地区。

以上三种办法，还须从速行动，再迟路西四支队如不能支持，则在
皖东会合恐即不可能。那时江南部队只有经苏南北移，或留苏南活动，
或在无为、庐江撤向大别山发展。

愈迟情况将变得愈困难，以从速行动为妙。**77**

但项英却在一日接一日地给中共中央发送处境愈发困难的电报。12月
23日报：由于敌顽增兵阻截，"大批渡江已不可能"，"分小批北渡""恐又难
能成功"。**78** 次日又报："部队早已整装待发，两方交通因敌顽两方而不能顺
利北渡"，"情形如此，我们的行动应如何？请考虑后即电示，以免陷于进退
两难之境地"。**79** 12月25日报："几日来，友军的调动甚忙"，"我们除积极备
战外，已发通电。以后行动方针如何，请即电示，以免仓促误事"。**80**

1940年12月25日，中共中央政治局召开会议，毛泽东对当前形势进
行了全面、深刻的分析。

（一）蒋介石内外情况只能取攻势防御，大吹小打，故发电以拖为
宜（指对国民党《齐电》的反驳），拖到一月底再说。

（二）胡宗南全无战意，其他中央军可知，如白崇禧亦软下来，彼
方非转弯不可。

（三）何应钦系统与西西**81**系统是想打的，都是亲日派，但中央军与
桂军如不愿打，则亲日派亦无能为力，望多方设法将亲日派唯恐天下不

乱之阴谋告知中央军与桂军将领。

（四）南汉辰在西安已做了一些工作，胡及其部下曾四次宴南，迎送尽礼，当面说不愿打。

（五）汤恩伯部据所得情况亦很少打的兴趣，桂军至今只一三八师四个团在淮南路东，分散得一踏胡涂，一二七师尚停止于寿县附近，其他四个师则分驻霍邱、六安、商城、固始，毫无东进消息。李仙洲虽准备向砀山进，但何日开动尚无确息。

（六）现苏北战事已停，望向刘为章说明，要求停止李仙洲、莫德宏东进，否则难免大冲突。

（七）我一一五师三四五旅已到苏北，现正连同黄克诚、陈毅各部集中整训，统一编制，俟一两个月后战斗力必大强高，然后以主力西进，对桂军施以教训，望示意白崇禧如欲保持友谊，则请他将莫师撤退。

（八）杨得志旅一个月后可到淮北，皖南三个团又北上，足以对付蒋桂进攻。只要蒋不投降，大举进军是不可能的，始终不过是大吹小打而已。

（九）王世英由阎处返延。据称，中央军所捕办事处人员及电台已释，移往河东，与阎一起，密码亦未失。此事起因于所谓我军攻击太泉村。实则上月27日傍晚该村农家有牛四头，放牧还家，昏黑莫辨，六十一师防军误为我临真镇骑兵进攻，一时全线射击，牛亦奔进，云岩、太泉一线守碉部队一团以上纷纷向宜川城溃退，闹得满城风雨，钟师长情急将我办事处人员扣押，王世英适在阎处未被捕，该师以事出误会，关了四天释放，声明误会。似此中央军已无魂魄，何能作战。此事一直闹到西安、重庆，实不过四头黄牛之进攻而已。**82**

在毛泽东看来，此次蒋介石的如意算盘是战略上的巨大失误，反倒把自己变成了孤家寡人。蒋介石妄图把八路军、新四军赶到黄河以北，完全是一厢情愿的事，他没有考虑到冯玉祥、胡宗南、阎锡山、卫立煌等人的感受。这些人都是中国北部实力派，他们看得很清楚，蒋介石让中共军队北移，是力图使八路军、新四军和他们在贫瘠的北方互相争饭吃。作为第一次反共高潮急先锋的胡宗南，这次首先跳出来反对内战，其意实为如此。其他军阀也如此。

李宗仁不积极，白崇禧和汤恩伯处于左右摇摆之中。只要把白、汤二派争取过来，蒋介石仅靠何应钦和顾祝同，又没有与日本达成投降协议，根本没有能力和机会进攻苏北。华北、华中所有共产党领导的军队，顽军几乎无法接触到，只有新四军军部和皖南部队处于顽军的四面包围之中。

经过分析，此时已经可以得出明确的答案：国民党大举进攻解放区是不可能的，但皖南却愈来愈危险。只要皖南部队尽快北移，跳出顾祝同的手心，中国共产党就能为战胜这次反共高潮画上一个圆满的句号。

可眼下皖南部队却在蒋介石老谋深算、顾祝同提刀紧逼、桂军不肯让路的三重威胁下，项英一再犹豫不决、一次次错失北撤良机……毛泽东终于忍无可忍，于 12 月 26 日以中共中央书记处的名义，写下一份口气极其严厉的斥责电。

项、周、袁[83]：

　　各电均悉。你们在困难面前屡次来电请示方针，但中央还在一年以前即将方针给了你们，即向北发展，向敌后发展，你们却始终藉故不执行。最近决定全部北移，至如何北移，如何克服移动中的困难，要你们自己想办法，有决心。现虽一面向国民党抗议，并要求宽展期限，发给饷弹，但你们不要对国民党存在任何幻想，不要靠国民党帮助你们任何东西，把可能帮助的东西只当作意外之事。你们要有决心有办法冲破最黑暗最不利的环境，达到北移之目的。如有这种决心办法，则虽受损失，基本骨干仍可保存，发展前途仍是光明的，如果动摇犹豫，自己无办法无决心，则在敌顽夹击下，你们是很危险的。全国没有任何一个地方有你们这样迟疑犹豫无办法无决心的。在移动中如遇国民党向你们攻击，你们要有自卫的准备与决心，这个方针也早已指示你们了。我们不明了你们要我们指示何项方针，究竟你们自己有没有方针？现在又提出拖或走的问题，究竟你们自己主张的是什么？主张拖还是主张走？似此毫无定见，毫无方向，将来你们要吃大亏的。**84**

同日，毛泽东、朱德还专门提醒项英："你应估计在移动中可能遇到特别困难，可能受袭击，可能遭损失，要把情况特别看严重些。在此基点上，除想尽一切办法克服困难外，必须把一切机密文件电报通通销毁，片纸不留。每日收发电稿随看随毁，密码要带在最可靠的同志身上，并预先研究遇危险时如何处置。此事不仅军部，还要通令皖南全军一律实行，不留机密文件片纸只字，是为至要。"**85** 在此，中共中央已将北移中可能遇到特别困难、可能受袭击、可能遭损失的严重性明确无误地告诉了项英。

而在前一天，即12月25日，毛泽东和朱德已致电重庆周恩来和叶剑英处，要他们速速跟蒋介石交涉：皖南部队的北移，"（一）须分苏南、繁铜两路北移；（二）须有两个月时间，若断若续，分批偷渡；（三）皖南军队不得包围，不得阻碍交通；（四）皖北军队由巢、无、和、含四县撤退，由张云逸派队接防，掩护渡江；（五）保证不受李品仙袭击；（六）弹药及开拔费从速发下"**86**。

## 蒋介石与周恩来的圣诞会谈

据周恩来12月26日向中央报告，"昨日蒋因数日来心绪不佳（军何跋扈、夫人不归、粮价日涨、我们无复电），不断骂人，而过冷淡的圣诞节的背景中见我，蒋以极感情的神情谈话"。他一开始就说，"连日来琐事甚多，情绪不好，本不想见，但因为今天是四年前共患难<sup>87</sup>的日子，故以得见面谈话为好。"又说，"你们一定要照那个办法开到河北，不然我无法命令部下。苏北事情太闹大了，现在谁听说了都反对你们。他们很愤慨，我的话他们都不听。你要我发饷我发了，军政部也要发的。我弄得没有办法，天天向他们解释。""抗战四年，现在是有利时机，胜利已有希望，我难道愿意内战吗？愿意弄坍台吗？现在八路军、新四军还不都是我的部下？我为什么要自相残杀？就是民国十六年（1927年），我们何尝不觉得痛心？内战时，一面在打，一面也很难过。"接着话头一转，"你说河北太小，其实我为你们着想。在现土瘠地争夺，实在是太小了。要开到河北，在照划定的区域，多么大，多待你们，可实施你们的抱负。现在你们分兵四出，指挥训练不好，河北也没弄好，如果集中起来，对外对内都可做得好。现在你们这种做法，简直连军阀也不如了。"继而又用威胁的语气道，"我是发展，你低落了。如果非留在江北免调不可，大家都是革命的，冲突决难避免，我敢断言，你必失败。如能调到河北，你们做法一定会影响全国，将来必成功。我这些话，没有向外人说，我可以向你说，你可以告诉你们中央同志。"然后他谈起了皖南问题，"你们过，从皖北一样可过，只要你们说出一条北上的路，我可担保绝对不会妨碍你们通过。只要你们肯开过河北，我担保至一月底，绝不进兵。你说封锁西北，完全是防守，华北决不会封锁，我可负责担保。""只要八路、新四执行军纪，一切都好讲。一切待遇如有丝毫不公，你可找我。""你说下级调不动，可不是事实。你们中央的决定，一定生效，目前你们中央没有决心。你应该将我的话全部告诉你们中央，不然你们会失败，会弄得大家反对你们，你们自己队伍里也会有不同意见。""我现在处的环境如你一样，困难一定是有的，不过你一定应该将我的话转告你们中央，否则我们见面也是说不出什么结果来的。"<sup>88</sup>

周恩来在给中央的报告中还称，"我对蒋的挑拨及攻击我们的话，均当场答复了"，他的许多承诺是"靠不住"的，"其实局部'剿共'仍在加紧布置中"，蒋介石不过是"在吓、压之余，又加上哄之一着了"。**89**

事情虽已至此，但为了尽最大努力争取让皖南部队撤出，毛泽东仍在寻求着可能的解救方法。12月27日，毛泽东同朱德致电周恩来、叶剑英等，指出：新四军渡江仍须对桂军戒备以防袭击，请周、叶向蒋交涉，下令李品仙不得在巢县、无为、和县、含山地区妨碍新四军北移。**90**同日，毛泽东又直接与国民党顽固派联系，起草朱德、叶挺致国民党军第五战区司令长官李宗仁、副司令长官李品仙的急电，电称："新四军江南部队遵令北移，祈饬庐、巢、无、和、含、滁地区贵属勿予妨碍，并予以协助，以利抗战，特此电恳，敬盼示复。"**91**

然而，毛泽东发给第五战区的电文如石沉大海，并无回音。周恩来分析认为："江南部队分地渡江有危险，皖北让路蒋虽口头答应，但让出巢、无、和、含四县恐不易，李品仙已在布置袭击我的阴谋，仍以分批走苏南为好。"毛泽东、朱德同意，并于12月30日将周恩来的意见转发给叶挺、项英，告诉他们"分批走苏南为好"。**92**

而执意要灭亡新四军皖南部队的国民党顽固派顾祝同、上官云相等，正厉兵秣马，严阵"伺候"，甚至不惜放松对日军的防御。为了围攻新四军，光是国民党第二十五军就从同日寇的对峙线上，让出郎溪、宣城、南陵等三个县的宽大正面。顾祝同等此举，连国民党内部都认为过分："匪主力似无与我行真面目战斗之必要"，而"顾长官所行部署，不惜自浙西、赣东、闽省远调兵力控置强大部队，而对敌赣江、浙西防务颇为大意"。"顾长官近屡请增兵及变更作战地境之要求，又似对增强战区实力之希望过于急切所致，惟以统帅部立场，对此意见之审核，则殊费踌躇也。"**93**

注　释

1.《毛泽东关于〈佳电〉发出后的工作部署致周恩来电》，1940年11月9日，见中国抗日战争军事史料丛书编审委员会编:《新四军·文献》(3),解放军出版社2015年版,第186页。

**2.** 覃连芳,曾任第八十四军军长,覃已于1940年6月他调,军长改由莫树杰担任。

**3.**《毛泽东关于在谈判时要蒋介石停止汤恩伯、覃连芳两军东进致叶挺、项英电》,1940年11月10日,见中国抗日战争军事史料丛书编审委员会编:《新四军·文献》(3),解放军出版社2015年版,第194页。

**4.**《项英关于叶挺与顾祝同谈判新四军皖南部队北移方案致毛泽东等电》,1940年11月11日,见中国抗日战争军事史料丛书编审委员会编:《新四军·文献》(3),解放军出版社2015年版,第195页。

**5.**《项英关于叶挺与顾祝同谈判新四军皖南部队北移方案致毛泽东等电》,1940年11月11日,见中国抗日战争军事史料丛书编审委员会编:《新四军·文献》(3),解放军出版社2015年版,第195—196页。

**6.**《项英关于叶挺与顾祝同谈判情况致毛泽东等电》,1940年11月18日,见中国抗日战争军事史料丛书编审委员会编:《新四军·文献》(3),解放军出版社2015年版,第201页。

**7.** 三里店至荻港为第三十二集团军与第二十三集团军作战地境线。

**8.**《第一七六师关于沿江布防堵击新四军北移致各团长电》,1940年11月10日,见中国抗日战争军事史料丛书编审委员会编:《新四军·参考资料》(5),解放军出版社2015年版,第141页。

**9.**《项英关于叶挺与顾祝同谈判情况致毛泽东等电》,1940年11月18日,见中国抗日战争军事史料丛书编审委员会编:《新四军·文献》(3),解放军出版社2015年版,第201页。

**10.**《毛泽东、朱德、王稼祥关于新四军的行动方针致叶挺等电》,1940年10月12日,见中国抗日战争军事史料丛书编审委员会编:《新四军·文献》(3),解放军出版社2015年版,第117页。

**11.**《毛泽东、朱德、王稼祥关于与韩德勤和谈条件致陈毅等电》,1940年10月14日,见中国抗日战争军事史料丛书编审委员会编:《新四军·文献》(3),解放军出版社2015年版,第125页。

**12.** 中共中央文献研究室编:《周恩来年谱(一八九八——一九四九)》(修订本),中央文献出版社1998年版,第480—481页。

**13.** 中共中央文献研究室编:《刘少奇传》上册,中央文献出版社2011年版,第367页。

**14.** 李明扬,时任国民党军鲁苏皖边区游击总指挥。

**15.** 中共中央文献研究室编:《刘少奇传》上册,中央文献出版社2011年版,第368页。

**16.** 刘树发主编:《陈毅年谱》(上),人民出版社1995年版,第317页。

**17.** 中共中央文献研究室编:《刘少奇年谱(一八九八——一九六九)》上卷,中央文献出版社1996年版,第312页。

**18.** 中共中央文献研究室编:《毛泽东年谱(一八九三——一九四九)》(修订本)中卷,

中央文献出版社 2013 年版，第 224 页。

**19.** 刘树发主编：《陈毅年谱》（上），人民出版社 1995 年版，第 318 页。

**20.** 刘树发主编：《陈毅年谱》（上），人民出版社 1995 年版，第 319 页。

**21.** 刘树发主编：《陈毅年谱》（上），人民出版社 1995 年版，第 319 页。

**22.** 中共中央文献研究室编：《毛泽东年谱（一八九三——一九四九)》（修订本）中卷，中央文献出版社 2013 年版，第 225—226 页。

**23.** 中共中央文献研究室编：《毛泽东年谱（一八九三——一九四九)》（修订本）中卷，中央文献出版社 2013 年版，第 226 页。

**24.** 《毛泽东关于发动反投降反内战运动对付蒋介石的反共高潮致周恩来等电》，1940 年 11 月 15 日，见中国抗日战争军事史料丛书编审委员会编：《新四军·文献》(3)，解放军出版社 2015 年版，第 199—200 页。

**25.** 《中共中央政治局关于中原局组成及管辖区域的通知》，1938 年 11 月 9 日，见中国抗日战争军事史料丛书编审委员会编：《新四军·文献》(1)，解放军出版社 2015 年版，第 205 页。

**26.** 《中共中央书记处关于北方局与中原局辖区划分的决定》，1939 年 1 月 19 日，见中国抗日战争军事史料丛书编审委员会编：《新四军·文献》(1)，解放军出版社 2015 年版，第 226 页。

**27.** 《中共中央中原局关于成立苏皖边区军政委员会致中央书记处等电》，1939 年 12 月 26 日，见中国抗日战争军事史料丛书编审委员会编：《新四军·文献》(2)，解放军出版社 2015 年版，第 196 页。

**28.** 《中共中央书记处关于坚持鄂东斗争的指示》，1939 年 9 月 17 日，见中国抗日战争军事史料丛书编审委员会编：《新四军·文献》(2)，解放军出版社 2015 年版，第 109 页。

**29.** 《刘少奇关于华中部队亟需解决统一指挥问题致毛泽东等电》，1940 年 6 月 22 日，见中国抗日战争军事史料丛书编审委员会编：《新四军·文献》(3)，解放军出版社 2015 年版，第 12—13 页。

**30.** 中共中央文献研究室编：《毛泽东年谱（一八九三——一九四九)》（修订本）中卷，中央文献出版社 2013 年版，第 213 页。

**31.** 中共中央文献研究室编：《刘少奇年谱（一八九八——一九六九)》上卷，中央文献出版社 1996 年版，第 310 页。

**32.** 《刘少奇关于华中总指挥部领导人选的提议致中共中央电》，1940 年 11 月 10 日，见中国抗日战争军事史料丛书编审委员会编：《新四军·文献》(3)，解放军出版社 2015 年版，第 193 页。

**33.** 《中共中央书记处关于叶挺、陈毅、刘少奇为华中总指挥部正副总指挥及政委的决定》，1940 年 11 月，见中国抗日战争军事史料丛书编审委员会编：《新四军·文献》(3)，解放军出版社 2015 年版，第 222 页。

**34.** 《毛泽东关于粉碎蒋介石反共阴谋致周恩来等》，1940 年 11 月 21 日，见中央档案馆编：

《皖南事变》（资料选辑），中共中央党校出版社 1982 年版，第 101 页。

**35.**《中共中央书记处关于认真准备北移致叶挺、项英电》，1940 年 11 月 21 日，见中国抗日战争军事史料丛书编审委员会编：《新四军·文献》(3)，解放军出版社 2015 年版，第 203 页。

**36.**《叶挺、项英关于北移准备工作繁重短期内无法开动致中共中央等电》，1940 年 11 月 22 日，见中国抗日战争军事史料丛书编审委员会编：《新四军·文献》(3)，解放军出版社 2015 年版，第 204—205 页。

**37.** 中共中央文献研究室编：《刘少奇年谱（一八九八———一九六九）》上卷，中央文献出版社 1996 年版，第 314 页。

**38.** 中共中央文献研究室编：《毛泽东年谱（一八九三———一九四九）》（修订本）中卷，中央文献出版社 2013 年版，第 228 页。

**39.** 刘树发主编：《陈毅年谱》（上），人民出版社 1995 年版，第 322 页。

**40.** 刘树发主编：《陈毅年谱》（上），人民出版社 1995 年版，第 322 页。

**41.** 中共中央文献研究室编：《毛泽东年谱（一八九三———一九四九）》（修订本）中卷，中央文献出版社 2013 年版，第 229 页。

**42.**《毛泽东、朱德、王稼祥关于新四军皖南部队必须于十二月底开动完毕致叶挺、项英电》，1940 年 11 月 24 日，见中国抗日战争军事史料丛书编审委员会编：《新四军·文献》(3)，解放军出版社 2015 年版，第 206 页。

**43.**《毛泽东、朱德、王稼祥关于新四军皖南部队应立即开始分批北移致叶挺、项英电》，1940 年 11 月 24 日，见中国抗日战争军事史料丛书编审委员会编：《新四军·文献》(3)，解放军出版社 2015 年版，第 207 页。

**44.**《叶挺、项英关于北移意见致毛泽东、朱德、王稼祥电》，1940 年 11 月，见中国抗日战争军事史料丛书编审委员会编：《新四军·文献》(3)，解放军出版社 2015 年版，第 208 页。

**45.** 中共中央文献研究室编：《刘少奇年谱（一八九八———一九六九）》上卷，中央文献出版社 1996 年版，第 315 页。

**46.**《叶挺、项英关于新四军皖南部队主力拟由现地渡江至皖北致毛泽东、朱德电》，1940 年 11 月 27 日，见中国抗日战争军事史料丛书编审委员会编：《新四军·文献》(3)，解放军出版社 2015 年版，第 211 页。

**47.**《叶挺、项英关于顾祝同令新四军皖南部队经苏南北移及军部行动方案致毛泽东等电》，1940 年 11 月 29 日，见中国抗日战争军事史料丛书编审委员会编：《新四军·文献》(3)，解放军出版社 2015 年版，第 216 页。

**48.**《毛泽东、朱德同意新四军皖南部队行动布置致叶挺等电》，1940 年 11 月 30 日，见中国抗日战争军事史料丛书编审委员会编：《新四军·文献》(3)，解放军出版社 2015 年版，第 221 页。

**49.**《国民政府军事委员会委员长侍从室抄送何应钦关于皖南新四军移动的情报》，1940 年

12月26日，见《皖南事变》编纂委员会编：《皖南事变》，中共党史出版社1990年版，第97页。

**50.**《项英关于北移工作布置情况致中共中央、中央军委电》，1940年12月4日，见中国抗日战争军事史料丛书编审委员会编：《新四军·文献》(3)，解放军出版社2015年版，第229页。

**51.** 国民政府军事机关档案，中国第二历史档案馆藏。

**52.**《军事委员会办公厅关于抄送防制皖南新四军具体意见致军令部代电》，1940年11月30日，见中国抗日战争军事史料丛书编审委员会编：《新四军·参考资料》(5)，解放军出版社2015年版，第129页。

**53.** 刘树发主编：《陈毅年谱》(上)，人民出版社1995年版，第324—325页。

**54.** 中共中央文献研究室编：《毛泽东年谱(一八九三——一九四九)》(修订本)中卷，中央文献出版社2013年版，第239页。

**55.** 国民政府军事机关档案，中国第二历史档案馆藏。

**56.** 中共中央文献研究室编：《毛泽东年谱(一八九三——一九四九)》(修订本)中卷，中央文献出版社2013年版，第239页。

**57.**《蒋介石关于新四军若不如期北移立即将其解决致顾祝同电》，1940年12月10日，见中国抗日战争军事史料丛书编审委员会编：《新四军·参考资料》(5)，解放军出版社2015年版，第162页。

**58.**《国民政府军事委员会委员长侍从室抄送给军令部的日军进袭新四军计划的情报》，1940年12月9日，见《皖南事变》编纂委员会编：《皖南事变》，中共党史出版社1990年版，第92页。第十三军团长藤天进，实为第十三军司令官藤田进。

**59.** 武之棻：《上官云相袭击新四军的经过》，见《皖南事变》编纂委员会编：《皖南事变》，中共党史出版社1990年版，第447—448页。

**60.**《叶挺、项英、周子昆关于顾祝同正调兵准备进攻新四军皖南部队致毛泽东等电》，1940年12月12日，见中国抗日战争军事史料丛书编审委员会编：《新四军·文献》(3)，解放军出版社2015年版，第235页。

**61.**《项英关于北移消息泄漏难求迅速北渡致毛泽东等电》，1940年12月13日，见中国抗日战争军事史料丛书编审委员会编：《新四军·文献》(3)，解放军出版社2015年版，第239页。

**62.**《刘少奇、陈毅关于国民党顽固派故意宣传新四军北上增加北渡困难致项英等电》，1940年12月14日，见中国抗日战争军事史料丛书编审委员会编：《新四军·文献》(3)，解放军出版社2015年版，第242页。

**63.**《中共中央书记处关于新四军北移问题致叶挺、项英电》，1940年12月14日，见中国抗日战争军事史料丛书编审委员会编：《新四军·文献》(3)，解放军出版社2015年版，第243页。

**64.** 中共中央文献研究室编：《刘少奇年谱(一八九八——一九六九)》上卷，中央文献出版社1996年版，第319页。

**65.**《叶挺、项英关于交涉补给情况及请示行动方针致毛泽东等电》，1940 年 12 月 16 日，见中国抗日战争军事史料丛书编审委员会编：《新四军·文献》(3)，解放军出版社 2015 年版，第 244—245 页。

**66.** 中共中央文献研究室编：《毛泽东年谱（一八九三——一九四九)》（修订本）中卷，中央文献出版社 2013 年版，第 243 页。

**67.**《中共中央关于向国民党提出制止对新四军进攻致南方局、东南局电》，1940 年 12 月 18 日，见中国抗日战争军事史料丛书编审委员会编：《新四军·文献》(3)，解放军出版社 2015 年版，第 246 页。

**68.** 曾，指曾山，时任中共中央东南局副书记。

**69.**《毛泽东、朱德、王稼祥关于形势逆转速作北移部署致叶挺、项英电》，1940 年 12 月 18 日，见中国抗日战争军事史料丛书编审委员会编：《新四军·文献》(3)，解放军出版社 2015 年版，第 247 页。

**70.** 中共中央文献研究室编：《毛泽东年谱（一八九三——一九四九)》（修订本）中卷，中央文献出版社 2013 年版，第 243 页。

**71.** 中共中央文献研究室编：《毛泽东年谱（一八九三——一九四九)》（修订本）中卷，中央文献出版社 2013 年版，第 244 页。

**72.**《毛泽东、朱德、王稼祥关于叶挺应速渡江致叶挺、项英电》，1940 年 12 月 20 日，见中国抗日战争军事史料丛书编审委员会编：《新四军·文献》(3)，解放军出版社 2015 年版，第 252 页。

**73.**《毛泽东、朱德、王稼祥关于接叶挺过江等问题致刘少奇、陈毅电》，1940 年 12 月 20 日，见中国抗日战争军事史料丛书编审委员会编：《新四军·文献》(3)，解放军出版社 2015 年版，第 253 页。

**74.**《叶挺、项英关于顾祝同要新四军改道铜繁北渡而江北桂军又准备堵击致毛泽东等电》，1940 年 12 月 21 日，见中国抗日战争军事史料丛书编审委员会编：《新四军·文献》(3)，解放军出版社 2015 年版，第 254 页。

**75.**《蒋介石通报新四军北渡路线》，1940 年 12 月 2 日，见中国抗日战争军事史料丛书编审委员会编：《新四军·参考资料》(5)，解放军出版社 2015 年版，第 147 页。

**76.**《李品仙奉蒋介石命令部署防堵新四军北渡给四十八军的密电》，1940 年 12 月 4 日与 24 日，见《皖南事变》编纂委员会编：《皖南事变》，中共党史出版社 1990 年版，第 85 页。

**77.**《刘少奇、陈毅关于新四军皖南部队应迅速渡江致叶挺等电》，1940 年 12 月 21 日，见中国抗日战争军事史料丛书编审委员会编：《新四军·文献》(3)，解放军出版社 2015 年版，第 256 页。

**78.**《项英关于北移工作布置及桂军堵截情况致中共中央等电》，1940 年 12 月 23 日，见中国抗日战争军事史料丛书编审委员会编：《新四军·文献》(3)，解放军出版社 2015 年版，第

260 页。

**79.** 《项英关于北移困难请示行动方针致中共中央等电》，1940 年 12 月，见中国抗日战争军事史料丛书编审委员会编：《新四军·文献》(3)，解放军出版社 2015 年版，第 262—263 页。

**80.** 《叶挺、项英关于蒋介石阴谋及请示行动方针致毛泽东等电》，1940 年 12 月 25 日，见中国抗日战争军事史料丛书编审委员会编：《新四军·文献》(3)，解放军出版社 2015 年版，第 266 页。

**81.** 西西，即 CC，中央俱乐部的简称，是陈果夫和陈立夫兄弟主导、以国民党组织部和中统局为根基的国民党内秘密政治组织。

**82.** 《毛泽东关于国民党各派态度及我之布置情况的通报》，1940 年 12 月 25 日，见中央档案馆编：《皖南事变》(资料选辑)，中共中央党校出版社 1982 年版，第 116—117 页。

**83.** 项、周、袁：指项英、周子昆、袁国平。周子昆时任新四军副参谋长兼教导总队总队长。

**84.** 《中共中央书记处关于克服动摇犹豫坚决执行北移方针致项英等电》，1940 年 12 月 26 日，见中国抗日战争军事史料丛书编审委员会编：《新四军·文献》(3)，解放军出版社 2015 年版，第 267 页。

**85.** 《毛泽东、朱德关于必须销毁一切机密文电致项英电》，1940 年 12 月 26 日，见中国抗日战争军事史料丛书编审委员会编：《新四军·文献》(3)，解放军出版社 2015 年版，第 268 页。

**86.** 《毛泽东、朱德关于速向蒋介石交涉新四军皖南部队北移路线致周恩来、叶剑英电》，1940 年 12 月 25 日，见中国抗日战争军事史料丛书编审委员会编：《新四军·文献》(3)，解放军出版社 2015 年版，第 265 页。

**87.** 四年前共患难，指西安事变时周恩来面见蒋介石事。

**88.** 《周恩来关于和蒋介石谈话情况给毛泽东并中央书记处的报告》，1940 年 12 月 26 日，见中央档案馆编：《皖南事变》(资料选辑)，中共中央党校出版社 1982 年版，第 121—122 页。

**89.** 中共中央文献研究室编：《毛泽东年谱（一八九三——一九四九)》(修订本)中卷，中央文献出版社 2013 年版，第 249 页。

**90.** 中共中央文献研究室编：《毛泽东年谱（一八九三——一九四九)》(修订本)中卷，中央文献出版社 2013 年版，第 249 页。

**91.** 中共中央文献研究室编：《毛泽东年谱（一八九三——一九四九)》(修订本)中卷，中央文献出版社 2013 年版，第 249 页。

**92.** 《毛泽东、朱德关于新四军皖南部队应分批经苏南北移致叶挺、项英电》，1940 年 12 月 30 日，见中国抗日战争军事史料丛书编审委员会编：《新四军·文献》(3)，解放军出版社 2015 年版，第 271 页。

**93.** 《顾祝同放弃抗日防务从浙、赣、闽省调兵围击皖南新四军》，1940 年 12 月 26 日，见《皖南事变》编纂委员会编：《皖南事变》，中共党史出版社 1990 年版，第 96 页。

# 第 三 章

# 茂林悲歌

项英在三个方案中选择了绕道茂林之路——慷慨激昂的《告皖南同胞书》——上官云相制订《第三十二集团军"进剿匪军"计划》——顾祝同下令彻底"肃清"皖南新四军——项英等在危险时刻擅自离队自行突围——优秀音乐家任光遇难——叶挺前往顽军师部谈判被扣押

## 项英在三个方案中选择了绕道茂林之路

中共中央严厉的"斥责电"给项英等以极大的震动和深刻的教育。至此，新四军皖南部队是迅速北移还是再拖一段时间？北移是否还加要开拔费、饷弹等附加条件？北移是否作为阻止汤、李大军东进的交换条件？等等，上述问题的讨论都已过去。此时摆在项英面前的，只有立即北移。

1940 年 12 月 28 日，项英主持召开新四军军分会，研究行动方案，并请叶挺列席。大家鉴于国民党顽固派对新四军皖南部队已"作一网打尽之计"，认为在北移途中难免遭受袭击，对如何选择北移路线，认真地进行了研究。会上讨论了三个方案，各有利弊。

第一个方案是先行"东进"。这是先遣队已探索过的北移路线，即出云岭向东经马头镇、杨柳铺、孙家埠、郎溪至竹箦桥，再待机北渡苏北。其有利方面：沿途建有兵站线，已做好供应准备；与苏南部队靠近，发生战斗时易于策应；地形较熟，有一定的群众基础。其不利方面：要经过国民党军第一〇八师和第五十二师的防区腹地，如发生战斗，易为其包围；沿途地形亦对新四军不利，不易突围；皖南部队第一批人员北移后，顽军沿线又在大肆增修工事；日寇在苏南正进行"扫荡"，情况紧张，部队到达苏南后不易立足；国民党最近已否决了这条路线。

第二个方案是直接"北渡"。即向北由皖南铜陵、繁昌之间渡江到皖东。其有利方面：由云岭至长江边，路程短，仅需一天一夜时间；沿途为第三支队活动地区，群众基础好，部队行动容易保密；经半个多月的准备，路线、渡口已选择好，船只已筹备齐，如无意外情况发生，一夜就可以全部北渡；是蒋介石最后指定的路线，在政治上主动；江北桂顽正向第四、第五支队进攻，皖南部队北渡后可增援第四、第五支队打击桂顽。其不利方面：如不能一次全部北渡，余部易遭日、顽军夹击；北渡时如被日军发觉，易遭日舰艇拦截；沿江北岸渡口大部被第五战区部队控制，渡到北岸后易遭其堵击。

第三个方案是南下"绕道"。出云岭向南，绕经茂林、三溪、旌德、宁国、郎溪，沿天目山北麓至溧阳，再待机北渡苏北。其有利方面：如能迅速接近天目山麓，沿山麓行动，地形有利；虽有与第四十师遭遇之可能，但第四十师力量薄弱，对付它估计力量有余。其不利方面：行程远、时间长，行动容易暴露；孤军深入，易遭顽军前堵后追；地形不熟，群众工作基础薄弱；向国民党后方行动，政治上不利，易为顽固派造成口实；如发生困难，需独自应对，进退困难。

对于这三个方案，叶挺主张实施第一或第二个方案，但未被采纳。项英认为第一个和第二个方案太过危险，应避强就弱，采用第三个方案。

当天晚上，副参谋长周子昆到作战科传达军分会决定时，参谋们都感到突然，"因为这个行动方案从来没有研究与讨论过"。作战参谋叶超回忆说，"我们连这些地区的地图都没有，只好临时油印地图发给部队"，"司令部原来对北渡的两个行动方案，做了将近两个月的准备，由于改变方向，都用不上，临走时把这些材料烧了一大堆，真是前功尽弃"。

国民党顽固派也没有想到。在顾祝同秉承蒋介石旨意，要求皖南新四军改为"北渡皖北"后，叶挺于 12 月 23 日曾致电蒋介石、何应钦、白崇禧，提出因改道造成的四项困难：一是按原计划从苏南北移的兵站线已敷设，"军食亦已预置该线，如不经苏南则兵站线之转移又需时日"；二是铜陵、繁昌沿江敌伪据点增兵，江面上炮舰梭巡，船只不易过江，"一经暴露，则获港敌舰瞬息可至，即抵江岸亦无法登舟，此则殊堪顾虑，不得不策万全"；三是据报江北桂军已有两个师开到庐江、无为，正在姚沟、襄安各地沿岸构筑工事，"而姚沟、襄安各口，职部如渡江，又皆为登岸处，即令职部能通过封锁安全登舟，而亦不为敌舰所阻，但北岸情况如此亦无法上陆"；四是大军开行支用浩繁，至今只领到顾长官批发的五万元，实感不足，"至请领弹药则迄未承确示究竟数目与何时批发"。并就此提出三项合理的要求：一是要求延缓渡江限期，由于渡江路线前定苏南，现改北渡皖北，部队经常费、临时费及弹药等补给"转折周章，至今尚无眉目，而冬服缝制、伤病处理现始稍有端绪，而渡口侦察，船只征集须从新着手"，"江南之敌情紧张、通过不易，尤以江北友军意存不友，影响职部行动莫此为甚"，"职部本欲求速，俾如期完成北移任务，但以此形隔势阻，不得不申请展期一月限期，尽速遵命北移"；二是要求皖北桂军后撤让道，"俾职部北渡有上岸之地，并请划定皖北庐江境为职军临时结集境地（因渡江非一次可以渡完），并请指定庐江、六安以北之路线，庶足以防止与皖北友军无谓之误会与冲突"；三是要求补发饷弹，"经临各费及弹药等，恳仍准照各电所请，赐发三十年度（即 1941 年）一月份、二月份经费及临时费三十五万元（除已发五万元外），弹药按步兵五十万发"。**2**

　　12 月 25 日，叶挺、项英又联名致电蒋、何、白，再次禀报原已按照顾长官规定从苏南北进并已积极布置，分批实施，后于 12 月 14 日忽又奉命改道就近北渡皖北，"其间执行经过并因困难，均已先后电呈在案"，但皖北友军云集，声言截堵，南岸敌寇又封锁道路，现正准备待命出发，但上锋对一切请求则概行推诿，"即何总参谋长批发开拔费两万元、补发冬服代金二万五千元、顾长官批发临时费五万元,以如此笺笺之数,到局请领,亦遭拒绝未获领下,弹药犹未批发一粒,文电复往哀求吁请,仅发出十月、十一月、十二月经常费而已"。电文最后明确表态:"现职军各部队整装待发,无稍瞻顾,请即令皖北友军向后撤让,补给请示慨予照发,如此则明令朝颁,则部伍夕出。今进退维谷,因敢自诉,急不择审,幸谅宥之。"3

据新四军秘书长李一氓后来在给延安的报告中说:"叶希夷始终想得点子弹,后来闹僵。战区则非行动后才发子弹,而叶则非子弹到手后才走。虽中央电到,谓得到战区的子弹与饷款只能认为是例外,叶笑语说:'不留一点情(指顾祝同),就发一万也是好的。'"4叶挺等发给蒋介石等的两通电报,按律都同时发给顾祝同。顾祝同也于12月28日就此致电蒋介石:"查该军北渡限期仅余三日,以前由战区批发之临时费五万元现在尚未奉领,可否再准展期半月,再增发临时费五万元,并令皖北部队稍予后让之处,乞迅赐核,至请发弹药一部,拟俟其半数渡江以后再予酌发,当否,并乞鉴核。"5可见,顾祝同对新四军北移展缓时限问题已经松口。

但在既定路线上,顾祝同仍在坚持前定计划,甚至在12月30日,再一次致电叶挺、项英,否定皖南新四军主力从苏南北渡的请求,仅"准以一个团取道苏南北渡"。6 12月31日晚,国民党军第三战区驻新四军联络参谋陈淡如赴云岭就新四军北移事与叶挺进行了商谈,双方商定了"江南部队北渡后临时集结地区及续向北移路线",经费弹药补给的相关事项,并确定"开拔期限以迅速北渡为主,不得藉故迁延,至迟以一月底为限"。7

1941年1月1日,新四军军部将"全部移苏南"的决定电报中共中央:"我们决定全部移至苏南,乘其布置未完即突进并采取游击姿势运动,发生战斗可能性极大。我们如遇阻击或追击,即用战斗消灭之,遇强敌则采取游击绕圈,至万不得已时分散游击。""我们已不等其子弹款项,准备立即行动,一切准备完了。中央如有指示,请于明日(2号)最暂迟3号电告。否则我们行动后,联络恐怕难。"8但这份电文虽然明确了要"全部移至苏南",却并没有报告部队要南下绕道茂林、三溪、旌德、宁国、郎溪至苏南溧阳这条出乎意外的具体移动路线。所以，1月3日毛泽东、朱德回电叶挺、项英："你们全部坚决开苏南，并立即开动，是完全正确的。"⁹电文中坚决支持和肯定的是皖南新四军终于决定立即行动，可以尽快离开皖南险地，但并不等于批准和肯定了南走茂林这条路线。

按照计划，新四军军部、教导总队、军直机关及三支队共计9000余人，编成三个纵队北移。主要指挥员包括：军长叶挺、副军长项英、副参谋长周子昆、政治部主任袁国平、秘书长李一氓。参谋长张云逸和政治部副主任邓子恢当时在新四军江北指挥部，未在皖南。

第一纵队，亦即左路纵队，由老一团、新一团组成，3000多人。傅秋涛为司令员兼政治委员，赵凌波为副司令员，赵希仲为参谋长，江渭清为政治部主任。由土塘到大康王地区集结，准备于晚上通过球岭，向榔桥河地区开进。

第二纵队，亦即中路纵队，由老三团、新三团组成，2000多人。周桂生任司令员，黄火星任政治委员，冯达飞任副司令员，谢忠良任参谋长，钟德胜任政治部主任。由北贡里到凤村附近集结，准备5日晚经高坦、丕岭向星潭开进。

第三纵队，亦即右路纵队，由第五团、军部特务团组成，2000多人。张正坤任司令员，胡荣任政治委员，黄序周任参谋长，吴溪如任政治部主任。以特务团为全军先行团，计划4日夜到达铜山徐，并前出占领新岭、大麻岭等要点，佯出太平，以造成国民党顽固派错觉，以为新四军皖南部队要南进太平、黄山，以吸引第四十师西顾，然后于5日晚向星潭开进；纵队司令部率第五团进至茂林、章村地区，充任全军后卫。

新四军军部直属机关八大处、战地服务团和教导总队，共1000多人，随第二纵队前进。同行的还有当时东南局副书记饶漱石等。

新四军军部要求各部于5日拂晓前分别到达预定位置，迅速控制沿途各重要据点，然后向星潭、旌德进发。只要过了星潭、旌德，新四军就能突破国民党军的包围圈，变内线作战为外线作战。

临行前，皖南新四军与当地群众组织了联欢，亲切话别。1941 年 1 月 4 日，新四军《抗敌报》告别号上发表了长篇社论《临别之言》和署名为叶挺、项英、袁国平、邓子恢的《告皖南同胞书》。它们是新四军挺进敌后三年英勇奋战丰功伟绩的总结，是坚持抗战反对投降、坚持团结反对分裂、坚持进步反对倒退的宣言，也是顾全大局、遵命北移、委曲求全的郑重通告。文章慷慨激昂地告别道："别了，亲爱的皖南同胞！只要我们团结，我们坚决的抗战，祖国的前途永远是光明的，中华民族一定要解放的！请走出村庄，走出城镇，来欢送你们的儿子、哥哥、弟弟、父亲，还有你们的丈夫，到敌后去为祖国而英勇战斗！去为中华民族千秋万世建立不朽的事业吧！别了，亲爱的皖南同胞！祝福你们为国珍重，家家安宁！让我们在临别的片刻高呼：团结到底抗战到底！反对内战反对投降！打倒日本帝国主义！打倒亲日投降派卖国贼！皖南人民解放万岁！中华民族解放万岁！"**10**

1 月 4 日黄昏，夜幕低垂。新四军 9000 余名抗日健儿，在军长叶挺、副军长项英率领下，怀着依依惜别之情，频频向大路两旁含泪相送的无数群众，高唱着由袁国平作词、任光谱曲的歌曲《别了，三年的皖南》，陆续踏上了悲壮的历程。

随着山路延伸，天渐渐地黑了下来。1 月 4 日，农历腊月初七，在节气上即将小寒。加之连日阴雨，天上阴云密布，星月无踪，山区里又格外寒冷，朔风凛冽，砭人肌肤。浩浩荡荡的队伍在伸手不见五指的黑暗中，急速行走在崎岖且泥泞的山路上，不时传出"走快点，天要亮了"或是"跟上，不要掉队"的命令。

由于皖南新四军军部对云岭周围的地形和道路都较为熟悉，行军时并没有请向导带路，但因为天时不利，道路又难行，在黑漆漆的夜里才走出七八公里就走进了一块前无去路的稻田中，可谓出师即不利。

待找到道路继续前行，走到 1 月 5 日天方拂晓，发现四下里都笼罩着一层薄雾，战士们的身上都挂着一层白蒙蒙的霜，个个都成了雪人儿。此时听到前方水响，原来已到了章家渡。

章家渡位于青弋江上游，是南去茂林的交通要道。但因 1 月 4 日下过大雨，河水猛涨，河面变宽了，河水加深，且水流也变得湍急起来。原本决定徒涉，此时只好利用美孚煤油桶和木板搭起浮桥，却又因为工兵计算河幅有误，搭好后还差 20 米，又拆了重搭。但由于过桥的人多，承受程度有限，在载着枪炮、弹药的骡马运输队过桥时，浮桥中间的连接处被冲断。工兵连的战士冒着三九严寒跳到水中，用肩膀扛住断裂的桥脚，紧急加以修复。有些部队不得不脱下棉衣，头顶着弹药，手里举着枪，选择相对水浅之处泅水过江。

茂林距云岭只有 20 公里，但受过江耽搁，部队到 1 月 5 日中午才陆续到齐。且由于 5 日又下大雨，当晚无法行动，部队只好在茂林等地休息。

当时的茂林镇上，两股政治力量的斗争异常激烈。大街小巷，"坚持抗战反对投降""坚持团结反对分裂""坚持进步反对倒退"的革命标语和"一个主义一个政党一个领袖""反共救国"等反动标语互不相让。休整期间，军部在吴家大祠堂内，隆重举行了一场军民告别晚会。政治部主任袁国平在会上激动地表示："我们忍辱负重、委曲求全离开皖南、进军敌后，在我们前进的道路上，不管遇到什么样的艰难险阻，我们都誓为中华民族和中国人民的彻底解放而斗争！" **11**

## 上官云相制订《第三十二集团军"进剿匪军"计划》

就在新四军最初商讨行军路线之际，上官云相也于 1940 年 12 月 29 日在皖南宁国县万福村召开军事会议，制订《第三十二集团军"进剿匪军"计划》，并进行了详细的"进剿"部署。

计划方针：集团军遵照顾司令长官之指示，"以策应苏鲁友军作战，决先扫荡苏南、皖南一带匪军匪党为目的，于苏南方面对敌伪及匪军采取守势，以主力逐步构筑碉堡，稳进稳打，摧破皖南方面匪巢，务求彻底肃清之"。

指导要领：首先，"通过封锁路线，确实隔断苏南、皖南之连系，并肃清各防区内及沿途残留匪军与其秘密组织"。其次，"苏南方面严密守备现阵地，肃清防区内之残匪及其诸设施"。最后，"驻皖南方面进剿队应于12月31日以前，秘密推至南陵、泾县、茂林村、铜山徐"等线，"扼要构筑工事，确取联系，对匪区严密警戒，随时防止匪军乘隙逃窜，并防其以各个击破之手段集其主力向我反攻"。"攻击开始后，两翼军协先进击南陵、戴家会、峡山口之线，尔后向北压迫，务于长江南岸歼灭之。"

部署大要："第二游击区兼总指挥上官云相、副总指挥冷欣，指挥第八十八军、忠义救国军、第六十三师、独立三十三旅、挺进二纵队及苏南地方武力，担任原阵地守备，肃清防区内匪军匪党"，"并于适当时机"，"截断苏皖交通"。担负进攻任务的第一线部队分为左右两翼，以第二十五军军长张文清为"剿匪右翼军指挥官"，指挥第二十五军第五十二师和第一〇八师，附炮一团第二营（欠第五、第六两连），除守备宣城外，主力展开于新四军驻地东侧的南陵、泾县、永济桥、丁家渡之线，向戴家会、三里店、汀潭附近攻击，而后向繁昌方面"追剿"；以第二十三集团军副总司令刘雨卿为左翼军指挥官，指挥第二十五军第四十师、第五十军第一四四师及新七师第二旅，附炮一团第二营第六连暨战炮总队直属第四营（欠第十五连），展开于新四军驻地南侧和西侧的湾滩、茂林村、苏口、包村、乔木湾、钱家桥、丫山镇之线，向云岭、何家湾、沙土角各附近进攻而占领之，而后与右翼军协力向旧县、荻港、坝埂头江岸"追剿"。"第一线各部队务于到达位置后，立即完成必要之工事，并即派队占领附近主要山峰"。而未担负直接进攻任务的包括第五十军第一四五师等第二线部队"于攻击开始后，协同党政机关迅速肃清驻地附近匪党及其秘密组织"，"务竭力准备，须能随时立即出动，以便追剿与应援"。同时还部署第八十六军第七十九师于太平、石埭之间，第二十八军第六十二师于榔河桥镇、三溪之间，随时保持机动。[12]

这份细密翔实的计划可以充分说明，消灭皖南新四军早已是国民党当局的既定方针，在皖南新四军开动之前，国民党军就已准备好7个师又1个旅的兵力，完成了包围部署，且这些部队的装备武器都优于新四军。可见，无论皖南新四军是否北移，也无论北移走哪条路线，他们都要"彻底肃清之"。

为了更直接、更密切地掌握新四军皖南部队的动向，上官云相利用与叶挺的电话线路和无线电台联系，假借关注困难、询问情况等理由，不断地探听消息。而叶挺为继续迷惑对方，于1941年1月2日中午致电顾祝同、上官云相："奉顾长官""秘电指示"，"准拟一个团取道苏南北渡"，"职部为期移动迅速，以明大信，准于虞日（指1月7日）派一个团经前指定路线向苏南开动，余仍待临时费及弹药补给发下后，再就原地设法北渡，如万不可能时，仍恳准予转经苏南。特先呈报，乞并转知沿线友军知照，以利通行"。[13]

但在1月3日上午，国民党方面无线电台台长报告，新四军的电台呼叫不出，电话也打不通。国民党军第三十二集团军总司令部少将参谋处长武之棻立即命令第五十二师派通信部队查修电话线，查线班沿线排查，到1月4日晨查至新四军哨所附近，被新四军哨长阻止，并答应已方将尽快查修。同日下午，顾祝同致电蒋介石："为贯彻前令防止其主力由苏南北渡增援苏北起见，除复饬仍以主力就原地北渡外，其经临费、弹药补给办法拟即照"前面"所呈各节办理"，"并令将先派苏南之一团及就地北渡各部队之番号人数、开拔日期详报备案，当否乞鉴核示遵"。[14]此时，顾祝同等还没有料到，当晚新四军皖南部队已经组成三路，分别由泾县土塘、云岭、北贡里向南进发了。

到了1月5日，由于双方通信仍未恢复，上官云相感到诧异，立即下令第五十二师派战斗部队随同查线班要一直查到云岭，摸清情况，又令第四十师由三溪镇北进到榔桥河，并派队向北搜索。当日，第五十二师回报，新四军哨所已撤，电话线线头被割断，甩在地上，继续查至云岭附近，未见到新四军部队，连百姓都找不到，但在岔路口发现很多南行的马蹄印。

正在上官云相迷茫之际，新四军军部不知出于何种想法，于1月5日下午向国民党方面发出一份电报，收电方不仅有重庆的委员长蒋介石、参谋总长何应钦、副参谋总长白崇禧，还包括上饶的第三战区司令长官顾祝同、徽州的第三战区副司令长官唐式遵、宁国的第三十二集团军总司令上官云相，甚至还包括桂林的军委会办公厅主任李济深。这份电文长达千余字，文采飞扬，除一再解释由于饷弹补给不济和忽令改道，以致皖南部队延迟北移外，并详细告之，"职等以为坐以待毙者而不为，而一交兵则恐累盛德，故定于支晚（1月4日晚）率皖南全部部队遵行顾长官电令所定路线转经苏南分路俟机北渡"，并提出希望国民党方面让道，"总司令俯念下忧稍加周全，勒临崖之奔马，挽未倒之狂澜，所望沿途友军开饱德之覆辙，推让道之高风，则拜赐者固不仅职等二人一军而已。职等亦当严束所部，弛弦入鞘，匦道而行，以期早入苏南敌后以谋北渡，必不有意寻衅于三年骈肩之战友也"。**15** 电文发出之时，新四军皖南部队刚刚抵达茂林。叶挺1月2日还为迷惑国民党顽固派，在电文中告诉顾祝同、上官云相将于1月7日出发，而此时在国民党军数万大兵的重围中，本应继续保守机密，兵贵神速，待迅速脱离险境后再发此电亦不迟，然而却在因雨休整时，过早地暴露了己方动向。

电文发出不久，上官云相即于当日18时令第四十师派有力部队星夜向湾滩、章家渡、茂林一带搜索，第一四四师则在龙门、天都山、厚岸一线构筑工事扼守。很快，第四十师回报，榔河桥的山口附近发现新四军便衣部队，并续有增加。

1月5日当晚，上官云相紧急召开作战会议，认为新四军的去向有三种可能：一是"北开，分成几股潜入日军后方，相机渡江"；二是"化整为零，潜经我守备线的后方，到大茅山集中，再往镇江过江"；三是"利用我两个集团军的接合部（荻港、泾县、旌德之线），开往黄山或天目山，发展抗日根据地"。接着，他又对这三种可能逐一进行了分析："第一个判断，新四军如被日军发觉，渡江不成功，有腹背受敌之不利，再说第五十二师、新七师守备部队都未发现有新四军部队越出防线；第二个判断有可能，但新四军战斗力分散，有被我各个击破之不利，况各防区迄未发现有新四军的部队活动；第三个判断可能性最大，若新四军一举进至旌德，就可以不遭任何阻碍，在我大后方随意行动，我们的后方联络线就被截断，我们陷入腹背受敌，苏南、皖南抗日防线就变成游击区。新四军逃出被包围的不利形势，对共产党是很有利，对'抗日形势'极不利。真的演成那种局面，再加一倍兵力也难以消灭新四军了。现即照第三个判断速作准备，我们要索敌（指新四军）主力包围歼灭之，这是我们的作战方针。指导要领要灵活运用，先授意各部队进驻机动位置。就这样拟定作战计划吧！"

会后，上官云相对武之棻说："据我多年剿共作战的经验，判明敌情就得当机立断，下了决心立即行动。你快作计划，下命令。我先用电话对各部队长直接指示要旨，部队先作推进行动，并派员来部受领命令。我们和共产党势不两立，共产党若是成功，你我死无葬身之地。"

武之棻当即按上官云相的指示，根据原有"进剿"部署，针对当前新四军行动方向与路线，拟订了具体的作战计划，并于当夜据此计划下达了作战命令。

　　方针：对日军仅留少数部队守备防线，集中优势兵力一举索新四军主力包围而歼灭之。

　　指导要领：（一）以第二十五军及第五十军主力包围新四军于云岭地区消灭之。（二）新四军如南移，则索敌（指新四军）主力包围消灭之。（三）新四军如化整为零钻入我军后方，则分别包围消灭之。（四）第二线兵力，逐次向敌（指新四军）推进，不失时机地投入第一线部队作战，但在新四军主力动向尚未判明时，必须注意确保太平、宁国之安全。

部署：右翼军第二游击区守备原防线，并监视大茅山方面新四军的活动，应抽调机动兵力，如发现新四军，应及时击破消灭之；中路军第二十五军（不包括第四十师）除留少数部队守备防线外，主力集结于泾县附近；左翼军第五十军（以第一四五师为第二线，以第七十九师配属之）除留少数部队完备防线外，主力集结于太平以东；直辖师第四十师继续向北威力搜索，及时占领隘路要点，以待增援；第二线第一四五师在太平附近，第六十二师在宁国附近。**16**

于是，第四十师很快就在不断搜索的前进途中完成了拦截部署；从宣城调来的第一〇八师、从浙江抗日前线调来的第七十九师和第六十二师一部也已到位；寻踪前来的第一四四师和新七师第二旅已占领云岭、汀潭、中村等地。各路顽军以总共 7 个师 8 万人的重兵在茂林周围迅速布下了袋形阵地，开始逐渐向新四军皖南部队收拢。新四军 1 月 5 日在茂林休息了一天，虽然恢复了部分疲劳，但也给国民党"围剿"部队增加了一天时间，紧缩包围圈，抢先占领星潭，堵住了去路。

1 月 6 日拂晓前，当新四军进入层层高山和杂树丛生的石埭隘路时，前边突然响起一阵猛烈的机枪声，在丕岭脚下的下长村，国民党军第四十师第一二〇团的一个搜索连，同新四军老三团侦察连的一个便衣侦察班遭遇，新四军被迫自卫，经过两小时激战，新四军受伤 1 人，被俘 1 人。上午 9 时，国民党军第四十师第一一九团的一个搜索排，又在麻岭向新四军特务团先头部队的两个连进行拦阻。新四军先头部队又被迫自卫，经过激烈战斗，顽军溃败，被新四军俘虏 7 人，缴枪 7 支。

当日下午，叶挺、项英在潘村召开各纵队首长会议。叶挺估计顽军在实施包围，主张往回打，迅速从南陵、宣城方向打出去，冲破敌人包围圈。但是项英、袁国平、周子昆坚持走茂林、出三溪，经旌德、宁国到苏南，然后再待机渡江到苏北。会议最后形成决定：第一纵队全部出球岭；第二纵队三个营出丕岭、两个营出薄刀岭，军直属队和教导总队随第二纵队行进；第三纵队（欠第五团）出高岭，第五团为全军后卫。黄昏行动，7 日拂晓通过各岭，正午前会攻星潭地区，跳出包围圈，摆脱顽军，然后再疾进苏南相机北渡。

1 月 6 日晚，大雨已过，新四军部队分路出发，实际上，正是在向着国民党军的重重包围中开进。

## 顾祝同下令彻底"肃清"皖南新四军

蒋介石得知新四军皖南部队的行动后，内心应该是欣喜的。他早在 1940 年 12 月 13 日致顾祝同的急电中就曾说过："新四军最后计划，必如兄五日电所报，其在黄山、天目山与泾县云岭一带化整为零，在我后方对我游击。故我军对匪必须先妥筹对策，作一网打尽之计，谋定后动为要，切勿轻易动手，反被其所制也。"**17** 这段电文也再次证实，蒋介石早就下定了要将皖南新四军一网打尽的决心，只是在等待着新四军"在我后方对我游击"的借口，现在时机已经成熟。

新四军军部原来汇报将于 1 月 7 日先以一个团走苏南，现在却悄然提前到 1 月 4 日，且开动的是全部主力，况且，新四军 1 月 5 日向国民党各将领发出的电文中又称其现在所走路线是按照顾长官所定的路线而行，这些无疑都为顾祝同提供了借口。1 月 6 日午后，顾祝同致电上官云相："叶挺、项英不遵命令，以主力由皖南渡江就指定位置，乃擅率驻皖南所部于支晚（指 1 月 4 日晚）开始移动，企图窜据苏南，勾结敌伪，挟制中央。似此违背命令，自由行动，破坏抗战阵线殊堪痛恨。为整饬纪纲，贯彻军令，对该军擅自行动部队决于进剿，仰贵总司令迅速部署所部开始进剿，务期于原京赣铁路以西地区，彻底加以肃清，并严督党政方面配合军事积极工作，俾绝根株。又对该军化整为零，企图流散时之清剿，并希预为计划及准备为要。"**18**

此电中所谓"企图窜据苏南，勾结敌伪，挟制中央"明显是诬陷之词，新四军怎么可能会去勾结日军和伪军与国民党政府作对？真正是欲加之罪，何患无辞。

上官云相接到顾祝同命令后两个小时，即 1 月 6 日 17 时，正式向所部发出攻击命令："支晚（1 月 4 日晚）由湾滩、章家渡南窜之匪主力因天雨仍滞留于茂林、屯仓徐一带山地中，本日上午匪军警戒部队与我四十师搜索部队在茂林东南十余华里及铜山徐附近接触中。集团军以迅速围剿该匪之目的，于苏南及宣城方面对敌伪暂取守势，即以主力于明日拂晓开始围剿茂林、铜山徐一带匪军。"[19] 国民党顽固派蓄谋已久的血腥屠杀即将开始。

此时，毛泽东还不知道新四军皖南部队走到了什么地方，只在 1 月 5 日晨曾接到叶挺、项英的报告，毛泽东、朱德在 1 月 9 日致刘少奇电中曾提及："得叶、项 5 日报告，他们 4 日夜间开动，5 日晨到太平、泾县间，此后即不明了。"等毛泽东意识到皖南新四军部队会在茂林停留后，忙于 1 月 7 日急电叶、项："你们在茂林不宜久留，只要宣城、宁国一带情况明了后，即宜东进，乘顽军布置未就，突过其包围线为有利。"[20] 然而，为时已晚。

1 月 7 日拂晓，新四军各路纵队已与奉上官云相之命"围剿"新四军的第四十师狭路相逢，双方展开大规模冲突，一场阋墙之战由此展开。

新四军第一纵队经过奋勇冲杀，打破顽军第五十二师、第四十师的拦阻，占领球岭，向榔桥河方向疾进。但在横渡徽河时，后续部队遭到顽军第四十师第一一八团阻击，首尾不能相顾，损失惨重。一部被迫向北突围，另一部则于当晚又与顽军第五十二师第一五五团在榜山展开激战，与新四军军部失去了联系。

新四军第二纵队在越过丕岭时，与顽军第四十师遭遇。丕岭两旁高山对峙，耸入云天。顽军盘踞在山顶上，依凭险要地势，炮火横空，封锁着山路隘口。冲锋号吹响了，满山遍野的新四军喊杀声震耳欲聋。有的战士被流弹打中，跌进了深谷；有的战士负了伤，仍在往山上爬。冲到山顶的指战员，如怒吼的猛虎，端起冲锋枪，横扫敌群。经过四小时激战，国民党军一个营全部被歼，第二纵队于拂晓时占领丕岭，先头部队立即向星潭前进。星潭只有 10 多户人家，是丕岭的出口咽喉，也是通往三溪的必经之地。新四军冲到离星潭 1.5 公里的檀皮庄时，遭到顽军第四十师第一二〇团的顽强抵抗。顽军以猛烈的火力封锁着百户坑的坑口，新四军几次都冲不进那 1.5 公里的开阔地。上官云相命令第四十师师长方日英："要把叶挺的主力吸住，不要让他跑了，现在东南西北各方面的部队均已到达预定位置，合围的态势已成，只要明天下午就可以合围，他再想跑也跑不了。"**21**

新四军第三纵队的特务团也冲破了顽军第七十九师和第四十师的阻拦，占领了高岭，向星潭方向前进，又在牛栏岭一带与顽军第四十师第一一九团遭遇，消灭了大量敌人，但到下午 14 时，仍然被阻在离星潭 7.5 公里处。

至此，新四军军部在潘村会议上的决定，在实际施行过程中仅完成了一半。即第一纵队占领球岭、第二纵队占领丕岭、第三纵队占领高岭的计划实现了，但三路大军正午前会攻星潭的计划没有实现。而新四军退路已经被截断，只有迅速攻下星潭，还有突出包围圈的可能。

新四军军部紧跟在第二纵队后面，于 1 月 7 日上午 10 时到达丕岭，14 时到达丕岭山脚下的百户坑。叶挺、周子昆先后到第二纵队前线视察，询问情况，但没有当机立断下达如何进攻的命令。周子昆提议回到后面研究一下怎么办，叶挺同意，就一起回到百户坑。

天色昏暝，15 时许的百户坑，一盏马灯被风吹得忽明忽暗。新四军军部的叶挺、项英、袁国平、周子昆、李一氓以及第二纵队司令员周桂生、政委黄火星等人围着地上铺着的军用地图（饶漱石是中途参加会议的），正在讨论下一步行动方案。

性急的叶挺首先提出两个方案：先是提出立即后撤，循来路回茂林，再渡青弋江，打太平、洋溪、青阳，甚至再出祁门、景德镇。袁国平认为可以考虑，但项英认为向国民党统治区行动，政治上说不过去。叶挺称此时求生存第一，政治上说得过去与否为其次。但最后该方案被否决。叶挺又提出翻过百户坑右侧山梁，由另一坑口打出去，直扑三溪。但因这一路有没有顽军封锁不清楚，须待侦察后才能明了，而侦察地形和摸清敌情，至少需要六七个小时，时间上不允许，可不侦察又不能贸然行动。于是，这个意见也被否决了。

这个下午，新四军第二纵队的老三团和新三团经过奋力冲杀，攻占了曹家山、将军山，歼灭顽军约两个连，剩余顽军逃进了星潭镇。吃过晚饭后，新四军军部参谋处作战科科长李志高提出了第三个方案：现在情况紧急，北面顽军已向新四军逼来，左右纵队也已打响了战斗，我们只能前进，不能后退，后退就是灭亡，星潭是通向旌德的必经之路，只有夺取星潭才有出路。他主张调动第三纵队第五团第二营增强攻击星潭力量，不惜牺牲，坚决从星潭打出去，突出包围，并说明已令第二营做好了增援准备。叶挺赞同这个方案，项英也未十分反对。

此时，老三团、新三团再次发起攻击，扫除了星潭外围多数据点。周子昆和李志高等分别又到山口了解情况：山口仍然迟迟未突破，且部队伤亡很大。这时，项英又提出了看法，认为硬攻星潭牺牲太大，伤员多了不好处理，如果付出重大代价，星潭还打不下来，那就更困难了，而且，即使攻下星潭，也很难继续突破顽军第四十师的拦阻。

百户坑会议本是个紧急会议，可由于会议期间对问题争论过大，与会人员又不断进出，特别是项英举棋不定，致使会议从下午到晚上开了大约7个小时，且开到最后，项英也仍然没有作出决定。举棋不定，辗转反复，实为兵家大忌。最后，叶挺有些气愤地说道："时间就是胜利，不能够犹豫不决，不能够没有决心。我的态度是，错误的决定我也服从。现在就请项副军长决定吧！"[22] 这个时候，周子昆提议道：早上特务团通过高岭时，没有遇到国民党军队，我们可退回里潭仓，出高岭，到太平，转入黄山，再伺机东进。这个方案得到了大家的接受，项英于是决定：1月7日24时开始沿原路折回，经高岭向太平方向突围。

星潭地处顽军合围圈的外沿，新四军对攻克星潭的放弃可能是一个极大的错误。有资料记载，当日21时许，新三团第一营已经攻进了星潭镇，但因通信工具落后，这个信息未能被及时传送到新四军军部。就在新四军军部犹豫不定之时，上官云相已得意扬扬地发出命令："我以精兵五师业已合围，若不能予以歼灭，使匪漏逃，实为吾辈莫大之耻辱，无以对委座及长官。"**23**

项英作出决定后，叶挺立即来到第三纵队第五团，下达作战命令："五团由原路返回，走里潭仓去抢占高岭，遇到敌人就坚决消灭。无论如何要在高岭坚守三天，坚决阻住由太平方向来的敌人，以掩护军部及大部队经高岭、出太平，往泾县方向突围。完成任务以后，你们可以分散独立行动，在皖南坚持游击战争，尔后待机过江。"**24**

于是，第五团由后卫变成前锋，不顾天黑雨大，直向高岭扑去。快到高岭时，正逢顽军第七十九师一个营赶来，与新四军抢占制高点。新四军以最快的速度，把赶来的国民党军消灭并占领了高岭，又凭险拒敌，一次又一次地打退了对方的反扑。国民党军在阵地前面丢下了几百具死尸，新四军前卫第二营也伤亡了二三十人。

新四军军部紧接着在夜间2时撤到了丕岭以西的里潭仓宿营。然而，由于打乱了原定计划，也挫伤了士气，其他部队在后撤时秩序十分混乱，直到1月8日10时才全部撤离丕岭。

1月8日午后，新四军军部率队向高岭进发。然而，再一次走了错路，这一次倒是找了向导，可向导却把路带错了，走了三个小时，得到前哨报告，前方是濂岭，第三纵队的特务团正在岭上与顽军第七十九师对峙。军部立即下令全体向后转，重新寻找开往高岭的道路。

尚未到高岭，已见到第三纵队司令员张正坤迎了过来，他满脸焦虑，左手缠着绷带吊在胸前。叶挺一见此景，未等对方开口，即传令整个部队原地休息。张正坤汇报道：顽军第七十九师主力正向高岭攻击，第五团冲不出去，双方亦在对峙中。叶挺只好命令军部人员暂时退回纸棚村休息，自己策马前往高岭视察战况。

因为未能抢占高岭，新四军欲由太平方向突围的计划落空。1月8日晚，新四军军部不得已又撤回到里潭仓宿营。这一天，第一纵队在回撤中陷入顽军第五十二师的包围，在磅山、椰桥河地区激战终日；第三纵队特务团在牛栏岭、高岭与顽军第七十九师战斗了一整天。各个部队来回折腾，不停地战斗，却都没有取得进展，十分疲惫。

新四军军部在各部队停下来后，立即召开了会议。会议决定，立即从原路返回，不惜牺牲，向茂林打通一条路，采取游击战方式，保存主力奔赴苏北。具体部署是：特务团留在原地坚持，第三团为前卫，第五团为后卫，改道经高坦、茂林方向突围，抢先由铜陵、繁昌之间直插江边北渡。

## 项英等在危险时刻擅自离队自行突围

此时，顽军的包围圈正在步步紧缩。在南面，第七十九师正与新四军特务团、第五团在濂岭和高岭一线激战；在北面，第一〇八师正向大康王地区推进；在东面，第四十师第一二〇团于1月9日拂晓从星潭向丕岭及其以北地区搜索前进，第一一八团不断向高坦推进，至12时，已将丕岭完全占领；在东北面，第五十二师正在阻击新四军第一纵队；在西面，新七师已与右翼第五十二师取得联络，严密封锁了各条道路，第一四四师各团分成梯次向高坦攻击前进。

1月8日19时，顾祝同严令上官云相："匪军经我各部围剿穷蹙一点，消灭在即，为期能于短时间彻底肃清，毋使漏网起见，希即督励所部，协同友军切取联系，努力进剿，务严令包围于现地区，限电到12小时内一鼓而聚歼之，勿使逃窜分散为要。"[25]当晚23时，在宁国万福村通明的灯火下，靠着鸦片已熬了几个通宵的上官云相牙关紧咬，给左右翼军下达了绝杀令：

"务于明日正午以前，将匪包围于现地区而聚歼之。"**26**

高坦，又名高潭，是新四军向茂林方向突围的必经之路。1月8日晚，顽军第一四四师第四三二团已占领此地，并在两边山上构筑了工事，布置好了机枪阵地。当夜北风呼啸，雨落如注，新四军逼近高坦时，山头上的敌人还在呼呼大睡。新三团和老三团分别从高坦北侧和南侧发起进攻。上面的敌人听到枪声已转移到其阵地后方，急忙撤退。新四军教导总队立即发起冲锋，一举攻占了高坦。

待新四军军部冒雨抵达高坦时，已是1月9日凌晨。此时，冲向茂林方向的新四军正在与顽军第一四四师展开激烈的战斗，四处枪声密集，喊杀声不断。叶挺进入高坦的汪家祠堂稍事休息，但项英等人站在100米外的路边淋着雨，并没有进去。因为当时天落大雨、四下漆黑，大多部队都失去了联系，剩下的部队战斗力有限，当晚已经不可能再突围出去了。未多时，项英、袁国平、周子昆带着各自的卫士及一名猎户向导，共10余人，擅离位置自行而去。

天亮之后，叶挺就项英等人离队的情况，找饶漱石商量，决定在临危之时，全面负起指挥重任，并向党中央和中原局作了汇报："今日晨北进，又受包围，现在集全力与敌激战，拟今晚分批突围北进。项英、国平□□□□于今晨率小部武装上呈而去，行方不明。我为全体安全计，决维持到底。"**27**

刘少奇接到报告后，当即作出指示：军事上由叶挺负责，政治上由饶漱石负责，并要他们积极支撑，挽救危局。同时，刘少奇又电告中共中央，建议撤销项英的职务。毛泽东、朱德、王稼祥回电刘少奇，认为由叶挺、饶漱石分别负责的做法是正确的，"惟项英撤职一点暂不必提"。随后，中共中央又致电刘少奇、叶挺等，要求全军服从叶、饶指挥，"执行北移任务。你们的环境虽困难，但用游击方式保存骨干，达到苏南是可能的"。**28**中央特别提到了"游击方式"，可惜没有得到很好地执行。客观原因也是新四军军部非作战人员太多，游击作战不容易实施。

叶挺在高坦汪家祠堂北面的蛇山设立了临时指挥所。这时,顽军正在从四面八方向高坦逼近。面对险恶的局面,叶挺决定调动教导总队增援第三团作战。教导总队主任余立金将高坦附近的人员,主要是教导总队、军直机关人员,集中在一起,由叶挺作了简短的战斗动员,士气因之大振,经过一天的激战,顽军第一四四师被击退,龟缩在茂林的东陈岗。

1月9日黄昏前,叶挺在汪家祠堂召开紧急会议。由于连日的行军和作战,部队相当疲劳,欲攻下茂林非常困难。叶挺决定甩开茂林之敌,带领第二纵队的第三团以及教导总队和军直部队转向石井坑、大康王方向开进,然后再于泾县、丁家渡之间渡过青弋江至孤峰,仍从铜陵、繁昌之间北渡长江。

黄昏过后,叶挺率队出发,而第三纵队的第五团因为在高岭机智勇猛地打退了顽军第七十九师的多次进攻,以较小的代价消灭对方数百人,胜利完成掩护任务,及时地撤离了阵地,跟随在新四军军部之后,也踏上了北移之路。而第一纵队在磅山一直坚持到当日21时左右,终因寡不敌众,阵地失守,部队被分割,傅秋涛带领老一团向东南方向突围而去,新一团则向东流山撤退。

叶挺率部开进途中,由于山路崎岖,再加上天黑和下雨,行军速度很慢,中间又不断遭到顽军袭击,边战斗边行进,一夜只前进了10公里。1月10日拂晓,前锋部队刚刚翻过石井坑,还未到大康王村时,突遭顽军第一〇八师伏击,部队被冲散,无法继续前行,只得退回到横直不过二三公里的石井坑,致使新定计划再次落空。

此时,整个部队已变得极为混乱,有的已两三昼夜没有休息、没有吃饭,大家都疲劳不堪。叶挺命令各团把守山头、岭口,掩护其余部队休整,并要各单位就地收容失散人员。石井坑地区零散地居住着近百户人家,尽管当时枪声时起,然而当地群众还是冒着生命危险积极地向新四军提供饮食和物资支援,可惜只能是杯水车薪了。顾祝同以前诡称会在新四军北移途中给予补充粮食弹药，实际上正是要断绝新四军一切供应的毒辣阴谋，在此时已收到了事半功倍的效果。为了让部队吃上饭，恢复力气突围，叶挺派出人员继续到附近群众处做工作，购买肉类和粮食，并以身作则，从自己的战马开始，命令各部宰杀战马充饥。与此同时，顽军已在不断地加强兵力，将从浙赣线调来的两个炮兵旅也拉了上来，包围圈越来越小。从防守的山顶上一眼望去，只见石井坑周围烟生火起。

面对当时困境，叶挺预感已突围无望，趁着战斗未起，和饶漱石联名急电毛泽东、朱德、王稼祥："支持四日夜之自卫战斗，今已濒绝境，干部全部均已准备牺牲。请即斟酌实情，可否由中央或重庆向蒋交涉，立即制止向皖进攻，并按照原议保障新四军安全移江北及释放一切被捕军部工作人员。"29同时，叶挺还致电中共中央转蒋介石等，请国民党方面解除皖南之围。

请延安酌定转委员长蒋、司令长官顾钧鉴：

此次事变，挺应负全责，百死不足以蔽其辜，惟职军全体将士在重围中，转战五口，所为者，惟遵命北渡。但所处境孤危，弹尽援绝。如蒙钧座开一门户，予挺效命与疆场之机会，则国家之福。30

叶挺发出的电报是经过刘少奇处转送中央的。毛泽东收到后，赶紧回电刘少奇，询问有关情况。可是刘少奇也无法了解到详情："他们在何处及情况如何我亦不知，第二支队在江南集结，待命行动接应他们，亦不知他们行动。他们应从泾县以北青弋江、宣城向郎溪东进才安全，而先向南行动到茂林拖了许多天致受敌包围。"31

叶挺发出电报前后，又有新四军部队陆续退到石井坑。仅1月10日上午，先后到达的就有老三团、新三团、特务团和军直属队的各一部分，还有建制完整的第五团，共约5000人。叶挺见兵力在逐渐增多，不觉振奋了许多，决定先在石井坑四周控制制高点，构筑工事，待部队得以充分的休整后，再寻机突围。

1月10日下午，擅自离队出走的项英等人因突围未成，也返回了新四军军部，并将自己的行动电告中共中央，承认了错误。

> 今日已归队。前天突围被阻，部队被围于大蓦山中，有被消灭极大可能，临时动摇，企图带小队穿插绕小道而出。因时间快要天亮，曾派人请希夷来商计，他在前线未来，故临时只找着国平、□□及□□同志（□□未同我走），至九日即感觉不对，未等希夷及其他同志开会并影响甚坏。今日闻五团在附近，及赶队到时与军部会合。此次行动甚坏，以候中央处罚。我坚决与部队共存亡。**32**

14时，刚刚归队的项英即与叶挺联名，通过刘少奇处致电毛泽东、朱德："我全军被围于泾县茂林以南，准备固守，可支持一星期。请以党中央及恩来名义，速向蒋、顾交涉，以不惜全面破裂威胁，要顾撤围，或可挽救。上下一致，决打到最后一人一枪，我等不足惜。一周后如无转机，则将全部覆没。盼立示。"**33**

随后，叶挺、项英、饶漱石又联名致电刘少奇、陈毅及新四军第二支队："我军傅秋涛两个团已打到泾县、宁国间，余均被围于茂林附近山地。敌大我五六倍，突围困难，死守硬拼到最后一人，惟粮弹不济，恐守不住。请中央设法以全面分裂胁蒋，或能挽救，并示方针。二支队应即向苏皖边积极行动，苏北能同样行动以为声援更佳。"**34**

为此，毛泽东等中共中央领导多次急电周恩来，要他在重庆进行最严重交涉，提出严正抗议，要求国民党立即撤围。周恩来获悉新四军军部和皖南部队陷入重围消息后，连日奔走，尝试一切可能采取的措施，向蒋介石等交涉，要求顽军立即撤围。然而，此时此刻的蒋介石已把被包围的新四军看作"囊中之物"，岂肯"纵龙归海"？对来自中共的交涉与抗议，表面上答应下令撤围，暗地里却督促顾祝同加紧围攻，并于 1 月 10 日当天即通过上官云相下达手令："活捉叶挺奖 10 万元，活捉项英、袁国平各奖 5 万元。"**35**

受此鼓舞，顽军于 1 月 10 日开始对石井坑发起局部性进攻，在被击退后，又于 1 月 11 日进一步合围，再次紧缩了包围圈。至此，石井坑周围已如铁桶。东北面是第一○八师，东面是第五十二师，东南面是第四十师，正南面是第六十二师，西南面是第七十九师，西面是第一四四师，西北面是新七师。七匹恶狼磨牙砺爪，转睛嗅探，随时准备发起联合进攻。

为了让上官云相得以对各顽军部队无障碍指挥，并得到各地方政府的有效配合，顾祝同甚至还专门给上官云相发来授权电令："新四军不遵命令，自由行动，亟应严加防范，在此期间党政军务须切实联系。嗣后凡关地方防止异党活动及一切善后事宜，贵司令对江南、皖南两行署及军长对于专员，师长对于县长，均得以命令指挥，并转饬军、师长。"**36**

1 月 11 日上午，顽军第一○八师、第五十二师组织起三个主力团率先向外围的球岭发起猛攻，由于敌强我弱，防守在球岭的新四军第一纵队余部被迫放弃阵地，一部由营长李元率领从大康王转移到石井坑，加入守备战部队；另一部队由新一团团长张铚秀率领，重新经磅山向西北方向突围，后来冲破层层阻碍，得以过江，抵达江北无为。

球岭失守后，石井坑的周围都进入了极其残酷的战斗中。在石井坑南面的铜山，顽军的炮火把山头都轰平了，坚守在这里的是新四军第二纵队，有的战士手指被打断了，就用手臂托枪射击，有的身上几处受伤，仍坚持不下火线。在战斗的间隙，第二纵队司令员周桂生在阵地上作进一步动员说："军部就驻在山后，我们要坚决守住铜山，保卫军部安全！"

战斗到后期，铜山最前沿的阵地上只剩下排长周黎明等二十几个战士了，而山下 500 多顽军士兵分为两路，仍然蜂拥而上，嘴里还喊叫着："新四军，你们完蛋了，快缴械投降吧！"为了节约子弹，周黎明带领剩下的战士抽出身携的马刀，跃出堑壕，高声喊杀，冲向对方。阵地上刀光、人影，乱成一片。

面对当时险恶的战斗形势，叶挺、项英、饶漱石于1月11日午后联合致电中共中央：

一、顽敌四十、一四四、七十九、五十二、一〇八各师，已于今日合围，预计明晨会总攻。

二、顾（祝同）并已下生擒我等之命令。

三、我们方针：缩短防线，加强工事，以少数钳制多数，控制一个团以上强力，俟机突击，给以大打击后，再做第二步，能突破当更好。

四、现士气尚佳，惟粮弹不齐，不能久持。**37**

而此时在石井坑西南面的东流山上，进行的则是更大的一场恶战。东流山是黄山余脉，地势陡峭，起伏不平，是石井坑的屏障。狡猾的顽军在东流山对面一个等高的山顶上，架设重炮，横空穷射，打得东流山烟尘漫天，而猛攻这座山的顽军步兵则以整营的兵力往上蜂拥。最初守备在山上的是新四军特务团第一营和工兵连等，随着形势紧张，叶挺又调动了第五团上去加强防守。可整个山头都被顽军炮弹炸得石土横飞，硝烟滚滚，东流山仍然万分危急。最后，叶挺只好忍痛把教导总队和工兵连剩下的人员都组织起来派到东流山，甚至在战斗最激烈时，新四军重伤员也都拼死参加了战斗。

坚守在东流山阵地上的英勇战士们，子弹打光了，就和对方拼刺刀，刺刀戳弯了，就用牙齿咬。顽军往山头上进逼，新四军战士们就用拉响了的手榴弹与其同归于尽，重伤员们更是抱住顽军就往万丈深渊里滚。其场面之壮烈真是惊天地、泣鬼神！

督战的叶挺眼见着这一幕幕壮烈的场景，而新四军战士们个个冻饿疲困、粮弹已尽，顽军却仍然气焰嚣张、咄咄逼人，他以个人名义，向毛泽东、朱德、王稼祥发出了电报："本军五昼夜不停与五六倍之敌激战于重围，计划又告失望。现将士疲劳过度，只好固守一拼，惟士气尚高。此次失败，挺应负全责，实因处事失彼、指挥失当所致。……今日事已至此，只好拼一死以赎其过。"**38**

电报发出后，叶挺又发一电，转托中共中央致其夫人李秀文，略称此际被围，生命大致不保，唯如此牺牲，殊出意料，并嘱其夫人善事教养子女，以承父志。发出绝命电后，叶挺对饶漱石说："我们大家一起拼吧，抱着必死的决心，创造共产党人的业绩，创造第二个黄花岗！"

## 优秀音乐家任光遇难

中共中央为能综合各种力量挽救危局，正竭力寻求可能的方案。1941年1月12日，中共中央书记处致电重庆的周恩来、叶剑英："新四军全军东进，行至太平、泾县间之茂林，被国民党军队重重包围已六天，突不出去，据云尚可固守七天。望向国民党提出严重交涉，即日撤围，放我东进北上，并向各方面呼吁证明国民党有意破裂，促国民党改变方针，否则有全军覆灭危险。"**39**同日，中共中央书记处又通过刘少奇处致电叶挺、饶漱石："一、中央决定一切军事、政治行动均由叶军长、饶漱石二人负总责，一切行动决心由叶军长下。项英同志随军行动北上。二、中央此决定向部队干部宣布。"**40**项英表示拥护党的决定，从此不再参与决策。

此时，刘少奇在苏北也在焦急地寻找着对策，并于1月12日向中共中央提出了"围魏救赵"的建议："望你们速向重庆严重交涉，停止包围，请让我安全北移。请朱（瑞）、陈（光）、罗（荣桓）准备包围沈鸿烈，我们准备包围韩德勤，以与国民党交换。是否有当，请毛、朱、王立复并直告朱、陈、罗执行。"**41**这一建议立即被中共中央所采纳，次日即发令："苏北准备包围韩德勤，山东准备包围沈鸿烈，限十天内准备完毕，待命进攻，山东由朱、陈、罗负责，苏北由刘、陈负责，以答复蒋介石对我皖南1万人之聚歼计划。"**42**

然而，国民党顽固派好不容易找到了这千古难觅的时机，又怎么能够放过新四军？刘少奇"围魏救赵"的计划也未能付诸实施。1月12日下午，顽军再次发起进攻。这一次，顽军集中五个师的力量对石井坑实施向心总攻击。其中，顽军第四十师由南面、第五十二师由东面、第一○八师由东北面、第一四四师由西北面、第七十九师由西面，凭着火力和兵力优势，反复发起冲击。被包围的新四军广大指战员面对数倍于己的顽军，毫无惧色，前仆后继，英勇反击。

中共中央也万分焦急，通过刘少奇处致电叶挺、饶漱石："你们当前情况是否许可突围？如有可能，似以突围出去分批东进或北进（指定目标，分作几个支队分道前进，不限时间，以保存实力达到任务为原则）为有利，望考虑决定为盼。因在重庆交涉恐靠不住，同时应注意与包围部队首长谈判，并盼将情形告知。"**43**

17时，叶挺刚看完中央电报，还没有来得及回电就得到报告：我军终因寡不敌众，东流山失守。顽军正从四面八方向石井坑发起更为猛烈的进攻。被包围的新四军广大指战员面对强敌，前仆后继，英勇反击，战斗到黄昏时分，南面、东面和西面的阵地已相继失守，双方进入了混战状态，形势越发危急。

一股敌人占领了离叶挺的军指挥所仅有200米远的一座小庙，用机枪疯狂地向军指挥所扫射。这时，新四军军部已经没有战斗人员了，特务团不满25岁的团长刘别生一见情况危急，立即率领四名通信员勇猛地向小庙扑去，仅用十几分钟，小庙失而复得。

就在这场混战之中，我国优秀的音乐家任光也不幸被流弹击中。任光是1940年到皖南新四军工作的，他创作了有名的《渔光曲》《打回老家去》《抗战歌》《大地行军曲》《王老五》等歌曲。叶挺后来在《囚语》中深情地回忆道："至友任光，为中国音乐名家，《渔光曲》《王老五》等均其杰作。随我至军中后，新作甚多，别有风格，对群众心理及大众化问题均深切明朗，军中均以'王老五'呼之。此次率其新爱伴随余行军，备受危苦。十日晨在高坦乡，正值激战中，教导队奉我令加入前线作战。我作简短演说后，群情激动。任君即指挥唱其新歌《东进曲》（即《别了，三年的皖南》），与四周机关枪及手榴弹声融成最伟大战斗交响曲。及是夜，全军转移至石井坑，沿途数遭机关枪扫射。任君夫妇在余后被截击，落荒逃至一民家。翌日（11日）晨，余知之，使人觅之归。观其狼狈困惫之状态，深恸民族天才随余受难，惭感无已。及十二日，终日重围苦战中，情况万分紧张，余忙迫无暇关照其夫妇。入夜，四面燎火漫烧，曳光弹如萤箭四面飞来，侧后方阵地已为击破，余等已不得不移动。见余侧数尺伏卧人堆中，忽有二人辗转地上，在激战中不能闻其哀号。有人高呼：'王老五受伤了！'余近视之，知其重伤在腹部。时萤箭蝗飞，余心痛如割，无语足以慰之，无法足以助之。及后闻战士言，'王老五'老婆亦受伤了。任君夫妇当作同命鸳鸯矣，悲乎！愿后世有音乐家为我一哀歌以吊之。"**44**

就在任光被流弹打中的时候，军指挥所已全部暴露在了顽军的火力点之下。只见石井坑上空火光纷飞，曳光弹交错，四面八方的顽军向石井坑发起猛烈的攻击。叶挺离开军指挥所后，在狮形山召开了团以上干部紧急会议，决定立即分散突围。

叶挺指挥大军在顽军重兵围困中苦苦支撑，原本想把这支英雄的部队带到江北。但因国民党顽固派的冥顽不灵，他的这个愿望最终落空。

早就该突围了。可惜最初攻坚开路之时，指挥权在擅长游击而不擅长攻坚的项英手里；现在应该分散游击突围的时候，指挥权又掌握在了素不喜欢且不擅长游击战的叶挺手中。

叶挺慷慨激昂地说：现在决定突围，中央要干部，你们要设法保存有生力量，就是一个饲养员、炊事员也要设法突出去。皖南部队是革命的精华，你们要坚决地突出重围，到江北去，去开创抗日根据地，去发展壮大革命力量。你们都是共产党员，为了保存革命的种子，你们愿意当突围司令的，都可以当突围司令，带干部的、带兵的都可以，带三五个人也可以，方向是到苏南，或者到江北，也可以到徽州去打游击，就算是在原地坚持斗争也行。留得火种在，不怕不燎原！

1月12日夜，当顽军停止射击、进入梦乡之时，新四军的几十个冲锋号骤然吹响，拉开了分散突围大血战的序幕！新四军军部为了突围便利，分成了两批：叶挺、饶漱石为一批，项英、袁国平、周子昆为一批。待部署好全军分散突围之后，叶挺才率领军部撤离石井坑，翻过火云尖，到达大康王，但由于坑口被顽军第一〇八师封锁，新四军军部受阻于西坑。

这一夜，中共中央闻知第一纵队司令员傅秋涛已率两个团突出至宁国山地，误以为皖南新四军主力都已突围。毛泽东、朱德、王稼祥致电叶挺："你们率主力已突围出来，甚慰，望鼓励士气，坚持到底，迅达苏南。军中一切由希夷作主，小姚（指饶漱石）辅之，全军应服从希夷命令。重庆方面正在交涉，但你们不要靠望，一切靠你们自己。"**45**

事实上，叶挺等新四军军部人员都仍受阻于石井坑，正在寻找着突围的良机。可惜，老天也不长眼，这一夜，一向阴暗昏黑的夜晚偏偏晴空万里，皓月当空，突围的新四军各部无法在夜色下隐身。战后，上官云相曾得意扬扬地回味："时月色皎洁，不易漏逃，天候地形有利于我，实为消灭匪军之一助也。"**46**

因此，得以顺利突围的部队有限，其中比较集中的有三路大军：新四军新三团第二营营长巫希权、第一营政委张玉辉率领600多人，捣毁顽军师部，偷渡青弋江，胜利到达了江北；新三团团长熊梦辉、参谋长张日清、政治处主任阙中一率800多人，绕道茂林，暗渡青弋江，一路血战，突破长江天险到达了无为；而特务团团长刘别生及第二纵队政委黄火星、新四军军部参谋张云龙率领的第三支突围部队，虽然与前两路突围部队相比，出发的时间迟，但经过猛冲猛打，到达江北的时间却更早。

三路突围大军，虽然杀出了重围，但损失亦很惨重。在这期间，突围后的新四军又遭到了日、伪、顽部队的夹击。日本《朝日新闻》在 1 月 25 日就报道了日军和国民党军夹击北移新四军的消息："新四军遭我方与中央军的夹击，处于被全歼的最后关头，枉自进行最后抵抗。"**47** 汪伪政府出版的《中报》在 1 月 21 日也报道了类似消息。**48**

## 叶挺前往顽军师部谈判被扣押

1 月 13 日，时刻以鸦片提神的上官云相为了"剿灭"新四军，向所部发出了第三次总攻的命令。石井坑周围阵地相继失守，叶挺、饶漱石等率领军部人员一路向海拔 822 米的承流峰方向突围，最终在承流峰再次陷入顽军的层层包围之中，经过多次突围，虽然损失很大却仍然无法脱身。

到 1 月 14 日，新四军部队的处境更加困难，弹尽粮绝，已无继续抵抗和突围的能力，而且各个阵地已全部失守。新四军部队虽已被顽军消灭或打散，但新四军军部及领导人并没有被抓到，于是顽军开始了搜山行动。为了挽救危局，迟滞顽军的搜山行动，叶挺在 1 月 14 日下午带着叶育青、叶钦和等几名随从下山到顽军师部谈判，随即被扣押囚禁。

新四军余部分散突围。其中，设于茂林的顽军第一四四师指挥所一度被向西突破的新四军击毁，师长唐明昭几被擒获。顽军新七师为阻拦突围的新四军北渡，特抽出一个团开往章家渡，只是该团赶到时，新四军一部已渡江而去了。

在皖南事变中，先后突围出来的新四军共 2000 多人，还有少数人员就地坚持打游击，其他大部壮烈牺牲或被俘。饶漱石因在突围中收买了国民党军一个名叫叶正顺的连长而得以脱身，后辗转抵达苏北盐城。新四军政治部主任袁国平、宣传教育部部长朱镜我、第二纵队司令员周桂生等在突围中牺牲。副军长项英、副参谋长周子昆突围后率领军部机关部分人员先后隐蔽在泾县南部山区螺丝坑、里潭仓等处，3月12日住进蜜蜂蛹山下的蜜蜂洞，3月13日凌晨被叛徒刘厚总杀害。

皖南事变中，新四军战场死伤为2000至3000人，被俘的新四军指战员大约4300人，其中干部600多名，一开始被关押到浙江淳安开化，后被囚禁在江西上饶集中营（由上饶附近的七峰岩、周田村、茅家岭、李村及铅山县附近的石塘等监狱组成）。他们面对国民党顽固派的欺骗利诱、残酷刑讯、野蛮屠杀，始终坚贞不屈，保持着革命者的崇高气节。他们在狱中成立中共秘密组织，进行了反感化、反诱降、反迫害的斗争，积极组织越狱、暴动。1942年5月25日，茅家岭暴动成功，全狱26人，除2人负伤被顽军抓回杀害外，其余24人均逃出虎口。同年6月17日，周田监狱的难友乘集中营向福建转移之机，在福建崇安赤石镇附近领导了近80人的大暴动，除当场牺牲9人外，其他大部人员跑进了武夷山，和茅家岭暴动出来的战友会合，一起参加了游击队。此外，零星越狱、逃跑的也有上百人。他们多数先后重返新四军。

新四军政治部秘书长黄诚、组织部部长李子芳、第三纵队司令员张正坤、第二纵队副司令员冯达飞、第五团团长徐锦树和政治委员林开风等200多人，在囚禁期间惨遭杀害。抗战胜利后，有200多人陆续获释，还有40多人被认为是"最冥顽分子"仍遭关押，继续遭受迫害。[49]

叶挺也在皖南事变后先后被囚禁于上饶、恩施、桂林、重庆等地，长达5年又50天。在此期间，他一再断然拒绝蒋介石高官厚禄的引诱，愤然揭露蒋介石制造皖南事变的真相，作《囚歌》以明志，充分表现了一个无产阶级革命家的浩然正气。郭沫若赞颂这首《囚歌》"燃烧着无限的愤激，但也辐射着明彻的光辉"，"这才是真正的诗"，"他的诗是用生命和血写成的，他的诗就是他自己"。[50]1946年3月4日，叶挺在中共中央与国民党当局的反复交涉下获得了自由。出狱后，他做的第一件事就是写下了入党申请书，并于 3 月 5 日致电中共中央，请求加入中国共产党。3 月 7 日，毛泽东代中共中央起草回电"同意叶入党"，并在 3 月 8 日《解放日报》和《新华日报》公布复叶挺电文："你为中国民族解放与人民解放事业进行了二十余年斗争，经历了种种严重考验，全中国都已熟知你对民族与人民的无限忠诚。兹决定接收你加入中国共产党为党员，并向你致热烈的慰问与欢迎之忱。"[51]4 月 8 日，叶挺奉命前往延安参加整军复员会议，因飞机在中途失事遇难。4 月 13 日，《新华日报》发表《中国人民无可补偿的损失》社论，盛赞叶挺是"北伐时期的虎将，抗战时期的岳飞，他的毕生奋斗，是足以使每个中国人为之感动的"。

## 注　释

**1.** 叶超：《悲壮的史诗——回忆皖南事变的经过》，见《皖南事变回忆录》，安徽人民出版社、上海人民出版社 1983 年版，第 5 页。

**2.**《叶挺致蒋介石、何应钦、白崇禧电》，1940 年 12 月 23 日，中国台北"国史馆"蒋介石义物档案。

**3.**《叶挺、项英致蒋介石、何应钦、白崇禧电》，1940 年 12 月 25 日，中国台北"国史馆"蒋介石文物档案。

**4.**《李一氓回忆录》，人民出版社 2015 年版，第 215—216 页。

**5.**《顾祝同致蒋介石电》，1940 年 12 月 28 日，中国台北"国史馆"蒋介石文物档案。

**6.**《上官云相密令派人侦察新四军人枪辎重等的电文》，1941 年 1 月 3 日，见《皖南事变文电选编（国民党部分）》，安徽省档案馆，1985 年，第 87 页。

**7.**《顾祝同致蒋介石电》，1941 年 1 月 2 日，中国台北"国史馆"蒋介石文物档案。

**8.**《新四军决定皖南部队全部经苏南北移致毛泽东等电》，1941 年 1 月 1 日，见中国抗日战争军事史料丛书编审委员会编：《新四军·文献》(4)，解放军出版社 2015 年版，第 18 页。

**9.**《毛泽东、朱德关于新四军皖南部队立即开苏南致叶挺、项英电》，1941 年 1 月 3 日，见中国抗日战争军事史料丛书编审委员会编：《新四军·文献》(4)，解放军出版社 2015 年版，第 20 页。

**10.**《新四军为离开皖南进军敌后告皖南同胞书》，1941 年 1 月 4 日，见中国抗日战争军事史料丛书编审委员会编：《新四军·文献》(4)，解放军出版社 2015 年版，第 21—27 页。

**11.** 杨明：《皖南星火》，安徽人民出版社 1990 年版，第 159 页。

**12.**《第三十二集团军制订的"肃清"皖南新四军作战计划》，1940 年 12 月 29 日，见中国抗日战争军事史料丛书编审委员会编：《新四军·参考资料》(5)，解放军出版社 2015 年版，第 170—172 页。

**13.**《顾祝同致蒋介石电》，1941 年 1 月 4 日，中国台北"国史馆"蒋介石文物档案。

**14.**《顾祝同致蒋介石电》，1941 年 1 月 4 日，中国台北"国史馆"蒋介石文物档案。

**15.**《叶挺、项英关于新四军北移延迟原因及请友军让道致蒋介石等电》，1941 年 1 月 5 日，见中国抗日战争军事史料丛书编审委员会编：《新四军·文献》(4)，解放军出版社 2015 年版，第 28—29 页。

**16.** 武之棻：《上官云相策划指挥皖南事变经过》，见中国抗日战争军事史料丛书编审委员会编：《新四军·参考资料》(7)，解放军出版社 2015 年版，第 151—165 页。

**17.**《蒋介石致顾祝同电》，1940 年 12 月 13 日，中国台北"国史馆"蒋介石文物档案。

**18.**《国民党第三十二集团军上官云相部围击皖南新四军军部战斗详报》，1941 年 1 月至 2 月，见《皖南事变资料选》，上海人民出版社 1983 年版，第 175 页。

**19.**《国民党第三十二集团军上官云相部围击皖南新四军军部战斗详报》，1941 年 1 月至 2 月，见《皖南事变资料选》，上海人民出版社 1983 年版，第 174 页。

**20.**《毛泽东、朱德关于乘国民党顽固派军队布置未就突过包围致叶挺、项英电》，1941 年 1 月 7 日，见中国抗日战争军事史料丛书编审委员会编：《新四军·文献》(4)，解放军出版社 2015 年版，第 33 页。

**21.** 陈士章：《蒋军第四十师袭击新四军的经过》，见安徽省文物局新四军文史征集组编：《皖南事变资料选》，安徽人民出版社 1981 年版，第 338 页。

**22.** 叶超：《悲壮的史诗——回忆皖南事变的经过》，见《皖南事变回忆录》，安徽人民出版社、上海人民出版社 1983 年版，第 9 页。

**23.**《国民党第三十二集团军上官云相部围击皖南新四军军部战斗详报》，1941 年 1 月至 2 月，见《皖南事变资料选》，上海人民出版社 1983 年版，第 177 页。

**24.** 陈仁洪：《英雄的后卫团——皖南事变中的三支队五团》，见《皖南事变回忆录》，安徽人民出版社、上海人民出版社 1983 年版，第 158—159 页。

**25.**《国民党第三十二集团军上官云相部围击皖南新四军军部战斗详报》，1941 年 1 月至 2 月，见《皖南事变资料选》，上海人民出版社 1983 年版，第 179 页。

**26.**《国民党第三十二集团军上官云相部围击皖南新四军军部战斗详报》，1941 年 1 月至 2 月，见《皖南事变资料选》，上海人民出版社 1983 年版，第 179 页。

**27.**《叶挺、饶漱石关于项英等行踪不明致毛泽东等电》，1941 年 1 月 9 日，见中国抗日战争军事史料丛书编审委员会编：《新四军·文献》(4)，解放军出版社 2015 年版，第 34 页。

**28.** 中共中央文献研究室编：《毛泽东年谱（一八九三——一九四九）》（修订本）中卷，

中央文献出版社 2013 年版，第 255 页。

**29.** 中共中央文献研究室：《毛泽东年谱（一八九三——一九四九）》（修订本）中卷，中央文献出版社 2013 年版，第 254 页。

**30.** 原电报藏于中央档案馆。

**31.** 中共中央文献研究室：《毛泽东年谱（一八九三——一九四九）》（修订本）中卷，中央文献出版社 2013 年版，第 254 页。

**32.** 《项英关于离队经过致中共中央电》，1941 年 1 月 10 日，见中国抗日战争军事史料丛书编审委员会编：《新四军·文献》(4)，解放军出版社 2015 年版，第 37 页。

**33.** 《叶挺、项英请速向蒋介石、顾祝同交涉要其撤围致毛泽东、朱德电》，1941 年 1 月 10 日，见中国抗日战争军事史料丛书编审委员会编：《新四军·文献》(4)，解放军出版社 2015 年版，第 38 页。

**34.** 《叶挺、项英、饶漱石关于突围困难应即设法救援致刘少奇等电》，1941 年 1 月 10 日，见中国抗日战争军事史料丛书编审委员会编：《新四军·文献》(4)，解放军出版社 2015 年版，第 39 页。

**35.** 陈士章：《蒋军第四十师袭击新四军的经过》，见安徽省文物局新四军文史征集组编：《皖南事变资料选》，安徽人民出版社 1981 年版，第 341 页。

**36.** 原电文藏于安徽省档案馆。

**37.** 《叶挺、项英、饶漱石关于国民党顽固派军队合围情况及对付方针致中共中央电》，1941 年 1 月 11 日，见中国抗日战争军事史料丛书编审委员会编：《新四军·文献》(4)，解放军出版社 2015 年版，第 41 页。

**38.** 《叶挺关于突围无望致毛泽东、朱德、王稼祥电》，1941 年 1 月 11 日，见中国抗日战争军事史料丛书编审委员会编：《新四军·文献》(4)，解放军出版社 2015 年版，第 42 页。

**39.** 《中共中央书记处关于向国民党严重交涉使其撤围致周恩来、叶剑英电》，1941 年 1 月 12 日，见中国抗日战争军事史料丛书编审委员会编：《新四军·文献》(4)，解放军出版社 2015 年版，第 43 页。

**40.** 《中共中央书记处关于新四军由叶挺、饶漱石负总责的决定》，1941 年 1 月 12 日，见中国抗日战争军事史料丛书编审委员会编：《新四军·文献》(4)，解放军出版社 2015 年版，第 44 页。

**41.** 《刘少奇、陈毅关于在苏、鲁发动军事攻势向毛泽东等的建议》，1941 年 1 月 12 日，见中央档案馆编：《皖南事变》（资料选辑），中共中央党校出版社 1982 年版，第 137 页。

**42.** 中共中央文献研究室编：《刘少奇年谱（一八九八——一九六九）》上卷，中央文献出版社 1996 年版，第 325 页。

**43.** 《毛泽东、朱德、王稼祥关于应速谋突围和注意与包围部队谈判致叶挺、饶漱石电》，1941 年 1 月 12 日，见中国抗日战争军事史料丛书编审委员会编：《新四军·文献》(4)，解放军出版社 2015 年版，第 45 页。

44. 叶挺：《囚语》，原件藏于中央档案馆。

45.《毛泽东、朱德、王稼祥关于新四军由叶挺负责等问题致叶挺等》，1941 年 1 月 12 日，见中央档案馆编：《皖南事变》（资料选辑），中共中央党校出版社 1982 年版，第 136 页。

46.《国民党第三十二集团军上官云相部围击皖南新四军军部战斗详报》，1941 年 1 月至 2 月，见《皖南事变资料选》，上海人民出版社 1983 年版，第 171 页。

47.《日本〈朝日新闻〉报道日军和国民党军夹击北移的新四军》，1941 年 1 月 25 日，见中国抗日战争军事史料丛书编审委员会编：《新四军·参考资料》（8），解放军出版社 2015 年版，第 206 页。

48.《〈中报〉报道伪军堵击新四军》，1941 年 1 月 21 日，见中国抗日战争军事史料丛书编审委员会编：《新四军·参考资料》（8），解放军出版社 2015 年版，第 205 页。

49. 参见中国新四军和华中抗日根据地研究会编：《新四军的组建与发展》，中共党史出版社 2019 年版，第 299—300 页。

50. 郭沫若：《叶挺将军的诗》，《唯民周刊》1946 年一卷一期。

51. 中共中央文献研究室：《毛泽东年谱（一八九三——一九四九）》（修订本）下卷，中央文献出版社 2013 年版，第 60 页。

# 第 四 章

# 重铸雕弓

国民党宣布取消新四军番号——政治上全面反攻，军事上取守势——中共中央决定重建新四军军部——刘少奇第一次在公开场合宣布自己的真实姓名——新四军重组后的完整构成与各级领导人名单——蒋介石陷入空前孤立和被动的狼狈境地

## 国民党宣布取消新四军番号

在皖南事变中，新四军皖南部队由于在出发不久即将与中共中央联系的密电码销毁，无法直接向中共中央汇报情况，毛泽东等人虽然可以间接地通过刘少奇处获知少许新四军皖南部队的动向，但无法及时掌握皖南的最新战况。

1941年1月13日，当中共中央了解到新四军军部并未成功突围后，毛泽东、朱德、王稼祥致电周恩来等："希夷军部率六个团仍在泾县以南茂林地区围困中，并没有出来，现粮尽弹绝，处境极危，有全军覆没之可能。虽有傅秋涛两个团突出至宁国山地，亦未突出大包围线外，请严重向重庆提出交涉，并向全国呼吁求援等语。请向当局提出最严重交涉，如不立即解围，我们即刻出兵增助，破裂之责由彼方担负。我们今日发出之通电，望立即散发。"[1] 同时，中共中央以朱德、彭德怀、叶挺、项英的联名形式，发出抗议国民党顽固派制造皖南事变的通电，指出："此次聚歼计划，蓄谋已久，布置周密，全为乘我不备，诱我入围，其所奉上峰命令有一网打尽生擒叶、项

等语。德（朱德自称）等远在华北，未悉命令移防底蕴，迄今始知聚歼计划。今不问对敌行动如何，但对我则是聚歼，何（应钦）、白（崇禧）两总长'皓电''齐电'所称之仁义道德何在？所谓破坏抗战团结者究属何人？所谓军政军令军纪者究在何处？似此滔天罪行，断不能不问责任。同时全国正准备大批逮捕，大批杀人，与袭击八路军各办事处，在西北则修筑万里长城之封锁线，在华中则派遣二十余师正规军实行大举进攻，国内局面顿改常态。我八路军新四军前受日寇之'扫荡'，后受国军之攻击，奉命移防者则遭聚歼，努力抗战者则被屠杀，是而可忍、孰不可忍！"[2]

1月13日当天，周恩来、叶剑英接到中共中央电报后，紧急找到国民党政府军令部次长刘斐，说明对于皖南事变情况，华北、华中的中共部队已"气愤填膺，几不可遏，只有迅速解除对新四军的围攻，才能免危机于万一"。刘斐答复称：蒋介石昨夜已令委员长侍从室主任贺耀祖打电话给顾祝同，"只要新四军确实北渡，你们应予帮助，不应为难"。周恩来又提出，当前新四军皖南部队北渡只能走苏南，无法走皖北。刘斐经请示后转达蒋介石的态度：可以走苏南，只是"部队过江后，不得打韩德勤，且过江后不得盘踞，须遵命继续到河北去"。[3] 但说归说，国民党顽固派在皖南的军事行动并没有丝毫松动。

1月14日，新四军各支队、纵队司令员也联名致电蒋介石："我军江南部队，遵令北渡，于去年12月以来，军部行李及一部人员，业已陆续经苏南北渡。不料有人到处宣传我军北渡，日寇即沿江沿路严密封锁，不能通过，乃决于皖南铜繁间渡江。不料李品仙部三个师开至庐江、无为一带，控制江边各渡口，并扣留所有船只，敌寇亦加紧封锁长江，至我军又无法北渡，乃决于本月4日率军部及皖南部队，经皖南泾县向苏南转移北渡。又不料行至茂林附近，即被友军阻止。从6日起，友军四十师、五十二师、七十九师、一四四师、一〇八师五个师重重将我包围，向我猛犯，无法解围。现我已弹尽粮绝，陷入绝境，决拼至最后一人为止。唯以我军遵命北移，反被歼灭，殊深浩叹。"**4**

　　周恩来在重庆又再度通过张冲向蒋介石提出抗议。张冲在报告了蒋介石后，即转告周恩来、叶剑英说：蒋介石特别要求周恩来、叶剑英转电中共中央，"勿将事件扩大"，而且蒋介石的态度很明确："（一）新四军北开中央决不留难，此次冲突，听说是新四军先开枪。（二）希望新四军继续向北开。（三）如此路不通，转向皖北开亦可，命令李品仙勿留难。（四）我已下令新四军过江后发弹十万并饷。"周恩来因此电问中共中央，要求马上询问叶挺和项英要"采取那条道路折进苏南，以便作更具体的交涉"。**5**

　　但此时，毛泽东已得到消息：上官云相1月13日未时已击毙俘虏我7000余人，另有千余人仍困在原地，已命彻底肃清。毛泽东深知情势危急，因而致电周恩来："现在不是走何路线问题，而是救死问题，如不停止攻击，即将全军覆灭，请立即要蒋下令停战撤围。"**6**

　　时至于此，毛泽东很清楚地知道，蒋介石在此紧要关头绝不会停手，便于1月14日与朱德、王稼祥联名通令全党全军："中央决定在政治上、军事上迅即准备作全面大反攻，救援新四军，粉碎反共高潮。""除已令苏北、山东迅即准备一切，待命消灭韩德勤、沈鸿烈，同时发出最严重抗议通电，并向蒋介石直接谈判外，我华北各部须遵前令，提前准备机动部队，准备对付最严重事变。"**7**并宣布："如皖南部队被蒋介石消灭，我应坚决彻底干净全部地消灭韩德勤、沈鸿烈，彻底解决华中问题。为应付严重事变，华北准备机动部队应加紧。重庆、桂林、西安、洛阳各办事处，应即刻准备好对付蒋介石袭击。"**8**

　　1月15日晨，周恩来再次找到张冲催问停火命令事，张冲又以电话向蒋介石报告。蒋介石答复称：12、13日已向顾祝同下达了两道命令，或许下达得迟延了，但顾祝同不会不听命的，让周恩来可电告叶挺和项英，大可放心东进，他可以再发一份电报给顾祝同，要他停战解围。

　　但这个时候，毛泽东已得知了皖南战况以及叶挺被俘的消息。当天的中共中央政治局会议，通过了由毛泽东起草的《中央关于项袁错误的决定》。毛泽东在会上作关于皖南事变的发言，指出：皖南新四军的失败，从我们自己方面来说，首先是由于新四军的领导项英、袁国平等没有反磨擦的思想准备，其次便是指挥上的错误。新四军本来可以北上，但项英动摇，如不是项英动摇，是可以不失败的。对于皖南事变，我们要实行全国的政治反攻，像前年我们反对第一次反共高潮时那样的非常强硬的态度。只有不怕决裂，才能打退国民党的进攻。**9**

他看到周恩来发来的电报，转述蒋介石已数令解围并要求叶挺、项英放心东进，并称孙科、冯玉祥等力劝中共中央要顾大局、勿施报复，他不禁愤然，当日复电周恩来、叶剑英称："（一）蒋介石一切仁义道德都是鬼话，千万不要置信。（二）中央决定发动政治上的全面反攻，军事上准备一切必要力量粉碎其进攻。（三）中间派孙、冯等调和退让论是有害的，只有猛烈坚决的全面反攻，方能打退蒋介石的挑衅与进攻，必须不怕决裂，猛烈反击之，我们'佳电'的温和态度须立即终结！"**10**

随后，毛泽东以中共中央书记处的名义，又向共产国际发出电报称：新四军上万人按照蒋介石的命令由长江以南地区向北转移，却受到蒋介石部署的7万多军队的围攻，双方已血战8个昼夜。不仅如此，蒋介石还在西北地区集结了30万军队，包围并严密封锁陕甘宁边区，同时集中了20多个师对我在江苏、山东、安徽、湖北四省的游击根据地展开大规模进攻。他们还准备在全国范围内对共产党人搞大规模的逮捕和屠杀，其反革命气焰极为嚣张。因此，我们不能不准备在政治上和军事上坚决反击蒋介石的这种进攻。**11**

新四军皖南部队于1月14日被国民党顽固派彻底围歼的消息得到确证后，八路军、新四军愤怒了，全国人民愤怒了。国共两党已如干柴烈火，时刻面临着全盘大火拼的危险。一个艰难急迫的抉择摆在中共中央面前：不拼，如何向数千皖南冤魂交代？如何向英勇抗日的数十万八路军、新四军交代？而拼呢，岂不等于把要消灭日寇的军事力量用以进行民族内部的自相残杀？又如何向中国人民作出交代？如何向历史作出交代？

而在此时，日伪军乘着国民党顽固派发动皖南事变之机，趁火打劫，调集 7000 余人的兵力，突击"扫荡"了溧（水）武（进）公路以北地区，企图赶尽杀绝在苏南的中共武装，并围堵从皖南突围的新四军。新四军第二支队奋勇还击，连续作战 20 余次，付出减员 1100 余人的重大代价后，向溧武公路以南转移。与此同时，在沪宁铁路以东、以北地区的日军也连续出动"扫荡"，在江阴桐岐活动的新"江抗"第二支队和第七支队遭到日伪军的袭击，新四军奋力拼杀，除一名日军侥幸逃脱，其余全部被歼。

日伪军的嚣张，提醒毛泽东在民族大敌当前的情况下，更须处理好面临着的各种矛盾之间的关系。他虽然再三强调"准备对付最严重的事变"，然而与国民党顽固派全面撕裂关系毕竟不是最佳选项，而且，他向共产国际提出要在政治上和军事上全面反攻的决定也迟迟未能得到对方的回答，但新四军皖南部队全军覆没、叶挺被俘的事实就摆在眼下，又怎么能听之任之、忍下这口气？

这时，刘少奇首先打破了僵局，于 1 月 15 日致电毛泽东等称："中央决定在政治上、军事上准备作全面的大反攻，这里的同志于义愤之余，亦有立即大举反攻之主张，然根据各方面情况，平心静气一想，我们却有下列意见，望中央细心考虑"，"一、全国局面，国民党未投降，仍继续抗战，对共党仍不敢分裂，且怕影响对苏联的关系，在皖南消灭我军，蒋亦曾下令制止，即证明蒋生怕乱子闹大。在此时，我党亦不宜借皖南事件与国民党分裂。何应钦下令只说严防我军报复，未说即此在全国乘机进攻我军。二、目前华中我占领地区很大，兵力不够，仍不能巩固。皖东北敌伪匪猖獗，已全部成游击区，原来巩固地区均已丧失，淮海区亦不能支持，盐阜区土匪亦蜂起，黄桥已被敌占，海安亦有被敌占领可能。我们部队尚须休整补充。故以华中来看，能在半年一年之内不发生大的战斗，肃清土匪，巩固现有地区，对我为有利"。据此，他的意见是，"在全国主要实行政治上全面大反攻，但在军事上除个别地区外，以暂时不实行反攻为妥"，因为："一、目前能在军事上向国民党实行反攻者，大概有下列几着：1.打韩德勤、沈鸿烈。2.华中主力集中，经雪枫地区过新黄河出击。3.陕北部队向西兰大道出击。4.华北部队向河南或向绥远出击。5.全国各地党部实行武装起义。除此以外就只有个别小军事反攻之可能了。二、上述各着，均无胜利把握，亦无大利可图，且系进攻性质，对人民、对部队、对统战朋友均无充分理由。在目前向国民党实行这种反攻和破裂，不独将引起中间分子的非议，即自己部队亦难长期在精神上维系不发生动摇，如果再遇挫折，则对我更有极大不利，那时，反共高潮更难压制，国民党更可借此向我大举进攻，故实行全面军事反攻，对我不利，且有极大危险。"而政治上反攻则较易行。如向国民党抗议并发宣言，提出释放叶挺及所有被俘人员及全国所有被捕党员，不得杀害一人，赔偿所有损失及抚恤死伤，枪决上官云相等肇事凶手等要求。且宣布在皖南事件未彻底解决前，华中我军决不再考虑北移之命令，国民党再向我华中进攻，即认为正式与我党破裂等。**12**

时间一分一秒地过去，中共中央在肯定与否定之间艰难地徘徊。经过深思熟虑，中共中央认为全面反攻的条件还没有成熟，就同意了刘少奇的建议，决定从抗日大局出发，改"政治上、军事上全面反攻"为"政治上全面反攻，军事上取守势，以斗争求发展"。

但是，国民党顽固派却视中共大局观念为软弱。蒋介石见皖南新四军主力被消灭，兴奋万分，马上奖赏在作战中特别卖力的第三十二集团军总部和所部第二十五军各5万法币，将第四十师师长方日英升为副军长，第五十二师师长刘秉哲升为军长，而第一四四师因为防守不力，致使部分新四军得以突围，下令将师长唐明昭撤职。

1月17日，国民党政府以军事委员会名义发布通令和谈话："着将国民革命军新编第四军番号，即予取消，该军军长叶挺着即革职，交军法审判，依法惩治，副军长项英着即通令各军严缉归案讯办，借申军纪，而利抗战。"**13** 同时，国民党顽固派还乘势调动 20 万大军向豫皖苏地区进攻，10 万大军向豫鄂边区进攻，从而把第二次反共高潮推向顶峰。

## 中共中央决定重建新四军军部

对此，中国共产党针锋相对，向国民党发起了凌厉的政治攻势。刘少奇当天致电中共中央，提出："此间干部提议以陈毅代理新四军军长，并在苏北成立新四军军部。"**14** 第二天，刘少奇又同陈毅联名致电中共中央，再次提出这一建议，并发出《关于驳斥国民党顽固派发动皖南事变借口的通报》，揭露了国民党顽固派为取消新四军而制造的种种谎言，并就其对新四军的诬蔑之词逐条进行了驳斥。**15**

周恩来在重庆得知国民党顽固派已发布反动命令和谈话，立刻打电话给何应钦，义愤填膺地痛斥他是"中华民族的千古罪人"，并到国民党谈判代表张冲处，当面提出质问和抗议。当天深夜，周恩来亲笔写下了满怀悲愤的题词和挽诗："为江南死国难者志哀"，"千古奇冤，江南一叶，同室操戈，相煎何急!?"并设法冲破国民党新闻检查机关的查禁，将题词和挽诗刊登在重庆 1 月 18 日出版的《新华日报》上。**16** 1 月 18 日下午，叶剑英主持起草了《新四军皖南部队惨被围歼真象》，经周恩来修改审定后，于 1 月 19 日印成传单散发，逐条痛斥了国民党顽固派对新四军的诬蔑，深刻揭露了皖南事变的真相。

1 月 18 日，中共中央发言人发表谈话，全面揭露国民党顽固派制造皖南事变、摧残抗日力量的罪恶行径，痛斥其 1 月 17 日的反动命令，指出"此次惨变，并非偶然，实系亲日派阴谋家及反共顽固派有计划之作品"，是"整个阴谋计划公开暴露之一部分"。"所谓限期北移者，不过诱我军入围配合聚歼之诡计"，"高唱军纪森严、国法神圣之滥调，不过是摧残异己、阴谋杀人之骗词"。这篇《关于皖南事变的谈话》呼吁全国一切爱国军民同胞，以民族国家命运为重，粉碎少数民族败类内战外和、投降卖国的无耻阴谋，并提出九条要求："（一）严惩阴谋消灭新四军皖南部队之罪魁祸首。（二）释放所有被俘之新四军将士，保障叶军长等军政干部之生命安全。（三）抚恤新四军皖南部队死伤将士及其家属。（四）停止华中数十万大军之'剿共'战争。（五）平毁西北之反共封锁线。（六）停止全国各地残杀逮捕共产党及爱国人士之犯罪举动，释放一切爱国的政治犯。（七）肃清何应钦等一切亲日分子。（八）反对一切破坏抗战、破坏团结之阴谋计划。（九）严整抗日阵容，坚持抗日到底。"**17**

同日，中共中央向全党发出《关于皖南事变的指示》，指出皖南事变"是抗战以来国共两党间，也是抗日民族统一战线内部空前的严重事变"，"在全国人民及全世界公正人士面前，暴露着国民党破坏抗战、破坏团结的真面目"，各地应采取多种方法提出严重抗议和无情揭露，并在政治上充分提高警觉性，在军事上做好作战的充分准备。**18**

1月19日，中共中央机关报《新中华报》发表了《抗议无法无天之罪行》的社论。社论大力谴责国民党"亲日派阴谋家和反共顽固派分子"正在"实行制造内战破坏抗战、制造分裂破坏团结之滔天罪行"，这些人"平日高唱军令森严国法神圣之论调，无非借作损人利己祸国殃民之遁词"，"中国古谚所说的'说的是仁义道德，做的是男盗女娼'，恰可作为此辈人的写照，此等人所言所行，正如鲁迅所说'有背于中国人为人的道德'！""此等人今日之所为，非仅关他们个人的道德信誉问题，而实关整个国家民族命运问题。他们以分裂代团结之阴谋，以内战代抗战之罪行，实为帮助敌伪和危害民国之大不韪！对此辈此等无法无天之罪行，不仅我们共产党、八路军及新四军绝不能容忍，即全国爱真理论公道之大多数军民同胞亦绝不能坐视"。**19**

1月20日，毛泽东以中共中央军委发言人名义发表谈话，严正宣告"中国共产党和中国人民也有责任有能力出来收拾时局，决不让日本侵略者和亲日派横行到底"。

故我们还是希望那班玩火的人，不要过于冲昏头脑。我们正式警告他们说：放慎重一点吧，这种火是不好玩的，仔细你们自己的脑袋。如果这班人能够冷静地想一想，他们就应该老老实实地并且很快地去做下列几件事：

第一，悬崖勒马，停止挑衅；

第二，取消 1 月 17 日的反动命令，并宣布自己是完全错了；

第三，惩办皖南事变的祸首何应钦、顾祝同、上官云相三人；

第四，恢复叶挺自由，继续充当新四军军长；

第五，交还皖南新四军全部人枪；

第六，抚恤皖南新四军全部伤亡将士；

第七，撤退华中的"剿共"军；

第八，平毁西北的封锁线；

第九，释放全国一切被捕的爱国政治犯；

第十，废止一党专政，实行民主政治；

第十一，实行三民主义，服从《总理遗嘱》；

第十二，逮捕各亲日派首领，交付国法审判。

如能实行以上 12 条，则事态自然平复，我们共产党和全国人民，必不过为已甚。**20**

同在 1 月 20 日这一天，为了以实际行动反击国民党顽固派的反共高潮，中共中央政治局在延安召开紧急会议，决定重建新四军军部。毛泽东指出："应把此次反共高潮看作我们奠定华中基础的机会，如同上次反共高潮奠定了华北基础那样，虽然华中的斗争是长时间斗争，不到蒋介石遇到了更多更大困难，他是决不放手的，但我们奠定基础的可能性是存在的。"**21**

当日，中国共产党中央革命军事委员会发布了毛泽东亲自起草的命令："国民革命军新编第四军抗战有功，驰名中外。军长叶挺，领导抗敌，卓著勋劳；此次奉令北移，突被亲日派阴谋袭击，力竭负伤，陷身囹圄。选据该军第一支队长陈毅、参谋长张云逸等电陈皖南事变经过，愤慨之余，殊深轸念。除对亲日派破坏抗日、袭击人民军队、发动内战之滔天罪行另有处置外，兹特任命陈毅为国民革命军新编第四军代理军长，张云逸为副军长，刘少奇为政治委员，赖传珠为参谋长，邓子恢为政治部主任。着陈代军长等悉心整饬该军，团结内部，协和军民，实行三民主义，遵循《总理遗嘱》，巩固并扩大抗日民族统一战线，为保卫民族国家、坚持抗战到底、防止亲日派袭击而奋斗。"[22]

1月23日，陈毅、张云逸、刘少奇、赖传珠、邓子恢发表就职通电，庄严宣布："当此寇氛弥漫、秦桧横行之际，毅等誓遵三民主义，服从总理遗嘱，与万恶敌人日本帝国主义及其走狗中国亲日派奋斗到底。唯望全国袍泽，共矢抗日之忠诚，勿为奸邪所蒙蔽，拒绝内战，一致对敌，民族国家之前途，实深利赖。"[23]

1月25日下午，红旗猎猎，新四军军部重建大会在江北的盐城隆重召开。这一天，陈毅换上了一件新一点的军衣，庄重地走到了讲台前，用热烈和沉重的目光扫视了一下四周的会场，没有马上讲话。这时，会场上静极了，人们的呼吸声几乎倾耳可闻。

"同志们！乡亲们！反共顽固派1月14日消灭了军部，但是，1月25日，我们的军部又成立了！"随着陈毅的话语声，会场上响起了热烈的掌声和欢呼声。陈毅愤慨地谴责声讨了国民党反动派发动皖南事变、妄图消灭共产党领导的真正抗日力量的滔天罪行，阐述了在抗日战争危急关头重新建立新四军军部的重大意义，向盐城各界申明新四军的性质和坚定抗战的宗旨，通过回顾新四军艰苦卓绝的四年光荣斗争史，昭明这支人民的军队、正义之师光辉的发展前景，最后他强调："同胞们，同志们！皖南事变我们损失了老军部，现在新军部又成立了；皖南事变我们有几千个指战员牺牲，但我们今天还有九万人的强大力量。亲日派反共派所得并不多，他们已失去全国人民的同情，引起全国军民的抗议，对比起来，民众的同情是在我们方面。我们要明白自己的责任，坚持抗战的大旗，英勇奋斗下去，最后的胜利一定是我们的！"[24]

陈毅的就职演说以宏伟的凛然气势、火热的战斗激情，鼓舞人民群众和全军指战员向着既定的目标挺进。大会上群情激奋，军民各界人士共同声讨了国民党顽固派的罪行，纷纷表示要在新军部的领导下，在江淮河汉地区坚持抗战，打开新的局面。正如江苏盐城新四军重建新军部纪念塔碑文所铭刻的："皖南奇冤，蒋日猖狂。重建军部，誓缚天狼。莽莽海疆，浩浩串场。将星云集，万众慨慷。政委少奇，勋业辉煌。雄才大略，陈毅军长。江淮河汉，纵横决荡。砥柱华中，铁壁铜墙。"

陈毅在演讲结束时，向大家介绍了新四军新任政委刘少奇。刘少奇从1938年底来到华中后，一直使用"胡服"的化名，这是他第一次在公开场合宣布自己的真实姓名。

## 新四军重组后的完整构成与各级领导人名单

新四军军部重新成立后，开始着手对部队进行整编。新四军原部队有的叫支队，有的叫纵队，有的叫义勇军，名称多样，建制不统一，不利于加强部队建设和指挥作战。重建军部后，陈毅、刘少奇准备将新四军整编为4个师。1941年2月2日，毛泽东、朱德、王稼祥致电刘少奇、陈毅，指示新四军已成为全国人民心目中极富荣誉的军队，应将八路军第四纵队、第五纵队各编为新四军一个师，接着又指示将皖南突围部队编为一个师。这样，就将陇海铁路以南、长江南北地区的新四军、八路军部队统一整编为新四军7个师又1个独立旅。军直属单位还有特务团、总兵站、抗日军政大学华中第五分校、鲁迅艺术学院华中分院，共9万余人。2月18日，中共中央军委正式发布了各师领导干部的任命，到6月4日，对各旅领导干部的任命也发布完毕。

第一师，由原新四军苏北指挥部及所属部队于 1941 年 2 月编成。师长粟裕，政治委员刘炎，政治部主任钟期光。原第一、第二、第三纵队依次编为第一、第二、第三旅，共 1.3 万余人。第一旅旅长兼政治委员叶飞，辖第一、第二、第三团和特务营。第二旅旅长王必成，政治委员刘培善，辖第四、第五、第六团和特务营。第三旅旅长陶勇，政治委员刘先胜，辖第七、第八、第九团和特务营。1942 年 5 月，第一师在抗日军政大学苏中大队的基础上，成立抗日军政大学第九分校，校长由粟裕兼任。第一师活动于东濒黄海、西抵京杭大运河、南濒长江、北至淮安—大冈—斗龙港一线。

第二师，由在皖东地区活动的原新四军江北指挥部所辖部队于 1941 年 2 月编成。师长由副军长张云逸兼任，副师长罗炳辉，政治委员郑位三，参谋长周骏鸣，政治部主任郭述申（未到职）。原第四、第五支队改编为第四、第五旅，原江北游击纵队改编为第六旅。全师 1.5 万余人。第四旅旅长梁从学，政治委员王集成，辖第十、第十一、第十二团。第五旅旅长成钧，政治委员赵启民，辖第十三、第十四、第十五团。第六旅旅长兼政治委员谭希林，辖第十六、第十七、第十八团。第二师还辖津浦路东联防司令部、津浦路西联防司令部、抗日军政大学第八分校。津浦路东联防司令部司令员杨梅生，政治委员刘顺元，辖独立第一、第二、第三、第四团。津浦路西联防司令部司令员郑抱真，政治委员谭光廷，辖独立第一、第二、第三、第四、第五团和淮西独立团。抗日军政大学第八分校校长由张云逸兼任，副校长由罗炳辉兼任。第二师活动于东起运河、西至淮南铁路和瓦埠湖、北临淮河、南濒长江的淮南地区。

第三师，由原八路军第五纵队于 1941 年 2 月编成。师长兼政治委员黄克诚，参谋长彭雄，政治部主任吴文玉（即吴法宪）。原第一、第二、第三支队依次编为第七、第八、第九旅，全师 2 万余人。第七旅旅长彭明治，政治委员朱涤新，辖第十九、第二十、第二十一团。第八旅旅长田守尧，政治委员吴信泉，辖第二十二、第二十三、第二十四团。第九旅旅长张爱萍，政治委员韦国清，辖第二十五、第二十六、第二十七团。另辖淮海军区，司令员谭健，政治委员金明。1941年9月，又成立盐阜军区，司令员洪学智，政治委员刘彬。同年12月，成立抗日军政大学第五分校，校长由黄克诚兼任，政治委员吴胜坤。第三师活动于陇海铁路以南、淮安—大冈—斗龙港以北、东濒黄海、西至运河的苏北地区。

第四师，由原八路军第四纵队于1941年2月编成。师长兼政治委员彭雪枫，参谋长张震，政治部主任萧望东（后为吴芝圃）。原第四、第五、第六旅依次编为第十、第十一、第十二旅。另辖萧县独立旅、特务团、骑兵团、宿东游击支队、抗日军政大学第四分校，共1.5万余人。第十旅旅长刘震，政治委员康志强，辖第二十八、第二十九团。第十一旅旅长滕海清，政治委员孔石泉，辖第三十一、第三十二、第三十三团。第十二旅旅长谭友林（未到职，饶子健代），政治委员赖毅，辖第三十四、第三十五团。萧县独立旅旅长纵翰民，政治委员李忠道，辖第一、第二团。抗日军政大学第四分校校长由彭雪枫兼任，副校长先后由吴芝圃、张震兼任。第四师活动于陇海铁路以南、淮河以北、新黄河以东、运河以西的淮北地区。

第五师，由原新四军豫鄂挺进纵队于1941年4月编成。师长兼政治委员李先念，参谋长刘少卿，政治部主任任质斌。原属部队分别编为第十三、第十四、第十五旅及第一、第二游击纵队、鄂豫边区抗日保安司令部、鄂豫边区党委警卫团、鄂南独立第五团、抗日军政大学第十分校，共1.4万余人。第十三旅旅长周志坚，政治委员方正平，辖第三十七、第三十八、第三十九团。第十四旅旅长罗厚福，政治委员张体学，辖第四十、第四十一、第四十二团。第十五旅旅长王海山，政治委员周志刚，辖第四十三、第四十四、第四十五团。第一游击纵队司令员杨经曲，政治委员张执一，辖第一、第三团。第二游击纵队司令员黄林，政治委员刘子厚，辖第四、第六团。鄂豫边区抗日保安司令部司令员郑绍文，政治委员夏忠武。抗日军政大学第十分校校长由李先念兼任，副校长萧远久。第五师活动于武汉四周，地跨鄂、豫、皖、湘、赣五省边区，处于日蒋重兵对峙的险恶环境中，长期远离军部、孤悬敌后，担负着独立坚持鄂豫边区抗日斗争的任务。

第六师，由原在江南的新四军第二、第三支队（1941年2月，由江南人民抗日救国军改称）于1941年3月编成。第二、第三支队依次编为第十六、第十八旅。师长兼政治委员谭震林，参谋长罗忠毅，另辖江南保安司令部及第四、第五、第六行政区保安司令部，共6000余人。第十六旅旅长由师参谋长罗忠毅兼任，政治委员廖海涛，辖第四十六、第四十七团，独立第一、第二团。第十八旅旅长江渭清，政治委员温玉成，辖第五十一、第五十二、第五十三、第五十四团。江南保安司令部司令员何克希，政治委员吴仲超，辖警卫第一、第二团。第六师活动于西起南京和芜湖、东至淞沪、北濒长江、南抵天目山麓的苏南地区。

第七师，由原新四军无为游击纵队、第三支队挺进团及皖南突围出来的部队于1941年5月合编而成。师长张鼎丞（未到职），政治委员曾希圣，参谋长李志高，政治部主任何伟，辖第十九旅及挺进团，近3000人。第十九旅旅长孙仲德，政治委员由曾希圣兼任，辖第五十五、第五十六、第五十七团。第七师活动于东起江浦、西到岳西和宿松、南至太平和旌德、北临合肥，长江横贯其中的皖南和皖中地区。

新四军独立旅，由原八路军第一一五师教导第五旅于1941年2月编成。旅长梁兴初，政治委员罗华生，原辖第十三、第十四团依次改编为第一、第二团，又以淮海地区的淮河大队改编为第三团，共4000余人。该旅主要活动于淮海区与鲁南抗日根据地的接合部。

抗日军政大学华中第五分校，校长由陈毅兼任，副校长由赖传珠兼任，副校长冯定，教育长谢祥军，训练部主任薛暮桥，政治部主任余立金。

1941年2月8日，鲁迅艺术学院华中分院在盐城成立，院长由刘少奇兼任，教导主任邱东平（后为黄源）。1941年8月，新四军军部根据形势变化，停办了鲁迅艺术学院华中分院，其中一部分人员组成新四军鲁迅艺术工作团，团长何士德，其余人员下放到部队和地方。**25**

新四军统一整编后，其辖区北至陇海铁路，南至皖南、苏南。为更好地统一领导抗日斗争，中共中央于1941年3月27日决定将东南局合并于中原局，然后又于4月27日改称中原局为华中局，刘少奇为书记，饶漱石为副书记，陈毅、曾山为委员。5月22日，陈毅、刘少奇发布通令：奉中共中央电令，任命刘少奇、陈毅、张云逸、邓子恢、赖传珠为中央军委华中分会委员，刘少奇为分会书记。

新四军军部的重建，是全国抗战中的一件大事，它标志着新四军从此独立自主地肩负起华中敌后抗战的重任。

## 蒋介石陷入空前孤立和被动的狼狈境地

中国共产党针锋相对、义正词严的斗争和处理皖南事变的严正立场、合理主张，以及以德报怨、团结抗日的决心，赢得了全国人民、各民主党派、海外侨胞、国民党左派和国际进步力量的广泛同情和支持。他们纷纷谴责国民党当局制造内战、分裂抗日阵营的罪恶行径。国民党左派宋庆龄、柳亚子、何香凝等在香港发起抗议运动，三次致书蒋介石，强烈要求蒋介石"慎守总理遗嘱"，"悬崖勒马"，"撤销'剿共'部署，解决联共方案，发展各种抗日实力，保障各种抗日党派"。**26**

国民党的当权派中也有不少人对蒋介石的此等举措大为不满：冯玉祥大骂何应钦，说何是搞阴谋，"新四军抗战有功，妇孺皆知，此次被政府消灭，政府方面实没有方法挽回人民的反对"。于右任也愤慨地说何应钦骗人，孙科表示忧虑，与中共谈判的代表张冲表示没脸见人。国民党军队中的一些重要将领如张治中、卫立煌、陈诚，各地方实力派如阎锡山、邓宝珊、傅作义、马鸿逵、孙蔚如、潘文华、刘文辉、龙云、余汉谋、胡宗南等，都希望国共两党团结抗战。至于各小党派，他们对中共同情，对蒋介石和国民党愤慨。

海外华侨反应尤为强烈，来电总数逾千，纷纷谴责蒋介石是"自毁长城，自促国亡"。其中苏门答腊《民报》的短评《勿为亲者痛仇者快》是这样说的："新四军已因抗命之故，为中央军解决。这真是令人沉痛的消息。为什么我们要感到沉痛，因为新四军是一支有力的抗战部队……我们绝不'袒共'，我们痛心的是一支抗战的有力部队丧失在对内的磨擦上。"**27**

海外侨胞对蒋介石、国民党挑起内战的反动行径除深表忧虑、发出通电之外，他们又以实际行动，给倒行逆施的重庆政府施加压力。中国银行界巨子陈光甫曾代表国民党政府在香港召开华侨商业界领袖会议，商讨在国内投资以支持抗战，皖南事变消息传至，大家认为国民党政府专注于内战，抗战局面难以支撑，也就谈不上什么向国内投资了。菲律宾侨胞向国内的汇款也大大减少。这些爱国同胞曾捐献巨款和医药以及派遣服务团支援与帮助皖南新四军，而皖南事变消息传来，他们无不万分关切，义愤填膺，发出通电，要求立即释放叶挺军长。

在国际上，蒋介石也遭到谴责。苏联就皖南事变向国民党当局提出了抗议。自蒋介石宣布新四军为叛逆并取消其番号后，苏联驻华军事总顾问、驻华大使就频频造访，对国民党的做法提出种种批评，弄得蒋介石不胜其烦。而苏联外交人民委员更以拒绝出席国民政府驻苏大使宴会的方式，显示了苏方的强烈不满。而英国和美国出于利用中国抗战遏制日本南进的需要，也不赞成蒋介石发动内战影响抗日。美国著名记者斯特朗、斯诺等相继在美国报纸上发表报道和评论，揭露皖南事变是国民党蓄谋已久的反共事件。美国朝野上下对中国打内战表示反对，对八路军、新四军表示同情。美国政府正式声明：在国共纠纷未解决之前，美国无法大量援华。

唯有日本侵略者和汪精卫集团对皖南事变幸灾乐祸，倍加赞赏。日本《读卖新闻》1 月 19 日幸灾乐祸地说："敌（指中国）抗战阵线必然陷入四分五裂的大混乱无疑。"**28**大汉奸周佛海1月18日在日记中写道："国共火并，恐从此开始矣。甚盼从此宁渝两方国民党同志能渐趋接近，以至于完全合作，当日夜馨香顶祝以求之。"**29**1月25日，汪伪南京政府甚至为皖南事变召开了庆祝大会，汪精卫在会上发表演说，称蒋介石近年来没有做过一件好事，只有这件事做得很不错。**30**

蒋介石发动皖南事变，没有料到共产党会敢于如此坚决地同他进行针锋相对的斗争，没有料到国内国际反应会如此强烈，如此责难他，没有料到国民党内部会有这么多人反对他，最终反倒落得个日伪方面的赞扬。他的如意算盘完全落空，陷入了空前孤立和被动的狼狈境地。1月27日，蒋介石诡称皖南事变"纯然是为了整顿军纪，除此以外，并无其它丝毫政治或党派的性质夹杂其中"，力图掩盖事变性质，缩小事件影响范围，混淆视听，开脱罪责。

为了减轻国内外各方的责难，摆脱政治上孤立的困境，蒋介石一再邀请共产党参政员出席3月1日召开的第二届国民参政会，以图粉饰国共之间的紧张关系。为揭露蒋介石这一阴谋，进一步争取中间力量，挽救时局，坚持团结抗战，经中共中央决定，3月1日，周恩来约见国民党谈判代表张冲，提出了《临时解决办法十二条》，作为中共参政员出席参政会的条件。

（一）两个集团军：八路军四个军，新四军两个军，共六个军。

（二）华北、华中、西北防地均维持现状。

（三）释放叶挺充任军职。

（四）释放所有皖南被俘干部，拨款抚恤死难家属。

（五）交还所有皖南人枪。

（六）下令停止向我进攻。

（七）停止对《新华日报》的压迫。

（八）停止全国政治压迫，承认共产党合法地位，释放西安、重庆、贵阳及各地被捕人员。

（九）成立各党派联合委员会，周恩来为副主席。

（十）周恩来加入参政会主席团。

（十一）承认边区的合法地位。

（十二）承认敌后抗日政权。**31**

中国共产党这种坚持原则、光明磊落的立场，不仅得到了国民党左派力量的赞许，而且也得到了广大中间势力的同情和支持，使蒋介石在政治上又一次遭到沉重打击。

蒋介石无可奈何，被迫于3月6日在第二届国民参政会的演说中一再声明和保证："以后亦决无剿共的军事。"**32**

## 注　释

1.《毛泽东、朱德、王稼祥关于应向国民党当局提出最严重交涉致周恩来、叶剑英电》，1941年1月13日，见中国抗日战争军事史料丛书编审委员会编：《新四军·文献》(4)，解放军出版社2015年版，第46页。

2.《朱德、彭德怀、叶挺、项英抗议国民党顽固派制造皖南事变的通电》，1941年1月13日，见中国抗日战争军事史料丛书编审委员会编：《新四军·文献》(4)，解放军出版社2015年版，第47—48页。

3. 中共中央文献研究室编：《周恩来年谱（一八九八——一九四九）》（修订本），中央文献出版社1998年版，第496页。

4.《新四军各支队、纵队司令员为解除新四军皖南部队重围致蒋介石电》，1941年1月14日，见中国抗日战争军事史料丛书编审委员会编：《新四军·文献》(4)，解放军出版社2015年版，第50页。

5.《毛泽东、朱德、王稼祥关于周恩来、叶剑英与蒋介石交涉情况给刘少奇、叶挺等的通报》，1941年1月14日，见中央档案馆编：《皖南事变》（资料选辑），中共中央党校出版社1982年版，第144—145页。

6.《毛泽东关于向蒋介石交涉立即停战撤围致周恩来、叶剑英》，1941年1月14日，见中央档案馆编：《皖南事变》（资料选辑），中共中央党校出版社1982年版，第145页。

**7.**《毛泽东、朱德、王稼祥关于政治上军事上准备全面反攻致彭德怀等电》，1941年1月14日，见中国抗日战争军事史料丛书编审委员会编：《新四军·文献》(4)，解放军出版社2015年版，第52页。

**8.**《毛泽东、朱德、王稼祥关于在苏、鲁发动军事攻势以答复皖南事变的指示》，1941年1月13日，见中央档案馆编：《皖南事变》(资料选辑)，中共中央党校出版社1982年版，第139—140页。

**9.** 中共中央文献研究室编：《毛泽东年谱（一八九三——一九四九）》(修订本)中卷，中央文献出版社2013年版，第258页。

**10.**《毛泽东关于政治上军事上准备反攻致周恩来、叶剑英电》，1941年1月15日，见中国抗日战争军事史料丛书编审委员会编：《新四军·文献》(4)，解放军出版社2015年版，第78页。

**11.** [苏] 季米特洛夫：《季米特洛夫日记选编》，马细谱等译，广西师范大学出版社2002年版，第121—122页。

**12.**《刘少奇建议政治上全面反攻军事上暂不反攻致毛泽东等电》，1941年1月15日，见中国抗日战争军事史料丛书编审委员会编：《新四军·文献》(4)，解放军出版社2015年版，第79—81页。

**13.**《军事委员会关于撤销新四军番号的通令》，1941年1月17日，见中国抗日战争军事史料丛书编审委员会编：《新四军·参考资料》(5)，解放军出版社2015年版，第203—204页。

**14.** 中共中央文献研究室编：《刘少奇年谱（一八九八——一九六九）》上卷，中央文献出版社1996年版，第326页。

**15.**《刘少奇为驳斥国民党顽固派制造皖南事变的借口致毛泽东等电》，1941年1月18日，见中国抗日战争军事史料丛书编审委员会编：《新四军·文献》(4)，解放军出版社2015年版，第87—88页。

**16.** 中共中央文献研究室编：《周恩来年谱（一八九八——一九四九）》(修订本)，中央文献出版社1998年版，第498页。

**17.**《中共中央发言人关于皖南事变的谈话》，1941年1月18日，见中国抗日战争军事史料丛书编审委员会编：《新四军·文献》(4)，解放军出版社2015年版，第92—95页。

**18.**《中共中央关于皖南事变的指示》，1941年1月18日，见中国抗日战争军事史料丛书编审委员会编：《新四军·文献》(4)，解放军出版社2015年版，第89—91页。

**19.**《抗议无法无天之罪行——〈新中华报〉社论》，1941年1月19日，见中国抗日战争军事史料丛书编审委员会编：《新四军·文献》(4)，解放军出版社2015年版，第96—98页。

**20.**《中国共产党中央革命军事委员会发言人对新华社记者的谈话》，1941年1月20日，见中国抗日战争军事史料丛书编审委员会编：《新四军·文献》(4)，解放军出版社2015年版，第110—114页。

**21.** 中共中央文献研究室编：《毛泽东年谱（一八九三——一九四九）》（修订本）中卷，中央文献出版社 2013 年版，第 253 页。

**22.**《中国共产党中央革命军事委员会命令》，1941 年 1 月 20 日，见中国抗日战争军事史料丛书编审委员会编：《新四军·文献》（4），解放军出版社 2015 年版，第 115 页。

**23.**《新四军将领就职通电》，1941 年 1 月 23 日，见中国抗日战争军事史料丛书编审委员会编：《新四军·文献》（4），解放军出版社 2015 年版，第 125 页。

**24.** 陈毅：《新四军代军长就职演讲》，1941 年 1 月 25 日，见《皖南事变资料选》，上海人民出版社 1983 年版，第 335 页。

**25.** 参见中国新四军和华中抗日根据地研究会编：《新四军的组建与发展》，中共党史出版社 2019 年版，第 315—321 页。

**26.**《宋庆龄等要求撤销"剿共"部署发展抗日实力致蒋介石的信》，1941 年 1 月 12 日，见中国抗日战争军事史料丛书编审委员会编：《新四军·参考资料》（2），解放军出版社 2015 年版，第 92 页。

**27.**《勿为亲者痛仇者快》，1941 年 2 月 18 日，见中国抗日战争军事史料丛书编审委员会编：《新四军·参考资料》（2），解放军出版社 2015 年版，第 143 页。

**28.**《读卖新闻论〈抗战阵线的破裂——新四军解散令〉》，1941 年 1 月 19 日，见《皖南事变资料选》，上海人民出版社 1983 年版，第 475 页。

**29.** 周佛海：《甚盼蒋汪能完全合作》，1941 年 1 月 18 日，见中国抗日战争军事史料丛书编审委员会编：《新四军·参考资料》（8），解放军出版社 2015 年版，第 199 页。

**30.** 参见《新四军事变后的各方动态》，1941 年 2 月 7 日，见中央档案馆编：《皖南事变》（资料选辑），中共中央党校出版社 1982 年版，第 257—260 页。

**31.**《中共中央关于提出临时解决办法十二条问题给周恩来的指示》，1941 年 2 月 28 日，见中央档案馆编：《皖南事变》（资料选辑），中共中央党校出版社 1982 年版，第 222—223 页。

**32.** 中共中央文献研究室编：《毛泽东年谱（一八九三——一九四九）》（修订本）中卷，中央文献出版社 2013 年版，第 281—282 页。

# 第 五 章

# 华北寒潮

日本陆军省秘密出台《处理中国事变纲要》——中国派遣军总部在南京召开会议，宣布转向长期持久战——多田骏推出"正式的剿共治安战"——日军拟订《"治安强化运动"实施计划》——毛泽东说：我看对付日顽要困死饿死我们的方法有三个——八路军展开反"治安强化"斗争

## 日本陆军省秘密出台《处理中国事变纲要》

1941年1月中旬，一名来自日本参谋本部的少佐军官秘密飞抵中国，穿梭在华北、华中及华南等侵华日军的指挥部之间，先后与中国派遣军总司令官西尾寿造、华北方面军司令官多田骏、华南方面军司令官后宫淳等人频频接触。

这名日本军官就是井本熊男，日军参谋本部第二课的对华作战主任。他此行带来了两份重要文件：1月16日由日本大本营陆军部刚刚审议批准的《大东亚长期战争指导纲要》和《对华长期作战指导纲要》。

自1939年9月德国挑起第二次世界大战以来，德、意军队在欧洲战场上节节胜利，势力范围不断扩大，比德意两国更早发动侵略战争的日本早就坐不住了，它想尽快地扩大战争范围，获取更多的土地和资源。东印度、马来半岛以及北部苏联的领土，都是它想吃下的"热汤圆"。

可是日本兵力有限，解决中国问题、北攻苏联、南打英美这三个目标都是日本想达到的，可它再狂傲也自知军力、国力无法支持三管齐下。1940年10月，日本陆军方面提出了南进作战计划的设想。此后，就如何处理中国问题，日本决策层陷入了没完没了的争吵。

为统一思想、协调意见，日本陆军省于1940年10月23日召开陆军省各部首脑会议，参谋本部参谋总长杉山元、参谋次长泽田茂、作战部部长田中新一、陆相东条英机、陆军次官阿南惟几、军务局局长武藤章等六人秘密制定了关于"处理中国事变纲要的方案"。10月25日，参谋总长杉山元亲自出马，奔赴中国内地视察，征求现地各方面军的意见。经过前后方的多番讨论，11月13日，日军高级官员在陆相东条英机的建议下召开御前会议，正式决定了《处理中国事变纲要》。

《处理中国事变纲要》强调日本要在中国改变军事战略，转向长期持久战，缩短中国战线，先在1940年底之前承认汪精卫的"新中央政府"，并努力令蒋介石屈服，与其签订"和平条约"，实现汪蒋合流，使中国成为日本推行南下政策的经济、政治、军事等方面综合援助区。但这些只是写在纸面上的内容，其实质正如日军参谋总长杉山元在御前会议上对日本首相近卫文麿所言，纲要的中心"即整顿占据地区的问题"，但"考虑到国内外影响，希望不要涉及占据态势的变化"。而所谓的整顿占据地区，其实就是要对中国的国共两党采取不同对策，一面要加强与蒋汪政权的和平合作，一面则要在日占区，尤其是华北地区，重点打击中国共产党领导的抗日力量。

为了征求更为具体的实施方案，《处理中国事变纲要》在1940年11月14日即传送到了侵驻中国的日军高层。11月28日，中国派遣军总司令官西尾寿造派遣第一课高级参谋真田穰一郎大佐返回东京，向日军大本营汇报情况。真田穰一郎称，目前日军在华兵力：华北有9个师团及12个旅团，共25万人；华中有第十一军的8个师团及2个旅团，共21.8万人，加上第十三军的7.8万人，共计29.6万人；华南有3个师团及3个旅团，共16.6万人；再加定员外约 1.6 万人，总计 72.8 万人，空军共有 20 个航空中队。另有汪伪军队约 15 万人，警察约 15 万人，计划在未来两年将其各增加至 22 万人。而"目前占据的重要地区治安状况，可按蒙疆、长江三角地带、武汉地区、华北顺序排列，华北为最差"。因此，对于"重要占据地区的治安肃正"，应考虑在 1941 年度"巩固华北"，"力求确保华北占据地区内的治安"，为此，要"从华中调约两个师团到华北"。[1]

据此，日军参谋本部作战部长田中新一于 1940 年 11 月 7 日开始组织起草《大东亚长期战争指导纲要》和《对华长期作战指导计划》，具体执笔的是其下属第二课对华作战主任井本熊男，两方案于 11 月 22 日完成。随后，日本政府基于《处理中国事变纲要》精神，于 11 月 30 日通过批准与汪伪政权签署的《中日基本关系条约》，在外交上正式承认了汪精卫伪国民政府。这也说明，日本正在逐步落实《处理中国事变纲要》的主体精神，只是诱降蒋介石并没有产生明确的结果。1941 年 1 月 16 日，日军大本营陆军部召开会议，审议并批准了《大东亚长期战争指导纲要》和《对华长期作战指导计划》这两份文件。

《大东亚长期战争指导纲要》的基本内容："一、以 1943 年、1944 年前为目标，制定关于处理中国、南方和北方问题的综合性国策方案。二、抓住良机，使用武力解决南方问题，建立国防力量的自给自足体制。为此，在做好战争准备的同时，当前应采取强有力的措施，使法属印度支那及泰国成为大东亚共荣圈的骨干地区。三、大致仍然以现在态势，继续对中国进行压迫，力求在 1941 年夏秋之季，以军事、政治、谋略的综合压力，解决中国事变。不得已时转向长期持久态势，两三年后将在华兵力保持在 40 万至 50 万的态势，尽力恢复并增强国防的机动性。四、对北方，目前的方针是保持稳定，以在满洲、朝鲜的 14 个师团，确立坚忍不拔的态势。适当的时机使用武力解决北方问题，要大力促进确保北边安定的战备。"[2]

而《对华长期作战指导计划》，其实就是将《大东亚长期战争指导纲要》的精神进一步落实，具体化到对华战略上。其基本内容是："一、在1941年前，不放松现在对中国的压力，在此期间应用一切办法，特别是利用国际形势的变化，力求解决中国事变。1941年秋季之后，转向长期持久态势，数年后将在华兵力保持在50万态势。二、作战以维持治安与占领地区肃正为主要目的，不再进行大规模进攻战。如果需要，可以进行短时间内的以切断为目的的奇袭作战，但以不扩大占领地区和返回原驻地为原则。三、准备在1941年夏秋时期，发挥综合战力，给敌人以重大的压力，谋求解决事变。但考虑到欧洲战局的演变引起的国际形势的变化（调整对苏邦交等），要充分做好进行政治和军事调整的准备。四、不要放松空中进攻作战，继续加大压力。航空作战另定计划。五、在整个期间，力求加强地面、海上及空中的封锁。切断法属印度支那通道，阻止缅甸通道，以海军封锁海面及以陆军兵力封锁海港作战并行，加强在经济上对中国进行压迫。六、要充分运用以对华压迫为目的的政治和谋略措施。七、政务指导以《处理中国事变纲要》为依据。特别要努力充实帝国的国力，增强国防的机动性。八、为适应长期作战的方针，力求在所需的编制、制度及其他方面，进行合理化改革。" **3**

1941年1月，井本熊男乘飞机奔赴中国，正是为了传达这两份文件的主要精神。除此之外，井本熊男在每一次会见在华日军将领时，都没忘了补充介绍在这两份文件形成过程中各方内定的一份方案中提到的观点："在任何局势下也应固守的地区和适应局势变化可以撤出的地区。" **4** 这个内定方案的基本点是：日本不能埋头对中国进行十年战争，必须适应世界形势的激变进行南方作战；为了充实南方作战的兵力，必要时收缩中国战线，放弃武汉地区，但无论如何都必须固守华北。

当然，也包括日本陆军大臣东条英机与日军参谋总长杉山元在1940年12月26日会谈时确定的对华作战指导思想："一、必须使中国事变尽快获得解决。为此不仅要考虑南方，尚需确立以中国和北方问题为主的方针。既要继续对重庆施加军事压力，又须着眼于经济压力，即加强全面封锁。此外，治安肃正是解决事变的必要条件，故须特别注意加强扶植汪政权的武装力量。二、近来对解决事变问题，有偏重政治谋略的倾向，但无甚效果。今后极需集中精力于直接有助于解决事变的政治谋略及作战谋略上。三、当前，对华作战纲要的内容是，彻底肃正华北治安、空军进攻作战、对华集中作战谋略、加强封锁以及扶植中国武装的治安警察力量。"**5**

井本熊男重点会见的是中国派遣军总司令官西尾寿造。

## 多田骏推出"正式的剿共治安战"

1941 年 2 月 14 日，西尾寿造在南京聚集各方面军和军一级将领召开会议。会议目的是根据日军大本营下达的有关处理"中国事变"的各项纲要，确定并传达中国派遣军在 1941 年的作战和政务指导方针，并相互交流意见。

西尾寿造在会议一开始就阐述了侵华日军必须"适应事变长期化"的原因和目的："处理事变今后应转向长期持久战，形势使我们在处理事变时要把它作为国际政局的一个环节来处理。现在国内外形势都迫切要求把日满及占据地区作为一个整体，加强综合战力。""今年最重要的任务是全军一致竭尽全力粉碎敌人的战力，并在占据地区确立治安，配合其他各项措施，取得显著的成绩。"而"战略指导的要点在于，在以治安为主的地区更加彻底地确保治安，在优势的敌人正规军聚集的地区，不断地积极地进行作战，摧毁及消耗敌人的抗战力"。

会议的最后，西尾寿造根据日军大本营所下达的《对华长期作战指导计划》，确定了《中国派遣军关于 1941 年度的作战指导方针》，其内容共有四项："一、封锁；二、加强治安；三、空中进攻作战；四、积极实行截击作战，消耗敌人战斗力。"**6** 在这次会上，西尾寿造为表示已把"提高华北治安作为重点施策"，并"使华北方面出现划时期的治安新面貌"，下令将华中的日本第十一军第三十三师团（缺1个步兵联队）和第十三军第十七师团调往华北，归华北方面军指挥，以协助华北作战。

西尾寿造对华北侵华日军的兵力倾斜，使得参会的日本华北方面军司令官多田骏深受鼓舞。多田骏，1882年出生于日本仙台，1903年毕业于陆军士官学校炮兵科。1932年进入日本关东军司令部，担任伪满洲国军政部最高顾问，1935年接替梅津美治郎成为中国驻屯军司令官。1939年5月出任华北方面军司令官后，指挥部队对华北地区进行频繁的"扫荡"，但其地位却因日军在百团大战中遭到重创而岌岌可危。

回到北平后，多田骏于2月25日和26日连续召开会议，根据西尾寿造在南京会议上的指示精神，进一步讨论制订了"华北方面军1941年肃正建设计划"。

多田骏在会议上讲："鉴于国内外形势和方面军的任务，在1941年度，应使作战及肃正建设等项工作更加积极开展。此项计划具体推进时，在时间和地区方面也要使重点集中。从而尽快地在全中国，首先在华北促进中国事变的解决，以适应国际局势的转变，重新调整我国体势。"[7]

他还说："华北治安肃正工作至今未能满意的根源，在于共军对群众的地下工作正在不断深入扩大。因此，我们决定以对共施策为重点，积极具体地开展各项工作，并且努力尽快恢复治安。虽然按照事变转入长期持久战的指导思想制订的长期肃正建设计划，迄今尚在研究之中，而迅速恢复治安分阶段的目标也不明确，但是，在1941年度要彻底进行正式的剿共治安战，已经成为空前未有的大事。"[8]

就此，多田骏提出华北方面军在1941年的"肃正建设"重点事项可归结为12项："1.突出重点：剿共；2.发挥军政民的总体力量；3.消灭抗日根据地；4.继续实行分散部署兵力；5.建设伪政权；6.大力发展伪军；7.向农村渗透；8.树立日军占领下的示范地区；9.大力发展新民会等群众组织；10.加强经济开发；11. 实行经济封锁；12. 加强日军供应的就地自给。"**9** 总之，华北方面军要在华北地区重点推行的是"正式的剿共治安战"。

多田骏所说的"治安战"实际上就是推行"以华制华""以战养战"的侵略政策，实行所谓军、政、民一体的军事、政治、经济的"总体战"。根据日军的统计，在 1941 年 7 月之前，在华北的主要城市、交通干线、重要资源地区周围，约有 10% 的地区是"日本的治安区"，有 10% 的地区是八路军的根据地，剩余的 80% 地区则是双方力量的交错地带。**10** 为了彻底打击八路军的实力，多田骏要求各军区坚持"肃正和作战"结合进行。

所谓的"肃正"，是日军力争在"准治安区"，即双方力量的交错地带，建立和强化伪政权，大力发展伪军，广泛组织伪群众团体，并特别强调要逐步向农村渗透。工作重心就是要割断人民群众与八路军的联系，摧毁八路军的群众基础，建立日本的基层统治。日军把这种工作称为"治安强化"运动，并将第一次"治安强化"运动定在 1941 年的 3 月至 5 月。

而所谓的"作战"，则主要是指日军对抗日根据地的"扫荡"。由于日军部署兵力分散，极大地削弱了日军的机动性，兵力不足更是成为华北日军的极大弱点。虽然从华中调来了两个师团，但仍然不能根本奏效，随着"治安强化"运动的开展，一些伪政权和伪群众组织建立了起来，部分日军就可以得到解脱，加强"扫荡"作战。所以，多田骏要求各军区把"肃正"和"作战"结合起来，互相助长。

此后，日军华北方面军将华北地区划分为"治安区"（即敌占区）、"准治安区"（即游击区）、"未治安区"（即抗日根据地）三种地区，计划在三年内变"未治安区"为"准治安区"，变"准治安区"为"治安区"，逐步缩小"未治安区"，扩大"治安区"。于是，先后集中了华北日军 11 个师团、12 个独立混成旅团，共 28 万余人，另有伪军 10 万余人，主要对八路军展开作战行动，连续大规模地进行"扫荡"、蚕食和"治安强化运动"。其中，"治安强化运动"从 1941 年 3 月至 1942 年 10 月共实施五次，对抗日根据地造成了极大的破坏。

第一次"治安强化运动"实施于 1941 年 3 月 30 日至 4 月 3 日。日本华北方面军参谋部第四课预先于 2 月 15 日制订了《"治安强化运动"实施计划》。

计划制订前，侵华日军华北方面军对华北地区的国共军事形势作了认真调查。调查认为，国民党军在华北的五个战区正致力于整训军队及对付共军，看不出有积极企图：第八战区绥远方面物资缺乏、补给困难，陕西已完全被战区副司令长官胡宗南掌握，该战区一方面以主力对付陕甘宁边的共军，另一方面担负着对阎锡山督战的任务；第二战区司令长官阎锡山的山西军并无积极战斗意志，晋南方面的中央军因在参加整训，也不致有较大积极活动；第一战区司令长官卫立煌因汤恩伯在豫南会战中败退，正在向新郑、临汝地区调动兵力，其行动甚是不稳；冀察战区仍在加强中央统治；鲁苏战区副司令长官韩德勤在与新四军作战后，正在将江南的第六十三师编入江北的第八十九军。华北的共产党军队也在埋头于恢复战斗力及重建根据地工作：在晋西北，贺龙设置了新军区，统一了山西新军及决死纵队；在晋察冀边区，聂荣臻正在忙于重建，虽不致有大的积极活动，但有逐渐北上的征兆，冀中吕正操部有向冀南地区南下模样；在晋东南及冀南，刘伯承的第一一九师正逐渐集结，有可能东进，鲁西的杨勇等部及冀南部队有向苏北联系的动向；在山东方面，徐向前已将第一一五师及山东纵队整军结束，泰山附近有小部军队在费县以北集结，郯城一带有一个旅似在向苏北南下；在苏皖地区，第一一五师第三四四旅已与新四军取得联系，欲共同盘踞于淮安以东并巩固地盘；在陕甘宁边区，其主力正在与包围他们的蒋军对抗。由此可得出结论："由于 1 月的皖南事件"，"华北的共军正忙于处理国共冲突的善后工作，和恢复去秋以来屡遭我军讨伐所受的损耗"，而"蒋系各军忙于对付共军"，"也看不出有积极企图"。**11**

因此，日军拟定《"治安强化运动"实施计划》的实施方针如下："一、利用3月30日华北政务委员会[12]成立一周年时机，使华北全体官民在建设新生华北的感召下，积极主动地从事强化治安工作，并要达到下列目的：1.务使认清确立治安一事，中国官民的职责比日军更为重大。这是导致安居乐业的首要条件，从而使其积极加强村镇自治自卫工作。2.加强华北政务委员会的政治统治力量，以期扩大华北政务机关的政治统治范围。3.宣传华北全体官民在纪念新生华北的感召下，一致奋起，主动、积极地从事强化治安工作，以摧毁敌占区和亲敌地区人民的斗志，促进亲敌的第三国的反省。二、本运动应长期坚持，并不断扩大成果。"其实施要领："一、华北政务委员会决定由3月30日到4月3日之间（为期五天），开展治安强化运动，使军、政、会各机关及民众与各该地区的日军协作，从事强化治安工作。但上述运动，应根据各地不同情况，经与日军各部队协商，得以延长或缩短。二、军、政、会各地方机关，与各该地区的日军协商制订本运动的工作计划，但应考虑各地的情况，在军、政、会各机关及民众的有机配合下，融洽地进行各项工作。三、各地日军，应按各该地区的现状指导中国方面，使其主动积极地对强化治安做出贡献。四、工作内容，概以下述要项中适合当地实情者作为实施重点：1.扩大、加强和训练自治自卫组织。（剔抉、破坏共产党组织；训练行政机关职员；扩大实行保甲制的地区；统一实行户口调查；扩充及训练自卫团；进行警备演习；传达情报；修筑道路、城墙、电线杆、壕沟、桥梁等。）2.扩大、加强民众组织。（合作社的扩充和加强，扩充训练青少年团、妇女会、劳工协会等。）3.治安军、警备队等协助上述1、2条工作，单独或与日军协同进行讨伐及示威行军等。4.普及宣传东亚新秩序的观念及日、满、华条约内容。（通过讲演、电影、图片、宣传画、广播、演剧及小册子等方式。）"[13]

　　华中日军的第十七、第三十三师团开到华北后，华北的日军兵力已达到11个师团另12个独立混成旅团，约为30万人。此外，尚有伪军10万余人。多田骏将日军第一军所属三个师团及四个独立混成旅团部署在山西地区，将第十二军所属两个师团和三个独立混成旅团部署于山东和苏、皖北部，将驻蒙军所属一个师团、一个独立混成旅团和骑兵集团主力部署于察绥地区，将华北方面军直属的五个师团和四个独立混成旅团部署在河北和河南北部，并以其中两个师团作为机动兵团，可随时向各地加强。为实现军事、政治、经济、文化的"总力战"，多田骏在推行"治安强化运动"的同时，还连续进行残酷的"扫荡"和蚕食，加上华北战场约50万人的国民党顽军坚持积极反共的方针，所形成的敌顽夹击的恶劣形势，以及适逢严重的自然灾害年，使得中国共产党领导的敌后抗战自1941年开始，进入到严重困难时期。

## 毛泽东说：我看对付日顽要困死饿死我们的方法有三个

对此，中共中央正在积极地筹划着周密的对策。皖南事变虽然已经过去，但陕甘宁边区的条件更加艰苦了。此时，国民党已经停发八路军的军饷，并对抗日根据地实行经济封锁，陕甘宁边区的外援全部被断绝。与此同时，边区内又遭受了严重的旱、病、水、雹、风五大灾害的侵袭，灾情几乎波及了每一个县。

只有自己动手，才能丰衣足食。毛泽东找来了萧劲光、林伯渠和高岗，一见面就问：我们到陕北来是干什么的呢？是干革命的。现在日本帝国主义、国民党顽固派要困死、饿死我们，怎么办？我看有三个办法：第一是革命革不下去了，那就不革命了，大家解散回家。第二是不愿解散，又无办法，大家等着饿死。第三是靠我们自己的两只手，自力更生，发展生产，大家共同克服困难。

萧劲光等三人不约而同地回答说：大家都会赞成第三种办法。毛泽东听了，笑笑，接着说：现在看来，也只有这个办法。这是我们的唯一出路，是打破封锁、克服困难的最有效、最根本的办法。**14**

为了克服经济困难，毛泽东开始大力抓起两件事，一是号召积极开展以农业为中心的大生产运动；二是实行精兵简政。毛泽东自己也在杨家岭窑洞对面的山沟里，开垦了一块长方形的地，种上蔬菜，一有空就去浇水、拔草。

1941 年 1 月 6 日，中共中央北方局已经敏锐地意识到了华北日军可能正在改变策略，并发出对敌斗争新指示：敌可能增加华北兵力，进行大规模"扫荡"，国内可能发生突然事变，华北战局将比以往任何一年严重。

1 月 15 日，《解放》周刊针对日伪的反动宣传，发表《论抗日根据地的各种政策》社论，进一步宣传中国共产党的抗日根据地政策。该社论称："敌后抗日根据地，被敌寇、汉奸认为是他们的'心腹之大患'，而对于我们民族则是坚持抗战实行建国的重要的基础。正是因为如此，所以在敌我战略相持阶段中，敌寇调动了差不多在华半数的兵力，来不断地残酷'扫荡'这些根据地，而投降分子则秉承日寇意志，也来加紧破坏与捣乱这些根据地。在敌寇残酷'扫荡'与投降分子加紧破坏的情况之下，敌后各抗日根据地的环境，现在无疑地是极其困难的。为着克服当前困难，巩固抗日根据地以坚持敌后抗战并争取全国抗战胜利起见，抗日根据地的工作者，一方面须要不屈不挠地反对敌寇的'扫荡'与投降分子的破坏，同时须要精致细密地实行各方面的政策。""我们希望全国抗日人士，在认识了抗日根据地的各种政策之后，能够清楚揭破种种污蔑抗日根据地的无耻谣言，并给在敌后艰苦奋斗的抗日根据地以多方的帮助与有益的指教。"**15**

而在军事上，中共中央也不断在进行着应敌部署。2 月 25 日，中共中央北方局根据中央精神发出的《关于敌占区及接敌区工作的指示》指出："为着扩大与巩固根据地，缩小与封锁敌占区，深入敌后去发展敌占区工作，这是中央和北方局一再指示的正确方针。""敌占区工作政策，是执行广泛的统一战线、精干的发展组织、谨慎的组织群众。对敌伪军队及其政权，要采取长期争取与埋头苦干的方针，对两面的汉奸则争取之，以便孤立日寇和死心塌地的汉奸。对广大不愿当亡国奴的群众，则耐心教育团结之，以便积极准备反攻力量。"**16**

2月26日，八路军总部也发出指示："华北应成为我生息力量之地域。因此，目前应以最大努力认真建立具有独立性的军区工作，广泛组织地方武装，以便在任何环境仍能坚持华北战争，保卫各根据地，这是目前最中心最严重的任务。"**17**同时也要求各地的八路军要广泛进行交通破袭战，打破敌人的分割封锁，做好反"扫荡"作战准备，大力开展政治攻势，争取与瓦解日伪军，削弱敌人力量，并利用战斗间隙，加紧整顿部队，提高战斗力，尽一切方法和一切努力积蓄力量，全面加强根据地建设，大力发展地方武装，以利于坚持华北抗战。

## 八路军展开反"治安强化"斗争

日伪展开第一次"治安强化运动"后，华北八路军各部也都先后进入了积极反制状态。4月3日，刘伯承、邓小平在晋冀鲁豫边区第一二九师师部向所属太行军区、太岳军区、冀南军区、冀鲁豫军区下发电报称："敌伪3月30日起，在华北推行'治安强化'运动，其内容：一、各种会议宣传动员，强调共产势力已经肃清，人民要最后努力，以享太平，并采取一切方法加强反共宣传。二、组织讨伐队，动员军事讨伐。主要还在于自卫团及民众之集训检阅，并压迫人民配合讨伐队向我'扫荡'。三、劳动奉仕运动，即强迫人民修治有关治安之城垣、堡垒及道路、桥梁、电线，其目的在强化交通斗争。四、实行清查户口，防匪演习。新民会、青年团、保甲长、县公署、警察全部出动，其目的在肃清抗日势力，镇压民众抗日情绪，并强化保甲及青年团等组织总动员，目的加强对我破坏及强化内奸政策。五、繁荣经济，其目的在打击我之经济。由此可知敌之治安运动里包括军事、政治、经济、文化各方面。重点在欺骗民众，故主要在政治进攻，但军事上亦必有所举动。这也证明敌人更加紧强化华北斗争，我应提高警惕。""我之对策：一、展开宣传攻势，强调坚持华北抗战，强调日本必败，强调日寇拉中国人打太平洋大仗和帮助德国召募 50 万中国人到欧洲打仗等阴谋。二、利用游击队打散、阻挠等方法，打击敌人集训检阅自卫团、青年团等阴谋，为人民想办法。三、强化群众的交通斗争，打击敌人修治道路、堡垒、电线、城垣之企图。四、侦知敌人集会地点、时间，用游击队便衣阻止群众到会，打乱其会场，但不得伤害群众。五、打击敌的特务机关，严防内奸政策。六、执行各种正确政策，目前对保护冀钞**18**应加特别注意，根据当地具体情形确定具体办法。明确认识敌之治安工作，决非几个运动了事，而是敌人掌握华北的长期方针。因此我之各种斗争也是长期的。"**19**

遵照中共中央和八路军总部等指示，八路军在日伪发起第一次"治安强化"运动后，展开了全面的对敌斗争，反"扫荡"、反蚕食、反"治安强化"，并在艰难的环境中越战越勇。

3 月 31 日，日伪军调集约 3000 人分路展开了对冀南区的"扫荡"，企图消灭和驱逐冀南区的八路军部队。八路军冀南军区部队为打击进犯之日伪军，以游击战、地雷战、伏击战等方式到处打击和袭扰日伪军，使得进入根据地的日伪军日夜不得安宁，至 4 月 9 日，日伪军不但没有消灭八路军主力，反而遭受重创，被击毙 259 人，被俘 34 人，被迫撤回原防。

4 月 11 日，日军增加军事力量，调集第三十五师、独立混成第一旅各一部 8000 余人及伪"剿共军"第一路 2000 余人，向河南沙区进犯，企图摧毁冀鲁豫边区抗日根据地，消灭驻在这里的八路军第二纵队。为了达成作战目的，日军狡猾地先以伪军进犯内黄西南的茨藩、杨文城等地，以吸引八路军第二纵队，而日军主力则秘密地向内黄、濮阳、滑县推进。4 月 13 日，八路军第二纵队兼冀鲁豫军区在司令员杨得志、政治委员崔田民指挥下，以主力向占据杨文城的伪军发起围攻，战至 15 日拂晓，在伪军即将被歼之际，日军突然分别由五陵集、大堤口、许村、蔡村等地出动，以合围之势，对沙区进行"扫荡"。第二纵队针对突变的敌情，决定采取以分散对集中、以集中对分散和内外线结合的作战原则，进行反"扫荡"作战，遂以一部兵力结合地方部队和民兵在内线坚持斗争，纵队机关则率主力分两路突围，利用沙丘、枣林巧妙穿插，当晚转移至观城地区，并在外线猛烈攻击日军守备薄弱的据点，以配合内线部队作战。日军合围扑空后，进行反复"清剿"，实行烧光、杀光、抢光的"三光"政策，烧毁南张堡、薛村等140多个村庄，屠杀群众3400余人，并在中心区的15个村庄砍伐群众赖以生活的枣树5万余棵，使抗日根据地遭到严重摧残。第二纵队坚持内线作战的部队及地方武装遂集中一部兵力，同日军展开殊死搏斗，给分散"清剿"的日军以打击。转入外线的第二纵队主力，先后袭击了清丰县城等日军据点，歼灭日军700余人。在内外线抗日军民的合力打击下，日军被迫于4月20日全部撤退。

在此期间，华北其他各地的八路军也都向日伪发起了猛烈的反击。

"向敌后发展！"贺龙在晋西北发布命令。全区于1941年3月至8月，共发动370余次战斗。第二军分区在彭绍辉、张平化等的带领下深入偏关、清水河，在晋中平川地区的边沿地带平毁了43个村的敌堡垒；第三军分区在张宗逊、李井泉的带领下，向宁武、崞县发展，扩充了17个行政村。

"巩固基本区，突破边沿区，缩小敌占区！"聂荣臻在晋察冀地区发起号召。常善德、王远音带领第八军分区从1941年4月下旬至6月中旬，发起长达50天的破袭战，动员民工35300余人，严重破坏了沧州至石家庄、北平至大名的公路，填平了日军的封锁沟37公里，先后作战31次，毙伤日伪军近200人，俘获165人；5月25日，第一军分区在杨成武、黄寿发的带领下攻克涞源附近的浮图峪，将涞源至易县的公路拦腰斩断；5月29日，郭天民、赵尔陆指挥第二军分区，黄永胜、王平指挥第三军分区向五台地区发起连续两天的大规模进攻，歼敌600余人，并乘势攻打平山、行唐、满城、易县、房山等外围据点，将石家庄至北平的铁路斩成数段；6月1日，孟庆山、魏洪亮指挥第九军分区又在保定至徐水之间发起攻势，歼敌700余人，摧毁敌军兵车 3 列。

多田骏在推行"治安强化运动"的同时，相伴随的还有"肃正建设"计划，其重点就是"剿共"，"对共军根据地进行歼灭战"。多田骏将在 1941 年度的"肃正"任务确定为重点对冀东和冀中北部两片地区进行"剿共"和"扫荡"。

为"扫荡"冀东地区，日军出动第二十七师团及独立混成第十五旅团，联合关东军独立守备步兵的五个大队，并纠集"华北治安军"的伪军，于 1941 年 5 月 29 日至 7 月 21 日重点对冀东的盘山抗日根据地发起了围攻。

盘山位于天津城北的蓟县，隶属于晋察冀边区冀东军区的活动范围。此地不仅就在华北方面军司令部的鼻子底下，隔在北平与天津之间，更是华北日军与关东军往来联系的咽喉要塞，军事意义重大。1940 年初，冀东军区统编为第十二和第十三两个主力团，军区副司令员兼第十三团团长包森带领 200 多人挺进盘山，开辟了盘山抗日根据地。包森由此也在冀东地区声名远扬，成为日军的眼中刺。多田骏之所以将盘山根据地列为第一处"肃正"目标，可能也与不久前包森全歼武岛骑兵中队有关。

武岛骑兵中队是日本关东军为确保由中国东北通往华北的咽喉要道而增援冀东日军的精锐部队，临时据点设在蓟县城东 25 公里外大稻地村。该中队经常在遵化、玉田、蓟县一带四面出扰，疯狂"扫荡"，自称"常胜军"。

1940 年 7 月 28 日早晨 8 时许，包森与参谋长曾克林率领特务连、第一总队以及刚从平西返回冀东的第十二团的两个连，由西面蒋福山一带经过连夜行军，返回盘山田家峪休整，却突然接到侦察员报告：发现武岛骑兵中队正沿着盘山前从蓟县到邦均的公路长驱向北，直奔田家峪方向而来。

情况紧急，包森和曾克林当机立断，决定在莲花峪至田家峪之间敌人必经的白草洼地段设下埋伏，利用其有利地形，将敌军歼灭于行军途中。

包森来不及进行战斗动员，迅速部署作战任务：第一总队队长赖邦率一个连，特务连连长贾子华率两个排，由田家峪南山占领白草洼西山，并由白草洼西山南端向东迂回，与第十二团第一营第二、第三连合拢，共同从东南方向截断敌人退路。战斗打响后，第一总队除留少数兵力继续占领白草洼南山、监视蓟县和邦均方向外，其余部队全力由西、南方向白草洼沟内的敌人发起攻击。曾克林随第一总队行动，并指挥作战。第十二团参谋长欧阳波平和第一营营长杨作霖带该团第一营第二连和第三连、团部侦通排，从白草洼北山东面向南，沿着舞剑台主峰西坡占领白草洼东山所有制高点，并派出一部分部队向白草洼南山迂回，与第一总队、特务连合拢，切断敌人退路。战斗打响后，除和第一总队、特务连共同留少数兵力外，集中兵力由东、南方向白草洼沟内之敌发起攻击。包森则指挥特务连和第十二团第一营第三连各一个排，司令部一个警卫班、一个通信班，占领白草洼北山，将敌人骑兵从白草洼向西北通往田家峪的去路堵死。战斗打响后，由北向南对敌发起攻击。

中午11时许，西面赖邦、贾子华率一部分部队已率先到达了白草洼西山的制高点，其余部队也正在向山顶上疾进。东面欧阳波平、杨作霖指挥部队爬上白草洼东山北端后，正在急速向南运动。此时，一向骄横自大的武岛骑兵中队，一行70余骑，个个背枪策马，马蹄急响，扬起一溜儿尘烟，从东南方向的山梁上冒了出来。由于这支队伍的行动速度甚快，待到其队尾进入白草洼山沟内时，跑在最前面的尖兵已穿过山沟，到达了西北出口。

有两个八路军观察哨兵还没来得及隐蔽好，已被敌尖兵发现，那名尖兵抬手就是两枪，两名八路军哨兵当即牺牲。尖兵的枪声一响，跟在后面的骑兵立即加速，一齐向西北沟口冲了过来。埋伏在白草洼北山的包森见敌骑兵中队就要逃脱，立即命令身边特务连、第十二团第一营第三连的两个排兵力：集中全部力量，以最猛烈的火力一齐射击，必须阻住敌人。武岛骑兵中队遭到迎头暴击，措手不及，慌乱掉头逃离西北口，又一溜烟儿地窜回了白草洼山沟之内。

这时，负责在白草洼西山伏击作战的第一总队和特务连部队在曾克林、赖邦、贾子华的带领下，刚刚到达预定位置，见敌骑兵急慌慌冲了回来，立即集中全部火力，由西向东对准白草洼沟内发起猛烈射击。敌骑兵连遭八路军北、西两个方向的火力袭击，才意识到已中了埋伏，立即调动马头，径直朝着东南方向奔去，企图沿着来路向外突围。但抢占东南方来路两侧阵地的八路军部队此时已迅速合拢，及时封死敌人退路，形成了关门打狗之势。

敌骑兵见突围不成，在一片混乱中又窜回白草洼山沟之内，被围困于南北不足600米、东西不足300米的沟底，无从逃避八路军南、北、西三面伏击部队的猛烈射击。一时间马嘶人喊，敌骑兵既不能前进，也不能后退，更不能抢占制高点进行突围，完全处于被动挨打的狼狈境地，徒劳地在原地窜动回旋。于是，包森命令司号员吹起冲锋号，几面山上的八路军战士们勇猛地冲了下来，经过不到一个小时的近距离激烈战斗，到太阳快落山时，枪声停止。绝大部分敌骑兵被击毙，狭窄的白草洼山沟内，到处都是横躺竖卧的日军人马的尸体。

在白草洼战斗中，除3个敌骑兵负伤后躺在一处山洞内装死未被发现、第二天敌人来收尸时被运回得以生还外，武岛等70余人全部被歼灭。这次伏击战，八路军也伤亡了50余人，其中有20余人牺牲。但白草洼战斗的胜利，则开创了八路军冀东部队整建制歼灭日军的先例，影响甚大。**20**

包森率领冀东八路军部队经过一年多的奋战，先后在盘山地区建立起7个联合县政府，境内人口200多万。面对多田骏发起的以盘山抗日根据地为重点进攻区的"肃正"作战，冀东军区发起了"大破袭"动员令，包森等率领八路军第十三团等部队，在地方武装的配合下，英勇地向外线出击，先后作战百余次，击毙俘虏日伪军500余人，缴获大量武器装备。随后，包森率第十三团的作战范围也在不断向外扩大，在1942年初又在果河沿战斗中创下以7个连击败三倍之敌的辉煌战绩。可惜的是，包森1942年2月在遵化西北的野虎山指挥战斗时，不幸中弹牺牲，年仅31岁。叶剑英称之为"中国的夏伯阳"。

多田骏对盘山抗日根据地的"肃正"作战于1941年7月结束，但并未取得预期的效果。日军第二十七师团的中佐参谋大村荣称：冀东作战中，"对共侦察与剔抉工作均不彻底"。独立混成第十五旅团的旅团长长谷川美代治则在作战记录中写道："进入 7 月青纱帐起，作战困难。"**21**

多田骏在对冀东发起"肃正作战"之后，紧接着又于 6 月 10 日展开了对冀中北部的"肃正"。日军出动第一一〇师主力及第二十一、第二十七师团和独立混成第十五旅团各一部，将主要作战地区划定为冀中第十军分区控制的白洋淀以北地区。

冀中军区隶属于晋察冀军区，成立于 1938 年 5 月，司令员为吕正操，即八路军第三纵队，下辖第六至第十共五个军分区，部队人数一度曾发展到 4 万人以上。冀中第十军分区地处大清河以北、天津以西、北平以南、平汉铁路以东，属北平、天津、保定三角区内，靠近日军腹地，对日军威胁甚大。此地交通方便，便于日伪军机动进攻，而不利于八路军大部队活动，区域内社会情况也比较复杂，流氓、土匪、封建会道门以及国民党势力都很大，日伪军在第十军分区控制区内常驻有上万人，建有 200 多个碉堡、壕沟完备的据点。但第十军分区兵强马壮，司令员朱占魁更是以骁勇善战著称。冀中人言："朱能打，吕能转"，是说吕正操善于游击战，而朱占魁则强于打硬仗。朱占魁出身贫苦，七七事变后，招兵买马，自主成立了一支抗日武装。吕正操到冀中后，朱占魁见其能征善打、战绩显著，就主动投靠了八路军，随后挺进到大清河以北，建立了冀中军区第五军分区，后在 1940 年又被统一改编为第十军分区。其间，朱占魁也屡屡创下佳绩。1938 年 10 月在高辛庄伏击战中重击日军长谷川独立混成第十五旅团，歼敌 130 人，俘敌 18 人；1939 年底在北平房山的窑上战斗中更是一举歼灭日军 283 人。因此，朱占魁与冀中第十军分区也就成了日军的重点打击目标，日伪军每次向冀中蚕食或"扫荡"，也几乎总是从第十军分区开始。

就在日伪这次"肃正"作战开始前一个多月，即 1941 年的 4 月，冀中军区司令员吕正操也在此区经历了一次惊险的"桑园突围"。4 月 16 日，吕正操带领一个工作组去第十军分区检查工作并慰问，次日拂晓走到白洋淀东侧的安新县三台镇时，就遭到日伪军的两路围攻，双方反复交战，一直打到 16 时，敌人方才撤退。吕正操一行又前往马本斋回民支队在徐水城东的驻地崔各庄，结果又在驻地遭到徐水敌人的袭击。随后，吕正操率部退到容城，沿着容城转圈子，并分批转移，后转到白洋淀深处，才乘坐上雁翎队的船夜行通过白洋淀，又越过保定、高阳之间的公路，到达蠡县桑园。然而在桑园还没来得及休息，就又遭到了来自徐水方向的敌人包围。吕正操一行迎着敌人来的方向"出其不意"而行，并在回民支队的全力支援下，边走边打。从桑园突围以后，又经过多次战斗，转来转去，最终才顺利摆脱了日伪军的合围与追击。由此，亦可推知此区域的凶险。

所以，当多田骏在 1941 年 6 月向冀中发起"肃正"作战时，朱占魁第十军分区因预先获得了日伪军的情报，已提前将军分区机关的大部人员及主力部队转移到了西部山区，只留下少数精干人员成立前指，带领小部队同敌人周旋。朱占魁作为前线总指挥，主要活动在大清河西的容城、白洋淀一带。6月 18 日清晨，朱占魁率部行进在安新三台镇东北时，又重蹈吕正操覆辙，同样遭到了强敌的包围，几经激战，朱占魁最终得以突围，但其所带 600 多人的队伍所剩无几。第二天，日军用飞机向冀中地区散发传单，声称要悬赏 1 万元捉拿朱占魁。至此，日伪军对冀中北部的"肃正"作战才宣告结束。

日军对这次作战的结果似乎很满意："我作战部队 6 月 10 日开始行动，逐步压缩四周的封锁线，6 月中旬消灭了新城附近朱占魁的据点，取得了极大战果。"**22**

为了进一步对华北地区的八路军进行"清剿"，多田骏还于 1941 年 6 月 15 日创办了一种月刊，叫作《剿共指南》，该刊创刊号称："华北民众之敌是中共、八路及抗日分子，不将彼等消灭，就不会有华北治安的稳定，没有治安的稳定，就没有民众的安居。有了华北一亿老百姓的乐业，才能有华北秩序。在未消灭共产党、八路军前，华北圣业则难奏效。"**23**可见，这一刊物的目的就是极富针对性地对中国共产党的军队进行研究，妄想不断改进策略，以求"剿共"奏效。

他们研究认为，当前日伪军在华北推行的"治安强化"运动，仅通过"扫荡"示威恐怕难起作用。"抗日，为共产党现阶段的中心思想"，"关于党员人数，据推测，在正规军中约占兵员的30%至50%，在地方自卫团中约占1%左右。其抗日意志坚强，已成为核心力量"。[24]"八路军游击队不仅与党、政、军、民有着密切的结合，而且干部、士兵也均抱有对主义的信仰和正确的政治态度，民族意识相当高昂。因此，以扫荡示威进行恫吓，对他们并不能起到挫折、瓦解的作用。"[25]于是，有人提议应该消灭中国共产党的政权机关，"政权机关是支配游击地区的居民和支援游击队的根本。因此，消灭政权机关远较消灭游击队的效果为大。据此，应认清歼灭的目标是各个政权，对此不可轻视"。[26]还有人把症结归根于广大群众，"作为我治安肃正的对象，在估计其军事实力时，则必须将共军及其潜在民众之中广泛的武装力量考虑在内。在民众和共军的相互关系上，不论是由于共军的压力或是思想上的影响，群众有机的组织活动与党的地下工作相配合，就能起到强化共军实力、协助其战斗的作用。因此，也可以说，实际上扰乱我治安的就在于这些群众"[27]。而华北方面军作战主任参谋岛贯武治则提出要采取多元措施："他们是党、政、军、民结成一体的组织，具有明确的使命观。他们为了实现革命，力图通过争取民众、组织民众，以扩大加强其势力。他们巧妙地把思想、军事、政治、经济的各项措施统一起来，且将其努力分配于七分政治、三分军事之上，从而使我方仅靠军事力量无法进行镇压，也必须统一发挥多元的、综合措施。"华北方面军第二课的情报参谋则提议，可采用"代理人剿共"的方式："中共具有惊人的实力。我们的扫荡作战仅是将其驱散，殆未取得消灭的成果，终归于徒劳。对擅长游击战及退避战术的共军，以武装讨伐犹如驱赶苍蝇，收效极微。因此，主张招抚分散各地的灰色败残部队，给予占领地区，使其防止共军的浸透，日军只宜做其后盾。"[28]

日本华北方面军司令官多田骏看着这些研究，看似哪个都有道理，却又感觉哪个办法都不完善。"必须加大力度，着手展开第二次'治安强化运动'！"他给第一课的作战参谋下达了拟订行动计划的任务。

按照计划，第二次"治安强化"运动将于 1941 年 7 月 7 日开始。然而，计划还未实施，多田骏却突然接到来自日军大本营的通知，被免去华北方面军司令官的职务。而接替他的，正是恶名昭著的冈村宁次。

## 注　释

**1.** 日本防卫厅防卫研究所战史室编：《中国事变陆军作战史》第 3 卷第 2 分册，田琪之、齐福霖译，中华书局 1983 年版，第 96 页。

**2.** 日本防卫厅防卫研究所战史室编：《中国事变陆军作战史》第 3 卷第 2 分册，田琪之、齐福霖译，中华书局 1983 年版，第 100—101 页。

**3.** 日本防卫厅防卫研究所战史室编：《中国事变陆军作战史》第 3 卷第 2 分册，田琪之、齐福霖译，中华书局 1983 年版，第 101—102 页。

**4.** 日本防卫厅战史室编：《华北治安战》（上），天津市政协编译组译，天津人民出版社 1982 年版，第 358 页。

**5.** 日本防卫厅战史室编：《华北治安战》（上），天津市政协编译组译，天津人民出版社 1982 年版，第 359—360 页。

**6.** 日本防卫厅防卫研究所战史室编：《中国事变陆军作战史》第 3 卷第 2 分册，田琪之、齐福霖译，中华书局 1983 年版，第 105 页。

**7.** 日本防卫厅战史室编：《华北治安战》（上），天津市政协编译组译，天津人民出版社 1982 年版，第 362 页。

**8.** 日本防卫厅战史室编：《华北治安战》（上），天津市政协编译组译，天津人民出版社 1982 年版，第 362—363 页。

**9.** 日本防卫厅战史室编：《华北治安战》（上），天津市政协编译组译，天津人民出版社 1982 年版，第 364—368 页。

**10.** 日本防卫厅战史室编：《华北治安战》（上），天津市政协编译组译，天津人民出版社 1982 年版，第 416 页。

**11.** 日本防卫厅战史室编：《华北治安战》（上），天津市政协编译组译，天津人民出版社 1982 年版，第 351—355 页。

**12.** 华北政务委员会，隶属汪伪政府，全权负责晋冀鲁三省及北平、天津、青岛三市政务，拥有直属的"华北治安军"，初期由王克敏任委员长，1940年6月后为王揖唐。

**13.** 日本防卫厅战史室编：《华北治安战》（上），天津市政协编译组译，天津人民出版社1982年版，第374—375页。

**14.** 《萧劲光回忆录》，当代中国出版社2013年版，第138页。

**15.** 《论抗日根据地的各种政策——〈解放〉周刊社论》，1941年1月15日，见《中共党史参考资料（四）抗日战争时期》（上），人民出版社1979年版，第225—229页。

**16.** 《中共中央北方局关于敌占区及接敌区工作的指示》，1941年2月25日，见中国人民解放军历史资料丛书编审委员会编：《八路军·文献》，解放军出版社1994年版，第620页。

**17.** 《彭德怀关于加强军区工作的指示》，1941年2月26日，见中国人民解放军历史资料丛书编审委员会编：《八路军·文献》，解放军出版社1994年版，第622页。

**18.** 冀钞，指冀南行政主任公署和八路军后勤部领导的冀南银行发行的货币。

**19.** 《刘伯承、邓小平关于反对日伪推行"治安强化"运动的对策致冀南军区等部队电》，1941年4月3日，见中国人民解放军历史资料丛书编审委员会编：《八路军·文献》，解放军出版社1994年版，第625—626页。

**20.** 参见王文：《白草洼战斗始末》及王柯：《一九四〇年七月二十八日蓟县白草洼战斗》，载《盘山风云》（第二辑），中共蓟县县委党史资料征集办公室1986年版，第161—174页。

**21.** 日本防卫厅战史室编：《华北治安战》（上），天津市政协编译组译，天津人民出版社1982年版，第372页。

**22.** 日本防卫厅战史室编：《华北治安战》（上），天津市政协编译组译，天津人民出版社1982年版，第372页。

**23.** 日本防卫厅战史室编：《华北治安战》（上），天津市政协编译组译，天津人民出版社1982年版，第377页。

**24.** 日本防卫厅战史室编：《华北治安战》（上），天津市政协编译组译，天津人民出版社1982年版，第399页。

**25.** 日本防卫厅战史室编：《华北治安战》（上），天津市政协编译组译，天津人民出版社1982年版，第407页。

**26.** 日本防卫厅战史室编：《华北治安战》（上），天津市政协编译组译，天津人民出版社1982年版，第407页。

**27.** 日本防卫厅战史室编：《华北治安战》（上），天津市政协编译组译，天津人民出版社1982年版，第402页。

**28.** 日本防卫厅战史室编：《华北治安战》（上），天津市政协编译组译，天津人民出版社1982年版，第414页。

# 第 六 章

# 纵横江淮

日伪招降国民党军苏皖边区游击军副总指挥李长江——新四军兵分三路，夺取泰州城——八十二勇士喋血大胡庄——日寇进犯盐城，韩德勤趁火打劫——陈毅将指挥所设在程道口东侧距敌仅八百米处——金牛山反袭击战，"梅花战术"显神通——"铁锤子"团砸烂了韦刚的大桥"乌龟壳"

## 日伪招降国民党军苏皖边区游击军副总指挥李长江

1941 年 1 月 25 日，农历腊月二十八，再过两天就是中国的蛇年了，但并没有要过年的气氛。虽然三九天已过，上海的天气却依然阴冷。时已夜半，侵华日军第十三军新任司令官泽田茂仍在读着当日的《朝日新闻》。他的眼神越来越不好了，早在刚晋升大佐时，他就因为青光眼而摘掉了一只眼球，现在仅存的一只眼睛也日渐模糊。所以，下面这则消息，他来来回回地看了好几遍。

由于重庆命令新四军移驻华北的国共矛盾，终于酝酿成国民党军对新四军的武装事变，结果以重庆军事委员会名义解散新四军的处分已表面化。而遭到四分五裂厄运的新四军残部，最近迫不得已按照中央命令从江南地区北上，有与华北八路军势力合并发起新活动之形势。对此，我皇军各部队以截击态势正在开展激烈的歼灭战。新四军遭我方与中央军的夹击，处于被全歼的最后关头，枉自进行最后抵抗。**1**

后面是日军各独立混成旅团斋藤、木户、大泽、筒井、安泽等自己所属部队打击新四军的战绩简报。

日军大本营正在积极计划南下，进攻英美殖民地，急于从中国战场抽出兵力。报纸上如此"圣战"威武的消息，大多是为了南下做舆论准备。日本国内上下对久战不决的中国局势早有意见，看到这类消息，泽田茂的心中只觉得尴尬万分。

华中的实际形势，泽田茂十分清楚：日蒋私下"和平"谈判，虽然进展不大，但国民党军明显把矛头转向了八路军、新四军，日军在正面战线的压力减轻很多。但敌后的共产党军队，却扰得日军不得安宁。对于新四军，日军在"剿"，汪精卫的伪军在"剿"，蒋军在"剿"，地方反共势力也在狠劲挤，可结果，共产党的势力却是越"剿"越大。

国共大破裂，谁都认为是个好机会，他的顶头上司——中国派遣军总司令官西尾寿造也无比兴奋，反复下令要他"完成皖南事变未竟之功"。

泽田茂有天天写日记的习惯。这天，他翻开日记本，待快翻到空白页时，模糊的眼光先停在了十几天前写下的这几行字上。

一、消灭江北兵匪，尤其是新四军，覆灭其地盘。

二、扩大江北占据地区，打开物资流通途径。

三、解决李长江部队（或投降或消灭）。**2**

泽田茂拿起笔，在"李长江"三个字下面停留了一会儿，犹豫半天，最终还是翻过去了，翻到了后面的空白页。泽田茂之所以犹豫，是因为他当时搞错了，真正要解决的并不是李长江，应该是李明扬。但他最终没有作出修改，是因为李明扬的部队也可以说是李长江的部队。

　　李长江，江苏南京人，瓦工出身，1912 年到江西投奔赣军，编在当年的陆军步兵第十团李明扬部下当兵，后因战功一路晋升，到 1930 年成为国民党政府江苏保安第四团团长，并拜上海青帮头目黄金荣为师，与部下的颜秀五、丁聚堂、陈福才等结拜为弟兄。李长江长期追随着李明扬，抗战全面爆发后，作为李明扬的副手，于 1938 年 12 月率部进至苏北的泰州出任苏北第四游击区指挥部副指挥，1939 年出任鲁苏皖边区游击总指挥部副总指挥，与一直位居其上、担任正职的李明扬并称"二李"。

　　1940 年 12 月 2 日，泽田茂由日本陆军参谋次长之职来到上海改任日军第十三军司令官，刚刚赶上汪精卫的伪南京政府获得日本承认，便打好了算盘，要利用汪伪政府扩充来自中国的武装力量为日军服务。

　　虽然汪精卫与日本特使阿部信行在南京签署《日华基本条约》是在 1940 年 11 月 30 日，这一天才标志着汪伪政府正式被日本所承认，但该政府实际成立于 1940 年 3 月 20 日，那面顶上加了一条"和平反共建国"黄色三角巾的青天白日满地红旗子早就挂出来了。汪精卫曾在日本《中央公论》上发表题为《寄语日本》的文章称："侵略主义和共产主义都是我们可怕的敌人。中国人都知道日本正在排除共产主义，却不知道日本排击侵略主义。在中国人看来，日本也是一个侵略主义者，而且对中国的侵略最甚，中国人把'东亚共同体''东亚新秩序'看成是灭亡中国的代名词。如果日本有灭亡中国的企图的话，中国就不得不和共产主义势力联合起来反抗日本。这虽然无异于饮鸩止渴，以暴易暴，而且是暴中之暴，但也是无可奈何。"因此，他又在《我对中日关系的根本理念和前景目标》广播讲话中提出了中日间"结怨不如解怨"的主张："现在中国面临两条道路，一条道路是把蒋介石先生等人夸口的抗日战争继续下去，但我实在看不出重庆有取得抗战胜利的军事力量，抗战的结果只能使共产党受益；另一条道路是继承孙中山先生的遗志，朝化敌为友、解怨的方向努力。前者是中国走向亡国之路，后者是中国走向复兴之路，也是亚洲走向复兴的道路。我决心选择后者的道路，也希望全国各党派和无党派的有志之士加入我们的行列。"这就是汪精卫"和平反共""曲线救国"的主张核心。

"和平反共"并不是以和平的方式反共，而是与日本化敌为友、集中力量反共，即与日本"善邻友好、共同防共"。所以，汪精卫伪政府在存在期间，重点做了三件"大事"：诱招、建军、清乡。而且这三件"大事"都是替日本人做的。所谓"诱招"，就是诱招重庆政府的军政要人加入他们的"曲线救国"行列，这个诱招行动虽未取得很大的成果，但也并非一事无成。到1943 年 8 月为止，投奔汪精卫的重庆政府官员有国民党中央委员 20 人、高级将领 58 人、军队 50 余万人，这些人大多是不满蒋介石的政客和被蒋介石排挤的地方杂牌军。到 1943 年 8 月以后，因为日本败相显露，就没人再来投奔汪精卫了。所谓"建军"，就是组建起庞大的伪军队伍，汪精卫效法孙中山办军校的办法，主办起"中央军政干部训练团"，自己亲任团长，由陈公博兼任教育长、周佛海兼教务长，训练对象主要是所收编的地方杂牌军。汪精卫伪政府的军队人数最高时曾有百余万，只是来得快，散得也快。

泽田茂初任第十三军司令官，就看中了与蒋介石并不同心的苏北"二李"，二人手下兵力近 4 万人，且训练有素，战斗力较强，于是就产生了要将之先收归到汪伪政府麾下再转为日军所用的强烈愿望。为此，日军通过汪伪政府中央政治委员会特聘委员缪斌几次前往泰州，秘密会见"二李"，又是威逼又是利诱，开出给付 50 万元和 50 万发弹药的诱降条件。

怎奈鲁苏皖边区游击军总指挥李明扬民族意识甚强，耻于与日伪为伍。李明扬，安徽萧县人，早期为同盟会会员，曾参加辛亥革命，北伐时任国民革命军第三十一军副军长、东路先遣军司令，1927 年"四一二"反革命政变时，曾掩护和帮助过一些中共党员脱险，在抗战时期，他曾表示"抗日我干，打内战我不干"，在陈毅组织黄桥战役时，他曾借道并配合新四军。然而，这一次，他的老部下李长江却没有和他保持一致立场。李长江迫于来自日军的压力，又早就不满于韩德勤对其歧视排斥和克扣经费，与部下陈才福、陈中柱等私下出面，于 1941 年 1 月 13 日率先同意投敌，同时向蒋介石与汪精卫通电，宣布脱离国民党政府，归依南京伪政府。对于此举，李长江将之美化为权宜之计，"降汪不降日，军队不移防"，认为先保存眼下的实力和地盘更为重要，等将来一有机会，再行反正。

泽田茂对国民党苏鲁皖边区游击军副总指挥李长江归降甚为欢喜，但想到仍有部分队伍在跟随着李明扬这个总指挥不肯投降却又不觉恼怒。现在是到了该解决的时候了，李明扬要么投降，要么被消灭。

## 新四军兵分三路，夺取泰州城

1941 年 2 月 16 日，泽田茂命令在江北正在执行"覆灭新四军地盘"任务的独立混成第十一、第十二、第十七旅团，为接引李长江投降并清除李明扬影响而采取军事应对措施，其中独立混成第十二旅团从高邮附近发起行动，先攻下兴化，再与另两个旅团相互配合夺取东台，为李长江清理地盘。

李长江与日军的动作立即引起了新四军的注意。早在 1941 年 1 月 18 日皖南事变发生后，陈毅就曾警告过苏北的地方顽固派势力，声明"凡一切准我抗战生存，不进攻我者，不分党派，皆视为良友，凡一切进攻我者，必视为死敌。"希望大家继续"力主对外抗战，努力调停内争"。[3]现在，李长江倒向日寇，意味着整个苏北共、日、顽三方鼎立的局面将被打破，并将带来多米诺骨牌效应。刘少奇、陈毅认为，要坚持华中抗战，保卫华中抗日根据地，必须坚决打击投降势力。陈毅指示新四军第一师师长粟裕，一方面要继续加强对"二李"的统战，尽可能制止其投降；另一方面要迅速将在曹甸一带反摩擦的第一、第二旅撤回东台、海安一线集结，并从启东、海门地区抽调第三旅的一个团向泰州靠拢，隐蔽埋伏，做好讨伐李长江的准备。

2 月 17 日，刘少奇急电正在新四军第一师粟裕处研究对付李长江对策的陈毅：李长江已公开投敌，阴谋很大，海安、东台及兴化均在其阴谋计划之内，此贼不除，后祸甚多，望集全力迅速解决之。**4**

见李长江与日伪合作已成定局，不愿投降的李明扬最后仅带领1000多人退往泰州以北唐家甸子一带，但仍挂着国民党苏鲁皖边区游击指挥部的招牌。后在1945年6月，李明扬被日军俘获，日伪诱以高官厚禄，但他并没有向敌人屈膝。新中国成立后，鉴于他曾与新四军合作抗日，对革命有过贡献，且在日军淫威之下又能保持民族气节，为民族争了光，新中国政府邀请他担任了江苏省人民政府农林厅厅长。

而李长江则带着3万多人的国民党苏鲁皖边区游击军大部队公开地接受了日军收降，并被汪精卫改编为伪第一集团军，李长江出任该集团军总司令。

李长江是国民党在华中敌后部队中第一个公开投敌的，对抗战产生了极坏的影响。日本同盟社报道李长江率部投降的景况时就曾说道，"苏鲁皖游击副司令李长江将军，鉴于蒋共火并日烈，抗日战争必无下场，结果徒然以牺牲民众，为蒋共争斗之工具，是以毅然脱离抗日阵营，投奔汪主席麾下，献身和运"，"19日晨，据日本陆军机之侦察称，李长江部队之驻地泰县、兴化县等一带，全部村落均已高挂数千面之和平建国旗帜，随风飘扬，至为壮观，诚对抗日阵营之大威胁"。**5**

但就在日本同盟社相关报道的前一天，即2月18日，陈毅与刘少奇已向新四军各部发布了讨伐李长江的命令："查鲁苏皖游击前副总指挥李长江于本月13日率部投敌，叛国殃民，并通电就伪第一集团军总司令职，配合敌寇向海安、兴化国军进攻，为虎作伥。本军为坚持抗敌，保卫苏北，决予讨伐该逆。兹特任命本军粟裕为讨逆总指挥，叶飞为副指挥，刘炎为政治委员，仰即遵照，迅率所部歼灭李逆为要。"**6**

讨逆檄文发出的当天，粟裕即指挥新四军第一师所属三个旅发起了讨李战役。

1941年2月18日黄昏时分，乘着夜幕低垂，新四军第一师的三个旅各自沿着既定路线迅速向西行进。叶飞率第一旅和保安特务团以及苏北指挥部独立支队为左路，也是先头部队，负责先攻克姜堰，再扫清泰州城东、城南的外围阵地，并协同攻打泰州。王必成率第二旅为中路，负责从泰州城南发起主攻。陶勇率第三旅为右路，负责由泰州城北向南迂回包抄。

2月18日当夜，叶飞第一旅第一团顺利夺取姜堰，然后由苏陈庄横扫大小仲家院等据点，经过短暂休息，又继续前进至寺巷口以北。第一旅第二团则由东向西疾进，拔除了白马庙、塘湾等据点。2月19日黄昏，第二旅攻城部队进入阵地发起进攻，至2月20日凌晨成功攻下泰州城。城内的叛军早已乱作一团，李长江乘机翻墙而走，带了数百人仓皇逃窜，留下两个叛军支队，在战场上就地反正。此一役虽不激烈，却剪除了李长江的伪军兵力5000余人，并缴获大批军用物资。

由于李长江投敌是背着部队独自决定的，突然间宣布当伪军，并不为下属甘心接受，本已造成了部队内部思想混乱、士气低落。没有正义就没有战斗力，新四军第一师夺取泰州的另两个旅战斗得也甚为顺利，李长江新投降的伪军队伍几乎一触即溃。新四军第三旅的一个侦察员，名叫陈永兴，是位闽东出来的老战士，身材魁梧。他骑着一辆自行车，本来是沿着从姜堰到泰州的公路去侦察敌情的，怎奈一路平旷，车轮飞驶，他径直冲进了苏陈庄，竟然没注意到伪军设在庄口的哨兵，而且那里的哨兵也没留意到他。陈永兴进了庄子，迎头却见有几百人正在你呼我喊，人群中裹挟着担子、骡马、辎重等，乱糟糟地挤来拥去，原来是李长江部下丁聚堂的一个团正在集合。陈永兴一不留神竟单枪匹马地闯进了伪军队伍里，前进不得，后退不可。四下里一打量，他忽然看见有个穿黄呢子军装的正在指手画脚，发号施令，心想这个人应该是这里的官儿了，于是猛地冲过去，跳下车把他抓住，从腰里摸出手榴弹，拉着弦线，对此人大声喝道："快下命令叫部队缴枪，否则，你死我也死！"此人突然间受此一吓，不知所措，乖乖地下令让所有人把枪堆到了空场上，并集合起四五百人的队伍投降了陈永兴。**₮**侦察员陈永兴由此成了这场战役中的传奇人物，得了个"孤胆英雄"的称号。

新四军这边夺得了泰州，吓跑了李长江，而为李长江清理地盘的日军兵分两路继续向北推进。一路由高邮、扬州直扑韩德勤部驻地兴化，另一路由黄桥、如皋、南通直扑海安、东台和曲塘等地，各处搜寻新四军主力。韩德勤一见日军直扑兴化，忙率部弃城，逃往曹甸地区。2月20日，日军先后占领兴化与东台，得知泰州已被新四军攻克，立即又调转兵力，分路向泰州回击。如皋、南通的日军也紧急出动，扬州之敌更为猖獗，在20余架飞机的掩护下，千余日军，纠集李长江部4000余人，向泰州蜂拥而来。此时，被日军打跑的韩德勤竟也趁火打劫，向新四军的抗日根据地发起进攻，抢占了好几处地方。新四军一面顽强阻击援敌，一面撤出泰州，转向敌后。

2月21日，陈毅、刘少奇、赖传珠联名发表讨伐李长江部情况的通告，叙述了讨逆经过，指出重庆当局和韩德勤对李长江叛变应负全部责任，申明新四军讨伐李长江为国家及苏北人民除一大害，"证明本军绝不因重庆当局取消本军番号之无理命令而稍变更本军抗战、保卫人民之初衷，证明重庆当局宣布本军'叛变'为莫须有之无耻谰言"。通告呼吁，"为要根绝以后国军投敌叛国之事变不再发生，各界同胞应一致要求重庆当局放弃反共政策"，团结抗战。[8]

捷报传到延安，毛泽东等中共中央领导人高兴异常。2月24日，毛泽东特地发电报给在重庆的周恩来："李长江叛变，陈毅率新四军讨伐，二十日占领泰州，俘获人枪数千，李率数百人西逃，逆部有两个支队反正，望广为宣传。"[9]

对于这次行动，泽田茂在日记中记载："敌遗弃尸体3300具、被俘960人，缴获小火炮15门、步枪869支、米麦2000袋及其他。我方战死26人。"并且极为满意地写道："此次作战进展非常顺利，完全如我当初所预料的那样完成了。奉谢皇恩。"

但后来日军的战史中却有着几乎完全相反的评价。

　　然而这些敌部队并不是作战目的所规定的中共军，而是与中共军对抗的重庆军。据《泽田茂日记》所记，上面提到的在兴化城内完全被包围的敌部队也明明写的是"第一一七师及保安第六旅"，他们是原属鲁苏战区的重庆军。而且，由于兴化失守，重庆政府的苏北行政机关很快丧失机能，江苏省党部迁到了江南的溧阳，半年后几乎完全消失。代之而起的是新四军建立的十八个县政府和无数的中共系统的学校、银行等。

　　也就是说，这次作战和当初的目标完全相反，心目中的敌人并未见到，消灭的却是抑制中共势力的重庆方面的军队及行政机关，把一个米、盐最大供给地奉献给了中共，成了新四军的根据地，造成了啼笑皆非的结果。这年8月，李长江部队虽被改编为汪政权下的第一集团军（四个师及两个旅），但总司令李明扬和新四军军长陈毅秘密地缔结了互不侵犯协定，形成碰杯之交的关系。**10**

　　在日军回退后，粟裕乘机率领新四军第一师，适时集中兵力发动攻势，相继攻克泰兴、靖江、东台、南通、如皋地区的数十个据点，并三次进击海安城。在姚家堂战斗中，击毙日军泰兴城防司令以下20余人，生俘日军2人。这一系列的战斗胜利，稳定了群众情绪，坚定了军民抗战的决心和信心。

## 八十二勇士喋血大胡庄

　　日军无法容忍如此精心策划的收降行动受到新四军的严重破坏，正在千方百计地寻找着报复的机会。一朵散发着血腥味道的乌云飘上了盐阜地区的上空。

　　1941年4月，新四军第三师第八旅第二十四团奉旅部电令，开赴苏北盐阜区执行加强与改造地方武装的任务。经过长途行军，部队非常疲劳，准备稍作休息，恢复体力。但为了保证部队安全，第二十四团团部派第一营副营长巩殿坤率第二连的82名指战员轻装担任对淮安、淮阴、涟水方向的游动警戒。

太阳快落山时，第二连指战员悄悄移驻进茭陵镇南边的大胡庄。当地群众一见来了子弟兵，都自动献出自家的门板，给战士们铺下软和的铺草。战士们就像回到了自己的家中，群众也好像见到了久别的亲人。

就在军民欢欣鼓舞之际，谁也没有注意到，一个阴影闪出村口，直朝涟水日军据点方向狂奔而去。当夜，200名日军和500多名伪军接到告密后，鬼鬼祟祟地出发了，悄悄包围了大胡庄。

一声清脆的枪响，打破了拂晓前的寂静。新四军哨兵发现紧急情况，迅速鸣枪报警。但日寇的战术动作也甚为娴熟，一排枪声响过，已如一群恶狼凶狠地扑了过来，把第二连驻地拦腰截断。富有战斗经验的第二连连长晋志云赶紧指挥第一、第二排就地展开，利用院墙、猪圈和房屋的窗口作掩护，狙击敌人的进攻。

副营长巩殿坤甩掉上衣，左手紧握鬼头大刀，右手抓着驳壳枪，迅速指挥已遭受伤亡的三排抢占房屋，把住巷门等几个有利地形，奋起还击，压住了敌人突如其来的第一次冲锋。

敌人是怎么来的？有多少人？就在新四军指挥员们抓紧摸清敌人情况的时候，日军把伪军赶在前面，对第二连阵地又发起了第二次冲锋。霎时，阵地上尘土飞扬，砖瓦横飞。屋顶炸穿了，院墙打塌了，战士们一个接一个地倒了下去。然而第二连的指战员们仍然英勇顽强地打退了敌人的第二次冲锋。

在接着的第三次冲锋被顶回去后，日寇发怒了，在毒瓦斯烟雾的掩护下，又发起了第四次冲锋。这时，第二连已伤亡过半，子弹、手榴弹也所剩无几，再无突围的可能，只有与敌人决一死战。副营长巩殿坤果断地命令战士们上好刺刀，当日伪军冲到面前时，他一跃而起，率先冲刺，战士们也一起与敌人展开了殊死肉搏。被分割在另一边的连长晋志云沉着地指挥第一、第二排的战士们将房屋的山墙打通，这样，战士们就能穿墙移动了，巧妙地和敌人捉起了迷藏，把敌人打得晕头转向。尚存的战士们越战越勇，子弹打光了，用刺刀拼，刺刀拼弯了，用大刀砍，大刀砍钝了，又用枪托抢、用砖头砸。经过指战员们的浴血死战，终于打退了敌人的第四次冲锋。

几个小时过去了，凶残的敌人仍是一筹莫展。这时，凶狠的敌人又一次露出了强盗的本性，他们抢来群众的柴草，从庄北头点火烧屋。在呼呼的东北风猛刮下，小西场顿时浓烟滚滚，烈焰冲天。敌人又趁着浓烟烈火发起了第五次冲锋。

第二连指战员们镇定地战斗在火海之中。这边，第二连的机枪手牺牲了，战士也剩下不多了。炊事员顽强地从血泊中爬过来，抱着机枪向敌人扫了最后一排子弹。身负重伤的晋志云清楚地知道他们已经到了最后时刻，他坚毅沉着地和身边几个伤员拆毁了机枪，将机枪的零件扔向猪圈和土井里。阵地上其他伤残的战士们也一个个跟着将自己心爱的武器拆毁。当敌人叫喊着冲到跟前时，有的负伤战士用尽全身力气，死死地抱着敌人滚进浓烟烈火，有的拉响最后一枚手榴弹，与敌人同归于尽……

另一边，巩殿坤见第一、第二排的阵地已经丢失，大火又烧着了自己所在的瓦屋，一批优秀的共产党员、英雄的人民战士，无畏地在火海中倒了下去，身边渐渐看不到活动着的战士了，他熟练地卸下机枪，使尽全身力气砸向一个爬到墙根的敌人。接着，无情的大火将他吞没了。

阵地上稀疏的枪声渐渐停了下来，火在吞没掉半个庄子之后，终于在一个两幢房屋间相隔较大的地方熄灭了。敌人龟缩着脖子，踩着一片焦土，占据了第二连的阵地。敌人见到几个身负重伤的战士拒不投降，竟丧心病狂地把他们绑在粗木棍上，放在山芋窖口活活烧死。

那天风沙很大，第二十四团团部驻地正处在风头上，以致枪声听不到，烟火也望不见。直到一个村干部找到团部，报告了情况，团里才知道第二连遭到日伪军偷袭的事情。团里领导当即率第二营和警卫连跑步增援大胡庄。敌人发现赶过来的新四军已分两路向其包围和攻击，仓皇向涟水城方向逃窜。

当天，第二十四团政治处主任李少元带着工作人员，在地方政府和群众的协助下打扫了战场，竟没有发现勇士们一具完整的遗体，连长晋志云的遗体已无法辨认，副营长巩殿坤全身烧焦，只剩下一只穿着鞋子的脚尚可辨认。

人们忍着泪水，强压着心头的怒火，一个个地清点着：全连除负重伤躺卧在烈士遗体下边的第一排二班战士刘本诚幸存外，在阵地上留下了新四军82 位勇士的忠骸。战后，新四军通过地下工作人员了解到，敌人在这次战斗中伤亡达百余。英勇的第二连指战员们，以压倒一切敌人的气概，沉重地打击了日本侵略者，为中华民族的解放流尽了最后一滴血。他们气吞山河的浩然正气和视死如归的大无畏精神永垂青史！

## 日寇进犯盐城，韩德勤趁火打劫

消息传到新四军军部所在地盐城时，新四军正在召开高级干部会议，大家万分悲痛与愤慨。

新四军军部的重建是在皖南事变后仓促进行的，还没有来得及处理部队建设上存在的一些重要问题。为了总结皖南事变的教训，统一对皖南事变后形势的认识，1941 年 5 月 15 日至 19 日，中共中央华中局在盐城召开了高级干部会议。出席会议的有华中局委员及部分区党委、师和华中局、新四军军部直属单位的主要负责人，共 92 人。

会议传达学习了《中央关于项袁错误的决定》和《中共中央军委参谋部关于皖南事变的军事教训的总结》等文件，陈毅、饶漱石、曾山等发了言，刘少奇作了《皖南事变的经验教训》的报告。

这次会议，对华中高级干部是一次非常及时有力的思想路线教育，较好地肃清了项英错误的影响，统一了认识，提高了执行中共中央正确路线的自觉性，使华中全党全军走上了健康发展的道路，影响十分深远。

这次会议结束后，为了全面加强部队建设，提高部队战斗力，1941 年 6 月 6 日和 7 日，新四军军分会又在盐城召开了扩大会议。参加会议的有新四军军分会委员和第一、第二、第三、第四、第六师旅以上干部，军直属队主要领导干部。

会议主要是解决新四军的建军路线问题。会议根据中共中央和毛泽东的指示，检查和总结了新四军成立以来的建军工作，清算了前期在建军工作中削弱共产党的领导、过早实行"精兵主义"、追求形式上正规化等错误。陈毅作了建军工作长篇报告，刘少奇作了重要讲话，参谋长赖传珠等也在会上发了言。会议提出正规化军队的基本要求是：绝对服从共产党的领导，有高度的政治觉悟和阶级觉悟；坚决执行共产党的政策和命令，完成共产党赋予的任务；有高度的军事素养和坚强的战斗力；有模范的政治纪律、军事纪律和群众纪律；有统一的编制、制度和科学的组织分工；有充满革命热情、富有革命朝气的工作作风和先声夺人的革命气概。

这次会议，进一步明确了新四军建军目标和要求，有力地促进了新四军建设，是新四军历史上一次重要的建军会议。

会议期间，刘少奇、陈毅又和与会人员就日寇最近动向进行了分析："综合日来我军全区域敌军动态，证实敌军已开始向本军地区大举'扫荡'。据二师 5 月 30 日及 31 日各电，盱眙、来安、天长之敌已分路出动，进占我中心区，烧毁我医院住地，二师师部已安全转移，其住地亦到敌。同时蚌埠、明光两地仍在集中敌军，准备出动。我二师路东各部队正在与敌军进行不断的游击接触。同时苏中方面，南通之敌一度侵入石港，旋退去，敌酋南浦旅团长[12]驻防泰县，近日经海安、东台、兴化亲临前线部署'扫荡'。东台现集结敌伪二千余人，并不时向北游击，扫除已被我阻塞之河道，并破坏我之电话。"**13**

面对即将到来的日寇"扫荡"，新四军军部进行了详细的作战部署。

1941年6月14日，新四军军部得到消息：日军正在加紧对李明扬、陈泰运部进行逼降"扫荡"，陈泰运、李明扬部已经溃败。刘少奇、陈毅等人分析：这是日寇进攻盐城的准备，他们企图"扫荡"兴化、东台、泰州三角水网地区，以便于大举北犯盐城。

盐城，是中共中央华中局和新四军军部所在地，为华中敌后抗日根据地的政治、军事中心，它的得失影响很大。在日军"扫荡"即将开始时，新四军军部提出了"保卫盐城，坚决打击进犯之敌"的要求。

日军进攻盐城的目的十分明确："中国派遣军总司令部在强调对敌经济封锁和夺取资源的企图支配下，逐渐对'盐'更加关心，于是决定对海州盐产地实施作战。第十三军决定占领苏北的资源地区，尤其是盐产地，以阻止将盐流入中国内地和用以补充日本国内盐的不足外，同时扫荡新四军。命令独立混成第十二旅团主力自7月21日开始作战。"**14**该旅团加上伪军一共1.7万多人，自东台、兴化一带开始攻击。

日伪军以全面出击之势猛扑盐城，战局发展比原先设想的要严峻得多。

新四军第三师师长黄克诚一开始就不主张固守盐城，当时没有得到大家的认可。好在新四军军部面临新形势，果断决定修改部署，主动放弃盐城，主力迅速跳出敌包围圈，转向敌之侧后进行游击。

7月22日，日军占领盐城，扑了空，立即向盐城周围"清剿"。日寇利用夏季水涨、汽船易于行驶的便利条件，驾驶特制的装甲汽艇，在密如蛛网的苏北平原河流中横冲直撞，飞机配合低空扫射轰炸，陆海空并进，气焰十分嚣张。

7月24日，华中"鲁艺"二队200余人因为缺乏游击作战经验，转移较慢，在北秦庄遭到日伪军袭击，作家邱东平、许晴及随华中"鲁艺"二队一同行动的新安旅行团成员张平、张杰等人英勇牺牲。刘少奇和陈毅闻讯，心情十分沉重，立即派出参谋金冶化装前往处理善后。

这时，为配合盐阜区军民反"扫荡"作战，在苏中地区的新四军第一师主力向当面之敌发动了凌厉攻势，连克泰兴、靖江、如皋、南通地区的十几个日伪军据点。但狡猾的日寇不为所动，继续"扫荡"盐阜地区，于7月28日占领阜宁县城，29日进袭东沟、益林。整个盐阜地区枪声四起，狼烟滚滚。日伪军到处烧杀淫掠，人民横遭摧残。

盐阜区的新四军军部在第三师的掩护下，对付日军的"扫荡"本该绰绰有余，但没想到龟缩于苏北兴化一隅的国民党顽固派韩德勤，竟然集中六个团的兵力，从新四军侧后猛然向正在益林、东沟抗击日伪军的第三师部队袭击，陷新四军军部和第三师于腹背受敌之危境，企图配合日伪军消灭新四军。

老军部给国民党搞掉了，新军部再受损失怎么行？就在这关键时刻，叶飞所率第一师第一旅采取攻其必救的战术，乘日军后方空虚之际，围困了日寇南浦旅团（独立混成第十二旅团）的驻地泰州、泰兴城和姜堰，相继攻克蒋垛、黄桥、古溪、李家市等地，歼敌1000余人，有力地打击和牵制了日伪军，使其顾此失彼、腹背受敌。日军被迫把"扫荡"盐阜地区的大部兵力调往苏中地区。

8月13日，气急败坏的日军集中1万余兵力向苏中地区进行了空前的报复性大"扫荡"，先后占领李堡、掘港、马塘、岔河、石港、三余、大中集等集镇，并拟袭击苏中党政机关，抢劫群众财物。粟裕早就算到日寇有此伎俩，提前率领第一师主力适时跳出"扫荡"圈，领导苏中军民与日伪军展开坚决斗争，以各种灵活的游击战方式广泛地与各路敌人纠缠和作战。但这种"蘑菇战术"，敌人固然疲于奔命，新四军也很疲劳，一路行军，一路睡觉，连牲口也困得走起路来磕磕撞撞，甚至叶飞骑的马在走到靖江地区的一座桥上时，也曾"扑通"一声掉进了河里，所幸无恙。

因此，新四军第三师和第一师第二旅乘日军"扫荡"苏中之际，又主动在盐阜地区发起了大反击，相继收复阜宁、东沟、益林、湖垛、上冈、裕华镇等地，进逼盐城。日军为保持盐城及附近占领区，被迫再从苏中抽调兵力北上救援。

就这样，敌人在这次"扫荡"中不得不来回折返，顾此失彼又疲于奔命，至1941年8月底，终于气衰力竭，陆续撤返原防，灰溜溜地结束了对苏中和苏北的大规模"扫荡"。

在这一个多月的反"扫荡"中，盐阜区与苏中区军民互相配合，共作战135次，毙伤日伪军1931人，俘日军15人，俘伪军1074人，争取伪军反正600余人，击伤、击毁日伪汽艇13艘，缴获平射炮2门、轻重机枪25挺、步枪1123支。新四军伤亡指战员900余人。

## 陈毅将指挥所设在程道口东侧距敌仅八百米处

反"扫荡"一结束，新四军军部就着手收拾趁火打劫的韩德勤了。此时已是1941年的10月中旬，秋高气爽，正是杀敌好时光。

在这以前，韩德勤趁着新四军与日伪军作战之机，已派保安第三纵队司令王光夏率三个团兵力夺占了泗阳县西北的程道口、史集、仰化集一带，并以其第三十三、第一一七师各一部先后侵占了淮阴、涟水交界处的新渡口、大兴庄、张官荡地区，并袭击新四军伤兵医院，残杀了100余名无法转移的重伤员，使淮海区遭到极大破坏。韩德勤企图以程道口为中心，控制运河西岸，再进一步扩张，西接津浦铁路，东接车桥、曹甸，构成一条横贯淮北、淮海抗日根据地的东西向走廊，以接应汤恩伯第三十一集团军的东犯，进而把阜宁、盐城等地区抢到手中。

新四军在与韩德勤一再交涉无效后，为粉碎国民党顽军东进反共企图，恢复运河西岸，决心争取战略先着，组织程道口战役，并由陈毅亲自指挥。

这次攻打程道口，华中局要求部队不顾一切牺牲与疲劳，无论如何要阻止顽军在这里建立据点的企图，并进一步将盐河北岸的顽军赶到南岸。

程道口是六塘河与运河最接近处的一个小镇，属泗阳县辖，位于六塘河东北岸，历来是苏北的重要通道口之一。王光夏占据程道口后，强拉1000多民夫，经过50多天的经营，在毕家滩以南的岸边建立了三个土围寨。两侧的两个小围寨与中间的大围寨相距较近，均以跺桥相通。每个围寨分内外两层，外围墙高2米、宽2米，每隔10米远设置一个炮楼。围墙之外又有外壕，外沿下有掩蔽部，可将200米射界内障碍物尽皆扫清。之外又有四层铁丝网，用粗铁丝编织。过了外围墙，又有内围墙隔挡，内围墙的里脚修有暗堡射击孔，比地平面略高，外面不易看见，人称"地乌龟"。

围寨内驻有王光夏部900人的保安第一团、500人的保安第六团，以及400多人的泗阳县常备队、骑兵连。火力配备有迫击炮2门，重机枪2挺，轻机枪12挺，步、马枪800余支，还有土炮200门，仅火药就堆满了几间屋子。这样构筑的坚固据点在平原地区并不多见，且据点内物资雄厚，仅粮食就多达30余万斤，至少可用两个多月，外壕下面还有一个较大的蓄水池，足以满足人畜饮水之需。因此，王光夏有恃无恐，自吹兵精粮足、固若金汤。

为慎重起见，陈毅为进行程道口战役准备了六个团的力量，包括新四军直属独立旅的三个团和罗炳辉第二师的第四旅第十团、黄克诚第三师的第七旅第十九团、彭雪枫第四师的第十旅第二十九团。这些部队，很多都是老红军的底子。第十九团团长胡炳云和独立旅第二团团长胡大荣都曾参加过反"围剿"斗争和长征，第十团团长秦贤安也曾参加过鄂豫皖苏区反"围剿"和三年游击战争。而新四军独立旅也不简单，实际上它就是八路军第一一五师的教导第五旅。

在皖南事变前夕，中共中央为了粉碎国民党顽固派的阴谋，令八路军抽调兵力南下，支援新四军作战。于是，八路军第一一五师教导第五旅于

1940年12月下旬从山东郯城出发，横跨陇海铁路，进入苏北的淮海抗日根据地。1941年1月新四军重建军部后，教导第五旅奉命改编为新四军独立旅，原第十三团改为第一团，原第十四团改为第二团。教导第五旅的旅长为梁兴初，绰号梁大牙，就是后来朝鲜战场上的"万岁军"军长，只是在1942年参加程道口战役时，他才29岁，从团长升至旅长也刚刚一年。但初至苏北，梁兴初的战绩已令人瞩目。1942年4月，独立旅先后在姚庄、丁集歼灭顽军多部。5月又怒击伪军，收复涟水。到8月，又完成对地方游击队淮海大队的整训与改编，成立了独立旅第三团。

陈毅将指挥所设在程道口东侧距敌仅800米处，具体的战斗部署是：独立旅第二团和第三师第十九团担任程道口主攻任务，第二师第十团在六塘河南岸助攻，第四师第二十九团做预备队，并准备随时截击从程道口逃散之敌，独立旅第三团摆在马家坪、马集地区，配合泗阳独立团执行警戒任务，如有敌人来援，坚决将其击退。梁兴初直接上了主攻一线。第四师师长彭雪枫、第二师第四旅旅长梁从学、第四师第十旅旅长刘震、独立旅政委罗华生也都到了前线，新四军军部的侦察科副科长王培臣向彭雪枫报怨陈毅的指挥部距敌太近，没想到彭雪枫却说：没有关系，智勇双全的陈军长，红军时代还带领战士冲锋呢。

由于当时新四军的火力配备不如敌方，各主攻部队又多擅长游击战，很多人还是进入华中后第一次参加这样的攻坚战，指战员们一边忙着在敌人火力下执行挖交通沟等作业，一边还抽时间在晚上按班组讨论攻克敌堡的方法。大家动脑筋，找窍门，也确实想了不少好主意。攻克据点，最重要的是破铁丝网和越过外壕，怎么破呢？单单破铁丝网这一条，大家就想了很多切实可行的办法：爆破、用剪刀剪、用马刀砍、用梯子压等等，接着又进一步讨论、试验，最后确定主要用爆破和梯子压。大家认为这两个办法最有效，而且梯子还有另外的用处：做成五六米长，既可以当吊桥用来通过外壕，还可以作为云梯攀登围墙。

1941 年 10 月 14 日晚，各进攻部队开始出发，至 15 日黄昏前完成对程道口的包围，并着手肃清外围。史家集、余家庄、仰化集、张庄等地之敌纷纷被清除。10 月 20 日晚 23 时，陈毅发出进攻命令，主攻东、西小围子的部队，同时发起了猛攻。西围寨首先被第十九团攻破，但东围寨却由于独立旅第一团爆破失败进展缓慢，直到天明也没有突破敌人的阻击，总攻无法进行。陈毅只好命令所有部队停止攻击，加强准备，次日再奋力一战。

10 月 21 日 15 时 30 分，新四军再次投入战斗。这一次，独立旅第一团在火力掩护下连续爆破成功，迅速占领了东围寨。第十九团和独立旅第二团随之而起，三个团集中向敌人据守的核心大围寨发起了最后的攻击。第二师第十团在六塘河南岸以佯攻方式吸引住大部敌人火力，担任主攻的三个团穿过被打烂了的铁丝网，爬上外墙，冲进去直扑王光夏指挥部。

在新四军的迅猛进攻下，敌人马上溃败而散。敌专员王光夏见势不妙，慌忙换了衣服，从秘密地道钻了出去，带着在外围接应的十几个骑兵乘夜向东逃窜，边跑边用冲锋枪、驳壳枪等向新四军猛扫。指挥部里的陈毅看到这一情景，立即站起来就要往外冲，旁边的侦察科副科长王培臣担心陈毅被流弹所伤，赶紧使尽全身力气把他按下去，教育科科长陈铁君也来拼命地拖住陈毅的大腿，作战科科长朱茂绪则指挥钟国琴的特务营赶快开火射击，不让对方的火力移过来。

程道口战役，共歼顽军 1400 余人，缴获轻重机枪 14 挺、步枪 850 余支，仅王光复等十几人逃脱。此战不仅粉碎了韩德勤接应汤恩伯集团军东进的计划，而且对于巩固和发展华中抗日根据地也具有重要意义，更是皖南事变、豫皖苏边区反顽失利后新四军在反顽斗争中取得的第一个重要胜利，有力地鼓舞了新四军广大官兵的士气，遏制了国民党顽固派的反共气焰。

程道口战役结束后，陈毅于 10 月 29 日前往皖东北的新四军第四师和第二师视察。在程道口战役中，新四军第四师师长彭雪枫虽然曾协助陈毅指挥战斗达 4 天之久，然而由于紧张的战斗、复杂的敌情，两人仅能问候式地交谈几句。战斗结束后，陈毅忙于处理各种善后事宜，彭雪枫则急于赶回师部参加 10 月 26 日召开的师直属队排以上干部会议和 10 月 27 日召开的抗大四分校第 3 期开学典礼，两人也没有机会凑到一起"彻夜长谈"。

当陈毅来到第四师的时候，彭雪枫刚开完会，正准备率领拂晓、生活剧团东渡洪泽湖，同赴淮宝地区，顺便看看妻子林颖。

陈毅一来，彭雪枫的计划只得临时作罢，但心情却异常兴奋。

1941 年 10 月 30 日 9 时，彭雪枫写信告诉林颖：陈毅一行"今天可到半城，我们正准备欢迎中。这样一来，短时间内怕不能东渡了；倘稍有机遇，八九天或一礼拜之后，亦许有到淮宝之条件，加陈军长最近赴二师时，我当伴之赴淮宝。我们 8 年没有见面了"[15]。

的确，他们已有 8 年没见面了。8 年前，那是 1934 年 10 月，彭雪枫奉令参加了二万五千里长征，陈毅则奉命留在南方，坚持了 3 年极为艰苦的游击战争。事隔 8 年，老友可以重新叙旧，彭雪枫的心情自然异常激动。

陈毅在第四师的视察，对第四师和彭雪枫的工作都有很大的推动作用。陈毅走后，彭雪枫又忘我地投入到根据地建设中去了，指挥第四师部队及地方武装，大力清剿土匪，安定根据地的社会秩序，开展减租减息，发展农业生产，使淮北根据地日益巩固。

## 金牛山反袭击战，"梅花战术"显神通

新四军第二师的副师长是罗炳辉。由于第二师师长是由新四军副军长张云逸兼任，所以第二师的主要工作都是由罗炳辉主持的。罗炳辉不仅军事才能突出，而且早就因为是神枪手而远近闻名。

罗炳辉，1897 年出生于云南彝良，自幼贫苦，于 1915 年入滇军当兵，因作战勇敢升至营长，参加过讨袁护国战争和北伐战争，1929 年加入中国共产党，同年在江西吉安领导靖卫大队士兵起义，参加中国工农红军，历任

团长、旅长、军长等职，一向以枪法精准和指挥艺术出众而著称。第五次反"围剿"开始不久，出任红九军团军团长，并在长征中担任掩护中共中央机关和红军主力北上的重任。抗战全面爆发后，罗炳辉于 1938 年任新四军第一支队副司令员，为陈毅的副手，1939 年任新四军第五支队司令员、江北指挥部副指挥。其间，罗炳辉三打来安城的故事更是妇孺皆知。

新四军重建军部后，第二师的防区为淮南抗日根据地，南部与日本的中国派遣军总司令部及汪伪国民政府首都南京隔江对峙，北部是伪安徽省省会蚌埠，东部的扬州和西部的合肥都是日军重要据点，常驻淮南地区的日伪军约 3 万人。因此，淮宝根据地的开辟和皖东根据地的迅速建立，不仅对津浦铁路南段及运河沿线日伪的交通线和"伪化"政策的推行是一个很大的威胁，而且在一定程度上也限制了国民党桂军的向外扩张，其存在，使得日、伪、顽都感觉如芒刺在背。

皖南事变后，日军认为有机可乘，于 1941 年三四月间向津浦路西进行了疯狂"扫荡"。此时，日本侵略军为推行积极南进政策，从华中抽调走了几个师团，因而失去了举行大规模"扫荡"的能力，转而开始采取以各据点为"点"，逐步以公路连成"线"的战略措施，企图达到扩大"伪化区"蚕食根据地的目的。

为了粉碎日寇的"扫荡"，罗炳辉制定了以伏击与运动游击为特色，包括伏击、纠缠、阻击、迟滞、扰乱、歼灭等形态的"梅花战术"，在天（长）仪（征）扬（州）地区反"点线"连续作战，在广阔的区域里同时出击，经 4 月 10 日至 11 日初战谢家集后，于 14 日起袭扰天长城，破坏天（长）芦（龙）公路，激战芦龙，夜袭陈家集、刘家集、铁牌店、蚂蚁山，伏敌于十二里岔，在 17 日大战金牛山，都取得了胜利。特别是金牛山反袭击战的胜利，更是运用"梅花战术"的范例。

当时，新四军第二师第四旅第十二团经过数日连续 6 次战斗，完成了袭击伪军的任务后，即奉命于 4 月 16 日晚撤至金牛山以南地区，盘马弯弓，准备稍事休整，再迎击来犯之敌。

金牛山坐落在六合县境东北部，距县城20多公里，四面为山河环绕，南侧同北峨眉山遥遥相对。两山之间系丘陵及洼地，村庄稠密，便于隐蔽部署兵力，是一个良好的歼敌战场。第十二团在夜幕降临之时，即按照罗炳辉提出的"梅花桩"式部署 **16** 宿营。

这天晚上，驻扬州日军独立第十二旅团旅团长兼警备司令南部襄吉纠集仪征等地日伪军700余人，携带火炮数门、轻重机枪30余挺、掷弹筒10余支，从扬州乘汽车至谢家集，而后徒步向樊家集前进，沿途封锁消息，行动诡秘。4月17日拂晓前，日伪军以汉奸吴益本、杨仁和为向导，从樊家集出发，通过安乐桥后兵分两路，一路直扑新四军第十二团团部驻地大陈庄，一路进逼该团第三营驻地。由于第十二团是按梅花桩式布置，敌人无法形成包围。

狡猾的敌人，沿田沟爬行接近新四军驻地。第三营哨兵听到响声并见黑影蠕动，立即鸣枪报警，双方展开激烈战斗。

敌人来势凶猛，与第三营展开了一场反复3次争夺的火力战、肉搏战。敌人想向四周运动，占领有利地形，但又受到梅花桩式布置小分队的不断袭击。敌人伤亡惨重，伪军大部溃散。

4月17日清晨7时30分，金色的太阳驱散了晨雾，反击战开始了。新四军第十二团第三营架在制高点的4挺机枪一齐吐出长长的火舌，敌人被压在火力圈内抬不起头来，不知所措。正在枪声密集、杀声盈野、山鸣谷应之时，第三营第七连第一排排长徐万炳一跃而起，带领第一排的勇士们从正面猛虎扑羊般首先突向敌人占据的万云高地，第二、第三排战士见状，也由两侧同时向高地攻击。经过30分钟的激战，击溃了该高地敌人，切断了敌人退路。与此同时，第七、第九连的健儿，又向另外一个高地丁岗之敌再次发起进攻，与敌人展开肉搏战。只见刀光闪闪，杀声震天。经过一个多小时激战，歼灭了该敌大部，占领了丁岗等地。

见两处得手，第八连连长和副指导员也率领部队迅猛冲击，并组成以长柄大刀手为主的突击班，从敌侧后绕到陆家洼高墩上，砍死了敌人的重机枪手和掷弹手数人。敌人失去火力支援，好似泄了气的皮球，攻势顿挫。新四军迅速夺回了大陈庄。

第三营凭借夺回万云、丁岗、大陈庄的有利态势，继续猛攻，将残敌全部压在陆家洼一带坟地。敌人退居洼地，被新四军严密包围，无险可守，反攻无望，企图向东突围，渡河逃窜。这时，第十二团领导已突击至北峨眉山顶，命令第三营第八、第九连在第一营第三连的配合下，分三路进占北峨眉山。经过一场短兵相接的战斗，杀得敌人东倒西歪，死伤累累，丢盔弃械，狼狈逃窜至尹家河。尹家河水深2米多，宽十几米，河床淤泥较深，河上有一座简易木桥。急于夺路逃命的敌人纷纷向桥头挤去，新四军立即以机枪火力封锁桥头，接着，仪征县模范营也从大殷里方向赶来夹击敌人。残敌见进退无路，只得背水一战。

此时，新四军战士的弹药已告罄，就用特制长柄大刀，同敌人展开肉搏战。大刀挥舞，杀声震天。第三营第八连的一名副排长发现日军一个少佐指挥官，便怒从心头起，挥动大刀向对方猛砍，只听咔嚓一声，这个敌人的臂膀落了地，又连砍数刀，结束了其性命。副排长也在拼杀中受了伤，但坚持带伤作战。第一营第三连第九班也奋力扑向敌群，与敌人展开肉搏战，杀伤敌人数十名，全班8名战士，均壮烈牺牲。经过一个多小时的合力冲杀，歼敌大部，少数残敌经月塘集逃向仪征。

第二天，仪征日军胁迫伪政权出面同新四军抗日民主政府谈判，要求准其收回遗弃在战场上的日军尸体。新四军方从革命人道主义、扩大政治影响、瓦解敌军的原则出发，当即允诺，并指定地点，不准越界，不准携带武器，并需手举白旗。敌人除答应一切照办外，又提出要求允其派人下河捞取遗物。新四军为防止敌人借机突然向河西进攻，动员群众将遗弃在郑家糟坊以北的敌人尸体拖过河东，并派部队和民兵在河西占领阵地，如果敌人过河，即坚决予以消灭。敌人只好手举白旗，垂头丧气地在指定地点，将数十具日军尸体及部分武器运走。

金牛山反袭击战，是新四军第二师第四旅第十二团同日伪军进行的第一个大仗、硬仗。计毙伤日军 200 余人（其中尉官、佐官各 1 名）、伪军 300 余人，生俘日军 2 人、伪军 30 人，缴获重机枪 4 挺、轻机枪 5 挺、步枪 40 余支、掷弹筒 2 具、炮弹（含毒气弹）数箱及其他军用物资一批。新四军亦付出了较大代价，计牺牲 54 人（包括连排干部 4 人）、伤 64 人。

这次战斗，不仅在军事上取得了重大胜利，而且在政治上也产生了深远影响。罗炳辉这种"梅花战术"反"点线"作战的胜利，极大地震动和刺激了日本侵略军。5 月下旬，日伪军 5000 余人"扫荡"津浦路东，以为报复。5 月 28 日，日军第十一师团的步、骑、炮兵和伪军 2000 余人，四路合击驻来安的新四军第二师第四旅第十一团。该团经两日激战，打退了敌人进攻，毙伤日伪军 300 余人。6 月 3 日，新四军第二师第四旅第十团在车棚与日伪军激战，又毙伤其 50 余人。日军在受创后，退回各据点，从此再也不敢轻易出来"扫荡"路东了。

## "铁锤子"团砸烂了韦刚的大桥"乌龟壳"

就在日军转而对淮南津浦路西进行"扫荡"，新四军第二师分头迎击日伪军，南翼兵力单薄之时，国民党军桂系顽军第七军李本一部出动第一七一师、第八和第十游击纵队，也向路西抗日根据地发起了进攻。

当时，新四军第二师第五旅正在淮北受第四师指挥，担任阻止汤恩伯部反共军东犯的任务，第二师第四旅第十团正由陈毅直接掌握，配合第三师作战，第四旅第十一团也在路东地区受第二师师部直接指挥，执行保卫根据地的任务。因此，第二师在路西地区仅有第六旅和第四旅第十二团、第五旅第十三团及一些地方武装，敌情非常严重。

桂顽这次一改过去长驱直入的方法，采取稳扎稳打的"滚筒战术"，一步一步向北"拱"，"拱"下一个地方就抢构工事，第二批部队再依托既设阵地继续朝前"拱"。截至 1941 年 10 月中旬，路西地区南部竟被他们蚕食去了 100 余座村镇。当时，桂顽第一七二师已集结于巢县附近，桂系另一主力苏祖馨第四十八军的两个师也隐伏到了寿县以西，如果第一七一师"拱"进路西地区腹地，后面的 3 个师就会分路压来，把新四军挤出路西，进逼新四军路东根据地，并会配合汤恩伯第三十一集团军东进苏北。

当时，华中敌后分路进犯新四军的顽军总兵力有 20 万人，从战斗力与态势看，最难对付的就是桂顽。由于当时日军准备三战长沙，敌后兵力单薄，伪军已被新四军路西地区部队打回原防，无力再战。

面对极为骄横的桂军，新四军一再警告：不要再做"亲者痛仇者快"的蠢事，迅速从抗日根据地撤回原防，我们共同进击日军，减轻长沙正面战场压力。桂顽竟然把新四军为国家前途而发出的忠告，当成示弱表现，不仅不退，反而更前进了一步。

新四军被迫自卫，并确定首先攻打"出头鸟"——占据定远县南境大桥镇的桂顽第一七一师第五一一团第一营。该营营长韦刚是个血债累累的反共分子，由于反共积极而被封为"反共先锋"，下属部队有 400 多人，加上定远反共大队和其他反共武装共有 1100 多人。

大桥是个中等乡镇，紧挨着池河东岸，从池河岔出的一条支流沿西街而过，支流上有两座老式石桥，大桥的镇名就是由此而得。石桥位于镇子之中，桥北叫大街，约有 300 户人家，桥南叫小街，住家约有 20 户。在 1939年下半年至 1940 年 4 月间，这里曾一度是新四军江北指挥所的驻地。韦刚自 1941 年 10 月抢夺了大桥后，已驻守月余，工事做得相当坚固。

罗炳辉把攻打大桥的任务交给了第二师的第四旅第十一团。

当时，第十一团驻在路东中心区的古城镇，接到任务后，于 11 月 13 日出发，行军近 100 公里，在 11 月 15 日中午进至大桥镇东北 10 公里处的永宁集、泗州庙一带宿营。吃罢中午饭，团长吴华夺带着营、连长们潜至大桥附近观察地形，发现桂顽在大小两街都筑成了独立的土墙，墙高2米多、厚达1.7米，墙上有数不清的射孔，还有许多明碉暗堡，墙外修了护城壕，深约3米、宽达5米，在壕外还有一圈严实的鹿砦加一圈铁丝网。再经进一步打探，得知韦刚的第一营驻在大街，其他反共武装驻在小街，街里也布置了许多火力点，交通壕纵横交织，他们可以在阵地里机动自如。

当晚20时，吴华夺和团政委蔡炳臣前往第四旅旅部驻地太平集参加作战会议。到会的除第四旅旅长梁从学、政委王集成等外，还有第六旅旅长谭希林、路西联防司令郑抱真、政委兼地委书记黄岩等人。为了统一指挥大桥战役，第二师师部决定以谭希林、王集成、黄岩、梁从学、郑抱真等5人组成野战司令部，谭希林为司令，梁从学与郑抱真为副司令，王集成为政委，黄岩为副政委。鉴于当时复杂的形势，为配合第四旅第十一团作战，司令部还配属了第六旅第十六团打援，第五旅第十三团于赫郎庙一带防守并相机参战，第四旅第十二团为战役预备队，第六旅第十七团和定远独立团于战场北翼监视定远城等地日伪军，第六旅第十八团为战场西南侧保障部队。

11月16日早晨，王集成政委来到第十一团动员讲话。他说，韦刚的第一营确实不好啃，就像个"乌龟壳"，但我们第十一团要当好华中西大门的"顶门杠"，把自己变成一把"铁锤子"，把这个韦营砸个稀巴烂！要打好这一仗，必须做到智勇双胜，刚韧相间，代价小而战果大。

王集成的讲话很能激发人情绪，再加上大家本来求战热情就高，听他这么一说，更是变得兴奋异常，一起举臂高呼：保证完成任务！口号声罢，又站出来了团部的司号长顾得胜和警卫员易于德，他们问道："王政委，我们保证打下大桥，等打完仗，你能不能给我们一个'铁锤子团'的集体荣誉啊？"

"是呀！"又站起个红脸大汉，他是突击队队长、第一连副连长程照明，"王政委，打不烂它'乌龟壳'，我们不回来见你，可你要向师里反映，给我们全团记大功！"

"我保证！"王集成政委郑重地说，"师首长有考虑，哪个团攻下大桥，就给他'铁锤子团'光荣称号！"

11月16日夜23时，第十一团如期进入阵地，兵分三处，从南、北、西三面包围了大桥。23时30分，战斗打响，三面同时发起进攻，南侧部队很快就夺取了大桥镇南部的小街，再向前靠近，继续配合北、西两面向韦营进行三面猛攻。

韦刚意识到新四军来头不小后，当即确定了北守南攻的应对方针，决定一面抢夺南小街，一面依托地形，以火力掩护，将兵力分成许多小股力量，多方向多层次地向新四军各营实施反击。韦营作战非常强悍，就算剩下一个人，也要白刃格斗，直至被打死，在战术上也反应灵敏，个人与团体分聚灵活，或迂回反击，或正面顽抗，攻守严密，甚至比同等条件下的日军还要难打。

战斗一直持续到11月17日11时，第十一团在南、西、北三面均无突破性进展，双方仍呈胶着之势。第十一团决定暂停进攻，调整战术。午后13时30分，战斗重新开始，第十一团南、北两面的力量继续进行正面进攻，而西面力量则一分为三，一部分仍在原方向进攻，一部分移至东南角，化三面进攻为四面进攻，另一部分则在火力掩护下，用排子手榴弹炸掉了韦营的中心炮楼，消灭其地堡群。然而，顽军虽已死伤无数，剩下的200余人仍用4挺机枪开路，奋力向北突围。双方又展开一轮残酷激烈的拼杀，桂顽仍能各自为战，宁死不降。双方激战至15时10分，战斗方才结束。

大桥之战是新四军第十一团战史上一次残酷激烈的攻坚战，第十一团以800多人歼灭顽军1100多人，对新四军夜战、近战和攻坚的能力与耐力，都是一次严峻的考验。新四军在淮南与桂顽多次作战，这一仗算是创纪录的了。

在攻打大桥的同时，新四军第六旅第十六团还全歼了来援的顽军一个营。桂顽一战失去两个营，心理上产生了极大的震动与恐慌，一线阵地遂成动摇之势，被迫全线收缩，路西地区基本上恢复了原态势。大桥战役起到了稳定淮南形势、巩固路西根据地的作用，挫败了桂顽的疯狂气焰，提高了抗日根据地军民反摩擦的信心。

几天后，罗炳辉来到路西，召开"大桥战役祝捷大会"，第四旅第十一团如愿得到了"铁锤子团"的光荣称号，并获授锦旗一面。**17**

新四军第二师在进行反"扫荡"和反顽的同时，还注重抗日民主政权的建设。有了自己的政权，抗日经费和军队供给基本上得到了保证，使淮南成为华中最为稳固的抗日根据地。该师在1941年度被评为新四军的"全军建军模范"。

### 注　释

1.《日本〈朝日新闻〉报道日军和国民党军夹击北移的新四军》，1941年1月25日，见中国抗日战争军事史料丛书编审委员会编：《新四军·参考资料》（8），解放军出版社2015年版，第206页。

2. 日本防卫厅防卫研究所战史室编：《中国事变陆军作战史》第3卷第2分册，田琪之、齐福霖译，中华书局1983年版，第139页。

3. 刘树发主编：《陈毅年谱》（上），人民出版社1995年版，第333页。

4.《华中新四军八路军总指挥部关于李长江率部投敌应迅速解决致陈毅等电》，1941年2月17日，见中国抗日战争军事史料丛书编审委员会编：《新四军·文献》（4），解放军出版社2015年版，第205页。

5.《日本同盟社报道李长江率部投敌》，1941年2月19日，见中国抗日战争军事史料丛书编审委员会编：《新四军·参考资料》（8），解放军出版社2015年版，第133页。

6.《陈毅、刘少奇关于讨伐李长江部的命令》，1941年2月18日，见中国抗日战争军事史料丛书编审委员会编：《新四军·文献》（4），解放军出版社2015年版，第207页。

7.《叶飞回忆录》，解放军出版社1988年版，第258页。

8.《陈毅、刘少奇、赖传珠关于讨伐李长江部情况的通告》，1941年2月21日，见中国抗日战争军事史料丛书编审委员会编：《新四军·文献》（4），解放军出版社2015年版，第210页。

9. 中共中央文献研究室编：《毛泽东年谱（一八九三——一九四九）》（修订本）中卷，中央文献出版社2013年版，第277页。

**10.** 日本防卫厅防卫研究所战史室编：《中国事变陆军作战史》第 3 卷第 2 分册，田琪之、齐福霖译，中华书局 1983 年版，第 140 页。

**11.** 胡继成、刘本诚：《气吞山河的大胡庄战斗》，见中国抗日战争军事史料丛书编审委员会编：《新四军·回忆史料》(4)，解放军出版社 2015 年版，第 58—61 页。

**12.** 敌酋南浦旅团长，指日军独立混成第十二旅团长南浦襄吉。

**13.** 《刘少奇、陈毅关于反"扫荡"的方针与作战原则致一、三师并军委电》，1941 年 6 月 3 日，见中国抗日战争军事史料丛书编审委员会编：《新四军·文献》(5)，解放军出版社 2015 年版，第 59 页。

**14.** 日本防卫厅防卫研究所战史室编：《中国事变陆军作战史》第 3 卷第 2 分册，田琪之、齐福霖译，中华书局 1983 年版，第 117—118 页。

**15.** 林颖编：《彭雪枫家书》，文物出版社 1985 年版，第 22 页。

**16.** "梅花桩"式部署，即以一个支撑点为核心、周围六出梅花式的部署。

**17.** 吴华夺：《大桥战役》，见中国抗日战争军事史料丛书编审委员会编：《新四军·回忆史料》(3)，解放军出版社 2015 年版，第 269—275 页。

# 第 七 章

# 江汉狂飙

　　周志坚南下武汉近郊，开辟汉孝陂根据地——风雨之夜，新四军
歼灭顽军保一旅——李先念为消灭汪步青，三打侏儒山——浓烟烈火笼
罩下的胡家台祠堂成了敌人的坟场——礼北之战歼灭保四旅，吓退第
三十九军——日伪军"扫荡"大、小悟山地区，"铁壁合围"成泡影

## 周志坚南下武汉近郊，开辟汉孝陂根据地

　　1941 年 5 月起，日伪军对豫鄂边抗日根据地多次实行带有"清乡"、蚕
食性质的全面"扫荡"，并对其威胁最大的鄂东和鄂中地区进行了重点"扫
荡"，企图首先歼灭新四军第五师的主力和领导机关。

　　豫鄂边抗日根据地创建于武汉沦陷之后。1939 年 6 月，中共中央及中
共中央中原局决定将在豫鄂边地区活动的各抗日游击武装统一整编为新四军
豫鄂独立游击支队。由于这一游击支队壮大迅速，很快就发展到了一万余
人，1940 年 1 月又被扩编为新四军豫鄂挺进纵队。皖南事变后，新四军军
部重建，鄂豫挺进纵队奉命改编为新四军第五师，师长兼政委李先念、政治
部主任任质斌、参谋长刘少卿，全师辖第十三、第十四、第十五旅和第一、
第二两个地方游击队及区党委警卫团，全师指战员约 1.5 万人。

　　1941 年 4 月 1 日至 5 日，豫鄂边区第二次军政代表大会在京山向家冲
召开，选举产生了边区抗日民主政权的最高行政领导机关——豫鄂边区行政
公署。行署下设鄂东、襄西、天汉、信应共四个办事处，以及安陆、应城等

六个直属县政权。豫鄂边区政权建设的完成，标志着豫鄂边抗日根据地的正式形成。

豫鄂边区辖湖北、河南 50 多个县市，位于平汉线两侧，汉水、长江横贯其中，连系着川东、湘北、陕南、豫西、豫南、皖西、皖南与赣北，南北皆可控制京汉大动脉，西可控制入川门户，南可威胁武汉之敌。同时，它北与华北抗日根据地相连，东与苏北、山东，南与华中等根据地互为犄角，战略地位极为重要。

又由于武汉及其外围地区是日军进犯湘、桂、豫的重要基地，所以，新四军第五师在豫鄂边区不断发展壮大，已使日伪军感到了莫大的威胁。

1941 年 5 月 11 日，日伪军 3000 余人"扫荡"安陆地区，并抢修了安陆至巡检司的公路。公路修成后，安陆、应城、宋河、田店等据点里的日伪军，气势汹汹地分路出动"扫荡"。李先念令第十三旅一部在鄂中地方武装的配合下，奔袭了日军占领的云梦县城和平汉铁路上的花园据点。同时，第十三旅第三十八团一部奉令插到汉川、孝感地区，破坏敌人的后方交通，并成功地袭击了日军在建河上的运输船只。6 月 29 日，李先念令该旅周志坚带队袭击安陆日军烟墩店据点，毙伤敌 20 余人。7 月，第十三旅第三十七团一部奉命在应城、云梦等地方武装的配合下袭击了上巡店日军据点，并诱敌出动，予以伏击，毙伤日军 30 余人。第五师主力部队和地方武装还掩护豫鄂边区群众挖毁了云梦至安陆、陈家港至平林市、安陆至上巡店、京山至石板河等地段的公路，致使敌人的运输受阻，据点孤立，陷入困境。

但在反"扫荡"开始不久，李先念就敏锐地感到，单纯地在根据地内进行保卫战式的被动作战，对于粉碎敌人的"扫荡"来说是远远不够的，还必须得寻找其他的反"扫荡"途径。

1941 年 6 月初，李先念把第十三旅旅长周志坚找来，说师党委决定派他带一支部队南下武汉近郊，到汉阳、汉川、孝感、黄陂一带的广大平原和湖区，开辟汉孝陂根据地。主要任务有两个：一是去加强和配合当地的工作组，建立起汉孝陂抗日根据地，充分发动群众，扩大抗日武装，威逼武汉；二是建立和扶持税收工作，稳定和增加部队的财政来源，打破日伪和顽固派的经济封锁，解决眼下的特殊困难。

汉孝陂地区是日军的设防重点，为武汉之敌的西北屏障。新四军打开汉孝陂，便可控制平汉铁路和汉水流域，形成对武汉之敌的战略包围态势。为在汉孝陂地区建立抗日根据地，周志坚调派第三十七和第三十八团各一部，开往预定地区。

根据当时汉孝陂地区的斗争形势及各方态势，周志坚采取分散机动、逐点拔除的战法，两个月不到，就拔除了敌人设立的多处据点，收拾了一些伪军和黄学会、红枪会等封建反动地方武装，开辟出长江埠及横店以南、汉口至黄陂公路以西、建河以北、长江埠至汉川公路以东连接武汉近郊的汉孝陂抗日游击根据地。这不仅给盘踞武汉之敌从军事上造成了直接威胁，而且使新四军第五师可以在武汉市郊的茅庙集、黄花涝、北泾嘴、姑嫂树等处设卡收税，对解决豫鄂边区抗日根据地的严重财政困难起到了重要作用。

新四军汉孝陂根据地的开辟，立即引起了驻孝感县日伪军的恐慌。

孝感是鄂中重镇，临近武汉，为有名的水路、公路、铁路的三路"码头"。云梦、黄孝公路和贯穿南北的平汉铁路都从这里跨过，战略地位十分重要。日军侵占武汉后，即在孝感城内派驻兵力，修筑仓库，储备物资，把它当成了军需补给站。这里的日伪军经常出来"扫荡"和"清乡"，搞得到处浓烟蔽天，枪声不断，老百姓收割的谷物还未来得及入仓，就被他们抢得一干二净。新四军第五师挺进汉孝陂地区后，日伪的"扫荡"就变本加厉了。

为坚决打击日伪军的嚣张气焰，进一步巩固和发展新开辟的根据地，周志坚在报给李先念等同意后，决定采取虎口拔牙的战术，于8月初夜袭孝感城。

1941年8月8日黄昏，暮色正在向大地上垂落，田野里到处都是青蛙与昆虫的阵阵欢叫。周志坚率领第十三旅第三十七团、第三十九团第六连和第三十八团各一部以及旅部手枪队，共五个连的兵力，约600人，乘着越来越浓的夜色向着孝感城疾速进发。

事先，新四军的侦察员已化装潜入过孝感城，摸清了城内的地形与敌情。孝感城四周没有城墙，但东、南、西、北有四座城楼。城外是平坦的原野，原野上有无数道铁丝网作为屏障。城南有一条河，蜿蜒流入汉水。离城四公里的火车站上有大片兵营，驻有1000多日军。城内的敌人兵力则相对薄弱一些，在街中心毗连着的大院子内，驻着伪县政府、伪保安队和一支日本宪兵队，共300余人。

20时许，新四军部队已隐蔽地集结到了孝感城下。周志坚随即下达了攻击命令，各部在夜色的掩护下，闪电般地向各自的预定目标发动了奇袭：打援部队沿着城郊跑步抢占了三座城门，并向日寇驻有重兵的火车站方向警戒；攻击部队分成两队，从东、南两座城门分路杀入城中，一路直扑日本宪兵队，一路急速向伪县政府和伪保安队发起进攻。

霎时间，大街小巷一片杀声。日本宪兵队根本没有料到新四军会发起突然袭击，他们有的在大院子里乘完凉刚刚睡下，有的还穿着三角裤在街上逛荡。听到枪响，一时还不知道是怎么回事，却已被新四军战士们扔出的手榴弹炸死了好几个，没死的连忙钻进大院子里，把铁门死死关住，然后从高墙的枪眼里、铁门后、碉楼上，向新四军发起反抗射击。

见正门冲不进去，第三十七团第五连指导员立刻命令机枪手迅速爬上对面的房顶，以火力掩护第四连的战士们跳进院墙去消灭敌人。机枪手们立即把机枪挂在脖子上，踩着战友的肩头登上房顶，架起机枪，对着碉堡眼一阵猛扫。在机枪的掩护下，第四连战士们迅速搭人梯翻过院墙，很快，铁大门也被打开了，百十个战士猛冲进去跟日军展开了肉搏。顿时，双方在院子里展开了一场惊心动魄的白刃战。黑暗中枪刺的碰击声咔咔作响，一个个敌人被新四军战士撂倒。剩余的日军被迫退守到碉堡里，利用工事里的火力向新四军战士射击。

新四军战士们甩出一排手榴弹，可坚硬的水泥碉堡根本炸不开，战士们灵机一动，机智地用浸透了汽油的棉花绑在手榴弹上，再向碉堡里投掷。在连续的轰击中，碉堡着火了，日军在熊熊的烈火中哇哇乱叫。

大院内的战斗打得正激烈之时，守卫在院门外警戒的几名新四军战士忽然听到大街上传来一阵急促的木拖鞋声。战士们机警地隐蔽到墙角观察，原来是一个矮胖胖的日军军官。只见他穿着短裤、拖着木屐、披着佩有肩章的军服，慌慌张张地跑过来。待他近了，几个战士端着刺刀冲上前去，大喝一声："不许动！"日军军官抬头一看，面前已有好几把明晃晃的刺刀在对着他。

猖狂的日军军官瞪起眼睛，把两只胳膊向上一举，来了个骑马式，然后傲气十足地大吼一声——看来他是想拿这股威风来吓退新四军战士。喊罢，看着几个新四军战士仍然不动声色，他急了，扑过来就抓住了一个新四军战士的刺刀，可还没等他使上劲，另一个新四军战士已拦腰将他抱住，又有一个新四军战士甩过一根粗麻绳，"刷"地套上了他的短脖子。正在这时，突然从旁边又闪出一个日军，一挥手扔出了一颗手榴弹来。新四军战士们连忙闪开，这个被抓住的家伙乘机挣脱绳索就逃。新四军战士火了，随手"叭、叭"两枪，把两个日军一起送上了西天。回头一看，刚才日军扔出来的并不是手榴弹，而是一块石头。一个战士诙谐地说道："这狡猾的鬼子，死到临头还想耍花招。"

这时，院子里的日军已经全部被消灭，新四军战士也有伤亡。而新四军第十三旅旅部手枪队的队员们也提着快慢机以迅雷不及掩耳之势，冲进了伪县政府和伪保安队的宅院。正在地上打呼噜睡觉的伪军一听枪响，都吓得浑身发抖，在漆黑的房子里，闯来撞去地乱摸着找枪。可是迟了，新四军的手枪队员已经用短枪对准了他们。顿时，各房屋里同时响起了洪亮的喊声："缴枪不杀！新四军优待俘虏！"

一个个衣不蔽体、蓬头垢面、浑身发抖的伪军俘虏，从各间屋子里被押了出来。手枪队员们肩上背着缴获的各种枪支，命令俘虏在大院子里集合。大院里还停放着十几辆大卡车。新四军战士们搬来几桶汽油，浇在车上，点上一把火，车辆立即燃烧起来，冲天的大火映红了孝感城，浓烟遮没了天上的星星。没一会儿，18辆汽车都已烧成了废铁。新四军战士打开全部的盐仓、货仓，掩护群众运出大批的食盐和布匹等物资。

孝感城内的火光和枪声，划破了午夜的沉寂，惊动了火车站上的敌人。敌人发现仓库遇劫，急得像热锅上的蚂蚁，慌忙调动一个大队的日军过来救援，途中却遭到新四军阻援部队的迎头痛击，双方激战4个多小时。时间已到8月9日的凌晨3点，战斗不能再继续下去了。周志坚命令新四军部队迅速从南门撤出孝感。

在火光之中，新四军战士们押着俘虏，背着缴获的武器，出了孝感南门，过了一座大木桥。周志坚站在大木桥桥头上，等最后一个战士经过后，便命令放火烧桥。"哗啦啦"一阵响，大桥塌了，木板、铁栏杆纷纷坠落河心。

待日寇追到河边，只能望河兴叹，"噼噼啪啪"地乱放了一阵枪。

天亮了，阵阵清风吹来，新四军战士们唱着凯歌，回到了根据地。新四军奇袭孝感城的胜利消息传开以后，汉孝陂地区的人民欢欣鼓舞，奔走相告。新华社于1941年9月20日以《第五师攻克孝感县城》为题，对这一战斗进行了报道。国民党电台和报纸，也对这一战斗作了宣传。[1]

## 风雨之夜，新四军歼灭顽军保一旅

然而，就在新四军反击日寇的时候，国民党顽固派却利用这个时机，不断进攻豫鄂边区。特别是在1941年8月，国民党湖北省鄂东保安第一旅进犯陂安南地区，杀害中共（黄）安麻（城）县委书记田东等人后，激起了新四军第五师广大指战员的强烈愤慨。不少人认为国民党顽固派欺人太甚，主张坚决反击，为死难烈士报仇。

李先念果断作出决定：消灭保一旅！

经过对顽军保一旅驻地黄安县的江朝二、两道桥等地侦察后，李先念作了如下作战部署：以新四军第五师第十三旅攻击江朝二的顽军保一旅旅部及第一团的两个营；以新四军第五师第十四旅和第三纵队第二支队攻击两道桥、袁家河、叶枫河的顽军保一旅第一团另一个营及其第二、第三团和黄安县自卫队；以新四军第五师第三纵队第三支队部署于两道桥以西的梅家坳，准备阻击可能从黄安城前来趁火打劫的日伪军。

李先念在对团以上干部作动员时说："这一次不把保一旅一口吃掉，也要把它打成残废，要让顽固派知道我五师的厉害！" 2

1941 年 8 月 31 日晚，李先念率领部队顶着细雨向顽军保一旅驻地进发。途中，雨越下越大，河水涨了，拦住了去路。

李先念命令部队全体轻装，把背包和行李都放在河岸上，只带枪支和弹药过河，会水的游过去，不会水的利用绳索、绑带，互相扶持，强行渡河。

过河之后，新四军各部队继续冒雨前进。第十四旅悄然包围了两道桥、袁家河、叶枫河，第十三旅包围了江朝二；第三纵队第三支队进至两道桥以西的梅家坳，筑起了阻击阵地。

午夜时，李先念命令各部队严密封锁包围圈，并发起猛烈进攻。顿时，整个夜空被战火染得通红，枪炮声此起彼伏。顽军保一旅的官兵做梦也没想到新四军会在风雨交加之夜过河来攻。他们急忙组织突围，但均被新四军的火力堵了回去。双方战至拂晓，新四军全歼顽军保一旅第一团和黄安县自卫队，并歼灭顽军保一旅第二团和第三团各一部，俘获顽军千余人，缴得步枪 900 余支、轻重机枪 15 挺。

这一仗打得干净利落，大快人心。鄂东顽军的进攻被粉碎，使被敌伪顽分割的陂安南、安麻、冈麻、罗礼等抗日根据地连成了一片。

1941 年 9 月，侵华日军为准备发动太平洋战争，集中了 10 万兵力进攻长沙，后又攻打郑州，并不断抽兵南调，致使武汉外围各据点守备减弱，不得不依靠伪军驻守。而伪军害怕被南调，人心惶惶，日伪矛盾不断加深。

李先念、任质斌、刘少卿分析了当时的形势，果断地作出了抓住战机、进一步作战略展开的决策，立即部署兵力，决定要南下开辟（汉）川汉（阳）沔（阳）地区，同时挺进鄂皖边地区，以便扩大新的敌后抗日根据地，彻底粉碎日伪"扫荡"，并构成在地域上从东、西两面对武汉之敌的战略包围态势。

川汉沔地区，位于长江、襄河（汉水）交汇处的三角地带，为武汉西部屏障。开辟这一地区，既可北控襄河、南扼长江、东逼武汉，又可为下一步向以洪湖老苏区为中心的襄南大发展，建立桥头堡。

10月，李先念首先派第十五旅政治部主任张执一率第四十四团的一个营和一个手枪队，远涉襄河，直插汉阳近郊，侦探日伪军的情况，为新四军第五师向川汉沔地区发展做准备。行前，他对张执一嘱咐说：要争取这一带的伪军，首先做到让这些部队不坚决反对我们，以便进一步做好反正工作，编入新四军。

张执一是汉阳人，在将去的地区关系多、人头熟。一到汉阳，他就通过各种渠道的联系和会谈，很快了解到日军在川汉沔地区驻军较少，主要靠伪定国军守备。伪定国军中实力最强者为汪步青的第一师，下辖三个团约5000人，盘踞在以汉阳侏儒山为中心、方圆百余里的川汉沔交界地区。伪定国军第二师师长李太平则率部驻在沔阳的沙湖镇、彭家场一带。此外，这里的伪军尚有熊剑东、王绍哲等部，皆为二三百人，随日军盘踞在黄陵矶、蔡甸、大集场和系马口等据点内。日军和伪军之间，矛盾重重。日军既怕伪军羽翼丰满难以控制，又怕他们因力量不足而投降新四军，因而时时提防。伪军也怕日军"过河拆桥"，所以汪步青在背靠武汉的一线构筑了工事，以图自保。伪定国军内部派系斗争也很激烈，各派都想吃掉对方，争夺地盘，扩充自己，并不断在日本人面前争宠。为此，汪步青与李太平甚至伪定国军军长刘国钧等人都曾几次反目。

针对这些情况，张执一采取致函、谈判等方式加强了与各股伪军的接触，并通过必要的军事行动，仅以一个连的兵力先后对蔡甸、黄陵矶、大集场的日军据点连续进行夜袭，也震慑了伪军。于是，不少伪军和伪地方人员，纷纷前来向新四军投诚或传送情报，唯有汪步青自以为拥有重兵，对张执一的致函不予理睬，反而扬言："我有万余之众，新四军能奈我何！"

张执一等迅速将上述情况向李先念等作了汇报，并报告了第十五旅关于集中兵力攻打侏儒山、消灭汪步青部的建议。

## 李先念为消灭汪步青，三打侏儒山

汪步青，毕业于黄埔军校，原在国民党第八十二师当过下级军官，后回乡当了帮派头子。武汉沦陷后，他乘机收集了一批被打散的国民党士兵，并利用其帮派家族关系，在其家乡汪家场一带拉起部队，以抗日为名，势力一天天扩大。不久，汪步青突然摇身一变，反而率部投降了日寇，成为伪定国军的一名师长，并在日寇支持下，进驻汉阳的侏儒山、永安堡、曲口、水洪口、三羊头、九沟一带，担负起为日寇"护卫"武汉西郊的"重任"。

李先念采纳了张执一等人的建议，决定攻打侏儒山，教训汪步青。但这可不是第一次教训汪步青。1940年春，李先念曾亲率豫鄂挺进纵队一部，一度深入侏儒山地区活动，那时就希望能争取汪步青反正抗日，殊不知汪步青自恃其身后有靠山，不仅不理会新四军的劝告，竟勾结日伪，企图向新四军发起进攻。李先念当即就给了他一记回击，率军直捣侏儒山，击毙其营长以下官兵百余人，生俘20余人，不仅树立了新四军的军威，而且也给当地群众留下了深刻的印象。

汪步青闻听这一次新四军又要来打侏儒山，因为曾经挨过新四军的铁拳，立即急得乱转，一面向其主子呼救，一面强迫群众为他们日夜放哨，并规定：所有民哨，一旦发现情况，白天鸣锣，晚上点火，要立即向据点告急，如有发现情况不报者，杀无赦。

汪步青这种小伎俩，自以为聪明，反倒成了被新四军玩得团团转的抓手。新四军组织起群众，每天晚上，都点上几次火告急，并派出小部队潜入到伪据点附近放上几枪。这样一来，一处点火，处处都跟着点火，接连数十公里接力不停，闹得各据点的伪军一夜数惊，不得成眠。这样一连闹了四五天，伪军们已厌烦不堪，再无警觉。

1941 年 12 月 7 日深夜，北风刺骨。新四军两支小部队由熟悉伪军情况的几个便衣队员带路，一支前往南河渡准备打援，另一支则直插侏儒山东南的伪军第三团团部。

奔往侏儒山东南的这支新四军小分队，在渡河时抓到了一个形迹可疑的人。经审问，此人姓侯，是伪三团团长汪老四手下的侦察副官。据这位侯副官说：由于民哨一直在闹腾，却什么情况也没发生，伪军中从上到下都松懈了下来。汪老四又把小老婆接回了团部，一些小头目也跟着上侏儒街串"破鞋"去了，只有通往团部唯一道路的木桥上放有班哨，其他地方都只剩些单哨和民哨。团部隔壁虽然驻有机炮连和警卫连，但"头头"们都上了街，不会有多大抵抗力。

这支新四军小分队获知此情后，继续摸黑向侏儒山方向穿插，一连摸掉了两道伪哨，已神不知鬼不觉地靠近了通向伪军第三团团部的唯一通道——小木桥。黑暗中，隐约可见桥上哨兵在吸烟。伪军发现已离桥不远处的几名便衣队员，忙大声呼叫："站住，口令！"

"打破！"便衣队员沉着地一面回答一面继续前进。

"不许靠近，特别口令！"伪军把枪栓扳得咔咔作响，似乎发生了怀疑。

便衣队负责的老傅依然大模大样地带着大家往桥上走，并粗声粗气地回答了特别口令："'恶劣环境'！吼个什么吼？老子是侯副官的人！"说话间，已上前将乌黑的驳壳枪抵到了伪军哨兵的脑袋上。

便衣队占领木桥后及时发出了信号，后续部队飞快地冲过桥来，立即分兵三路，左路去解决警卫连，右路去解决机炮连，中路直取团部。

战斗进行得异常顺利。新四军冲进伪警卫连和机炮连的驻地后，几乎没有遇到抵抗。只有中路在接近伪军团部门口时，被门哨发现了。门哨鸣枪报警，伪军们慌乱地从床上爬起来准备迎战。但已经晚了，新四军的机枪早已封锁了大门和窗口，敌人战无依托，逃无出路，只好乖乖举手投降。

仅用 10 分钟，战斗就结束了。除汪老四闻讯翻墙逃脱外，其余伪军，包括汪老四的小老婆在内，全都做了俘虏。

新四军将被俘的伪军第三团 100 多名官兵带到湖区根据地，经过一番民族气节教育，这些俘虏除一部分要求参加新四军外，其他的都陆续被释放了。而在释放汪老四的小老婆时，负责看管俘虏的那个连还唱了一出"空城计"。

黄昏后，他们把全连的重武器和缴获的一些打坏了的重武器，都擦得亮闪闪的，集中排放在大路上，然后再引着她在黑夜中从枪炮之间穿过去。她走一段，战士们又连忙把那些武器从后面搬到前面重新布置开来，再引她从武器中穿过去。这样一面走，一面摆，一连摆了好几里路。她回去后就对汪老四和一些军官太太们大肆宣扬起来："呀，我把眼睛都看花啦，两个腿的枪，三个腿的枪，碗口粗的炮，一摆就是好几里路，过来过去的兵马，像穿梭一样，哪里数得过来？我们这些豆腐兵呀，趁早莫跟人家打！"其他被释放的伪军官兵们回去后，也有意无意地宣传了新四军的抗日主张和宽大政策。这样一来，新四军的政治影响在伪军中迅速扩大，伪军士气更加低落。不少人暗中向被释放的俘虏打听，新四军来了用什么办法才能免死？有的甚至还研究起来用什么姿势缴枪，才不至于引起新四军的误会。

趁伪军士气低落、异常恐慌之机，新四军第五师正式发起了二打侏儒山之战。

1941 年 12 月 23 日夜间，新四军第五师第十五旅旅长王海山出动第四十四团全部、第四十三团第三营及第二营的两个连、天汉支队一部，分别向侏儒山、南河渡一线进发；第四十三团第二营全部及第三营的一个连则奔赴桐山头、永安堡一线。

拂晓，新四军两路部队组成一把铁钳，迅速地夹拢了伪军。第四十四团一举攻占侏儒山南面的将军岭，乘胜向坝上发展，全歼了伪军机炮营。向桐山头进攻的新四军冒充伪营长骗开了寨门，将守敌一个连全部缴械，获手提机枪 20 余支。守在南河渡的伪军一个排，在新四军天汉支队的攻击下携械反正。驻在裴家山的伪军新兵队，在新四军刚一抵达时就自行溃散了。

战斗进展得很顺利，攻击目标基本上都已拿下。就在这时，新四军忽然接到情报，附近日寇各据点和汉阳的日军警备队有几百人已经出动，准备增援伪军第一师，其中一部已从侧面向新四军发起了攻击，企图截断第四十三团第一营的退路。

日军一旦出动，其他伪军也将会趁火打劫，加之汉阳的地形并不利于久战，王海山当即命令新四军各部队撤出战斗。撤出过程中，第十五旅副旅长兼第四十三团团长朱立文不幸牺牲在索子长河。

这次战斗，给第五师提出了一个必须解决的问题：要消灭伪军第一师，必须得首先断绝周围日军据点的增援。而要切断日军的增援，主要有两种办法：一是新四军部队分出一部主力专门打援；二是想办法扩大敌伪矛盾，促使日寇对伪军第一师的支援抱持消极态度。

正在新四军筹划着到底用哪种办法、该如何布置的时候，敌伪却主动地提供了机会。

汪步青在遭到新四军的两次打击后，只好放弃了南河渡和桐山头这两个据点，把主力集结到九沟至周家帮一线，伪师部也移驻到彭家场，在侏儒山只留下了一个营。他唯恐新四军再次发起进攻，一面在九沟一带加紧构筑工事，一面向各个据点的日寇求援。武汉的日军陆军特务部答应向汪步青提供援助，鼓励其固守侏儒山；汉阳日军警备队亦许以弹药补充。汪步青得到了这些许诺后，为求得更多的喘息机会，即召集部下秘密商议，决定假意给新四军写封信，伪称其投靠日寇系出于迫不得已，一旦时机成熟，就会率部歼敌反正，请求新四军给予体谅云云。

而新四军已经从汪步青的机要秘书——争取过来的一个内线那里得知了汪步青的这一阴谋。因此，这封信若是用好了，就会变成一件很有戏剧效果的道具！

真是天赐良机！ 1942 年元旦，新四军第五师第十五旅旅部突然来了两个不速之客。来人自称周凝学、甘仲文，说是与第十五旅政治部主任张执一既是同乡又是同学，所以此次路过，顺便前来拜望。

正在外地开展工作的张执一听到这个消息，不禁爽朗地大笑起来，说："这是蒋干上门了，真是难得的好机会！"

原来这两人确实是张执一的同学，只是同学不是同志。张执一早年就参加了工农革命，而这两人，起初加入了国民党，日寇来了之后，又摇身一变，成了汉口日军特工部的汉奸。黄鼠狼给鸡拜年，不会安有什么好心。不过，来的时机正巧。

张执一赶紧回到旅部，故意把两个特务待若上宾，请他们在自己的办公室里休息，并放下手中批阅的"文件"，像对待老友似的和他们寒暄起来。交谈不久，警卫员进来向张执一报告，说旅首长有要事请他去一趟。张执一点点头，向"客人"表示了歉意，匆匆把桌上的"文件"放进抽屉里就走了。

两个特务在和张执一寒暄时，眼睛就盯住了那份封面上书有"伪情"2字的卷宗。张执一刚一走，他们就找理由打发走了室内的警卫员，蹑手蹑脚来到桌前，从抽屉里拿出那份卷宗，翻开后第一眼就看见了汪步青的那封信。两人就像淘金者发现了金矿一样，不假思索地掏出袖珍照相机，对着那封信就是一阵拍照……

这一切，已被躲在窗外的警卫员看得一清二楚。他显得比那两个特务还要兴奋，见到张执一时，话都说得结结巴巴的了："主任，他，他成啦，偷看啦!"

日寇见了汪步青的这封信，虽说没有像曹操那样，一怒之下斩了汪步青，但因为心生怀疑，原来许下的援助，在没有查证清楚之前，绝不会兑现。

趁此时机，新四军第五师第十五旅于 1942 年 1 月 7 日集结第四十三团和第四十四团以及天汉支队全部，兵分几路，向侏儒山、周家帮、彭家场、西流河等地发起了新的攻击。当时，伪军因为得不到日寇的支援，士气更加低落，一经与新四军接触，即弃地而逃。当天清晨，第四十四团顺利地占领了侏儒山，守在那里的伪军一个营慌忙向九沟方向溃退。新四军乘势猛追，一举突破汪步青在九沟一带凭河岸修筑的工事，工事内的守敌也纷纷向何家帮、西流河一带溃退。同时，驻在周家帮的伪军第一师一部分主力在第四十三团和天汉支队的猛烈攻击下，也已溃不成军，经西流河向王家场、余家场一线奔逃。当这股伪军退至西流河时，正碰上九沟的溃军也退到这里。

两股伪军都想夺路逃命，竟互相火并起来。枪声一响，倒把他们自己吓坏了，逃在前头的伪军以为新四军追来了，更加亡命地跑；后面的伪军则以为前面遭到了新四军的拦截，更想赶紧挤出去。霎时，西流河大道上，像赶群鸭似的，乱成一团。就在此时，新四军的两路追兵真的赶到了，朝着乱糟糟的伪军队伍拦腰一砍，全歼了一个主力营。

1 月 8 日，新四军继续朝着王家场、余家场一线追击。伪军不敢迎战，分成两股，又向沙湖和何家场逃跑。新四军尾追至沙湖附近时，发现侵驻沙湖的日寇和刘国钧部都在蠢蠢欲动。为判明情况，不打无把握之仗，新四军暂停追击，主动撤回到西流河、何家帮一线。

新四军如此猛烈地进攻汪步青，说明汪步青欲投降反正之事绝非可能。日寇这时才发现中了新四军的反间计，立即命令驻在沙湖的日军配合刘国钧部伪军倾巢向新四军发起反击。刘国钧还没有尝到过新四军的厉害，同时也想借助日寇的气焰，趁此机会表现一下自己作为奴才的决心，以便进一步赢得主子的宠爱，于是亲率教导团及伪军第二师一部共千余人，随沙湖日寇20 余人分两路向西流河的新四军第四十三团阵地进犯。

对于刘国钧的进犯，新四军采取了"杀鸡儆猴"的战术，以少数部队坚守阵地，对付两翼的伪军，而正面的主力则专找日军打。打垮了日军，伪军自会不战而退。当时新四军准确地知道，沙湖镇里只有 30 多名日寇，就算是倾巢出动，也不过是一碟小菜，这一仗是完全有把握打胜的。

战斗打响后，两翼伪军在新四军重机枪的射击下，果然踏步不前，看其意图，好像是想等正面进攻得手后，再往上冲。最开始在正面向新四军发起进攻的，仍然是伪军。这群伪军来势很凶，一窝蜂似地呼喊着向新四军冲过来，冲到距新四军阵地约 200 米时，新四军的轻重机枪一齐开火，一家伙就扫倒了一大片。后面的伪军见前面被打倒了，扭头就跑，退势之凶，几乎把刘国钧的指挥阵地也给冲垮了。日寇见这群伪军这么没用，"武士道"精神发作了，"膏药旗"一挥，20 来个日军抛下伪军，径直向新四军阵地冲了过来。

这一下来得正好，等日军接近阵地时，新四军一个连的战士跃出战壕，一拥而上，与日军在阵地前展开了肉搏。这是新四军进入汉阳后第一次与日军拼刺刀。战士们杀得火起，把 20 来个日军团团包围起来，一口气就干掉了十几个。剩下的日军见势不妙，想冲出包围圈逃命，战士们哪里肯放，追上去又刺倒几个。最后，剩下一个腿快的日军，跑回沙湖报丧去了。

旁边观看的伪军早已吓得乱作一团，见新四军乘势发起了全线出击，早已蜂拥而逃，一直跑回了沙湖镇。

刘国钧在逃命时，慌得马也没敢骑，混在伪军群中徒步狂奔。为了逃命，他也顾不得摆"军长"的架子，跑了一段，嫌脚上的马靴过于笨重，一屁股坐到泥坑边忙着往下脱。谁知刚脱下一只，新四军就追过来了，吓得他跳起来继续奔跑，就这样光着一只脚，穿着一只马靴，一颠一跛地逃回了老巢。

当时，新四军要打击的目标主要是汪步青。对于刘国钧，还有另外的用场，暂时不打算消灭他。因此，新四军追到沙湖附近，给了敌伪一次狠狠的打击后，再次主动把部队撤回到西流河。

汪步青在新四军的三次打击下，再也不敢回侏儒山了，便在汉沔交界处纠集残部，企图东山再起。此时，驻在天门、潜江、沔阳一带的国民党顽军第一二八师，乘新四军打击日伪之机，把部队开到了彭家场附近，欲阻止新四军向沔阳发展。而日寇在沙湖一战遭到新四军歼灭性的打击后，力图挣扎，又从沔阳各据点拼凑了一部分兵力加强到沙湖据点。这样一来，新四军要继续追歼汪步青，就必须要穿过日、顽之间，很有可能会遭到日、顽的夹击。

为了既要全歼汪步青，又不至于遭到日、顽夹击，新四军决定再把汪步青赶回汉阳来。那要怎么"赶"呢？新四军留下了刘国钧，就是准备派上这个用场的。

刘国钧素来就与汪步青有争宠的矛盾，但由于汪步青的军事实力更强，刘国钧虽然身为军长，对汪步青也是无可奈何。此次新四军把汪步青打垮，正是刘国钧乘机扩大地盘、获得日寇独宠的好机会。新四军便利用刘、汪之间这种狗咬狗的矛盾，要求刘国钧命令汪步青迅速率部返回侏儒山防区，不得在沔阳长期盘踞，否则，新四军将在消灭汪步青的同时，一扫驻在沔阳的全部伪军。刘国钧当时迫于新四军的声威，同时也担心汪步青在沔阳羽毛丰满后对他不利，便按照新四军的意图，强迫汪步青火速返回侏儒山。

1942年1月中旬，汪步青被迫率残部近两千人向汉阳的响水港、消泗沟一带靠近，企图重返侏儒山。

汪步青窜回汉阳后，为保存其残部，行动十分谨慎，一遇风吹草动，夹起尾巴就跑。而新四军第五师可机动的部队此时大多在京山、钟祥一带防范顽军，无法及时赶回来围歼汪步青。为了能迅速地将汪步青部伪军消灭，新四军第五师从汉孝陂一带调动第十三旅主力一部赶回来协同作战。

1942年1月28日，第十三旅的第三十七、第三十八团各一部远道赶到汉阳后，立即与第十五旅的第四十三、第四十四团配合起来，前阻后追，向汪步青残部发起了总攻。此时，汪部残余龟缩在长江与汉水之间的王家场、余家场、何家场一带，已成惊弓之鸟，有个伪军机炮营，新四军仅隔河打了3枪，就吓得丢下枪炮落荒而逃。由于新四军指战员们不顾寒冷，趟着没膝深的泥水，奋勇疾进，打得猛，也追得狠，并且采取了神速的穿插战，因而，战斗一打响就彻底打乱了汪步青的防御部署，使得伪军根本没有机会组织抵抗。结果，日军的支援还没赶到，新四军就结束了战斗，除汪步青率亲信数十人逃向沔阳以外，伪军第一师全部被新四军消灭。

在追赶逃敌的时候，新四军战士们发现有一小股伪军，背着各种从未见过的"武器"，由于那些"武器"外表上都金光闪亮，还以为是日军最近才交给伪军的"新式玩意"，于是紧盯着不放，加快脚步追赶。追的时候，有些心眼多的新四军战士担心会吃这种"新式武器"的亏，还特意瞄准其中的大家伙打了几枪，想逗着这些"新式武器"开火，以便摸摸它的威力，谁知那群伪军根本不还手，只顾着没命地跑。战士们这下心里有底了："嗯，准是那些家伙的弹药打光了！"大家追得更加起劲了，一直追到三羊头附近，才终于把这些"新式武器"截住。

新四军战士们走近去一看，哈，这哪是什么新式武器，全是些大大小小的铜喇叭。原来，新四军是把汪步青要排场的军乐队给缴了。战斗结束后，新四军战士们好奇地围着汪步青的军乐队，要他们演奏个曲子听听，那些乐队队员为了讨好新四军，还真的下劲吹了个他们认为最好听的曲子——《桃花江是美人窝》。新四军战士们也闹不清这是个什么歌，只觉得软绵绵的，听着很不舒服，于是有人要他们换个雄壮的曲子，这下可把他们给难住了。他们只会演奏这类的曲子，再也不会别的了。**3**

侏儒山战役历时两个半月，共对日伪军作战14次，毙伤日军200余人，歼灭伪定国军第一师汪步青部5000余人，击溃伪第二师李太平部1000余人，俘伪军950余人。汪步青设在西流河的兵工厂亦被新四军全部缴获，获得了成箱的枪支弹药。这一战役，解放了（汉）川汉（阳）沔（阳）地区，扩大了豫鄂边抗日根据地，摧毁了武汉日军的西南屏障。新四军的政治影响，也因之在敌占区群众中迅速扩大，不少群众认为日军在武汉绝对占领不长，将来武汉一定是四老板[4]的。同时，这一战役还在一定程度上打破了日伪对豫鄂边抗日根据地的经济封锁，连武汉的商人也开始给新四军转送物资了。

## 浓烟烈火笼罩下的胡家台祠堂成了敌人的坟场

新四军取得了侏儒山战役的胜利之后，日军为夺回侏儒山地区，调动驻扎在附近各据点的敌人，分成七八路，一齐向川汉沔地区猛扑过来。新四军第五师各部为避敌锋芒，分路向外转移。第十三旅参加侏儒山战役的部队在旅长周志坚、副旅长黄林等的率领下，奉命转往襄河（即汉水）以北，待机歼敌。

1942年2月2日黄昏，新四军第十三旅部队开到沔阳彭家场的安家台子地区宿营。傍晚后，天上下起雪来，给大地披上了一层银装。突然间，从村子南头急急火火地跑来几个老百姓，神色紧张地对第三十八团的哨兵报告说："离这里不远的胡家台村来了二三百个日本鬼子，正在那里抢东西。"

新四军立刻派出侦察员前往胡家台察看情况，发现这股日军并不知道已有新四军部队到了附近，行动甚为大胆，便决定乘敌不备，将其一举消灭。

夜幕降临后，周志坚与黄林带领第三十七、第三十八团各一个营，顶着纷纷扬扬的飞雪向着胡家台疾进。此刻，整个原野万籁俱寂，异常宁静。大约用了半个小时，部队已抵胡家台村北头。胡家台村不大，有五六十户人家，坐落在一片湖田围绕的堤埝平台上，除村南头有一幢祠堂是砖瓦房外，其余都是茅草房。另外，在胡家台西边堤埝外有一条小河，河对岸也有一个地形类似的村子，名为曼家台。两处平台隔河相望，宛如一对姐妹。

根据这一地形，新四军第十三旅决定以第三十八团第三营的第七连由胡家台村南发起佯攻，断敌南逃之路，第八连负责占领曼家台阵地，以全部火力封锁住胡家台之敌，勿使其出击，第九连由胡家台村北发起主攻，与第七连形成南北夹击；第三十七团第二营作为预备队，随时准备投入战斗。

受领任务后，新四军各部迅速向敌人隐蔽靠近。担任主攻的第九连摸到胡家台村北边时，发现有一个日本哨兵正缩着脖子端着枪，在一间草房边溜来溜去，枪上的刺刀在雪地的辉映下闪着寒光。第九连的几个战士以迅雷不及掩耳之势向那个日本哨兵扑了过去。那个哨兵也挺机警，听到动静回头一看，见有人迎面冲来，吓得"啊"的一声，扭头就往村子里逃，并边跑边向空中放枪。顿时，受到了惊动的日军慌忙从草房子里窜出来，卧在堤埂上就地开枪顽抗，怎奈第九连的新四军战士攻势如猛虎，敌人一看抵挡不住，便调头向村南逃窜。新四军战士紧追不舍，并逐屋搜索，竟意外地发现被日军抓来的50余名民夫，立即释放了他们。

就在新四军战士逼近村南胡家台祠堂时，突然从祠堂里冲出一伙日军，为首的是一名军官，手中挥舞着军刀，嘴里哇哇直叫，率领十多个犹如恶狼般的日军扑了出来。片刻间，双方便在堤埂上展开了一场短兵相接的搏斗。

当时，带着第九连冲在前面的是第十三旅副旅长黄林，日军军官疯狂地挥着军刀，左劈右刺，突然刀锋一转，向着黄林砍了过来。第九连的指导员潘友哥见状，忙大吼一声："开枪干掉他！"马上有个新四军战士的枪就响了，只见那家伙像个醉汉似的"扑通"一声倒在地上，两腿一蹬不动弹了。日军见领头的军官命归西天，立即军心大乱，夺路逃进了胡家台祠堂，关上大门，继续顽抗。

胡家台祠堂是一幢坐东朝西的长方形庭院，中央是天井，四周是房屋，都是砖木结构，东西向房屋南北两行，各五间，南北向房屋东西两排，各两间。日军借助这些房屋，在祠堂四周布置了火力点，妄图凭借火力优势，依托祠堂与新四军对抗。

为消灭顽固之敌，新四军曾几次组织攻击，但都因为胡家台祠堂在构造上易守难攻、敌人的火力又太强而未能奏效。见此状况，第三十八团团长冯仁恩命令围攻部队由祠堂北边爬上祠堂屋顶，居高临下，向天井里投掷手榴弹。这一招果然很灵，天井里的大批日军完全暴露在新四军的眼皮底下，被炸得死伤惨重，急慌慌地要往祠堂外面冲，但刚打开大门，又被河对岸新四军的九二式重机枪火力堵了回去。日军见突围无望，便再次将门紧闭，妄图死守待援。

新四军为了尽快地将这股敌人消灭，把作为战斗预备队的第三十七团第五连也拉了上来，向祠堂守敌发起全面进攻。但由于敌人已在祠堂四周的墙壁上挖了许多枪眼，连续不断地向外射击，新四军无法靠近祠堂。就在双方胶着之时，紧靠着祠堂北边的几间茅草房被战火打着了。在冬夜寒冷的北风下，火势冲天而起，烈火和浓烟不断向祠堂倾去，很快就蔓延到了祠堂的北屋，进而将整个祠堂都笼罩在了浓烟烈火之中。躲在里面顽抗的敌人，被火烧得哭爹喊娘，发出绝望的哀号，胡家台祠堂转而成了敌人的一座坟场。

战斗持续到翌日黎明。天刚一亮，东边的天空中忽然传来了一阵阵"嗡嗡"的飞机马达声。转眼间，一架日军战斗机出现在胡家台上空。敌机盘旋了一圈后，便降低高度，擦着祠堂的房顶飞了过去，同时，从飞机上投下几张纸片。新四军拾起一张，见上面告诉祠堂内的日军，援兵即刻赶到，令他们向沙湖方向突围。

鉴于祠堂内的日军已所剩不多，继续耗到其援军到来恐遭损失，周志坚与黄林决定立即撤出战斗，率领所有新四军第十三旅的部队向襄河以北转移。

但新四军部队在行至襄河南岸西马口附近时，竟意外地又遇到一股日军。当时，敌人以四路纵队正沿着公路迎头而来，想要避开已经不可能了。好在他们还没发现新四军，周志坚决定先下手为强，迅速将部队展开，并集中10余挺轻重机枪，迎着前来的敌人突然发起猛烈的扫射，顿时将来敌打得一片散乱，到处窜逃。战斗一直打到黄昏，在给了敌人以重创之后，新四军部队悄然离开，继续前行，安全顺利地返回了襄北抗日根据地。

胡家台一战，是新四军第十三旅与日军打的一场激烈的硬仗。在战斗中，共击毙日军大队长以下百余人，并缴获轻机枪一挺，掷弹筒一具，38式步枪数十支。**5**

此时，日军进攻南洋的战争已告一段落，随后即抽兵北进。蒋介石于是打起了如意算盘，指望德国对苏联的夏季攻势开始后，日军必然配合德军进攻苏联，他就可以打着援助苏联、反攻日军的幌子，进攻华中、华北解放区，一举消灭共产党及其领导的人民武装。

1942年3月23日，蒋介石电令国民党军第五战区："应划分'清剿'区，指定负责'清剿'部队，限期'清剿'。鄂东方面并须加派一部支援程汝怀部，并李仙洲部确切协同，遮断奸伪东西联络而击灭之，政治配合部分另电饬遵。在'剿匪'期间，各集团之对敌袭击任务暂时停止。"

国民党鄂东专员程汝怀部不顾新四军的多次劝告，甘受桂军李品仙驱使，充当反共先锋，对豫鄂边发动了"三月围剿"。桂军第一三八师和第一七六师一部配合地方顽军，也向皖西新四军第七师进行"清剿"，割断了新四军第五师与第七师的联系。面对如此恶劣形势，新四军坚决还击，先后发起浠水战斗、广济战斗和漕河镇战斗，给予程汝怀部以坚决打击。

1942年5月，豫鄂边改为鄂豫边区，中共豫鄂边区委改为中共鄂豫边区委。6月起，李先念担任鄂豫边区委书记，陈少敏担任副书记。


## 顽军暂编第一师兵败圣场镇

从5月1日起，国民党军又先后以12个正规师、4个保安团、11个游击纵队和5个独立支队，共计10万之众，采用多路推进战术，杀气腾腾地向鄂豫边区扑来，疯狂破坏抗日根据地。

国民党地方反共顽固分子还勾结日伪，夹击新四军第五师部队。鄂东的程汝怀、王啸风等顽固派，亲笔致函麻城县伪县长，请求日伪军在他们"进剿"新四军期间"予以谅解"，保证自己绝不攻击日军，且与新四军作战地点限于距日军据点 4 公里之外，又与汉口日军特务部交涉，约定彼此"互不侵犯"，并请求京山、安陆等地的日伪军配合其"进剿"新四军。

这时正是鄂豫边区经历了连续两年旱灾，处于 1942 年春荒严重、军民交困的时刻。天灾、战祸一齐涌来，鄂豫边抗日根据地上空乌云密布、沉雷滚滚，四处枪声不断、鸡犬不宁，被迫跑反的民众，扶老携幼，颠沛流离。

5 月下旬，李先念等根据侦察了解到的情况，在白果树湾召开了由旅以上干部参加的作战会议，共同商讨迎战之策。

会前，师长兼政委李先念、副政委陈少敏、参谋长刘少卿、政治部主任任质斌等第五师领导认真分析了敌顽夹击的严重形势后，提出"咬紧牙关、熬过困难，沉着应战，坚决自卫"的方针，"在战略指导上，确定了充分发挥游击战和运动战的效能，不轻易地和顽军主力决战，不硬拼消耗，对那些不坚决反共的中间军队尽量避免自相残杀，而把主要打击目标对准那些坚决的反共军队；在统战工作与敌伪工作上，要求各部注意充分利用顽军内部及敌顽矛盾，粉碎其对我夹击的阴谋"[6]。同时，在军事组织部署上进行了调整，经报中共中央军委批准，于春夏之交建立三个军分区。

会议开始后，李先念走到作战图前面，开门见山讲明了情况。由于顽军多路来犯，而自己的兵力不可能处处设防，只能是在运动中相机打击顽军，究竟如何办，请大家各抒己见。话音刚落，大家七嘴八舌地议论开来。

有人说，国民党军队仗着人多势众、武器好，来势汹汹，应采用拖的办法，避其锐气，拖疲他们，然后再选择其弱点予以打击，将顽军进攻的全面优势，变为第五师反击的局部优势，断其一指，挫其攻势。也有人说，应枪打出头鸟，拿顽军主力一部开刀。

待大家发言完毕后，李先念诙谐地说：大家讲的意见，归结起来，不外乎是两点：一个，按我们的常规打法，老婆婆吃柿子——拣软的；再一个，是榔头砸石头——硬碰硬。我主张，这次我们要撇开那些保安团、游击纵队之类的顽军，首先给王认曲（暂编第一师师长）点颜色看看，狠狠敲打他一下。顽军这次大举进攻我们，王认曲自恃战斗力强，是打头阵的。打蛇打七寸，就先打他。李先念回到座位上，继续说：可能有的同志认为，暂一师的战斗力确实较强，且三个团相隔不远，又互为拱卫，是否有些冒险？大家明白，出奇制胜，古来有之。昔日汉高祖，明修栈道、暗度陈仓，打败楚军。今天，我们也要来个"声东击西"，首先对深入根据地的顽军，广泛开展游击战争，迷惑麻痹他们，然后主力出击，打垮暂一师。我相信，只要我们打垮了暂一师，就可以打破顽固派对我鄂中的"清剿"计划，破坏敌人整个的作战意图。[7]

于是，会议决定：新四军第五师此次以第十三旅为主力，6月5日进攻圣场镇，打击顽军暂编第一师。

1942年6月4日深夜，四下里静悄悄的，新四军第五师第十三旅的第三十七、第三十九团已隐蔽到达了指定的作战地点，等待着出击，第三十八团也已迂回到顽军后面，切断了圣场与古城畈之间的通路。

6月5日凌晨，进攻的命令下达后，第三十九团的指战员们争先恐后地向圣场街冲了进去，顽军不少官兵此时还在睡大觉，他们做梦也没有想到新四军会来袭击他们。尽管顽军清醒过来后拼死抵抗，企图固守待援，但在第三十九团的凌厉攻击下，没有获得半点喘息之机，抵抗力逐渐减弱。10时左右，圣场顽军第二团基本被全歼，该团团长也在挥动手枪督战时被击毙，剩余的残兵败将在副团长的带领下举手投降。圣场一战，毙俘顽军1000余人，缴获山炮5门、机枪60余挺、各种长短枪700余支，大杀了国民党军暂编第一师的威风。

当晚18时，第十三旅又向古城畈进发，攻击驻扎在那里的国民党顽军暂编第一师的师部和第一团。第三十八团首先占领了古城畈西北的208、218两个高地，切断其退路，第三十七、第三十九两个团迅猛地发起了进攻。上午一仗已使暂一师知道碰上了强有力的对手，气壮如牛的狂劲早已消失殆尽。战斗打响后，顽军一片慌乱，稍作抵抗后，即在夜幕中狼狈而逃。

## 礼北之战歼灭保四旅，吓退第三十九军

圣场一仗挫败了顽军的进攻，国民党顽固派在其通电中不得不称：新四军行动诡秘，飘忽不定，经常集中兵力，乘夜急袭，常使我增援失时。但是，顽军并不甘心自己的失败，经过一段时间调整部署后，又分路向鄂豫边区的中心地带进袭。

1942 年 8 月下旬，顽军第三十九军开进鄂东，企图配合顽军保四旅进攻大、小悟山抗日根据地。李先念决定集中第五师第十三旅主力和第十四旅的一个团，采取围点打援的战术，包围礼山县北部的顽军保四旅，引诱顽军第三十九军一部上钩，再在运动中予以打击。如果顽军第三十九军按兵不动，则全歼顽军保四旅。

顽军保安第四旅，是国民党鄂东专员程汝怀将武汉沦陷后活动于礼山、孝感地区的各路国民党溃军游击武装收编后改建的，并任命蒋少瑗为旅长、陈文钦为副旅长，后因陈文钦投靠了共产党而将其杀害，从此，保四旅彻底沦为程汝怀的反共工具。

礼北战斗打响后，新四军第五师指战员按照李先念事前的布置，对顽军保四旅包围后，并不急于猛攻，而是边打边喊话。战斗断断续续打到第二天13 时左右，当顽军保四旅旅部周围的阵地已全部被新四军占领后，仍未见顽军第三十九军的动静。他们没来咬钩儿。

既然顽军第三十九军不来，那保四旅哪还会有生还的机会？新四军奋起猛攻，仅用两个小时，到 15 时左右，战斗即告结束，新四军全歼顽军保四旅。保四旅旅长蒋少瑗带着两个马弁落荒而逃，刚躲进一户人家，惊魂未定，就被跟踪而来的新四军战士俘获。

这次被俘，蒋少瑗以为自己必死无疑，不料李先念等不计前嫌，待之以诚，劝他以国家民族利益为重，停止反共，团结一致抗日。几天后，蒋少瑗竟被宽大释放，礼送出了抗日根据地。不久，蒋少瑗弃武经商去了。

在礼北战斗中，外强中干的顽军第三十九军始终未敢贸然前来增援，只是龟缩一旁，隔岸观火。保四旅被消灭后，他们便夹起尾巴灰溜溜地逃出了鄂东根据地。礼北战斗的胜利，迫使进攻罗（山）礼（山）经（山）光（山）、（黄）安麻（城）等地的国民党军队纷纷北撤，很快使罗礼经光、安麻边与（黄）陂孝（感）礼（山）中心地区连成一片，鄂东局势转趋缓和。

1942年9月中旬，第十三旅和第十五旅主力又进行了京（山）北战斗，歼灭鄂中顽军曹勖第六纵队一部，接着又南下反击天汉的顽军第一二八师，在天门西曾家湾和石家河战斗中，重创顽军第一二八师，经过反复争夺，逐步恢复和巩固了天（门）京（山）潜（江）地区。

在此期间，日军开始进攻浙赣线。为牵制日军的新进攻和扩大第五师的回旋余地，李先念、任质斌根据新四军军部的指示，命令第十四旅派出1500人，前往鄂南地区发展。第十四旅经过几个月与日、伪、顽军的艰苦奋战，创立了以大幕山为中心的鄂南游击根据地，将对武汉之敌的战略包围推进到南侧一线。

## 日伪军"扫荡"大、小悟山地区，"铁壁合围"成泡影

当新四军第五师主力西进和南下转战，国民党顽固派重新部署兵力妄图东西合击歼灭第五师之时，日伪军乘机于1942年11月开始对鄂豫边区抗日根据地发动了冬季"扫荡"。

为反击日伪军的"扫荡"，新四军第五师指战员唱起雄壮激昂、响彻四野的《反"扫荡"》歌，与抗日根据地的广大群众联合在一起，英勇杀敌。

于是，鄂东的黄陂新店、礼山四姑墩，鄂中的京山熊家滩、八字门和应

城、天汉湖区，鄂南的武昌保福寺和大冶龙角山、谈家桥等地，处处都成了埋葬敌人的战场和坟墓。

1942 年 12 月 16 日早饭过后，李先念正在第五师司令部召集各旅军政领导人和师部部分人员开会，突然接到敌情电报：12 月 15 日下午，驻大悟山西北应山县之敌第三师团主力，进至大悟山以内的孝感县城集结；驻大悟山西北杨家寨、广水两地之日伪军，分别到达大悟山西北二三十公里的栗林店、二郎畈，并向东汪洋店方向封锁消息和打听道路；驻扎在大悟山西南王家店的日伪军，也已到达平汉路上的花园据点集结。

开会的人都盯着地图：日伪军的葫芦里卖的是什么药？其野心何在？李先念皱着眉头听完大家的发言，果断地判定，敌人的行动，极大可能是又要"扫荡"大、小悟山根据地。他当即指示情报处，要继续抓紧时间侦察，通报各军分区，赶紧将各地区的敌情查明报来，同时命令在大悟山区进行整训的部队，停止整训工作，做好战斗准备。

李先念说得一点没错。这次日寇出动了第三师团全部以及第五十八师团、第四十三联队和伪军第十一师一部，共 1.2 万余人，附炮 80 余门，兵分 13 路，向大、小悟山逼进，企图分进合击，发起突袭，一举围歼新四军第五师领导机关及其主力部队。

由于敌人严密封锁消息，行动诡诈，第五师在日伪军开始行动之前并没有获得情报。而在 12 月 16 日这一天，从正午到 14 时，又有三次紧急情报接连而至：从 15 日夜开始，有七八千日伪军由黄陂县出发，沿河（口）汉（口）公路北进，其先头部队已越过四姑墩；原由应山开至孝感城集结的日伪军数千人，也猛然回头北进；进到二郎畈、栗林店的日伪军，正继续向大悟山地区靠拢。特别引人注意的是，日伪主力 15 日还在向南行动，而今天又突然掉头向北行进了。

日寇忽南忽北，究竟摆的是什么迷魂阵呢？前几天骚扰抗日根据地的国民党顽军，不是驻在河口镇以北吗？算算时间，日军的先头部队早该和他们接火了，为什么没有听到枪炮声？这时，又有情报传来：国民党桂军部队于今日拂晓前，已全部北撤到宣化店去了，进至四姑墩地区的日军，正在继续向河口镇方向前进。

李先念冷冷地一笑：在敌人进攻的情况下，桂军闻风而逃是肯定的。这只是国民党消极抗日、积极反共政策的一般表现而已。更恶毒的是，这明明是桂军在给鬼子让路，想引豺狼入室，来吃掉我们！

而对于日寇的阴谋，李先念此时也已洞若观火：从敌人行动诡秘迅速、不到两天便运动到我中心四周的情况来看，他们是早有预谋的。敌人从不同方向向我运动的路线已形成合围态势，其到达二郎畈、栗林店一线的兵力，正佯装向汪洋店方向封锁道路，目的是迷惑我们，并把我们的注意力吸引到北面，以便东西两面的兵力将新四军夹击于山区；从孝感方向向北行进的兵力，要以主力进攻小悟山地区，另一部则配合沿平汉线而来的兵力向大悟山西南进攻；沿河汉公路北上的兵力，是由东西两面进攻大悟山的主力；而位于大悟山以南的夏店和小河溪一线的兵力，可能是担任堵击任务的部队。这次敌人的行动，采取的是"分进合击、铁壁合围"的战术。敌人狡猾地把主力摆在最便于我向东转移的方向，试图截断我主力东进的道路，这是敌人最狠毒的一着。

李先念沉思了一会儿，又接着说：我们现在拉开架势同一万多日伪军硬拼是不明智的。当前只有把部队、机关分成若干路，趁敌人还未建起封锁线之前，以迅雷不及掩耳之势跳到外线去。敌人的进攻兵力有限，其包围圈不可能有纵深，这就便于我们的穿插了。现在敌人正在集中力量合围我们，其后方必然薄弱，很利于我们进袭。等我们跳到外线后，只要大家树立起机动灵活、积极主动的战术思想，就一定能取得反"扫荡"的胜利。

新四军第五师司令部根据李先念的意图，迅速下达了战斗部署的通知和命令。这时，一直阴沉沉的天空中飘起了毛毛细雨。

12 月 16 日傍晚，第五师各路部队开始陆续向外转移。李先念带领着司令部、政治部机关和第三十七团，冒雨朝着四姑墩方向前进。走了三四公里，天已黑得伸手不见五指了，雨也越下越大，道路泥泞，一步三滑。部队继续在寒风冷雨中向前行进。又向东走了五六公里，雨停了下来，天空中现出稀少的星星和昏淡的月色。突然，前面的村庄冒起了冲天的火光。李先念等人登上旁边的小山包，见左前方不远的几个村庄里都有同样的火光。这时，带领侦察排、作为前卫的参谋处处长栗在山回来报告，前面村庄里有日本兵。第五师参谋长刘少卿分析："既然前面有火光的村庄里有鬼子兵，那么，其他几个有火光的村庄，也一定有。我们现在正是和敌人碰头了。"李先念沉思了片刻，倒带着兴奋的语调说："对，正是这样。从几个有火光的村子一线排开的情况来看，敌人并没有后续的纵深配备。而河口镇以北至黄陂站、禹王城的公路沿线，也就再不会有鬼子的重兵死堵了，这正是敌人的弱点。现在敌人刚到这一线，还摸不清情况，这很利于我们的行动。"**❽**接着，李先念征求师里几位领导的意见，多数人主张避开当面敌人，坚持改道向南。于是，新四军的队伍调整了行军序列，令后卫变前锋，转向南方行进。

　　没一会儿，毛毛雨又飘了起来，天空已变成黑乎乎的一片，道路不熟，又看不清，该怎么走呢？忽然从右侧棉花田里走出来一个老汉，浑身泥水，冻得一个劲儿打哆嗦，抓住新四军的手说："同志，你们不能往村里走，鬼子兵现在正在村里烤火呢。我给你们带路，要到哪里去都行，我对这周围上百里的地方都熟悉。"

　　老汉在前面带路，行军队伍便轻捷而又静谧地通过了两个村庄间的羊肠小道。又往前走了不到两公里，突然听到后面传来"啪啪"两声枪响，接着村子里的轻机枪也响了起来。新四军部队赶紧加速前进，一口气走了二三公里。刚到一个村子里停下，师部供给处处长丘静山和另外两个人气喘吁吁地从后面追了上来。

　　大家忙问后边为什么打枪，没有等丘静山开口，从他侧后挤出一个炊事员来，一面抓下棉军帽急急地擦汗，一面抢先说："是这么回事：我们几个人在赶部队，过村庄的时候，看到有个人在十字路口打火抽烟。我们以为他是咱们新四军的联络哨，而且，我的烟瘾也上来了，装了烟就去对火。可借着烟火的闪光一看，只见那个人头戴钢盔，身穿呢子军大衣，前面有两排铜扣子，枪上方是很长的刺刀。哎呀，这不是个鬼子兵吗？糟糕，怎么办呢？我连个炒菜的锅铲子都没拿。要是有个锅铲子，或者是扁担，我就照他头顶上给他一家伙，夺过他的枪来。可是，我手里只有这么个烟斗，没办法……"大家一听，不禁都笑了起来。

但笑归笑，李先念却边走边盘算开了，觉得向东突围仍是上策，可又怕一着出错，后果难料。大约又走了两公里，李先念终于考虑周全，定下了决心，突然命令部队暂停前进。他对师里几位领导说："不能向南走了。因为整个大、小悟山都是敌人'扫荡'的目标。既然进至河口以北的敌人向西拐弯，那么，河口镇以南至长轩岭线上的敌人就也会向西行动，而我们对河（口）夏（店）公路的敌情又不了解，如果向南，再与敌人遭遇对我们是很不利的，说不定整个晚上还突不出去。而当前的情况我们已了解，敌人还未发现我们的行动企图，在这种情况下，应该仍然按照原来的计划，从刚才发现敌人的那个村子以北，向东面插出去。"[9]

大家听后，略一讨论，都同意了李先念的判断和决定。于是，这支部队又调头往回走，安全地从两个村庄之间的羊肠小道通过去，跳出了敌人的包围圈，消失在茫茫的夜色之中。

12月17日拂晓，在四姑墩以东的大吴家湾，李先念等师领导坐在电台旁，焦急地等待着各路部队突围的消息。至9时，译电员译出的最后一份电文送了上来，李先念阅后知道各路部队都顺利突出来了，鬼子的企图完全破灭了。他命令所有突围出来的部队，在第一军分区的配合下，立即向鬼子后方营地出击，把鬼子的兵营、仓库、通信枢纽、交通设施，统统打烂！

随后，从早到晚，大、小悟山地区里一直枪炮声、冲杀声不绝于耳。留在山区的第三十七团和第四十五团的一个营，在地方武装、民兵自卫队和群众的配合下，与进山的日伪军展开了灵活巧妙的"麻雀战"。日军扛着膏药旗，穿着大皮鞋，开始还来势汹汹，摆开阵势，一个劲儿地往前攻，但很快就受到新四军埋伏在各个山头路口分队的猛烈袭击，日伪军成排成排地滚下山沟。没有被打倒的，也吓得像蒙了头的兔子，到处乱窜，或者端起机枪、步枪，乱放一气。直到听不见枪声了，才又贼头贼脑的像乌龟爬一样地向前搜索。有的日寇搜索半天不见人影，勾着头刚想坐下歇一会儿，却不知是从丛林里还是悬崖陡壁下，突然又飞出一排枪弹。当他们惊慌地寻找目标时，又有新四军的轻机枪射手从远处开火，打得日寇和他们的钢盔骨碌碌地滚下了悬崖。由于新四军各个战斗组出没无常，动作灵活，使出了冬季整训练兵中刚学到的新本事，弄得日寇摸不着头脑，攻无目标，防无阵地，到处挨打。

日寇在野外找不到一个新四军，又找不到"保险地"，便跑进村庄烧房子。埋伏在山上的新四军指战员，看准了敌人的行动方向，又悄悄地运动到村头埋伏，机关枪、步枪一齐对准放火的日寇射击。有的日寇拿着火把刚往屋檐上点，就一命呜呼了。待日寇扔掉火把出来集合"追击"时，新四军的战斗组又神不知鬼不觉地转移到另一个伏击点去了。

新四军内线分散的小分队就是用这类"推磨战术"和"麻雀阵势"一直与敌人战斗到下午。日伪军死伤惨重，又无计可施，便拉着好多大炮，摆在小河溪至夏店的公路线上和王家店以东地区，分别向大、小悟山地区一个劲儿地盲目乱轰，还出动了三架飞机参加轮番扫射轰炸，哪里有枪声，就朝哪里轰击，一直轰了一个小时之久。他们妄想这样会刺激新四军主力还击，以便在黄昏前集中兵力发起决战。

这时，活动在水灌冲以西山地的一支新四军小分队在向北转移途中，被由西向东推进的伪军发现，双方展开对射。而东边的一股日寇听到枪声，误以为是新四军主力出现了，便像疯狗一样狂暴地打了过来。这支小分队看到东西两面的日伪军快接近了,便向西边一靠,转身给东边的日寇放了个排子枪,便抽身翻过一座被密林铺盖的小山,过了小沙河,上到另一座高山上去了。日、伪两军糊里糊涂地互相开起火来,新四军小分队坐在山上休息,看着这场"狗咬狗"的戏,有人诙谐地说:"看舞台上演《三岔口》,还没有看这场'三岔口'过瘾呢!"

到了黄昏时分,被打得蒙头转向的日寇和伪军的主力,纷纷向小河溪、王家店方向集结。这时,插入敌后的新四军各旅和第一、第二军分区的部队,又开始向平汉铁路、河汉公路上的敌人许多据点发起了攻击。方圆近百里的敌人后方,枪炮声隆隆。新四军第三十七团团长夏世厚率领一部分兵力,从大悟山中杀到敌人背后,趁着敌人向西靠的机会,以迅雷不及掩耳的动作,杀进了日寇盘踞的夏店镇,杀得日寇死伤满街。与此同时,在大悟山内作战的新四军各部队,发现敌人的钢炮已在无目的地乱打,这是敌人历来退却时的规律性做法,估计日伪军的"扫荡"又要告终了,于是出动了几支部队插到敌人退却必经的道路上去设置埋伏,加上其他的新四军各部队和地方武装、民兵自卫队,对将要退却的敌人都发起了袭击,就把日寇的退却计划完全打乱了,逼得他们在山上或是沟里又饥又冷地摸黑爬行,闹腾了一整夜。

12月18日早晨,日寇趁着大、小悟山山区的浓雾未散,驮着伤兵,拖着尸体,急急忙忙地向东、南、西三面突围,于是,"敌逃我追"的口号响遍了新四军的各个部队。在各路敌人退却的道路两旁,冲杀声、脚步声、爆炸声、机步枪声响遍了山谷,打得日伪军万分狼狈地逃出了大、小悟山地区,其"铁壁合围"终成泡影。

12月19日上午,重新返回大悟山的新四军第五师司令部在滚子河召开了大悟山地区党、政、军、民反"扫荡"祝捷大会。大悟山地区的人民群众和党政机关、人民团体、地方武装、民兵自卫队,以及第三十七团、第四十五团的部队,携带着战利品,唱着凯旋歌曲,从四面八方拥向滚子河的大操场，举行了一次空前规模的大检阅。李先念在总结讲话中，对此次参加反"扫荡"的党、政、军、民的干部、战士和群众作了全面的表扬和极大的鼓励，并希望全体军民提高警惕，加强战备。他说："一切敌人和反动派，都是不甘心失败的，他们将会卷土重来的，时刻准备着吧！还有更大的胜利在等待着我们！"[10]

1943 年 2 月，中共鄂豫边区委员会在大悟山蒋家楼子召开了扩大会议。会议分析了国际、国内和鄂豫边区的形势，总结了 1942 年鄂豫边区武装斗争和抗日根据地建设的经验，讨论了 1943 年的任务，提出军事第一、发展第一、胜利第一的方针，标志着鄂豫边区的武装斗争和根据地建设跨入了一个新的发展阶段。

此后，第五师在粉碎日伪军 1943 年春、夏多次"扫荡"的同时，又以主力一部开辟了襄南和桃花山游击根据地，并恢复了襄西游击根据地。

新四军第五师和鄂豫边区经过这几年艰苦卓绝的斗争，胜利地从东、西、南、北四个方向形成了对盘踞武汉之敌的战略包围。到 1943 年冬，新四军第五师主力军和地方军已发展到近 4 万人，活动地区扩大到 51 个县，鄂豫边区人口也发展到了 1000 多万人。

## 注　释

1. 周志坚、方正平：《五师十三旅的烽火历程》，见中国抗日战争军事史料丛书编审委员会编：《新四军·回忆史料》(5)，解放军出版社 2015 年版，第 19—21 页。

2. 《李先念传》编写组编：《李先念传(1909—1949)》，中央文献出版社 2009 年版，第 371 页。

3. 张斧：《三打侏儒山》，见鄂豫边区革命史编辑部：《战斗在鄂豫边区》(3)，湖北人民出版社 1984 年版，第 21—36 页。

4. 四老板，指新四军。

5. 周志坚、方正平：《五师十三旅的烽火历程》，见中国抗日战争军事史料丛书编审委员会编：《新四军·回忆史料》(5)，解放军出版社 2015 年版，第 22—25 页。

6. 《任质斌在中原八年》，湖北人民出版社 1998 年版，第 109 页。

**7.**《李先念传》编写组编:《李先念传（1909—1949)》,中央文献出版社 2009 年版,第 384 页。

**8.**《李先念传》编写组编:《李先念传（1909—1949)》,中央文献出版社 2009 年版,第 395 页。

**9.**《李先念传》编写组编:《李先念传（1909—1949)》,中央文献出版社 2009 年版,第 396 页。

**10.** 刘少卿:《大悟山反"扫荡"》,见中国抗日战争军事史料丛书编审委员会编:《新四军·回忆史料》(5),解放军出版社 2015 年版,第 84 页。

# 第 八 章

# 南国星火

　　曾生得知日伪军将进攻，亲自视察大岭山——宝安日军"扫荡"阳台山，王作尧巧妙设伏——谢立全奉命前往中山，开辟五桂山抗日根据地——吴南道公开扬言：要留下子弹清共，和冯白驹算账——李春农给琼崖抗日独立总队送来强硬的谈判邀请函

## 曾生得知日伪军将进攻，亲自视察大岭山

　　1941 年 6 月 10 日下午，太阳正慢慢西沉，巍峨的大岭山脉显得格外宁静。

　　大岭山地处广东东莞的西南部，广九铁路以西，东南与宝安的阳台山遥遥相对，两地相距约 12 公里。（东）莞太（平）公路从大岭山山区的西面边缘绕过，宝（安）太（平）公路在山区西南面，（东）莞樟（木头）公路自山区西北边缘东行。山区内有大岭山、莲花山、水濂山、摊尸山等许多山岭，地势十分险要。

　　此时，在大岭山东面的百花洞村外，广东人民抗日游击队第三大队大队长曾生带着两个警卫员正行经茂密的荔枝林，四下巡视。在百花村里开了一天的民运工作会的曾生，刚刚接到地方党组织送来的情报，说东莞城、厚街等地的日伪军已在集结，很可能要向大岭山游击队根据地的中心区发起进攻。因此，曾生顾不上吃饭，就出来布置工作，并在沿途亲自侦察敌情。

　　曾生原本是香港的中华海员工会书记。1938 年 10 月广州沦陷后，八路

军驻香港办事处负责人廖承志按中共中央指示，要从香港抽调一批干部前往广东的东江地区开展敌后游击战争。曾生因为是惠阳人，又曾在坪山地区进行过抗日工作，语言通，了解情况，自告奋勇回到了东江的惠阳、宝安地区，组建起惠宝人民抗日游击总队，共100余人，由周伯明任政治委员。此时，中共东莞中心县委也成立了一支东莞抗日模范壮丁队，共约150人，由东莞中心县委宣传部部长兼武装部部长王作尧任队长，副队长颜奇，政训员何与成，后改称东宝惠边人民抗日游击大队。1939年2月，中共中央和中共广东省委成立中共东江特委，由林平（原名尹林平）任书记，并从延安抽调梁鸿钧、李松（又名李振亚）、卢伟良等红军骨干来到东江工作。1940年9月，中共东江特委和军委在宝安的上下坪召开部队干部会议，将两部分游击队改称为广东人民抗日游击队，梁鸿钧任军事指挥，林平任政委，下设第三、第五大队，曾生为第三大队大队长，王作尧为第五大队大队长。会后，两个大队分别挺进东莞县大岭山区和宝安县阳台山区建立抗日根据地。

曾生与邬强、卢伟良一起率领广东人民抗日游击队第三大队共70余人进入大岭山区后，清匪锄奸，打退了敌、伪、顽的多次进攻，声威大震，队伍也很快发展为三个中队和一个短枪队。其中，第一中队代号"虎门队"，彭沃任中队长，陈胜任政治指导员；第二中队代号"大华队"，陈其禄任中队长，陈一民任政治指导员；第三中队代号"西征队"，谢阳光任中队长，陈明任政治指导员；短枪队由翟信担任队长。全大队共有200人左右。

同时，大岭山区八个乡还有脱离生产的抗日自卫队500多人，他们组织较严密，战斗力也较强，个别自卫队还配有轻重机枪。各乡自卫队组建时，曾在大王岭举行成立大会，一队队自卫队全副武装、整队入场接受检阅，一时轰动了东江一带，声势很大，竟有人传说大岭山有抗日自卫队多达5000人。

由于大岭山区距周边的几个日军据点都很近，远的数十公里，近的不足10公里，日军认为游击队是在老虎嘴边安生，颇为震惊。曾生在百花洞村开会的消息传到日军据点后，驻在东莞的日军大队长长濑判断游击队的主力和机关都应在百花洞一带，马上调集400余兵力，附以伪军200多人，趁着月色，采取突然袭击的战术，分两路向大岭山中心区进攻。其主力从东莞城向南经上下山门、髻岭，直插百花洞，另一路从莞太公路的桥头向东经横岗、光头仔、伯公坳、大环迂回，准备在拂晓时对百花洞发起合击。

当时，游击队政委林平带着领导机关驻在大王岭村，第三大队副大队长邬强带领"西征队"担负保卫领导机关的任务；"虎门队"驻在大沙乡的长圳村，负责对北面日伪军和金桔岭方向顽军的警戒；"大华队"驻在大环村，负责对莞太公路方向的日伪军警戒。几个地方相距倒不远，曾生布置完任务后，当夜无事。

6月11日将近拂晓时，曾生又派出一名民运队员前往大环村去联络"大华队"，询问情况。未料该队员去后没有几分钟，即返回报告：大环村方向发现日军。曾生立即率领身边的队伍登上百花洞西南的小山头，并派人到大王岭去通知林平等人。

这时，日寇的先头部队已经到达百花洞，大队人马正从髻岭向这里驰来：一部分日寇已占领百花洞西北面的山地，另一部分正沿着田埂逐渐逼近。骄横的敌酋长濑骑着一匹高头大马走在前面，神气十足地挥舞着指挥刀。

看着日寇耀武扬威的样子，抗日游击队的指战员们气不打一处来。机枪班长吕苏屏着呼吸，沉着地对准目标，一梭子子弹过去，长濑随即人仰马翻，滚倒路旁。敌人原以为游击队员们还在睡大觉，没想到未进村就遭到了猛烈打击。一部分敌军慌忙就地卧倒，利用田埂顽抗，并向百花洞左侧的荔枝园移动，同时掩护另一部分敌军抢占北面山地。

这时候，大公岭、髻岭、连平、大沙等地的抗日自卫队也闻风出动了，纷纷占领了附近的山头，用猛烈的机枪、步枪火力压制敌人，配合作战。

"虎门队"在大公岭抗日自卫队的火力掩护下，向敌人发起了迅猛的冲锋。由于果树茂密，敌我双方都难以观察，"虎门队"冲锋部队在村北面的荔枝园与日寇突然遭遇。因为"虎门队"气势勇猛，日寇被吓得掉头就跑，退向了荔枝园北端的高地。一个来不及跑掉的日军军曹，举起马刀，刚想顽抗，已被游击队员一枪击毙。"虎门队"和大公岭抗日自卫队占领了荔枝园和百花洞村北面的一角，凭借有利地形，用火力将退到北端高地上的日军压制在棺材坑和茅草丛中，动弹不得。

曾生对率领"西征队"从大王岭赶来会合的邬强说："这次日本鬼子来势汹汹，看来目标是我们的领导机关，要打一场大仗了，你赶快指挥'西征队'和'大华队'配合'虎门队'作战。"

于是，邬强指挥"西征队"在大环以南、"大华队"在大环以北，分别占领山地的各处要点，在抗日自卫队的配合下，重点打击大环东北面山地上的敌人，同时堵截敌人的西面退路。这时，驻在附近的第五大队"铁路队"和"石龙队"以及其他各乡的抗日自卫队也纷纷赶来，从髻岭、连平、大环到百花洞、大公岭一带起伏的山头上，全是抗日军民，不断地向被包围的敌人射击。枪声、手榴弹爆炸声和喊杀声，响彻了田野山间。

被包围了的敌人负隅顽抗，疯狂地向抗日军民阵地开枪开炮，打掷弹筒，施放烟幕弹，并发动了好几次冲锋，企图掩护逃跑，但都被打了回去。战斗到黄昏时分，敌人见一整天都未能突围，在仓皇焦急中被迫放出军鸽向驻在石龙的日军联队部求援。但日寇的军鸽在飞经大沙时，又被大沙的抗日自卫队给打了下来，他们求援的报告和附图都落到了抗日军民的手中。当夜，抗日军民不断组织小分队进行整夜的轮流袭击，打得敌人夜不能寐、胆战心惊。

6月12日上午，广州等地的日军出动飞机前来空投粮食和弹药，但大多数都落了游击队的阵地上，困在核心的日军见无法得到足够的补给，不禁惊慌万分，试图再往连平方向突围，但守候在那个方向上的抗日自卫队同样打退了他们。下午，广州、石龙等地的日军出动步兵和骑兵共1000多人前来救援，在日军猛烈的炮火和烟幕弹的掩护下，被包围的敌人最终才得以脱逃。百花洞一战，持续了两天，大岭山的抗日军民以 7 人伤亡的代价击毙了日军大队长长濑以下 50 余人，取得了战斗的胜利。广州的日军首脑哀鸣："这是进占华南以来最丢脸的一仗。"[1]

## 宝安日军"扫荡"阳台山，王作尧巧妙设伏

日军在大岭山吃了亏，掉头又向宝安阳台山发起了进攻。

阳台山位于宝安西部，1940 年 9 月上下坪会议后，王作尧、周伯明、蔡国梁等带领广东人民抗日游击队第五大队的 30 多人留在宝安，便放手创建阳台山抗日根据地。他们首先清除了望天湖、乌石岩等地的汉奸、特务，同时派出人员深入各乡村发动群众，组建了 8 支抗日自卫队，共 600 多人，并动员了 200 余名青年参军，在龙华、布吉、乌石岩、望天湖等地相继建立了乡级抗日民主政权。到 1941 年 5 月，第五大队已发展到 300 余人，共编成三个中队：第一中队代号"石龙队"，中队长阮海天，指导员黎崇勋；第二中队代号"铁路队"（后改称重机枪中队），中队长沈鸿光，指导员卢克敏；第三中队代号"惠阳队"（后改称第二中队），中队长陈力辉，指导员杨凡。第五大队还派出副大队长周伯明前往坪山、淡水一带发展。

早在 1941 年初春，日军就时不时地到上下坪抢东西。开始，为了不暴露目标，第五大队都避开了他们。不料日军见鸡捉鸡，见猪赶猪，见人追人。一次，上下坪的老百姓飞快地跑来向第五大队报告：鬼子来抢东西，你们管还是不管？眼看上下坪的人民群众生命财产受到损失，队员们早就忍不住了，且日军也就十几号人，送上门来的好事，岂不照单全收？副大队长周伯明带着一个小队就飞奔而去。日军以为周围根本没有抗日队伍，抢东西正在兴头上。没料到突然杀出一股人马，当头几枪就把惊慌失措的日军打散了。周伯明带领队伍乘势喊杀追去，还缴获了几支步枪。

第五大队与日军一交手，振奋了老百姓，却惊吓了国民党顽固派，他们发现"共匪"根本没有肃清，忙从后方派遣1000多人，向游击根据地扑来。第五大队以机动灵活的战术，利用当地有利地形和群众的掩护，与顽军在纵横交错的群山间周旋，最后分散潜入日军占领区。顽军畏日如虎，不敢追击，只好草草收兵。半个月后，不甘心的顽军又倾巢而出，再次向根据地进攻。这次，第五大队决定来一个将计就计，不再跟顽军"捉迷藏"，而是轻装直扑顽军后方，飞兵奇袭顽军在苦草洞的武器库。战斗极为顺利，乌黑发亮的重机枪、步枪和一箱箱沉甸甸的子弹，全部落入了游击队的手里。

这时，日军内部正争论不休，主要分歧为是否大举南进，挑起太平洋战争。华南一带的日军，对东南亚地区的丰富资源觊觎已久，不等上峰命令，就开始在广东一带实施短促突击的战术，四处"扫荡"抗日队伍，以为将来的南下解除后顾之忧。

1941年6月17日，驻在宝安南头的一队日军，率先向望天湖、游松坳一带进犯，揭开了宝安日军"扫荡"阳台山抗日根据地的序幕。

得知宝安日军前来进犯后，王作尧命令第一中队在坂田、游松坳之间设伏。6月18日8时许，日军进入设伏圈。第一中队集中机枪、步枪和手榴弹一齐开火，撂倒一批敌人。日军遭到突然打击，队形大乱，第一中队乘势出击，日军不支，只得向南头溃逃。

日军试探性的"扫荡"被第五大队粉碎后，经过半个月准备，又于1941年6月底调集其南头、深圳驻军共200余人，分两路包围望天湖。其中，从深圳出动的一路日军经梅林坳径直北进，从南头出动的日军则经由塘朗、上芬绕道迂回。日军南北合围望天湖后，开始用迫击炮发起猛烈的轰击。

第五大队副大队长周伯明率领第二中队及时脱出日军的包围后，绕过游松坳，突然向北路日军发起攻击。龙华区委书记赵学率领抗日自卫队也赶过来支援。第二中队和抗日自卫队占据道路两侧制高点，集中火力猛击敌人，毙伤敌数人和战马一匹。日军进入望天湖后，毫无所获，只得退走。

7月1日，驻深圳、南头、沙头的日军再次出动数百人，分路包围了望天湖、白石龙一带。迫击炮弹不停地落在梅林坳下面的望天湖上，到处浓烟滚滚。但抗日军民早有准备，在敌人炮轰之前，已悄悄地转移到了龙华、游松坳一带，让敌人扑了个空。当敌人放火烧望天湖坪的时候，游击队突然从游松坳发起攻击。日军不明虚实，慌忙抬着伤兵和尸首跑掉了。

一个星期后，日军又从梅林坳、白芒、布吉出动，分三路包围龙华和望天湖，沿途烧杀抢掠，火光四起，浓烟滚滚。第五大队的"石龙队"和"铁路队"，已经埋伏在游松坳。大家满怀愤恨，焦急地等着敌人从望天湖方向返回来，好打他个片甲不留。不久，先是看到远方的草丛上端露出一排排黄泥色的帽子。不到一刻钟，敌人的队伍就全部暴露在距离望天湖200米左右的平地上了。游击队里传出一声："打！"仇恨的子弹一齐射了过去，平地上立刻横七竖八地躺下了十几个日本伤兵和尸首。

日军打仗有这样的规矩，非万不得已绝不扔下自己的伤兵甚至是士兵的尸首。于是，日军指挥官挥着指挥刀吆喝着士兵，在机枪掩护下，拼死去抢回伤兵和尸体。在这片开阔地上，他们抢回一个，就要付出几倍的代价。

这一仗，从上午打到下午三四时，敌人仍无法撤出望天湖。而入侵白芒的那一路敌人，也在赤岭头附近的阳台山脚下遭到了游击队伏兵的截击，脱不了身。约莫黄昏时分，日军几百援兵赶到，三路敌人入黑后才得以在龙华圩会合，龟缩了一夜，天亮以后经由乌石岩撤回了南头。[2]

从6月到8月，日军先后动用2000多兵力，对宝安阳台山抗日根据地进行反复"扫荡"。日军在所到之处施行了残暴的"三光"政策，群众的房屋被烧，财物、牲畜被洗劫一空，无数群众被杀害。第五大队在抗日自卫队的密切配合下，采取机动灵活的战术，打伏击战、阻击战、袭击战，共毙伤日军100余人，其中包括1名中佐军官，连续粉碎日军的8次进犯。

在此期间，从第三大队和第五大队抽调的卢伟良等20多名干部、战士组成小分队，挺进到增城、从化、番禺、博罗县一带敌后，开展游击战争。这个地区位于广州东北，陆路有广九铁路和广州通粤东的公路干道，水路则沿东江河道可达惠州、广州，甚至香港。这里山高林密，有南昆山、罗浮山、桂山等，是游击队活动的好去处。1941年3月初，卢伟良率领的小分队到达增城，与增城基干队会合。在中共增（城）从（化）番（禺）边工委的领导下，放手发动群众，动员了一批青年参加部队，很快发展到100多人，成立了广东人民抗日游击队增从番独立大队，卢伟良任大队长兼政委。增从番独立大队组建后，又开辟了以油麻山为中心的抗日游击基地，其活动范围不仅在增城、永和、福和一带，还伸展到广州郊区的罗岗和从化县的神岗、太平场一带。

1941年8月，日军结束多次"扫荡"后，大岭山、阳台山抗日根据地突然平静了下来。日军此时已开始调兵遣将，准备集中力量，挑起太平洋战争。但八路军驻香港办事处的廖承志却接到地下党送来的秘密情报：国民党广东省当局决定趁日军收缩兵力之时，集中兵力"围剿"东江一带的共产党武装。廖承志急忙把消息传递给正在香港治病的林平，并指示不能跟顽军打硬仗，要跟他们软磨。恰好曾生也在香港同林平商讨工作，得到消息后立即赶回了大岭山，和其他领导人一起召开紧急会议，准备迎接顽军的进犯。

8月下旬，顽军保八团广东游击挺进支队支队长徐东来派出所属刘光大队，向大岭山抗日根据地进行了一场试探性进攻，但很快缩了回去。徐东来见大岭山抗日根据地兵强马壮，遂改变计划，集中两个大队1000多兵力，又转而向阳台山抗日根据地发起了进攻。

为配合阳台山抗日根据地第五大队的反击作战，邬强率领第三大队对驻在大朗的徐东来支队下属陈禄大队发起了突袭。

大朗是一个小圩镇，位于莞樟公路中段，交通极为便利。附近徐东来支队的其他部队和国民党保八团，离大朗也就七八公里，一有情况，很快就能相互增援。因此，这场突袭之战，必须速战速决。

在夜色和水雾的双重掩护下，第三大队副大队长邬强率队神不知鬼不觉地分两路包围了大朗。根据情报，陈禄的大队部设在大朗镇的祠堂内，部队住在祠堂前厅、殿堂以及后面的平房内。

邬强借着微光观察，发现祠堂门口有两个哨兵在站岗，一个坐在哨位里打瞌睡，另一个靠着墙无精打采地抽着烟。周围除了蟋蟀等昆虫的鸣叫声外，并无其他动静。

邬强一挥手，顽军的两个哨兵很快就解决了，第三大队兵分两路冲进了祠堂。从梦中惊醒的敌人立即乱作一团，有的衣服没穿就要寻路逃跑，有的四处躲藏，有的则是毫无目标地乱放枪。

由于地形不熟悉，第三大队虽然逼降了祠堂内的敌人，却让一部分人从后墙挖了个洞，逃进了后面的平房。平房里本来就住着一个中队的顽军，两股敌人合为一处，依仗着房屋巷道继续顽抗。

战斗必须尽快结束！邬强令"大华队"在机枪火力的掩护下，紧贴墙根向敌人靠近。随着一排排手榴弹腾空而起，在一串串的爆炸声和一股股的浓烟中，战士们旋风般地扑向了敌人。经过约一个小时的激战，除陈禄和少数人侥幸逃脱外，绝大部分顽军不是被击毙，就是当了俘虏。"西征队"也缴获了轻重机枪和步枪数十支，以及一批物资和粮食。这次战斗，不仅歼灭大量顽军，而且攻克了一个顽军据点，大大鼓舞了战士。

第三大队打得兴起，接连又攻克了林村、塘厦、观澜等顽军据点。而因为观澜据点是徐东来支队的穴巢，令徐东来十分恼怒，又把进攻矛头移回到了大岭山根据地。

1941年9月21日清晨，顽军徐东来派出所属黄文光大队从观澜出动，直扑第三大队"西征队"的驻地西牛陂。战斗打响后，曾生考虑到顽军兵力雄厚，即令"西征队"转移到大王岭待命。不料顽军又已占领了大塘村东侧的高地，"西征队"在途经这里向大王岭转移时，遭到了顽军猛烈炮火的封锁，情况非常危急。好在彭沃的"虎门队"驻地距此不远，忙奔来支援，用两挺机枪的火力压住了顽军,才保护"西征队"安全突出。

但顽军却紧紧跟在"西征队"的后面,向大岭山抗日根据地的腹心大王岭接连发起多次进攻。当日下午,梁鸿钧命令"西征队"在大王岭方向继续牵制顽军,以"大华队"在瓮窑作掩护,"虎门队"则迂回到牛牯岭,实施对大塘村顽军的包抄。大塘村顽军吓得固守不出,挺到黄昏时分,趁着天色渐暗,慌忙撤往金桔岭据点。

梁鸿钧与曾生、邬强等谨慎地分析了形势,认为顽军此次进攻没有出动主力,可能是试探性的进攻,后面必然还有大战。果然,10月4日,中秋节的前一天,顽军集中了徐东来支队以及保八团其他主力,在徐东来的亲自指挥下,分两路向大岭山扑来,气势汹汹,志在必得。

面对敌我力量对比的巨大悬殊,第三大队经过节节抗击,决定留下小部队和自卫队在大岭山区继续进行牵制作战,主力则跳到外线去打击顽军后方。大岭山抗日根据地也由此暂时落入了顽军手里,他们建立起反动武装联防队,恢复"保甲制度",天天出动兵力进行"围剿",掳杀抗日的游击队员、政工干部、地方党员和积极分子。虽然大岭山区军民与顽军展开了顽强斗争,"大华队"和"西征队"也逐渐重返到大岭山坚持斗争,但由于根据地遭到顽军的巨大破坏,很长时间都没有得到恢复。1942年2月,增从番地区的独立大队也因遭到日军包围,受到很大损失,被迫撤回到东莞。

1942年1月下旬,为总结敌后抗日游击战争的经验,确定其后的斗争方针,中共南委副书记张文彬在白石龙村主持召开了一系列会议。

白石龙村是个只有二十几户人家的小村庄,离深圳有10公里左右。村东是鸡公头山,村西偏北方向就是阳台山。白石龙村的村南横亘着梅林坳、圣人大座和塘朗山,山南就是敌占区,在山坳顶还有日军哨所,而坳下横贯着的则是宝安至深圳的公路,沿途各村镇几乎都驻有日军。中共南委全称为中共南方工作委员会,成立于1940年9月,书记为方方,负责领导广东、广西、江西、福建等地区的抗日工作。同时,广东设立中共粤北和粤南省委，粤北省委领导中共在国民党统治区的工作，粤南省委领导中共在香港、珠江、南路和粤中沦陷区的工作。

张文彬是从香港通过秘密渠道到达白石龙的。参加这次会议的还有林平、梁鸿钧、曾生、王作尧等。会议总结了东江地区游击队三年来的对敌斗争经验，并对当前的形势、任务、方针、政策、游击战争的战略战术以及部队的军政建设等问题，进行了认真讨论，同时也对进一步开展游击战争和加强部队建设作出了一系列重要决定。此时，东江游击队已从100多人发展到1500余人，建立了东宝抗日根据地。与会人员一致认为，香港沦陷后，广东沿海包括东江下游、珠江三角洲、潮汕平原等广大地区已经沦为敌占区，中共的党组织和军事力量都应"向一切敌人占领区域发展"。为加强和统一领导东江地区的敌后抗日战争，中共南委决定成立东江军政委员会，由林平任主任，梁鸿钧、曾生、王作尧、杨康华、谭天度、黄宇为委员。

会议还决定在广东人民抗日游击队的基础上成立广东人民抗日游击总队，由梁鸿钧任总队长，林平任政治委员，曾生任副总队长，王作尧任副总队长兼参谋长，杨康华任政治部主任，邬强任参谋主任[3]，上报中共中央南方局审批。总队设总队部（参谋处）、政治部和军需处。部队进行了整编，成立一个主力大队和四个地方大队：在原第五大队的基础上成立的主力大队仍称第五大队，大队长由王作尧兼任，政治委员卢伟良，副大队长周伯明；东莞地区部队仍为第三大队，大队长由曾生兼任，政治委员陈志强，副大队长翟信；东宝边地区部队编为惠阳大队，大队长彭沃，政治委员谭天度，副大队长高健；宝安地区部队编为宝安大队，大队长曾鸿文，政治委员何鼎华，副大队长阮海天；港九地区部队编为港九大队，大队长蔡国梁，政治委员陈达明。

日军于1941年12月侵占香港后，把香港作为其对太平洋，特别是对东南亚各国作战的中间枢纽，无论是兵力调动、军需补给，还是舰艇维修、飞机中途加油等，都以香港为基地。为控制这个战略要地，加强对香港的统治，日军侵占香港不到两个月，就任命陆军中将矶谷廉介为香港总督，掌握军政大权。总督统辖之下有日军参谋部，下设警备部和宪兵部。警备部常驻兵力3000人，在香港岛、九龙市内和新界地区各有警备队约1000人，分驻在各个据点内。另外，日军还到处设置派出所和派遣队，各派遣队有宪兵三四人，警备队派出的辅助宪兵八至十人，另有招募的军警和便衣宪查等几十人。

日军为加强对香港地区的外围防守和境内控制，在铁路、公路的要点修筑碉堡，在海岸沿线修筑炮台，并在重要交通路口设立岗哨，同时在各地区加强侦察，四处巡逻，收买地痞流氓充当密探，发现港九抗日游击队即分兵合击，进行"清剿"。港九地区成了日寇军、警、宪林立之地。

白石龙会议后，参加会议的陈达明带着总队部的命令前往香港西贡区，在黄毛应村的玫瑰教堂内，召集蔡国梁等，正式宣布了港九大队的成立。根据上级指示，由蔡国梁任大队长，陈达明任政治委员，鲁锋任副大队长，黄高阳任政训室主任，并根据港九地区的特点，分别组成长枪队、海上队和短枪队。长枪队队长卢进喜，政治指导员张立育，主要在沙头角地区活动，主要任务是消灭土匪，保卫领导机关。海上队队长陈志贤，以西贡半岛沿海为主要活动区域，以消灭海匪、运送武器和护商、护渔、护侨为主要任务。短枪队则分别在西贡区、坑口区、沙头角区和元朗区等成立四支：西贡区沙田短枪队队长黄冠芳，副队长刘黑仔；坑口区短枪队队长江水；沙头角区短枪队队长林冲；元朗区短枪队队长苏光。短枪队的基本任务是开展港九敌后抗日游击战争，发展人民抗日武装力量，打击日伪军。

由于港九地区地域狭小，回旋余地不大，机动、灵活、隐蔽的短枪队就成了打击日伪的主力，其中尤以沙田短枪队最为活跃。这是一支仅20人的精干队伍，他们以观音山、吊草岩一带山区为依托，神出鬼没，到处发动奇袭，经历了数次战斗，使日军闻风丧胆。特别是刘黑仔的许多传奇式的英雄业绩，更是在港九地区的广大群众中广为传诵。

随着港九敌后抗日游击战争的发展，港九大队为扩大抗日游击基地，获得更大回旋余地，又开辟了大屿山抗日基地。港九大队英勇善战，游击区不断扩展，特别是沙田短枪队推进到九龙近郊的牛池湾、启德机场打击日军、汉奸、密探的活动，引起了敌人的震惊和注意。日军为确保香港这个太平洋战场"中转站"和"补给站"的安全，从1943年初春开始，先后对西贡、沙田、沙头角、上水、大埔、元朗等地区进行了"清剿"和"扫荡"。港九大队暂时将长枪队撤回到惠宝抗日根据地，而留下短枪队继续在香港地区开展活动。

西贡区沙田短枪队一面经常在海边巡逻，保卫海上运输和渔民生产，一面不断打击观音山等地的日军据点；沙头角区短枪队也扰得吉澳岛等地的日军昼夜不安；坑口区短枪队则深入西贡，时时以突袭方式打击日本宪兵和汉奸；元朗区短枪队也经常在元朗圩等地消灭日军密探和汉奸等。到1943年12月，广东人民抗日游击总队又进一步扩编为广东人民抗日游击队东江纵队，曾生任司令员，林平任政治委员，王作尧任副司令员兼参谋长，杨康华任政治部主任，下辖第二、第三、第五大队和惠阳大队、宝安大队、港九大队、护航大队，共3000余人。

## 李塱鸡进攻广游二支队，林锵云率队转移到西海

日军于1938年10月侵占广州后，珠江三角洲的南海、番禺、中山、顺德等县也相继沦陷。各县的中共组织立即发动群众，组织抗日武装，开展游击战争，先后于1939年2月至1940年6月成立了顺德抗日游击队和中山抗日游击中队。

1940年9月，在顺德县西海乡涌口村的一间茅舍里，新成立的中共南（海）番（禺）中（山）顺（德）中心县委召开了第一次会议。参加会议的主要有中心县委书记罗范群和委员林锵云、谢立全、陈翔南、刘向东、严尚

民等人。林锵云同时也是顺德抗日游击队的负责人，他工人出身，参加过省港大罢工和广州起义，在革命的风暴中经历过许多斗争锻炼，曾在敌人监狱里经受过六年多的摧残和考验。抗战初期，中共党组织把他援救出狱后又派到珠江三角洲开展工作。在他的带领下，广大群众纷纷拿起武器抗击敌人。番禺的南村和屏山、顺德的大洲和伦教、南海的西樵和中山的横门等地，都响起了反抗侵略的枪声。这时，国民党广州市区第二游击支队（简称"广游二支队"）在吴勤的领导下，愿意接受中国共产党的领导，并多次与日军作战。在会议上，罗范群、林锵云等人为建立一支人民军队，决定在征得广游二支队司令员吴勤的同意后，以林锵云领导的顺德抗日游击队为基础部队，再从中山和番禺抽调一批党员和青年，组成独立第一中队，由林锵云任中队长，编入广游二支队，并由谢立全化名陈明光任广游二支队司令部教官，谢斌化名刘斌任广游二支队司令部参谋。

1940年10月初，广游二支队独立第一中队在番禺县沙湾成立。番禺惯匪李辅群，外号李塱鸡，在广州沦陷后被日军提拔为伪军第四十四师副师长兼第四十旅旅长，为占领沙湾，巩固自己的地盘，多次纠集日伪军向广游二支队发起进攻。林锵云率领的广游二支队独立第一中队和何成率领的广游二支队第二大队被迫转移到顺德县西海乡。

西海乡是顺德的东北门户，有潭洲水道经过，是通往珠江口的要冲之一，地理位置十分重要。这里属于水网地带，鱼塘相连成片，河渠纵横交错，水陆交通便利，桑林、蔗林和蕉林密布，到处都是天然的"青纱帐"，附近还有一些小山岗，是开展敌后抗日游击战的好地方。顺德中心县委和广游二支队利用其便利条件，首先稳定了西海局面，然后进一步宣传群众、组织群众、武装群众，准备逐步建立起西海抗日根据地。

1941年3月，驻在顺德泮浦的伪警察大队长梁润勒令附近几个乡的农民，每亩田要缴纳50斤谷子的"开耕费"，否则不准插秧。农民们纷纷向广游二支队的独立第一中队求援。为此，广游二支队司令部教官谢立全于几天后的一个晚上带着部队分乘四只小艇开向泮浦。

在泮浦登陆之后，游击队员兵分两路：一路由中队指导员黄柳言和第二小队长王流带领，向驻在当地祠堂里的伪警察发起进攻，另一路则由谢立全和第一小队长梁冠率领，攻击山上的敌堡。

暗夜中，当谢立全等人突然出现在敌人哨兵面前时，敌哨兵吃惊地呼叫："哪一个？"话音未落，就被一枪打倒，另一个哨兵仓皇放了几枪，慌忙逃跑。第一小队一阵机枪扫射过后，迅速冲进敌人碉堡，十多个伪警察迷迷糊糊地当了俘虏。而在祠堂方向，由于祠堂四周是高大的围墙，对面有一片毫无掩蔽的开阔地带，易守难攻。守在祠堂里的伪警统，用火力封锁了大门，妄图负隅顽抗。这时已是深夜2时，为了不暴露自己，战斗必须要在天亮之前结束。谢立全带领手枪组采取"正面佯攻、侧面突破"的策略，一面让游击队号手卢四根吹起冲锋号，故意虚张声势，一面由部分游击队员携带轻机枪，绕道祠堂右侧厨房的后墙，搭起人梯爬上祠堂的瓦顶，居高临下发起了进攻。敌人被首尾夹击，无力招架，除伪警察大队长梁润因不在营地幸免外，其余伪军全部被歼灭。

这时，日军正准备发动太平洋战争，绝不允许南方基地广州附近占领区的不稳定。抗日武装力量在西海的发展，引起了敌人恐慌，日军加紧对珠江三角洲发起了"扫荡"。

1941年7月中旬，日军指使汉奸李塱鸡所属两个团向西海外围推进。敌人一面进行军事威胁，另一面又玩弄起政治诱降手腕，扬言如不赶走广游二支队，将使西海与广游二支队同归于尽，借以要挟西海的投降派和动摇分子，妄图迫使独立第一中队撤离西海。

但抗日军民并未被李塱鸡所吓倒，先后于中秋节前后击退了李塱鸡伪军对西海进行的两次试探性进攻。广游二支队在紧张备战和反击的同时，鉴于西海地区系平原水网地，坚持长期斗争很困难，又抽出70余人，前往中山县五桂山开辟新的地区，以发展外围，配合西海斗争。

1941 年 10 月 15 日，农历八月二十五，林锵云召集广游二支队独立第一中队彻夜举行了军事会议，因为李塱鸡再一次出动兵力向西海地区扑来。林锵云在会上斩钉截铁地表示："只有打！坚决打！一定要保卫西海！"他又说："我们部队虽然只有 300 多人，但士气旺盛，又经过多次战斗考验，有了战斗经验，对西海的地形熟悉，而且西海群众也已动员起来了，这是战胜敌人的重要因素。当然我们也有困难，敌人有 3000 多人，十倍于我，但敌人士气低落。李塱鸡的伪军第四十四师，只有祁宝林、李益荣两个团的战斗力较强，其余如黄志达团、何健补充营、李福的护沙总队等，都是土匪性质的武装，战斗力很弱。"

接着，谢立全也就对敌情的估计和拟定的作战方案作了传达。会议初步判断伪军可能会分三路向西海发动进攻。根据伪军的进攻态势，决定将保卫西海的战斗分三步进行：第一步，当伪军发起进攻时，以伏击战、袭击战等迟滞和消耗敌人，挫其锐气；第二步，当伪军消耗到一定程度后，即集中兵力歼其一路，伤其元气；第三步，在歼灭伪军一路之后，即对其实施全面反击，将其彻底击溃。

当时广游二支队驻在西海及其附近的部队除独立第一中队外，还有警卫小队和第二大队何保中队，加上中心县委办的军政干部训练班，能直接参战的兵力约为 250 人。在会议后都进行了战前的动员和准备。

10 月 17 日拂晓前，四野还是一片漆黑，就已有各路侦察员向林锵云和谢立全等报告，敌人兵分多路，正趁着夜幕水陆并进，已经逼近西海。其中，一路由李塱鸡的心腹、伪团长兼"前线总指挥"祁宝林率领，从市桥方面开来，这是敌人的主力；另一路由伪护沙总队长李福带队，向路尾田进逼；又一路由伪团长李益荣率领，从碧江方向来犯；还有黄志达率领的一路伪军已开抵泮浦，直逼桃村。敌人的进犯方向和路线，基本上都符合林锵云等人的判断。同时，根据地的各路游击队也已进入了预定阵地。

天还没有大亮，各路敌人都已抵达西海外围，正在等候着拂晓时的统一行动。

6 时，天已大亮，敌"前线总指挥"祁宝林率领主力部队，在密集的炮火掩护下，分乘两艘炮艇和由四艘汽艇拖带的木船，在涌口强行登陆。其他两路敌人也来势汹汹，同时从东北和东南方向的陆路向西海根据地发起了猛烈进攻。顿时，疾雷暴雨般的炮弹和枪弹四下轰鸣、呼啸，震耳欲聋。

伪军自恃兵多势众、武器精良，满以为不用费多大气力就可以把守卫西海的抗日部队消灭。没料到西海军民群情激奋，齐心协力，早就做好了抗击的准备。

由于西海地区蔗林、蕉林、石榴树、稻田、鱼塘星罗棋布，加之时值10 月，蔗林、蕉林长得高大茂密，到处都是天然的"青纱帐"，伪军闯进西海地区后，在复杂的地形中运动十分困难，"青纱帐"更是让他们大白天都成了"瞎子"一样。广游二支队的指战员和民兵分散成若干小分队，时而埋伏在堤围、鱼塘、稻田处，时而又钻进蔗林、蕉林、石榴林里，到处都是喊杀声、枪声和手榴弹爆炸声，把伪军打得昏头转向。

战斗到中午 12 时，天上已是艳阳高照，伪军经过一夜行军和半天激战，此时十分疲惫，并且损伤惨重，而西海根据地军民的战斗激情，却如正午的骄阳一般更加炽热。这时，负责主攻的祁宝林一路已被游击队击溃，陷入了游击队布下的"口袋"里；李福一路遭到歼灭性打击后，已狼狈逃窜。战斗虽仍打得激烈，但战局已起了变化，因此，广游二支队适时地下达了反击命令。

从正面出击的游击队战士们在林锵云等的指挥下，喊杀连天，像暴发的山洪一般向敌人冲杀过去。陷入重围的伪军慌作一团，还来不及招架便大部分缴了枪，其余的残兵败将也在拼命地向西溃逃。祁宝林丢下部队，只带几名卫兵，窜进甘蔗林中，企图往江边方面溜走。而埋伏在甘蔗林后面的游击队战士们正在伺机出击，忽见几个伪军扶助着一个长官模样的胖子窜进甘蔗林，立即朝着胖子扣动了扳机。只见那家伙的身子晃了晃，在身边伪军的搀扶下又往江边走了几步，就一个筋斗栽倒在地，动弹不得了。战后查明，这个胖子正是伪军的"前线总指挥"祁宝林。

其他方向埋伏的游击队战士们也都从甘蔗林、田基、塘边等处跃了出来，把祁宝林的残部和另外两路伪军紧紧围住，猛烈攻击。

战斗一直打到太阳西沉。这支只有三四百人的游击队部队，在西海人民的大力支援下，以少胜多，打垮了敌人一个师的进犯，毙伤伪团长兼"前线总指挥"祁宝林以下共500余人，俘敌副团长以下300余人，彻底粉碎了敌人的进攻。这就是珠江三角洲敌后抗战以来以少胜多的著名战斗，被誉为"西海大捷"。

李塱鸡闻知伪军在西海失利，急忙亲自前来战地"督师"，没想到游击队员们一鼓作气，乘胜进击，又将李塱鸡打得焦头烂额，迫其带着残部逃至碧江、韦涌一带。但西海根据地的抗日游击队并没给他喘息的机会，继续向碧江、韦涌的残敌发起追歼战，再次歼敌近200人。李塱鸡带着残部，犹如惊弓之鸟，狼狈地逃回了市桥老巢。

但日寇可不希望李塱鸡从此一蹶不振，一面集结在附近各据点的日军兵力，一面指使李塱鸡率残兵败将重新向西海步步进逼，并先后侵占了西海周围的近十个村庄。为阻止敌人伺机进犯，广游二支队除在根据地加强警戒、严密监视水陆两路敌军动态外，决定夜袭韦涌，先发制人，歼灭敌人派出监视西海的两个连，打乱敌人准备向西海"扫荡"的军事部署，扫除西海根据地与禺南之间的障碍。

1942年2月13日，除夕的前一天，广游二支队司令部教官谢立全和政训室主任刘向东，率领突击队于这一天晚上乘着小艇在烟雨迷蒙的水网地带急速前行。这时，风刮得很大，雨下得更密，突击队队员们全身都湿透了。到韦涌下了艇，腊月的寒风迎面扑来，冷得让人浑身发抖，加上天黑路滑，许多人不止一次地滑进了水洼、小涌和基坑。游击队员们连夜行进到敌人驻地附近，暂时隐蔽起来。

第二天晚上，正是除夕之夜，游击队突击队员先派出几名短枪队员，人手一支快掣驳壳枪，身携手榴弹，蛇行着摸向敌人的哨兵。几个哨兵正在兴致勃勃地谈着牌九和艇妹，一瞬间便被同时除掉。突击队员一行 50 多人如猛虎下山，立即冲进了里面一处祠堂内的敌人驻地。战士们的呵斥声、枪声、手榴弹声顿时震撼着祠堂。这次出其不意的袭击，吓得敌人惊慌失措，纷纷举手求饶。突击队未用 15 分钟即全歼了敌人的两个连。

敌人的部署暂时被打乱，西海人民过了一个安宁的除夕之夜，又在绵绵细雨中送走了大年初一。初二深夜，根据地四周的岗哨不断送来情报，敌人正在频繁调动兵力。林锵云立即召开作战会议，进行迎战研究和部署。初三深夜，前沿阵地向广游二支队司令部报告，有 20 多艘汽艇拖着大批帆船，满载鬼子兵，已在西海东南方的沙子角登陆。紧接着，其他前哨也相继派人来报告，都宁岗、碧江、林头等方向都发现了鬼子兵。林锵云和谢立全立即要求各部队进入迎敌状态，准备战斗。

1942 年 2 月 18 日，大年初四，清晨的太阳刚刚升起，炮声、枪声和手榴弹的爆炸声已在西海轰然大作。接着，三架敌机飞到西海上空，向抗日根据地的阵地和疏散的老百姓俯冲、轰炸、扫射。西海到处喷起炽热的火焰，土块、碎石、树根、金属的碎片等四下里翻飞，滚滚浓烟高高升起，遮没了初升的太阳。

西海根据地的军民们联手奋战，老百姓纷纷起来直接加入战斗，游击队和群众凝结成了一个无法分开的战斗整体，使敌人每前进一寸一尺都要付出重大的伤亡代价。例如，住在西海村北端的何秀东老大爷一家，把自己的房子当成了抗击敌人的堡垒，敌人攻到村北时，还以为何秀东老大爷家里有正规部队，使用数挺机枪集中射击，把何家用以掩护作战的几间砖房子几乎全部打塌了。老大爷的儿子倒下了，女儿接过哥哥的枪继续射击，老大娘负伤了，儿媳妇也放下襁褓中的婴孩，顶替了婆婆的岗位。

这场惨烈的战斗从早晨一直打到下午。当太阳偏西、晚霞的红光与燃烧着的烈火交相辉映着融成一片之时，游击队各路部队都已把敌人死死缠住，敌我双方形成了犬牙交错的阵势。林锵云见敌人已被拖疲，反击时机成熟了，马上一挥手，待机而出的各路游击队员们，如同锐箭离弦，立即从各个角落里集中向日军杀去，势如破竹。敌人全线动摇，如退潮般溃走，朝着碧江方向逃窜而去。

广游二支队经过一整天的激战，以 300 余人的兵力，打垮了拥有重兵器、在数量上三倍于己的敌人，并毙伤敌人 200 余名，粉碎了敌人的阴谋，保住了西海。**4**

## 谢立全奉命前往中山，开辟五桂山抗日根据地

西海再次大捷之后，形势对广游二支队非常有利，各路地方势力也纷纷前来靠拢。根据地党委坚持"发展进步势力、争取中间势力、孤立顽固势力"的策略方针，在同顽固派斗争中坚持"有理、有利、有节"的原则，认真把独立自主地开展抗日武装斗争和开展抗日民族统一战线工作结合起来，通过各种形式的统战工作，团结、争取国民党中的中间派和进步派以及当地的开明绅士和地方实力派等共同抗日，发展壮大抗日力量。

国民党顽固派见中共抗日力量在珠江地区逐渐壮大，以余汉谋为司令长官的国民党第七战区制订了在珠江三角洲敌后"剿共"和消灭广游二支队的秘密计划。国民党军统也从重庆派特务郑鹤映来到广东，与李塱鸡秘密接上关系，并派代表长期驻在伪第四十旅旅部。李塱鸡也派遣亲信李森泉到重庆，接受军统特务头子戴笠、郑介民布置的反共任务。随后，国民党第七战区司令长官司令部发出"督字 3375 号密令"，并附《"进剿"吴勤"匪部"办法》，诬蔑广游二支队"非法活动，盘踞顺德县西海乡，掳人勒赎，广收队伍，企图自树奸伪政权"，命令各地国民党政府派地方部队协助国民党第六十四军"秘密商承，严于缉剿"，捕杀中共南番中顺中心县委和广游二支队领导人。

国民党挺进第三纵队副司令林小亚接到反共密令后，即与伪军勾结，联合向广游二支队发起进攻。

1942年3月，林小亚邀集伪军头目、汉奸和反动地主恶霸，在顺德的陈村召开"花园会议"，宣讲"蒋汪合作"的诚意。会议结束后不久，林小亚于5月7日在陈村附近的水枝花糖厂渡口伏击杀害了吴勤，随后派兵向西海外围推进，并在林头修筑起工事。但经过几次交手后，林小亚未能得手。

1942年9月中旬，林小亚摇身一变，公然打起了膏药旗，联合日伪军，再次向林头、广教等地进行大规模"扫荡"。这是日、伪、顽三方联合，声势比以前任何一次都要浩大。驻在佛山的日军配合顽军，向林头进犯；顺德县伪军向广教发起进攻；李塱鸡出动炮艇，封锁了西海出入口岸；伪军第四十五师也出动一个团不停地炮轰西海出入口。三方对广游二支队控制区域形成了严密的包围态势。随后，日军又纠集了数千日军和伪军李塱鸡、彭济华两个师以及以林小亚为首的当地国民党反动派的地方团队，合计万余人，分路向南海、顺德、番禺、中山、新会等地区，进行"大扫荡"。敌人的这次大"扫荡"比过去更为疯狂和毒辣。他们到处封锁交通、逢人搜查，采用所谓"投石惊林、远程奔袭、分区拉网、分割蚕食"战术，妄图一举歼灭抗日游击队主力。

10月上旬，中共南番中顺中心县委和广游二支队领导人在西海召开紧急会议，总结两年来开展敌后游击战争的经验，并分析当前的形势与对策。会议除肯定游击队在西海的功绩外，也分析了整个发展过程中的一些失误，认为游击队在侧重西海抗日基地建设的同时，对在其他地区开辟新据点或基地重视不够，因而使西海陷于孤立无援的地位。会议认为广游二支队当前应该及时避开敌人锋芒，将大部分部队转到外线作战，并决定派谢立全等前往中山，将五桂山建成抗日根据地。

五桂山区南北40多公里、东西20多公里，山峦起伏，一山连着一山，山区四周是中山县的广大平原，南面与大海连成一片。从山顶上俯视，山下明晃晃的珠江蜿蜒向东南流去。这里地形险峻，有较大的回旋空间，已存在各种形式的抗日武装，有着良好的群众基础。谢立全到中山后，代表中共南番中顺中心县委驻在五桂山区，并逐步建立起中山抗日游击大队，大队长卫国尧，政委谭桂明，副大队长肖强，政训室主任欧初。他们以五桂山为依托，不断向周围平原地区出击，杀敌锄奸，掀起抗日浪潮。

1943年2月，南番中顺游击区指挥部成立，统一领导该地区的抗日武装，并以中山县五桂山抗日根据地为中心，不断向周围的平原地区发展。后在1944年10月，南番中顺游击区指挥部扩编为广东人民抗日游击队中区纵队，林锵云任司令员，罗范群任政治委员。11月，中区纵队番号撤销，除一部挺进粤中外，其余大部分兵力改编为广东人民抗日游击队珠江纵队。1945年1月，广东人民抗日游击队珠江纵队正式在五桂山宣布成立，司令员林锵云，政治委员梁嘉，副司令员谢斌，参谋长周伯明，政治部主任刘向东，下辖第一、第二支队和独立第三大队，共1700余人。

## 吴南道公开扬言：要留下子弹清共，和冯白驹算账

在东江纵队、珠江纵队不断发展壮大的过程中，隔着琼州海峡，另一支抗日游击队琼崖纵队也在发展壮大。琼崖纵队，顾名思义，得名于海南岛。海南岛古称琼崖，又称珠崖或琼州。日本发起侵略中国的战争后，对海南岛一直垂涎三尺。1939年2月，日本陆军以1万余人的兵力登陆海南岛，各地迅速沦陷。中共琼崖特委将海南岛上的广东民众抗日自卫团第十四区独立队扩编为琼崖抗日独立总队，由冯白驹任总队长，符振中任副总队长。广东民众抗日自卫团第十四区独立队的前身是中共琼崖特委成立于1927年的琼崖讨逆革命军，1938年12月根据国共两党达成的合作抗日协议，在琼山县云龙墟改编为广东民众抗日自卫团第十四区独立队。琼崖抗日独立总队成立后，冯白驹带领部队挺进到美合地区，开始建设抗日根据地。

美合是澄迈、临高、儋县和琼山四县交界的山区，方圆百里，东南和西南都是高山峻岭，地形险要。周围的十多个墟镇没有日伪据点，也没有国民党军政人员驻扎。这里又地处各游击区的中心地带，便于领导全岛的抗日斗争。琼崖抗日独立总队进入美合后，为培养各类干部，创办了琼崖抗日公学和党校、农训班、军事干部学校等。有很多革命知识分子跋山涉水，自愿来到公学任教，许多青年不怕困难，从各地踊跃前来学习。冯白驹经常给学生们讲政治课，与学生们谈心。这些学员后来很多都成了琼崖革命的骨干，琼崖抗日独立总队也在斗争中发展成为一支有着 3500 人的队伍。

为充实和加强琼崖抗日斗争的领导力量，1940 年 7 月和 9 月，中共中央和中共广东省委相继派长征干部、富有军队建设和作战经验的庄田、李振亚、覃威等来到海南岛，以加强对琼崖抗日独立总队的领导。随同前来的还有电台台长刘成义、军械师王昌义及曾飞等人。

庄田出生在海南岛万宁县龙滚乡凤烟村，和冯白驹同岁。1925 年秋，他为谋求生计，不到 20 岁即离井背乡，漂洋过海到了新加坡，并在半年后加入中国共产党。1930 年 12 月初，庄田被选派到苏联莫斯科步兵学校学习。在那里，庄田和 11 位从国内去的同志被编入"中国班"，除步兵操典、野外执勤、射击教范、兵器学、地形学、战术学、筑城学等 10 多门课程外，还要进行紧张的军事训练。1931 年 11 月，庄田秘密回国，先到上海，再去江西瑞金，后参加长征到达延安。

庄田等人到了海南岛后，琼崖抗日独立总队也进行了领导调整和力量整编，冯白驹任总队长兼政治委员，庄田任副总队长，李振亚任参谋长，王业熹任政治部主任，下辖两个支队和特务大队、直属第四大队。所辖两个支队中，第一支队由第一、第二大队组成，吴克之任支队长，陈乃石任政治委员；第二支队由第三、第五大队组成，马白山任支队长，符哥洛任政治委员。

此时，适值皖南事变前夕，受各地国民党顽固派掀起反共高潮的影响，海南岛上国共统一战线的形势也开始逆转。反共老手吴南道原为国民党汪精卫改组派人物，他被委任为广东省第九行政区督察专员兼保安司令后，即网罗地方反共势力，加强反共武装，同时大幅度减少琼崖抗日独立总队的军饷，限制其发展，并要求琼崖抗日独立总队的编制缩为一个大队三四百人，并公开扬言："要留下子弹清共，和冯白驹算账。"1940年10月后，吴道南更是停发了全部军饷，并取消了琼崖抗日独立总队的番号。

对此，冯白驹连续将琼崖的紧张局势向中共中央报告："目前琼崖逆流正处在顶点，最高当局正准备动员向我们作全面的进攻。敌人灭琼的阴谋，除了在政治上离间、诱降、组织伪政权和伪自卫军外，在军事上采取外线包围，缩小我们的活动地区，驱逐我入牛角尖上来消灭。"[5]毛泽东、朱德、王稼祥于1940年11月23日电示冯白驹称："顽军有向你们进攻可能，你们应从军事上、政治上加紧准备粉碎其进攻。其方法是待其进攻时，集中主力打其一部，各个击破之。"[6]

对于如何保卫美合抗日根据地，琼崖抗日独立总队内部有不同意见。一部分人认为美合处于顽军核心地区的咽喉，顽军势在必得，在敌强我弱的情况下，应该留少数部队在根据地内与敌周旋，机关和主力转移到琼（山）文（昌）地区，把顽军的留守部队一举歼灭，大力开辟敌后抗日游击区。但也有一部分人认为，轻易放弃美合抗日根据地，会在党内外产生不良的政治影响，尽管敌强我弱，只要指挥得当，可以达到歼其一部、各个击破、粉碎敌人进攻的目的，况且贸然撤出，大部队作远距离转移，也有被敌人尾追或堵截的危险。经过反复讨论，最后冯白驹作出了"保卫美合抗日根据地"的决定。

1940年12月15日拂晓，顽军琼崖守备副司令兼保七团团长李春农率领保七团，又纠集了几个县的反动武装，共3000多人，分五路对美合抗日根据地发起了偷袭。

冯白驹沉着地指挥琼崖抗日独立总队应战，经过两天激战，虽然给予顽军痛击，但难以实现歼灭敌人一路的作战构想。冯白驹果断地撤出了战斗，由警卫部队掩护各级机关突出了重围。

顽军进占美合后，大肆屠杀根据地的人民群众，并惨杀了来不及撤退的伤病员百余人，造成了震动琼崖的"美合事件"。

突出包围圈后，中共琼崖特委机关和琼崖抗日独立总队就下一步的行动出现了不同意见。悲观者认为应该分散打游击，避免敌人进攻，保存力量；强硬者则主张集中力量向西走，那里山高林密，可以掩蔽活动，抓住机会收复美合抗日根据地。冯白驹综合双方意见，决定集中力量，东返琼文。他说，琼文地区群众基础好，情报灵通，物产丰富，有回旋余地，可进可退，只有东返琼文，革命才有出路，"不是山藏人，而是人藏人"。

中共琼崖特委最后决定：特委及独立总队队部、特务大队东返琼文根据地，与第一支队会合；马白山率第二支队继续向西面澄迈、临高、儋县地区挺进，创建小块根据地；张开泰率第四大队，并将琼崖抗日公学部分学员补充进队伍，开往昌江、感恩、崖县、乐东、陵水、保亭新区活动，放手发动群众，必要时向万宁转移，巩固扩大六连岭根据地；罗文洪、谢风池等组成留守处，留在美合地区与当地党组织一起坚持斗争。

琼崖抗日独立总队机关、直属队和第一支队东返琼文地区后，国民党顽固派也跟踪而来，叫嚣要"三个月内消灭共产党和独立总队"，不断进行围剿、袭击，而日军也乘机加紧了侵略琼崖的步伐。为保卫琼文抗日根据地，中共琼崖特委命令当初在美合事变中掩护突围的第二支队迅速回到根据地，与第一支队并肩作战，集中力量，反击日军的进攻。

琼崖特委首先把目光投向了日军侵占的美德村。美德据点在琼文腹地大昌乡，同潭牛和大致坡两个日军据点相距仅 10 公里左右，互为犄角，共同分割和控制着琼文抗日根据地，并时刻窥伺着琼崖特委和独立总队队部等领导机关。

1941 年 7 月 2 日，冯白驹召集军事会议，决定由吴克之和马白山担任正副指挥，集中两个支队在美德至潭牛之间的公路上分 3 路伏击日军车辆，佯攻美德，引诱潭牛和大致坡据点的敌人增援，并在途中将其消灭，然后再回头攻打美德据点。

7 月 3 日黄昏，琼崖抗日独立总队的各部队按照冯白驹的战斗部署，各自进入了伏击阵地。第一支队第三大队担负佯攻美德的任务。300 多人在第一支队副支队长林伯熙和第三大队大队长符乙乾的率领下，静悄悄地来到了美德。日军在美德村建立碉堡以来，为防止游击队接近，把村前村后的树林都砍伐一光，只有几株椰子树孤零零地屹立在村前坡野上，显得格外的凄凉。

7 月 4 日凌晨，天刚蒙蒙亮，天空中浮着一片片乌云，阴沉沉的。忽然间，潭牛方向传来了一阵密集的枪炮声。时间不长，第一支队的传令员就气喘吁吁地跑来报告：潭牛的日军已发现我第二支队的伏击部队，并向我发起了激烈进攻。

原来，潭牛据点的日军一如往常，早上有 30 多人要乘一辆军用汽车前往美德据点。但在行军途中，日军发现平时早该有很多老百姓在干活的田地里却空无一人，顿时生起疑心，忙下车沿着路旁的树林向前搜索，很快就从蛛丝马迹中发觉了伏击部队，立即组织火力，从第二支队后面发起了进攻。

第二支队支队长马白山见情况突变，果断命令所属部队占据有利地形，以第一大队从正面迎击敌人，第二大队向西拉开，从侧翼打击日军。第一支队支队长吴克之见第二支队已与日军发生战斗，急速派出一个中队前来增援第二支队。

执行佯攻美德任务的林伯熙和符乙乾估计美德据点的日军听到枪声后，很可能要前来增援，便决定更改原定作战方案，重新进行部署：把所属部队埋伏在美德至潭牛公路旁的灌木丛中，准备消灭从美德据点出来的增援敌人。

果然，红土公路上很快就扬起了一阵阵尘土，马达声"呜呜"地传进每个战士的耳朵里。转瞬间，日军两辆从美德驶出的汽车风驰电掣般地直驶过来。趴在符乙乾旁边的第六中队中队长林成目测着敌人军车的距离，嘴里数着1000、500……他的手早已痒得忍耐不住了，低声对符乙乾说："大队长，打吧！"

符乙乾不出声，只是向着林伯熙的位置努了努嘴。敌人的汽车越来越近，真是憋坏了林成的急性子，他又焦急地说："敌人都快踩着我们的脑袋啦！"

符乙乾向背后的林伯熙做了个打的手势，林伯熙点头表示同意。符乙乾立刻对林成一挥拳，林成当即猛吼一声："打！"已抢起驳壳枪首先对着汽车上的日军打出了好几发子弹。紧接着，一批手榴弹迅猛地向着敌人的汽车扔了过去。这突然袭来的猛烈火力，打得敌人鬼哭狼嚎，倒的倒，滚的滚，乱纷纷地跳下车来还击。

就在双方激战之时，天空中又传来了"呜呜呜"的异响。林伯熙抬头一看，日军两架飞机带着刺耳的啸声，箭也似的从远方飞了过来，公路上站着一名日本兵正在打着旗子接应敌机。敌机盘旋了几圈，随即俯冲扫射，地上的日军趁机像饿虎一样张牙舞爪地猛扑上来。

"同志们，狠狠地打呀！"林伯熙沉着地指挥着战斗。成排的手榴弹像雨点一般落到了敌群中，炸得敌人呼爹喊娘，不得不掉头又退了回去。

游击队乘机向敌人发起了迂回包抄，但敌人的机关枪仍在不停地吐着火舌，将包抄部队压在土坎下抬不起头来。林伯熙急了，命令第三大队将短枪排调上来。短枪排迅速匍匐接近敌人的机枪，先是一阵手榴弹，后是一阵驳壳枪，终于把敌人的机枪打哑了。包抄部队纷纷跃起，很快就抢占了敌人后面的坑尾村高地。但第三大队大队长符乙乾却在这一过程中不幸中弹牺牲。

这时，日军由于背后的坑尾村高地被占领，已陷于腹背受敌的境地，全线动摇。林伯熙"腾"地跳起来，向身旁的司号员大声命令："吹冲锋号！"冲锋号一响，林成挥着驳壳枪，率先冲了出去，其他战士们也都跃身而上，高喊着"为大队长复仇"的口号，向敌人冲了过去。就在这时，一颗子弹穿过林成的左背，他晃了晃，倒了下去。

经过一阵猛烈的冲杀，洼地里的日军全部被歼灭。这时，天空中的乌云越来越密，一阵狂风骤起，瓢泼的大雨便"哗啦啦"地下了起来。雨雾把山林遮掩住了，漫山遍野黑乎乎的一片，对面都看不见人。此时，潭牛的日军见自身难保，丢下十几具尸体，狼狈地缩回了据点，躲在炮楼上开枪开炮。而大致坡据点的日军则是徒步赶往美德方向来增援的。这一带全是红土，一下雨便满地泥泞。日军拖着沉重的大皮靴，活像一群落水狗，一遭到第二支队的阻击，赶紧掉头就跑。美德据点的日军因为这次战斗的失利已所剩无几，苟存者也于第二天夜间灰溜溜地撤走了。7

## 李春农给琼崖抗日独立总队送来强硬的谈判邀请函

琼崖军民在积极打击日军的同时，多次向国民党顽军发出公开信，呼吁其恢复团结，共同抗日。但李春农等毫无团结抗日的诚意，不仅提出苛刻要求，要琼崖抗日独立总队"悔过自新""听候收编"，还杀害了琼崖抗日独立总队的谈判代表联络员卢赤民。

1941年12月，李春农突然给琼崖抗日独立总队送来了一封谈判邀请函。冯白驹带着疑惑打开了信，原来顽军从广州湾运来一批军用物资，现已运到文昌锦山乡海边，而这批物资要运到顽军防区，必须经过琼文根据地。因此，琼崖国民党当局为尽快得到这批军用物资，便函请琼崖抗日独立总队派人与之"谈判"，扬言如游击队不让路，便采取武力消灭。

李春农不过是想玩弄两面手法，一面致函说要谈判，一面却已指挥其反动军队向琼崖抗日独立总队发起了进攻。李春农获悉冯白驹的主力集中于文昌美德打日军，以为有机可乘，便令保七团第二营营长李紫明率领该营及文昌、琼山县的反共武装，分两路袭击道崇、咸来等地的游击队力量。冯白驹发觉顽军企图后，在美德战斗一结束，便火速转战，对前来进犯的顽军予以截击。顽军因在进攻一开始就遭到了琼崖抗日独立总队第一、第二支队主力的猛烈痛击，只得战败而逃。

李春农气急败坏，于1942年1月17日晚亲率保六团一部、保七团特务连和手枪队等直属部队及民夫数百名与李紫明会合，再度突向锦山。

在进攻途中，李春农将休息地点设在了斗门村。因为斗门村紧挨着日军占据的三江据点，他料想琼崖抗日独立总队肯定不敢向其进击。哪知琼崖抗日独立总队早就识破了李春农借鬼吓人的战术，于1月18日午后即命令第一、第二两个支队，一鼓作气地赶到了斗门村。为防止顽军与日军里应外合，冯白驹命令第一支队第一大队大队长黄大猷率部直插到三江据点之前，监视日军，并掐断了三江通往斗门的道路，将李春农孤立于斗门村中。

琼崖抗日独立总队的主力部队向斗门村发起猛攻后，李春农见势不妙，多次组织火力掩护，妄图突围逃命，但都未能成功。三江据点的日军见国民党顽军被围，几次企图派兵向斗门增援，但都被黄大猷大队打了回去。日军只好缩在据点里，向游击队的阵地不断地鸣枪放炮。乘此时机，李春农带领一伙顽军终于打开缺口，突围出去后，慌忙向锦山方向逃窜。

游击队员们紧紧咬住逃窜之敌，尾随追击。在追击途中，第二支队机枪手黄可则忽见前方100多米处的灌木丛中，跃出一个披着黑色斗篷、骑着枣红马的国民党顽军军官，立即一个点射出去。只见那个骑马的家伙摇晃了一下，就一头从马背上栽了下去。那军马长嘶一声，随即向旷野奔去。被黄可则用机枪射下马来的敌军官，正是李春农。这个恶贯满盈、不断在琼岛挑起反共内战的罪魁祸首，终于受到了应得的惩罚。李春农被击毙后，李紫明继任保七团团长。他率领6个连和县级反共武装一部共1100多人，在锦山海边取得轻重机枪30余挺、步枪600余支的军用物资后，企图偷偷穿过琼文根据地窜回定安老巢。

根据这一情况，冯白驹、吴克之和马白山决定再次对这股顽军发起狙击。琼崖抗日独立总队调动了兵力2500人，琼山、文昌两县的六七千人民群众也参加了支前工作。

1942年1月24日拂晓，李紫明率顽军进至大水溪的冲湖桥边，琼崖抗日独立总队第一支队打响了第一枪，并吹起攻击的集结号。第二支队随后赶到。顽军边打边撤，一路退到了大水村，以相连的五间民房作为掩蔽工事。眼见正面难攻，游击队遂转变思路，用木梁撞、铁锤砸，把顽军躲避的房屋墙壁砸开一个个大洞，逐渐接近顽军。逃窜的顽军逐渐被压缩到大水村的东部。由于大水村的东部与中部之间隔着一块开阔地，游击队缺少攻坚武器，只好转而执行围困方案。但顽军随身带了一部无线电台，被围困之后已通过无线电台发报求援。

1月26日上午，顽军一个加强营赶到大水村，遭到第一支队第三大队的奋起迎击，双方鏖战半日，顽军被打退。1月27日，顽军保七团副团长董伯然又率着保六团及保七团各一部赶来增援，双方又激战了整日。

战斗连日未决，附近的百姓也纷纷赶来劳军，他们挑着椰子、糍粑、米粽、甘蔗等食物，冒着枪林弹雨来到前线，分送食物。由于弹药紧缺，琼崖抗日独立总队甚至将兵工厂也搬到了河畔。支前群众在战场上把打落的子弹壳捡回来，送到兵工厂，工厂换上火药，安好弹头，又由群众送回到战士手中。

1月28日，国民党顽军琼崖守备司令王毅、监督专员吴道南也来到前线督战，并增调保六团第三营以及琼东、定安等地的反动武装共3000余人前来救援。琼崖抗日独立总队立即调整力量，投入打援之战。

这一天的战斗达到了最高潮，双方展开拉锯式的争夺战，一直激战到黄昏时分。琼崖抗日独立总队已连续战斗了五天四夜，既要强力围攻，又要不断打援，弹药消耗相当大，已难以持续作战。为保存实力，冯白驹决定主动撤退。

这场战斗虽然未能达到全歼顽军的目的，但把李紫明的6个连围困了数天，沉重打击了吴道南亲率的 3000 名援军，毙伤顽敌副团长以下 400 余人，保七团副团长董伯然亦受重伤。

顽军在斗门、大水战斗中的惨败，使国民党顽固派领导集团之间的矛盾斗争加剧，吴道南、林荟材、杨永仁、冯熙周、李紫明等军政头目均因"剿共不力"被迫去职，调离琼崖。琼崖各县的顽固分子对"反共灭冯"逐渐失去了信心。至此，冯白驹率抗日根据地的军民，彻底击退了琼崖国民党顽固派掀起的反共逆流。**8**

从 1942 年起，海南岛的抗日斗争进入了最困难阶段。这时，日军为把中国变为太平洋战争中的兵站基地，保持琼崖作为"前进基地的机能"，加紧修筑能容纳下 400 架飞机的大型机场等设施，并加快对琼崖铁矿、木材等战略资源的掠夺，连续进行"扩大占据区域，强化封锁"的"巩固作战"。而国民党顽军的琼崖守备司令王毅、保七团团长董伯然等，竟和日军订立"共同防共协定"，划地分防，共同"围剿"琼崖抗日独立总队和各抗日根据地。

1942 年 5 月，日军调集侵琼的第十五、第十六警备队和绥靖队等 6000 多兵力，在飞机、坦克、装甲车等精良武器的配合下，分东、南、西三路向琼（山）文（昌）、儋（县）临（高）、乐（会）万（宁）等抗日根据地进行规模空前的蚕食，并叫嚣要在"三个月内消灭海南岛上的抗日力量"，使海南岛成为日本在南太平洋上"永不沉没的航空母舰"。

1942 年 6 月 1 日，为粉碎日军的大规模进攻，以冯白驹为核心的中共琼崖特委发出《关于目前琼崖局势的指示》，要求全党及根据地军民要认清形势，看到前途，反对一切悲观失望，反对一切麻木不仁，以最大毅力和决心，运用正确的统一战线策略，动员所有力量，冲破一切困难，争取时局好转。

根据冯白驹等的部署，在琼山、文昌活动的琼崖抗日独立总队第一、第二支队主力，跳出外线，分别越过海口至文昌公路以北和南渡江以西，采取"打出去又缩回来"的游击作战方法，猛烈打击日寇；第三支队以六连岭为根据地，向乐会、万宁等地开展活动；刚刚成立的第四支队则以儋县、临高为立足点，积极寻找战机，打击敌人，以扩大抗日根据地。这些行动东西呼应，就像一把把利刃，直插向敌人的心脏。

驻琼日军中将司令官佐贺启次郎见琼崖抗日独立总队越打越勇、越战越强，非常恼火。从 1942 年 11 月开始，佐贺启次郎亲自出马，调集第十五、第十八特别警备队共 5000 余人，组成"讨伐军"，在飞机和近万名伪军的配合下，对琼文抗日根据地多次发起蚕食运动。他们到处设置据点，并以公路为"链"、碉堡为"锁"，从敌占区向根据地内构筑网状伸入带，妄图把海南岛上的抗日力量困死在狭窄的区域内。

琼崖抗日独立总队采取分散部署主力、在敌顽据点外围活动的对策，利用各种机会截击敌顽出动的劫掠部队、来往车辆，并机动灵活地打击日军。而日军自从挑起太平洋战争，发起南进作战后，兵力不足的弱点已日益暴露，在海南岛上对抗日武装力量的进攻越来越力不从心。琼崖抗日独立总队却在不断地壮大，后于 1944 年改编为广东省琼崖抗日游击独立纵队，冯白驹任司令员兼政治委员，下辖四个支队。

广东人民抗日游击队东江纵队和珠江纵队以及广东省琼崖抗日游击独立纵队共同构成华南抗日纵队。1945 年 4 月 25 日，朱德在中共第七次全国代表大会上所作的军事报告《论解放区战场》中提到，华南抗日纵队与八路军、新四军共同构成了"伟大的中国人民军队"，"八路军、新四军及华南抗日纵队全军总数计九十一万正规军"，"在华北、华中、华南各解放区战场上，我们共产党人和中国人民在一起，曾流洒了最多的热血"。[9]

注　释

1. 《曾生回忆录》，解放军出版社 1992 年版，第 190—194 页。
2. 王作尧：《东纵一叶》，广东人民出版社 1983 年版，第 151—152 页。
3. 广东人民抗日游击总队参谋主任一职，后因邬强未到任，改由周伯明担任。

**4.** 谢立全:《珠江怒潮》,广东人民出版社 1961 年版,第 85—97 页。

**5.**《冯白驹关于国民党琼崖当局准备向我全面进攻致中共中央电》,1940 年 11 月 10 日,见中共广东省委党史资料征集委员会等编:《琼崖抗日斗争史料选编》,广东省内部刊物,1986 年,第 126 页。

**6.**《毛泽东、朱德、王稼祥关于加紧准备粉碎顽军进攻致冯白驹电》,1940 年 11 月 23 日,见中国抗日战争军事史料丛书编审委员会编:《华南人民抗日游击队·文献》(1),解放军出版社 2015 年版,第 304 页。

**7.**《琼岛烽烟——琼崖纵队副司令员庄田将军回忆录》,广东人民出版社 2009 年版,第 78—81 页。

**8.**《琼岛烽烟——琼崖纵队副司令员庄田将军回忆录》,广东人民出版社 2009 年版,第 81—86 页。

**9.** 朱德:《论解放区战场》,1945 年 4 月 25 日,中共中央文献研究室、中央档案馆编:《建党以来重要文献选编(1921—1949)》第 22 册,中央文献出版社 2011 年版,第 243 页。

# 第 九 章

# 锻剑浙东

钱忆群潜伏到假装不是共产党领导的队伍里寻找共产党——相公殿战斗打响了浙东抗日的第一枪——谭启龙在岙家堡村召开浙东敌后第一次干部扩大会议——日寇半夜偷袭，张季伦激战阳觉殿——歼灭艾庆璋，三北游击司令部打响自卫反击战——浙东游击队力战梁弄，收复四明山

## 钱忆群潜伏到假装不是共产党领导的队伍里寻找共产党

1941 年 6 月，在浙东余姚县一个名为伍家板桥的村子里，沿着小河边停下了几只运兵船，吓得老百姓惊惶地东奔西跑，生怕是哪一股畜牲兵又来屠戮村子了。进入 1941 年以来，先是国民党顽固派在制造皖南事变的同时，在这里到处搜捕屠杀共产党，接着在 1941 年 4 月，日寇为封锁中国闽浙沿海、掠夺东南地区重要的军事工业原料萤石，出动泽田茂第十三军部队发动了宁（波）绍（兴）战役，国民党军队一触即退，余姚继绍兴、镇海、宁波、慈溪之后，迅速沦陷，杭州湾以南、沪杭甬路两侧全都成了敌占区。浙东早已变得天昏地暗、烟云蔽日，即便只是风吹草动，老百姓也会惊恐不安，何况此时来的还是一支武装部队！

好在这支上了岸的队伍，在伍家板桥并未多作停留。他们自称是"抗日军"，在河边喧闹了一阵子，就向庙山方向开走了。村子里的老百姓渐渐安稳下来，但在村里民校教书的女教员钱忆群却仍然激动难平。

　　钱忆群本是余姚县的一名中共党员，由于中共浙江省委在皖南事变后受到严重破坏，浙江的中共党组织被迫转入地下，并一时与上级中断了联系。钱忆群也在伍家板桥的民校里以教书为名，隐蔽了身份。这时，民间盛传有抗日武装要在浙东登陆。浙东共产党组织因此指示各地的地下党员：其中可能有新四军，注意取得联系。因此，钱忆群见村边经过一支"抗日军"，就想确定这是不是新四军。

　　钱忆群又找到另外两个地下党员，分头跟随着这支"抗日军"打探了一阵子情况。但回来后三人一碰头，并不能得出确切的结论。一个地下党员摇着头说，不会是新四军吧，这支队伍一来就派饭、拉人，闹得四村不安，党的武装是有严格纪律的，不会这样。但另一个说，眼下还很难断定，这支队伍口口声声抗日，又招兵，又买马，迷住了许多青年。三人都知道新四军是党的队伍，可是又谁都没见过真正的新四军是什么样。

　　为了弄清情况，钱忆群想着要怎么钻进这支队伍里去更详尽地打探一番。由于这支"抗日军"正在招人扩大规模，钱忆群以民校教员的身份，有知识有文化，就顺利地混了进去，成了一名政工队员。

　　走进这支队伍的第一天，钱忆群就感觉不对劲：这群人男女混杂，整天嘻嘻哈哈，称先生，呼小姐，麻将牌推得哗哗响。那些穿高跟鞋的小姐，出来进去，无聊地谈神说鬼，还怪腔怪调地哼着唱着。钱忆群虽然没见过新四军，但断定党所领导的军队绝不会这样。

　　没用几天，钱忆群就弄清楚了。原来这支队伍的头目，名叫薛天白，是国民党第三战区司令长官部驻余姚办事处主任，办公机关叫"宗德公署"。不久以前，他们在海上截获了两只货船，发了笔横财，就势挂起了"淞沪游击队宗德指挥部"的招牌，招兵买马。

　　真相大白了，这支所谓的"抗日军"不过是一群挂羊头卖狗肉的乌合之众。就在钱忆群身虽留但心已去之时，忽听得街上传说，从杭州湾以北过来了一支队伍，刚刚在相公殿跟日军打了一仗，打得日寇溃不成军，缩回了据点，过了十几天，不甘失败的日军从庵东出来找他们，结果又被他们给打败了。

既然是从杭州湾以北过来的，又这么能打日寇，会不会是新四军呢？钱忆群挤进人群，上前探问这是什么队伍。一位白发老人应道："什么队伍？说不上，叫什么'五支四大'。哎，这年头，队伍的名目越多，老百姓受的罪就越多。什么队伍过来了，还不是派款、派饭？"这时，一个年轻人插嘴说："阿公，听说这队伍好哇！不拉夫，不派饭，不近女流，买卖公平！"

"嘿嘿！"那老人讪笑了两声，再没说下去。但很明显，这笑声仿佛在说：夏虫不可语冰，井蛙不可语天啊。果然，钱忆群一回去就听到从宗德指挥部传出的消息："薛老板到北面海边去设税卡的打算又灵啦，在那儿打日本佬的'五支四大'也给薛老板收编了，委他们的番号是四大队。"听到这些话，钱忆群刚刚燃起的一点希望，立即又被熄灭了。

钱忆群本来已无心再去了解这支什么"五支四大"了，但事有凑巧，7月7日，宗德指挥部政训处主任要亲自带领钱忆群所在的政工队，到新收编的"五支四大"去做工作。这个政训处主任是个反共专家，他亲自带队过去本来就有点异常，不想在半路上，他还特别"训"了话，强调说："这支部队有点红，你们要格外小心！"

听到一个"红"字，钱忆群心里一怔，有一种说不出的希望，又悄然地回升起来。可是，赶到这支部队一看，她立即又恢复了失望：个个穿戴不整，枪支长短不齐，部队领导欢迎政工队的时候，全是官腔套话。整个欢迎会开得既冷清又枯燥，大家都板着冷脸孔，没看出来他们"红"在哪里。

但这支部队也有特别之处。欢迎会刚一结束，政工队连口气都没歇呢，只听得一声"出发"命令，整支部队抬脚就走。他们在灰暗的夜幕之下，疾不驻足，掠过一村又一村，越过一河又一河，好像火车头一样，一直往前奔。随队的政工队员可就吃不消了，男队员被亮皮鞋磨破了脚，女队员把旗袍岔子撕到了腰，一路落在后边又是叹气又是骂娘，一夜间走出去了四五十公里。等天亮到了一个村子，政工队人员个个狼狈不堪，连饭都吃不下，倒头就睡。刚一睡醒，还没吃几口饭，一声哨响，又要出发了。

谁也不知道这支部队要干什么，就是连续地夜间行军，风雨无阻，每夜都要走出去数十公里。几天过去，政工队的人，先是政训处主任带头逃掉，其余有的借故生病留在了老百姓家里，还有的进了沿途的税卡再也不出来，最后就只剩下钱忆群一个人了。

这时，钱忆群隐隐感觉到，这支部队这么行走，不是为了别的，就是想把硬要安插进来的政工队，当作贴在脚底板上的烂臭泥一样给甩掉。他们为什么要甩掉政工队？这是否和政训处主任讲的"有点红"有关系呢？钱忆群决心咬紧牙关再跟着走几天。任你走得再快，偏不让你甩掉，一定要看个究竟。

为了打破隔阂，钱忆群主动地参与到了这支部队的日常工作之中。每到一地，她就去帮着做群众工作，部队里没有卫生员，她就背起了医药皮包。

有次休息时，钱忆群发现有个队员磕坏了脚踝，便去给他包扎。哪知这位队员却说："太太，就是碰破了块皮，值不得大惊小怪的！"钱忆群听得出，他那声"太太"里充满了鄙夷，她虽然心里很不舒服，可是又想趁机从他嘴里掏出点情况，便故意激他说："你不想上药，是不是留下借口，不愿意打日本佬呀？"

这位队员连忙大声申辩道："你买上四两棉花访一访，相公殿两次打鬼子，我哪次装过熊？"钱忆群见已勾出一点话头来了，忙不松口地又问："你们真在相公殿打过鬼子？"

"怎么会假？"他拍打着手里那支三八式步枪，自豪地说："喏，你看，这就是我当时从日本鬼子那里缴来的！"他唯恐钱忆群不信，接下去还讲起了那两次战斗的经过。从打埋伏说到战后当地青年的热烈参军，越说越有劲，还不住地表演。钱忆群正想从这个"缺口"突进去，问问他这支部队的来历，他却"哎呀"了一声，原来他的手乱比画，被枪托碰痛了伤口。"缺口"

又被封住了。

一天，部队刚刚宿营，日军就突然来偷袭，由于处境不利，部队连忙转移。谁知行动不久，又来了一场暴风雨，立时地下的积水漫过了脚面，部队在水里走了一段路，迎面又发现敌情，只好淋着大雨折身继续走。走了一程，前面被一条河挡住。这时，带队的领导喊了一声："蹚过去！"就领头跳下了河，全队的人立刻变成一条锁链，手拉着手，向巨流扑去。到了河中间，不断有人被冲倒，但紧接着就被抢救出来，有许多人宁肯自己呛到水，也在拼命地保护着别人。经过一场与大自然的搏斗，这支部队完全地渡到了河对岸，天快亮时，来到了一个庄上。队伍在风雨中一夜劳顿，每个人都浑身泥湿，又饥又累，急需进屋休息，可当地老百姓根本不开门。钱忆群正使劲地敲门，却听蔡教官在队前讲话："天快亮了，大家就在外面坚持一下吧，各人找一个地方避避风雨，不要再去惊动老百姓。"他的话音刚落，队伍就解散了。

在雷雨和闪电中，钱忆群看见庄上的门道里、房檐下，三个一堆、五个一团，战士们肩依着肩、背靠着背挤在各处休息，没有谁发出任何怨言。

钱忆群站在石阶上怔住了，此时此刻，她已经忘记了浑身在流水，忘记了一切，心里像有一团火在燃烧。有生以来，钱忆群所见到的国民党军队可说并不少，有"遭殃军""忠救军"，还有那些兵匪不分的"烧毛部队"，他们哪个不偷鸡摸狗，哪个不作践老百姓，尽管名称不同，都是半斤八两一团糟。可是，眼前这支队伍，怎么会是国民党部队呢？

有天，部队在上课，钱忆群也想去听听，却看见课堂外面放着岗哨。奇怪，这个岗哨如果说是警戒敌人，为什么不放到村外去？钱忆群立即明白了，这个岗哨一定是为对付她这个"政工队员"而设的，便怅然地走开了。因为"政工队员"这个职务，实质上就是国民党派来的监视员和指导员。钱忆群反复考虑了好几天，决定去找部队的负责人谈一谈。

在大队部，钱忆群遇到的是蔡教官，她很想劈面就问：你们是不是新四军？但这话终于还是无法说出口，只好辗转说道："我发现，你们的队伍很好，和别的队伍不同。"

这话立即引起了蔡教官的兴趣，回问道："你看我们有哪些地方和别的队伍不同？""我觉得你们打仗勇敢，长官和兵士平等，上行下效，和民众的关系好。"

"喔！部队嘛，就得能打仗。打仗嘛，光凭我们这百十号人枪，哪怕尽是天兵天将，也是打不走东洋鬼子的。如果没有民众，要穿没穿，要吃没吃，人地两生，别说在浙东抗日，就是吃海边的苦水也会把部队吃垮的。你说是不？"

这话说得对极了，钱忆群再也抑制不住了，便大胆地问："蔡教官，你能不能告诉我，你们是什么部队？"

蔡教官一听，笑了，平静地回答道："我们是从浦东来的，原是第三战区淞沪游击指挥部第五支队第四大队，至于现在，你很清楚。"他的话自然而流畅，仿佛已答复过很多人了。话已至此，难以再进。两人又随便谈了几句，也就结束了。

此后，第四大队里有几个人经常来跟钱忆群接触，拐弯抹角地问她的经历、家庭情况等，甚至还有一次问她理不理解什么是工人阶级。但双方都可以感觉到，互相并没有全说实话。直到有一天，有人传话，说蔡教官想找钱忆群谈谈。

蔡教官一如既往，态度热情，说话冷静，他说想征询钱忆群对部队的意见。但钱忆群开口就先把老问题又提了出来："那首先你要告诉我，你们到底是什么部队？"

蔡教官反问一句："你看我们是什么部队？"

"你们不是国民党的部队！"

蔡教官审慎地看了钱忆群一会儿，慢慢地站起身来，说："钱忆群同志，你说对了，我们不是国民党部队。另外我们也已了解清楚了，你也不是真正的政工队员。现在我可以告诉你了：我们是共产党领导的部队！"

## 相公殿战斗打响了浙东抗日的第一枪

原来，1941年2月1日，中共中央军委根据皖南事变后的形势，对新四军作出新的战略部署，其中指出，"关于浙东方面，即沪杭甬三角地区，我们力量素来薄弱，总指挥部 **1** 应增辟这一战略基地，经过上海党在该区域创立游击根据地（以松江等处原有少数武装作基础）" **2**。1941年4月30日，在日寇发动宁绍战役后，毛泽东、朱德等再次致电刘少奇、陈毅、饶漱石："敌占宁波、奉化、温州、福州，如系久占，你们应注意组织各该地之游击战争。从吴淞，经上海、杭州、宁波直至福州，可以发展广大的游击战争。上海、杭州线的军事领导有单独成立战略单位之必要，此区有大发展前途，可划为第八师区域。" **3**

中共中央中原局 **4** 和新四军军部为贯彻中共中央军委上述指示，决定将开辟浙东、浙西的任务暂交中共江南区委书记兼新四军第六师师长谭震林负责，同时决定由中共皖南特委书记谭启龙在上海组织闽、浙、赣、皖四省联络站，负责打通与这四个省委的联系。

在无锡寨门，谭震林当面给谭启龙分析了华中、浦东、浙东的形势，并传达了中共江南区委的决定，将路南特委、浦东工委全部交给谭启龙领导，马上要执行的任务有两个：一是以浦东作为跳板，向南发展，在浙东开展抗日游击战争；二是要在日伪军在浦东"清乡"时，可以让部队向南转移，获得较大的回旋余地，以保存力量。

中共中央军委在电文中所说的"松江等处原有少数武装"，主要是指两部分武装：一部分是伪军第十三师第二十五旅第五十团中的600余人，实际由中共浦东工委委员兼伪军工作委员会书记朱人俊秘密控制；一部分是由支队长连柏生率领的国民党第三战区淞沪游击队第五支队。第五支队的前身是上海沦陷后由中共党员组建的南汇县抗日自卫总队第二大队。1940 年 5 月，顾祝同手下的国民党第三战区淞沪游击队第五支队在日伪"扫荡"中被消灭，连柏生乘机通过顾祝同第三战区司令部高级参议唐有嘉的关系袭用了这一番号。

为了在浙东地区创建新的抗日根据地，中共浦东工委派在伪军第十三师第五十团任秘书的姜文光率先于 1941 年 5 月 10 日带领一支小分队，南渡杭州湾前往余姚、慈溪、镇海三地的北部平原地区，即三北地区。这支小分队共 50 余人，其中包括伪军第五十团第三营第九连的一个排和淞沪游击队第五支队第四大队的一个班。他们的任务，最初只是侦察性的，前去探路。姜文光到浙东后，即与当时驻在姚北游源村的第三战区淞沪游击指挥部（宗德公署）取得了联系，并被游击指挥部指挥薛天白收编为淞沪游击队"宗德指挥部第三大队"（简称"宗德三大"），姜文光任大队长。

姜文光抵达浙东后，发现这里日军兵力不足，数十公里才有一处据点，有利于发展敌后抗战。于是，中共浦东工委又派出第三战区淞沪游击队第五支队第四大队（简称"五支四大"）共 130 余人，在林达（原名林友璋）和蔡群帆（对外称蔡正谊）等带领下，开赴三北。

1941 年 6 月 17 日，他们渡过杭州湾在浙东登陆，来到一个名叫许家村的地方。这里的老百姓不了解这支部队，听说是国民党军，没等部队进村就都跑得无影无踪了。林达见此情形，脸布愁云，摇摇头，但也很快就领悟到了老百姓的心情，便命令部队不准进民屋，并派人把躲在山上的老百姓动员回村。林达向村里保长解释，说明自己是抗日队伍，专打日寇，要老百姓不必惊慌。当晚，这位保长派人杀猪宰羊，办了十几桌酒席，邀请部队赴宴。林达得知酒宴上的东西全是从老百姓那里搜刮来的，就拒未赴宴，并把这个保长狠训一顿，要求他把这些东西归还给老百姓，还严令该保长今后不许对老百姓敲诈勒索。当晚，部队自己出钱向老百姓买了柴米，烧了一顿稀饭，吃的菜是萝卜干。谁知这顿稀饭，却震动了整个村子，连那个保长也说：

"世上哪有不吃荤的猫、不抢老百姓东西的军队,我长这么大既没听过,更没见过。"

晚饭以后,村上的男女老少像看把戏似的,到部队驻地看热闹。林达、蔡群帆把老百姓招呼进屋子,问长问短拉家常。有个胆大的青年人问道:"老总啊,你们部队纪律这么好,究竟是啥部队?"林达回答的还是那句老话:"我们是打鬼子的部队,哪里有鬼子,我们就到哪里去打!"

6月18日早晨,有侦察员来报告,说庵东据点有近30个日寇下午要到相公殿去抢粮。林达说:"送上门的鬼子一定要打,这一打可以发动群众参军,也可以吸引地方党来联络。"

听说这支部队要在这里打鬼子,许家村沸腾了。部队多次动员老百姓躲到山上隐蔽起来,但是谁也不愿上山,都纷纷要求参战。一位姓许的小学教师主动要求带部队去看地形,大地主家的长工胡金谭、许成跃则强烈要求参战,有个12岁的孩子名叫小林子,也主动要求爬到村头最高的树上瞭望敌情,报告敌人动向。村上的老百姓更是忙着烧水烧饭,说等打了胜仗后要慰劳大家。

于是,林达、蔡群帆率部队在许家村以西的大路两侧设下了埋伏。午后,日寇果然进了伏击圈,大家屏住气,专等着林达发出战斗信号,长工胡金谭却拉着林达的胳膊叫道:"快打,快打!别让他们溜了。"

林达低声说道:"别慌,要斩头截尾一锅端。"等日寇全部进入伏击圈后,林达一挥手,率先一枪击倒了队伍前面的第一个日寇。顿时,步枪、机枪一齐开火,毫无戒备的日军顿时变得一片混乱。经过半个小时的战斗,日军被毙伤20多人,剩余者则慌慌张张地逃跑了。

日寇吃了败仗,并不甘心失败。6月25日天还没亮,就有100多个日寇跑来报复,结果蔡群帆等早有预防,又把他们打得一败涂地。庵东的日寇连吃两次败仗,躲在据点里一个多月也没敢再伸出头来。

相公殿战斗打响了浙东抗日的第一枪,附近的青年们纷纷要求参军。这支队伍在短短半个月内就由 100 多人扩大到了 300 多人。

林达、蔡群帆率领的淞沪游击队第五支队，在名义上本来就是属于淞沪游击指挥部指挥的，到达三北后也与淞沪游击指挥部取得了联系。薛天白为扩充势力，并趁此冒报抗战功劳，就将第五支队第四大队升级为淞沪游击队第三支队，委任林达为支队长。

蔡群帆为了掩护身份，对外自称教官，实际上他是这支部队的政委。钱忆群终于听到蔡群帆亲口承认自己的部队是共产党的队伍时，感到无比激动，一时不知该说些什么，却听得蔡群帆又以极为诚挚的语调问道："钱忆群同志，你是不是共产党员？我们迫切需要找到浙东的党，你能不能帮助我们找到？"蔡群帆透露出无限的热情和恳切的希望，静待着钱忆群的回答。

但在皖南事变后，由于浙东的党组织处于白色区域，已遭到严重的摧残，按照规定，钱忆群没有权利直接表露自己的身份。她抑制住满腔激情，说道："蔡教官，你的话我都听懂了，党，我一定能够找到！"说到这里，钱忆群才发觉自己的眼泪已经顺着脸颊而下，滴滴答答地落到了桌子上。

蔡群帆向前走了一步，紧紧握住钱忆群的手，说："同志，我们等待你的消息！"

4 天后的一个下午，一个穿长衫的人——中共余姚县县委书记张光走进了这支队伍的队部。蔡群帆伸出手来，张光迎上前，两只有力的手紧紧地握在了一起。[5] 不久，宁绍特委书记杨思一也与林达和蔡群帆取得了联系。

继林达、蔡群帆之后，中共组织又派出多批抗日力量抵达三北地区，前后总共 7 批近 900 人。其中，1941 年 8 月底由朱人俊所率伪五十团一部共 300 多人，到达三北后，通过国民党淞沪特派员王根仲等人的关系，经国民党鲁苏战区副总司令韩德勤的同意，取得了"鲁苏战区淞沪游击队暂编第三纵队"（"暂三纵"）的番号。这些抗日武装力量，即是后来组建新四军浙东游击纵队的基础。他们在浙东当地党组织和武装的配合下，全面展开了抗击日寇、创建抗日游击根据地的任务，先后取得了长溪岭、施公山、登州街等战斗的胜利，经过半年的艰苦奋斗，初步开辟出了三北抗日游击区，在群众中扎下了根、站住了脚。

## 谭启龙在宓家埭村召开浙东敌后第一次干部扩大会议

1942 年 4 月 18 日，为打击日本的嚣张气焰，美国一支经过改装的 B–25 型双引擎陆军远程轰炸机队，在美国飞行员詹姆士·杜立特中校的率领下，乘载"大黄蜂号"航空母舰，从日本东部海域起飞。16 架轰炸机逐次攻击了东京、横滨、川崎、横须贺、名古屋等日本本土城市。美机在完成轰炸任务后，没有返回航空母舰，其中有 5 架安全降落在中国第三战区辖内的浙江省各机场。

美机此次轰炸东京等地，是日本本土在历史上第一次遭到空袭，民心惶恐，社会骚动。日军大本营认为：美国、英国、中国空军很可能从此会以中途岛、澳洲等地为基地，或从航空母舰上起飞，不断空袭日本本土，然后飞到中国寻找降落地点，或从中国大陆起飞，空袭其本土。"此种情况将会愈益增多，此次在浙江省的机场群对于敌军将有极大利用价值。为了粉碎敌上述企图，迅速摧毁浙江省的机场群，特别是丽水、衢县、玉山等地的机场，最为有效"。鉴于此，日军大本营遂于 1942 年 4 月 21 日电令侵华的中国派遣军："根据全面形势，务须火速实施炸毁浙江省机场的作战。"❻

为此，日军于 1942 年 5 月 15 日发起浙赣战役，出动泽田茂第十三军主力以"摧毁浙江航空基地"为目的，从杭州出发，开始进攻中国第三战区东部，以图打通浙赣路，并以第十一军一部攻击第三战区西部，作为策应，同时又以第一飞行团发起对中国各航空基地的攻击。面对日寇进攻，国民党 30 万大军纷纷溃退，在一个多月的时间里，诸暨、义乌、金华、衢州、江山等地相继沦陷。

中共中央华中局和新四军军部根据浙赣战役爆发后浙东地区形势的变

化，确定发展浙东敌后游击战争的方针是：抓住有利时机，大刀阔斧地进行工作，扩大与发展武装，创立敌后抗日根据地。但在这个时候，中共浙江省委由于在"温州事件"中再次遭到彻底破坏，还没有得到恢复。

中共浙江省委在皖南事变中遭到国民党顽固派的严重破坏后，省委机关在刘英等的重新组织下于1941年4月初从丽水迁回到温州。1941年7月，中共中央任命刘英为华中局特派员，负责指挥浙江、福建、江西三地区的工作。1941年11月，台州的中共台属特委机关发觉特委武工团团长李少金贪污腐化，立即下达了"李少金匿款逃走后企图拖枪投敌予以逮捕枪决"的手令，但在执行过程中不慎被其逃脱。1942年1月，李少金向国民党天台县党部自首，继而向"中统"浙江省调查统计室（简称"中统浙室"）供出中共浙江省委在温州的秘密联络点——恒丰盐店以及省委秘书周义群家庭住址等情况。中统浙室据此又核对了1941年叛变的中共温岭县委书记陈方汀的自首供词，断定中共浙江省委机关及刘英确实活动在温州城区，遂于1942年2月初，由中统浙室情报股长、中共叛徒陈家璧带着李少金、陈方汀等前往温州，于2月8日晚在温州城区小南门的恒丰盐店逮捕了正在开会的刘英等人。

刘英被捕后，国民党顽固派喜出望外。国民党浙江省第八行政督察区专员张宝琛电告国民党浙江省政府称："捉获刘英一人，胜俘敌十万。"但刘英在被关押期间，拒不屈服，并在监狱中写下了"十年征尘到如今，偷生弹雨息枪林。战死沙场堪自乐，囹圄室内何我分"的诗句。1942年4月初，国民党第三战区司令长官顾祝同指示中统浙室：刘英执迷不悟，应处极刑。日军发动浙赣战役后，国民党浙江省政府机关急于从其驻地永康方岩逃跑，1942年5月18日凌晨，国民党浙江省政府主席黄绍竑接到蒋介石从重庆发来的急电：饬速处决刘英。当日拂晓，刘英在永康方岩被秘密枪杀。

中共浙江省委再次被破坏后，新四军军部的陈毅、曾山于1942年5月31日电令谭启龙："应立即去浦东转浙东主持"工作，"在金华失守、敌军扩张战果或巩固已得阵地情况下，我浦东、浙东地区武装应即向浙江敌后发展，凡是敌军到达的地方，我军即应前去大量组织民众，首先注意发展武装，发动游击战争。但应以不妨碍敌顽作战与开发敌后为原则。我党在浙境活动的武装，可以一部分用新四军名义以资号召，但不应只用新四军名义，而应采用多种多样的名义、番号，以便求得更广泛的发展"。**7**

1942年6月3日，陈毅、曾山等再次致电谭启龙等，要谭启龙"率领张文碧、刘亨云及由一师抽出之一批中、初级干部即赴浦东转浙东，并将浦东电台带去浙东，以便与军部电台联络"，并"由启龙、张文碧、刘亨云组织浙东行动委员会，以谭任书记，并可酌量吸收浙东方面地方党的负责同志参加，并与浙江金、衢、宁、绍等地方党发生联系，与之商讨建立浙江敌后地区党的领导机关"，同时还强调："浙江党与部队目前工作方针是争取新生的有利时机，扩大和发展武装，创立敌后抗日根据地，可运用初期开辟敌后根据地之经验，大刀阔斧去进行工作。对外可提出配合国军作战的口号，广泛地开展统一战线工作，应采用各种各样的组织形式与工作方法，以达到发展的目的。"**8**

6月7日，陈毅、曾山又联合致电谭启龙："浙江情况由于敌人进攻、占领金华后，整个浙东十几县都要沦陷，实利我向前发展创浙省敌后抗日根据地。因为此次敌人进攻比往常不同，确有控制浙江重要城市外、相机打通浙赣路的企图"，"启龙与一师抽调出来的张文碧、刘亨云等同志组织浙东行委，尽可能抽调部分干部随同所抽调的武装、电台，立即挺进到浙东敌后，提出配合国军作战与保家、保乡口号，广泛开展敌后统战工作，采取各种各样名称和形式组织群众，特别是武装民众，达到发展党领导下的武装力量，创造敌后抗日根据地"。**9**

为此，谭启龙根据上级指示，于1942年6月与第三战区淞沪游击队第五支队支队长连柏生等，带了一小支部队南渡，登陆古窑浦，来到了三北地区。紧接着，新四军军部和第一、第六师选派的何克希、张文碧、刘亨云等干部也到了浙东。他们在宓家埭村顺利地与先期到达的林达、蔡群帆等人见了面，大家无不高兴。

此时，林达、蔡群帆带领的原"五支四大"已奉命与"暂三纵"第二大队以及余姚地下党朱之光创建的独立大队，组成了一支短小精干的南进支队，随着日军沿着浙赣线不断南下，紧紧尾随其后加以牵制，并计划先进入会稽山区，建立新的抗日游击根据地。南进支队由林达任支队长，蔡群帆任大队长兼政委，黄明任副大队长。支队取林达的"达"字和蔡正谊（蔡群帆曾用名）的"谊"字，又称"达谊"部队。南进支队下辖第四、第五、第六共三个中队和一个直属队，合计200多人，有轻机枪5挺、长短枪200余支，还配有一台无线电收发报机。

6月6日，南进支队从余姚县游源出发，渡姚江经慈南、姚南转到虞东，又渡过曹娥江到上浦继续西进，经杨浦到王坛、谷来，准备继续向西进军会稽山。

谭启龙得知南进支队正在不断西进，而且准备前去与中共绍属特委会合，又问起林达等："你们在三北是怎么与浙东地方的党组织联系上的？"林达和蔡群帆绘声绘色地讲述了钱忆群这位共产党员如何潜伏到假装不是共产党领导的共产党队伍里寻找共产党的详细经过，众人听了无不赞叹。所以，后来谭启龙见到了钱忆群，禁不住说了这样一句话："钱同志，你的功绩，浙东人民是永远不会忘记的。你是中华儿女的楷模。"

1942年7月18日，谭启龙在宓家埭村的宓大昌召开了浙东敌后第一次干部扩大会议。刚来浙东的干部和在浙东工作的地方干部、军队干部参加了会议。谭启龙在会上作了《目前国内外形势与我党发展浙江敌后游击战争建立根据地的方针》的报告。他分析了开辟浙东抗日根据地的三个有利条件：第一，有党中央和华中局的正确领导，以及新四军第一师师长粟裕的指导，为做好工作提供了可靠保证；第二，浙东人民具有光荣的革命传统；第三，地方各级党的组织具有很强的战斗性。浦东部队进入浙江一年来，在党的领导下，进行了民族教育、阶级教育，纪律严明，敢于打击日军，赢得了人民群众及各界人士的一致称赞，得到了他们的大力支持。同时，谭启龙也向大家坦言了面临的许多困难：浙江是国民党的"模范省"，浙江奉化是蒋介石的老家，这里各种反动势力非常强大，聚集了许多国民党的正规部队，控制了姚江以南的大片地区。在三北地区，日军建立了许多据点，还有一些国民党的杂牌部队，而中共领导的军队回旋余地较小，且部队数量有限，况且，这支部队只有少数是中共自己创建发展起来的，大多数是由伪军和国民党军队争取、改编过来的，军政素质还有待进一步提高。谭启龙反复告诫大家："同志们要做艰苦细致的思想政治工作，要有充分的思想准备，在夹缝中求生存和发展。"随后正式启动了在三北大地上的党、政、军组织全面建设。

1942年7月28日，中共中央华中局电令正式成立中共浙东区委，谭启龙任书记。8月19日，浙东军政委员会也宣告成立，何克希任书记，负责对浙东抗日武装实行统一领导。同月，根据中共中央华中局关于"灰色隐蔽、积蓄力量、长期埋伏、以待时机"的方针，在慈溪北部的鸣鹤场又成立了第三战区三北游击司令部，司令员何克希（化名何静），政治委员谭启龙（化名胡志萍），副司令员连柏生，参谋长刘亨云（化名刘云），政治部主任张文碧。浙东主力部队也进行了统一整编，其中，在会稽地区活动的南进支队改编为第三支队，支队长林达，政委蔡群帆；鲁苏战区淞沪游击队暂编第三纵队的大部改编为第四支队，支队长吴建功，政委吕炳奎；后期渡江过来的淞沪游击队第五支队第一大队改编为第五支队，支队长由连柏生兼任，参谋长张席珍。另设有司令部特务大队、警卫中队和海防中队，并在慈北组建了教导队。整编后的主力部队全体指战员及工作人员，共计1510人，有轻重机枪36挺、长短枪878支。对于这支队伍的构成，时任浙东区党委委员、三北游击司令部政治部主任的张文碧讲过一段很精辟的话：浙东是三种重要力量的结合，第一是浦东南进浙东的武装部队，这是一支党领导的好部队，政治素质好，经过长期灰色隐蔽的锻炼和考验；第二是宁绍地方党的雄厚基础，在七七抗战以后组织了很多"政工队"，还有武装力量；第三就是华中局和新四军军部多次派来的一批批军政干部。浙东区党委成立以后，这三者在谭启龙同志为核心的浙东区党委领导下，亲密地团结成为一个拳头。

由于三北游击司令部下辖第三、第四、第五支队三个主力，所以浙东地区群众又把这支部队称为"三四五支队"或"三五支队"。

## 日寇半夜偷袭，张季伦激战阳觉殿

林达、蔡群帆、黄明率领着南进支队在 1942 年 6 月底穿过会稽山到达了绍兴诸暨县境内，与早已在这里的中共绍属特委特派员杨思一会合，随后在赵家镇绛霞村召开了中共会稽地区组织与南进支队干部联席会议。会议根据当时日军攻陷浙赣线北段的形势和枫桥地区中共力量较强、群众基础好、紧靠会稽山、便于部队活动等有利条件，决定以枫桥为中心，建立起浙东会稽地区抗日游击根据地。为此，南进支队在当地各抗日组织的配合下，不断转战于诸暨、义乌、东阳、浦江、嵊县等地。7 月 7 日，南进支队应枫桥地区民众与士绅的请求，一举歼灭了在当地无恶不作的悍匪徐文达，俘获 200 余人，缴枪 140 余支、子弹近万发，同时在枫桥设立了办事处。

1942 年 8 月 15 日，日军停止浙赣战役，退守到金华、兰溪一线，并开始在三北、绍兴、宁波等地区恢复和增设据点。

三北游击司令部所属部队的频繁抗日活动，很快引起了日、伪、顽的注意。8 月中旬以后，日寇一面对国民党诱降，一面对三北游击司令部部队发动"扫荡"；国民党顽固派也乘机加紧了在浙东地区的反共活动。日、顽与中共之间的三角斗争形势骤然紧张起来。

根据这一新的形势，为了长期坚持浙东抗日斗争，中共中央华中局和新四军军部于 9 月 5 日对浙东斗争作了详细指示。

中共浙东区委于 9 月 22 日作出了《关于长期坚持浙东斗争的决定》，确定了"坚持三北，开辟四明，在四明山完全占领后，再争取控制会稽山"的方针。中共中央华中局批准了这一方针。

中共浙东区委和三北游击司令部迅速调整部署，由谭启龙、何克希、张文碧率三北游击司令部机关及第四支队和教导队挺进四明山，控制了余姚、慈溪南部的一部分地区；由刘亨云率领第五支队坚持在三北地区；由连柏生、林达率特务大队和新国民兵团开辟慈（溪）东和慈（溪）西地区。

然而，就在这个时候，日伪军突然对三北地区发起了"扫荡"。

1942年10月，日伪军闻知浙东三北地区抗日力量正在发展，便调动上千兵力，分成三路对三北地区进行"扫荡"。日军遍设据点，到处骚扰，反复搜索，企图消灭三北抗日武装。

10月7日，三北游击司令部司令员何克希带领第四支队部队准备继续向四明山挺进，在准备渡过姚江，行进到慈溪西部宓家埭与三七市交界的大霖山上时，因为已连续爬了几座大岭，所有人都感到十分疲惫。何克希见了，让司令部传下口令："同志们，加把油，山顶上就是目的地了。"果真，山顶上矗立着一圈黑黝黝的高墙大屋，这就是三北有名的阳觉殿。阳觉殿，原名清隐庵，也称羊角殿庵，是一处道教圣地，始建于元朝，后受损毁，1916年起，上海清虚观集资在这里建造了太清宫、玉清宫、雷祖殿、关帝殿、三元殿等，以及两幢送往迎来的客厅，总称大霖山清虚观，俗称阳觉殿。这些宫殿依着山势的曲折起伏，构筑在大霖山上，金色的琉璃瓦与茂盛的绿叶相辉映，显得既幽雅又壮丽。

部队一进殿，道士道姑们不知来了什么部队，纷纷在殿内东藏西躲。战士们连忙解释："不要惊慌，我们是三四五支队，借宿一夜。"道士道姑们才连连点头。

当夜，战士们正在沉睡。突然山下"啪！啪！"响了两枪，紧跟着一个哨兵奔进了殿内，向执勤的第四支队副支队长张季伦报告："日本鬼子攻山啦！"

日寇来得太突然！张季伦跳起来，立刻命令部队起床。顿时，哨声、脚步声与外面不断传来的枪声混在一起。何克希走进殿来，立即进行战斗部署："张季伦，你组织第四支队阻击，马上抢占殿前各个山头，掩护司令部撤退到竹山，刘发清带一挺重机枪归你指挥。"

"好吧！"张季伦拔出枪，推上子弹，立即奔到大殿门口召集各中队长交代任务。

在1942年10月8日白茫茫的晨曦中，游击队战士们分成小队快步地向前山奔去，很快就把各个山头控制了。没一会儿，刘发清带着重机枪跑到了张季伦面前，他是"红小鬼"出身，一听说打仗，就把袖子卷到上臂，手枪横插在胸前，急迫地问："老张，怎么干哪？"张季伦说："老刘，跟我跑！"说罢，两人飞快地跑到山巅的突出部位，刘发清架好了重机枪。

这时，天色已渐渐大亮，云雾也在逐渐消散，山头抹上了一层红色的阳光。很快，日军的掷弹筒和重机枪就在对面的高地上响了起来，接着从山下发起了冲锋。穿着黄军衣的日寇从各条山卡里向上涌来，嘴里哇哇地叫着。

张季伦并不急着下达射击命令，而是冷静地观察着敌人的动静。直到日寇已靠近游击队的前沿阵地，散开了队形，开始向各座山头进行短距离冲锋，并且能够被看清脸形时，张季伦才大喊一声："开火！"

顿时，步枪声和手榴弹声从敌人的东西二侧相继而起，刘发清的重机枪也吐出了长长的火舌。

敌人遭到突然打击，立即倒下了七八人，队形也混乱了。几个日寇指挥官举着刀，急忙让部队龟缩到山洼里。但沉默了不到十分钟，几把明晃晃的指挥刀又逼迫着日伪军钻出死角，步步逼上山来。敌人刚一进入机枪火力网，游击队的机枪立即咆哮起来，弹丸密似雨点一般地泼向敌人。

正当战斗激烈的时候，游击队的左侧两挺轻机枪突然不响了。张季伦回头一看，糟糕，机枪发生故障，卡壳了。敌人已乘机一拥而上，冲向游击队的阵地。张季伦忙跃出掩体，站起来大喊："同志们，用手榴弹、步枪，拼啊！"随即连扔了四五个手榴弹。

顿时，连续抛出的手榴弹腾起浓厚的硝烟，不断炸起的碎石劈头盖脸地四下弹射。在烟雾弥漫中，听得日伪军已惊叫着向山下败退了。游击队战士们立即振奋起来，紧接着又是一阵轰隆隆的手榴弹爆炸声。山坡上已横倒着敌人的十几具尸体和 20 多个伤兵了。

突然，左斜侧又响起了激烈的枪声。原来敌人见正面失利，转而跑到后山去抄小路了。但守在那一侧的战士们正在沉着地利用轻机枪、步枪和手榴弹向敌人还击，他们的面前也已倒下了 7 具日军的尸首，还炸破了一面太阳旗。

战斗持续了 4 个小时，游击队战士们已打退敌人七八次冲锋，阵地前的敌人也已死伤一大片。可敌人并未停止攻击，而且进攻的人数也越来越多，阳觉殿阵地的一部分也已被日军占领，再打下去，对游击队不利。张季伦果断地命令部队转移了。**10**

在转移前，游击队考虑到阳觉殿众多道士、道姑及勤杂人员的人身安全，敦促他们立即离开阳觉殿，免遭日伪军的侵扰与残害，但他们不忍离开阳觉殿而去。就在第四支队离开后的当天下午，日伪军占领了这里，对所有殿宇进行了地毯式的搜查，在一无所获后，竟将无辜的 13 名道士道姑及长工全部杀害，随后点燃火把，将阳觉殿化成了灰烬。

## 尹林灿孤身守卫竹山岭，对战 200 多名日伪军

1942 年 10 月 9 日清晨，三北游击司令部参谋长刘亨云正在彭桥的上史家第五支队驻地指导工作。有侦察员报告：日伪军 200 多人，正翻山越岭，由东向西，经竹山岭返回余姚县城。刘亨云立即与第五支队副支队长张席珍谋划，决定出敌不意，在竹山打一场伏击战，来个迎头痛击，让日伪军在竹

山再尝一下抗日游击队的铁拳。

这个任务，很快以命令形式下达给了驻扎在竹山村的第五支队第三中队。竹山是个小山村，只有五六十户人家，但地理位置优越，北、东和南三面环山。北麓不远处就是第五支队驻地上史家。东麓的东面有大片农田，是个开阔地带，但田间有零星坟墩，不远处有条南北向的游泾江，江的南向尽头是源游村。竹山村的南面是横亘数十里的翠屏山脉，群山围抱，山峦叠翠，郁郁葱葱。竹山岭在竹山村的东南方，是一条东西向的较为平坦的山岭。由竹山岭向东，可前往源游、岗墩、白石尖等地；由竹山岭向西，可沿着南山脚前往横河、浒山等地。驻在竹山的第三中队是第五支队的主力。中队的全体指战员，大多是由上海浦东南渡来姚北的老战士，他们久经沙场磨炼，能打善战。中队长程克明、指导员凌汉棋和副中队长翁阿坤接到支队的战斗命令后，立即按支队要求，结合竹山的地形地貌，制订了详细的作战计划。

早饭后，第三中队各排按中队作战部署，依次进入位于竹山岭北、朝东南方向的三个山头。第一排为前哨，进入靠竹山岭最近的一个山头。第二、第三排分别在第一排后面的两个山头，作为侧翼。这一部署，凭借了山头制高点的优势，居高临下，易于守、利于攻，又可利用山脊做屏障，隐蔽自己，不使敌方发觉。

此时正值金秋，天高气爽。埋伏在山头的指战员们，整个上午看到的都是山下大片尚未开镰收割的稻田，听到的都是山间呼呼作响的松涛声。眼看已日当晌午，却仍未见一个日伪军的踪影，但因为大家早上喝的是稀饭，肚子都饿得咕咕叫了。中队长程克明见此情况，下令全队先回去吃饭，并让第一排留下一人继续放哨，以防日伪军在此期间经过，贻误战机，第一排三班的班长尹林灿主动要求留下。

可就在第三中队刚刚撤回来，还没来得及吃午饭，忽听得空中响起清脆的"叭叭"两声枪响，这是敌人已经出现了的信号！众人立即拿起武器，飞快地奔向各自的阵地。

独自放哨的尹林灿发现有200多名日伪军到来，马上鸣枪报警，同时也令正在行进中的日伪军大吃一惊。他们立即就地卧倒，待辨清方位后，很快就成群地向尹林灿守卫的山头上围拢过来，并架起重机枪，频频向山头上猛烈扫射。尹林灿找到有利地形，沉着应战，专拣最前面的敌人点射，不多时已击毙了5个敌人，但自己的手臂、头部等好几处也都挂了彩。日伪军不知山上有多少人，正在蜂拥而上，想要抢夺山头。就在这千钧一发之际，第一排的30余名战士已急速地返回到了山头上，一阵猛烈的机枪扫射，步枪、手榴弹也跟着响起，一时打得敌人晕头转向，哇哇直叫，乱成一团，退了下去。这时，第一排的战友们才发现，尹林灿已因流血过多牺牲了。

日寇为夺下山头阵地，以轻、重机枪作火力掩护，发起了一次又一次的冲锋，但一次又一次地被英勇的第一排战士所击退。经过3个多小时的战斗后，中队长程克明下令第一排退出阵地。日伪军夺得第一排阵地后，在十几挺轻、重机枪和掷弹筒的火力掩护下，开始向第二、第三排所在的山头进行强行围攻。

然而战斗未久，在第三排阵地北面的太白山顶上，突然响起了"哒哒哒"的重机枪声，密集的枪弹一下打乱了日伪军的阵脚。原来是第五支队副支队长张席珍带了50余人闻讯前来助战了。程克明见日伪军一时收起火力、停止了进攻，急令第三中队所有武器火力全开，迫使爬上山来的敌人抱头鼠窜，节节后退。张席珍立即令司号员吹起冲锋号，全体参战人员似猛虎下山一般，山间田野上响起了震天动地的喊杀声。正在后退的日伪军兵败如山倒，丢盔弃甲，惶惶败北而去。

浙东游击队员两天之内，经过阳觉殿、竹山岭的战斗，连战连捷，先后毙伤日伪军百余人，重挫了日寇的气焰。

此时，三北游击司令部机关及第四支队和教导队继续向四明山挺进。10月10日晚部队经蜀山与丈亭之间渡过姚江后，于10月11日进入了四明山区，当晚在姚南的十五岙宿营。10月14日，何克希等抵达石门，遭遇国民党慈溪县警察大队等部 200 余人的偷袭，何克希指挥游击队立即还击，将其击溃，一直追到慈南的芝林，先后解放了陆家埠、杜徐、衰马、古溪和芝林等地，不久就发展到翁岩一带，并与在鄞县西部地区活动的中共党员严式轮和林一新取得了联系。林一新的公开身份是国民党鄞县郭清白部第六大队的负责人，严式轮是国民党鄞西区区长。此时，四明山区重镇梁弄还在国民兵团肖文德和区长陈恩绥控制之中，三北游击队对他们首先采取团结抗战政策，以礼相待。这样，三北游击司令部实际上已控制了鄞西鄞江桥一线以西的四明山区。

## 何克希仅带两名随从会见田岫山

就在三北游击队对日伪军进行紧张的反"扫荡"作战之时，国民党顽固派第三十二集团军总司令李默庵竟然指派军统局的特务游击武装"忠义救国军"第一支队，在支队长艾庆璋的带领下，从钱江以北出发，又纠集张立民的金山抗卫总队、谢友生的平湖抗卫总队和土匪王八妹部等，共 3000 余兵力，于 1942 年 10 月下旬从平湖、乍浦南渡杭州湾，先后在三北的临山、段头湾等地登陆，以"进剿"为名，步步向南推进，妄图乘三北游击部队立足未稳，将之赶出三北地区。

浙东局势的变化也使陈毅等人甚为着急，但考虑到"忠义救国军"作为顽军要向敌后发展的必然力量，对其可打可合，发展抗日根据地才更为重要，故新四军军部于 10 月 23 日致电浙东：

> 自敌放弃浙赣路后固守金、兰线，形成与顽对峙的局面，估计目前浙东新的变化暂不会有的。据你们报告，诸暨、新昌、奉化以北虽属敌后地区，但敌伪据点不多，情况并不严重，仍有土顽盘踞，并有相当大过于我们的力量。尤其浙东现在形势稍为平静后，顽方必然要集中余力

向敌后发展，打通与土顽联系，有共同配合向我压迫、以争夺敌后地区之最大可能。所以，目前即将要到来给你们的威胁是应付顽方进攻，同时要估计自己尚未站稳脚跟，部队系新的组织，战斗力锻炼不够，经不起重要的考验，这是自己的缺点，不可忽视。据上述情况估计，我们提供以下意见供参考：

（一）你们今后的斗争方式不大吹大擂，而尽可能采取埋头苦干、比较隐蔽活动方式，松懈敌顽方注意力。善于利用敌、伪、顽间各种矛盾，多交朋接友，以求得自己的生存发展为原则。

（二）请考虑自己的力量，如有绝对胜利把握条件下，主张集中力量，首先打开三北局面。可利用"忠救"内部矛盾，拉李打张的办法，求得各个击破之。如能控制三北，才能算初步的站稳了脚跟，为将来发展的依托。但要慎重考虑，如无把握切勿轻举妄动，以消耗自己力量。

（三）要把握着向敌后发展方针。从过去经验告诉我们，如违反这一方针，向国民党后方去行动，不仅政治影响不好，不能取得群众拥护，反而遭受损失。

（四）四明山、会稽山、宁奉地区仍应以比较集中方式，采用分散的坚持方针，不要因为集中力量搞三北地区，而根本放弃上述地区的发展和坚持工作。"

然而，到了1942年10月底，张立民率"忠义救国军"挺进第一纵队，即金山抗卫总队已进至三北根据地的中心地带消路头，扬言要在三北地区独收钱粮、税款，并要三北游击司令部让出三北地区。中共余上县委和消路头办事处经研究决定，以抗日民族统一战线为大局，派朱人元、钱忆群等，带着猪肉、老酒、香烟前去慰问张立民的部队，并表明希望大家枪口一致对外、共同抗日的态度。但张立民蛮不讲理，次日即捣毁了三北游击纵队消路头办事处，抓走税收人员，又抢走了被服厂已做好了的棉衣、棉被。

这个时期，国民党杂牌部队新编第三十师师长张銮基在浙江天台境内被国民党特务暗杀，部队番号被取消。该师第八十八团团长田岫山、第八十九团团长张俊升等打着为"老师长报仇"的口号，从原驻地天台到达三北、四明地区。田岫山部开始驻在梁弄，张俊升部驻在上虞章家埠。不久，田岫山部又渡过姚江，驻到三七市，并与余姚日军联系，准备投敌。田岫山部进入三北，无疑又加重了三北游击司令部的压力。

面对这种局面，浙东区党委在反复研究对如此猖狂的艾庆璋和张立民，到底是打还是不打。何克希、刘亨云和张文碧都主张打，艾庆璋到达三北后，自认为有3000多人，人数和装备都占优势，不顾三北游击纵队的多次呼吁和步步退让，反而越来越嚣张，必须将其消灭。谭启龙认为，如不奋起反击，的确无法在三北立足，四明山的发展也会失去后方，但如果打不好，就会在三北地区形成与顽军尖锐对立的局面，这样的形势也是极为不利的，甚至可能会亏掉老本。最后，谭启龙决定，应先向中共中央华中局和新四军军部请示定夺。

11月15日，陈毅等致电浙东，根据形势的新变化，明确提出要优先坚持三北地区，不要急于完成在四明山的发展，而且要集中一切力量首先保证三北地区的巩固。

（一）目前浙东形势已趋稳定，敌人无大的战略企图，敌伪据点不多。故国军在此情况下，必然派队挺入敌后，会合土顽进攻我军，以争夺敌后地区。我们一定要估计到，这种形势现在还没有，但将会到来。所以应乘此时机打下游击根据地的基础，进行一切必要的准备，才能应付将要到来的严重的情况。

（二）数年来的经验告诉我们，只有向敌后才能求得生存与获得发展。如违反这个原则，不仅对党的任务与政治影响有碍，在军事上亦不利，因此你们不要以南进为主要方针。

（三）你们如能集中力量先打开三北地区，控制该地区就可以站稳你们在浙东的脚跟，对今后坚持与发展最为有利。依目前浙东情况看来，向慈南、四明山大发展是比较困难的，只能作为次要的游击发展方向。请你们细致考虑之。如发展的方向确定后，则应集中一切力量使用于主要方向，不可分散使用力量，以争取有利时机完成主要任务。**12**

11月18日，陈毅等再次致电浙东，举例说明抗日游击只有在敌后才有发展可能，在顽军之后绝无可能，浙东要发展的四明山和会稽山地区都处于敌顽接合部，必须要背靠稳固的敌后根据地才有可能发展，现在三北根据地已受到明显威胁，浙东应立即将区党委和军事主力移回三北，确保三北敌后根据地的稳固。

根据五年来我军发展的经验，敌后为我最好的发展地区。敌顽接合部，其背靠我敌后根据地者，我能长期坚持，如苏南竹箦桥一带敌伪接合部；其不靠敌后地区或距敌后较远者必遭失败，如皖南云岭，如前四师之豫皖苏边区。我五师独处敌顽之间，但亦因背靠武汉，有广大敌后游击区，乃能长期坚持，但处境特别困难，又因五师力量较大，领导亦较坚强，特别多系老苏区，才能支持至现在。在顽后方则无发展抗日游击的可能。这些具体的教训是应该认识的。

浙东形势南进机会暂无可能。四明、会稽地区为敌顽接合部，必须首先在巩固三北敌后地区的条件下，才能在四明、会稽作敌、顽、我长期性的三角坚持。如不首先巩固三北，平均使用兵力，必造成以后极大困难。因此区党委及浙东主力应移三北，作统一三北的工作，而四明、会稽地区则暂保持游击坚持工作。这个工作应立即付诸实施。**13**

在中共中央华中局和新四军军部的连续指示下，中共浙东区委、三北游击司令部决定首先要集中全部兵力，歼灭艾庆璋，巩固三北，暂缓大力在四明、会稽地区开辟根据地的行动。

但要歼灭艾庆璋，刚移师至三北的田岫山部就成了很可能会发生重大影响的不稳定因素。在浙东区党委会议上，何克希认为，可以利用田岫山部与国民党军的矛盾，争取他们在游击队与艾庆璋部作战时保持中立，并提出亲自前去做争取田岫山的工作。谭启龙和张文碧都认为这太危险，不同意。何克希又说，自己在苏南东路工作时，曾与田岫山打过交道，此人虽是兵痞，狡诈凶险，但讲江湖义气，好交朋友，更重要的是，他目前与游击队暂无利益冲突，还是有可能说服他保持中立的。

于是，何克希只带了参谋和警卫员各一人前去会见田岫山。田岫山见何克希只带了两个人，认为他够朋友。两人会谈了一下午，何克希劝田岫山不要去当伪军，不但会遭国人耻骂，而且日本人也不好伺候。但田岫山说投降日本人是被逼的，部队需要补充装备和弹药，这也是在为师长报仇做准备，等等。不过，他同意不会进攻何克希的游击队。这就解决了田岫山可能的威胁。

## 歼灭艾庆璋，三北游击司令部打响自卫反击战

1942 年 11 月 20 日，谭启龙等发出通知，要求分散在各地的部队全部赶到三北的游源集中。于是，除谭启龙与何克希等率第四支队和教导队、刘亨云等率第五支队迅速返回游源外，林达率领的特务大队、第三支队（即南进支队）、诸暨八乡抗日自卫大队等全部军事力量，也都陆续返回了游源。

由于艾庆璋扬言要继续推进，占据四明山，所以把他的四个纵队摆放在了宽达 50 公里的一条线上，不断向前推进，各部之间空隙很大，每个纵队大些的有千把人，少的只有五六百人。何克希等决定集中全部三北游击队力量，耐下性子，抓住时机，每次吃掉对方一部分，就可以积小胜为大胜，最

终达到全歼艾庆璋的目的。

11月26日，三北游击司令部所属全部力量，总共1300余人，在游源召开誓师大会。司令员何克希向全体指战员进行了战斗动员，号召大家同心协力，消灭艾庆璋。由于张立民抢走了物资，大多战士还没有棉衣、棉被，部队求战心切，擎枪高呼"打倒顽固派！""打倒艾庆璋！"的口号，声如怒涛奔腾，此起彼落，山鸣谷应。

11月28日，何克希获得了确切情报，张立民所率的金山抗卫总队驻扎在周家路登州街、小安街、草楼等地，便决定首先消灭张立民部。

当夜，三北游击司令部出动第四和第五支队直插草楼。第四支队迅速占领堤坝，形成了一条封锁线，以防止顽军从海上逃窜，第五支队则从两侧形成了包抄。战斗打响后，从梦中惊醒的顽军有的被击毙，有的立即做了俘虏。这时，第三支队也对登州街、小安街等处发起了突袭。经过激烈交锋，各路捷报频传。经此战斗，除张立民带几个随从逃跑外，其余500余人全部被歼，游击队缴获轻重机枪10余挺、步枪500余支以及大批弹药，棉衣棉被也全部夺了回来，自身却未受伤亡。

张立民部被消灭，无疑给了艾庆璋当头一棒。他连忙率部由胜山一带向西移动，12月2日移驻到上虞北部黄家埠、章戴等地时，又被何克希抓住机会，再次被歼灭300余人。

这时，侵驻三北地区的日伪军出现了出动迹象。为防止敌、顽夹击，浙东区党委经研究，决定将游击队分成两路：一路由谭启龙和何克希率领司、政机关及部分部队，转到慈溪、镇海北部，牵制日、伪、顽军的注意力；另一路由张文碧、刘亨云率领第四、第五支队主力，在余姚、上虞一带活动，重点寻找艾庆璋部主力，伺机将其歼灭。

12月8日，刘亨云和张文碧获悉，谢友生率领的平湖抗卫总队和土匪王八妹部驻在黄家埠一带。王八妹本是太湖女土匪，据说能双手打枪，后嫁给兼任国民党政府平湖县县长的谢友生。当天夜里，第三、第四、第五支队集中力量一面分割开该部与艾庆璋主力间的联系，一面直扑黄山埠一带，对谢友生、王八妹部发动突然袭击。部队冲进去时，他们还在呼呼大睡，一个个从被窝里钻出来当了俘虏。这一仗全歼了谢友生等平湖抗卫总队的500余人，王八妹因是土匪出身，很狡猾地逃脱了。

消灭了谢友生部后，刘亨云、张文碧乘胜追击，于12月9日14时追上艾庆璋大队人马。第四支队立即抢占有利地形，展开火力猛攻，特务大队的刘发清操着重机枪不停扫射，副支队长张季伦指挥部队猛打猛冲。艾庆璋部全线溃退，向北奔逃。第四支队奋起直追，第三支队和第五支队也迅速包抄过来。艾庆璋部一直逃到海滩边上，再也无路可走，急得如热锅上的蚂蚁在海滩上拥来挤去，有的干脆脱掉棉衣逃到海里，想游过钱塘江到江北去，但水冷、浪大，游不多远又返了回来。不少顽军更是陷入淤泥里拔不出脚，只能静待受擒。

这时，有俘虏说，艾庆璋已剃掉了大胡子，带一股部队逃到临山伪军的小越据点去了。小越是一个较大的集镇，三面环山，一条河流横贯集镇南北，后山和马面山上各筑有一座高层碉堡。艾庆璋率残部龟缩到了镇内河东的大祠堂内。

12月15日深夜，刘亨云指挥第四、第五支队各一部先后拿下山上的两座碉堡，然后一举攻入镇内，歼灭了镇内伪军和艾庆璋残部400余人，但艾庆璋再次逃脱，他提前带着少数随从渡过曹娥江，窜回了大后方。

三北游击司令部这次针对顽军的自卫反击战，持续18天，经历大小战斗29次，共歼敌2000余人，缴获轻、重机枪30余挺，长短枪1000余支和大批军用物资。这次自卫反击战的胜利，大长了游击队的威风，"三五支队"名声远扬，游击队主力部队也发展到了2000多人。三北地区因此得到了巩固和发展，这块东西长100公里、南北宽30公里的地区，除少数几个日伪军据点外，都成了抗日游击根据地，为以后继续南进四明山奠定了可靠的基础。

## 浙东游击队力战梁弄，收复四明山

1943 年初，浙东各军事力量在三北鸣鹤场进行了充实和调整：充实第三、第四、第五支队，调整和充实特务大队，将海防中队扩建为海防大队。浙东区党委决定，三北根据地得到巩固后，按原定工作方针，主力部队将继续挺进四明山区，其他部队则分赴各指定地点。其中，浙东区党委率三北游击司令部、政治部、第三支队、特务大队、教导大队返回四明山区；第四支队部署在姚北的周巷和庵东以西的沿海地带；第五支队留在周巷以东地区发动群众，建立政权组织，扩大武装部队，巩固根据地；吕炳奎、张大鹏率领海防大队，仍以古窑浦、观海卫为基地，坚持海上斗争，打通与苏北的联系，并为开展定海游击斗争做准备。

1943 年 2 月，经浙东区党委向中共中央华中局提出申请，华中局、新四军军部和新四军第一师又派来 100 多名干部，用于在浙东进一步建立和发展各级政权组织。

1943 年 2 月中旬，浙东区党委在慈南杜徐召开扩大会议，总结了部队到三北建立浙东区党委后半年来的工作及其经验教训，并对三北游击队作了较大的组织调整：加强司令部、政治部的力量；为建设主力，将第四支队和第五支队合并组成新的第五支队，由王胜任支队长，第三支队建制不变，补充进新国民兵团，由林达任支队长。同时还决定对浙东的全部军事力量进行一次有组织、有计划的军事、政治训练，采取能者为师、官兵互教的方针，学政治、学军事、学文化，以促进部队向正规化方向发展。

1943 年 4 月，浙东区党委、三北游击司令部率主力返回四明山区后，决定拔除日伪军建在四明山腹地的梁弄据点。

梁弄地处余姚、上虞、嵊县、奉化、鄞县、慈溪等 6 县边境，是姚南山区的大镇，拥有 1000 多户人家，是临近数十公里山区大宗土特产的集散地，市面很热闹。该镇扼有多条通道，在军事上也占有重要地位，占据梁弄，也就等于控制了四明山区。

梁弄是游击队主力从四明山撤出、回三北进行反顽自卫战时被伪军第十师第三十七团第一营乘机占据的。该营下辖三个步兵连及归其指挥的团属情报队一部，共200余人，配有轻机枪8挺。其中，第一连驻在洞桥、民众教育馆、横家祠堂以南地区；第二连驻在横街祠堂、阴功会、关帝庙地区；第三连防守在狮子山。第一营营部设在横家祠堂。伪军在梁弄镇子上以房屋为依托，利用砖房围墙打枪眼，在民房楼上设置机枪火力点，又利用街口的墙角构筑了地堡、交通壕，并在外围构筑了堑壕，设置有铁丝网、篱笆栅、拒马等障碍物，在狮子山南北102和112两个高地上也都构筑了地堡、堑壕、交通壕，并设置有竹篱笆、铁丝网和鹿砦等障碍物，且在狮子山102高地和民众教育馆南端各筑有一个两层火力的大碉堡，从而构成了有完整火力配系的防御阵地，他们自诩为牢不可破的"马其诺防线"。

1943年4月22日晚，雨过云散，三北游击队的第三支队、特务大队、教导大队及姚南办事处所属的自卫队等，踏着泥泞的山道，借着朦胧的月色，向梁弄镇东部的金子岙挺进。

在距离梁弄镇还有4公里时，游击队按进攻计划分成了三路：由中队长萧松林和指导员骆子钊带领的第三支队第六中队，前往占领梁弄镇南的铁帽山，控制主要阻击阵地；由中队长都曼令和指导员姚三林、副中队长李树海带领第三支队第四中队，于午夜后3时许静悄悄地在敌人设置的篱笆栅、铁丝网等障碍物中开辟通路，直插狮子山主峰；三北游击司令部参谋长刘亨云则带领第三支队其他主力及特务大队，隐蔽接近梁弄外围，只等见到第四中队已夺占狮子山主峰的信号后即发起全面进攻。

4月23日凌晨3时，都曼令等率第三支队第四中队分别由两个方向直扑狮子山北部的112高地，一枪未发，仅凭冷兵器就全歼了守在主峰上的伪军一个班。得手后，第四中队点燃了草地，发出已夺取主峰的信号，马上又沿着山脊向狮子山南部的102高地进攻。但由于第四中队在112高地发信号时不慎将伪军的草房也给烧起来了，火光通红，照亮了主峰，102 高地的伪军第三连全部进入了阵地，并凭借牢固的防御工事向准备夺取阵地的第四中队发起猛烈射击。第四中队连续组织 3 次冲击才突破伪军前沿，但马上又被102 高地主阵地上伪军的大碉堡和地堡火力封锁住了，虽然牺牲很大，但一直打到黄昏时分也未能夺下 102 高地。

第四中队在狮子山 112 高地上点起的火，就是第三支队发起总攻的信号。凌晨 3 时 45 分，刘亨云见到火光，当即发出了全面攻击梁弄的命令。各部队迅速向镇上伪军前沿的主要街道发起进攻。

第三支队第一中队在特务中队重机枪排的配合下，进攻横街祠堂和关帝庙，但遭到伪军街口墙角地堡的封锁，未能突破。特务大队第一中队在第二中队重机枪火力支援下，进攻民众教育馆也受到阻碍。两部分兵力直到当日中午已过，也未能取得进展。

这时，三北游击司令部司令员何克希、政委谭启龙和政治部主任张文碧都从金子岙基本指挥所来到了梁弄前进指挥所，参谋长刘亨云汇报了当前的战况和下一步打算，几人决定调整部署，集中兵力向横街祠堂伪军营部突击，同时以小部兵力佯攻关帝庙和民众教育馆，以达各个歼灭的效果。

15 时，战斗再次打响。第三支队第一中队小部兵力在右翼佯攻关帝庙，特务大队第一中队一部兵力在左翼向民众教育馆实行佯攻，其余主力在特务大队大队长周振庭统一指挥下，采用破民房、打墙洞的办法，逐屋与伪军进行白刃战斗，有的房墙在倒塌时直接压毁了伪军的防御工事，伪军防御前沿被突破，第三支队右翼佯攻部队乘机占领了关帝庙。伪军步步紧缩，伪营长张子清被迫退至民众教育馆，与伪军第一连凭借大碉堡和核心工事继续抵抗。

16 时，余姚日军 30 余人、伪军 150 余人，沿山脚前来梁弄救援，途中不断遭到预伏民兵的阻击，待发现狮子山主峰和铁帽山有利地形皆已丢失，梁弄镇也已大部被攻占，未敢继续前进，当夜退回余姚。

黄昏时分，伪军营长张子清见援军无望，遂率梁弄镇和 102 高地残兵，经晓东、黄竹岭、朱巷，逃往上虞县境。**14**

梁弄一战，浙东游击队毙伤伪军 40 余人，俘虏 40 余人，缴获轻机枪 1 挺、步枪 50 余支、短枪 9 支以及大量军用物品。

4 月 24 日，浙东区党委派姚南地方工作人员，动员群众平毁伪军碉堡、壕沟和各类障碍物，恢复了镇内秩序和商业活动。

1943 年 5 月，中共浙东区委和三北游击司令部相继进驻梁弄和横坎头。在以后几个月中，其他几路部队和地方武装也发展迅速，开辟了小块根据地，以四明山地区为中心的浙东抗日根据地初步建成。

1943 年 10 月，国民党军第三战区司令长官顾祝同根据蒋介石限期肃清浙东中共游击队的命令，调集 1.2 万人的兵力，企图在 3 个月内消灭中共领导的浙东抗日武装。三北游击司令部被迫率所属部队自卫还击。这场自卫反顽战斗一直持续了 8 个月，经过蜻蜓岗、大俞、东西岙、章家埠、前方、后杜桥等大小 91 次战斗才结束。

面对国民党顽固派的"围剿"，浙东地区的部队已失去"灰色隐蔽"的意义，决定公开打出新四军的旗号，以凝聚和发展抗日力量。1943 年 12 月 22 日，三北游击司令部根据新四军军部命令，将所属部队改编为新四军浙东游击纵队，直属新四军军部领导，司令员何克希，政治委员谭启龙，参谋长刘亨云，政治部主任张文碧。新四军浙东游击纵队下辖第三支队、第五支队、金萧支队、浦东支队（后改称淞沪支队）、三北自卫总队、四明自卫总队和直属教导大队、警卫大队、海防大队等，共有主力 2300 余人、地方武装 1300 余人。

**注　释**

**1.** 总指挥部，指华中新四军八路军总指挥部。

2.《毛泽东、朱德、王稼祥关于今后华中战略任务致刘少奇等电》,1941年2月1日,见中国抗日战争军事史料丛书编审委员会编:《新四军·文献》(4),解放军出版社2015年版,第169页。

3.中共中央文献研究室编:《毛泽东年谱(一八九三——一九四九)》(修订本)中卷,中央文献出版社2013年版,第293页。

4.中共中央中原局于1941年5月20日与中共中央东南局合并,成立中共中央华中局,同时成立华中军分会。

5.钱艺群:《云散烟消太阳红》,见张鼎丞、邓子恢等:《星火燎原》第六集,解放军出版社1997年版,第415—424页。

6.日本防卫厅战史室编:《日本军国主义侵华资料长编——〈大本营陆军部〉摘译》中册,天津市政协编译委员会译,四川人民出版社1987年版,第210页。

7.《陈毅、曾山关于发展浙东武装的意见致粟裕、谭启龙电》,1942年5月31日,见中国抗日战争军事史料丛书编审委员会编:《新四军·文献》(8),解放军出版社2016年版,第292页。

8.《陈毅、曾山、赖传珠关于发展浙江工作的意见致粟裕等电》,1942年6月3日,见中国抗日战争军事史料丛书编审委员会编:《新四军·文献》(7),解放军出版社2016年版,第299页。

9.《陈毅、曾山关于开展浙江工作的意见致谭启龙电》,1942年6月7日,见中国抗日战争军事史料丛书编审委员会编:《新四军·文献》(7),解放军出版社2016年版,第306—307页。

10.张季伦:《杨葛殿痛击日寇》,见中共浙江省委党史资料征集研究委员会、浙江省档案馆:《浙东抗日根据地》,中共党史资料出版社1987年版,第290—292页。

11.《陈毅、饶漱石、赖传珠关于坚持与发展浙东方针的指示》,1942年10月23日,见中国抗日战争军事史料丛书编审委员会编:《新四军·文献》(8),解放军出版社2016年版,第152页。

12.《陈毅、饶漱石、赖传珠关于今后军事方针及任务致浙东并一师电》,1942年11月15日,见中国抗日战争军事史料丛书编审委员会编:《新四军·文献》(8),解放军出版社2016年版,第181页。

13.《陈毅、饶漱石、赖传珠关于浙东发展的方针致浙东指挥部等电》,1942年11月18日,见中国抗日战争军事史料丛书编审委员会编:《新四军·文献》(8),解放军出版社2016年版,第184页。

14.刘亨云:《梁弄战斗》,见中共浙江省委党史资料征集研究委员会、浙江省档案馆:《浙东抗日根据地》,中共党史资料出版社1987年版,第294—297页。

# 第 十 章

# 狼牙高风

"斧头将军"冈村宁次入主北平翠明庄——日伪军向晋察冀边区"大扫荡",矛头直指聂荣臻——聂荣臻对敌人总是跟着司令部机关轰炸感到迷惑——罗文坊将计就计,带着电台奔向井儿沟——刘伯承、邓小平发起邢沙永战役,痛打高德林——狼牙山五壮士"战史壮高风"

## "斧头将军"冈村宁次入主北平翠明庄

1941 年 7 月的北平,死一般的宁静。沿紫禁城外的护城河向东没多远,便是老北京人所熟悉的翠明庄。

翠明庄是一簇青砖楼房,绿色的琉璃瓦顶,中西合璧,别具一格。但在日军占领下早已寂寥的北平城内,这片房子却给人一种阴森恐怖的感觉。远在翠明庄几百米开外就开始有荷枪实弹的日本兵在站岗,再加上步兵游动哨和两座岗楼,更显得这里是非常之地。当地很多百姓都知道,这里就是日本华北方面军司令部。

此时,这里的主人刚刚更换。前几日还在这里耀武扬威的多田骏现已黯然回国。1939 年 11 月"名将之花"阿部规秀的死和 1940 年下半年日军在百团大战中的惨重损失,成为多田骏的两大著名败绩。虽然他在 1941 年 5 月发起中条山战役,以 3 万余人的兵力,打垮了卫立煌指挥的 20 个师 10 万余人的国民党部队,本想将功补过,可这一战绩不仅未获赞赏,反受指责。因为他把部分主力抽去打国民党,结果又让共产党的武装"钻了空隙、趁机渗透"，1941年3月底推行的第一次"治安强化运动"同样收效甚微。

1941年7月，多田骏刚刚发布展开第二次"治安强化运动"的命令，就突然接到大本营的通知，授予他陆军大将军衔。两天以后，大本营来电通知他立即回国，转任军事参议官。多田骏这个双手沾满中国人民鲜血、给中国人民带来无数灾难的日本将军，从这天起，其军事生涯实际上画了句号。回国以后，他过起几乎与外界隔绝的淡泊生活，直到1948年病死。人们也似乎忘掉了这位曾"显赫一时"的人物。

与此同时，另一位恶名昭著的日军将领冈村宁次来到了北平，接任华北方面军司令官。继1941年3月畑俊六取代西尾寿造成为中国派遣军总司令之后，冈村宁次的任职是日本方面更换在华将领的又一重要举措。

在这一系列举措中，日本内阁首相兼陆军大臣东条英机起到了很大的作用。东条英机如此器重和信任冈村宁次，是因为冈村宁次有着不平凡的经历。

1884年5月15日，冈村宁次出生在日本东京的一个武士之家。1905年4月，他从陆军士官学校毕业后，参加了侵略朝鲜的战争，两年后，又返回陆军士官学校担任教官。当时中国的蒋介石、阎锡山、孙传芳、汤恩伯、何应钦、胡宗南等都曾在该校就读。1914年日德战争爆发后，冈村宁次指挥日军部队，在攻占青岛的战斗中立下过汗马功劳，由少佐晋升为中佐。1923年担任日本驻上海武官后，他专门收集关于中国的政治军事情报。1925年，中国军阀混战，冈村宁次被军阀孙传芳聘请担任军事顾问。在此期间，他利用职务之便，窃取了中国的绝密军用地图。日军大本营得到这张中国军用地图后，给了冈村宁村一笔巨额赏金。随后，大本营立即将这份地图翻印十万份，作为日军侵华使用的官方地图。1932年，冈村宁次担任侵驻上海的中国派遣军参谋长，策划了侵略中国的"一·二八"事变。第二年开始担任关东军副参谋长，指挥两个师团战败国民党宋哲元的第二十九军，迫使蒋介石妥协，并与中方代表熊斌签订了《塘沽协定》，巩固了在华攫取的利益。
1935年，冈村宁次又指挥部队侵犯滦东，以武力迫使国民党签订了《何梅
协定》。1938年5月，他担任日本第十一军司令官，从上海打到南京、武汉，
攻城略地，杀人如麻，从而取得了"斧头将军"的称号。夺取武汉后，冈村
宁次因战功卓著，由中将一下子晋升为大将。当时日本军一级司令官全是中
将，唯独冈村宁次一人是大将。

正是由于冈村宁次的丰富经历和"卓越战功"，日军大本营方面对他非
常重视。1941年7月3日上午，当他正在宜昌指挥第十一军的8个师团与
国民党军作战之时，突然接到陆军部要他回国的紧急电报。他怀着忐忑的心
情登上飞机，次日上午刚到东京，就被东条英机直接从机场接到了陆军部。
在那里，东条英机简单地谈了谈召他回国的意图，随后向他交代了值此重要
关头的对华作战任务。

7月5日，日本天皇亲自召见冈村宁次。冈村宁次受此殊荣，心情自然
起伏澎湃。当7月7日在东京任命仪式举行之后，他更是夜不能寐。在四谷
坂町私邸里，他忽然在半夜里叫专属副官铃木去邀请住对门的邻居片山严来
下几盘围棋，以排遣心中兴奋不安的情绪。后来，片山严专门写了一篇《对
弈记》，文中追述道：

　　×月×日晚，突有对门冈村将军府差使来称，今夜想试作乌鹭
之战「。

　　近一周来，将军府内军靴声响，进出频繁，使人觉得有些异样，或
许接受了某种大的使命，正在猜测之中，今见遣使来邀对弈，似乎完全
非我所料，于是欣然应诺，遣使者回复，随即出战。

　　将军像往常一样穿着朴素的和服，见我只"喂"了一声，立即走向
棋盘。

　　前次对弈我以二子惨败，今天定要捞回三子。于是暗自鼓足勇气，

283

极力拼杀。不料一再失利，每局都遭到惨败，终于三战皆北。

夏夜渐深，将军提出再战一局，我予以拜辞。于是，将军稍微欠坐，一面安稳地收拾棋子，一面微笑着说："这次拜受华北最高指挥官之重任，将要再次踏上征途，后天就启程。舍下请多关照。"

我说："衷心恭贺受此殊荣，对您再度出征感激之辞一时不知从何说起。行前繁忙时节，我如此久坐，实在抱歉。"

将军笑道："不，确实准备就绪了，所以今夜要和你较量一番，这样也可以躲过新闻记者。"此时确有邻居远行的那种寂静气氛。英雄心情如此从容不迫，令人赞叹。

他谦恭和蔼地把我送到大门，我步出门外，还觉得将军站在背后目送我离去。将军在出征前的棋战中大获全胜，这真是吉祥之兆，我忘掉了输棋的沮丧，心中满怀喜悦。

第三天，我到东京车站给将军送行。东条陆相和其他陆海将领以下达官显贵竟有数百人之多参加送行。将军身着陆军大将戎装，胸佩彩色略绶，率众幕僚，俨然屹立在了望车的外廊上，英姿凛然，和对弈时的将军判若两人。送行的人们见此情景无不感到必胜无疑。这凛凛威风正是皇军永不败退决心的象征。2

冈村宁次这次返华，特意选择了多费时间的海路。因为他觉得，这样可以在旅途中"悠然自得地思考着未来的重任"。作为第六任华北方面军的司令官，他的首要任务是消灭华北的八路军。他感觉，"对辖区内重庆系军队的作战已大致结束，但周围几乎到处都有共军活动"。这是多田骏留给他的烂摊子。因此，冈村宁次将自己担任日军第十一军司令官时训示部队的标语"讨蒋爱民"，改成了"灭共爱民"，并曾在1941年11月3日明治节训示侵华日军全体高级军官时率众高呼。

## 日伪军向晋察冀边区"大扫荡"，矛头直指聂荣臻

在翠明庄，冈村宁次没有急于展开新的攻势，而是集中时间分析前任失误的原因。他命令旅团长以上军官，都要到北平向他汇报八路军的编制、作战特点等情况。

整整用了 20 天的时间，他把共产党八路军在敌后发展壮大的原因，列为 11 个专题分别进行了分析研究。这 11 个专题是：共产党组织、八路军的政治工作、根据地建设、共产党组织的扩充、军事工作及战略战术、军队体制及地方武装的发展、共产党的经济工作、除奸工作、军工生产和后勤保障、八路军的情报工作及方法、百团大战起因及双方得失等。后来，他在《中共根据地》的调查报告中谈到了他的分析研究结论："皇军在华北地区局面打不开的症结，并非国民党政府，而是中共。中共靠根据地为坚石，向皇军进攻。根据地是由党、政、军三位一体组成的组织，三者关系非常密切，党是核心，军和政是党的双臂。党挥动双臂以推动民众革命。军是党以武力推动革命的组织，政是党掌握政权的领导、以推动民众革命的组织。皇军要消灭八路军，必须首先从解决根据地入手。八路军搞党、政、军三位一体根据地，皇军要针锋相对，在每县每乡推行军、政、会、民四位一体的治安强化运动。"因此，日军施策的目标，应是采取主动进攻的有计划的措施，要划分地域，限定时间巩固治安地区，隐蔽准治安地区的兵力，有计划进入治安地区，并以剩余的兵力向未治安地区挺进，使之向准治安区发展。最终目标是把华北一亿民众拉到日方。按照这样步骤去做，既不宜急于求成，也不可坐失时机，必须要有有针对性的战法。

经过细致研究和周密策划，1941 年 8 月 14 日，冈村宁次下令开始他上任以来的第一次"肃正作战"，并把作战的核心地点指向晋察冀边区，企图"击溃晋察冀边区共军及消灭根据地的同时，结合封锁，破坏其自给自足，进而消耗、困死该地区的共产势力"。

这次"肃正作战"本来是多田骏为配合 1941 年 7 月 7 日至 9 月 8 日的第二次"治安强化运动"，计划从 8 月 10 日开始长达两个月的作战行动。但恰在此时，日军开始在中国东北地区展开所谓的"关特演"，即"关东军特别大演习"，而将原本要在华北参加"肃正作战"的日军第二十一师团和第三十三师团调往中国东北，华北"肃正作战"只好暂时停止。

"关特演"在本质上并非演习。1941 年 6 月苏德战争爆发后，由于苏联暂时处于劣势，日本关东军以为有机可乘，决定立即进行对苏联的战争准备，以便武力解决"北方问题"。关东军为掩盖其战争目的，才对外将此次军队调动集结称为"特别大演习"。但到了 8 月 9 日，因为苏德战场已进入僵持局面，日军评估无法在北方得手，遂决定实施南进计划，放弃了对苏联作战。这样，冈村宁次才决定华北"肃正作战"于 8 月 14 日正式开始。

冈村宁次在此次华北"肃正作战"中，改变以往日军"扫荡"作战目标大、兵力不集中的做法，而是集中 10 万兵力首先"扫荡"河北、山西东北部的晋察冀根据地。这块根据地建立最早，而且处在北平、天津、保定、张垣之间，对日军危害极大，这次要给予毁灭性的打击。具体战术是，第一步以 10 万大军"铁壁合围"，捕捉八路军主力；第二步再采用梳篦式"清剿"，以两个师团和三个旅团从长城开始向南搜索，再以两个师团和三个旅团从石家庄、井陉、阳泉一线向北搜索，南北两路对进时采取鱼鳞式的包围阵，一面前进一面筑碉堡。他动用了一切可以动用的装备和器械，包括飞机、坦克、汽车、毒气弹、毒气瓶等，以确保此战的胜利。

冈村宁次将这次"肃正作战"分为两期。8 月 14 日至 9 月 3 日为第一期，"主要任务是歼灭晋察冀军区主力"，9 月 4 日至 10 月 15 日为第二期，"主要任务是在占领区内进行经济、政治、文化建设。作战时，力求捕获敌军党的首脑聂荣臻等，破坏敌军党组织的中枢，使其组织力量陷于混乱"。[3]

正所谓"新官上任三把火"，冈村宁次的第一把火就想烧出个辉煌战绩来。在第一期"肃正作战"中，他出动日军第二十一步兵团第八十三联队于8月14日由北平乘火车进入古北口，对晋察冀平西军区所辖的古北口、密云等地进行"扫荡"。同日，又出动第一一〇师团第一三三旅团和第三十三师团主力在冀中对滹沱河南方地区的抗日根据地发起进攻，并于8月15日夺取了冀中朱占魁第十军分区控制的大保镇。

随后，冈村宁次为进一步鼓舞士气，"不辞辛苦"地亲临前线，慰问作战部队。8月18日，他乘飞机抵达石家庄，对第一一〇师团进行了视察；19日乘装甲车去晋县对第三十五师团进行视察；20日对保定的第二十七师团又进行了巡视。接着，他于8月23日发起第二期作战，这次作战显然超出了原订计划，规模要大得多。他调动了侵华日军华北方面军直属的第二十七、第三十五、第一一〇师团整部和第二十六、第三十六、第三十七、第四十一师团各一部，以及一部分独立混成旅团，再加上伪军等，共计约10万人，开始向太行山区发起进攻。冈村宁次狂妄地将此次扫荡称为"百万大战"，明显具有要力压"百团大战"的意味。

在他的亲自部署下，日军有史以来最大规模的一次"大扫荡"，有如一片无边的乌云，沉甸甸地压向晋察冀边区，直指八路军聂荣臻部，其攻击重点正是晋察冀边区的中心——北岳区，企图将北岳区八路军主力和晋察冀边区军政首脑机关聚歼于内外长城两侧。

早在1941年7月11日，八路军总部朱德、彭德怀、左权等就从日军的不断调动中发现了其准备向晋察冀发起大规模"扫荡"的端倪，并及时向聂荣臻等发出了提醒。

一、苏德战争爆发后，日寇对苏联远东威胁及加入反苏战争危险大为增加。近半月来华北敌沿平汉、津浦北撤，兵力已在十万以上，除少数出关外，大部屯集平津地区。石家庄、保定一带仍集重兵未动，似在待机姿态中。

二、解决中国事件仍是日寇之基本国策，严重镇压华北我党我军又成为敌寇北进反苏或解决中国事件必要手段。根据近日敌兵北撤及集结情况以及敌寇尚在进行反苏战争之待机姿态看来，敌有大规模"扫荡"晋察冀边区属部，特别是首先"扫荡"冀中区之极大可能。

三、冀中区之党政军民应迅速地进行广泛的反"扫荡"的动员准备，在敌人极严重的"扫荡"（如"扫荡"冀东与"扫荡"十分区一般）情况下，能坚持斗争战胜敌的"扫荡"。因此：

（一）应立即整备地方武装，健全政治组织，根据冀中区敌情与平原游击战争环境，各地方兵团似应采用大连小团制（每团四五个连约七百人左右）之编制，使之适合平原游击战争之坚持。加强地方大小游击队之政治领导与工作，密切地方兵团、游击队等与民众之联系，准备在任何情况下，独立坚持冀中区游击战争之基本力量。

（二）党政军机关、军队后方机关应十分紧缩，力求短小精干，适合严重紧张之"扫荡"局面。

（三）冀中区之野战正规军在敌严重"扫荡"下，应避免被迫作战，准备适时向路西或冀南转移。

（四）加强对敌斗争之一切群众准备，适时之空室清野。

（五）路西及平西主力部队，主力应向东侧隐蔽集结，准备及时策应冀中区之反"扫荡"，与配合苏联作战。

（六）冀南区应准备必要兵力，及时策应冀中区之作战。[4]

7月22日，聂荣臻按照八路军总部发来的提醒电报，认真拟定了相关对策，并向各军分区发出了做好反"扫荡"准备工作的指示。但当日伪军进攻开始后，聂荣臻还是有些吃惊：一是没想到敌人的来势如此凶猛，二是对敌人总是跟着司令部机关轰炸感到迷惑不解。

当敌人把主要目标指向军区机关的时候，聂荣臻便率部向西南方向转移。当到达阜平西北马驹石村时，聂荣臻刚通知部队宿营，就遭到了敌人飞机的空袭。部队立即转移，聂荣臻原计划是要带领军区机关南渡沙河，跳到敌人的包围圈外面去，可刚过沙河，便遇上了晋察冀分局和北岳区的党委机关队伍。这才得知，敌人已在沙河以南一线设下了层层包围。聂荣臻马上决定，由军区机关保护分局和北岳区党委机关，全部队伍折向沙河以北。

9月1日，聂荣臻率领队伍刚到达沙河北面的雷堡时，又碰上转移到那里的边区政府机关。大家还没安稳下来，敌人的飞机又开始了连续轰炸。

敌人飞机飞走后，聂荣臻的脑子里却画了个大问号，为什么敌人对自己的行踪掌握得这么清楚？他立即召开作战会议，发动大家分析原因。

大家刚坐好，一名侦察员跑来报告，说南面4000多敌人到了马棚、温塘，离这里只有6公里。聂荣臻推开地图，目光刚落在马棚的地名处，又有侦察员报告，北面有3000敌人已到段家庄，离这里只有7.5公里；东面柏崖方向也有5000多敌人正朝雷堡方向奔来；西面安子岭方向还有5000多敌人，也在向这里涌来。

这时，旁边与各分区保持联系的电台忽然"嘀嘀嗒嗒"地响了起来。

聂荣臻不经意地看过去，猛一愣神，恍然大悟。"就是它！"他拍拍桌面，悟出了原因：问题就出在我们的电台上。敌人有测向机，不仅能测到方向，还能收到我们同延安联络的呼号，只要我们一开机同延安和总部联络，敌人马上就知道了我们的位置，然后就马上派飞机来轰炸，派地面部队来包围。

聂荣臻找来罗文坊。罗文坊是司令部侦察科的科长。当一个警卫匆匆跑来说司令员请他去一趟的时候，罗文坊立刻意识到一定是有重要任务。

聂荣臻开门见山，对罗文坊交代：敌人很可能通过无线电测向，找到了我们的位置。我们就给它来一个将计就计，帮助敌人坚定合击的决心。先暂停军区电台的对外联系，由你带一个小分队、一部电台，到雷堡东边的台峪，把电台架起来，仍用军区的呼号，不断和各方面联系。

罗文坊立时明白了聂荣臻的意图：给敌人继续留个空中目标，造成错觉，要它向自己小分队的几十个人合击，继续把它们拖住。既要使敌人向自己合击，又要叫它的合击扑空；既要使敌人跟着自己走，又不能叫它追上。

罗文坊随即率领50人组成的小分队，带着电台到台峪去了。

入夜，晋察冀边区各领导机关在聂荣臻的指挥下，擦着段家庄的南山脚，从距离日军不足500米的空隙中，神不知鬼不觉地向西而去。罗文坊带领小分队同时也向着相反的方向出发，不到两个小时便赶到了数公里外的台峪。

到了台峪，得悉最近的日军是驻在大石门，小分队一边迅速向四围派出警戒，控制了道路和山口，一边把电台在台峪附近一个叫井儿沟的小庄子里架起来，并立即开始工作，好用这个主动送出的"空中目标"吸引住日军。

随后，罗文坊又带领着其余人，奔往大石门后面的一座大山。登上山顶一看，只见山下的河滩上，日军煮饭燃起的野火，足有数公里长。侦察队的副队长刘文明一见日军如此嚣张，便对罗文坊说："科长，让我带几个人去干他一家伙，煞煞他的凶气！"

罗文坊觉得这个主意好，就点了点头："你带一部分人下去袭扰敌人，可以分头行动，要给他们造成一种我们有大部队企图要突围的架势。待到日军火力一展开，你们要立即撤回来。"

刘文明带着几个小组转眼便消逝在了黑暗里。不一会儿，燃烧着野火的河滩上，同时从几个地方响起了一阵密集的手榴弹爆炸声、枪声和喊杀声。顷刻间，只见密密麻麻的火堆旁人影乱窜，接着还传来日军惊慌失措的喊叫。一阵混乱过后，日军的轻重机枪、步枪一齐扫射过来。刘文明等人装作突围不成的样子，迅速撤了回来。这一下，日军把八路军的"空中目标"和"地面目标"都找到了。

天亮时分，已是9月2日。好几架敌机果然出现在台峪上空，轮番轰炸扫射。与此同时，日军的炮弹也纷纷向台峪飞来。一时间，台峪和周围的大小山头、山沟、隘口，到处黑烟滚滚、炮声隆隆。小分队这时已转移到台峪东北面一个险要的山嘴子上，炸弹和炮弹不断在战士们身旁爆炸。

罗文坊一面督促大家注意隐蔽，一面却在想：为什么还不见日军的步兵呢？莫不是日军嗅出什么味道来了？难道他们已经识破了我们的意图？

但等到太阳一偏西，罗文坊就打消了这个念头。因为日军的步兵这时候出现了。他们一直磨蹭了好几个小时，才开始向台峪逼近，大概是担心八路军主力部队会乘隙突围，所以谁也不敢向台峪方向贸然突进。

此时，又一个想法在罗文坊的脑中跳了出来："我们把合击的敌人引向自己的任务已经完成，但如果我们一枪不发地让敌人攻占台峪，就有可能使他们很快清醒过来，不如在敌人未彻底清醒之前，再迎头给他一棍子，让他们继续懵下去。"

于是，他让刘文明立即带领一部分人迅速插回到台峪，去给抢先的日军一个突然打击，好帮助他们提升些"信心"。等刘文明他们完成任务返回，罗文坊便乘着日军惊魂未定之机，迅速离开，向东开进。

罗文坊向东走，日军主力一部果然也跟上了他们。为了继续迷惑日军，罗文坊还故意沿途使用不同的番号贴路标、刷口号。

此时，聂荣臻带着真正的军区机关大部队，一夜向西插出了 40 多公里，中间经过阜平西北角的丁家庄时，为避免再被日军发现，他下达了军区电台停止对外联络的命令，然后继续前插，赶往常家渠。

这个时候，毛泽东、八路军总部以及各师师部都失去了与聂荣臻的联系，都在为他们焦急。

直到 9 月 7 日，聂荣臻利用通往龙泉关方向的一个口子，连夜冲出常家渠，顺利跳出了敌人在阜平至五台一线设置的大包围圈。**5**

当他们登上一座山丘，看着远处的稻子一片金黄，在微风中摆动着，心中充满了喜悦。聂荣臻下达了恢复对外电台联络的命令。打开收音机，却听到日伪军电台正在播放《朝日新闻》特稿："已将聂匪司令部彻底歼灭。"聂荣臻不禁轻蔑地一笑。

日军在寻找晋察冀军区领导机关的同时，为了吃掉晋察冀军区第一军分区的指挥机关和主力部队，对北娄山地区也进行了多纵队、多梯次的合击。

1941年8月23日，从东、北两面向八路军合围的日军第二十一师团机动部队，由徐水迂回到易县、金坡、紫荆关一线。8月24日，进到易县的日军又迅速回头，南进到解村和姚村据点。而从南面向第一军分区合围的日军第一一○师团一部，却于24日突然乘汽车由保定向南绕到望都，再转向西北，经完县县城、杨各庄抵至刘家台。同日，金坡的日军也推进到了娄山西北的苑岗和上下铺。这样，日军在第一一○师团第一三三旅团少将旅团长津田美武的指挥下，完成了对晋察冀军区第一军分区的合围。

8月24日傍晚，在北娄山西南面的周庄军分区司令部里，司令员杨成武已经把一切都部署完毕，连夜带领着机关部队和当地群众撤出了周庄，向狼牙山方向转移。

夜越来越深，一轮新月将清冷的月光洒落下来，四下的山野里闪现着淡淡的幽光。第一军分区的队伍分头走在山路上，山间回响着急促的脚步声，偶尔还有小石子滚动的声音。

此时，正是日军"扫荡"的高潮期，八路军部队的转移相当频繁，要不停地与日军兜圈子，途中的休息时间极短，连电台天线都来不及架，常常是刚喘口气，日军就追来了，战士们只好拔腿又走。就这样，一连7天，第一军分区部队与晋察冀军区也失掉了联系。

待杨成武终于安稳下来，与晋察冀军区进行电报联系时，却怎么也联系不上。开始还可以找到信号，只是没有回复，随后连对方的电台信号都完全消失了。后来杨成武得知，延安方面也失去了与晋察冀军区的联系，不管延安电台日夜呼叫，军区电台都没有回答。从中共中央到八路军总部，都以为晋察冀军区出了问题，还派出专人前来寻找和联系。

## 刘伯承、邓小平发起邢沙永战役，痛打高德林

中共中央和八路军总部为配合晋察冀边区的反"扫荡"斗争，于1941年8月25日命令第一二九师和第一二〇师同时向日军发起猛烈进攻。

一、晋察冀边区周围已集敌6万余人（包括平西），大"扫荡"即将开始。

二、估计敌此次向边区及平西"扫荡"，其严重性将远非昔比。除可能以优势兵力寻找我主力作战，大肆烧杀破坏外，同时还可能进行大规模之"搜剿"，以图摧毁边区而收分区"扫荡"之效。

三、为配合边区粉碎敌人之"扫荡"，我一二〇师应以沿同蒲路（阳曲以北）活动之部队，一二九师以沿正太路活动之部队，立即向同蒲、正太两铁路线作分批的不断的破袭，袭击沿线据点，威胁进攻边区之敌，特别注意炸车翻车，并即与聂取得电台之直接联络为要。**❻**

第一二九师师长刘伯承、政委邓小平接到八路军总部的命令后，为配合反"扫荡"，打通太行山区与冀、鲁平原的交通，粉碎日军封锁，决定发起邢沙永战役。

邢台和沙河，由北向南依次排列在平汉铁路上，而永年（指旧永年）则坐落在沙河东南方向约三公里处。因为邢沙永地区毗邻太行山根据地，所以敌人在这里一直进行着重点设防和守备。日军沿着铁路两侧，强迫当地群众挖了宽6米、深3米的"护路沟"，特别是在邯郸至沙河段，"护路沟"更是由原来的两条增加到了六条，并利用挖沟的积土，筑成高3米多的"护路墙"。在接近抗日根据地的地段，还修筑了长达100多公里的封锁沟和封锁墙，且在沟墙之间，另外加设有鹿砦、木栅等障碍物。

而在从邢台至沙河的铁路线上，每隔1至3公里就筑有一座碉堡，在各

碉堡之间，又每隔近百米筑有一所哨房，夜间张挂马灯，不断传递联络口号和签名票单，如发现传递中断或马灯熄灭，即视为有八路军来袭或通过，敌人便立即出动装甲车，并用探照灯照射。此外，日军每隔半小时到一小时还要巡路一次。

在沙河以西，还有一座冀西有名的煤矿——公司窑（当地又叫老狼沟）。这座煤矿西接太行山，东邻平汉路，位于太行山到冀南的交通要道上，其军事、经济地位都很重要。可是，它却被伪军高德林部所霸占，成为日伪军封锁太行山区的一把"锁"，也是太行山抗日根据地军民前往平汉路以东地区的一块绊脚石。

高德林本是国民党第二十九军的一个团长，后投靠日军当上了伪"剿共第二路军"司令，手下有三个团及特务营、军教队、矿警队等共3500余人。这个民族败类自1938年5月窜到公司窑后，巧取豪夺，霸占了煤矿，并在日本侵略者扶植下，在煤矿里采用机械化作业，每日可产煤300多吨。高德林凭此不仅榨取着民脂民膏，还自设了兵工厂，制造步枪、轻机枪等武器，并恬不知耻地以自己的名字将这些武器命名为"德林式"。日军每次过来"扫荡"，高德林都为其打头阵，因而深得日军赏识，不但定期为他补充弹药和各种军用物资，还给他的兵工厂提供先进的技术设备。高德林在日军的豢养下，不断强化各种伪组织，深沟坚壁，修筑公路，建立联络网，构成了以公司窑为核心，以三王村、申庄、秦庄、毛村等为重点的防御体系，对太行山和冀南、冀鲁豫等抗日根据地构成了严重威胁。要打破日伪军对太行山抗日根据地的严密封锁，必须首先消灭日军的走狗高德林。

刘伯承、邓小平作出的战役部署是：以第三八五旅旅长陈锡联、政治委员谢富治、副旅长赵辉楼统一指挥该旅和太行第一、第五军分区部队及平汉纵队为路西破击队，担负这次战役的主要突击任务，向平汉路西侧的彭城、元氏段展开破击，重点在邢台、沙河、武安地区，特别要以伪军高德林部为主要打击目标，争取瓦解其动摇部分，并在运动中给可能援助该伪军的日军以歼灭性打击，拔除日伪军所盘踞的据点，捣毁其煤矿和兵工厂，平毁该地区的封锁墙与护路沟等。

为使第三八五旅能够集中主要兵力、兵器消灭邢、沙、武之敌，刘伯承和邓小平还命令新八旅主力和冀南第三军分区部队为路东破击队，向永年以西、以北一带展开积极的攻势行动。另以新一旅的两个营组成彭冶支队，对彭城、水冶公路展开破击。其余的力量，包括新一旅主力、新十旅和太行第二、第三、第四军分区以及太岳部队等，则负责配合和策应邢沙永战役行动。

第三八五旅旅长陈锡联受领任务后，即在太行山涉县的西达镇召开了有各团领导参加的作战会议，研究作战方案，进行具体部署。陈锡联决心以"迂回包围、穿插分割、中心开花、各个击破"的战术，给高德林部以歼灭性打击。兵力部署是：以第七六九团主要兵力突击公司窑，再以一部兵力攻打申庄；以第十三团攻打毛村、黑山、秦庄之敌，并担负阻击增援公司窑之敌的任务；以第四团攻打三王村，同时做好阻击邢台方向增援之敌的准备。

作战会议后，陈锡联亲自带领参谋贾本维和旅机关的部分人员，化装成老百姓，到距敌人据点很近的刘石岗一带进行现地侦察，继续完善作战方案。各团也根据所担负的任务分别进行了认真的战前侦察活动。

第七六九团侦察英雄罗占华化装成商人，一直摸到了高德林的老巢公司窑，把对方的司令部、兵工厂、军需库、矿井等重要目标，以及道路、岗哨位置、明碉暗堡、封锁沟墙等都查得一清二楚。在攻击发起的当晚，罗占华又带着第二营的干部提前出发，到申庄察看地形。罗占华穿了件黑绸大褂，头戴礼帽，腰里别支"二十响"，活像个便衣探子。他们穿过草丛，绕小道往申庄前进时，与敌人两个情报人员相遇。罗占华急中生智，几句对话，不仅使敌情报员将他认作自己人，而且还把他当作高德林特务营的"李队长"。罗占华和第二营营长张效义将计就计，机智地从两个送上门来的"舌头"口中套出了许多关于敌人兵力部署、火力配系、工事构筑等方面的情况。

1941 年 8 月 30 日凌晨，攻打高德林伪军的八路军部队经过连续一昼两夜的行军，隐蔽到达小南沟一带集结。小南沟，是太行山麓的一个小村庄，距高德林的老巢还有 20 多公里。8 月 31 日 15 时，八路军部队和参战的民兵，分成 3 路向进发阵地开进，途中在刘石岗作了短暂的集结和调整后，就像尖刀一样，分别插向了各自的攻击目标。

此时的夜晚，微风中带着阵阵凉意。黑沉沉的旷野里，除偶尔能听到一两声犬吠外，一切都显得那么静谧。但参战的广大指战员们已于午夜时分神不知鬼不觉地按时进入了预定位置，第三八五旅的指挥所设在第七六九团侧后约三公里处。

按照"中心开花"的预定战术，第七六九团在团长郑国仲、政委鲍先志的率领下，迅速插到公司窑附近。郑国仲来到担任突击任务的第三营，再一次给营长马忠全、教导员吴先宏明确任务。当一切布置妥当之后，时针正好指在 9 月 1 日的 0 点。攻击时间到了！只见三发红色信号弹腾空而起，划破漆黑的夜空。

第七六九团的突击连——第十一连在向导老崔的带领下，顺利地剪开了铁丝网，连长赵登陆带着突击排，迅速地摸到碉堡跟前。说时迟，那时快，矿警的报警枪刚一响，突击连的指战员们在散布成三角形的三个炮楼跟前，闪电般地把手榴弹投掷或塞进了敌人的炮楼里，接着就冲了进去。负责警卫的伪军有的在睡梦中就上了西天，有的刚被惊醒，连衣服都来不及穿就当了俘虏。随着公司窑战斗打响，方圆几十里地区立即响起了密集的枪声，震耳的爆炸声打破了沉寂的旷野。

第三营副营长张林先率领着突破了敌碉堡的第十一连以及第十二连和被誉为"夜老虎"的特务连，顺着西北大街向高德林最为坚固的堡垒兵工厂发起了进攻，第三营教导员吴先宏也带着第九连和第十连攻向了另一侧。但由于高德林在公司窑构筑了许多互相贯通的工事，固守的又是伪特务营、军官队、矿警队等装备比较精良的伪军，这 1000 多亡命之徒，大都是高德林的死党，他们凭借着坚固工事顽抗，拒不投降。

第三营和配属该营的特务连一直攻打了 3 个多小时，也没有攻下来。特务连指导员欧阳济带头冲上去，不幸牺牲。战斗持续到拂晓，兵工厂仍未攻下。因为天亮以后日军随时都有向这里增援的可能，第七六九团政治处主任漆远渥赶到了第十一连，帮助连长赵登陆重新组织战斗，并把几个连队的掷弹筒和轻机枪都集中了起来。就在此时，忽然从村西大碉堡上射来一串子弹，击中了漆远渥的胳膊，鲜血把他的半边身子都染红了。

第十一连是第七六九团在夜袭阳明堡日军飞机场战斗中涌现出来的英雄连队，经过重新部署后，随着掷弹筒的发射和机枪的怒吼，赵登陆率先登上梯子，翻过围墙，冲进了兵工厂。这时，向煤矿发起进攻的八路军战士也取得了胜利。公司窑大部分敌人已被第七六九团的第一营和第三营消灭，随后，第一营营长李德生同教导员王亚朴又率队消灭了藏在村西头碉堡内的残敌。

在公司窑战斗打响的同时，第七六九团第二营也向申庄发起了攻击。申庄，位于公司窑北侧约三公里处。这个据点虽不大，但由于它居于东南面的三王村和西北面的毛村两个据点之间，攻下它既能分割敌之部署，又能切断公司窑守敌的退路。第二营营长张效义和教导员张天恕受领任务后，决定让第八连担任突击连。该连在连长伍国忠带领下，从敌人认为"最保险"的东北角登上围墙，摧毁机枪工事，沿着小巷攻击前进，很快就占领了大半个村子，将敌人压缩到村西南一个大炮楼内。

这座炮楼，四周是一片开阔地，敌人还设有铁丝网、壕沟等障碍，很难接近。当时，八路军缺乏重火器，无法迅速地拿下这个炮楼。张效义一面命令部队进行土工作业，一面向敌人展开了政治攻势。炮楼里的守敌最后于 9 月 1 日中午宣布投降。

攻打三王村的是八路军第三八五旅的第十四团。三王村在公司窑以东约三公里处，是离平汉路最近的一个敌据点，也是高德林防御体系的重要依托。村内驻有伪军一个团部带一个营，筑有9座碉堡，村周围挖有封锁沟，设有铁丝网，防御得很严密。

第十四团在团长孔庆德、政委赵兰田的带领下，先由第一营和第三营利用暗夜掩护，秘密迅速地接敌，发起攻击后，很快就突入村中，与敌人展开逐街逐巷、逐房逐垒的争夺。战至9月1日天明，攻入村中的第三营与后续梯队的第一营遭到敌人火力分割，只好依托房屋分别固守，暂时与敌人形成对峙局面。到了9月1日傍晚，第一营再次发起战斗，并成功与第三营会合，随后便攻向三王村内守敌的核心阵地。孔庆德组织参战民工呐喊助威，四处响起"乒乒乓乓"的鞭炮声和各种铁器的敲打声，敌人疑为八路军后续部队正在到来，灭顶之灾就在眼前，惊恐万状，士气低落。八路军战士们将棉被浇湿后顶在头上，强行突击到碉堡底下，然后从枪眼往碉堡内塞手榴弹，接连攻克敌人的碉堡。敌见大势已去，负伤的敌营长率残部投降。

第十四团第二营在第一营和第三营攻入三王村后，也迅速攻下了旁边的东冯村，随即抢占了附近的凤凰山一线，准备阻敌增援。9月1日中午，驻在赵泗水的日军乘五辆汽车，火速赶来救援，又遭第二营迎头痛击，敌人狼狈溃逃。9月2日，日军增派兵力再次向三王村反扑，但此时三王村战斗已处于尾声，第十四团主力奉命转移，只留下一个班在凤凰山掩护。这个班仅1名党员班长带着4名战士，与敌人对峙了整整一天，并击退了敌人3次冲锋。

而参加战役的第十三团，在团长陶国清、政委曾庆梅的率领下，兵分两路，一部攻打毛村、黑山之敌，另一部进攻秦庄。攻打毛村、黑山之敌的部队，在极为不利的地形条件下，与敌反复争夺，战士们前赴后继，顽强拼杀，最后终于将两处据点的敌人全部歼灭。攻打秦庄的部队，倒打了一个非常漂亮的"政治进攻战"。

秦庄，是高德林部一个十分坚固的据点，共有7座碉堡，连同两道外壕一起，足足占有十余亩地。每座碉堡上下三层，每层都开着许多枪眼，能够节节扼守碉堡的外围，仅凭火力攻克，非常困难。好在守在这里伪军营的副官成少林因对高德林不满，早在几个月前就与八路军建立起了联系，并已加入抗日阵营。于是，第十三团在8月31日对秦庄形成军事包围之后，便派两个参谋带着写给守敌大队长的一封信进了秦庄。

信中这样写道："告诉你们一个兴奋的消息，现在我们已集中10个旅以上的兵力，在平汉路两侧展开大战。在这方面，一定要把公司窑、三王村等地方打下。今晚12点就要行动，希望你们早做准备，不要错过机会。"又经过八路军两位参谋的积极工作，伪大队长被说动，马上召开紧急军官会议，磋商反正事宜。两位参谋与成少林相互配合，经过反复谈判、协商，终于促成了秦庄守敌的反正。9月1日14时许，秦庄守敌200余人全部反正，后被改编为"平汉纵队独立大队"。

在邢沙永战役中，八路军第一二九师第三八五旅等部队一度攻克南和、沙阿两县城和公司窑等据点8处，碉堡53座，缴获修械、造枪机器和器材各一部分，歼日伪军1340余人，并争取了部分伪军反正。这一仗，把敌人几年来在公司窑一带苦心经营的巢穴彻底摧毁了，并在邢沙永地区打开一个口子，粉碎了日伪军对太行山抗日根据地的封锁，使敌人控制下的平汉铁路侧翼暴露，迫使其不得不调整部署，将一部兵力由北向南调动，从而有力地配合了晋察冀边区军民的反"扫荡"斗争。

1941年9月2日，八路军总部致电所属各兵团：

> 敌现集中"扫荡"晋察冀边区，我区周围敌人比较空虚。我为展开秋季攻势，有力地配合晋察冀边区作战，并以积极的军事胜利打开局面，开展接敌区、敌占区工作，特决定各兵团、各分区就现势继续邢沙永战役的胜利，展开破击，克复某些据点，派精干部队不断地辗转破击铁路公路，特别破击正太、平汉、同蒲路，深入敌占区活动。**7**

公司窑的被毁，高德林部大部被歼，就像捅了日军心窝子一样，敌人企图挽回败局，恢复原防御态势，于9月3日下午从邢台、赵泗水方向纠集了400多名日军，兵分四路，气势汹汹地猛扑过来。

此时，八路军第三八五旅已结束战斗，主力转移到了册井、安河、小南沟一带太行山抗日根据地的边沿区。反攻的日军于9月4日8时许抵达辛庄，与负责警戒的八路军第四团第一营的第一连接火。为诱敌深入，警戒部队与日军战至10时许，主动后撤。日军随即占领了御路村以西的高地，与八路军形成对峙。

御路村坐落在山坳间，与其相邻的村庄西边是将军墓，西南是功德望。这两个村子均在八路军的控制中。将军墓以东有块长形高地，可以火力直接控制御路一线，功德望的地势也比御路略高，都是打击敌人的有利地形。

一直亲临第一线指挥作战的第三八五旅旅长陈锡联当机立断，决定乘敌突出冒进、孤立无援之际，利用抗日根据地天时、地利、人和等有利条件，狠狠地教训这股敌人，随即命令第十四团立即占领将军墓以东的高地，正面牵制敌人，第七六九团则从功德望向敌人左翼突击。

9月4日18时，八路军在御路至将军墓一带反击日军的战斗打响了。敌人在八路军部队的夹击之下，乱成一团。第七六九团第一营在营长李德生的指挥下，以迅雷不及掩耳之势，一举突破敌左翼防御，并以手榴弹、掷弹筒等打得日军人仰马翻、血肉横飞。日军前梯队100余人，在八路军的强大攻势下，一下子后退了约一公里。当天夜里，八路军又向敌人发起数次猛烈攻击。

日军不甘失败，为稳定防御，驻邢台日军指挥部于9月5日派出6架飞机前来增援，在实施狂轰滥炸的同时，并空降了5名指挥官来收拾残局。新来的指挥官一上阵，便接连砍倒好几个正在退却的日军，才勉强稳住了阵脚。但八路军攻击部队并不给敌人留下喘息机会，阵地上到处是枪声、手榴弹的爆炸声和喊杀声，敌人死伤越来越多，完全失去了抵抗能力。八路军攻击部队则越战士气越高。

被打得焦头烂额的日本侵略军，为逃脱在御路被全歼的命运，于9月6日晨，在飞机掩护下仓皇溃逃，匆急如丧家之犬，慌乱似漏网之鱼。第一营教导员王亚朴最先发觉了日军的退却企图，大声喊道："同志们，鬼子要溜了，追击前进！"八路军战士们听到命令，奋起直追，一直追击到刘石岗，又打死了一批日军。陈锡联考虑到此次战役的目的已达到，同时还要防止日军主力前来增援，于是命令第一营停止追击，撤离战场。**❽**

## 狼牙山五壮士"战史壮高风"

向晋察冀地区"扫荡"的日伪军因为不断受到打击和牵制，不得不从"扫荡"地区撤出一部分兵力，转到战役外线。从9月4日起，入侵北岳区的日军把总兵力的三分之二5万多人，陆续撤到各战略要点和交通干线上，一面伺机而动，一面对八路军边区继续实施分割、封锁和蚕食。另以三分之一的兵力约2.7万人，仍然盘踞在八路军根据地的中心地区，实行奔袭和"搜剿"。

9月23日，日军突然进逼到狼牙山地区，在南、北淇村制造了一个惊人的大惨案。

这天凌晨，盘踞在塘湖的日军突然出动，把狼牙山下的南淇村和北淇村包围了。除少数乡亲在民兵掩护下逃出去了以外，大部分男女老幼统统被日军赶到一个大土场上。然后，日军对这些手无寸铁的乡亲们进行了灭绝人性的大屠杀，除了扫射、活埋、刀砍、枪挑等惯用手段外，还增加了开膛破肚、用铡刀大卸八块、刺心、挖眼、活剥皮、喂洋狗、点天灯、滚水烫、毒气熏等残忍手法。日军还逼着乡亲们跳入水井，不跳，就用刺刀刺、枪托打。他们把近100名男女老幼投入到几口大井中，然后叫伪军搬来一块块大石头，将井口封死。土场上的乡亲见此惨状，有的怒骂不已，有的号啕大哭，哀恸之声，传出数公里之外。日军还在光天化日之下，凌辱妇女，屠杀儿童。他们用带钉的皮鞋踩烂婴儿的脑袋不说,还倒提着撕开两条细腿,扔在母亲跟前。土场上鲜血流得到处都是,两个村子的房屋大部被烧光,几百名群众统统被残杀。

南、北淇村大惨案的消息,很快就传到了八路军晋察冀边区军区冀西第一军分区的司令部。

杨成武带着军分区机关刚刚转移到狼牙山不久,日军就在自己的眼皮底下制造了如此大的惨案,他强按住心中的怒火,告诉大家:各部队要多加小心,日军近期肯定还要在狼牙山地区有所行动,我们要化悲恸为力量,抓住时机,为乡亲们报仇!

果然不出杨成武所料,塘湖日军的先头部队刚刚占领南、北淇村,主力就紧跟着倾巢而出了。由于有当地熟悉地形和情况的伪军带路,日军拉开一张巨网,很快就把整座狼牙山包围了。

9月24日中午,第一军分区司令部转移到了离狼牙山两日路程之外的张家庄。一到张家庄,杨成武立即架线向被包围在狼牙山上的第一团团长邱蔚了解情况。

邱蔚在电话里焦急地说:"司令员,我们和敌人已展开战斗,从早晨打到现在,敌机轮番轰炸、扫射。山上被围的除了我们一团外,还有易县、定兴、徐水和满城四个游击支队和四个县的党政机关人员,以及狼牙山周围村庄的群众,合计约4万人。现在突围的难度很大,我们正在想办法。"

杨成武吃了一惊,原先他以为易县、定兴、徐水和满城等四个游击支队边打边退,是会撤进狼牙山的,一些地方干部和群众也会在反"扫荡"中进入狼牙山隐蔽,但没想到人数竟然多达几万。他想了想对邱蔚说:"现在,四个游击支队归你统一指挥,无论如何,要把敌人顶住,决不能让群众受到损失。你要随时报告情况。我们立即开会研究方案,尽快给你们解围。"

放下电话,杨成武找来高鹏、黄寿发、罗元发等分区领导。几人一商量,首先要尽快摸清敌人此次进攻的情况,然后再根据实际情况寻求解围方案。

时间不长，各情报站纷纷汇报了有关情况：9 月 24 日清晨，3500 多名日军带领少数伪军兵分九路，同时进攻狼牙山，他们在日本侵略军山地战指挥官高见的率领下，堵住了山口，在所有进出道路上都布置了重兵，有飞机、大炮的掩护，狼牙山形势越来越危急了。

杨成武想了想，拿起电话，接通了邱蔚："现在整个情况已经明了，我们决定调集第三团和第二十团的全部兵力，从上、下隘刹和岭西打出去，猛攻管头、娄山、松山和周庄一线的敌人，让敌人误认为我们的主力要同他决战，从而把九莲山和碾子台那一路的敌人吸引过来。这样就会空开数公里长的一个口子，你们要时刻关注这一路的情况，一有机会，尽快下山。"

情况正如杨成武所料，第三团和第二十团的进攻刚刚开始，九莲山和碾子台一带的敌人就立即扑了过去。一个口子张开了。

此时正是深夜，秋风呼啸。

邱蔚匆匆将第一团第七连留在狼牙山上担负掩护任务，自己则带着手下的队伍和各游击支队掩护机关干部和群众转移。他们沿着秘密的盘陀路，悄悄地向口子走去。

杨成武焦急地等待着邱蔚的消息。过了很长时间，终于接到了邱蔚的电话："司令员吗？我们全都跳出了日军的包围圈。至今敌人还没有发现我们。"

"好！"杨成武立即命令第三团和第二十团："撤退！"

被困在狼牙山的大部队和群众顺利脱险了。那么，留在狼牙山上担负掩护任务的第七连战士们呢？

1941 年 9 月 24 日，负责指挥狼牙山区军民转移的冀西第一军分区第一团团长邱蔚，向第七连下达了一项重要命令："要采取机动灵活的战术，把敌人死死拖住，明天 12 点以前，不准让敌人越过狼牙山顶峰——棋盘陀，以掩护我党政机关和群众转移。"

邱蔚还一再嘱咐第七连："要很好地利用狼牙山的险要地形，灵活作战，以一当百，消灭敌人。"

第七连接受任务后，立即向山上开进，攀到半山腰一个稍平坦的山坡时，全连停了下来，连指导员蔡展鹏进行了战斗动员，连长刘福山带领班、排长勘察地形。一切安排妥当后，连长带领第一排和第三排，指导员带领第二排，还有20多个民兵配合，从山脚到山腰，凡是敌人可能经过的山路和险要地段，都埋上了地雷，并选择有利地形，做好了战斗准备。

当日午夜，被日伪军围困的党政机关干部和群众在八路军部队的掩护下开始突围转移。9月25日凌晨4时许，山下传来"啪啪"的枪声。

"有情况，准备战斗！"连长刘福山果断地命令："二班、机枪班跟我抢占北山口右翼无名高地，控制上狼牙山的各条通路，其余各班听指导员指挥。"

不一会，一股敌人沿着弯弯曲曲的山路向山上爬来，待敌人距第七连阵地几十米时，刘福山突然一声令下："打！"顿时，随着密集的枪声，敌人在第七连阵地前倒下了一片。同时，蔡展鹏也指挥其他班的战士和民兵，在几处山梁上开了火，造成漫山遍野都是八路军的假象。

时间仿佛凝固了，敌人的进攻已不知发起了多少次。第七连前沿阵地上的二班、机枪班的战士们大都牺牲了，连长刘福山也负了重伤，敌人正在逐步缩小包围圈。蔡展鹏向远处望了一会儿，才转过身来对六班班长马宝玉说："按上级的要求，我们连的阻击任务基本完成了，为了保存连队战斗力，争取让转移出去的干部群众走得更远一些，现在留下你们班阻击敌人，一定要坚持到中午，然后看情况，能往哪儿撤就往哪儿撤，最后再想办法归队。"

马宝玉坚定地说："指导员放心，我们一定完成任务。"

此时，狼牙山上只留下了5位坚强的战士：马宝玉、葛振林、胡德林、胡福才和宋学义。山下又响起了枪声，有五六百名敌军，正在向山上移动。

马宝玉忙对大家说："准备好！没有我的命令谁也不准开枪。"5个人同时揭开手榴弹盖，把子弹推进枪膛，目不转睛地盯着上山的敌人。

只有二三十米了。

"打！"马宝玉猛地挺起半截身子，把手榴弹狠狠地投向敌人。紧接着，其他4个人的手榴弹也一齐飞向敌群，一阵接连的爆炸声和嚎叫声之后，敌人乱七八糟地退了下去。

"大家快跟我来。"马宝玉料到敌人定会用炮击来报复，所以迅速带领全班向"阎王鼻子"转移。

"阎王鼻子"是通往狼牙山顶峰棋盘陀最险要的地段。它的右侧叫"鬼见愁"，左侧是"小鬼脸"，两座险峰像两尊凶神恶煞守卫在"阎王"两旁，两边都是绝路，中间只有一条宽不盈尺，状似鼻子的盘陀路，藏在草丛和乱石之中。从"阎王鼻子"到棋盘陀，只能用手指和脚趾抠住长在石缝里的小树，攀缘而上，一不小心就会摔下悬崖，当地人说，山羊来到这里也会胆颤心惊。

5人刚上了"阎王鼻子"，敌人就开始向山上炮击了。大概是敌人摸不清山上的虚实，以为山上埋伏着千军万马。因此，炮击很猛烈，一刹那间，"阎王鼻子""小鬼脸""鬼见愁"等几个山头浓烟滚滚，土石四溅，硝烟弥漫。密集的炮火足足打了半个小时。炮火停止，硝烟渐渐消散。六班5位战士抖掉满身灰土，睁开眼睛四处察看敌人的动静。

敌人又小心翼翼地爬了上来。

"打！"马宝玉的手榴弹"嗖"的一声飞了出去，一个挥舞洋刀的日军军官和一个机枪手当即被炸倒。其他几人紧跟着也向敌群投弹、射击。刚刚进入"阎王鼻子"的敌人又不动了。

敌人不动，5个人也不动，他们隐蔽在乱石和草丛中，揭开手榴弹盖，摆成一溜，等待着敌人的到来。

敌人两次进攻失利，又摸不清山上有多少兵力，所以再也不敢横冲直撞了。只是一会儿用机枪扫射，一会儿用炮轰，一会儿又用少数兵力轮番冲击，寻找着能攀登上山的道路。

5个人边打边向棋盘陀顶峰方面撤退，他们知道，到了顶峰，三面都是悬崖绝壁，敌人就是跟到最后也什么都得不到。

太阳渐渐地走过了半空，正在向偏西方向移动。时间已经过了中午12点。六班的5个战士也登上了狼牙山的顶峰——棋盘陀。敌人正像一群疯狗似的跟上来。

怎么办？马宝玉沉思了一下，果断决定："抢占牛角壶！"

牛角壶位于棋盘陀的右侧，异常险要，一对尖刀似的山峰直插云天，恰像一对牛角。

这里地势险要，更利于阻击敌人。在这里，他们连续击退了敌人的4次冲锋。此时，山峰脚下又集结了100多敌人，还有两架敌机呼啸着掠过山顶。之后，山脚下的一群日伪军又往山上冲来。马宝玉率领全班奋力登上了牛角壶之巅。他们抬头仰望，蔚蓝的青天，飘浮着朵朵白云，向四下看去，三面是万丈悬崖，一面是刚才走过的小路，沿途已堵满了日伪军。

"副班长，还有手榴弹没有？"胡德林问。葛振林一摸，没有了。大家都没有手榴弹了。不仅手榴弹没有了，连枪里的子弹也没有了。

"看来只好用石头啦。"葛振林搬起一块10多公斤重的石头，狠狠地向敌人砸去。其他战士立即响应，一齐举起石头。

可是小小的峰顶上，石头也是有限的。可用来打击敌人的东西已经没有了，而敌人却越来越近了。

马宝玉等人已没有退路，他带领全班站在悬崖边，坚定地说："我们牺牲了，有价值！光荣！我们无论如何也不能当俘虏！"

葛振林说："人牺牲，枪也不能叫敌人得到。"话没有说完，山崖边已经有敌人的钢盔乱晃了。马宝玉随手抢起那支从日军手中夺过来的"三八大盖"扔下山谷，葛振林则将手中的枪狠狠地往石头上摔去，宋学义、胡德林和胡福才也都把枪摔得粉碎，扔下山崖。

敌人已经爬了上来。"我们不能再等啦!"班长马宝玉说罢,一转身,率先跳下了悬崖。其余 4 人毫不犹豫,紧跟着也都跳了下去。

"打倒日本帝国主义!"

"中华民族解放万岁!"

"中国共产党万岁!"

激昂的口号声响彻山谷。

紧跟着爬上崖头的日军见此情景大惊失色。他们万万没有想到:与其五六百之众持续激战、并毙伤其 50 余人的八路军部队,居然仅仅 5 个人!

5 位英雄战士跳崖后,班长马宝玉和战士胡德林、胡福才壮烈牺牲,葛振林和宋学义被悬崖上的树枝挂住,负了重伤,碰巧被撤退中与大部队走散、在山洞中躲避日军的地方干部——易县青年抗日救国会主任余药夫发现,因而得救。

狼牙山五壮士的英雄事迹很快就传遍了第一军分区,传遍了晋察冀抗日根据地。

聂荣臻在军区的一次会议上,高度评价了狼牙山五壮士的英雄行为。他说:"在他们身上,体现了中国共产党领导的人民军队的优秀品质,体现了中华民族的英雄气概,我们要继续下去,发扬光大。"[9] 时任晋察冀日报社社长的邓拓为此亦写下《狼牙山五壮士》诗一首。

> 北岳狼牙耸,边疆血火红。
> 捐躯全大节,断后竟奇功。
> 畴昔农家子,今朝八路雄。
> 五人三烈士,战史壮高风![10]

1941 年 10 月 18 日,晋察冀军区司令部和政治部向全区发出学习狼牙山五壮士的训令。

9月25日，敌寇二千余，分数路围攻狼牙山（涞源东南），一部五百余向我最高山头阵地围攻，在山腰触发我一分区一团二营七连预埋棋盘沟之地雷，当即毙伤敌四十余名。后该连以第六班掩护主力转移，英勇战士胡德林、胡福才、葛振林、宋学义在班长马宝玉**11**同志（党的小组长）领导下，以高度的英勇顽强精神，固守阵地，与敌激战五小时。敌人曾作四次猛烈冲锋，均被我击退，计杀伤敌寇五十余名。最后因子弹、手榴弹全部用完，且众寡悬殊，在最危急时，该班长马宝玉同志领导战士葛振林（党员）、胡德林、胡福才、宋学义等四同志，先将所有武器全部破坏，遂即跳万丈悬崖。马宝玉、胡德林、胡福才三同志壮烈殉国，葛振林、宋学义二人光荣负伤。此次战斗计毙伤敌一百名以上，敌异常恐慌，全无斗志而退。

马宝玉等同志，在战斗中表现了高度的英勇顽强果敢，予敌寇以极大杀伤，真正继承与发扬了我八路军的战斗作风。在危急时，宁死不辱，最后遂跳悬崖捐躯殉国，更表示了他们具有至死不屈的伟大的民族气节。对于光荣殉国的马宝玉、胡德林、胡福才三烈士，以及跳崖负伤的葛振林、宋学义二同志，我军区全体指战员均应表示以崇高的敬意，并应向之学习。

为了纪念英勇牺牲的马宝玉等烈士，我们要：

一、在每次战斗中，高度发扬英勇顽强的搏斗精神，以战斗的胜利纪念他们。

二、在烈士牺牲地点，建碑纪念，并命名为狼牙山三烈士碑。

三、决定马宝玉等烈士作为一团模范连七连的荣誉战士，每逢纪念日点名时，首先应由荣誉战士点起。

四、对光荣负伤的葛振林、宋学义二同志，除通令嘉奖外，并各赠荣誉奖章一枚。**12**

1942 年 5 月，晋察冀军区第一军分区和当地政府在棋盘陀峰顶联合建立的"狼牙山三烈士塔"落成，塔侧有杨成武的题词。

狼牙山涧成壮志，威震敌胆；
易水河源舒正义，万世流芳。

落成典礼当天，杨成武司令员与罗元发政委分别给葛振林和宋学义颁发了"勇敢顽强奖章"，并合影留念。

这座"狼牙山三烈士塔"极大地鼓舞了抗日军民的抗战决心，也成了日寇的眼中钉。1943 年 9 月，日军再次"扫荡"到狼牙山时，炮击摧毁了这座烈士塔。

后在 1959 年，纪念塔得以在原址重建，改名为"狼牙山五勇士纪念塔"，侧面有聂荣臻的题词。

视死如归本革命军人应有精神，
宁死不屈乃燕赵英雄光荣传统。

## 注　释

1. 乌鹭之战，喻指下围棋，将围棋黑、白子厮杀比喻为乌鸦与白鹭相斗。

2. [日] 稻叶正夫编：《冈村宁次回忆录》，天津市政协编译委员会译，中华书局 1981 年版，第 310—311 页。

3. 日本防卫厅战史室编：《华北治安战》（上），天津市政协编译组译，天津人民出版社 1982 年版，第 433—436 页。

4. 《朱德、彭德怀、左权关于冀中反"扫荡"准备致聂荣臻等电》，1941 年 7 月 11 日，见中国人民解放军历史资料丛书编审委员会编：《八路军·文献》，解放军出版社 1994 年版，第 674 页。

**5.** 参见《聂荣臻传》编写组：《聂荣臻传》，当代中国出版社2015年版，第186—192页。

**6.**《彭德怀、左权关于配合晋察冀边区粉碎日军大"扫荡"致贺龙等电》，1941年8月25日，见中国人民解放军历史资料丛书编审委员会编：《八路军·文献》，解放军出版社1994年版，第685页。

**7.**《第十八集团军总部关于配合晋察冀边区反"扫荡"作战致各兵团等电》，1941年9月2日，见中国人民解放军历史资料丛书编审委员会编：《八路军·文献》，解放军出版社1994年版，第689页。

**8.** 何正文：《回忆邢沙永战役》，见中国抗日战争军事史料丛书编审委员会编：《八路军·回忆史料》（5），解放军出版社2015年版，第94—107页。

**9.** 宋玉琳：《狼牙山五壮士》，见中国抗日战争军事史料丛书编审委员会编：《八路军·回忆史料》（5），解放军出版社2015年版，第108—118页。

**10.** 邓拓：《狼牙山五壮士》，见《邓拓诗词选》，人民文学出版社1979年版，第13页。

**11.** 马宝玉，原文件中将马宝玉名字皆误为"马保林"，此处引用时已纠正。

**12.**《晋察冀军区关于学习狼牙山五壮士的训令》，1941年10月18日，见中国人民解放军历史资料丛书编审委员会编：《八路军·文献》，解放军出版社1994年版，第709—710页。

# 第十一章

# 打碎"清乡"

泽田茂找晴气庆胤商讨在侵占区开展"清乡工作"——谭震林眼看抗日根据地遭受损失心痛不已——刘少奇分别评述新四军各师工作并提出今后任务——新四军在谢家渡痛击保田大队——韩德勤、霍守义向新四军第三师紧急求援——刘老庄八十二勇士血战日军第五十四联队

## 泽田茂找晴气庆胤商讨在侵占区开展"清乡工作"

随着侵华的华北方面军不断开展"治安强化"运动和"肃正建设"，华中的日本侵略军也不甘示弱，于1941年7月联合汪伪政府推出了"清乡工作"。为了"清乡"，华中日军与汪伪政府反复商讨，可谓大费周章。

早在1941年初，日军第十三军司令官泽田茂找到汪伪政府中央军事委员会顾问部主任晴气庆胤，商讨了在侵占区开展"清乡工作"的有关问题，他是这样记述的：

三角地区[1]的治安肃正工作为我军主要任务，但仍采用从来"临时性的讨伐"显然不能破坏敌人深深潜伏于地下之组织。余到任后，经与军事顾问部晴气中佐主任就治安工作之新方法研究结果，认为可仿效蒋介石曾在江西省对赤化地区所采取的"三分军事、七分政治"之方法，实施"清乡工作"。所幸我军由于数次进攻作战，予当面之敌正规军以沉重打击，从而有可能以相当力量用于治安工作。因此，决定迅速开展

"清乡工作"，并于7月1日开始实施。

此项工作，究竟应由日军负责，抑或由国民政府负责，曾有种种议论。当经余决定，军事统由日军担任，政治由国民政府任之。本工作主要目的，在于渗透国民政府政治势力，要以此为手段，使国民政府发挥强大的政治威力。本工作最大要点，不仅扫除敌匪，而在于扫除敌匪之后，渗透并发展国民政府的政治势力。政治如不能渗透，支持国民政府的和平局面则不能出现。此项工作之另一意义在于考验国民政府的力量。2

1941年1月，晴气庆胤与伪警政部部长李士群正式提出"清乡"建议，由日军最高军事顾问影佐祯昭提交给汪精卫。汪精卫一见计划，喜从天降。他正愁伪政权建立后没有给日本主子更多的"礼物"，很想通过"清乡"取得成绩，进一步获得日本侵略者的信任，并乘"清乡"之机逐步建立自己能控制的部队，以扩大自己的势力。汪精卫立即同意这一建议，并把"清乡"列为最紧急和最重要的中心工作。

1941年2月，晴气庆胤组织汪伪政府军事委员会军事顾问部制定出了一份非常详细的《治安肃清要纲》。

这份《治安肃清要纲》称："国民政府为积极处理治安肃清事宜，特设清乡委员会为最高计划指导机关。""治安肃清政策之要点，为建设流动封锁线，使敌性武力与肃清区民众完全隔离，并逐渐推进此封锁线，以谋国民政府行政区域之扩张，而利长期战之局势。""先以封锁线后方地区为特定肃清地区，封锁线完成后，立即使国民政府之势力随之深入偏僻乡村，而图该区民众生活之安定，经济产业之复兴，同时借保安及自卫组织之确立，特工组织的强化，使敌性武力及秘密机关等无潜入复活之余地，以使该区民众完全脱离敌方影响，走上更生之路，使对于国民政府心悦诚服。""在流动封锁线推进前，对于前方之敌性武力如能用政治工作使之分化，务努力使之自相冲突以至崩溃。"

在"流动封锁线"的建设上，"原则上华方军队及警察担任之，但在相当期间由日军直接指导支持之"。"华方军队及警察在相当时间分属于日军指导之下，且其开始使编入日军中使用，嗣逐渐集结各处担任独立任务，尽速使能替日军自行担当流动线之建设及推进。""流动封锁线之推进，以特定肃清地区之保安机构完善程度为基础，并考虑扩充新肃清地区内应有之保安组织等所需，华方之准备程度及能力等，再由日方当地最高指挥官、日华方当地清乡负责者协议后，决定推进之时机及其距离缓急等。"

在"流动封锁线"上实行证件管理，"居住证明书、旅行证明书、通行许可证等，由中日双方之特定机关发给，并用同一形式，并其封锁线通行许可证，须由中日双方加以证明，印刷证明书时，于其纸质格式大小，特种活字，特种墨水，铁质硬印之使用及规定等力求精密，以防伪造，并使伪造之证明书易于发觉及鉴别，此外并请适当处置，以期发给及使用时绝对无敌性分子之收买利用等情发生"。

在"流动封锁线"正式推行前，"先对于特定之范围地区，实行试验政策，俾不致于开始广大地区之全面的政策时发生障碍，同时使其实施适切，而且有效"。"试验政策期于7月上旬开始实施，预定举行之各种准备大体如此：（一）3月中决定关于政策之一般方略法规机构等。（二）4、5月中大体完成试验地区内政策之种种准备。（三）6月中旬完成中日军警在当地之集中及配备。（四）自7月上旬开始流动封锁线之推进。"[3]

1941年3月，日军大本营为改变中国战场上的战略态势，解决国内因战争持续而激发的重重矛盾，重新启用曾在中国战场上"屡立战功"的畑俊六担任侵华日军中国派遣军总司令官，替下了战绩平庸的西尾寿造。

畑俊六，1879年出生于日本东京的一个武士家庭，其兄畑英太郎亦曾晋至陆军大将，在九一八事变前病死在关东军司令官任上。畑俊六早年毕业于日本陆军士官学校，1901年成为炮兵少尉，1919年担任日本陆军大学战术教官，1923年升任日军参谋本部作战课课长，1937年晋升为大将，1938年2月接替松井石根出任侵华日军华中派遣军司令官，曾指挥过徐州会战和武汉会战，1939年出任日本内阁陆军大臣。畑俊六个子不高，因1904年参加日俄战争时，在进攻旅顺外围的鸡冠山一役中被俄军子弹射穿了肺部，由此变得身材消瘦，形似病夫。

畑俊六到了南京，对汪伪政府的"清乡"计划颇为赞成，"并保证全面予以支持"。在日军的全力支持下，汪伪政府于1941年5月16日公布了《清乡委员会临时组织大纲》，未出一个星期，紧接着就在5月22日决定了"清乡委员会"人事名单，身兼"国民政府主席"和"军事委员会委员长"的汪精卫自任委员长，"立法院长兼军事委员会政治训练部长"陈公博、"行政院副院长兼财政部长"周佛海为副委员长，"警政部长"李士群为秘书长。掌管实权的实际是李士群，因为汪精卫认为，李士群"了解中共的内部情况，富有特务战经验，是一个最适合的人"。"清乡委员会"的现地执行机关为"清乡委员会苏州办事处"，虽然表面上是委员会的一部分，但实际上是真正掌握着"清乡工作"的实权机关。6月4日，日本第十三军与汪伪"清乡委员会"就双方在"清乡"中的分工、对武装团体的指挥关系以及补给等问题达成了协议。6月10日，双方在南京召开了"清乡"地区行政会议，决定了推进这一工作的具体办法。随后，日军将第十三军"清乡指挥所"也移到了苏州。

此时的江南，正是风绿雨暖、无处不飞花的季节。盎然的风景，不顾残酷的战争，依然如故地把这本来就秀美的山水装扮得更加妩媚动人。

而在景色宜人的苏州，伪"清乡委员会"却连续召开了7次"清乡"筹备谈话会，具体研究着"清乡"的方针、方法和步骤。一个个阴谋接连泛起：

首先，是在"清乡"地区周围建立"隔绝带"，切断"清乡"地区同其他地区的交通，消灭区域内之敌性武装及其地下组织，使"匪、民"分离。"隔绝带"的目的在于使"清乡"地区之外的敌性武装和"清乡"地区内的民众之间完全隔离开来。沿此地带挖掘水沟，构筑地障，设置竹篱、木栅及电网，配备充足的日伪兵力，并在重要地点筑碉堡，在公路、运河的重要出入口设立检查站，防止"敌匪"流入并检查进出物资。

其次，与武装讨伐相配合，使伪国民政府方面的政治力量跟上来，依靠所谓的提高民生、振兴经济的措施来掌握民心，建立保安、自卫组织和充实加强特工组织，使敌性武装、秘密机关无潜伏和重建的余地，以便在以后维持治安上不必动用日军。

当认为该"清乡"地区内确已成效卓著后，再逐步把隔绝带向其他地区推进，以扩张和推行汪伪"国民政府"政令的行政区域。

日伪之所以将"清乡"地区设置在华中，首先是因为华中具有重要的战略地位。它是联结华北、华南及西南、西北的枢纽，而且拥有上海、南京、杭州、徐州、武汉等重要城市和战略要点，有沟通南北交通的平汉、津浦、沪宁铁路大动脉，有横贯东西的扬子江，是日、伪、顽和共产党必争之地。谁控制了华中，谁就有利于向全中国发展。正因为华中战略地位如此重要，日军急切盼望通过"清乡"，将华中变成它继续进行侵华战争和推动南进计划、进行太平洋战争的重要基地。

日军推行"清乡"的另一个目的是掠夺战略物资，"以战养战"，而华中是中国最富庶地区，粮、棉、盐的产量当时都冠于全国，长江三角洲地区的工商业和进出口贸易均占全国五分之三左右，正是它掠夺战略物资最好的地区。

日伪"清乡"的主要目的是确保其侵占区的治安，首先是要确保其首脑机关所在地区的治安。侵华日军中国派遣军总司令部和汪伪政府首脑机关都在南京，南京附近是"京畿"重地，所以南京地区也就成了日伪"清乡"的重点地区。

因此，日伪第一期"清乡"地区，指定为江苏省沪宁铁路（上海至南京之间）以北、长江以南富饶地带的常熟、无锡、昆山、太仓等县，这里是连接汪伪政权的心脏上海和汪伪"首都"南京的铁路沿线要地，也是中国有数的"谷仓"之一。

为获得足够的"清乡"经费，汪精卫在 1941 年 6 月赴日本活动时，出于维护日本侵占中国地区"治安"的一片忠心，又向日本借款 3 亿日元。对此，日本《读卖新闻》在 1941 年 6 月 29 日报道称：

> 国民政府行政院长汪精卫一行日前抵达日本以来，会见了近卫首相以下政府各方面首脑，就有关政治、经济、外交、文化、军事等日华提携之具体方策，坦率交换了意见，其结果使东亚新秩序的建设具体化，成为具有历史意义的新的开端。近期经与大藏省当局之间积极商讨加强日华经济提携具体方策，对此次国民政府的要求，决定提供 3 亿日元借款，6 月 27 日已由政府公布。此次提供 3 亿日元借款，可谓日华经济提携具体化已入正轨之佐证。由于提供此项借款，南京政府的经济施策可望进一步活跃，日华两国国民对之寄予极大期待。
>
> 此次帝国政府应国民政府要求，首先决定提供 3 亿日元限度的借款。有关此项借款的实施，由横滨正金银行主持其事。**4**

## 谭震林眼看抗日根据地遭受损失心痛不已

1941 年 7 月 1 日，日伪第一期"清乡"正式开始。日军独立混成第十一旅团、独立混成第十七旅团等共 10 个大队和伪第一方面军第二、第三、第五、第六师，暂编第二军第十二、第十三师，独立第三、第九旅，教导旅等共 13300 余人，气势汹汹地杀向苏南抗日根据地的苏（州）常（熟）太（仓）地区。这些部队在各自负责地区进行"扫荡"的同时，并在区域周围构筑隔绝带，在公路、河流的主要入口处共设立了 14 个大的检查站，在其他地区也设立了 40—50 个小的检查站，一部分隔绝带构筑了电网，大部分则构筑了竹篱、木栅栏，在 7 月 20 日之前，仅使用的竹子就多达 2 万棵。**5**

此时，活动在这里的是谭震林率领的新四军第六师。皖南事变后，中共中央军委发布重建新四军军部的命令，决定将新四军江南指挥部所属部队及江南人民抗日救国军编为新四军第六师，任命谭震林为师长兼政治委员，并仍兼苏南区党委书记。1941年5月底，谭震林由苏常太地区来到第六师第十六旅驻地——宜兴和桥。而后，他又在第六师参谋长兼第十六旅旅长罗忠毅、第十六旅政委廖海涛的陪同下，渡过滆湖、长荡湖，来到原新四军江南指挥部驻过的溧阳地区。

国民党顽固派得知谭震林到溧阳的消息后，妄图乘新四军情况不明先发制人，命令皖南事变的刽子手——国民党第四十师和挺进队，向新四军第十六旅发动进攻。谭震林认为这一仗非打不可，而且必须打胜，只有这样才能挫灭顽固派的嚣张气焰。

在溧阳戴巷小学，谭震林召开了连以上干部会议，向大家传达了中共中央1941年5月8日的指示精神，并介绍当前苏南敌、伪、顽的情况，指出了中日矛盾和国民党"反共"政策以及中国共产党与之针锋相对的方针，明确对敌、伪、顽作战的战术和打法。他还提出"打到山里去，活捉顾祝同，为'皖南事变'死难革命烈士报仇"的口号。为了做到打则必胜，他把预定战场选择在溧阳北部的黄金山。黄金山与金坛、句容、溧水等县连接，地势起伏，居高临下，还背靠茅山抗日根据地。在这里打仗，对新四军有天时、地利、人和之便。

1941年5月21日至27日，谭震林指挥第十六旅连续三次粉碎了敌人的进攻，取得了黄金山反顽战斗的胜利。不久，随着日伪"清乡"开始，国民党军第四十师赶紧跑了。

新四军第六师获悉日伪将要实施"清乡"的情报后，立即决定组成东路军政委员会苏常太分会，在军事上采取内线坚持与外线突击相结合的作战方针，由第十八旅政治部主任张英任书记，负责领导苏常太地区反"清乡"斗争。7月3日，新四军军部电示第六师：反"清乡"斗争主要是保存有生力量，多打小仗；划区分散游击，使敌人捉摸不着；乘虚进袭敌后据点，钳制敌人；严防顽军进袭。**6**

但由于部署太迟，不少区乡还没有来得及将新四军总部的指示传达到基层，日伪的"军事清乡"就开始了。

一开始，日伪在苏南周围增设据点，以河流、公路、铁道、湖面、山川为依托，围竹篱笆、拉电网、设检查所，建立封锁线，使"清乡"区与非"清乡"区隔绝，构成大面积包围。接着，又集中兵力深入"清乡"区进行闪电式"扫荡"，不分昼夜地进行梳篦式的反复"清剿"，妄图寻歼、肃清抗日武装力量。

紧接着，日伪就开始"政治清乡"，清查户口，编织保甲，重建伪政权。

第三步则是"经济清乡"和"思想清乡"。"经济清乡"以"铲除敌性之经济势力及机构"为出发点，成立"中日合作新配给收集机构"，征收苛捐杂税，搜刮占领区物资，以"培养战争实力"，供应"大东亚战争"需要；"思想清乡"，主要是强制进行奴化的"特种教育"，"铲除抗日思想"，"消除共产匪的影响"，宣扬投降卖国的"新国民运动"。妄图以"反"共、崇拜日本法西斯、甘当亡国奴的思想毒化和腐蚀人民，摧毁人民的爱国、革命和抗日精神。

由于对敌情掌握不充分，对形势估计不足，缺乏反"清乡"经验，新四军中有部分人员误以为日伪"清乡"同"扫荡"一样，过一阵子就会撤走，因而仍然强调化整为零，原地坚持战斗。这时，"清乡"区已被日伪军分割成很多小块，水陆交通均被封锁，分散在各处的战斗小组很难相互联系，形成了各自为战、无法配合的被动局面，党政军干部、战士、工作人员伤亡较大，抗日政权被摧毁，党的组织被破坏，人民群众生命财产受到了重大损失。

带领主力跳到外线去的谭震林，眼看抗日根据地遭受如此损失，心痛不已。1941年8月底，为了吸取教训，谭震林在太仓县召开干部会，指出苏常太地区反"清乡"斗争失败的原因：第一，对形势估计不足，没有充分掌握敌、伪、顽的情况，看不到他们互相勾结，"清乡"是他们"三位一体"的集中行动；第二，新四军的锄奸活动在掌握政策上过"左"，削弱了社会基础；第三，对敌人"清乡"计划，包括规模、步骤、兵力、方法等情况不明，因而反"清乡"斗争未能作出相应适当的部署。谭震林提出以分区转移对付日伪分区"清乡"的基本方针，确定新四军部队以保存有生力量为主，主力跳出"清乡"区向西转移，地方则采取"避开强敌、分散埋伏、积蓄力量、等待时机"的策略，撤销公开的党政机关，转移公开的干部和党员。

8月13日，陈毅、刘少奇、赖传珠两次致电第六师："对与敌伪有勾结之顽军，不宜硬打；对敌之大举'清乡'，应事前转移地区，仅留游击队与地方秘密组织，或者完全撤走，以后再去恢复。"[7]"你们目前应向西转移，或向南转移，俟'清乡'过后，再插回原地，恢复工作。在敌'清乡'地区，一切人员疏散，转入秘密状态。"[8]8月14日又电示第六师，"敌对苏南'清乡'是分区'清乡'性质，六师各旅、团应以分区转移应付'清乡'为指导原则"。"应付苏南危局，需要果断，同时需要灵活的策略。"[9]

8月23日，新四军第六师师部率第十八旅主力果断地越过锡澄公路封锁线，从澄锡虞[10]地区转移到澄西和丹北地区。结果澄锡虞地区在9月的反"清乡"斗争中不仅损失较小，而且还开辟了新区。

为了配合东路反"清乡"斗争，新四军第六师第十六旅不断在西部的句容、丹阳、武进、金坛等地向日伪发动进攻，攻克据点，收复失地。日伪十分惊慌，急忙集中3000余优势兵力，采取奔袭合围战法，向西寻找第十六旅指挥机关和主力部队，企图达到一举消灭新四军的目的。

9月6日，日寇偷袭苏南第五行政区督察专员公署驻地句容县大坝村，督察专员兼句容县县长巫恒通负伤被俘。大汉奸周佛海写信并派人劝降，巫恒通严词斥责，拒绝就医并绝食，于9月14日壮烈牺牲。陈毅高度评价巫恒通："死节之惨烈，抗战以来所仅见。"9月29日，日寇又奔袭句容东部的苏南第五保安司令部宿营地，路西北特委书记陈洪被俘。

1941 年 11 月 28 日凌晨，日军故伎重演，利用同一支步、骑、炮联合兵种 3000 余人的机动兵力，由句容县天王寺据点出发，经京杭国道和大山口，分三路奔袭第十六旅旅部宿营地塘马村。

天刚蒙蒙亮，塘马村西北方向传来稀疏的枪声。旅长罗忠毅、政委廖海涛从望远镜里看到西边敌人的先头部队已越过竹篱桥，向村子迂回前进。

罗忠毅立即下令：警戒部队坚决阻击敌人前进，掩护旅部机关转移，旅部机关立即向东长荡湖方向撤退。

罗忠毅要廖海涛带领机关先走。廖海涛不肯，要罗忠毅先走，相互争让了半天，结果两人都留在原地继续监视敌人行动。罗忠毅、廖海涛一面指挥部队向东收缩后撤；一面亲率旅特务连参战，拼死抗击敌人，掩护旅部机关转移。

在罗忠毅、廖海涛率部全力掩护下，突围人员迅速脱离了日伪军的火力封锁圈，安全转移。但担任掩护的第四十八团第二营两个连和旅部特务连却陷入了敌人的重重包围之中。这时，敌人运动进展迅速，罗忠毅、廖海涛率部突围不利，终因敌人强大的火力封锁，被四面包围在离塘马村 1.5 公里远的王家庄与茅棚村两地。罗忠毅、廖海涛身先士卒，顽强血战，使敌人不敢前进，一时枪声、炮声、炸弹声、冲杀声混杂在一起，战斗空前激烈。

突然，一颗子弹击中了罗忠毅的头部，但他仍在英勇地指挥战斗，高呼："同志们，冲出去！"警卫员看到罗忠毅头部中弹的情景，不禁哭了起来。罗忠毅依然镇静地说："哭什么，你快去杀敌，拿我的文件包冲出去！"旋即壮烈牺牲。罗忠毅牺牲后，廖海涛一路冲杀到王家庄东边约半公里的茅棚村。当敌人接近时，廖海涛向战士们高呼："坚决消灭敌人，为罗旅长报仇！"紧接着，就捡起身边一位已牺牲战士手中的轻机枪，瞄准敌人一阵扫射，压住了敌人的进攻。在他正依托一个草堆不断射击时，不幸腹部中弹。旁边屋里一位老大娘见到廖海涛负了伤，鲜血直流，赶快过来，把他背进屋里包扎，但廖海涛终因流血过多，也壮烈殉国了。罗忠毅、廖海涛身先士卒，英勇牺牲，更激起了战士们勇猛杀敌的怒火，激烈的战斗一直持续到中午，终因寡不敌众，担负掩护任务的指战员全部壮烈牺牲。**11**

谭震林接到塘马战斗告急电报以后，立即向先行转移出来的第十六旅组织科科长王直发出复电，要求迅速查明罗忠毅、廖海涛的下落，并指示突围部队及机关人员向安全地带转移，与驻守溧水的第十六旅第四十六团靠拢。12 月初，罗忠毅、廖海涛壮烈牺牲的噩耗传来，谭震林失声痛哭。他对身边的妻子葛慧敏说："我要立即去茅山第十六旅整顿部队！"并发电请示新四军军部。新四军军部复电同意并提醒："谭震林化装南渡，如不可行，不必冒险。"但谭震林坚持要走：第十六旅发生这么大的事情，部队牺牲这么多人，"谁当司令，谁当政委，我不去宣布不行"。临行前，他又叮嘱葛慧敏："我这次去茅山，不能很快回来，你要安心工作！"说罢，只带两个警卫员陈小毛和张坚化装南渡。

进入敌人"清乡"区，按照约定，谭震林走在前，两个警卫员跟在后面。

沪宁铁路是日伪"清乡"的重要封锁线，铁路周围到处都是日伪军。过铁路时，谭震林昂首挺胸地走了过去，但后面的两个警卫员却引起了伪军的怀疑。陈小毛负责挑着担子，见势不妙，机警地四周顾盼，突然看见一家老百姓在吃晚饭，连忙进去把担子一放，拿起碗来就吃饭。伪军一见，以为他是这家的家里人，就没再理会他。而张坚却被几个伪军给抓住了，他身上带着 200 多块钱，趁着伪军没抓牢，忙掏出钞票一扬，伪军们立即松手去抢，还相互打了起来。张坚利用这个机会才跑掉了。

经过日夜兼程的艰险跋涉，谭震林终于来到丹阳廷陵附近的一个村子里，与聚集在这里开会的中共茅山地、县委人员会合，并向 50 多名地方和部队干部作了《目前形势与任务》的报告。塘马战斗之后，茅山地区的局势极为严峻，部分干部、群众滋长了悲观动摇的情绪，甚至还有极少数人逃跑变节。日、伪、顽都想趁机把中共茅山的党、政、军机关消灭或逼走。广大军民日夜盼望着新四军主力部队打回来。谭震林的到来与气势磅礴的动员讲话，使许多指战员激动得热泪盈眶，胸中顿时像升起了一团烈火，不禁唱起了《繁昌之战》和《黄金山三战三捷》的战歌。

## 刘少奇分别评述新四军各师工作并提出今后任务

苏南抗日根据地遭受重大损失的消息报到华中局时，重病稍有康复的刘少奇不禁悲痛万分。频繁的转移、过度的劳累，严重损害了刘少奇的健康。从 1941 年 7 月中旬开始，刘少奇就生病不想吃东西。到 9 月中旬，刘少奇又患了严重的痢疾，血压降低。

这时，中共中央正在酝酿开展全党范围的整风。1941 年 5 月 19 日，毛泽东在延安干部会议上作了《改造我们的学习》的报告。9 月 10 日至 10 月 22 日，中共中央连续举行政治局扩大会议，重点是检查党在十年内战后期的领导路线问题。这些，都是为召开中共七大做准备。毛泽东需要刘少奇回中央帮助他。10 月 3 日，毛泽东致电刘少奇并告陈毅：中央决定刘少奇来延安一次，并望能参加七大。何时可以动身盼告。**12**

刘少奇离开延安已经两年多了，中共六届六中全会交给他"发展华中"的任务已基本完成。华中形势大的转变已经实现，以后比较平稳，变化较少。华中的领导中心虽然还不健全，但已基本上建立了起来。刘少奇离开后，可以继续通过电台与华中保持联系，不致发生大的问题。

可是，华中局和新四军军部都不赞成刘少奇回延安去，认为他"不能暂离华中，否则（华中）会失掉中心"。但中共中央和毛泽东仍坚持刘少奇必须回延安，只同意他可以缓期启程。毛泽东电示刘少奇说："七大大约还需等半年才开，甚望你能到会。请与陈、姚**13**各同志商，能否在两三个月内帮助他们解决一些问题，两三月后动身来延参加七大。七大后你在延安休养，即在延安指挥华中。""依国内外大局看，蒋及国民党不会投降，亦不可能大举剿共，华中我军主要是对敌伪分散作战，你来延安指挥华中，似对华中工作不会有大损失，而你的身体得到休养则有大益。"**14**

为此，刘少奇开始安排回延安的准备工作，特别是准备在年底召开一次华中局扩大会议，以进一步了解各根据地各方面之情况，总结过去各方工作的经验，以及更具体地确定今后华中各根据地的工作计划。会议原定在1941年12月20日召开，由于中共中央的批复直到12月18日才下达，所以推迟到了1942年初举行。

1942年1月20日，中共中央华中局第一次扩大会议在苏北阜宁单家港开幕。出席会议的有华中局委员、各省委、区党委、各师负责人，共30人，另有25人列席会议，临时旁听的有43人。鄂豫边区党委、第五师和第七师因路远交通阻隔未能出席。

会议开幕后，先举行了20天的预备会议，由各代表团分别详细报告党、政、军各项工作。2月14日，会议正式开始。会上，由刘少奇作《目前形势，我党我军在华中三年工作的基本总结及今后任务》的工作报告。随后，由陈毅、黄克诚、曾山、饶漱石分别作军事、部队政治工作、政权建设、党与群众工作的报告。

会议认为，新四军在华中敌后已站稳脚跟，基本上完成了开辟与发展华中敌后工作的任务，并为夺取抗日战争最后胜利创造了条件。三年来，新四军共作战5094次，歼灭日伪军6万余人，**15**创建抗日根据地约18万平方里，其中较为巩固的地区10万余平方里，另有游击区7万余平方里。现行主力军86720人，地方部队4.1万人，民兵51万余人。

同时，也实事求是地总结了三年来工作中存在的缺点和问题：第一，反顽斗争不彻底，苏北问题还留了尾巴，以韩德勤为中心的反共势力，与土匪、伪军勾结对新四军东进起着相当的牵制破坏作用；屯集在津浦路西的汤恩伯、李品仙，与韩德勤遥相呼应，伺机向东进攻；顾祝同竭力与新四军在苏南争夺地盘，并伺机北渡援韩。华中敌后仍然是三角斗争。第二，个别领导犯了严重的错误，根据地不巩固，第四师在反顽斗争中丢掉了豫苏皖边根据地。第六师在反"清乡"中，判断失误，处置失当，丢掉了苏常太和澄锡虞根据地。第三，各级党组织和领导在残酷斗争面前，经验不足，思想水平和工作水平跟不上形势。尤其是华中局领导能力不能满足各方面的发展。

会议对新四军各师、各根据地的工作分别作出了评述，并分别提出了今后的具体任务。

第一师与苏中党今后的任务，是切实地迅速地巩固苏中根据地，坚持苏中抗战，并聚集与加强我之雄厚的力量，以便将来能应付国内外的伟大事变。现在即应准备以部分兵力能够随时转移，担负新的任务。因此，除开继续粉碎敌之"扫荡"外，应设法制服伪军、争取与瓦解伪军，加紧对敌军的工作，及对附近友军的工作。今后应集中力量，建立独立作战与负担任务的地方军，在主力与地方军之间已不应有严格的区别，主力应该地方化。同时广泛建设群众性的游击队与不脱离生产的民兵，切实建立兵工生产。只有这样，才能在严重情况下长期坚持斗争，并发展与聚集力量。同时应切实进行群众工作、政权工作及地方党的工作，以便进一步地巩固根据地。在执行上述各项任务中，应寻求机会加紧部队的整训，建立与健全各种组织和制度，继续严格地反对浪费与贪污，并增加在财政上援助全国及各根据地。

第二师及皖东（路东、路西）区党委今后的任务，是彻底完成根据地的建设工作，使之达到完全巩固的程度。继续整训部队，使主力精干化，加强与扩大地方军，并以最好的地方干部来领导地方部队，真正组织根据地内人民的大多数，发展与加强人民武装，吸收青年参军。大批训练干部特别是本地干部，加强友军工作与敌伪工作。继续切实向敌后发展，在路西则继续坚持原来阵地，这是一个很艰苦很重要的任务。并经淮南路两侧与第五师联系，经江浦、和含与第七师联系。如反共军从皖东向我进攻，第二师则担负坚决阻击之任务。

今后第三师、独立旅及盐阜、淮海地方党的任务，是深入地巩固根据地，并向敌占区开辟工作。切实实行三民主义，在政治上赛过反共派，以便争取广大的各阶层人民在自己的周围。和反共派进行长期的各种形式的斗争，很好地进行友军工作与伪军工作，以便促成反共派的觉悟或自己的溃灭。同时还应随时准备以主力之一部西进担负在战略上更关重要的任务。而普遍深入地发动与组织群众，改造政权与建立人民武装，建立有力的地方军及兵工生产，切实争取青年，训练与提拔干部等，以打破根据地工作落后的现象，则是今后更重要的任务。

第四师与淮北苏皖边区党今后的任务，是大量地组织与发动群众，建立地方军与人民武装，并很好的团结抗日各阶层人民，改造政权，以巩固根据地。同时肃清最坏的土匪与伪军，开辟敌后地区工作，使我之根据地打成一片，并向铁路以西发展。如果反共军东进向我进攻的话，则须不顾一切坚决地击退之。对于路西失败的经验，则需要进行很好的、平心静气的、深入地研究与学习。

今后第五师与鄂豫边区党委的任务，是整训部队，加强与发展地方军及人民武装，严格建立各种组织与制度，巩固与发展根据地，切实进行群众工作，改造政权机构，广泛地进行友军工作，并设法以适当的名义向长江以南敌后地区发展，及沿长江而下与第七师联系。

今后苏南部队与党的任务，仍然是用一切方法坚持苏南的斗争与阵地，并广泛地进行敌伪工作与友军工作，严格执行党的统一战线政策，交结更多的朋友，减少敌人、孤立敌人，并适当的执行隐蔽政策。在武装组织上，应使主力切实地方化，不应再有主力与地方军之分，特别注意地方游击队之建立与加强，注意不脱离生产之群众游击部队的普遍建立，注意培养与训练地方干部，并给那些可靠的地方干部以本地的负责工作。群众组织与群众斗争的策略，都要特别适合游击的环境，某些地区并可用灰色的名义去建立武装及其他组织。

今后第七师与巢无地方党的中心任务，是巩固与发展巢无根据地，深入群众工作，扩大部队，加强地方党员和干部的训练，发展地方武装，发展敌伪工作，并特别注意进行友军工作。第七师今后应以和含、江浦为主要行动方向，以便与第二师打通，同时向巢北发展。在皖南及桐庐地区，则设法坚持与发展现有阵地。**16**

华中局第一次扩大会议，既总结了过去的成绩和问题，又提出了今后的奋斗目标和具体任务，是一次承前启后的会议，有力地促进了华中的各项工作，影响极其深远。会议期间，刘少奇还对刚遭受重大损失的苏南敌后抗日根据地作了重新部署，任命江渭清为苏南区党委书记兼新四军第十六旅政委，代替不久前在同日军战斗中牺牲的廖海涛。同时，华中局和新四军军部决定，第一师与第六师合并（对外番号不变），统一归第一师指挥，任命粟裕为师长、谭震林为政委。会议结束后，刘少奇和华中局又分别同各代表团举行谈话。一切工作都已安排就绪，刘少奇就可以启程回延安了。

1942年3月19日，刘少奇带领华中赴延安干部100多人，在八路军第一一五师一个团的护送下，从苏北阜宁单家港出发，踏上返回延安的千里征程。华中局负责干部一直送到黄河大堤，同刘少奇合影留念后，才依依不舍地目送刘少奇一行远去。

## 新四军在谢家渡痛击保田大队

日伪军在江南"清乡"，认为"该地区的治安明显得到恢复"，"该地区内的游击队及敌性地下组织，也因日军警备队的扫荡被清除，地区的外围也进行了封锁"，"经济工作方面，到1942年2月在封锁经济、整理税制、建立财政等方面收到显著的成绩"。**17** 因此，日伪军决定将"清乡"的范围继续向苏中、苏北推进。

为确保推进"清乡"范围的成功，日伪军在苏中首先采取了"以武力为前驱，以党、政、教诸种之综合力量跟进"的大规模"清剿"行动。

日伪军在"清剿"开始之前，加紧修筑一条横穿启东的公路，企图把苏中第四军分区抗日根据地一分为二，为实行分割"清剿"做准备。对此，新四军第一师师长粟裕决定先发制人，命令第三旅第七团攻击这条公路上的据点三阳镇，以打乱敌人的部署。

但由于准备不足，第七团第一次战斗未能攻下三阳镇，只毙伤敌军六七十人，自身也受到损失，牺牲了一名营长。粟裕把第七团指挥员召集到师部，一起总结经验教训后指出，敌人正为三阳镇的伤亡而恼怒，急于寻找新四军报复，要利用敌人骄狂求战的心理，引蛇出洞，消灭敌人于运动之中。

根据粟裕的指示，第七团指挥员集思广益，很快形成了一个引诱三阳之敌出击的计划，并在启东斜桥地区打了一个漂亮的伏击战，全歼日军 70 多人、伪军 100 多人，缴获敌人全部武器装备，包括重武器平射炮一门。

这一仗，给正在准备"清剿"的日伪军以当头棒喝，苏中日军最高指挥官、日军独立混成第十二旅团旅团长南浦襄吉也不得不折服。向来吹嘘在战场上不丢尸体的日军，由于被新四军全歼，连拖尸体回去的人也没有了，只好请求新四军送还日军尸体。按照日本军律规定，丢失重武器的指挥官要受到严厉惩处。南浦襄吉不得不给新四军第七团写信，说什么："贵军三阳镇伏击，可谓英勇神速，殊堪钦佩。如蒙归还皇军前所丢失之平射炮，尔后贵我两军当和睦相处。"

第七团团长严昌荣把这封信转给粟裕，说："可以利用敌人急于要炮的心理，拉着它，转得他晕头转向。"

果然，南浦襄吉对新四军拒不还炮的做法非常恼火，不断派出部队以

"扫荡"为名"追剿"第七团。1942 年 9 月 25 日，南浦襄吉再次出动其独立混成第十二旅团下属的第五十二大队纠集部分伪军，向南通东北第七团驻地附近的二窎地区"扫荡"。第五十二大队大队长保田兼一因为屡屡与第七团纠缠，已成了第七团的老对头。

这时，正是中国的传统佳节中秋节，第七团刚刚攻下石港、灵甸港、宋季港，准备把祝捷和过节合起来庆祝一番。各部队排练节目，教新歌，杀猪，买月饼，搞得热热闹闹。谁想，中秋节一早刚起床，情况传来：日军保田大队一部和一帮"黑老鸦"**18**，昨夜占了白龙庙，现在正直奔北新桥。

狡猾的日寇想乘第七团兵疲马乏和适值中秋节之机，打个措手不及。第七团的团领导一研究，也想在这个节骨眼上，给日寇一个意外的打击。

"打好仗过中秋节"的口号，立刻在部队中响起。第七团决定派第四连先出击，把保田引到二窎附近来，组织部队歼灭它。

保田是第七团的老对头了。这家伙，是日军独立混成第十二旅团长南浦襄吉手下的一个打手，第七团几次想吃掉他，都落了空。

"对付保田，必须有几个方案。"团政委彭德清说，"他像个玻璃球，滑得没角没棱，只有一个套子，是套不住的。"说完这话，以商讨的目光望着严昌荣。

严昌荣曾经给贺龙当过警卫员，贺老总的指挥艺术，给了他很大影响：下达决心快，处理情况果断。他打仗有个习惯，下决心时爱卷袖子。只要看他卷袖子，就猜他准是胸有成竹了。但现在第四连出击情况还不明，还没到他卷袖子的时候。

突然，一匹快马飞奔而来，第二营的小通信员跳下马，气喘吁吁地说："报告团长、政委，营长说保田大队没上北新桥，钻到哪里去了，暂时不明，四连正跟踪去找！"

听到这消息，严昌荣和彭德清二人的目光一交流，几乎是同声地说："怎么，保田没上北新桥？"

"让四连不要追了，派出少数人继续侦察。"严昌荣略顿了一下说。

"是！"通信员飞马而去。

接下来，侦察兵、通信员又一个接一个地报告：保田大队出现在二窎以南。

突然，又一个侦察员报告："保田大队占领了余西！"

这句话，像锤子似的重重敲在大家心里。余西，距离旅指挥部驻地刘家园很近，敌人莫不是要搞我们的首脑机关？不能继续按兵不动了，要向余西方向调动部队，要保卫指挥机关。严昌荣两眼盯着地图，另一只手开始卷袖子了。

恰在这紧要的关头，旅部又传来指示：保田在虚弄刀枪，不要被他迷惑，要稳住。

大家心里很不平静，反复看着地图，保田这个鬼东西所走的"之"字路，到底有什么道道？

随着一声"报告"，又跑进来个侦察员："敌人又从余西向西开了！"说着眼巴巴地望着严昌荣，那神情仿佛说："团长，快下决心吧，再不打他，他就跑啦！"

彭德清眼睛一亮说："这完全可以证明，保田搞的就是调虎离山计，他继续向西，很可能是想调动我们离开二窎，然后再突然掉回头来进攻二窎。"

严昌荣说："这个鬼东西，就是会给我们'涮坛子'！他要回过头来，必定要取道谢家渡。"

于是，严昌荣下达命令："快去，到南边，告诉二营营长，立即做好战斗准备。"

侦察员一听叫他上南边，简直有点不相信自己的耳朵了，走上一步问道："团长，叫我上哪？"

"南边，二营！"严昌荣看他不动，补了一句："快去，跑步！"

侦察员应了声"是"，飞也似的出了指挥所。这时，严昌荣才想到，大家还都没吃早饭呢，便叫警卫员赶快弄点吃的来，吃饱好打仗。

警卫员送上饭，严昌荣等人刚咽下几口，南面二营方向就传来了激烈的枪声。果然不错，保田大队转到谢家渡方向来了。在战场上，指挥员最大的愉快，就是敌人按着自己设想的走。枪响了，哪里还有心思吃饭，几个团领导飞快地跑出了指挥所。

在第二营第五连的阵地前面，保田大队已经展开了，机枪、小炮一起吼叫着，拼命穷攻。保田这只老狐狸，从余西那边抄小路一转回头，就认定了这儿是个"弱点"，想速战速决。严昌荣心想：保田呀保田，好一个"聪明"的笨蛋，你从早到现在，虚晃了一枪又一枪，最终不但没调开我们一兵一卒，反倒使自己落了两脚泡，今天我们可要在这里和你算总账了！

这时，第一师师长粟裕，第三旅旅长刘先胜、政委吉洛（姬鹏飞）也都赶到了前线。大家一合计，决定先把伸到第五连阵地前的这股敌人包围住，这样就能把保田大队切成两截，包围这一股，拖住那一股，然后再各个击破。大家密定以吹三次开饭号为暗号：第一次开饭号准备，第二次开饭号出动，第三次开饭号完成包围。

突然，第五连阵地前扬起一片烟幕，眨眼的工夫，前边的开阔地不见了，变成了一片苍茫茫、雾腾腾的"烟海"。敌人搞什么名堂？逃跑呢？还是反击？第五连连长彭家兴跑到第七团参谋长朱传保面前，一口咬定说敌人要跑。他一手卷着袖子，一手抓着帽子，着急地说："参谋长，快下命令吧，只要你说一个'冲'字，不干掉对面这60多个鬼子，把我彭家兴的头搬回来！"

彭家兴是有名的"猛子"，枪一响，连饭都不吃，说声"冲锋"，挥着驳壳枪就往前跑。朱传保急忙拦住说："兄弟部队包围不上去，你们一个连冲，把敌人撵跑了怎么办？"彭家兴不说话了，着急地四处观看。号音，号音，第五连战士迫不及待地希望传来号音。

突然，清脆的号音传来，彭家兴正要跑，又愣住了。吹的不是"开饭号"，而是停止前进。彭家兴梗着脖子，明知故问："这是什么号？什么号？"

朱传保没回答他，又听他连声说："怎么搞的？怎么搞的？"

朱传保很了解严昌荣，指挥上从不犹豫，一定是发生了新情况，便回头对彭家兴说："命令部队停止前进，我马上回团指挥所去。"

在一个堤埂上，朱传保见到了严昌荣和彭德清。这才知道，他们发觉保田要跑，临时变了主意，要先稳住他。彭德清说："大打，他害怕，小打，他不在乎，我们就来个不大不小的，先拉住他。"严昌荣指指西南方向两户人家说："现在三营六、七两个连，正向那儿进攻，只要把这地方占领，保田就得在这里过中秋节！"

保田虚晃两枪，没调开第七团，见机会不好，想收兵，可又舍不得罢手，特别是看到新四军打压不紧，便在谢家渡又停住，犹豫开了。

好，第七团要的就是这一着棋。进攻独立家屋的第六连和第七连，一左一右地交替前进，转眼工夫，已攻占了那两座院落——不仅推开了进攻谢家渡的两扇大门，而且把敌人的退路切断了。

此时已到晚上，银盘似的月亮挂在晴空。一声号令，新四军部队从四面发起了猛攻。刚一交手，保田又耍了个鬼点子，用密集的火力挡住三面，一步也不让新四军靠近，只有北面一枪不响，放第五连往上攻。严昌荣猛地叫了一声："有鬼！快通知五连停止前进，坚决堵住北面，防止敌人反击、逃走！"

此时，第二营教导员柴如奎已经率领第五连涉过河水，占领了南岸。他们接到命令刚刚停下，天空突然出现了许多颗照明弹，日军嗷嗷地叫着反冲出来。狡猾的保田打算居高临下干掉第五连，涉过河水，从第五连方向直插北新桥，逃向南通。

第五连差点正中诡计。此时此刻，保田的兵力全部压向了第五连，机枪响，手榴弹炸，刺刀在火光中闪动。

严昌荣一面吹号调机动部队跑上去支援第五连，一面命令其他方向赶紧发起攻击。第五连阵地上一片火海，一片喊杀声，不幸的消息接连传来：教导员柴如奎负伤，连长彭家兴负伤……

严昌荣两只袖口全卷到了肘部以上，大声叫着："机枪连，上去！""小炮班，开炮！"

第五连战士背水迎战，一部分人站在没腰深的河水中英勇抵抗。彭家兴因为伤在脚部，用一条腿支撑着地，半蹲半跪地顶在那里，向战士们呼叫着："共产党员们！顶住！坚决顶住！决不放走保田！"突然，一个提战刀的日军扑向他，他往旁边一闪，又回身抱住了敌人的腰，一起滚到河里，只见浑水翻腾。过了一会儿，彭家兴拄着战刀，踉跄着回到了岸上。

乘着日军向着北面强攻，新四军其他部队迅速地抢下了谢家渡，占领了三幢房屋。日军从北边突围不成，侧后又被突破，顿时混乱起来。

新四军乘机猛打猛攻，最后把几十名顽抗的日军压到几间独立屋里，手榴弹炸，炮火攻，把他们全部葬在火海里了。最后只有3个带伤的日军，捂着头拖着腿从火里爬出来。战士问他们："保田哪里去了？"一个断腿的日军士兵指指着火的房子，用发抖的中国话说："他的死啦死啦的……"

9月26日凌晨3点钟，谢家渡的枪声平息了。此一仗，新四军歼灭保田中佐以下110余人，俘虏日军3人、伪军一部，沉重地打击了侵略者的气焰，极大地鼓舞了人民的抗战热情。

战斗结束后，粟裕根据相关对敌政策，指示新四军把保田的尸体用一口上好的棺木装起来，把其他日军尸体用3条木船装上，外加一部分宣传品，派两名共产党员和几个老乡送到了敌人据点麒麟镇，也算是一份"过节礼"吧！ **19**

事隔3天，南浦襄吉给粟裕回信，扬言要与新四军决战，但同时也承认："贵军战后归还战骸，宽厚仁德，诚贵军攻略之胜利。"

## 粟裕提出"各乡每月至少消灭一个敌人"的号召

苏中"清剿"接连失败，侵华日军中国派遣军总司令官畑俊六很是恼火。

虽然窗外寒风呼啸，屋里的南浦襄吉却汗如雨下。他用眼角斜了斜旁边的日军第六十师团师团长小林信男，这家伙人模狗样立正站着，但说不定心里有多幸灾乐祸。

畑俊六焦躁地走来走去，不止一次地喊叫道："我要把新四军赶到黄海边，统统消灭，把江北造成一个大东亚圣战的华中确保区！"

被畑俊六骂，南浦襄吉倒不至于如此紧张。紧张的是畑俊六要调小林师团代替南浦旅团主持苏中"清乡"。苏中可是一块肥肉，小林觊觎那里很久了。更为重要的是，南浦襄吉如果被小林信男挤出苏中，很有可能会被远调到太平洋去作战。

在中国战场上，日军由于战线过长，兵力、资源不足的矛盾日益突出。为摆脱困境、确保几个战略区和长江下游的交通安全，日伪集结兵力，在华中加紧对抗日根据地发动"扫荡"和"清乡"。汪伪"清乡委员会"也发出《民国三十二年度（1943年度）上半年清乡工作训令》，将苏北南通附近列为"清乡"扩大地区。这样，日伪便把"清乡"重点由苏南转到了新四军第一师活动区——苏中抗日根据地。

这些情报，很快送到了苏中军区领导人手里。粟裕略一思量，当即指出，要利用南浦旅团与小林师团之间的矛盾，采取区别对待的策略，着重打击主持"清乡"的小林师团，而对南浦旅团的打击适可而止，促使南浦旅团对"清乡"采取消极态度。

果然，南浦襄吉因为对日军中国派遣军总部委任小林信男主持"清乡"不满，在换防时不等小林部队到来就开走，连工事、铁丝网都破坏了。苏中区民兵乘机收复了许多小据点。"清乡"开始后，南浦襄吉又采取不合作或消极服从态度，后终因作战不力的理由被召回了日本国内。

小林信男此前在苏南"清乡"，曾给中国军民造成了巨大损失，这次，又气势汹汹地率领第六十师团，并增调第三十二、第三十三、第三十四等3个伪军师，集中1.5万人的兵力，加上大批警察、特务和行政人员，杀向苏中，兵力的密集程度为敌后华中战场所罕见。企图在6个月内消灭苏中的新四军主力，摧毁苏中抗日民主政权，并且"扫荡"一切"敌性军队"，在苏中建立起彻底的殖民地化统治。

日寇的矛头首先指向易于被分割封锁且对其威胁最大的苏中第四分区，叫嚣要把这里建成"苏北第一期清乡实验区"，"把新四军赶入黄海"。

苏中第四分区海中区的区委书记陈清听说日伪要赶新四军下黄海时，笑道："不晓得谁赶谁下海呢？这个海可没底没岸。"

陈清是一位坚持过江西3年游击战争的老红军，因为长期做群众工作，不免常讲群众运动如何如何。他讲话快，又是满口江西音，"群众运动"这话，从他口里出来，猛一听就变成"腾腾腾腾"了，所以有人送他个绰号："腾腾腾书记"。现在陈清的打扮完全像个当地的老农，戴一顶绒线织的瓜皮帽，拿一根旱烟管。

听得出，他说的"这个海"，正是毛泽东讲的"陷敌于灭顶之灾"的人民战争这个汪洋大海。不久以前，地委书记吉洛说过："反'清乡'是长期反复和高度复杂的综合斗争，必须充分发动群众，全民武装起来，实现党员军事化，农村兵营化，使敌人坐立不安，草木皆兵，变成过街老鼠，人人喊打，处处挨打，陷敌于灭顶之灾的汪洋大海之中。"

海中区召开区委会，会上作出了反"清乡"斗争的部署，号召所有的干部、武装战士、民兵，同群众同生死共患难；主力部队转移到外线去，选择时机攻击敌人守备薄弱的据点，时而突入"清乡"区内掩护和配合群众斗争；留下一部分精干武装，依靠人民群众，灵活穿插，机动游击。

这个部署，就好像春天插杨柳、撒种子一样，使得整个地区，到处都有骨干武装。今天这儿跳，明天那儿跳，像是深水游鱼一般，活跃在群众的汪洋大海中。敌人"合围"围不到，"梳篦"梳不着，见人就杀、见房就烧，就更加激起了群众的愤恨和反抗。

一天，海启县警卫团团长王澄和政委洪泽到了海东区耕南乡。这个乡的民兵对敌斗争极为出色，兼任苏中军区司令员的粟裕提出"各乡每月至少消灭一个敌人"的号召，在这里早已超额完成了。这个乡，在对敌斗争中有许多出名的人物，党支部书记陈思义就是其中的一个。群众送给他一个外号，叫作"方头猫狼"。海门土语"猫狼"是一种野生的大猫，夜间出动。群众用"猫狼"来形容陈思义惯于昼伏夜动地开展对敌斗争。

"我们除掉三个伪乡长了，至今还没有第四个敢来当替死鬼！"一见面，他就笑嘻嘻地说。王澄问他："听说每月消灭一个敌人的计划，你们超额完成了，到底超过了多少？"

陈思义扳着指头，计算了一番，说："确切的数字记不准了，大概五十多个。"接下去有声有色地讲起了抓"黄脚股狼"[20]、打伪区乡人员的故事。

正说话时，门外走来个外号"火烧鬼"的民兵大队长。鬼子包围耕南乡，扬言要他带民兵去自首，否则就烧他的房子。他说："怕杀怕烧不算民兵，让他们来烧吧！烧了旧的，打走鬼子再盖新的！"因此，落下了个"火烧鬼"的外号。这样的"火烧鬼"一时出现了不少，有个乡的民兵指导员朱大玉，听说鬼子要来烧房子，他干脆把自家的房子拆了，在篱笆上点起了火，还给敌人带信说："不用你们烧，我自己烧了！"

这位耕南乡的民兵大队长，进来一看，竟然是个20来岁精明强干的人，一口海门土音："王团长，洪政委，往后我们完不成消灭敌人的任务啦！"

王团长问："为什么？"

他说："黄脚股狼不肯来这里白相[21]了！"

王澄笑着说："是不是你们太厉害了？"

"是啊！我们办法多着呐！麻雀战，背猪猡，老鹰抓小鸡，钓王八，赶鱼进网……一下说不全！"

民兵大队长笑哈哈地说："这些名词，都是民兵自己取的，上不了兵书。"他接下去解释说："'背猪猡'，就是埋伏在大路旁，等敌人大队过后，专找零星掉队的，抓住一个，用绳子一套，背起来就跑；'钓王八'，就是割断敌人的电话线，引诱电话兵出来查线，出来就捉住他；'赶鱼进网''老鹰捉小鸡'，意思差不多，这些名词，上不了书！"他又重复了一句。

王澄说："谁说上不了书？你们的这些神机妙算，将来一定会写到书上！"

经过一个多月的时间，日伪用"梳篦""剔抉"等战术，向四乡"扫荡"过几遍后，密密麻麻地安了些据点后，就开始"政治清乡"了。"编查保甲"，是敌人进行"政治清乡"的重要手段，先是和平编查。十户成甲，设甲长；十甲成保，设保长，并强迫户与户之间相互监督，相互告发，离间群众，以切断新四军与人民群众的血肉联系。于是，反保甲制度，又成了一场最尖锐的斗争。

这时，苏中第四分区启西区的局面不好，需要主力部队支援。王澄和洪泽得到消息后，连夜率领第二连赶去。路经庙桥镇附近，在月光下，只见每家每户都紧闭着大门，门上全挂着个牌牌。王澄说："看看门牌上，到底是什么名堂！"

两个人向一家大门走去，借着月光瞅了又瞅，见每块木牌上都写着户主姓名、年龄、男几口、女几口……

"这鬼办法，又能难住我们不成！"王澄愤愤地说。

人民的智慧是无穷的。在中国共产党的领导下，第四分区军民找出了各种法子来对付"清乡"。

日伪又来了，群众得到情况，早已跑光了。一个老人很风趣地对他们说："铁将军把门，灶王爷看家，鬼子编保甲，请他编菩萨！"说得大家哈哈大笑，并编成打油诗到处传唱。

> 门牌是亡人牌，户口簿是阎王簿，
>
> 册子上了名，将来跑不成。
>
> 保甲编成功，壮丁抽个空。

哪个写我名，等死不如拼。

谁要编保甲，人人都可杀。**22**

如果实在被抓住了，群众就用乱编、假编等方法应付敌人，并把编好的保甲门牌烧掉。

日伪见和平编查不成，就推行强制编查。调集大量日伪军包围一个地区，强迫群众编查保甲，对反抗者血腥镇压，仅在南通县十总店一地就活埋了53人。新四军认为只是一股劲地硬斗，群众损失大，便采取了新的对策，组织了几个上年岁的人，去找伪乡长说："你们不能只给老百姓苦吃，门牌是新四军撕的，你们有枪来编保甲，他们有枪来撕门牌，这叫老百姓有啥办法？"

同时，新四军也采取了内、外线结合的方式积极打击敌人。反"清乡"斗争开始后，新四军按照粟裕的指示，主力部队实行"敌进我进"的方针，时而跳到"清乡"区外围攻击敌人守备薄弱的据点，时而突入"清乡"圈内直接掩护和配合群众斗争，仅1943年4月和5月进行的主要战斗就有42次，先后袭击和攻克金沙、余东、六甲、悦来、麒麟、岔河、凤凰桥等重要集镇的日伪军据点，平毁碉堡108座。在"清乡"区内，粟裕指示从军队和公安部门抽调一批政治坚定、机智果敢、有作战经验的指战员，配备短枪，组成精悍的武工队，开展城镇游击战，专门对付"清乡"的急先锋特工人员，并以第四专员公署名义颁布《反"治乡"期间紧急治罪条例》，规定对"国人皆曰可杀"的汉奸、特务就地处以极刑。

反"清乡"斗争开始后，武工队神出鬼没，常常突然出现在敌人据点内，开展锄奸斗争，焚烧户口册、壮丁册。据不完全统计，仅1943年4月和5月这两个月就处决汉奸、特务274人，敌人从苏南调来的"清乡"骨干被捕杀过半。敌"清乡"人员胆战心惊，许多人开小差，请长假，躲在南通城里不敢上任。原来准备增调的两个"清乡"大队也不敢再来。

日伪为了"清乡",从江南运来500多万根竹子和大量木材,将四分区的三个半县——南通、海门、启东和如东县串场河以南地区,扎起了几百里长的封锁篱笆,沿篱笆每隔两三公里路就筑起一个碉堡,企图将四分区的抗日武装消灭在竹篱笆圈内。敌人狂妄叫嚣:"此次'清乡'胜利唾手可得","半年不成则一年,一年不成则三年","篱笆打成功,'清乡'便成功;篱笆打好了,新四军跑不了"。

但是,在各级党组织的领导下,抗日根据地的军民针锋相对。当时流传的民谣说:"插篱笆,硬分家,南边田,北边家,有粮有菜收不到它。老百姓,本领大,你插下,我来拔,扛起毛竹回到家,编篮子,做扁担,用处实在大得野!"群众用绳索套在固定竹筒的木桩上,把竹篱成片拉倒,再在竹筒上扎油箍放火焚烧。开始还是小规模的分散活动,后来逐渐发展为几个乡几个区的联合行动。

## 韩德勤、霍守义向新四军第三师紧急求援

太平洋战争爆发后,日本国内物资极其匮乏。"缺乏啊,缺乏啊,成了最近的寒暄语"[23]。为了掠夺更多的中国人力、物力以支持在太平洋战场上与美军作战,1942年11月中旬,浙赣战役一结束,日军就再次大举向华北、华中各抗日根据地"扫荡"。

在苏北,日军判断,新四军军部和韩德勤总部常辗转于北至旧黄河、南至射阳河、东至黄海、西至运河和高邮湖之间,于是,精心筹划了"扫荡"苏北的方案。日军估计,在"扫荡"盐阜地区时,新四军部队和军部必向淮海地区转移。为堵住新四军西移之路,并确保其侵占区和陇海、津浦铁路的交通,日军在"扫荡"盐阜地区之前,首先发动了对淮海地区的"扫荡"。

日军这次"扫荡"计划是由侵华日军中国派遣军总司令部拟定的,抽调了驻华北的第三十五师团和驻华中的第十五、第十七师团各一部,独立混成

第十二旅团主力，伪军三十三师及伪专署和各县所属伪军及地方汉奸地主武装"黑狗队"共约 2 万人，由第十七师团中将师团长酒井康统一指挥，采取分进合击的战术，主要矛头指向淮海抗日根据地中心区。敌人几次扑空后，又采取步步为营的碉堡政策，以沭阳为中心向四面伪化。不到 3 个月，就把整个分区分割成了 4 大块，新安上了 140 多个据点。

日寇以为这样一来，就可以把新四军置于死地，岂不知由于群众性的游击战争已全面开展，真正处于包围中的不是新四军，反而是日寇的那些"乌龟壳"。1942 年 11 月间，淮海军分区司令部从敌人重点合击的小胡庄跳出后，地委、分区就连夜给各县发出紧急指示，号召全区人民和地方武装积极展开游击战，同时，为了便于对敌斗争，地委决定，按照敌人分割的 4 大块地区，组织 4 个中心县委，县以上武装组成 4 个支队，由各中心县委直接指挥，坚持各地斗争。地委和分区机关实行精简后，带领一个加强特务连，来回跳跃活动，灵活机动地指挥全区斗争。

1942 年 12 月 12 日，新四军军部电示淮海区并第四师第十旅："以主力加强地方军，使主力地方游击化，去达到长期坚持淮海、保持苏皖联系、控制运河的战略目的。""在可能条件之下，可选择敌伪之弱点，组织一较大的带战役性的攻击。"**24** 遵照新四军军部的指示，淮海军分区机关及主力部队陆续返回中心区活动。当月，分区内军民协力，发动了第一次交通破击战，切断了纵横全区的七条主要公路交通线，先后突袭徐桥、岔路口、杨集、古寨、马庄等日伪军据点，攻克了宋圩、姜圩、永兴庄等据点，共毙伤日伪军数百人。经过一个多月 70 多次反"扫荡"作战，沉重打击了敌人，日伪军被拖得精疲力竭，不得不撤回原防，日伪军对淮海区的大"扫荡"被粉碎。

日伪军在大举"扫荡"淮海抗日根据地的同时，也在向盐阜区和苏中根据地内的各据点增兵。为了保证领导机关的安全，便于盐阜主力部队更机动灵活地坚持斗争，华中局和新四军军部于 1942 年 12 月 25 日起，开始向淮南抗日根据地盱眙县黄花塘转移。

1943 年 2 月 23 日，在皖东来安县大刘营新四军第三师的指挥所里，师长黄克诚、副师长张爱萍、参谋长洪学智正在军用地图前研究反"扫荡"方案。这时，忽报韩德勤、霍守义派人求见黄师长。

来人惊魂未定、气喘吁吁，称在日军的强大攻势面前，韩德勤、霍守义部已经顶不住了，特向新四军第三师紧急求援。

黄克诚听罢，一阵沉默。韩德勤、霍守义对新四军犯下了滔天罪行，眼下应该怎么办？

此前一周，即 2 月 16 日，新四军军部曾发出指示，明确指出："七旅过盐河至淮海部队，不应继续向北转移，应立即停止于适当地区，迅速准备配合盐阜区反'扫荡'战斗"，"如敌向韩部大举进攻时，我靠近韩部各部队（如三师、五十二团等）应以游击战术的姿态，配合韩军作战"。[25]

同时，黄克诚也想起了他曾与韩德勤订下的那份临时协约……

3 个月前，鉴于国共关系趋于缓和，黄克诚部便与东北军第一一二师霍守义部恢复了通信联系。1943 年 1 月，韩德勤暗派其特务营长到黄克诚部，要求在阜宁县益林镇设立商业机构。为打开苏北地方谈判局面，进而影响全国国共合作的大局，黄克诚根据陈毅等人的指示，同意了韩德勤的要求。1 月 24 日，韩德勤派三个代表来到新四军第三师，说他们得到敌伪即将"扫荡"曹甸、车桥的情报，此次想先取得新四军的谅解，如果敌人"扫荡"如期而至，希望韩德勤部可以转移到新四军的防区。双方因此商拟了临时协约：韩德勤总部及省府机关在困难时，可向新四军规定的地区转移，但对地方抗日民主政府、群众团体不加侵害，并予保护，"扫荡"过后即返原防。交换条件是：敌"扫荡"新四军时，韩德勤方应原地不动。

想到这里，黄克诚决定派出新四军部队掩护韩德勤、霍守义两部退入第三师的淮海抗日根据地，并积极向日伪军展开了反击。

韩德勤的部队在日军面前一触即溃，一部投敌，一部在新四军第三师的掩护下退入淮海抗日根据地内休整。韩德勤见到黄克诚后，感激涕零，连连称赞新四军是坦荡君子。黄克诚对韩德勤说，在民族矛盾面前，国共双方应该一致对外，希望以后韩德勤能对得起新四军，多做有利于中华民族和中国人民的事情。

见韩德勤部官兵狼狈不堪，惊魂四散，新四军第三师又决定调拨一批粮草和经费给予接济，韩德勤部官兵对此倍加感激。同时，在黄克诚等的倡议下，淮北抗日根据地的军民也热情地款待和慰劳了经淮北通过津浦路西的霍守义部，师长霍守义率已伤亡了1000余人的第一一二师自然也是感激万分。

日军占领韩德勤、霍守义的阵地后，继续向湖垛、益林、苏家嘴、陈家洋等地进攻，然后北向旧黄河，南自射阳河，沿三套、六套、北蔡桥、鲍家墩之线，对盐阜区形成了一个弧形的大包围圈，并出动舰艇封锁了沿海港口。

由于新四军第三师早已按照预定部署，避敌锋芒，分散游击，日军处处都扑了空。1943年2月21日，日伪军又调集了2.5万余兵力，分成十多路，以拉网战术对包围区进行"扫荡"，但坚持内线斗争的第三师部队已适时分散，忽隐忽现，和敌人兜圈子，又不断地袭击敌人，疲惫敌人，消耗敌人。日伪军东扫西讨，南寻北找，却不知道新四军领导机关和主力的去向，被迫于2月26日收缩兵力，停止全面"扫荡"，转而实施分区"清剿"。日伪军对每一"清剿"地区，均以"突然包围、梳篦搜剿"的方式，大肆烧杀奸掠，并修筑公路，安设据点，建立伪政权。

新四军继续采取在"扫荡"圈内开展小规模反击战、在"扫荡"圈外开展攻势作战的方针，积极打击敌人。坚持内线斗争的新四军第三师部队和地方武装、民兵密切配合，不断地破坏敌人交通运输，打击分散出扰的敌人，攻击其薄弱据点，并先后袭击了阜宁的陈集、东沟和滨海的八滩等据点以及阜宁县城。地方武装和民兵配合新四军主力部队，也采取夜夜袭扰、处处放枪的方法，使得日伪军欲打打不到、欲歇歇不好，日夜不得安宁，疲惫不堪。新四军第三师第七旅、第四师第十旅以及第一师、第二师的部分部队，根据新四军军部的指示，分别在淮海、苏中、淮南、淮北等地区发动攻势，策应着盐阜区的反"扫荡"斗争。

## 刘老庄八十二勇士血战日军第五十四联队

日伪军在盐阜区遭到中国军民反击后，被迫撤向淮海一带。1943年3月16日，日军第十七师团第五十四联队在师团长川岛的亲自率领下，经宝应泾河镇向淮海区党政机关的驻地——淮阴县六塘河进犯，先与驻在涟水梁岔的新四军第三师第七旅第十九团的第四连相遇，日军兵分11路，向第四连发起合击。

这个第四连是一支有着光荣历史的连队。第四连所在的第十九团前身是1927年南昌起义时的教导团，长征时期为红一军团红二师的突击第四团，皖南事变后才改编为新四军第三师第七旅的第十九团。部队番号虽然多次变化，但艰苦奋斗、英勇善战的优良传统却一直继承和发扬着。

面对日寇来袭，第四连边打边退，跳出了包围圈，于3月17日夜转移到第十九团团部驻地刘老庄。第十九团因接到新任务全部开拔，但考虑到第四连已连日作战，非常疲乏，同意他们先留下休整，待天亮后再出发跟进。

谁知在3月18日拂晓，日寇川岛部队又出现在了刘老庄附近，这里离六塘河只有一小时的路程。不远处断断续续地传来稀疏的枪声，空旷的田野上，躲逃的乡亲们扶老携幼，哭声遍野。

第四连连长白思才和指导员李云鹏赶紧商讨：不知这是川岛部队的小分队，还是主力大部队，如果属于前一种情况，就应抓住战机，先设伏杀伤敌人，击退敌人后再择机起程追赶团部，如果是后一种情况，为掩护淮海区党、政机关和广大人民群众的安全转移，第四连就绝不能撤离，阻击日寇责无旁贷。

两人商量罢，白思才果断地对李云鹏说："你集合部队，全连立即退出村庄,到村口进行战斗准备。我先去看看。"16岁就参加了陕北红军的白思才披了件便衣,化装成老百姓,大步赶到村头观察。

敌人逐渐出现在他眼前。走在最前头的是敌人的尖兵部队,后面跟着大股敌人,其中夹杂着几十名骑着高头大马的日军指挥官。

白思才暗叫一声"不好",来的原来是川岛亲自带队的日军第五十四联队主力,总人数不下1000人。他急忙跑回指挥所,将便衣一甩,令全连赶快进入阵地,并下达了准备作战的命令,自己则一猫腰伏在了一架重机枪上。

敌人肆无忌惮地大步前进,300米、200米、100米……敌人已进入了伏击圈……60米,"打!"白思才手中的重机枪率先吐出长长的火舌,全连火力一起朝着敌人扫去。敌人尖兵应声倒地,指挥官人仰马翻。敌人遭到这意外的伏击,一时晕头转向,仓皇后撤。

当敌人清醒过来后,立即从四面八方向第四连阵地迂回过来,形成了一个大包围圈,枪声四起。第四连眼前的指战员一共只有82名,弹药又很缺乏,而敌人不仅人数众多,而且火力也较为强大,仅大小炮、掷弹筒就有百余。面对十数倍于己的敌人,现在突围完全来得及,但白思才与李云鹏却在盘算:看着敌人急于要北犯的阵势,分明要以突然行动,妄图一举消灭新四军驻在六塘河一带的领导机关,为拖住敌人,争取时间,让领导机关和群众安全转移,他们决定放弃突围的机会,不论付出多大代价也值得。战斗吧!

上午9时左右,急于要北犯的敌人发起第一次冲锋,但才前进30米便被四连打退了。敌师团长川岛异常恼火,亲自登上刘老庄地主杨三堂家的屋顶上察看地形,并会合大炮小炮,又将十余挺机枪集中在一起,组织了第二次冲锋,企图将四连火力压倒,掩护日军前进。

日寇的炮弹和子弹纷纷飞向第四连阵地。敌人爬了过来,距第四连阵地愈来愈近。在日军距第四连尚有百十米时,第四连将枪榴弹集中瞄准了敌人的火力点。敌人的火力点顿时变成了"哑巴"。这时,第四连的轻重机枪也跟着一齐开火，进攻的敌人大乱，伤亡一大片，往回逃跑的敌人被第四连的神枪手一枪一个，当了活靶子。有20多个亡命之徒，冒死爬到第四连阵地的前沿。白思才一声令下，第四连的战士跃出战壕，端起刺刀，冲向敌人，不消十分钟，敌人便全部变成了刀下之鬼。敌人的第二次冲锋以惨败结束。

这时，第四连的弹药已消耗得差不多了，李云鹏焦虑起来。李云鹏是抗日战争初期参加革命的青年学生，由于党的培养和长期连队工作的锻炼，已成长为一名优秀的共产党员和训练有素的连队政治工作干部。他看到距阵地前沿30米以内，躺着六七十具敌人尸体，每个尸体上都有枪和子弹。这些子弹如果能弄到手，就可以狠狠地回击敌人。他和白思才商量后，立即发出了号召。最先站起来响应的是一排排长尉庆忠，这个老红军此时也不忘幽默一下："我在团部当过军需干事，验收弹药是我的老本行。"便带领突击小组，边挖沟边接近敌人尸体。敌人发觉第四连意图后，拼命射击。突击小组冒着枪林弹雨，把前沿敌人尸体上的子弹全部取回。不幸的是，尉庆忠这位红军老战士却光荣地牺牲了。

紧接着，敌人又发起了第三次、第四次、第五次冲锋，每次都抛下死尸狼狈逃窜。第四连党支部利用战斗间隙召开了支委会，一致认为必须坚持到天黑，等六塘河附近的党、政领导机关和人民群众全部安全转移了，再组织突围。

而被打怕了的敌人现在改变了战术，集中所有的山炮、九二式步兵炮、迫击炮、掷弹筒，集中向第四连阵地轰击。一时弹如雨下，烟尘滚滚，大地震动。

第四连凭借防御的仅仅是一段不长的交通沟，哪里经受得住雨点般的炮弹！但第四连全体指战员有一种比钢铁更坚硬的东西——革命的意志！工事摧毁了，立即又修复；掩体坍塌了，马上用背包填上去；人负伤了，包扎起来，继续战斗。任凭敌人炮弹再多，轰击再猛，第四连的阵地依旧稳如泰山，使敌人不能前进半步。

此时，白思才和李云鹏都已负伤。但敌人的炮击仍在继续，日寇最大的一次冲锋即将开始。

经过一整天的战斗，全连的战士只剩下不到一半了。饭未吃一口，水未喝一滴，喉咙干得冒火，连说话声都微弱得难以听清，全靠打手势助听。更为严重的是，子弹也快用光了。该拆散的枪支，全部拆散了，拆下的完整零件，一一埋入地下。机密文件和报刊也都全部销毁了。他们把余下的子弹，全部集中给重机枪和轻机枪使用。其余人安好刺刀，严阵以待！和敌人展开一场肉搏战的时候到了。李云鹏高声动员，号召第四连的全体共产党员和全体战斗员，为了民族解放和党的事业，坚决迎击敌人最后一次冲锋，争取最大程度地杀伤敌人！

晚霞满天，战火熊熊，决战前的第四连阵地上，一片肃穆和宁静。第四连余下的指战员，连轻、重伤员在内，都庄严地从战壕里挺立起来，紧握着枪，迎着血红的残阳，向慢慢围上来的敌人，投射出火焰一般的仇恨目光。白思才和李云鹏领着战友们庄严高呼："中华民族万岁！中国共产党万岁！"

时近黄昏，胆战心惊的敌人，从四面八方缩头缩脑地围上来了。第四连的战士们端着上了刺刀的枪，威武不屈地逼视着敌人。当敌人接近阵地后，机枪首先张了嘴，愤怒的火舌，卷起一股狂风，呼啸着向敌群扫射过去。敌人一批批应声倒了下去。子弹很快打光了，敌人重新冲了上来。白思才和李云鹏一声呐喊："同志们，冲上去，杀——！"战士们冲向敌群，刀光落处，只听得敌人鬼一样的嚎叫声。

当夜幕降临阵地时，枪声终于停了下来。阵地上寂静得连一点声音都没有，浓重的夜色紧紧地把一切包围了起来。

战斗结束了很久，敌人方才心惊肉跳地走近战壕。他们没有俘虏到第四连一个人，没有获得一件完整的武器，唯一的收获，就是运走了近200具尸体和300多个头破血流、断臂残腿的伤兵。更使敌人丧胆的是，新四军第七旅和兄弟部队在第四连拖住敌人激战之时，与地方武装打到敌人城下，歼灭了留守的伪军，迫使敌人不得不仓皇撤退。淮海区的领导机关和广大人民群众也都得到了安全转移。

敌人撤走不久，淮阴县张集区区长周文科和联防大队长周文忠带领群众们赶到了阵地。

阵地上的硝烟尚未散尽，战火还在燃烧。晚风萧瑟，寒星惨淡，勇士们的遗容英姿依稀可见。这时候，周文忠突然听到一声微弱的哼声，啊，是一位身负重伤的年轻战士！周文忠赶紧扒开压在他身上的尘土，从一片血污中抱起这位战士，当即找来担架送去抢救。这位战士的前胸有 3 个枪眼，伤势很重。但他仍以坚强的毅力，忍受着难耐的伤痛，断断续续地向周文科叙述了一天来的激战情况。但终因伤势太重，抢救无效，这位仅有 24 岁的年轻战士挺到第三天早晨，便与世长辞了！**26**

滔滔的六塘河日夜奔流，称颂着这 82 位烈士的英雄业迹。莽莽的大平原狂飙怒吼，声讨着日本法西斯的滔天罪行。从四面八方涌来的乡亲们，流着热泪收殓着烈士们的忠骸，筑起了 10 米高的烈士墓，又在陵园正中修建起一座"壮志亭"，苏北行署主任李一氓亲笔写下纪念碑文，记述了这 82 位烈士的英勇事迹，并题挽联："由陕西到苏北，敌后英名传八路；从拂晓到黄昏，全连苦战殉刘庄。"八路军总司令朱德在《八路军、新四军的英雄主义》一文中称赞他们是"我军指战员的英雄主义的最高表现"。新四军代军长陈毅也在《新四军在华中》一文中表彰："烈士们殉国牺牲之忠勇精神，固可以垂式范而励来兹。"新四军第三师师长黄克诚得知消息后，万分悲痛，为继承烈士遗志，他命令第七旅在三天之内重建第四连，并将之命名为"刘老庄连"。

在新四军领导广大人民的顽强斗争下，日伪残酷的"清乡"越来越推行不动。江淮地区的军民创造了多种反"清乡"的成功经验，不仅坚守住了原有的抗日阵地，而且还在逐渐扩大，沪宁铁路与京杭运河之间的地区就是在反"清乡"过程中新开辟的抗日根据地。

日伪联合发动的"清乡"，进行到 1943 年 6 月，已陷于分裂瓦解的境地，到 1943 年底至 1944 年初，不得不以失败而告终。1943 年 12 月 29 日，日本《大陆新报》登载文章称，新四军在"清乡"中"行动愈益隐蔽，通过巧妙的组织及战术，正在继续进行抵抗"，"他们在加强民兵组织的同时，巧妙地掌握操纵农民，变幻无穷，出没无常。新四军的新战术使讨伐军疲于奔命值得注目"。[27]1944 年 1 月 15 日，上海伪政府出版的《政治月刊》所刊载的文章中也称："清乡气势已大见低落，几乎如强弩之末，饩羊告朔而已。"[28]甚至周佛海也在 1944 年 2 月 11 日的日记里哀叹："下午赴国民政府，代为主持清乡会议。""清乡不仅不能确立治安，恐兵力上、物质上、精神上均将江河日下，大乱之情形恐今年内即将逐渐实现也。焦虑万分。"[29]

## 注　释

**1.** 三角地区，指南京、上海、杭州长江三角洲地区。

**2.** 《泽田茂关于日军"清乡"指导意图的记述》，1941 年初，见中国抗日战争军事史料丛书编审委员会编：《新四军·参考资料》(9)，解放军出版社 2015 年版，第 5 页。

**3.** 《日军驻伪军事委员会军事顾问部制定的〈治安肃清要纲〉》，1941 年 2 月，见中国抗日战争军事史料丛书编审委员会编：《新四军·参考资料》(9)，解放军出版社 2015 年版，第 6—15 页。

**4.** 《日本〈读卖新闻〉报道日本向伪政府提供三亿日元"清乡"费》，1941 年 6 月 29 日，见中国抗日战争军事史料丛书编审委员会编：《新四军·参考资料》(9)，解放军出版社 2015 年版，第 16 页。

**5.** 日本防卫厅防卫研究所战史室编：《中国事变陆军作战史》第 3 卷第 2 册，田琪之、齐福霖译，中华书局 1983 年版，第 169 页。

**6.** 《陈毅、刘少奇、赖传珠关于苏南反"扫荡"准备致谭震林电》，1941 年 7 月 3 日，见中国抗日战争军事史料丛书编审委员会编：《新四军·文献》(5)，解放军出版社 2015 年版，第 197 页。

**7.** 《陈毅、刘少奇、赖传珠关于对付国民党军与日伪勾结及反"清乡"的办法致六师电》，1941 年 8 月 13 日，见中国抗日战争军事史料丛书编审委员会编：《新四军·文献》(5)，解放军出版社 2015 年版，第 256 页。

**8.**《陈毅、刘少奇、赖传珠关于苏南反"清乡"斗争的意见致六师电》，1941 年 8 月 13 日，见中国抗日战争军事史料丛书编审委员会编：《新四军·文献》（5），解放军出版社 2015 年版，第 257 页。

**9.**《陈毅、刘少奇、赖传珠关于以分区转移对付日军分区"清乡"致六师电》，1941 年 8 月 14 日，见中国抗日战争军事史料丛书编审委员会编：《新四军·文献》（5），解放军出版社 2015 年版，第 259 页。

**10.** 澄锡虞，分别指江阴、无锡、虞西。

**11.** 欧阳惠林：《塘马战斗》，见中国抗日战争军事史料丛书编审委员会编：《新四军·回忆史料》（5），解放军出版社 2015 年版，第 164—170 页。

**12.** 中共中央文献研究室编：《毛泽东年谱（一八九三——一九四九）》（修订本）中卷，中央文献出版社 2013 年版，第 330 页。

**13.** 陈、姚，指陈毅和饶漱石。

**14.** 中共中央文献研究室编：《毛泽东年谱（一八九三——一九四九）》（修订本）中卷，中央文献出版社 2013 年版，第 332 页。

**15.** 第五师除外。

**16.** 中国新四军和华中抗日根据地研究会编：《新四军的组建与发展》，中共党史出版社 2019 年版，第 332—334 页。

**17.** 日本防卫厅防卫研究所战史室：《中国事变陆军作战史》第 3 卷第 2 册，田琪之、齐福霖译，中华书局 1983 年版，第 170 页。

**18.** "黑老鸦"，指伪军。

**19.** 朱传保：《痛歼保田大队》，见中国抗日战争军事史料丛书编审委员会编：《新四军·回忆史料》（3），解放军出版社 2015 年版，第 89—95 页。

**20.** "黄脚股狼"，指伪军。

**21.** 白相，游逛的意思。

**22.** 洪澈：《江海怒潮》，见洪澈等：《星火燎原》21，解放军出版社 1997 年版，第 8 页。

**23.** [日] 远山茂树等：《昭和史》，吴文译，生活·读书·新知三联书店 1958 年版，第 118 页。

**24.**《陈毅、饶漱石、赖传珠关于坚持淮海区的斗争方针致十旅等电》，1942 年 12 月 12 日，见中国抗日战争军事史料丛书编审委员会编：《新四军·文献》（8），解放军出版社 2016 年版，第 206 页。

**25.**《陈毅等关于对付日伪"扫荡"盐阜区的部署致三师、四师、一师电》，1943 年 2 月 16 日，见中国抗日战争军事史料丛书编审委员会编：《新四军·文献》（9），解放军出版社 2016 年版，第 41 页。

**26.** 胡炳云：《刘老庄八十二烈士》，见中国抗日战争军事史料丛书编审委员会编：《新四军·回忆史料》(4)，解放军出版社 2015 年版，第 62—68 页。

**27.**《日本〈大陆新报〉惊呼新四军展开顽强的反"清乡"斗争》，1943 年 12 月 29 日，见中国抗日战争军事史料丛书编审委员会编：《新四军·参考资料》(9)，解放军出版社 2015 年版，第 114 页。

**28.**《〈政治月刊〉评论"清乡"气势已如强弩之末》，1944 年 1 月 15 日，见中国抗日战争军事史料丛书编审委员会编：《新四军·参考资料》(9)，解放军出版社 2015 年版，第 118 页。

**29.** 周佛海：《"清乡"情势江河日下》，1944 年 2 月 11 日，见中国抗日战争军事史料丛书编审委员会编：《新四军·参考资料》(9)，解放军出版社 2015 年版，第 124 页。

# 第十二章

# 虎踞黄崖

彭德怀找到山田一郎，觉得他或许了解冈村宁次——中共北方局扩大会议还没开完，日军就来了——刘伯承偏偏要向有着日军大部队的方向行进——日军惊呼"八路军有了现代化兵工厂"——彭德怀说：日军老想着要进黄崖洞，就让他们进来看看

## 彭德怀找到山田一郎，觉得他或许了解冈村宁次

进入 1941 年秋季以来，彭德怀变得越来越沉默了。常常地，他和左权在作战室一研究便是整天整夜。更多的时候，他则是面对地图、电报和大批的情报资料泥塑般打坐……

这一年，日军在华北推行的新政策已发挥了极大的效用，八路军在华北的抗日根据地正在急剧地缩小，抗日根据地内的人口也降到了历史的最低点。而且，抗日根据地内敌特和顽固分子活动猖獗，部分群众悲观失望，间或有被骗向敌占区偷跑的，收编的部队中也有少数叛逃。每当站在抗日根据地一点点缩小的态势图前，彭德怀就觉得像有无数只蚂蚁正在啮噬着自己的身心一样，痛苦是难以言状的。

尤其是冈村宁次来到华北后，抗战环境变得越发艰难。为此，彭德怀组织北方局对当下的形势以及应该做好的战争准备，进行了详细的分析和探讨，特别是冈村宁次对晋察冀实施"大扫荡"以来的新情况，更是研究的重中之重。1941 年 9 月 11 日，彭德怀以中共中央北方局和中央军委华北分会

的名义向华北各区发出了《关于目前形势及战争准备工作的指示》。

一、自8月12日敌人向晋察冀边区开始空前严重的"扫荡"以来，全华北正处于敌寇"扫荡"围攻的严重形势中。这种形势之严重较过去有很大的不同，我们的困难将会严重增加起来。这必须引起我华北全党全军的深刻认识与足够估计。

二、严重形势的特点表现在：

（一）目前国际形势基本上对我有利，敌人更加困难，更陷孤立，使敌人不得不徘徊于南进北进或西进的歧路上；正因为这种有利于我的国际形势，便同时增加了我们华北敌后的重大负担，敌人不但不会放松对华北的进攻，而且将更加疯狂起来。最近对晋冀察边区的进攻，正是这种进攻的开始。

（二）自今年3月敌人所谓"治安强化"运动以来，对我各个抗日根据地的进攻，在其战略指导上有了基本的转变。敌人采取了所谓七分政治、三分军事的方针，强调所谓政治、军事、经济、文化一元化的"总力战"。对我根据地则采取彻底的毁灭政策，充分接受了几年来对我根据地"扫荡"失败的教训，基本上采纳了内战时国民党对中央苏区和红军"围剿"的经验，高度地发展了所谓"治安肃正"的既定方针，并且有了一套新的异常毒辣的办法。但所有这些还未引起我全党全军足够的认识与研究，因此还缺乏具体的对策以粉碎敌人的阴谋，若干地区还存在着麻痹与忽视敌人这种战略改变的现象。

（三）敌人在军事上对我压力加大，而且在其作战上亦有了新的改变。这种作战上的改变表现在：

1.各个击破，集中优势兵力进攻一个根据地。今春夏对冀东及冀中十分区、鲁西一分区，最近对晋察冀边区都是出此。

2.在进攻一个地区时采取步步为营，稳扎稳打的办法。首先分割我根据地为几块，然后由外而内将我压入一定根据地，进行"围歼"；同时每进一步必修筑堡垒，建立据点，修筑公路。敌人的兵力布置上采取了纵深配备，机动部队与守备部队有灵活的连系。

3. 采取"清剿"作战方针，每到一处必彻底毁灭我物质资源及有生力量，大烧大杀。

4. 持久"清剿"不同于过去短促"扫荡"。这次敌人"扫荡"晋察冀边区，时间为两个月。

三、在此严重形势下，必会增加我们新的困难。夸张这些困难固然是错误的，掩盖这些困难也是错误的。这些困难具体表现在：

（一）由于敌人军事上、政治上、经济上对我压力加紧，可能在我党我军中产生两种情绪：悲观失望、丧失信心的右倾情绪和对严重形势估计不足、满不在乎的"左"倾情绪。这种情绪的生长必然会增加我们困难，减弱我们力量。应当了解：在一定条件下我们的困难是增加了，但这是发展中的困难，是能够克服的困难。只有不认识这些困难才是危险的。

（二）在严重形势下，我们物质困难是更增加了，特别是弹药品、医药品、生活品的缺乏和财政上的困难。许多地区对这些困难估计是不够的，还是采取一种漠视态度，甚至有相当数目的一部分同志，怨恨上级及财经机关不替其解决困难，这是很危险的。

（三）在多数地区，不论党政民及地方武装，工作还不够深入，极不巩固，这就使我们应付严重局面时感到最大的困难。

四、然而一切困难都是可以克服的，只要我们坚持党中央正确的政治路线，细心分析具体情况，不是粗枝大叶，不犯政治上的错误，我们是有充分克服困难的条件：

（一）国际国内的形势基本上对我有利。

（二）各根据地的建设虽然还是极不平衡的，虽然还存在着很多缺点，但一年多来是有了很大的进步，一般的已经有了基础。不论在干部的团结上，政策的执行与了解上，各个地区的统一上，军队的战斗力与素养上，游击队的发展上，军区的建设上，民兵的发展上，干部的斗争经验上，都有了显著的成绩。这是我们战胜敌人克服困难的有利条件。

五、坚持华北抗战是我们确定不移的方针，我们必须粉碎敌人进攻，克服新的困难。为此，华北全党全军必须执行下列任务：

（一）坚持斗争，克服困难。粉碎敌人残酷进攻的中心一环，是广泛开展和发动群众的游击战争。对于坚持敌后游击战争的战略意义，必须在全党全军再一次的提出，使全党全军有深刻的认识。几年来我们在正规兵团的建设上有很大的成绩，但在地方游击队的建立与群众游击战争的开展上成绩还是极其不够的。今天必须以最大努力来进行这一工作，各级党、各个兵团必须立刻下最大的决心，来解决这方面的许多具体问题，如军区建设、群众武装、干部问题等。今天是要以精密的组织工作来具体解决问题，空洞的政治号召是没有用的。

（二）进一步依靠群众，认真的动员群众，发动群众，组织群众；密切党与群众的关系，加强地方支部工作，使之真正成为群众的核心；密切军队与群众的关系，加强部队帮助民运工作，政治机关必须帮助群众，解决群众的困难；进行社会调查，了解具体情况，保证部队的纪律，反对脱离民众的严重现象。地方党必须教育党员和群众爱护军队，帮助军队，配合军队作战，提高军人的荣誉地位；只有密切军民关系，进一步依靠群众，才能坚持斗争，克服困难。

（三）收集军用资材。今年冬又在全华北发动"一个铜板"运动，同时收买大量的铜板、铅等军工资料，送交集总[1]制造子弹。

（四）估计各个地区的情况，及时进行反"扫荡"准备工作。这应注意：

1.认真地进行思想准备，教育干部与群众，使之了解敌人向我进攻新的特点，使之懂得一套具体办法，打击敌人，减少自己的损害。

2.解决民兵游击队的具体问题，如武器、作战指挥等。

3.健全军分区的机构，保证在困难环境中能独立坚持各该地区的游击战争。

4.备战工作必须与各种既定工作连系起来，如扩兵、屯粮、秋收、村选等等工作，必须保证按定期间完成。

5.加强锄奸工作，肃清内奸及特务活动，必要时进行一次清查户口运动，向群众进行深入的锄奸教育，保证军事秘密，保护资材的安全。

6.向群众进行教育，爱护伤病员，在战争时依靠群众的力量保证伤病员的安全。

7.紧缩后方机关，在战争时将各机关的人员大量武装起来，分配到各个乡村，就地帮助群众坚持战争。在群众及干部中进行对付敌降落伞兵的教育。这样不仅可以减轻后方机关在战争中的拖累，而且在发动群众游击战争上是有相当大的作用的。

8.对伪军伪组织工作必须十分注意。

（五）估计在敌人严重的进攻中，某些地区一部分可能暂时成为游击区，这也应该预为准备，避免不必要的损失。

六、这一指示，各级党、各个兵团必须作深刻的讨论，并根据当地具体情况，立刻作具体的工作布置。[2]

指示发出后没几天，9月中旬，彭德怀想起了被俘觉醒后加入反战团体"日本士兵觉醒联盟"的山田一郎。这个山田一郎读过不少书，也颇了解日本国内的军政界情形。彭德怀觉得或许这个人会对冈村宁次有所了解。没想到，山田一郎听说冈村宁次已担任日军华北方面军总司令时，倒是吃了一惊。

山田一郎说，冈村宁次在日本陆军界向来享有盛名，和板垣征四郎、土肥原贤二、矶谷廉介一道被人称为"中国通四大天王"，是激进的少壮派军人骨干之一，日本军界视他为中国问题的权威。他也的确有许多过人之处，如虑事周密、长于调查、不出风头、不多讲话、不粗暴等等。而且，他在日本国民中的形象很好：待人谦和，尊重下人，举止文雅稳健。从一个小细节就可以看出他的为人特点，他每次进入房间，必定要把自己的鞋子或木屐摆置好，以免勤务兵再动手。所以，日本的新闻记者、军界人物、他的同僚和下人，甚至连妓女都对他普遍赞誉有加。

彭德怀听了，深有所感，一个能把法西斯思想和道德形象糅合在一起的人物，肯定不会是凡人。他进一步加强了对冈村宁次本人及其战略、战术的研究。

## 中共北方局扩大会议还没开完，日军就来了

1941 年 11 月的第一天，天上降下初冬的第一场雪，给太行群峰披上了淡淡的银装，素雅而清爽。

一大清早，彭德怀骑着他那匹从日军手中缴获来的枣红色战马，和左权并肩，沿着清漳河耀眼的白石河滩徐徐而行。两人转过河湾，策马进入一个村庄，这是北方局和八路军总部不久前迁出武军寺后的新驻地——山西辽县麻田镇的下南会村。

村庄是千年传留下来的模式：狭街小院，石块堆砌的低矮围墙，木格窗，土炕，陶缸，瓦盆……但因为到处刷写着抗日标语，加之悬挂在门楣的各种招牌，这个古老的村庄显现出一种新鲜的活力。

中共中央北方局扩大会议要在这里举行了。邓小平、李大章、罗瑞卿、刘伯承、蔡树藩、李雪峰等都到了这里。

会议在一间简朴的农舍里进行。一开始，便由彭德怀作《敌寇"治安强

355

化"运动下的阴谋和我们的基本任务》的报告。他的报告是直面危局的：

"今年3月以来，敌寇在全华北举行了一个所谓'治安强化'运动，这个运动是敌寇企图确实掌握占领区的阴谋的开展，在战略指导上是表示着一个基本的转变，在具体政策上则较前更加毒辣、野蛮。我们的许多领导机关未能及时识破敌寇这一新阴谋的严重性，因而在斗争中表现出许多缺点，甚至犯了一些错误，使某些地区遭受了一些不必要的部分损失。"

他顿了一顿："今天召集这个会的意思，就是针对着敌寇的新阴谋，根据中央的指示，重新考虑我们的对敌斗争政策，这是一个非常重要的问题，希望在全党同志中发展一个普遍的研究讨论热潮，我在这里仅根据华北具体情况提出一些原则来供同志们参考。"

接着，彭德怀详细分析了日军"治安强化"的内容和实行情况，强调了打破"治安强化"的重要性和可能性。

"敌寇的'治安强化'运动的内容是七分政治、三分军事，其一切行动均以政治为中心，一切围绕在政治的周围"。"'治安强化'运动的基本政治目的，是使中国殖民地化，以达其奴役与掠夺中国人民的本质"，"其侵略中国最本质的目的——奴役中国人民，掠夺中国的人力、财力与物力"，"别的不谈，单指日寇掠夺我们人民的统计上，就可以看出惊人的庞大的数字。根据敌人公布，在1937年壮丁出关有323689人，1938年有501686人，1939年有954882人，1940年有120万人，四年共计有2980257人。这些壮丁大部分是用武力抓走的，亦有部分是被欺骗出关的，今年敌寇预计出关壮丁数目约110万人，据我们观察，他到处强拉壮丁，这个数目也是可以达到的，'人'是我们民族抗战的最基本的宝物，400万人出关，这是极其值得我们注意的，必须对敌占区青年加以救护"。

"敌寇为了达到其'治安强化'的目的，采取了有组织的侵略政策"："有计划有步骤的强化伪军、伪政权"，"强化保甲制度，以巩固其对乡村的统治"，"开始统一华北各地的封建迷信组织"，"强制与利诱青年去组织特务性的新民会、兴亚会、爱护村，甚至收买为敌人的暗探，特别对小学教员更用各种方法收买"，"引诱收买我党我军极少数坏分子叛变投敌"。

而在军事上，敌寇则"大修公路，在铁路公路的两旁普遍的掘沟（二丈宽，至浅有一丈二尺深），筑碉筑墙，其工程之大，浪费民力之多，总计起来远胜于万里长城。路旁有沟的公路，将近三千公里"，"其目的就是要缩小我根据地，隔绝我各根据地间的交通"，"敌寇的军事指导是由短促的'扫荡'，进到长期的'扫荡'，由分散的'扫荡'，进到集中极优势兵力的'扫荡'，由线式的'扫荡'进到纵深的'扫荡'，由分区围攻进到分区'清剿'，由长驱直入进到步步为营，由分进合击进到'铁壁合围'，由无组织的烧杀抢掠，进到有组织的'三光政策'"。

"日寇的'强化治安'运动已经进行了两期，现在又开始了第三期。第一期自今年3月下旬起至6月下旬止，其中心是宣传反共反八路军，建立东亚新秩序，挑拨国共磨擦，散布抗日失败情绪，进行调查统计工作，开始肃清点线内的不稳分子（有民族意识者），巩固点线；相当强制的训练青年与轮训各种伪干部。第二期自7月初起至10月下旬止，其中心是强调对根据地的经济封锁，隔绝各根据地间的联络，繁殖点线，依据点线向外扩张，以达其缩紧我根据地之目的。其在第一期中所进行的一切，在第二期中仍继续进行，并有了发展。第三期自11月1日开始，预计在12月25日结束。其中心是强力统制物资，完全控制人民一切生活物资与日用必需品，实行所谓配给制度。日寇华北派遣军总司令冈村宁次在其第三次'治安强化'运动实施纲要中写着的方针是：扩大以往两次'治安运动'之成果，并将其有机地展开，求得'治安强化'之彻底，而专心放在经济方面，求得经济封锁之彻底，重要物资的增产和获得，以达到增强日军之战斗意志之目的。"

"从敌我力量对比上看"，"华北人口我占四分之一，敌占四分之三，我根据地内约有人口2200万人，敌占区内约有人口6000万人（内中一部分是敌我游击区）"，"华北面积我占十分之六，敌占十分之四，华北城市我占百分之二（华北437个县城我占10个），敌占百分之九十八，我占区贫穷，敌占区富庶"。在军事力量上，"敌在华北有9个师团和14个独立旅团，共32.5万人；与八路军作战者有26.5万人（在时局急变下还可能增减若干），此外还有伪军11.7万人。平均每重要据点中，有日军85人，伪军38人。我之兵力与敌数量大致相等，但由于技术、装备之极不相称，因此在战斗力上表现敌强我弱"。

因此，在目前敌占相对优势的前提下，"开展伪军伪组织工作，开展敌占区接敌区的群众工作，坚持根据地工作，这是我们目前从各方面积蓄力量，准备持久的三个基本中心工作。虽然坚持根据地工作是主要的，但没有伪军伪组织及敌占区接敌区群众工作的开展，想要打破敌人的各种封锁，破坏敌人'以华乱华'和'以华治华'的阴谋是困难的，而且坚持根据地斗争必然会遇到更多的困难，要想顺利地坚持敌后根据地长期斗争，必须把三个工作任务有机地联系起来，因此一切工作布置都应该从此着眼"。

"开展伪军伪组织工作"中针对的重点是伪军中的"两面派"，"我们的目的是推动两面派发展，使他对敌人是应付，而对我们是真诚"，"首先要了解两面派的特点及其所处的环境"，"必须替两面派找寻办法应付敌人，在敌人压迫严重时，应顾虑他的苦衷"，"要帮助两面派逐渐进步，尊重其人格"，"对伪军应打其最坏的，而不是无分别地一律加以打击。打的精神放在争取方面，七擒七纵的办法是极有深刻意义的"。

"开展敌占区与接敌区的群众工作"，要"团结一切中国人，保卫一切中国人的利益"，"一切应替人民利益着想"，"与群众站在一起，启发群众，共同商讨应付鬼子欺骗鬼子的方法；去逐渐提高群众的认识，团结多数的群众"，并要"坚决地争取知识分子，不要为任何表面现象所动摇"，"知识分子是与社会上其他各阶层都有着密切联系的阶层，他们是开展敌占区与接敌区工作的桥梁"。

"坚持根据地的三大任务，是武装建设、政权建设、党与群众工作的建设"。"今天武装建设的重心是地方武装建设。建设数百支脱离生产的强有力的游击队，建设百万不脱离生产的有战斗力的民兵，一般应做到全体人民百分之五至百分之七为标准，把游击战争开展成为普遍的群众运动，成为八路军坚持敌后抗战的主要助手"；"政权建设，今天的重心是进一步充实其内容的问题"，"建设政权的各种政府，健全各级政权的组织机构，创造适合新机构的大众的民主的作风"，"我们所要的，是活泼的，有组织有能力的，适应战争环境的，群众拥护的政权机关。对于某些落后地区的政权机构，仍应积极地进行改造"；"党与群众工作的建设，今天的重心应放在建设和巩固支部上面，使支部真能成为发动、领导与掌握群众斗争的核心"。[3]

会议已经持续 3 天了，对敌斗争方略已经明确。

正当大家要进一步深入讨论时，紧急情报传来，黎城日军出动 2000 余人，直扑抗日根据地中心，黄昏时已进至距会址 15 公里处的西井方向。

会议被迫中断。参会人员立即离开下南会村，转入反"扫荡"作战。

## 刘伯承偏偏要向有着日军大部队的方向行进

这是冈村宁次发起的新一轮"大扫荡"。这次"大扫荡"是直对着太行抗日根据地而来的，目标是摧毁八路军总部和第一二九师师部。

1941 年 10 月 15 日，冈村宁次完成针对晋察冀军区的"扫荡"作战后，在石家庄召开了作战会议，日军第一军和华北方面军直辖师团的旅团以上高级军官出席了会议。

会议由冈村宁次主持。因为晋察冀军区司令部电台关闭了七八天，他以为晋察冀军区被他消灭了，挥动着手臂说：

"诸位将军，自 1937 年秋以来，聂荣臻带着一部红军，在晋察冀边区收集国民党军残兵败将和一些民间游击武装，成立了红色边区政府，专门从事赤化抗日工作。此次秋季扫荡作战，我以绝对优势兵力，对聂荣臻部进行了毁灭性打击，取得了巨大战果，消灭了聂荣臻司令部，炸毁了他的电台，敌方遗尸6000具，我军俘虏了3769人，缴获各种枪械3876支。"

会场上立即爆发出一片掌声。

冈村宁次摆了摆手："但9月份我们发起沁河作战，旨在消灭共军陈赓匪部，不想在此次作战中，对共军战果很小，未达预期效果。"[4]

冈村宁次这里所说的"陈赓匪部"，是指第一二九师于1941年8月成立的太岳纵队。国民党军在中条山之战中失败后，各军先后撤走，八路军第一二九师一部趁机向中条山地区深入，在安泽、阳城之间的沁河沿岸创立了抗日根据地。1941年8月11日，奉前总命令，第一二九师第三八六旅、决死第一纵队以及第二一二旅组成太岳纵队，由陈赓任司令员、薄一波任政治委员、毕占云任参谋长、王新亭任政治部主任。

日军见八路军深入中条山地区，立即派出第一军共计2万余人，于1941年9月22日发动旨在消灭太岳纵队的沁河"大扫荡"。太岳纵队则调动兵力在马壁店、东峪、沁源等地与日军多次交火，历时25天，大小数十战，共计毙伤日军900余人，于10月中旬彻底将日军赶出了沁河地区。

日军的这次失败，对冈村宁次来说，是面上无光的。第一二九师已成了他的肉中之刺，所以晋察冀地区的"扫荡"作战刚近尾声，他就迫不及待地发起了针对太行山区的新"扫荡"。

"11月1日起，至12月5日，我们要展开第三次'治安强化运动'。运动的重点在于进行灵活的军事行动的同时，断然进行强有力的经济战。即彻底封锁所有敌占区，一切物资不准外流。另一方面，积极确保能够获得物资。"[5]"冈村宁次在会上说。我们的作战重点，是与此同时，从10月31日起，扫荡太行区。这次作战由第一军第三十六师团、独立混成第四旅团主力及独立混成第一旅团、第九旅团各一部，共约15000人来完成。以共军黄崖洞兵工厂为核心目标，注意吸引共军主力，争取一举消灭那里的八路军总部和第一二九师刘伯承部。"

作战会议结束后，冈村宁次坐着装甲车从石家庄开往太原，亲至前线督导。

日军各部接到命令后，准时起程，组成多路纵队，由辽县、武乡、沁县、武安、潞城等地出动，以四面包围的态势，向八路军总部所在地下南会村、第一二九师师部赤岸和八路军兵工厂驻地黄崖洞等地压了过来。

此时的第一二九师正处于百团大战后元气已恢复、士气正旺之时。

在百团大战中，第一二九师伤亡8000余人，减员很大，战斗力有所下降。为了扭转这种不利的局面，刘伯承、邓小平根据中共中央军委、北方局和八路军总部的指示，采取了一系列措施，整训主力兵团，加强军区建设，发展地方武装和人民武装。

第一二九师的主力兵团整训，从1940年12月下旬开始，至1941年6月底结束，分两期进行，每期两个月。针对百团大战后部队减员很多、基层组织不够健全、指战员战斗动作不够熟练、射击等军事技术不精等情况，第一二九师规定了整训的基本方针：迅速提高部队战术技术，深入政治教育，加强连队支部建设，进一步从政治上、思想上、组织上加强部队，提高部队战斗力。在战术训练方面，则进行了小分队袭取据点、野战进攻以及伏击、遭遇战斗等的演习，进一步提高了部队游击战的战术水平。同时，还举办了各级轮训队，增强干部的组织指挥能力。在技术训练上，着重于刺杀、投弹和射击三项练习。一面有组织地发动群众性的练兵热潮，一面开办连、排、班基层干部集训班，以培养师资和骨干。在政治教育方面，以时事教育和政策教育为主要内容，使指战员具有应付严重艰苦困难的思想准备和开展全面全力对敌斗争的政策水平。通过大量发展共产党员，集训基层党组织骨干，健全政治工作制度，加强了党的建设和政治工作。在加强地方武装建设方面，则进一步健全了军区、军分区的组织机构，充实了分区基干武装，先后将新编第九旅、新编第十一旅、决死第三纵队和新编第十旅等主力兵团与冀南、太行有关军分区合并，并恢复、建立和健全了县、区游击队，使得县游击队少者数十人，多者二三百人，区游击队少者十几人，多者百余人。整个抗日根据地的地方武装迅速发展到了 5.6 万人。**6**

1941 年 7 月，晋冀鲁豫边区政府在冀南太行、太岳联合办事处的基础上正式成立，下辖太行、太岳、冀南、冀鲁豫等 4 个行政区，杨秀峰任主席，薄一波、戎伍胜任副主席。在军事上，冀鲁豫军区归八路军总部领导，第一二九师兼晋冀豫军区，下辖太行、太岳、冀南三个军区。这一系列工作任务的完成，都为第一二九师及晋冀豫抗日根据地的反蚕食、反"扫荡"斗争创造了有利条件。

随后，第一二九师主力部队又先后进行了 3 次大规模的破击战役，从 1941 年 8 月 31 日到 9 月 11 日，将南宫至王官庄的公路上部分重要路段彻底破坏，并摧毁沿途的敌据点和碉堡，共作战 155 次，歼敌 1970 余人，攻克据点、碉堡 128 处，有力地打击了日寇和伪军。9 月 3 日，第一二九师又令部队配合晋察冀反"扫荡"作战，小范围地对石太、同蒲、平汉铁路进行了破击。9 月 24 日，第一二九师新七旅第十九、第二十团在南宫县垂杨、段芦头地区反"扫荡"作战中，又毙伤日伪军 120 余人，俘日伪军 220 余人。

由于冈村宁次将新的"扫荡"目标转向了太行山一带，从 1941 年 10 月 15 日开始，太行区的形势骤然变得严峻起来。第一二九师对全区进行了戒严，乡村要道上派出自卫队、青年抗日先锋队站岗放哨，日夜盘查路人。凡未带通行证、携枪而不带武装证及形迹可疑者，立即扣押。对武装间谍、汉奸立即予以逮捕，如有抵抗，就地击毙。

1941 年 10 月 31 日，发动"大扫荡"的日军如期出动了。日军第三十六师团从潞城、襄垣等地出发，由南面向黎城、赤岸、西井等地进犯；独立混成第四、第九旅团则从辽县、武乡等地出动，由北面向大有、贾豁等地进犯。

当夜，南路日军兵分三路向黎城第一二九师部队扑来，却扑了一个空。那里的军民早已安全转移。日军占了黎城后，又于次日侵占了东阳关，接着向赤岸第一二九师师部所在地急进。

在赤岸第一二九师师部里，刘伯承、邓小平正神态自若地站在作战室的军用地图前研究作战部署。师参谋长李达进来汇报敌情，说敌人第三十六师团有 4000 人已从东阳关出发，逼近赤岸。大约 11 月 2 日凌晨两点钟抵达。

邓小平看看表，现在是 1 日的晚上 8 点。还有 6 个小时的时间，可以叫师直机关整装待发了。

刘伯承吩咐在旁边等候指令的参谋去传达命令，确定在 2 日凌晨 1 点出发，不要太早，以免惊动敌人。

时间如梭。在紧张和忙碌中，时钟的指针已转到了预定的时间。李达请示是否立即出发。

刘伯承下意识地看看表，说鬼子离得还远，先不要动，免得鬼子过早发现我们的转移方向。

又是两个小时过去了，李达焦急地跑进作战室，报告说敌人的先头部队已占领了赤岸村以南半公里远的高地，大部队随后即到。

"那好嘛，他们来了我们就走。"刘伯承一边收拾东西一边说，"按计划让队伍过北清漳河，通知队伍，所有人员一律不许喧哗，不准抽烟，不准咳嗽，不准弄出声响，静肃前进。"7

刘伯承、邓小平刚走出村口，后面担任警戒任务的部队就跟日军的前锋接上了火。

大家不由得加紧了步伐，一气走出了五六公里，成功地甩掉了日军的跟踪部队。回头看时，赤岸村已是一片火海，想必日军找不到八路军，就放火毁村，发泄心头怒气。侦察员向刘伯承、邓小平汇报说，日军到了赤岸，一时摸不到我军的方向，正分兵搜寻。又据游击队说，北面偏城方向没有日军，可以向那里转移。

刘伯承想了一下，突然下令：回头向南，朝西岗方向前进。

不少人一路走一路心里直犯嘀咕：明明北面无敌情，南面是日军的大部队，我们怎么反倒要往南走呢？

可当队伍快到西岗时，刘伯承又下达了东折的命令，转而向邯长公路前进。队伍越过邯长公路，经北岗、更乐，一直转到了涉县东部的大山谷。这时，大家才明白过来刘伯承的用意。这里高山绵亘，峭壁错列，山间几乎无路可寻，人迹罕至。这才是真正安全的所在。

停下来休息时，有人跟刘伯承说起了行军途中曾一度产生的困惑，问道："为什么不从赤岸东行直奔这里，却往北绕了一个大圈子呢？"

刘伯承笑道："日军'扫荡'开始时，他们是抓着主动权来的。而我们必须出其不意，攻其不备，才能在反'扫荡'中摆脱被动。日军对八路军部队的行动及规律，已经作过周密的侦察研究，并会针对我们的行止规律，确定合击目标，布置各路'铁壁合围'的步骤。而我们的真实行止，首先是要不使敌人知道，就算让它知道了，也是过了时的。其次，最主要的就是我们的行动不能让敌人摸到规律，神出鬼没，不入圈套，不碰硬壁。"[8]

他看着对方渐渐明朗的脸色，继续解释："我们如果从赤岸直接东移，有被敌人在邯长路以东堵截或尾击的危险，因为他们也很了解涉县东部地势险峻，我方会加以利用的。先北行一段，把敌人的注意力吸引过去，然后突然向南向东，等他们发现我们的行动时已来不及阻拦了，这就是《孙子兵法》上所说的'形人而我无形'。以无规律对有规律，这是我们反'扫荡'的一条重要原则。"[9]

## 日军惊呼"八路军有了现代化兵工厂"

日军没有找到第一二九师的师部机关，却顺利找到了黄崖洞。毕竟，人可以转移，但黄崖洞却无法转移。

1941年11月6日，日军第三十六师团进占西井，继而进占西井以北5公里处的上、下赤峪。至此，这一路的4000余名日军距黄崖洞峡口已不足

4公里了。与此同时，日军第四、第九旅团各 2000 余人也自辽县、武乡方向与第三十六师团以南北对进的态势，向着黄崖洞一带逼近。

黄崖洞是日军此次"扫荡"太行区的重点之一。此处之所以叫黄崖洞，是因为它是地处黄崖峰西面崖壁中间的天然石洞，直径 20 多米，深 50 多米。黄崖峰坐落在太行山中，海拔 1600 多米，地处山西黎城县赤峪沟西端，与武乡和辽县相邻。该峰北与左会山相倚，东南与水窑山、桃花寨山相连。这里群峰耸立，陡崖千仞，地势险峻。黄崖洞洞南有一片名为水窑的山谷，八路军的兵工厂就坐落其中，四周被群山紧抱，只有两条羊肠小道与外界相通。一条沿西北方向翻越山顶，经左会垭口可直达武乡县左会村，由此可通往八路军总部机关所在地，这条路因为山高、沟深、坡陡，人们叫它"布袋谷筒"，更是一条易遭伏击的绝命之路。另一条沿着水窑山谷而下，有一条狭长山涧，蜿蜒曲折，纵深千米，两侧高峰对峙，从涧底只见一线青天，实为兵工厂的南口要塞，俗称"瓮圪廊"。"瓮圪廊"的尽头，是迎面壁立的断崖，有 20 多米高，一帘飞瀑，淙淙而下，瀑下有个深潭，叫作"无底瓮"，靠东的潭壁上，有一条石阶道，叫作"百梯栈"，有 120 多级，是从谷底登上断崖进入黄崖洞区的唯一通道。石阶分为上下两段，兵工厂在中间设有吊桥，可连接通往辽县、和顺和潞城的道路，拉起吊桥则路断崖阻，千军难入。

1939 年 7 月，八路军总部把最大的兵工厂移到了黄崖洞。为扩大军火生产规模，避免敌人破坏，左权经过亲自勘察设计，将兵工厂设置在了这个地势极其险峻隐秘的山谷之中。这个兵工厂的前身是 1938 年 9 月由八路军总部军工科安邑修械所、第一一五师第三四四旅修械所和第一二九师修械所组成的八路军总部修配所。合并时，工厂设备简陋，只能修理一些刀枪，兼造地雷、手榴弹。1939 年 6 月，八路军总部根据中国共产党六届六中全会决议案关于"建立必要的军火工厂"的精神，成立了军工部，以此来发展太行山区的军事工业。是年 7 月，遵照朱德总司令、彭德怀副总司令和左权副参谋长的指示，为"摆脱背着工厂打游击"的局面，建立起隐蔽固定的大型兵工厂，通过人抬肩扛、牛运马驮，克服了重重困难，硬是把修配所搬到了黄崖洞区内。大家凭着双手，就地取材，盖石板房，建车间，又从延安运来了一些新机器，终于把修配所扩建成为一个拥有700多人、40部机器设备的兵工厂。1940年春，第一批步枪诞生时，正值朱总司令55岁诞辰，工厂便把所生产的步枪称为"五五步枪"，继而又造出了七九步枪和八一式马步枪，月产430支。1941年下半年，进一步造出了掷弹筒和炮弹，更加有力地支援了前线的战斗。

黄崖洞兵工厂，因其地处水窑山谷又被称为水窑兵工厂或水窑一所，也有人因音讹称之为水腰兵工厂，是太行抗日根据地机器设备最多和生产规模最大的兵工厂。这里聚集了诸多军工领域的顶尖人才，如德国柏林大学钢铁系毕业的陆达、日本早稻田大学电机系毕业的程明升、日本东京工业大学研究生郭栋才、留学过英国的冶金博士张华清、燕京大学物理系研究生张芳、上海同济大学毕业的唐英之等。

因此，黄崖洞被日军视为心腹之患，他们惊呼"八路军有了现代化兵工厂"，并屡次派兵前来侦察与"扫荡"。为阻止日军的骚扰破坏，1940年11月中旬，彭德怀特别命令八路军总部特务团进驻黄崖洞设防，以保护兵工厂的安全。

当时，特务团团长是欧致富，政委是郭林祥。彭德怀指示他们：要据险修筑永久性工事，就地演练部队，做好打硬仗和恶仗的准备。左权也亲自跟着特务团指导设防工作，带领大家勘察地形、绘制地图、实地研究作战预案，确定防御方向、兵力部署、阵地编成、火力配系、障碍设施和具体战法等，并抽调6个工兵连协助特务团修筑工事。

特务团和工兵连的指战员们顶风沙、斗严寒，扛石头、抬钢轨、劈山洞、凿枪眼，前后经过8个月的艰苦劳作，在黄崖洞全洞区内共构筑坑道11节、堑壕9000米、掩蔽部和碉堡190个，建成了一个以营为守备区、连为防区、排设阵地、班组筑工事的有机联系的环形防御体系，可对付敌人从不同方向的进攻，并在兵工厂外围的各出口构置了两道防线、三道雷区，使得各阵地间明暗碉堡林立，火力俯仰交织，既能相互支援，又能独立作战。

在兵力部署上，特务团令战斗力较强的第一营防卫在易攻难守的黄崖洞西北部、海拔 2000 多米的左会垭口南北山，以钳制从武乡、辽县东下之敌；令第二营防守在东部绵亘崎岖的制高点桃花寨和险要崖口跑马站一带；令第三营负责坚守西南部沟深崖陡的老板山、1529 高地、前后水窑地区及南口，以防范来自黎城之敌。特务团指挥所设在黄崖洞南沟，观察所设在 1588 高地和 2008 高地。特务团预备队负责直属守备区，并视战斗情况临时机动。至此，特务团在黄崖洞已完成了周密设防，并形成一个坚固的堡垒。

1941 年 11 月 7 日深夜 24 时许，八路军特务团团长欧致富接到彭德怀从八路军总部打来的电话："你们所有预备队立即撤进黄崖洞，守备部队天亮前要全部进入阵地，做好一切战斗准备。"

欧致富意识到要有大仗打了，立即命令各部队分头行动。一个小时后，彭德怀又来电话，劈头就问："部队行动了吗？"欧致富答道："已进入阵地了。"彭德怀缓了口气说："日军第三十六师团及独立混成第四旅团的前端部队共 3000 余人，分兵数路，正在靠近兵工厂。他们老想着要进黄崖洞，那就让他们进去看看。你说实话，能顶住多少天？"**10**欧致富一时没猜透彭德怀的意图，只好笼而统之地答道："首长让我们顶多久，我们就能顶多久！"彭德怀笑道："哈哈，你什么时候学会踢球这一套了？好吧，你听左副参谋长的部署。"

"坚持 5 天怎么样？"左权接过彭德怀的话征求欧致富的意见。"只要战局需要，两个 5 天也能顶得住。"欧致富答道。

"好！你们团就以 5 天为限，5 天后再另作部署。"左权说，"既然敌人要到黄崖洞找麻烦，干脆叫外围部队让开一条路，等它到了黄崖洞防区再狠吃它一顿，你们要把敌人牢牢咬住，嚼烂！切记：不急不躁、猛中求稳、以守为攻、以静制动、敌变我变、克敌制胜。"**11**然后，左权又详细地交代了作战任务，特务团先要在山口顶两天，挫敌势头，接着在两道防线上再顶住两天，之后可以退往山顶，在增援部队的配合下再来个反包围，聚歼敌人。

特务团传达任务时，全团指战员群情激奋，热气腾腾，大家决心打好设防以来的第一仗，誓死保卫兵工厂。

这时，彭德怀和左权又给兵工厂下达了坚壁清野的任务，同时致电刘伯承、邓小平，令第一二九师在外线配合黄崖洞作战，并寻找适当的时机重创敌人。

## 彭德怀说：日军老想着要进黄崖洞，就让他们进来看看

11月8日拂晓，天空中飘起了小雪，整个山野都笼罩着凛然肃穆的气氛。兵工厂里正在忙着"空室清野"，掩埋机器。一队队群众，在民兵的掩护下，从山口有秩序地撤出来，向后山转移，虽苦于风餐露宿，却是同仇敌忾。各个连队都按时进入了阵地，在工事里储备了足够的粮食、饮水和弹药，个个谈笑风生，充满信心，只等着决战时刻的到来。

这时，一名侦察员跑到特务团指挥所报告：敌军先头部队已迫近南口外一两公里的赤峪村了。显然，日军的主攻方向是黄崖洞的南口，由此可见，敌人此次来袭决不是飞行"扫荡"，抓一把就走，而是妄图一口吃掉兵工厂。欧致富立即命令前沿连队布雷封锁通道，撤走吊桥，准备战斗，同时向左权作了报告。左权幽默地说："欢迎敌人碰碰南口的硬钉子，但要警惕敌人声东击西，守在西口的第一营不要轻易移动。"又提醒特务团："据侦察，这股敌人号称'钢铁大队'，配备有11门重炮，还调来了几架飞机，要通知部队防备敌人的炮击，暗火力点万万不可过早暴露。"*12*

"是！"欧致富斩钉截铁地表示，随即用电话将左权的指示通知了各营，并告诫一线的连队：务必密切注意敌人的动向，一场激战即将来临。

敌人这次确实是来者不善，他们并没有急着进攻，而是稳扎稳进，到了

11 月 10 日下午，才开始放炮轰击。而且炮放得也出奇，不是轰击八路军的阵地，也不轰击八路军的纵深，集中轰击黄崖洞前面的通道和南口两侧的空地。欧致富一下子明白过来：敌人这是在用炮弹扫雷！他立即将自己的判断通知给部署在前沿的第三营第七连，而第七连也已看穿了敌人的企图，并主动加强了设雷组，待敌炮击后，立即突击，重新抢埋了地雷。

敌人炮击之后，仍然没有贸然进攻。山谷中弥漫着一种令人紧张的沉寂。显然，敌人正在揣摩试探，苦心地寻找着突破之计。

夜深之后，敌人于 11 月 11 日 2 时终于出动了先头部队。他们利用夜色，悄悄接近八路军南口阵地前的槐树坪，企图发起偷袭。岂知八路军特务团的警戒分队早就在死死地盯着它呢，冲过去就是一阵猛击。敌人见偷鸡不成，被迫展开队形，准备应战。但特务团的警戒分队立即又撤回到了南口的工事里，采取以逸待劳之势。

日军气恼，放弃偷袭，转为强攻。拂晓时分，敌人的重炮、山炮、迫击炮一齐开火，炮弹由远而近，沿着南口两侧密集地轰击上来。这一次，八路军的阵地前沿也被敌人纳入了主要的轰击目标。炮击过后，敌步兵发起了进攻。他们驱赶着 100 多只羊在前面踏雷，300 多步兵紧跟在羊群之后，端着枪，"哇呀哇呀"地向前拥来，步兵后面还跟着 100 多个骑兵，提刀勒马，一路怪叫。他们不知道，第七连在这一带埋的大多是大踏雷，只有人踏马踩才会响，羊的重量根本无法触爆。

日军见羊群安然无恙，似乎放了心，大胆地紧跟而上，由一路队形变成两路，又由两路分成四路，企图群拥直进，一举突进南口。哪想到，最先响起的地雷不是来自脚下，而是从上面防御工事底部出口里不断飞滚而来的滚雷！这里是兵工厂，很多高级技术人员正在研究着各种不可想象的奇怪兵器，这种滚雷就是有"爆破兵王"之称的王耀南研究出来的利器之一。

数不清的"滚雷"突然从天而降，真可谓是"天雷滚滚"，地下的大踏雷也跟着东炸西爆，八路军前沿阵地上的机枪也开了火。敌人顿时乱成一团，想躲开头顶上飞来的雷，不想又踩响了脚底下埋着的雷，马惊得竖起前蹄，人慌得趴在地上，不到半个小时，已七横八竖地丢下了200多具尸体，却和八路军连个照面都没打着。剩余的敌人只好后撤，可逃跑也不敢快跑，骑兵往回赶着马在前面踏雷，步兵半趴半立地跟在最后，一步两挪，如履薄冰。

11日12时许，敌人喘过气来，又发起了新一轮进攻，首先想清除掉刚让他们吃了大亏的南口工事，把两门山炮推到距此1000米远的槐树坪两侧突出部，集中火力轰击第七连的前沿。当时特务团只有两门炮，共12发炮弹，即使想打出一发炮弹也需要得到八路军总部的批准。欧致富当即打电话向左权请示，没想到左权回答得干脆彻底：12发炮弹全部打出去，用三四发打击敌炮阵地，其余的打击敌人集团军目标。

特务团只用了两发炮弹，就把敌人的一个山炮阵地连人带炮给掀翻了。余下的10发炮弹，也都准确地落到了发起进攻的敌群里，炸倒了一片。然而，敌人的炮火也已将南口左侧的工事削掉了一角，敌人趁机推进了几百米，向第七连阵地发起猛烈的冲击，近百个敌人冲进了瓮圪廊，南口内外出现了混战局面。司号员崔振芳独自据守在陡崖上的投弹所，一气掷出120枚马尾弹，炸死了20多名敌兵。

守卫"百梯栈"桥头工事里的第三营第八连拉起吊桥后，冲到这里的日军见眼前已是深崖绝路，却又不甘心退回去，犹豫了一会，竟开始顺着10米高的绝壁往上爬。守在断崖顶上的第八连连长彭志海和12名战士见机突然开火，顿时底下的山沟里炸声如雷，枪声响成一团，成百的敌人死的死、伤的伤。受了伤的敌指挥官却仍想孤注一掷，挥着指挥刀，强令没有受伤和受轻伤的士兵，拖着尸体搭起"尸梯"，眼看残敌就要踩尸攀登，第八连战士急中生智，骨碌碌地滚下了几颗大地雷，直接炸塌了敌人的"尸梯"。第八连连长彭志海带领着12名战士，继续痛快淋漓地往下面的断沟里扔手榴弹。数以百计的手榴弹和预设的地雷在断沟里爆炸，顿时气浪翻滚，弹片横飞，把断沟里煮得如同一锅沸水一样。200多名日军就这样被活煮了，找不到一具完尸。

敌人几次进攻失利，便不断开炮轰击。特务团指挥所与第三营联系的电话线也被炸断了，欧致富见上赤峪到槐树坪之间的敌人正在重新集结兵力，有六七百人，就直接跑到了第三营指挥所，告诉第三营营长钟玉山："通知各连，马上调整前沿兵力，补充弹药，准备对付敌人再次进攻。"话未讲完，突然有一发炮弹落在前面七八米远的地方，随后有一团黄烟顺风卷动，怪味直呛鼻子。"毒气！"欧致富马上命令第三营营长："通知前沿各连，立即戴防毒面具，没有的话，就撒泡尿浸湿毛巾，捂住鼻子。"接着，敌人又放了几十发毒气弹，随之连续发起两次冲锋，但仍以失败告终。

这时，左权打电话提醒欧致富：天快黑了，敌人还会打一阵子，好掩护他们的"殡仪队"收尸。果然，5时刚过，日军的炮火又闹腾起来，一大群步兵拼命向南口山垭上拥，毫无秩序地各自散开，个个都揣了几条套马绳，见到尸体就甩出圈套，套住腿拖腿，套住头拖头，拖住了就往回跑。也有被拖着的"尸体"因为并没有断气，竟然在被拖动后嗷嗷地叫着扑腾起来的。前沿崖上的八路军战士见状，不顾敌人的炮火轰击，不断把滚雷、手榴弹推到崖下去，炸得拖尸的日军鬼哭狼嚎，抱头鼠窜。其时，雪花正在飞扬，四周的山峰很快就布满了白色，地面的积雪也越积越厚，但黄崖洞阵地的土地却还是热烫的，雪下即化，保持着焦黑的狰狞。即使在黑夜里，仍然是黑白分明。

到了11月12日，日军见从谷底向上突破南口无望，又转而打起了其他方向的主意。9时许，敌指挥官开始跑到上赤峪、赵姑村一带向南口东面的桃花寨方向反复观察，并从多个角度打量起跑马站。敌人准备进攻的部队也做了更换，前一天失利的部队已经退后，换到前面来的是日军所谓善于山地作战的部队，还举着"皇军是钢，八路是铁，钢比铁硬"的壮心丸式的标语。欧致富将敌情的变化情况报告给了左权，左权说："彭总估计敌人会选桃花寨一带最险要的地方作为新的突破口，你们要充分准备，待机行动，以变应变。"*13*

果不出彭德怀所料。11月13日拂晓，敌人几乎把所有火炮都集中到了南口东侧方向，向着跑马站西南垭口及桃花寨东南长形的大断崖上轰击。那里是特务团第二营第四连坚守的阵地。这次炮击的时间很长，跑马站垭口一块不满100平方米的高地上，落弹有300多发，那里的工事和地雷大多被摧毁。

炮火刚停，第四连的阵地前沿便枪声大作。原来有几十个敌人在此前已乘着黑夜用登山钩偷偷攀上了大断崖，现在敌步兵已从跑马站的反斜面登上无名高地，与第四连第一排和特务团的侦察排交上了火。敌人把山炮、重机枪都拖上了山来，第四连的反击战打得异常艰苦。守在一处自然洞内的机枪手孙连奎虽然一度被敌炮轰塌的石墙压昏了过去，但醒来后，拱掉身上的石块，操起机枪对准敌人的山炮和重机枪阵地就是一阵猛烈的射击，终于把敌人拖上来的山炮和机枪给打哑了。双方遂成对峙局面。

特务团团长欧致富冒着炮火又跑到了第二营指挥所，发现敌人是想争夺跑马站山下与桃花寨之间的深沟，好借此路攻进八路军的核心阵地水窑口，忙向左权请示，调动第三营第八连来配合第四连，并从桃花寨到水窑口一路都埋上了地雷，准备先放敌进沟，然后再寻机歼灭。

敌人打了一个上午，向前推进了200多米。他们一面催促后续部队跟着攀崖而上，巩固已占地段，一面从右侧攻入深沟里，企图从瓮圪廊后侧的金盏坪、羊角崖一带攻占水窑口。敌人在山炮的掩护下，顽固地沿着深沟推进。这时，第四连占据着左侧的无名高地，从敌人身后猛烈开火，第八连则在右侧的山口处迎头痛击来敌。整整一个下午，突进到深沟里的200多名敌人进退不得，只能在沟底抱头鼠窜，又不时踩响地雷，一个个的都到阎王殿报到去了。

敌人见深沟两侧的八路军火力威胁甚大，在11月14日早晨开始改变了战术，转向八路军占领的桃花寨西南无名高地发起攻击，企图为下一步向水窖口进攻清除障碍。第四连指战员们一会儿用手榴弹炸敌人，一会儿又与敌展开了白刃格斗，整个上午，战斗都处于胶着状态。欧致富见第四连伤亡较大，下令撤到旁边1568高地的主阵地上。敌人占领无名高地后，又企图攻占1568高地，未能得逞，转身再次向水窖口方向作试探性进攻。但连攻两次，均未奏效，在伤亡数十人后，不得不狼狈撤回。

日军连续进攻4天，伤亡近千，才突进几百米，恼羞成怒之际，于11月15日进一步加强了兵力和火力，还使用了火焰喷射器。战局出现了最为激烈的场面。

在猛烈的炮火掩护下，日军兵分两路，从东侧和东南侧夹攻第四连占据的1568高地，经过四次冲击，在付出惨重代价后，最终在9时许攻占了该高地，将八路军由南口至水窖口的阵地分割成两段。然后，日军又兵分三路，继续进攻水窖口：一路从桃花寨的四沟顶南压水窖口，并企图从背后打通南口；一路对南口发起正面强攻，企图越过断桥上的金盏坪进逼水窖口；一路则经过南口左侧搭起人梯向断崖上爬，想沿着山路直取八路军的水窖口核心阵地。这一部署令八路军特务团的断桥、水窖口阵地都处在了腹背受敌或三面临敌的状态。

守在南口断桥阵地的第三营第七连和第八连战士，沉着应战，以一当十，越战越勇，接连打退敌人多次冲击。他们虽然处在敌人的两面夹击之中，但巧妙地凭借着天险分兵抵抗，使沟内之敌越不过断桥，两侧之敌无法接近沟西口，有力地钳制了敌人对水窖口方向的推进。几番拼打后，敌人的尸体都快要填满断桥下的深沟了。守卫水窖口阵地的第八连其他战士，也与三面进攻之敌展开了地雷战、肉搏战。激战竟日，击退了敌人11次冲击。山石上污血斑斑，阵地前遗尸累累，敌人却始终未能前进一步。

11月16日，敌人开始向水窖口沿阵地喷射火焰。因为这里是通往工厂区的必经之地，第八连战士毫不退缩，冒着熊熊的烈火和腾腾的烟雾顽强地战斗，使得敌人仍然无法突破。敌人又调动已攻上1568高地的兵力向南压下，形成了对水窑口的第四路进攻。战斗由此也达到了白热化的程度。每一处阵地都在反复地争夺着，对峙着。空中弹若飞蝗，炮似连珠，连续不断的炮弹、手榴弹、滚雷的爆炸声震撼山谷。

这时，彭德怀发来命令："你们坚守5天的期限已到，工厂机器也已安全转移，就让敌人爬进去参观好了，晚上所有部队可退到二线。既要诱敌深入，又要顽强防守。"**14**

天一黑，特务团立即按照八路军总部的指示调整部署，决定由第七连坚守水窑工厂区，防敌挖掘掩埋的部分机器，第七连和第八连待入夜后派出布雷组，在水窑口主阵地和通往工厂区的路上、崖边埋上地雷，处于二线的部队要坚守到17日拂晓，然后再依次撤出南口和水窑口各阵地，退入纵深固守。

让敌一步，战局又活了起来。特务团又可以依托纵深工事居高临下地制敌于死地了。11月17日上午，敌人兵分两路，开始经水窑口向工厂区进攻。特务团遵照八路军总部"以稳为重"的要求，在战法上采取紧一阵松一阵的方式有节奏地进行还击。敌人往前攻击，第二营就在1650高地上攻击敌人的尾部，敌人回过头来反击第二营，水窑山上的第三营及特务团直属队则及时地加以追击，打得敌人首尾难顾。时近中午，特务团全部暂停了射击，听任敌人顺着第七连已埋好了地雷的路线，去吃了一顿"地雷大餐"。

敌人因为进攻工厂区时总是受到1650高地的牵制，11月17日下午改向防守在高地上的第二营第五连发起进攻，经过近半天的苦战，最终突破了1650高地，进入了工厂区。但敌人在工厂里搜了半天，却什么也没捞着。而此时，八路军特务团仍在控制着左右两厢，掌握着战局的主动权。进入厂区的小股敌人，就像是走进了坟墓。里边的机器撤的撤、埋的埋，留给敌人的只有一碰就炸的诱雷、绊雷、吊雷等。敌人白天被动挨打，一无所获，到了夜里却只能胆战心惊地贴着崖壁站着、蹲着，连咳嗽也不敢出声，一个个被呼啸的风雪冻得仿如冰棍。

当晚，八路军总部通告特务团：你们已打垮敌人一个联队的攻击，从前天开始，敌人已换上另一个联队进攻了，但敌电台却在吹嘘，说他们已捣毁八路军兵工厂，消灭了上千人，等等。据此分析，敌人还不会罢手，可能要挖几部机器作为战利品，也可能会攻击左会山口的第一营阵地，以显示他们的"胜利"。你们必须提高警惕，应付敌变。

八路军总部还告诉他们：八路军外围部队从11月14日开始，在民兵的配合下，已收复了东崖底、赵姑村、高家庄等10多个村庄，夺取了"扫荡"之敌的右翼阵地；第一二九师的部队也已进入埋伏地区，等待着歼敌的时机。你们要保卫物资，扩大战果，拖住敌人，最后将其歼灭。

为此，特务团决定：团指挥所和团直属机关，17日晚分别转至南山、大井和1822高地；第二营仍然坚守1580高地及其以北地区，咬住敌人；第三营坚守水窑口地区，阻挠敌人搜挖机器，灵活地敲打敌人；第一营更要坚守原阵地，做好迎击敌人的准备。

11月18日清晨，有200多个敌人不顾第二营的两侧火力截击，向黄崖峰左会山口发起了攻击，还有200多个敌人摸进了工厂区，沿着水窑山向西北方向进犯。敌人的企图很清楚：妄想两路夹击第一营防区的2008高地，打开左会山垭口。

7天以来，第一营基本未参加作战，杀敌的劲头早已憋足了，一经接敌，就以强大的火力压向敌人。第一营机枪连的李昌标，一口气就射出了480多发子弹，杀伤敌人五六十名。机枪手帅保更是火力猛烈，敌人组织了3门炮对付他，就算是用"三炮对一枪"，他仍然凭借着有利地形，灵活变动射击方位，反复与敌周旋，机动作战，毙敌60余人。

欧致富沿着交通壕跑到第一营阵地上，提醒他们要遵从八路军总部"猛中求稳、不急不躁"的指示，要留足力量反击，不要忙着过枪瘾。于是，八路军的打法变得沉着而有章法了。从黄崖山突过驴驮岩想突进左会山口的敌人，被八路军第三连、第五连和第八连采用"猎熊"的三角形打法，打得团团转，攻不能进，退不能回，只有被动挨子弹，呜呼哀哉呼苍天！

然而，日军并不认输。11月18日午后，他们撂下机器不找了，转而集中全力向2008高地发起猛攻。防守在高地上的特务团第一营第二连与敌人在主峰上反复争夺，激战一下午，敌人的8次冲锋都未能得逞，其进攻势头被滞缓下来，会师左会山后班师回营的企图也成了泡影。入夜后，第一营的第一连和第三连也发起反击，一鼓作气将敌人赶出了水窑山和黄崖山，第三营的第七连、第八连也乘夜反击出水窑口，扼住了断桥。

深夜，左权打来电话告诉特务团，外围的八路军部队已袭击了西井，迫使敌人抽出兵力增援，以保其退路，现在敌人已发现山外有重兵埋伏，可能要连夜逃遁。于是，特务团连夜继续战斗，一举歼灭了在桃花寨担负掩护的敌人，胜利收复了黄崖洞全部防区。

当黄崖洞保卫战打得如火如荼时，第一二九师一直在外线积极配合作战。

11月16日夜，第三八五旅第十三团受命夜袭黎城。他们从城西角突入城内，一直攻到日军的营房附近，给日军造成意想不到的打击后，又迅速地撤退。撤退时，他们没忘了在日军的追击路上埋设了100余颗地雷，再度给黎城之敌以重创。

接着，刘伯承接连派出数支小分队，游击袭扰日军，造成日军四面受敌的态势。同时，他又派出部分主力部队切断了日军对黄崖洞部队的运输补给线，使黄崖洞之敌受困于风雪之中。

也就在这时，刘伯承已选择好打击黄崖洞回撤之敌的战场。

这确实是个伏击的好地方。距西井以南10公里处的三十亩村，经营庄至长畛背，是一条长五六公里的低谷，进入低谷只有一条通道。在通道的两侧，近处是平地，稍远处则是连绵的山坡。山坡上陡下缓，恰是部队隐蔽和发挥火力的有利地势，而且，这也是日军从西井回窜黎城的必由之路。

接到总部的命令后，刘伯承即令在附近集结的第三八五、第三八六旅及新编第一旅共5个团进入设伏点。

11月19日9时，日军先头部队进入曹庄，刘伯承令伏击部队把他们放过去。又半个小时，日军大队人马进入伏击圈。

顿时，激烈的枪声和爆炸声响彻山谷，两侧山坡上的火力一齐倾向敌群。紧接着，伏击部队发起冲锋，指战员们端着刺刀从山坡上居高临下猛冲下去。疲惫、沮丧的日军不堪一击，片刻间便全线溃退，遗尸400余具，逃向黎城。伏击部队穷追不舍，一直把他们撵到了黎城城下。

不久，日军在八路军不断的打击和袭扰下，又弃黎城逃回潞城，狼狈地结束了他们的"扫荡"行动。

反"扫荡"胜利结束后，新华社记者采访了刘伯承。"粉碎了这次日军的秋季大'扫荡'，具体意义体现在哪里？"记者问。

刘伯承想了一下，答道："主要体现在四个方面。第一，缩短了日军'扫荡'的持续时间，敌人原定'扫荡'一个月，结果二十天即被粉碎；第二，打破了日军在黎城建立据点、长久盘踞的企图；第三，打破了日军打通邯长大道的企图，日军于侵占东阳关后，公路路标已插至响堂铺，足见他们修路的决心，但此种企图完全被粉碎；第四，打破了日军破坏抗日根据地经济建设、摧毁有生力量、大批捕捉壮丁的阴谋！"[15]

黄崖洞反"扫荡"作战，打出了八路军的声威。日军在这次"扫荡"作战中，共出动8000余人，而八路军方面的参战兵力只有1500人，双方兵力对比为5∶1。八路军战士经过8个昼夜的激战，共毙伤日军1300余名，自己伤亡166人，双方伤亡对比为6∶1。这两个对比，创下了抗战史上阵地防御作战的最佳战绩，全国战场迄无先例。中共中央军委在1941年《战役综合研究》一书中，高度评价这次战斗为"1941年以来反'扫荡'的模范战斗"，八路军总部授予特务团一面"保卫水窑立战功"的锦旗。

## 注 释

**1.** 集总，国民革命军第十八集团军总司令部，即八路军总部。

**2.**《中共中央北方局、中央军委华北分会关于目前形势及战争准备工作的指示》，1941 年 9 月 11 日，见中国人民解放军历史资料丛书编审委员会编：《八路军·文献》，解放军出版社 1994 年版，第 691—694 页。

**3.** 彭德怀：《敌寇"治安强化"运动下的阴谋与我们的基本任务》，1941 年 11 月 1 日，见《彭德怀军事文选》，中央文献出版社 1988 年版，第 99—126 页。

**4.** 日本防卫厅战史室编：《华北治安战》（上），天津市政协编译组译，天津人民出版社 1982 年版，第 463 页。

**5.** 日本防卫厅战史室编：《华北治安战》（上），天津市政协编译组译，天津人民出版社 1982 年版，第 449 页。

**6.**《刘伯承传》编写组：《刘伯承传》，当代中国出版社 2015 年版，第 165 页。

**7.**《刘伯承传》编写组：《刘伯承传》，当代中国出版社 2015 年版，第 167 页。

**8.**《刘伯承传》编写组：《刘伯承传》，当代中国出版社 2015 年版，第 167 页。

**9.**《刘伯承传》编写组：《刘伯承传》，当代中国出版社 2015 年版，第 168 页。

**10.** 欧致富：《虎踞黄崖》，见中国人民解放军历史资料丛书编审委员会编：《八路军·回忆史料》(5)，解放军出版社 2015 年版，第 130 页。

**11.** 欧致富：《虎踞黄崖》，见中国抗日战争军事史料丛书编审委员会编：《八路军·回忆史料》(5)，解放军出版社 2015 年版，第 130 页。

**12.** 欧致富：《虎踞黄崖》，见中国抗日战争军事史料丛书编审委员会编：《八路军·回忆史料》(5)，解放军出版社 2015 年版，第 132 页。

**13.** 欧致富：《虎踞黄崖》，见中国抗日战争军事史料丛书编审委员会编：《八路军·回忆史料》(5)，解放军出版社 2015 年版，第 135—136 页。

**14.** 欧致富：《虎踞黄崖》，见中国抗日战争军事史料丛书编审委员会编：《八路军·回忆史料》(5)，解放军出版社 2015 年版，第 139 页。

**15.**《刘伯承传》编写组：《刘伯承传》，当代中国出版社 2015 年版，第 168 页。

# 第 十 三 章

# 沂蒙转战

　　罗荣桓为加强第一一五师与山东纵队的统一领导两进聂家庄——罗荣桓厉声对张仁初说：你还我的干部来——畑俊六亲临山东，督战日军"剿灭沂蒙"——无声的战斗：留田突围——山东纵队第一旅第三团血战苏家崮——抗日战争村自卫战的典范：渊子崖村保卫战

## 罗荣桓为加强第一一五师与山东纵队的统一领导两进聂家庄

　　1941年初冬，在山东沂水南部青驼寺附近，有一位八路军高级将领，独自一人骑着战马，从荒芜的乡间土道走进了聂家庄。聂家庄的老乡们都认识他，他就是八路军第一一五师的政委罗荣桓。

　　聂家庄三面环山，一面临水，山上岗峦起伏，连绵远去，是个山清水秀、物产丰富的好地方。这个本来就不平凡的小村庄，自从第一一五师师部迁来之后，就显得更加热闹了。老乡们喜欢经常与这里的八路军干部们说些家常，这里的领导们平易近人，爱护老百姓，不摆官架子，尤其是这位罗政委，更是深得大家的爱戴。

　　罗荣桓虽然与老乡们闲说话时谈笑风生，可一旦一个人静下来，他的心里就会被很多问题困扰着，特别是第一一五师的领导问题。

　　第一一五师师部是1941年10月2日迁到聂家庄的。但对于罗荣桓来说，这已是他二度归来了。罗荣桓第一次来到这里是在1940年11月8日。他两次来到聂家庄，都是为了加强第一一五师与山东纵队的统一领导问题。

第一一五师自进入山东后，师的领导干部长期没有配齐。1938年春天，当时的师参谋长周昆携巨款逃跑，从此，师参谋长的位置就一直空缺。入鲁之初，罗荣桓仍然兼任师政治部主任，但政治部的工作实际上主要是由副主任黄励主持的。1940年1月，黄励因为个人问题没有处理好而突然自杀，领导师政治部的担子又全部落在了罗荣桓的肩上。直到9月，中央军委任命鲁西军区政治委员萧华任师政治部主任，罗荣桓才稍稍松了一口气。10月，留在晋西南领导第一一五师独立支队的陈士榘回到山东，被任命为师参谋长。至此，第一一五师的领导班子才算配齐。但师内部的领导问题虽然解决了，第一一五师和山东纵队的统一领导问题仍然存在着很多困难。

自第一一五师入鲁以来，山东就存在着第一一五师和山东纵队两支共产党领导的武装，它们当时是地位平行的兄弟部队，这种情况很不利于发挥山东抗日力量的整体作用。

山东纵队是由山东沦陷后各地武装起义和游击队力量合编而成的。早在1937年底左右，中共山东省委即根据中共中央和中共中央北方局的指示，领导了天福山、盐山、黑铁山、徂徕山、泰西、鲁南等一系列抗日武装起义，形成十多块抗日根据地和游击区。但因这些分散于各地的起义武装和游击队尚处在各自为战的状态，未能在战略上形成统一的领导和指挥，在部队编制上也不尽相同，且缺乏骨干力量，远远不能适应抗战形势发展的需要。中共中央于1938年8月陆续抽调张经武、江华等红军或在白区长期工作过的党员干部，以及抗大、陕北公学毕业的学员共160余人，临时组建八路军鲁东游击纵队指挥部，由张经武、黎玉分别任指挥和政委，从延安出发，经西安、冀南、鲁西北，于1938年11月底到达当时中共苏鲁豫皖边区省委驻地沂水县岸堤镇，不久，边区省委北移至沂水县王庄。1938年12月上旬，中共苏鲁豫皖边区省委改为中共中央山东分局，12月27日，由分散在各地的起义武装和游击队合编而成的八路军山东纵队在沂水县王庄正式宣告成立，张经武任指挥，黎玉任政委，王彬任参谋长，江华任政治部主任。

到 1939 年夏，山东纵队主要活跃在鲁中、鲁南及胶东地区，辖有 8 个支队，兵力约 4 万人。

在山东纵队成立前后，八路军第一一五师一部也已进入山东。第一一五师在成立之初，本是由中国工农红军第一、第十五军团主力及陕南红军第七十四师合编而成，林彪任师长，聂荣臻任副师长，周昆任参谋长，罗荣桓任政训处主任，萧华任政训处副主任，下辖第三四三旅、第三四四旅及师直属部队，共计 1.55 万人。1937 年 10 月，聂荣臻率师部直属独立团等 2000 余人留守在五台山地区，开辟晋察冀抗日根据地，第一一五师师部及第三四三旅（旅长陈光、政委萧华）在师长林彪、政委罗荣桓率领下，南下开辟吕梁抗日根据地，第三四四旅（旅长徐海东、政委黄克诚）奉八路军总部命令，归第一二九师指挥。1938 年春，林彪受伤离任，回到延安疗养，改由陈光代理师长。1939 年，陈光、罗荣桓率第一一五师师部及所属第六八五团进入鲁西平原，与湖西的地方武装合编为八路军苏鲁豫抗日支队，战斗在泰西、运西地区，兵力发展到约 8000 人；萧华率第三四三旅与第一二九师津浦支队等组成八路军东进抗日挺进纵队，开创了冀鲁边平原抗日根据地，控制了津南、鲁西北等地区，兵力达 2 万余人。

1939 年 4 月 24 日，中共中央北方局向中央建议，为加强对山东地区抗日武装力量的统一领导，密切协同配合作战，派徐向前到山东工作，并成立八路军第一纵队，徐向前任司令员，朱瑞任政治委员，统一指挥第一一五师和山东纵队。但到了 1940 年 6 月，因为八路军第一纵队司令员徐向前离开山东返回延安参加中共七大，政委朱瑞转任中共中央山东分局书记，第一纵队的番号也随之取消，山东又没有统一的领导了。

1940 年 7 月 18 日，八路军副总司令彭德怀致电毛泽东，提出建议：山东暂由陈光和罗荣桓实施统一指挥。

8 月 28 日，毛泽东、朱德、王稼祥致电朱瑞、陈光、罗荣桓并告彭德怀、杨尚昆[1]、黎玉[2]，指出：

（一）一一五师、山纵及山东地方工作是有很大成绩的。

（二）我们认为山东今后应努力的是：

甲、巩固与扩大一一五师与山纵，使两部打成一片。坚持山东根据地，并在将来必要时，准备再调一部向苏北发展。故山东是你们的基础根据地。华中则是你们的准备发展方向，因此极力加强山纵，提拔山东本地干部，使山纵正规化是你们的共同任务。

乙、对山东抗战作长期打算，因此必须实行正确政策，尤其是财政经济政策。山东虽已提出了统筹统支，然据军政学院山东学生说（虽然他们离开了六个月不知近状），各部队仍多自筹自支，民众负担颇重，且无严格规定，民众有逃亡敌占区的，部队还有浪费的（如四支队）。因此，分局、一一五师及山纵应组织统一的财政经济委员会，确实整理财政收入与开支。各地区党政军亦应组织同样的委员会。政策应当是集中的统一的，办理应当是分散的。

丙、开展山东统一战线，采取纯粹自卫原则，减少军事磨擦。但这不是要我们停止反对投降分子的斗争，而是要我们更努力地从政治上争取中间派，孤立顽固派。

丁、对敌人的行动应积极化，与敌人挤地盘，缩小敌占区，扩大我占区。

戊、对石友三、沈鸿烈、缪澂流[3]等投降派部队，应取分化瓦解方针。惟分化部分仍以左翼军队面目出现，不属于八路，而是八路之外围军。

（三）为统一山东领导，分局与师部应靠拢。请商决具体地点。[4]

罗荣桓十分重视中共中央的这一指示，他经常引用毛泽东的话对大家说："如果主力和地方关系搞不好，要由主力负责。"每说到这里，他都要停顿一下，"这一点中央要求很严格。我们一定要搞好同兄弟部队的关系。"[5]

为了增进了解、交流经验，罗荣桓多次与山东纵队的领导协调，在两支队伍间进行干部交流，并互相派人到对方部队观摩学习。

1940年7月，罗荣桓与陈光打下费县东部的天宝山，开辟了天宝山根据地，随后将第一一五师师部北移到天宝山区的桃峪，并在9月至10月在此召开了为期三周的第一一五师高级干部会议，即桃峪会议。

会议是由罗荣桓和陈光共同主持的。会议的出席者有各支队和师直机关各部门的主要负责人，以及鲁南区党委的负责人，中共中央山东分局的负责人也出席了会议。这是第一一五师入鲁以来举行的一次重要会议。

罗荣桓在会议上重点作了《第一一五师在山东的工作总结》报告。他首先回顾了第一一五师进入山东时的敌对环境：当时，敌人开始"扫荡"华北，国共双方在全国范围的摩擦正在上升；那时的山东虽然已有中国共产党组织的游击队，但因为没有主力作为中心，部队极为涣散，战斗力也非常低微，还没有走上发展抗日根据地的道路，且山东地区的落后性与强大封建地主势力及土匪、杂牌军队的统治分割着大片的农村地区；敌人在山东组织的伪军数量比华北其他地区都多，仅鲁西就曾经有1万人以上，全部布防于沿运河西岸与黄河以南以及汶上、巨野、宁阳、东平地区；敌人与顽固势力占据的据点建筑也已大体就绪。

接着，罗荣桓简单地介绍了第一一五师在上述情况下所采取的几项有效措施，以及所取得的成绩：第一一五师进入冀鲁边、苏鲁豫、鲁西、鲁南等地区后，在山东地区开辟了根据地，坚持了斗争，转变了八路军在山东的劣势，开始走向优势，连接了冀南与山东地区，并伸入陇海路南，在鲁苏皖边发展，打通了华中与华北的联系。山东各个地区的地方工作都已在展开，向鲁西、鲁南等地输送了近300名党、政、民干部，建立起50个县级政权。同时也扩大了自己，主力团发展到7个，新建20个团，共计有48215人，地方部队也发展到2万人，建成2个军区、6个军分区。在统战工作方面，在一定程度上争取了中间势力，孤立和各个击破了顽固势力，没有造成与友军关系的破裂，为八路军在山东的发展创造了条件。

"但是，"罗荣桓话锋一转，"我们一一五师仍然存在着很多缺点，这是我要着重指出的，这些缺点甚至是严重的。"

"第一，我们直到现在还没有巩固地点；第二，我们的军事发展与党和群众工作还没能很好地配合，党和群众工作的基础还很弱，很不巩固；第三，各种工作中有很明显的单纯军事倾向，对党、政、民等方面的工作要求过于狭隘；第四，我们的军事主力还极不充实，而地方武装广大又复杂，争取工作做得很薄弱，这主要是因为我们还不善于团结地方干部与求得地方党组织的工作配合；第五，部队没有经过必要的整训，纪律松懈，时有严重现象发生，如在战场上发洋财，个别人贪污变节，还有人力与物力的浪费，尤其是，破坏党的政策和损害军队传统的情况已经很严重；第六，我们部队里的政治工作做得还不够；第七，我们的一些干部还欠缺运用政策知识的能力；第八，我们还缺乏统一组织的指挥与领导，建制分散，指挥不集中。"**6**

随后，罗荣桓举了一个典型的违反纪律和政策的事例：南大顶事件。

这个事件就发生在桃峪会议召开前不久。1940年8月间，已编入八路军的天宝山大队大队长廉德山叛变，将八路军一个侦察班和师政治部几位民运干部扣押在山寨内。9月2日，八路军向叛匪发起攻击。廉德山裹胁了一些群众，固守天宝山的险峰南大顶，使进攻南大顶的八路军遭受到很大伤亡，激起了八路军指战员们的气愤。罗荣桓担心部队攻占山顶以后会违反政策，立即派政治部的两位科长带了几个干部到前线去。然而，直工科科长刘四喜又被打死。另一位科长急红了眼，在攻下南大顶以后，不但没有制止违反政策的现象，而且自己也枪杀了俘虏。罗荣桓得知后，立即将他撤职，同时批评了有关人员，并派组织部部长梁必业去处理善后事宜。随后，罗荣桓又向上级报告此事，作了自我批评。**7**

在桃峪会议上，罗荣桓举了这个事件后，又做了一遍批评和自我批评。

随后，大家对第一一五师入鲁以来的工作，进行了热烈的讨论。

议题主要集中在对山东形势的估计，以及如何贯彻以游击战为主的方针的问题上。有的领导认为，自己一方在山东的武装力量已能同日伪军相持，同国民党军队比较，在质量和数量上都初步取得了优势。八路军控制的地区已占全省的60%，人口也占50%。应该建设起正规化的主力兵团，打大仗，打运动战，不能总打那种分散的、群众性的游击战了。

对此，罗荣桓具体地分析了山东的实际情况，认为："我们目前还不能对形势进行过于乐观的估计。八路军对敌伪军还是劣势，对国民党军也没有形成优势。这个时候组建正规兵团、打运动战的条件尚不成熟，还应坚持进行游击战。"**8**

罗荣桓细致的分析和耐心的讲解说服了很多同志，会议上的意见也渐渐地一致起来。

就在这期间，八路军总部突然发来电报，作为对此次会议的指示，毫不留情地批评了第一一五师军队纪律和干部教育方面存在的问题。有的领导趁机提起南大顶事件，对第一一五师作了严厉的指责，甚至锋头直指罗荣桓本人。

1940年10月4日，罗荣桓以个人名义致电八路军总部并转中共中央，表示完全接受八路军总部对第一一五师工作的批评，要求将他调离山东去学习。

10月17日，毛泽东起草并签发了以他和朱德、王稼祥为名义的复电，在肯定八路军总部批评的同时指出："一一五师有极大的成绩，你们的总路线是正确的。你们均应继续安心工作，目前没有可能提出学习问题。"**9**

接到这一电报后，罗荣桓放弃了个人要求，在十分困难的处境中仍然兢兢业业地工作。在部队中开展建设青年模范党军的活动，以加强山东八路军建设、提高部队素质，并在1940年末将第一一五师部队统一编成了6个教导旅及4个二级军区。

这里"教导旅"的用法也体现了罗荣桓的智慧。到1940年秋，第一一五师的主力部队与地方武装已增加到了近7万人，在建制上，有旅、团、大队、支队等名称，极为混乱，但因为最初八路军改编时，蒋介石只给了八路军军队3个师6个旅12个团的番号编制，为减少在山东这个国民党顽军势力依然较为强大地区的国共磨擦，罗荣桓巧妙地以"教导旅"之名来作为旅级编制，"教导"二字在字面上表示这支部队只是培训和训练性质的非作战单位。

第一一五师的6个教导旅与4个二级军区：教导第一旅由原苏鲁豫支队编成，旅长彭明治，政委朱涤新，下辖第一、第二、第三团；教导第二旅由原苏鲁支队、鲁南支队及第一一五师独立支队整编而成，旅长曾国华，政委符竹庭，下辖第四、第五、第六团；教导第三旅由原运河支队及第一一五师独立支队一部合编而成，旅长杨勇，政委苏振华，下辖第七、第八、第九团，该旅兼鲁西军区，军区下辖4个军分区；教导第四旅由原第三四三旅黄河支队编成，旅长邓克明，政委张国华，下辖第十、第十一、第十二团，该旅兼湖西军区；教导第五旅由原东进支队编成，旅长梁兴初，政委罗华生，下辖第十三、第十四、第十五团；教导第六旅由原冀鲁边津南支队、鲁北支队等编成，旅长邢仁甫，政委周贯五，下辖第十六、第十七、第十八团，该旅兼冀鲁边军区，军区下辖3个军分区。第一一五师另外还包括鲁南军区，司令员张光中，政委邝任农，下辖4个军分区及峄县、运河2个支队。

在此前后，山东纵队也进行了整编，先后成立4个旅和3个支队。纵队指挥张经武，政委黎玉，副指挥王建安，政治部主任江华，参谋处处长罗舜初。第一旅旅长由纵队副指挥王建安兼任，政委周赤萍，下辖第一、第二、第三团；第二旅旅长孙继先，政委由纵队政治部主任江华兼任，下辖第四、第五、第六团；第三旅旅长许世友，政委刘其人，下辖第七、第八、第九团；第五旅旅长吴克华，政委高锦纯，下辖第十三、第十四、第十五团。第一支队支队长胡奇才，政委王子文，下辖2个团；第四支队支队长赵杰，政委王一平，下辖2个团；第五支队支队长王彬，政委王文，下辖3个团。另，抗日军政大学第一分校亦归山东纵队领导，校长周纯全，政委李培南。后在 1941 年 8 月又组建第四旅，旅长廖容标，政委汪洋，下辖第十、第十一、第十二团和大崮独立团。

## 罗荣桓厉声对张仁初说：你还我的干部来

桃峪会议结束后，为了便于实行山东军事上的统一指挥，罗荣桓决定按照山东分局的意见，将第一一五师师部转移到沂蒙区。于是，在 1940 年 11 月 8 日，罗荣桓与陈光率部转移到沂水县青驼寺以西，第一次走进了聂家庄。

在这里，罗荣桓和陈光一起，不断对所属部队加强整训，要求大家灵活作战，反对消耗实力、猛打猛冲的战术。其中，罗荣桓厉责张仁初就是一次典型事件。

张仁初参加过红军长征和平型关战役，一向作战英勇，有"张疯子"之称。1941 年 2 月，为策应新四军在苏北的反"扫荡"斗争，时任八路军第一一五师教导第二旅副旅长的张仁初带领教导第二旅第四团，乘日军后方空虚，长途奔袭，一举夺取了郯城重镇重坊据点。2 月 7 日，敌人为夺回据点，派出三路援军，以 7 辆坦克为开路前锋，轰隆隆地向重坊冲来。

张仁初亲自带队在重坊外围组织阻击，看着日军将坦克一字排开，保护着日本步兵躲在后面迎头而来，他一把扯掉自己身上的棉衣，光着膀子，跨上战马，拽出大刀，一手持枪，一手持刀，高喊着："共产党员跟我来！"便朝着日军坦克冲杀过去。战士们也紧跟在他身后，不要命地冲向日军。就这样，张仁初以骑兵冲坦克，经过浴血奋战，不仅打退了日军的反攻，还击毁了一辆日军坦克，毙敌 300 余名，可以说是取得了一次重大的胜利。

然而，当罗荣桓战后看到指战员牺牲名单时，十分惋惜而又沉痛。在这次战斗中，张仁初虽然取得了胜利，但是八路军也牺牲了 100 多人，其中营级干部2人、连长5人、排长14人，大多都是经历过红军长征的骨干。于是，他叫人把张仁初找来。

张仁初刚打了胜仗，得知罗荣桓找他后，心里喜悦，以为罗荣桓肯定又要夸奖自己，赶紧兴冲冲地赶往师部。

张仁初赶到第一一五师师部时，见罗荣桓正在院子里走动。张仁初一脸兴奋的神情，老远就喊了一声："政委！"可罗荣桓的反应却和他想象中的不一样，一向和蔼可亲的罗政委，此刻却板着个脸，既不让张仁初进屋，也没让他在院子里的座位上坐下，而是劈头盖脸地问他："你这次打了个大胜仗，现在兴致挺高，是来领赏的吧？"10

张仁初觉察出气氛不对，进门时的热情一下子消失得无影无踪，呆呆地站在原地，不知所措。

罗荣桓厉声说："告诉你，我这里没有功给你，也没有赏给你。你还真是个疯子！那么多好同志都因为你牺牲了，他们都是我党我军的宝贵财富，却被你组织的滥打滥冲给轻易地葬送了！你违反了游击战的原则，拼掉了我们的红军老干部。你赔我的干部来！"11

张仁初一下子明白过来，却无以应对，只能一声不吭地低着头站在那里。他的眼圈也红了。不过，他还是有想不通的地方，于是问："罗政委，我错了！可是打仗哪有不牺牲的啊，我记得有一次突围的时候，我们的战损比这次要大得多，您不是还表扬了我们吗？"

罗荣桓看着他，告诉他：打仗不可能没有牺牲，但是作为指挥员，时时刻刻都要有"保存自己、消灭敌人"的观念，先保存了自己，再去消灭敌人，力求做到能不牺牲就不牺牲！你这次和突围是两回事，突围时，如果不拼命，就可能全军覆没，可这次呢？这次并非是你们生死存亡的关头，你带头冲向敌人坦克，和敌人打阵地战，虽然赢了，可你看，我们的损失有多大，当初你冲的时候，有赢的把握么？你想过一旦失败了的后果吗？换个角度来说，我们这次牺牲掉的这些老红军，哪一个都有可能以后自己拉起一支队伍来，到那时，他们每个人能消灭多少敌人？有可能，其中的一个人都比你今天牺牲掉这些人所换来的胜利成果更大。

张仁初频频点头，说自己一看到鬼子坦克耀武扬威的劲头，头脑一热，就光顾着冲杀了。

罗荣桓接着说道，军人有血性是好事，但是打仗不能光靠勇敢，如果动不动就硬打硬拼，那么革命的本钱迟早会被拼光，到时候难道要靠老人和孩子把日本人赶走吗？

经过罗荣桓的一番教育，张仁初认识到了自己的错误，认为自己引以为傲的"骑兵冲坦克"其实是莽撞的举动，向罗荣桓要求处分。

罗荣桓见张仁初已认识到了自己的错误，便说道：处分你有什么用？好好地记住这血的教训吧！

张仁初一辈子都忘不了这件事。每逢提起，他总是十分后悔地说："唉，罗政委说得对，我真是个疯子。"

第一一五师师部在同山东分局、山东纵队机关靠拢之后，虽然在统一协调方向顺畅了许多，但也出现了新问题。首先是由于人多粮少，在经济上出现了困难，1941年1月发生皖南事变后，山东的国民党顽固派加紧进行反共活动，日军、顽军、八路军的三角斗争更加尖锐复杂。在如此严重的局势下，山东分局、第一一五师师部和山东纵队3个大机关挤在一起，除了给养不好解决之外，而且目标也太大，安全更是突出问题。

1941年2月19日，八路军总部在皖南事变发生后就加强军事准备和发展游击队问题致电山东分局和第一一五师。

（一）蒋介石企图强迫我华中部队移动至华北，日寇认为对他不利，故突然向豫西"扫荡"，因此，蒋之"剿共"计划、华中大举"剿共"可能推迟。

（二）我方从茂林事变后，在政治上采取猛烈攻势，军事上采取防御，这是正确的利用日蒋矛盾，即或是暂时的于我有利，但是我们对军事上的准备不应有任何微小忽视，准备在有利时机转入主动，这是非常重要的。

（三）加强地方军、游击队，健全军区是非常重要的工作，对坚持华北抗战在任何情况下是确定不变的方针。你们指出不要把游击队一般化，这是完全对的，而且要加扩游击队，坚决执行由少而多、由弱而强的军队发展方针。如果游击队削弱、消灭，这就会使正规军亦不能存在，某些地方采取吞并的办法是错误的。这是由于对敌后环境基本上游击战术以正规军进行的特点认识不够发生的。*12*

八路军总部的电文，正是对罗荣桓在桃峪会议上提出八路军在山东地区仍要坚持游击战观点的肯定与支持。

为确保山东分局、第一一五师师部和山东纵队各首脑机关的安全，更好地发展游击战和军事力量，罗荣桓决定迁移第一一五师的师部，迁往滨海区。

滨海区在山东的东南部，东临大海，西界沂河，北起胶济路，南抵陇海路。这个地区盛产鱼盐，经济富庶，有较好的物质条件，也有较强的革命基础。抗战爆发后，这个地区的共产党员在山东省委领导下，积极组织抗日武装，开辟了很好的抗日根据地。

于是，1941年3月，罗荣桓带领第一一五师师部与山东分局转到了滨海区，山东纵队指挥机关则仍留驻在沂蒙区。罗荣桓等于3月6日东渡沂河和沭河，3月17日进驻到莒县南部的十字路地区，随后又南移到了蛟龙汪。

在蛟龙汪，罗荣桓和陈光继续加强军队建设工作，经过不断的训练和教育，指挥员们明确了游击战争的战略战术思想，战斗员们提高了军事技术水平，部队战斗力大幅加强，歼敌人数也在不断增多，且己方伤亡也明显有所减少。

1941年8月1日，第一一五师举行了规模盛大的军政检阅大会，进行了射击、投弹等军事项目的比赛和政治测验。这些活动进一步体现了罗荣桓进行军事建设和发展的成绩。

因此，中共中央书记处和中央军委于9月13日作出决定：加强山东八路军作战指挥的统一。指示的内容是：

为了保障华北、华中联系，必须加强山东。我军在山东力量近八万人，而作战指挥，至今尚未统一，中央和军委认为加强山东方面的军政领导和统一作战指挥，为加强山东的先决条件。因此有如下决定：

（甲）分局、一一五师师部及山纵指挥部靠拢，以便经常开会，以分局会议为统一山东党政军民的领导机关，山东分局暂时由朱瑞、罗荣桓、黎玉、陈光同志组成，朱瑞为书记。

（乙）山东纵队归一一五师首长指挥，配合作战。

（丙）将山纵及一一五师两军政委员会合组为山东军政委员会。决定罗荣桓、黎玉、陈光、萧华、陈士榘、罗舜初、江华（即黄春圃）七人为委员，罗荣桓为书记。

（丁）为团结山东干部，在山东军政委员会领导之下，加强扩大一分校，吸收山纵及一一五师中上级干部（连、营、团长）。在抗大一分校成立上干队**13**，加强党性教育，提高战术知识，交换经验，融洽感情。

（戊）山纵及一一五师的后勤机关采取必要步骤，逐渐做到统筹统给，合理分配。

（己）某些后勤机关可以合并。

（庚）望即召集分局及军政委员会讨论实施本指示，并将讨论结果电告。**14**

这一指示实际上是随着形势的发展和第一一五师的壮大及主力地位的提

升，要进一步将第一一五师与山东纵队统一起来。中共中央山东分局随即开会研究贯彻中共中央的这一指示，并确定了山东分局委员的分工：朱瑞主持党的组织工作，罗荣桓主持军事工作，黎玉主持政府工作，陈光主持财委会。会议还请求第一一五师师部重新回到沂水，主持即将到来的反"扫荡"工作。

根据会议精神，罗荣桓于 1941 年 10 月 2 日率第一一五师师部第二次来到了聂家庄。但这时罗荣桓的心情仍是复杂的，虽然中共中央和中央军委已有明确文件提出山东纵队"归一一五师首长指挥"，但只是"配合作战"。山东纵队一些领导认为，既然是配合，那就是说山东纵队还不属于第一一五师。在这种情况下，统一指挥问题虽然比以前有所突破，但还是没有干净利落地解决。统一指挥问题不解决，打起仗来就很容易出现差错。主持这样的军事工作是很令人头痛的。

罗荣桓骑着马走回聂家庄。统一指挥问题只能暂时放一放了。他想，现在必须尽量协调好第一一五师与山东纵队的相互配合问题，因为附近的日寇正蠢蠢欲动，侵华日军中国派遣军总司令官畑俊六也要亲自跑到山东来，看来一场大规模的"扫荡"即将开始。

1941 年 10 月 7 日，为了有力地进行反"扫荡"作战，山东军政委员会与山东分局共同发出备战指示，要求党、政、军、民各界紧急动员起来，实行空室清野，发动群众积极参战与支前，紧缩机关和后方，加强民兵的地方武装，同时确定了反"扫荡"的作战方针。

（一）发展群众性的游击战争；

（二）以小部队配合地方武装，坚持内线的游击战，主力部队适时跳出敌之合围圈，转到外线，寻机打击敌之一路，或乘虚袭击敌之后方，相机攻克一些据点；

（三）当敌"扫荡"某一地区时，其他各区应积极对当面之敌进行破袭，或挺进敌之侧后，打击和牵制敌人，断敌交通和补给。**15**

10月13日，第一一五师又发出反"扫荡"指示，强调要加强对分散的群众性游击战的领导；要掌握跳出敌之合围圈的时机，情况未查明前，先以敌为轴心转动，不宜跳得过远；要加强情报工作，力争独立地了解、掌握敌情，这是对付敌人"扫荡"的重要一环；要切实保护群众，动员坚壁清野，注意掩护群众撤退，不使敌人残害人民和抓走壮丁；要做好后勤保障工作。

11月2日，山东军政委员会又就敌人"扫荡"开始后八路军各部队的具体任务作了研究，并决定：山东分局和第一一五师直属队适时转移至鲁南地区；山纵直属队转移至泰山地区；山纵第一旅转向敌合击圈的外围，待机作战，抗大一分校转向泰安、泗水、宁阳地区；鲁中军区、军分区和县、区武装则在当地领导民兵武装坚持斗争。同时要求教导第二旅在滨海区南部、山纵第二旅在滨海区北部、山纵第一旅一部在鲁南及泰山区、山纵第三旅在胶济铁路线上、山纵第四旅在新泰以东地区、山纵第五旅在烟台一带，对当面之敌积极展开攻势，破路炸桥，袭击据点，造成敌人后顾之忧，全力配合沂蒙山区反"扫荡"作战。**16**

## 畑俊六亲临山东，督战日军"剿灭沂蒙"

1941年11月，临沂机场警戒森严，全副武装的日本宪兵十步一岗，五步一哨，整齐地排列在飞机跑道两侧。

时间不久，一架飞机出现在机场上空，随后带着尖厉的啸声俯冲下来，跑道上尘土飞扬，迅速遮掩了两侧的仪仗队形。

机舱打开，一个两鬓花白、身材瘦弱的日军将领走下了飞机。他就是刚刚于1941年3月继任的中国派遣军总司令官畑俊六。

畑俊六现身山东，昭示着日本侵略者的战争策略即将发生大变化。而这种变化，既来自国际大环境对日本的威迫，也来自日本国内高层矛盾冲突的发展。

在国际方面，日本不断扩大的侵华战争及其妄想在东南亚和太平洋地区建立霸权的行动，深深地触犯了美国的利益。因此，美国的对日态度逐渐强硬起来，致使美日两国关系出现了危机。尽管双方从1941年3月起开始谈判，但经过多次会谈，却几乎没有取得任何进展。日本要求美国承认伪"满洲国"，迫使蒋介石投降，并使蒋、汪政权合并，并允许日军继续留驻在华北和内蒙古，在经济上独霸中国。但美国认为，对于"共同防共"和承认伪"满洲国"，美国可以同意，也可诱使蒋介石与日本和谈，但美国不肯放弃对蒋介石的影响，更不能让日本独占中国市场，使美国失去对中国的控制，并明确表示，美国要求日本从中国撤军。此外，美国因正在援助英国抗击德国，还要求日本在美德一旦发生冲突的情况下，不要承担对美作战的义务，并极力主张在西南太平洋地区，日本必须维持现状，不得南进侵犯美国的势力范围。

而在日本国内，近卫文麿内阁与陆军大臣东条英机在对美态度上的矛盾对立却在日益增长。特别是在1941年9月6日的御前会议之后，围绕着对美问题上"和"与"战"的选择，二者的意见分歧益发突出。近卫文麿考虑到日本全面侵华战争的泥沼状态，以及没有战胜美、英的必胜把握，主张以谈判方式缓解日、美矛盾，而以东条英机为首的陆军强硬派却强烈主张对美国开战。10月14日，在近卫文麿为达成避免与美国开战、希望从中国撤兵的目的而召开的内阁会议上，东条英机直接提出："所谓的撤兵是退却，是让步、让步、再让步，这不是所谓的外交，而是投降。"10月16日，在以东条英机为首的"南进派"的强大压力下，近卫文麿内阁被迫辞职。东条英机随后于10月18日重组内阁，除自任首相外，还兼任陆军大臣，并破例晋升为陆军大将，且奉天皇特旨继续留在现役。11月3日，东条英机与日本陆、海军两总长共同制订的 12 月 8 日袭击珍珠港等作战计划获得日本天皇批准。

畑俊六虽然身为日本军方官员，却并不赞同日军大本营的"南进"政策。1941 年 9 月，当日军致力于南方作战的策略日益明确时，畑俊六在 9 月 7 日的日记中写道："目前的状况是，帝国要么同美国妥协，解决中国事变，要么坚决站在三国同盟的立场上，同美国开战，两者必居其一，令人忧虑。中央似已选择了后者，决定到 10 月下旬完成进攻南方的准备。""形势紧迫。中国事变已五年，现在又要进行两个正面作战，情况将更加困难。"他甚至于 9 月 15 日派中国派遣军总参谋长后宫淳回到东京向日本军方当面陈述自己的意见："在没有解决中国事变以前，就向其他方向伸手或扩大战线，必犯致命的错误。如果想向南方伸手，就要先解决中国问题，然后再干。光是一个中国，日本的力量已经跟不上。不只现地军要依靠中国大陆以图生存，日本的总动员资源也要取自中国，这不是很严酷的事实吗？所以坚决反对南进。"但东条英机给他的回复是："第一线司令官只应向前，不应后退。"畑俊六甚至在侵华战争结束后回忆时仍然认为："事实上，随着战争的演变，在华的精锐兵力逐渐被抽走，派遣军质量的下降是惊人的。但是，任务与占据地区并无改变。"**17**

日军大本营不仅没有听取畑俊六的意见，反而更加紧锣密鼓地进行着对南方作战的研究。1941 年 9 月 25 日，日军参谋本部召集中国派遣军参谋，就已制订的《南方作战后对华作战》方案征求他们的意见，这份方案中提到：在华中方面，日军要"将第四、第六、第二十二、第三师团及其他军直属部队转用于满洲，并增派一至两个混成旅团"。在华北方面，"除将必要的兵力转用到满洲方面，同时还要调整一部分战线。在需要占据的地区中，主要应确保治安的地区为连结太原、济南一线以北的地区"，"将第四十一、第十七、第三十二师团转用于满洲，并增派两个混成旅团。根据北方形势的进展，进一步将第三十五、第三十六师团也转用于满洲方面"。对此，后来的日本军史评价称："根据此方案，派遣军因日本发动南方作战及修改编制而预定削减的兵力，华北方面军为 18 个大队，第十一军为 28 个大队，第十三军为 8 个大队，第二十三军为 12 个大队，共计 66 个基干步兵大队"，"现在尽管中国事变并未解决，但却强烈要求日军尽量减少在中国战线的负担与消耗，为支援南方作战，除抽调上述兵力以外，还要在战略物资方面全力进行支援，使中国战线担负起日军总兵站基地的任务"。**18**

接连而来的政策变化，让畑俊六更加忧虑和焦急，他眼下所能做的，就是尽快在大规模的部队调动前，加强在华中和华北的军事行动。尤其为了确保"连结太原、济南一线以北"为"治安地区"，畑俊六不得不亲临山东前线督战，指挥驻在这里的日军第十二军开展一轮大规模的"扫荡"。

"此次作战的目的是要剿灭沂蒙，也就是沂州、沂水、蒙阴一带地区的共军，消灭其根据地。"畑俊六对第十二军司令官土桥一次说，据你的掌握，现在山东共军实力如何？

土桥一次道："山东共军目前主要有两部分，一部分是第一一五师，拥有六个教导旅和一个鲁南军区共 9 万人；另一部分是山东纵队，也发展到五个旅和鲁中、胶东、清河、滨海四个军区共 8 万人。加起来足足有 17 万人，在数量上已超过第十二军。"

畑俊六摆了摆手："现在冈村宁次已结束太行区的'扫荡'，我专程要求他派第一军的部分兵力前来协助山东作战。你的兵力再加上第一军的部分兵力，我们可以调动四个师团七个独立混成旅团，再加上马寿彭的剿共军第十一军，总兵力在 10 万人左右。但是共军有多少？我们这次不是'扫荡'整个山东，而只是沂蒙地区，以共军第一一五师师部和山东纵队指挥部为中心目标，在这个区域里，共军只有第一一五师的教导第五旅和山东纵队的第一旅和第二旅，兵力总计不超过 2.5 万人，敌我对比 1∶4，我方占有绝对优势。现在你必须抓紧时间布置兵力，11 月 5 日，正式展开作战。我要与你共赴汤头镇，亲眼目睹共军的覆灭！"

土桥一次在进行详细的军事部署前，特别把军内参谋大桥武夫少佐找来，又认真地听取了一遍日军所掌握的并不完全准确的"共军情报"。

> 沂蒙地区的共军以徐向前为总司令，以山东纵队之主力（司令张经武之第一、第二旅）及第一一五师陈光所指挥的部队为基干，据判断兵力约为 3 万人。徐向前的司令部在孙祖（沂水西南约 40 公里），张经武的司令部在张铁谷（孙祖西南约 4 公里）。这些共军，在沂州（临沂）、蒙阴、沂水的三角地带（土地肥沃，农牧业颇盛，并富有矿产资源）的沂河流域发展势力，进行赤化工作。**19**

基于此，土桥一次决定出动第十二军主力第十七、第二十一、第三十二师团及独立混成第五、第六、第七、第十旅团的各自主力以及临时配属的第一军的第三十六师团及独立混成第三、第四、第九旅团各一部参加作战。以对沂蒙地区采取彻底包围的作战方式，急袭快进，以求一举歼灭八路军力量。土桥一次还决定，要先由第十二军提前完成对沂蒙三角地带的封锁，然后日军各主力部队再于 11 月 5 日拂晓，从四面一齐向核心地带发起进攻。第二十一师团由沂水南北一线向西方推进，第十七师团由临沂及其东北地区向北方及西北方推进，第三十二师团则以主力由蒙阴、新泰一线向东方，"逐步压缩包围圈，努力搜索歼灭企图逃走或潜伏之敌"，此为第一期作战。进入第二期作战后，分驻于要地的日军所有各兵团将分头向各自区域内进行"剔抉、扫荡"，以图就此消除各抗日根据地。

## 无声的战斗：留田突围

事实上，此时的中共中央山东分局、第一一五师师部正驻在青驼寺一带，山东纵队机关驻在马牧池，山东纵队第一旅（不含第三团）活动在沂（水）蒙（阴）公路以北地区，山东纵队第二旅在滨海北部，第一一五师教导第二旅在滨海南部，抗大一分校和蒙山支队分别在蒙山的西部和东部活动。

1941年11月2日，执行封锁任务的日军部队首先从蒙阴、沂水、莒县等地发起行动，对沂蒙地区进行大纵深合围。11月3日晚，当合围完成之后，一支400余人的日军大队不走大路，不经村庄，诡诈地穿越原野丘陵，于11月4日拂晓偷偷逼近了马牧池。由于驻在那里的山东纵队机关麻痹大意，对敌人的偷袭丝毫没有防备。

就在站岗的哨兵在被敌人袭击的一瞬间，他机智地扣动了扳机。报警的枪声突然打破幽静的黎明，但为时已晚，日军开始向村子里施放毒气，刺鼻的芥子气当即毒倒了一批人。山东纵队机关的警戒指挥员命令大家用帽子捂住口鼻，顶风向外突围，在警卫连的掩护下，机关人员七零八落地从村子里分散冲出，向东突围到南墙峪一带，才暂时跳出了敌人的合围圈。

11月5日，日军的大"扫荡"正式开始，敌人先期从临沂、费县、大平邑、蒙阴、沂水、莒县等地同时出动2万余人的兵力，采取"铁壁合围"即所谓"全面包围滚推式"战法，在7架飞机、10辆坦克、数十门大炮的配合下，分多路向临沂北面的青驼寺、孙祖、留田地区进行合围，企图聚歼八路军第一一五师师部等核心机关。与此同时，敌人根据以往"扫荡"时八路军多向滨海地区转移的规律，又在沂河沿岸的河阳、葛沟一带预伏下重兵，布成口袋阵，等待着八路军向东南方向转移时予以歼灭。

这时，八路军第一一五师师部已在11月4日晚从青驼寺的聂家庄转移到了留田东南面一个叫牛家沟的小村子，与山东分局、山东省战时工作推行委员会的机关一起，共有2000多人。可是，能够参加战斗的部队却只有第一一五师的一个特务营和山东分局的一个特务连，都是警卫部队。机关人员都隐蔽在山沟里，警卫部队化装成老百姓在山头警戒，派出去的各路侦察员穿梭似地不断跑来师部报告敌情。

这是漫长的一天，太阳迟迟不落山，而敌人却越来越近。到了下午，奔袭过来的敌人近的已离留田只有三四公里远，远的也不超过 5 公里了。负责警戒敌情任务的第一一五师特务营副营长黄国忠见状，忙飞马奔往牛家沟。

在牛家沟东头一间破旧的茅草屋中，罗荣桓、朱瑞、陈光、萧华和陈士榘等都在，大家正热烈地讨论着突围的方向。罗荣桓已下令各机关和部队提前吃晚饭，做好走远路的准备，而他自己却仍坐在炕上，仔细地查看着摆在面前条桌上的军用地图，一面听取接连不断的情况报告，一面沉着镇静地思考着。

"情况紧急啦！"黄国忠一进门就说，"敌人分成十一路正在紧缩包围圈，各路人马离我们这里都在五公里以内了。现在，外面的大路、小路、山谷、田野到处是日本兵，还有坦克。"

此时，大家对突围方向已讨论了个把钟头了。大家的意见一共有三种：一是向东，过沂河、沭河，进入滨海根据地；二是向北，同山东纵队会合；三是向西，进入蒙山。因为南面是临沂，是敌人的大本营。有报告说，畑俊六就在那里坐镇，所以，没有人提议向南。

但罗荣桓却提出了向南的主张，他分析认为，在东面，沂河、沭河被敌人严密封锁，敌人预料到我们可能要到滨海，如果我们东去，很可能钻进敌人布下的口袋。北面，敌人正疯狂南压，而沂蒙区北部控制在东北军第五十一军手中。8 月间，蒋介石将沈鸿烈调走，而任命第五十一军军长牟中珩为山东省主席后，于学忠和蒋介石的矛盾有所缓和，东北军同八路军的关系便逐渐恶化。此时第五十一军正在北沂蒙一带同山东纵队搞磨擦。我们如果北上，很可能被夹击。西面，临沂至蒙阴的公路已成为敌人戒备森严的封锁线，即使能越过此线进入蒙山，那里也是敌人合击的目标。南面呢？虽然是敌人的大本营，但是敌人估计我们不敢向其大本营前进，而其兵力又都向北集中到沂蒙山区，后方必定空虚。

所以，罗荣桓主张，先向南突围，跳出敌人包围圈后转而向西，进入蒙山和鲁南的接合部，这个位置比较机动。

解释清楚了。大家细一琢磨，越琢磨越觉得合情合理。很快，有人先站出来表示同意了，接着第二个、第三个……最终，大家一致赞同。

于是，罗荣桓具体安排了行军路线：从留田向南经张庄、高里，折而向西南，越过沂蒙公路到汪沟一带宿营。

等大家把路线记清以后，罗荣桓又详细交代了经过每个地方的注意事项。他对沂蒙山的地形要比对故乡的衡山和渌水还要熟悉。哪里有一个隘口，哪里可以通炮车，都了如指掌，好像在他的脑中就装着一个大沙盘。

罗荣桓给特务营分配了任务：陈士法营长和教导员带领第一、第二连作前卫。副教导员带第四连居中，护卫机关。副营长黄国忠带第三连担任后卫，负责收容。所有战士的步枪一律压满子弹，上好刺刀，随时准备战斗。行军期间，所有人都不许说话，不许咳嗽，不许发出任何响声。现在准备，天黑后出发。

太阳落山了，河滩上飘荡着雾霭，夜幕悄悄地垂了下来。守卫在留田周围山头上的战士们可以看到敌人点起的一堆堆篝火，人喊马嘶，此伏彼起。敌人看来颇为得意，以为"铁壁合围"已经大功告成，只待天明发起总攻了，却哪里想道，到头来，等待他们的只是一场空。

此时，第一一五师和山东分局的机关人员在留田东面的河滩上已集合完毕，前卫第一连就要出发了，罗荣桓大步走了过来，问道："你们连哪个班担任尖兵班？"

"还是一班。"宋连长和王指导员回答。

"哪一位是班长？"罗荣桓走到一班跟前。

"报告首长，我是一班班长回景和！"一班班长出列报告。

"你们班担任尖兵任务多，有经验。"

战士们听到政委表扬，心里都美滋滋的。

"不过，今晚的任务特别艰巨。这么多机关干部能不能安全跳出包围圈，就要看你们了。"

罗荣桓的话音一落，宋连长便立即回答："一连坚决完成任务！"

接着，罗荣桓又检查准备情况。当他知道战士小贾正在发烧时，便让警卫员小郭把他的日本军用水壶取来递给一班班长回景和说："你们班里有病号，把它灌上水，路上好用。"**20**

罗荣桓的这把水壶是部队从战场上缴获的日军军用品。回景和在后来的战争中曾经历过无数次轻装，但这把水壶却一直都保存着，甚至到了油漆已经剥落、壶身也磕碰得坑坑洼洼之时，他仍然视之若拱璧。

罗荣桓带着作战科和侦察科的几位干部随前卫连出发了。一开始，他没有骑马，而是很安详地走着，不时同队伍中的指战员们打着招呼。他不像是带着几千人去突围，仿佛是去参加一次会议甚至像是去散步。大家看着他那从容不迫的神态，紧张的心情顿时也都平静了下来。

侦察科副科长周云带着侦察员走在最前面。他不时派人回来向罗荣桓报告前面的敌情。走到政治部驻地张庄，守候在路边的政治部队伍也参加了进来。

部队逢山过山，遇水蹚水，到了留田东南10余公里处的铁山子附近，就遇到了敌人的第一道封锁线，这是日军第二十一师团以南北形成一线的方式密集向西推进的主力封锁线。罗荣桓吩咐往后面传令："成三路纵队快速前进。"然后带领部队迎着敌人，从两股日军间仅1.5公里的空隙中穿了过去。过了第一道封锁线，大家进入一个小村庄，发现村子里敌人烧的开水还是滚热的，众人顺手舀满了茶缸，边喝着边继续赶路。紧接着，八路军队伍又在一个2.5公里的间隙中通过了敌人的第二道封锁线。这里是从临沂通往蒙阴的公路，也是此次敌人"扫荡"的主要交通线，当时敌人的大批汽车刚刚从南向北驶去。罗荣桓带领着大家就是这样宛如游龙，在敌人的缝隙中腾挪闪避，迂回穿插，一连越过三条大路，几次听到敌军的车马喧嚣，然而却悄悄地避开了。

到了高里，已是敌人后方，这里果然守备空虚。三星垂西，罗荣桓令部队尽快折而向西，到护山庄去宿营。那里紧靠临沂至蒙阴的公路，离临沂城只有25公里。

到护山庄时，天已经亮了。在村边不用望远镜就可以看到敌人的后续部队、辎重队正在源源北上。11月6日拂晓，就在敌人的鼻子底下，罗荣桓命令派出警戒，就地宿营。当大家和衣躺在草铺上时，远方传来了隆隆的炮声，对于劳累了一天的指战员们来说，这无疑是一首绝妙的催眠曲。

这次突围，八路军未费一枪一弹，未损一兵一卒，便胜利地突破了敌人的重重包围，安全转移到留田西南50公里的外蒙山南端的黄埠前村，而合围之敌却于同时纷纷向空空的留田扑去。

在突围的行列中，有一个外国人，穿着八路军的制服，在夜间看不出他同大家有什么差别，可到天亮后，因为他深目高鼻，长相不同，就成为老乡们围观的对象了。

他叫汉斯·希伯，是德国的进步记者。汉斯·希伯第一次来到中国是在1925年，当时是在北伐军总政治部编译处做编译工作。"四一二"反革命政变后，他愤而返欧，并于1928年2月写成《从广州到上海：1925—1927》一书，讲述了自己在中国的经历。他在书的"前言"里写道："中国的革命是生气勃勃的，富有战斗性的，尽管存在着暂时的困难，但千万万贫苦的中国人民必然会取得胜利。……本书献给中国革命和中国的英雄的无产阶级革命的先锋——中国共产党"，表达了他对中国革命和中国共产党的深厚情谊。

1932年秋天，汉斯·希伯第二次来到中国，定居在上海，与史沫特莱、马海德、艾黎等组织了一个国际马列主义学习小组。他们研究马列主义，更注意研究当时国际上和中国发生的一些重大事件，比如法西斯的兴起、蒋介石的反共"围剿"、中国人民在中国共产党领导下所进行的革命斗争等。同时以"亚西亚人"的笔名，在美国和英国报刊上发表了很多关于中国的政治文章及报道。为了报道中国共产党领导下进行的抗日战争情况，汉斯·希伯曾于1938年春去延安采访，见到过毛泽东，1939年二三月间又到皖南云岭新四军军部进行采访，见到过周恩来和新四军的许多领导人。1941年1月皖南事变发生后，他又于5月赶赴苏北，对新建的新四军进行采访，见过刘少奇、陈毅、粟裕等，并完成了《中国团结抗战中的八路军和新四军》一书。

为进一步了解八路军在山东敌后的活动情况，汉斯·希伯向苏北新四军提出前往山东采访的要求。新四军负责人劝他暂勿北上，不仅路途艰难，而且敌人很可能要进行大"扫荡"，他却执拗地说："正因为这样，我更要去。那儿从没有外国记者去过，更需要我。许多问题，我到了那儿才能找到答案！"1941年9月12日，汉斯·希伯在新四军部队的护送下顺利到达山东滨海地区，与第一一五师政委罗荣桓、山东分局书记朱瑞、山东纵队政委黎玉等见了面。10月4日晚上，山东抗日根据地的党政军民各界举行盛大的茶话会，热烈欢迎汉斯·希伯的到来。汉斯·希伯在致答谢词时说："这次到中国的敌后方来，是我生平一次最好的旅行，在八路军和新四军的帮助下，在他们强大的武装力量的掩护下，使我能够在日本占领区中来往自如地旅行在广大的中国土地上。而且，八路军、新四军和所有在中国敌后坚持抗战和民主的人士们，还给了我以最大可能的方便与安适，这是许多外国记者所想象不到的。我一定要把我亲身经历到的一切事情，比如我怎样在八路军的保护下闯过了日本的封锁线的事，真实地报道给全世界的人们，特别是关心中国的外国记者们。告诉他们：谁要想真正地了解今天的中国，真正地了解中国人民是怎样英勇地和他们的敌人坚持斗争的，谁就一定要亲身到中国的敌后方来！"

到了山东后，汉斯·希伯一直坚持白天采访，晚上写作，废寝忘食地工作着，有时一直写作到天明。日军准备在山东进行大"扫荡"的消息越来越明确后，罗荣桓等为了保证他的安全，将他从第一一五师师部转移到山东分局机关。但山东分局也怕保证不了他的安全，劝他回到上海去，汉斯·希伯却说："一个想有所作为的记者，是从来不畏惧枪炮子弹的。我决不离开山东。让我留下来吧！"山东分局只好尊重了他的意见。

日军大"扫荡"开始后，汉斯·希伯就一直跟着山东分局转移。在度过留田突围时那惊险的一夜后，他高兴得像个孩子，兴奋地对负责接待他的山东分局秘书处处长谷牧说："这是我一生中最难忘的夜晚，比在西方参加过的任何一次最愉快的晚会都更有意义，更值得留念。我一定要把这奇妙的经历写出来，告诉全世界人民。"

说写就写。他的文章经译出后被套红刊登在第一一五师的《战士报》第1版上，题目叫作《无声的战斗》。文章中说：

> 这次突围的指挥是神奇的！阴险毒辣的日军，四面布网，想在留田合击消灭我们。而我们却自由从容地在敌人的缝隙之间钻了出去，住到了敌人的隔壁。这是一场无声的战斗，我们一枪未发，就突破了敌人三道防线！敌人在封锁线上布置了巡逻兵，但是八路军的战士是那样神勇，以致使敌人的巡逻兵在刚要喊叫和射击的一刹那间就被匕首消灭了……畑俊六司令官这时候一定正在大发雷霆，训斥他的那些不争气的饭桶将军们：八路军主力一夜之间哪里去了？我们的赫赫战果在哪里呢？那些日本军官们重重包围、数万枪炮所指的，却原来是一堆堆黑色的岩石！这些饭桶将军们今天吃饭的时候，每人都应给他们吃一道美味的菜——大鸭蛋！ [21]

## 罗荣桓率部重返沂蒙山区

留田突围之后，罗荣桓才获悉山东纵队在沂水县以西的马牧池遭敌人袭击的事情。11月6日，日军又追踪到了南墙峪，第二次对山东纵队机关合击。经过与日军的顽强战斗，山东纵队机关再次突出了包围圈。罗荣桓与山东纵队机关取得了联系，立即命令他们向天宝山一带转移，冲到外线后，再向泰安、泗水、宁阳地区前进。同时，罗荣桓还调动第一一五师的一个营去接应他们，直到山东纵队机关安全到达泰泗宁地区的石莱，转危为安。

山东纵队机关已经安全了，第一一五师师部接下来要往哪里去？罗荣桓找来朱瑞、陈光等，几人经认真研究和深入讨论后认为，如果第一一五师离开沂蒙山区，转移到外线去，虽然自身比较安全，但抗日根据地内部将无主力部队坚持反"扫荡"斗争，必定会将遭到敌人的严重破坏。因此，眼下的最佳选择是回师沂蒙山区，继续坚持反"扫荡"斗争。

"敌人在留田扑空，正在摸我们的去向，我们就来个将计就计，暴露一下自己，把敌人引出我们的根据地。"罗荣桓找来特务营副营长黄国忠。

"敌人在垛庄、青驼寺一带，抢劫了很多牲口、物资，准备外运。"罗荣桓说，"我料定他们必经石岚。你带上两个连在石岚附近打伏击。要打得声势浩大，轰轰烈烈。既要狠，又要快，打了就撤。敌人正想寻我主力决战，其侧后受到威胁，他们的兵力就一定会从我中心区调出来。"**22**

黄国忠点头道："我明白啦，这是调虎离山。"

11月9日拂晓，黄国忠率领特务营第一连和第二连两个连来到石岚。这两个连队部是老红军连，特别是一连，从1930年起先后为红四军、红一军团的特务连，参加过长征和平型关战斗。两个连人员充实，武器精良，训练有素，每个班排都能独立作战。

黄国忠到达伏击地点，只见东西两面高山耸立，一条干涸的河床南北纵贯其间。

"罗政委选择这个地点设伏真是妙不可言。"黄国忠暗暗赞叹，"只要占领两侧高山，敌人一到，把南北山口一堵，即使鬼子有三头六臂也插翅难飞了。"

为了造成浩大的声势，黄国忠把全营所有的司号员都调来了，还故意带了三支信号枪。

上午时分，北风阵阵呼啸。特务营部队隐蔽在岩石后，守着时间一分一分地慢慢滑过，一直守到黄昏，大家又饥又饿，可是仍未见到敌人的踪影。黄国忠心想天都快黑了，敌人大概不会来了，正准备撤退，却收到了通信员传来的罗荣桓的命令：坚决等下去。

没过多久，北边的山口忽然传来了杂乱的马蹄声。日军两个中队驱赶着掠夺来的大批骡马驴牛等牲口，驮载着用绳子捆在一起的鸡鸭和被刺刀捅死的绵羊，以及其他物资。队形零零散散、断断续续。

敌人越来越近。"打！"黄国忠率先开了一枪，紧接着枪声大作。

几颗红色信号弹升入天空，一阵响亮的军号合奏，轻重机枪和掷弹筒一齐开火。各种声响在山谷中相互回应，也不知这山中到底藏了多少人马。日军见声势如此浩大，不敢恋战，掉头逃命。

"冲啊！"黄国忠一声喊，端起上好刺刀的步枪带头冲锋。两侧高山上的八路军如猛虎下山一般，呐喊着突入山谷。经过半个多小时的厮杀，日军丢下了几百具尸体狼狈逃离。指战员们简单地打扫了一下战场，迅速转移。

第二天，沂蒙中心区的日军果然纷纷外调。于是，罗荣桓等又率第一一五师师部并调动驻在滨海区的山东纵队第二旅的一个营挺进到东蒙山，重新返回了旧日熟悉的沂蒙抗日根据地。

但这些根据地，经过日军"扫荡"的洗劫，如今已面目全非，被敌人的"三光"政策搞得满目疮痍。据统计，人民群众3000余人惨遭杀害，1万多人被抓了壮丁，妇女被凌辱者也是难以计数。根据地里的房屋被烧毁了四分之一，八路军曾经常驻的村庄也几乎都成了废墟。老百姓的牲口、家禽、粮食被掳掠殆尽，生活用品被破坏无遗。部队的炊事班找不到锅，只好用提水的瓦罐做饭。敌人在这片废墟上安炮楼、修公路，又四处派出宣抚班，把老百姓赶到一处，在枪口下开大会，组织伪政权。

罗荣桓清楚，八路军如不重返沂蒙山区，这一地区就会沦陷，胶济路以南各根据地都将更难坚持。

针对这一情况，罗荣桓提出，要"打掉宣抚班，制止伪化活动，鼓舞群众情绪"，于是将部队机关与抗大一分校的人员分成若干个工作组，分赴各地发动群众，开展游击战，打击汉奸。

从1941年11月12日起，日军对沂蒙地区的大"扫荡"进入第二期，敌人将沂蒙山区划分为四个"清剿"区：以南墙峪为中心的"北蒙山"区；以孙祖为中心的"西蒙山"区；以铜井、界湖为中心的"东蒙山"区；以诸满为中心的"南蒙山"区。其中又以"西蒙山"区与"北蒙山"区为重点。敌人每"清剿"一地，都挨户搜查共产党的地方干部、部队失散人员和伤员，大肆捕捉壮丁，实行"三光"政策。敌人各据点周围都有机动兵力，发现八路军，立即合击。

11月14日，敌人集中7000余人的兵力，对移动到西蒙山区的山东分局和第一一五师所在地进行合击。11月17日，罗荣桓判断敌人主力在西面，以出敌不意的方式率部向东越过临（沂）蒙（阴）公路，成功地进入了沂蒙山区。

重返沂蒙山区后，罗荣桓等立即抽调大批干部分赴各地，加强对反击敌人"清剿"斗争的领导。第一一五师师部直接指挥特务营和山东纵队第二旅第四团第三营，在垛庄、旧寨、三角山、绿云山等地，用伏击、袭击、阻击等手段，连续打击分散"清剿"的敌人。活动于东、西蒙山地区的蒙山支队和抗大一分校的部队也多次主动出击，使敌人不敢轻易离开据点。由于内线部队力量的加强和不断地积极打击敌人，有力地配合了地方武装和民兵的对敌斗争，鼓舞了群众的斗争情绪，逐渐改变了被动的形势。

罗荣桓和陈光则率部在沂蒙区由西而东、由南而北，同敌人兜圈子，于11月21日经过岸堤，11月26日经过马牧池，到达安保庄。途中在李家峪和西北村，又胜利地突破了敌人的两次合围。沂蒙区群众看到主力部队打回来了，又和他们一起坚持斗争，受到无限鼓舞。

山东纵队机关也已进入坦埠一带，山东纵队第一旅转回到北沂蒙地区，其中一部还插到了南沂蒙地区。在主力部队的支持下，抗日根据地的基层政权、地方武装和群众游击小组重新积极起来，展开了破袭敌据点、公路及反伪化、反捉丁、反抢掠等斗争，并发明了对付敌人"三光"政策的"三空"（搬空、藏空、躲空）策略，群众斗志不断高涨。

山东八路军在内线部队坚持艰苦斗争的同时，其他地区各部队也都广泛地展开了打击当面之敌的作战：第一一五师教导第二旅在滨海区南部多次进行破袭战；山东纵队第一旅在鲁南及泰山区多次袭击敌据点，截击当地向沂蒙山区调运的敌兵；山东纵队第二旅在滨海区北部攻克临（沂）莒（县）公路上的小梁家、塔墩、批石头等据点7处；山东纵队第三旅在胶济线的张店、周村间多次伏击敌人；山东纵队第四旅在新泰以东的土门一带阻击了配合敌人向八路军进犯的顽军；山东纵队第五旅一度袭入烟台，并攻克了烟台市郊的4个据点；鲁南铁道游击队在徐州以北炸毁敌机车1辆，缴获大量军用物资。这些行动，都有力地配合了沂蒙山区的反"清剿"斗争。

11月29日，第一一五师特务营与山东纵队第二旅的一个营，在对孙祖北面绿云山的日军发起攻击时，为防备敌人增援使八路军机关遭受损失，第一一五师师部、山东分局和战工会等机关人员同时向临沂至蒙阴公路西侧的大青山进行了转移。然而，敌人已提前在八路军机关要转移到的地区布置了准备合击的包围圈，而在那一带活动的抗大一分校却没有发觉。他们报告，未发现敌情。

于是，在11月30日拂晓，八路军机关大队陆续开了进去，结果正入敌人合围圈。这些部队经过一夜急行军，进入沂南县崖子乡的西梭庄一带时，天刚麻麻亮，刚要休息，周围山头上却突然响起了枪声，放眼望去，到处都是敌人，来的是敌人一个完整的独立混成旅团，八路军警卫队仓促接敌，全力掩护机关突围。在战斗中，山东省战时工作推动委员会秘书长陈明、山东纵队政治部宣传部部长刘子超、鲁中军区司令员刘海涛、第一一五师敌工部副部长王立人等都光荣牺牲了。德国友人汉斯·希伯也拿起了枪杆子，和八路军战士们一起向敌人射击，最后也献出了生命。

正在率领特务营战斗的罗荣桓得知这一消息后，心情极为沉痛，他与朱瑞、陈光等赶到机关大队预定的集合地点后，立即派人去收容和寻找突围时失散的人员。幸好，分散突围的绝大部分人都安全地回来了。

这次损失，再一次让罗荣桓心痛不已，他指挥起作战来也更加沉着谨慎了。[23] 在各地正规及地方部队的联合打击下，日军的"扫荡"部队从12月起开始陆续撤回。日军撤出后，抗日军民仔细地打扫了战场。12月8日黄昏，罗荣桓和陈光亲自为牺牲的烈士们举行了葬礼。在火红的夕阳照耀下，一大片新坟蒸腾着白色的地气，数千名军民垂头默哀，长久肃立。被埋葬的牺牲者中也包括来自德国的共产主义国际战士希伯。谁都忘不了那篇著名的文章：《无声的战斗》。如今，这位欧洲的著名记者，却以一个战士的身份牺牲在了中国的抗日战场上。后来，罗荣桓、黎玉、萧华曾联名为他题词。

　　为国际主义奔走欧亚，

　　为抗击日寇血染沂蒙。[24]

## 山东纵队第一旅第三团血战苏家崮

1941年12月8日，日本偷袭珍珠港，太平洋战争爆发。日军除留6000余人的兵力在沂蒙山区巩固点线、防范八路军反击外，又以一部分兵力分别向天宝山区和滨海区进行"扫荡"，以掩护其主力撤出沂蒙山区。

此时，坚持在鲁南天宝山区与敌斗争的是山东纵队第一旅第三团，正集结于天宝山区的宁家圈。因12月5日中共中央山东分局党校从沂蒙山区转移到了鲁南，党校中包括400多名接受培训的部队营级以上和地方县级以上干部，第三团便承担起山东分局党校及其学员的掩护任务。

第三团下辖3个营，包括9个连及特务连、侦察连各一，共计1800余人。接到任务后，第三团派出第三营、第一营第二连和侦察排大部分兵力于

12月6日出发，前往费西泗彦和平邑西南的丰阳与城后日军据点附近活动，以监视和牵制日军。第三团团长王吉文、政委张玉华则率领团主力拟于12月7日晚掩护山东分局党校向城后以西地区转移，并做好了如城后、崇村日伪军出犯即加以伏击的准备。但在7日上午，八路军第一一五师政治部主任、山东分局党校副校长萧华，从抱犊崮山区赶到第三团和党校驻地宁家圈作形势报告，第三团主力及党校改变原定计划，决定12月8日再转移。

日军获悉有大批八路军部队进入天宝山区宁家圈一带的消息后，即刻集中兵力，于12月7日夜分别由滕县、邹县、平邑、铜石、费县县城等据点出动，利用夜间隐蔽开进，向宁家圈发起合击，至12月8日拂晓，已占领了晒书台、白彦、山阴、薄石板、郑城、崇圣村等地，并在常庄、桃花山布置了伏兵，将第三团主力和山东分局党校及其400多名学员包围在宁家圈，并在主要道路上都设置了重兵把守。

宁家圈位于平邑南约35公里、白彦东北4公里处，是一块山间小盆地，南北约5公里、东西不足8公里，中有六七个小山村错落其间，周围是不高的山岭。第三团团部及第一营驻在盆地中央，第二营驻在西山口的凉水河和辛庄，山东分局党校驻在山岭东侧的铁里营。12月8日拂晓6时许，进占山阴东岭的1000余日军，突然向凉水河发起袭击。第二营第六连即刻占领阵地，发起反击。接着，白彦、崇圣、郑城方向也响起了枪声，日军向第三团发动了全面进攻。

战斗打响后，团长王吉文一面令第二营主力在凉水河坚决抗击日军，一面带领其他主力掩护山东分局党校向白彦西南方向转移，但到达西南山口时，发现各处高地已布满日军，根本无法突围。这时，西北凉水河方向的战斗正打得激烈，只有东北面郑城方向尚无大的动静，于是王吉文分兵前往宁家圈的南山、西山和东北面的虫子山阻击日军，自率一部分兵力去抢占宁家圈东南面的高地苏家崮，并令团参谋主任孙光率团部直属队及山东分局党校由第二营掩护向正北方向的四开山突围。12月8日10时许，孙光带领山东分局党校人员成功避开了日军锋芒，从包围圈的空隙中突出重围，坚守在东北面虫子山和在西北面凉水河战斗的部队，按照部署紧随其后担任后卫跟进，也突出了包围圈。而王吉文、张玉华等据守的苏家崮所受到的压力却越来越大。

苏家崮是一个呈东北—西南走向的长形山崮，海拔498米，山顶为较平坦的开阔地。崮四周多是数十米高的陡崖峭壁，能通达崮顶的路很少。在第三团第一连率先从崮北登上崮顶前进时，日军同时也从南端登上了崮顶向北推进。双方在崮顶的中部遭遇，展开激战。此时，苏家崮已完全被日军包围，不仅其他方向没有找到八路军的日军都向这里涌来，从苏家崮南侧不断爬上来增援的日军也越来越多。王吉文得知山东分局党校人员已安全突围，当即决定迅速下山撤往东北方向，以第五连的一个排为前卫，团部率特务连、第四连和第一连跟随其后。但由于敌人层层阻击，火力又过于强大，北撤的先头部队付出重大伤亡后，才有30余人突至苏家崮以北2.5公里处的蒋家庄。

在苏家崮崮顶北部边退边阻击掩护的第四连以及第五连的一个排，看到山下突围艰难，决定坚持就地抵抗。第一连见第四连等在崮顶北端并未撤走，也坚守在崮顶中部继续与对面的日军对峙。时至中午，山下的战斗已渐结束，日军的所有兵力和火力都开始向坚守在苏家崮的八路军战士们聚集过来。第一连指战员依托山顶中部十几间旧房残壁，与日军展开了激烈的拉锯战，子弹打光了，就同日军拼刺刀。经过数次反复冲杀，阵地前日军尸体成堆，第一连战士也大部伤亡。到三时许，第一连和第五连的一个排，只剩30多名战士了，但仍在坚持战斗，他们有的在与日军肉搏时倒下，有的则抱着日军一起滚下了山崖，最后全部壮烈牺牲。坚守在崮顶最北端的第四连，在击退了日军十几次攻击后，同样伤亡惨重，在接下来的肉搏战中，大部分战士与敌同归于尽，只有少数人利用日军的空隙突出了重围。

在苏家崮血战中，山东纵队第一旅第三团指战员发扬英勇顽强的作战精神和优良的战斗作风，毙伤日军第十二军400余人，第三团也付出了沉重的代价，当地群众仅在苏家崮山顶及周围就找到烈士遗体118具，另有122人在突围中失散，有的牺牲在了途中，有的后来伤愈归队。[25]

## 抗日战争村自卫战的典范：渊子崖村保卫战

1941年12月中旬，临沂的敌人再次对滨海区发起"扫荡"，遭到八路军第一一五师教导第二旅和山东纵队第二旅的内外夹击，遂纷纷撤走，一部日军甚至在沭水县遭到渊子崖村群众的奋起抗击。

渊子崖坐落在临沂沭水县的沭河东岸，西临沭河敌占区，东靠莒南抗日根据地，大部属山地丘陵，处于敌我交错的"拉锯"地带。全村有200多户人家，大多姓林。1940年底，村里建立了民主政权，选举林凡义为村长，并成立了"农救会""青抗先""妇救会"等群众抗日组织，不久还建立了村民抗日自卫队。

早在20世纪30年代，渊子崖村为躲避匪盗祸乱，就围绕村边筑起了5米多高、1米多厚的土夯围墙，墙上有垛口、枪眼，四角还各建有一座炮台；村民们手里不仅有少量钢枪，还有几十支土枪和9门威力不小的土炮。这些枪和炮原本是沭河边人民用来打野禽和野兽用的，现在则成了抗击日寇的有力武器。

1941年12月18日，驻在小梁家据点的伪军队长梁化轩乘着日军"扫荡"临沂之机，带领150多名伪军包围了渊子崖村，妄图进村索拿财物，结果吃了一顿土枪土炮，落得个大败而归。

12月20日凌晨，梁化轩以村子内藏有八路军为名，带领一支在沭河东部"扫荡"的日军再次来到渊子崖村。这批日军有步骑兵1300多人，大小炮各数门，加上伪军，合计有1500多人，于当日上午9时许，将渊子崖村包围了起来。

村长林凡义见敌人从四面八方压过来，对乡亲们说："现在跑也跑不掉，退也没后路，村子里就是我们的家，我们家里大多都有老人、妻子和儿女，敌人一进来就完了，我们只有拼了，一命换一命，值！一人杀俩鬼子，赚！"众人无不应和："好！我们就拼了！"林凡义抢起大刀片，马上指挥村民们迅速占据有利地形，准备迎击敌人。

10时左右，敌人首先向村子的东北角发起进攻，炮弹像流星似的飞向围墙。但村民们坚守在围墙边上，哪里的围墙被摧毁，林凡义就带人拿着铁锨镢头抓紧修补哪里。炮击之后，敌人端着枪就往村子里闯，可刚一进入土炮射程，就听得一阵枪炮声响，一时间浓烟滚滚，前边的日军纷纷倒下，后面的掉头就跑。

敌人在第一轮进攻被打退后，继续采用集中炮击的方式，马上又发起了第二轮进攻。而且在村民放炮轰倒了一片敌军后，他们并没有后退，而是继续猛烈进攻。由于土炮放过之后填装火药的时间较长，日军利用这个间隙，冲到墙下就往上爬。村民们一边抢起大刀片砍杀爬墙之敌，一边不断地用石头砖块砸向墙下。还有许多村民冒着弹雨，抓紧时间用门板、石块等又重新把被敌人炮火轰开的围墙缺口堵上了。

战斗持续到中午，敌人仍然未能突破围墙。虽然村中的弹药已基本用尽，但负责后勤保障供应的老人、妇女、儿童不断送来石块、砖头、铡刀、菜刀、铁叉子、大刀片，把各种农具也都堆到了围墙上。

午后，日军休整过后又一次发起强攻，刚垒起的围墙缺口又被摧毁，围墙上的炮楼也被轰倒了，随着围墙的缺口越来越大，日军蜂拥而上，村民们有的抢着铡刀，有的手持长矛，在缺口处与日军展开了肉搏战。

随着日军越涌越多，村民们被迫边打边撤。而日军进村后，立即掉进了全民皆兵的旋涡里。村民们人人上阵，与敌人展开了惨烈的巷战，铁锨、菜刀、锄头无不是兵器，老人、妇女、儿童无不是战士。街头巷尾，农院内外，杀声一片。有的夫妻双双在院子里同日军拼杀，有的父子一同在巷口阻击敌人，有的母女合力同敌兵厮打在一起。村民们的抵抗一直进行到太阳落山，村子里到处都是尸体，鲜血染红了街道、断墙。

就在这时候，沭水县板泉区区委书记刘新一、区长冯干三等率领县区武工队，以及在附近活动的山东纵队第二旅第五团的一个连火速赶了过来，敌人一见来了支八路军小部队，马上跑到村东的丘岭上占据有利地形，摆好了小钢炮。由于敌人炮火猛烈，八路军连队的伤亡很大，但仍然咬着敌人不放，一直坚持到第五团的主力赶来。日军害怕天黑进入夜战吃亏，慌忙一边放着冷枪冷炮，一边朝着东南方向撤去了。

渊子崖村保卫战是中国抗日战争史上农民自发组织的规模最大、最悲壮、最具民族不屈精神的浴血之战。在这一战中，渊子崖村村民及八路军战士、县区武工队人员共牺牲242人，其中渊子崖村共312位村民中，慷慨战死者147人，共歼灭敌人121人。延安《解放日报》对此战高度评价，称"抗日战争村自卫战，渊子崖是典范"。1942年，山东滨海专署授予了渊子崖村"抗日楷模村"的光荣称号。1944年，沭水县政府在渊子崖村村北小岭上建立了一座烈士纪念塔，塔身题词称："云山苍苍，沭水泱泱。烈士之风，山高水长。"**26**

日军在沂蒙地区广大军民的合力抗击下，于1941年12月23日开始将主力分路撤出。八路军乘势追击，又夺回了蒋庄、诸满、大桥、马牧池、岸堤、河阳等村镇，至12月28日，沂蒙山区根据地基本收复，结束了历时50余天的反"扫荡"战役。

在这次反"扫荡"战役中，八路军共作战150余次，歼敌2300余人，攻克敌据点160余处，胜利地粉碎了敌人妄图消灭山东领导机关和八路军主力、彻底摧毁抗日根据地的计划。这一胜利，对坚持和发展山东地区的抗日斗争有着重大的意义。

## 注　释

**1.** 杨尚昆，时任中共中央北方局书记。

**2.** 黎玉，时任八路军山东纵队政治委员。

**3.** 石友三，时任国民党军冀察战区副总司令、第三十九集团军总司令兼第六十九军军长；沈鸿烈，时任国民党山东省政府主席、国民党军鲁苏战区副总司令兼山东游击总司令；缪澂流，时任国民党军鲁苏战区第五十七军军长。

**4.** 《山东根据地今后的任务》，1940 年 8 月 28 日，见《毛泽东军事文集》第二卷，军事科学出版社、中央文献出版社 1993 年版，第 556—557 页。

**5.** 《罗荣桓传》编写组：《罗荣桓传》，当代中国出版社 2015 年版，第 141 页。

**6.** 《陈光、罗荣桓关于第一一五师在山东的工作总结致杨勇等电》，1940 年 10 月 14 日，见中国人民解放军历史资料丛书编审委员会编：《八路军·文献》，解放军出版社 1994 年版，第 576—578 页。

**7.** 《罗荣桓传》编写组：《罗荣桓传》，当代中国出版社 2015 年版，第 141—142 页。

**8.** 《罗荣桓传》编写组：《罗荣桓传》，当代中国出版社 2015 年版，第 142 页。

**9.** 《罗荣桓传》编写组：《罗荣桓传》，当代中国出版社 2015 年版，第 142 页。

**10.** 《罗荣桓传》编写组：《罗荣桓传》，当代中国出版社 2015 年版，第 147 页。

**11.** 《罗荣桓传》编写组：《罗荣桓传》，当代中国出版社 2015 年版，第 147 页。

**12.** 《彭德怀、左权关于加强军事准备和发展游击队致朱瑞、陈光、罗荣桓电》，1941 年 2 月 19 日，见中国人民解放军历史资料丛书编审委员会编：《八路军·文献》，解放军出版社 1994 年版，第 619 页。

**13.** 上干队，即上级干部队。上级干部指连、营、团长。

**14.** 《中共中央、中央军委关于加强山东军政领导和统一作战指挥的指示》，1941 年 9 月 13 日，见中国人民解放军历史资料丛书编审委员会编：《八路军·文献》，解放军出版社 1994 年版，第 695 页。

**15.** 梁必业：《沂蒙军民反"扫荡"》，见中国人民抗日战争军事史料丛书编审委员会编：《八路军·回忆史料》（5），解放军出版社 2015 年版，第 121 页。

**16.** 梁必业：《沂蒙军民反"扫荡"》，见中国抗日战争军事史料丛书编审委员会编：《八路军·回忆史料》（5），解放军出版社 2015 年版，第 121 页。

**17.** 日本防卫厅防卫研究所战史室编：《中国事变陆军作战史》第 3 卷第 2 册，田琪之、齐福霖译，中华书局 1983 年版，第 188—189 页。

**18.** 日本防卫厅防卫研究所战史室编：《中国事变陆军作战史》第 3 卷第 2 册，田琪之、齐福霖译，中华书局 1983 年版，第 192 页。

**19.** 日本防卫厅战史室编：《华北治安战》（上），天津市政协编译组译，天津人民出版社

1982 年版，第 465 页。

**20.** 《罗荣桓传》编写组：《罗荣桓传》，当代中国出版社 2015 年版，第 156 页。

**21.** 谷牧：《深切怀念汉斯·希伯同志》，见中国抗日战争军事史料丛书编审委员会编：《八路军·回忆史料》(5)，解放军出版社 2015 年版，第 37—38 页。

**22.** 《罗荣桓传》编写组：《罗荣桓传》，当代中国出版社 2015 年版，第 158 页。

**23.** 梁必业：《沂蒙军民反"扫荡"》，见中国抗日战争军事史料丛书编审委员会编：《八路军·回忆史料》(5)，解放军出版社 2015 年版，第 122—127 页。

**24.** 谷牧：《深切怀念汉斯·希伯同志》，见抗日战争军事史料丛书编审委员会编：《八路军·回忆史料》(5)，解放军出版社 2015 年版，第 40 页。

**25.** 参见阎世宏：《永垂青史的爱国者之歌》，《红旗》杂志 1985 年第 17 期。

**26.** 参见王贞勤：《铁血渊子崖："中华抗日第一村"的不屈保卫战》，《党史纵览》2015 年第 5 期。

# 第 十 四 章

# 冀中突围

贺龙赴延安担任陕甘宁晋绥联防军司令员——田家会歼灭战——冈村宁次决定把河北北部的平原根据地变成"治安区"——日军在全面进攻冀中之前首先突袭了冀南——冀中地区突然被敌人四面包围——第六军分区主力被分别包围在三个村落里——冀中区机关从掌史村突围

## 贺龙赴延安担任陕甘宁晋绥联防军司令员

1942 年 3 月 25 日，延安张灯结彩，正在举行一场盛大的欢迎会。

这场欢迎会是由中共中央西北局、陕甘宁边区参议会和边区政府、八路军后方留守处联合举办的。受欢迎者是三位大名鼎鼎的人物：八路军第一二〇师师长贺龙、刚从苏联养病回来的原第一一五师师长林彪和去绥德、米脂视察归来的陕甘宁边区政府副主席李鼎铭。

此时，贺龙的心情是复杂的，他刚刚经历了两件不平凡的大事。

一件是关向应政委离开了第一二〇师。自 1941 年开春以后，关向应的肺结核病情日益严重，1941 年 10 月初，只好离开晋西来到延安接受治疗，贺龙亲自到贺家川彩林后方医院送行的情况至今仍然历历在目。

贺龙与关向应不是一般的战友关系。二人从 1932 年在湘鄂西苏区开始一起工作，共同经历了八年的艰难岁月。在这八年的风风雨雨中，他们结下了深厚的战斗友谊。关向应理解贺龙、支持贺龙。他曾对人说："有人说老贺有军阀主义，其实，他联系群众，关心爱护群众，上下级关系密切，同他接触多了，就比较随便了。""你不要总看老总发脾气，他发脾气其实是爱护你。他的伟大就在这一点上——关键时刻他立场坚定、果断。"贺龙也很尊重关向应，遇事总要问问他的意见。他们两人思想合拍，配合默契。关向应病重以后，贺龙十分焦急，诸事都很关心，连关向应应该吃什么、怎么吃法，都要亲自关照一番。可是，现在，病魔却使他俩分开了。尤其是关向应一走，贺龙集军、政领导工作于一身，任务更加繁重了。不过，正如关向应所说："老贺在最困难的时候，他总是有办法，而且每当最艰苦危难的时候，他最快乐。"**1**

但是说归说，关向应离开后，贺龙的确感觉孤单了一些。他清晰地记得，当时关向应躺在担架上，伸出瘦弱的双手与战友们一一握别。贺龙、周士第、甘泗淇等人挥动着双手目送关向应远去。一群战士擦去脸上的泪水，心中默默祈祷：我们的好政委，祝你早日康复，盼你早日归来……

由于病魔缠身，关向应后来再也没有回到第一二〇师。

贺龙刚刚经历的另一件事就是日寇对晋西北的"扫荡"。这次"扫荡"实际上是冈村宁次在1942年初指挥华北方面军进行的"冬季山西肃正作战"的一部分，"约以一个月的时间，在山西全境进行剿共作战，企图击溃共军和彻底摧毁其根据地，获得并搬运其武器和物资，以便扩大治安地区的范围"。"扫荡"以日军第一军为主力，实施分区作战，其中，第三十六师团负责晋东南地区，第四十一师团负责沁河河岸地区，独立混成第四旅团负责石太线南方地区，第三十七师团负责夏县周围及中条山山脉南部地区，"扫荡"晋西北的是独立混成第三和第十六旅团。**2**

1942年2月3日，日军第一军独立混成第三、第十六两个旅团集中一万余人，分头向山西的保德和兴县地区进行包围式急袭。独立混成第三旅团旅团长毛利末广率领独立步兵第六至第十共五个大队以搜索第一二〇师山西新军暂编第一师为目标，先后急袭石佛河、保德、岢岚等地；独立混成第十六旅团旅团长若松平治率独立步兵第八十二至第八十六共五个大队直扑兴县第一二〇师师部及晋西北军区领导机关，企图一举消灭晋西北八路军的指挥中枢。敌军组成多路纵队，对目标地区进行了梳篦式的反复"扫荡"。

2月4日，若松平治虽然采取秘密行动的方式向兴县而来，但前方情报已及时地送到了贺龙手中。贺龙当机立断，马上率领晋西北军区机关迅速转移到了兴县西北的水江头。2月6日，气势汹汹的若松平治占领了兴县，却发现自己扑了空，马上跟踪而进。贺龙立即又转移到瓦塘以北地区。若松平治在水江头再次扑空，便下令摆开阵势，分成多路纵队并头推进，严密搜索。

贺龙见日寇紧盯着自己不放，觉得总是躲不是办法，得变被动为主动。他说："鬼子正在找我们的主力，我们要避开他，让三五八旅去界河口和二十里铺一带活动，到鬼子屁股后面去'放火'，逼他退出去。对进入根据地的鬼子，用小部队袭击他，让他们不得安宁。各分区的部队都要避开正面，去打敌人的交通线和据点，把声势搞大点，那样，日军不得不走。"[3]

这一着确实很奏效。第三五八旅接连不断地跟在若松平治的后面，打击他的运输部队，逼得他只好掉转屁股去寻找第三五八旅。而在外线活动的各个部队，打得就更加热闹了：独立第一旅三次截断离（石）岚（县）公路；山西青年抗敌决死队第二纵队在文水和交城地区，决死第四纵队在离石、大武地区不断袭击敌人据点，破坏交通，打击敌人运输线；独立第二旅与山西新军暂编第一师跳出了毛利末广的合围后，又袭占了义井。晋西北其他各部队也在敌占区和交通线上四处出击，总计歼敌1750人。敌人被打得顾头顾不了尾，十分被动，不得不于3月初放弃"扫荡"，撤回了原据点。

反"扫荡"刚一结束，中共中央就发来指示，要贺龙与晋西区党委书记林枫速往延安。贺龙只得把反"扫荡"的扫尾工作交给第一二〇师参谋长周士第，同林枫过了黄河。但他清楚，日寇决不会善罢甘休，第一二〇师时刻都有可能再次遭到敌人的侵袭。

正是怀着这种担心，贺龙参加了延安的欢迎会。令贺龙欣喜的是，毛泽东和朱德也都到了会。主持会议的是陕甘宁边区参议会副议长谢觉哉。谢觉哉先请林彪讲话。林彪已离开抗日战场三年多了，刚刚回国，不好意思讲，只说："该受欢迎的不是我，而是从前方归来的贺师长和我们的李副主席。"**4**

林彪本是八路军第一一五师师长，1938 年 2 月奉命率第一一五师师部和第三四三旅由晋东北南下，到吕梁地区去开辟根据地。不想在 3 月 2 日途经隰县以北千家庄时，因身穿缴获来的日军大衣并骑着洋马，被当地驻军阎锡山部第十九军警戒部队的哨兵开枪误伤，子弹从他的右腋经左侧背部穿出，伤到了肺部和脊椎骨，从此留下终身未愈的植物神经紊乱症，并逐渐形成了怕水、怕风、怕光、一紧张就出汗的毛病。于是，其师长职务由第三四三旅旅长陈光代理，林彪被送到延安治疗，1938 年冬又被送往苏联就医，在莫斯科郊外科尔斯基村的一所疗养院里疗养，直到此时才经新疆回到延安。

谢觉哉见林彪推辞，又顺着他的话头转身请贺龙讲话，并风趣地说："我们的贺师长是一条龙，转战华北这么多年，日本鬼子都奈何他不得，能降服这条龙的，估计只有纯阳老祖了，可是，纯阳老祖又在我们这边呢。"谢觉哉的意思是说：贺龙是个共产党员，他只接受中国共产党的领导，服从中国人民的意志，别的什么力量都奈何他不得。

贺龙没想到自己这次回到延安，会受到如此盛情的欢迎。他十分激动，在热烈的掌声中讲话说："我是一个普通党员，现在回家来了，是不该受这样盛大欢迎的。"接着，他简要汇报了晋西北这次春季反"扫荡"的情况，他兴致勃勃地说："敌人春季'扫荡'彻底失败了，不过，敌人的战术也有改变，在我们面前并非完全无能，时常对我们实行反袭击、反伏击。我们如不注意敌人这种战术上的进步，那一定会吃亏的。我们应该注意研究敌人战术的改变。"**5**

谈到晋西北根据地几年来的建设，贺龙更加兴奋："晋西北根据地的建设时间比较短，到现在不过两年，除了打仗以外，允许我们建设的时间不过 14 个月。如今'三三制'政权已经建设起来，一天天在巩固中，过去逃亡的地主，现在已经回来了。地主、士绅、各党派人士都积极参加了政权工作。他们很高兴，很安心。我们的行署主任续范亭同志，便是一位国民党员、老同盟会员，行署副主任牛荫冠同志，是牺盟会领导者之一，他的家庭是晋西北第一家大地主。乡村政权已经过两次改选，现在第三次普选也已完毕，正在着手县一级的选举。晋西北参议会也在筹备，预计今年 7 月，第一次会议就可以开幕。"**6**

最后，他深情地说："晋西北根据地能建立起来，主要是我们忠实地执行了党中央的正确政策，执行了我们的领袖毛泽东同志的指示"，"晋西北紧靠陕甘宁边区，在建立新民主主义根据地中有一个近便的榜样"。**7**

贺龙的讲话赢得了一阵阵热烈的掌声。欢迎会之后，贺龙才知道，毛泽东这次让他到延安来，除了参加整风学习外，还要他担任即将成立的陕甘宁晋绥联防军的司令员。

由于当时中国共产党领导的敌后抗日战争正处于极端困难时期，国民党顽固派又趁机加紧对中共中央所在地陕甘宁边区的围困和封锁，并准备进行军事进攻，中共中央为加强保卫陕甘宁边区的军事力量，统一陕甘宁和晋绥两个区域的军事指挥和军事建设，决定在延安成立陕甘宁晋绥联防军。为此，毛泽东先让贺龙参加由朱德领导的军委考察团，检查八路军后方留守兵团的工作。贺龙同后方留守兵团的领导人萧劲光司令员、曹里怀参谋长、政治部主任莫文骅等人作了多次长时间的交谈，了解情况，交换意见，又听取了一些旅、团干部的反映，并在 1942 年 3 月下旬召开的中央军委检查后方留守兵团工作的会议上作了坦诚的发言。

1942 年 5 月 13 日，中共中央军委发布了关于成立陕甘宁晋绥联防军司令部的正式决定，任命贺龙为司令员，徐向前为副司令员，关向应为政委（关向应休养期间，由高岗代理），林枫为副政委。毛泽东要求贺龙参加解决三项任务：一是统一晋西北与陕甘宁两个区的军事指挥及军事建设；二是统一两个区的财政经济建设；三是统一两个区的党、政、军、民领导。

贺龙又挑起了一副新担子。就在这个时候，晋西北传来了一个好消息，第一二〇师的指战员们在兴县的田家会打了一场振奋人心的歼灭战。

## 田家会歼灭战

正如贺龙初到延安时所担心的，日寇在对晋西北的"扫荡"失败之后，心中不甘，1942年5月中旬，又在岚县东村、寨子村等地区集结兵力，企图再次奔袭驻在兴县的晋西北党、政、军领导机关。

当时，晋西北军区、第一二〇师的首长和旅、团的主要负责干部，都在延安参加整风学习，部队工作暂由各级参谋长、政治部主任主持。得知日军发起新的侵袭后，第一二〇师参谋长周士第命令第三五八旅参谋长李克夫和政治部主任朱明，马上展开部署，做好战斗准备。

1942年5月14日下午，侵驻山西岚县的日军第六十九师团第八十五大队的横尾中队、稻田中队以及吉岗中队、小关中队、佐佐木中队各一部，连同伪军共700余人，在第八十五大队大队长村川率领下，离开东村、寨子村向西进犯。

村川一向老奸巨猾，他到晋西北两年多的时间里还没有栽过大跟头。由于他对晋西北的地理环境和八路军游击战的一些特点有所了解，在日军中被称为"晋西北通"，自己也以"常胜将军"和"游击战专家"自诩。

村川这次率队出动，企图仿效八路军的一些战术，采取声东击西、轻装奔袭的办法，进犯晋西北抗日根据地首脑机关驻地——兴县。狡猾的敌人为迷惑八路军，在两三天之前，先以抓民夫、抢骡马、扬言要筑路修桥的方式制造假象，到了5月14日下午，突然沿着岚县至兴县的公路西进，首先将矛头指向第三五八旅旅部和其所属第七一六团的驻地——界河口、恶虎滩。

这时，第七一六团第二、第三营由王绍南副团长率领，到30公里以外的苛岚县背粮食去了，驻地只有颜金生副政委带领的第一营和团特务连留守，加上旅部特务连，总兵力不过400人。

颜金生等人见形势严峻，情急之下，倒机智地唱了一出"空城计"：他一面派人向第一二〇师参谋长周士第报告情况，一面加紧布置疑兵，在敌人必经之处，无论山林或高地，这里放一个班，那里放一个组，半隐半现地来回运动，虚张声势，并在吴家沟、杂石沟等处连续以小分队向敌人发起主动进攻。

村川本想偷袭第三五八旅，见八路军已有防备，又不知虚实，只好避开大路，绕山沟小道，继续向西运动。

5月15日拂晓，敌人进到离兴县城只有20多公里的李家庄隐蔽，企图绕过第三五八旅，偷袭兴县的晋西北军区机关和第一二〇师师部。没想到第三五八旅一直在监视着他们，识破敌人企图后，立即将情况报告给了第一二〇师师部。

周士第下达命令："第三五八旅一定要拖住敌人，不让敌人直扑兴县，但不要在李家庄地区进行大的战斗，主要以袭击、伏击、侧击等方式，迟滞消耗敌人，同时要迅速集结兵力待命。"

第三五八旅参谋长李克夫明白周士第的意图：先诱敌深入，而后再集中兵力，寻机消灭之。便立即遵照周士第的指示，传令第三五八旅旅部特务连配合第七一六团第一营，加上当地游击队和民兵，要拖住隐蔽在李家庄的敌人，不让他们进犯兴县，同时要不断地对其进行袭扰，使其不得安宁。又命令第七一六团：通知外出背粮的部队急速回赶，准备参加战斗。

这样，敌人本想隐蔽在李家庄，不料不断受到袭掠，想继续向西进犯，却又两次被八路军打退，只能被困在一条窄沟里，整整被拖住了两天一夜。趁此期间，驻在兴县的领导机关和群众已全部安全转移了。直到5月16日21时许，八路军才让敌人乘着黑夜冲出沟口，向空荡荡的兴县扑去。

5月17日拂晓，敌人到达兴县，先在城外打了一阵炮，然后耀武扬威地开了进去。可进了城后，却连八路军和老百姓的影子都没见着。这时，村川才知道自己已经中计，又慌忙出逃。

可惜为时已晚。周士第已传令第三五八旅："敌人的附近据点都已被我外线部队牵制，村川大队实际上已孤立无援，歼敌时机成熟了，争取在敌人撤退途中伺机将其包围歼灭。现令第三五八旅第七一六团及工卫旅第二十一团于17日晚进至黄家墕、双胜村地区设伏；兴县游击大队进至白家墕西北地区配合作战。第三五八旅第七、第八团以及决死队第二、第四纵队和独立第一旅等各一部，于大蛇头、奥家滩、阳坡、上寨等地区占领阵地，准备阻击由岚县、普明、离石等方向的来援之敌，并防止白家墕之敌向南逃走。"军令如山，各部队接令后，立即分头行动，奔赴指定地点。

5月17日中午，敌人慌慌忙忙地全部退出兴县城关。村川预感不妙，不敢原路退回，改沿兴县城南的山梁向东撤退。由于出城之后连续遭到八路军各小分队的袭击，敌人一下午只行进了6公里，当晚停驻在白家墕。根据路径分析，村川大队很可能会于次日先由白家墕往南，经过二京山，再折向东，经由田家会逃回老巢。

因此，八路军第七一六团调整了设伏点，由三十里铺快速插进到二京山地区，于5月17日当夜埋伏到了离白家墕只有几公里路的郭家圪台、胡家墕和双胜村一带，与已在南面设伏的工卫旅第二十一团形成了一个伏击圈，只等着天亮后敌人来钻"口袋"。

但村川显然既狡猾又谨慎，他希望预先看看八路军从哪个方向来袭扰，再决定选择安全方向行进，但等了很久都没见动静，这才于5月18日上午10点多钟，小心翼翼地向二京山方向走来。

待敌人进入了伏击圈，八路军立即发起进攻。一片密集的枪声，敌人猝不及防，倒下一大片。村川惊慌之下，忙四下里搜寻突破口，最后选定了二京山附近由工卫旅第二十一团防守的肖家洼阵地。他集中主要兵力拼死向肖家洼阵地猛攻，同时又以另一部兵力绕向第二十一团侧后，占领了龙尾峁制高点，企图以两面夹攻的方式，从第二十一团这里打开一个缺口。

一时间，龙尾峁就成了双方的必争之地，战斗越打越激烈。村川发疯似的向工卫旅第二十一团进攻，想尽快突围。这时候，第七一六团第一营迅速插到肖家洼的西南侧，迂回到敌人的侧面；第七一六团第二营的第五、第七连也趁机沿着隐蔽的山路，翻过几道山梁，抢先占领了龙尾峁东南面的山头。这样，就又从东、西两面卡住了村川的南下之路。尤其是龙尾峁东南面的山头，更是敌人要逃往田家会的要道。村川见此山头被占，连忙挥舞着战刀，拼命地号叫，逼迫着手下往前冲，并调集火力猛攻，顿时把那块方圆不过百米的阵地打得漫天烟火。

这个阵地，既没工事，也没有掩蔽物，但八路军指战员们以坚强的意志和灵活的应对措施，硬是用机枪、步枪和手榴弹，打退了敌人一次又一次的进攻。村川见强攻不成，又使用偷袭方法，以部分兵力在正面佯攻，另派兵力乘着阵地的浓烟，隐蔽绕到山头侧后后山沟里往山顶上爬。第五、第七连忙着应对正面之敌，还没注意到身后的情况，却被第七一六团的副政委颜金生发现了，急令团预备队第六连绕到山头更后面的一处制高点，居高临下一阵痛击，打退了敌人的偷袭。

战斗一直持续到傍晚时分，敌人死伤过半，村川本人也身负重伤。敌人终于放弃进攻，在暮色中又退回到了龙尾峁。当夜，周士第令所有部队加强警戒，防止敌人逃跑，争取次日歼灭所有敌人。

不想由于当夜风沙大作，天色昏黑，村川居然连夜东逃。工卫旅第二十一团的哨兵发现情况，点火发出警报，但由于地势阻碍，加上风沙劲扬，其他联络哨都没看到。待通信员翻山越野地将消息送到指挥所，天已拂晓。八路军各部队得令后，飞速追击。天亮以后，先头部队第七一六团第二营成功在田家会一带阻住了敌军去向。战斗不多时，第七一六团的第一营和第三营，也在王绍南副团长和颜金生副政委的率领下相继赶到了，他们分别控制了田家会北山后的制高点和东、西两面的主要阵地。随后，工卫旅第二十一团也赶到了，占领了田家会西南面的高地。敌人又一次陷入四面包围之中。

将敌人围困在田家会以后，八路军各部队暂时停止进攻，原地吃饭、休息，经过部署调整和会议商讨，决定于5月19日18时30分发起总攻。

总攻时间一到，顿时号声四起，枪声、手榴弹爆炸声和八路军战士们的喊杀声汇成一片，响彻山谷，突击队员们个个如猛虎下山，冲向敌人死守的田家会北山高地。经过近两个小时的浴血战斗，敌人丢下北山高地，退缩到田家会村内。接着，八路军战士们又坚决勇猛地冲进了田家会村，展开了新一轮激战。战斗到21点多，残敌除100余人乘黑夜向东潜逃外，其余全部就歼。逃出之敌于5月20日窜至小马坊与奥家滩之间时，又遭到八路军侦察连和岚县游击队的截击，又被歼灭一部分，村川本人虽然潜回了东村据点，但不久也因伤重而亡。

田家会战斗从岚县公路阻击开始，到在田家会将敌歼灭，历时6天6夜，共歼敌500余人。横尾中队长被击毙，村川大队长、稻田中队长重伤，日伪军被俘40余人。八路军缴获山炮1门、轻重机枪8挺、步枪150多支。**8**

贺龙听说自己的部队打出了如此出色的战斗成绩，心中不免升起一种自豪之感。但几日后，又传来一个坏消息，让他难过了许多天：冀中军区第八军分区司令员常德善不幸牺牲。

常德善，1912年出生在山东省峄县一个贫苦的农民家庭。早年加入西北军，1929年率西北军的一个班加入中国工农红军第二军团。参加红军后，常德善先是给关向应当服务员，后又给贺龙当警卫员。他在工作中恪尽职守，在战斗中机智勇敢，于1934年升为团长，并跟随贺龙、关向应转战在湘鄂西、湘鄂川黔等革命根据地，曾多次在自己身负重伤的情况下，把受了伤的贺龙背下战场。贺龙常说："在湘鄂西的时候，在三次战斗中，常德善把我背扶下来，他身挂重彩，身上带着三颗子弹，打起仗来非常骁勇，真可说，没有常德善就没有我贺龙。"在红军长征中，常德善任红二军团第六师参谋长，曾血战金沙江掩护主力。1936年贺龙去西安会见蒋介石，常德善以随行副官身份负责贺龙安全。抗日战争爆发后，常德善任八路军第一二〇师挺进支队队长，随贺龙、关向应赴晋西北创建抗日根据地。1938年第一二〇师挺进冀中，常德善率挺进支队孤军插到大清河以北。到1939年秋，第一二〇师又奉命返回晋绥，冀中军区的吕正操等人请求贺龙给冀中留下一批有经验的老红军干部，以提高冀中新生抗日武装的政治素质和战斗力，常德善遂成为冀中军区第三军分区司令员。1940年6月，晋察冀军区所属各分区统一编序，常德善所在的第三军分区改为第八军分区，主要活动在冀中抗日根据地的东南端，东邻津浦铁路，南与晋冀鲁豫抗日根据地接壤。1942年6月9日，常德善在肃宁县的雪村一带遭到日军"扫荡"部队的包围，在战斗中英勇牺牲。后来，贺龙曾为常德善亲自撰写碑文："常德善同志是中国共产党的优秀党员，人民军队的坚强干部。早年从事革命斗争，在参加湘鄂边、湘鄂西、湘鄂川黔等苏区的斗争中，以及在长征和抗日斗争中，由于他意志坚定，勇敢顽强，因而功勋卓著，业绩永存！"

致使常德善英勇牺牲的这次日军"扫荡"，就是令冀中抗日根据地遭受到极大损失的日军1942年"五一大扫荡"。

## 冈村宁次决定把河北北部的平原根据地变成"治安区"

敌人对冀中发起"五一大扫荡"是事先谋划了很久的一次大举动。日寇为配合计划中自1942年3月30日起开始为期两个半月的第四次"治安强化运动"，早在1942年2月，冈村宁次就在华北方面军参谋长会议上传达了日军"1942年度肃正作战计划"，并野心勃勃地宣布了"肃正作战计划实施纲要"："由华北方面军直接指挥，消灭本年度肃正重点地区河北省北部的中共平原根据地，一举将该区建设成为治安区。各军应予以配合，或在各自负责地区内彻底进行肃正工作。"

为此，冈村宁次要求华北方面军直属的第二十七师团从4月初开始在冀东地区"作战"，直属的第一一〇师团和独立混成第十五旅团从4月下旬开始在冀西地区"肃正"，第十二军从4月底开始在冀南地区"作战"。上述各地区"作战"的用意是要让八路军误认为这是例行"讨伐"，并且兼起佯攻牵制作用，以配合5月开始的冀中作战等行动。对作为重点的冀中地区的作战，则由华北方面军直属的第四十一师团和独立混成第九旅团的主力以及原在冀中地区的第二十七师团和第一一〇师团的部分兵力参加，要在青纱帐长起之前取得"肃正作战"的成果，从5月初先开始进行突然袭击的包围作战，然后长期坐镇，一面进行"扫荡作战"，一面实行"治安建设"。**9**

日军之所以将冀中地区作为主要"扫荡"目标，华北方面军情报主任参谋横山幸雄少佐称："冀中地区是河北省中部的粮仓地带，在战略上、经济上居于重要地位，中共势力已经在此根深蒂固。由于该地区已成为对缺乏农产品的太行山区中共根据地供应、培养战斗力的基地，因此，可以认为，只要扼杀该基地，就会收到很大成效。"**10**

日军华北方面军为了保证1942年5月"扫荡"冀中的成功，在3月下旬就由华北方面军第二课完成了对冀中的相关情报整理。

　　一、作战地区状况：作战地区包括安国、饶阳、安平、深县、深泽、献县、武强、武邑、肃宁、博野、衡水、束鹿、晋县、无极等县，总面积约9000平方公里，人口约280万，地势一般平坦，为村落散布的大平原。主要河流有子牙河、滏阳河、滹沱河、潴龙河等，这些河都是流向东北，只限指定地点准许渡河，但在5月至6月间，水量缺乏时，不成障碍。农作物有高粱、小麦、玉蜀黍、小米、棉花等，高粱的耕种面积占四分之三，尤以无极附近为最多。5月下旬，这种高秆作物还不到0.7米，对射击虽然有些妨碍，但部队的了望和通行并无不便。

　　二、冀中军区情况：本地区八路军兵力共14000余人，军区司令吕正操，政委程子华，直辖冀中回民支队和骑兵第二团，下设第六至第十共5个军分区，正规军和游击队分别由各分区司令统一指挥。正规军一般以团为单位进行活动，每团兵力1000至1500人，按三三制编成，拥有步枪700至1000支，轻机枪10至20挺，重机枪4至6挺，迫击炮2至4门，每人携带子弹30至50发。**11**

华北方面军各主任参谋在3月至4月间进一步前往冀中地区进行了现地侦察和研究、准备工作，副参谋长有末精三在4月中旬又特别派出有关的政务军官前往保定进行了现地考察。华北方面军特种情报班还一度在3月破译了冀中军区司令部的电报密码，至4月26日因八路军变更密码才中断了这方面的情报来源。

1942年4月中旬，华北方面军正式出台了包括详细项目在内的"作战实施计划"。其概要如下。

一、方针

对以吕正操为司令的冀中地区的共军主力，进行突然袭击的包围作战，摧毁其根据地，同时在政治、经济思想上采取各种措施，以便将该地区一举变为治安地区。

二、参加作战部队与配合作战部队

直接作战部队：第四十一师团（师团长清水规矩中将）的主力（步兵六个大队为基干）、独立混成第九旅团（旅团长池上贤吉少将）的步兵约两个大队，第一一〇师团白泷部队（第一一〇步兵团长白泷理四郎少将直接指挥的步兵四个大队为基干），配属第二十六师团的坂本支队（独立步兵第十二联队长坂本吉太郎大佐指挥的步兵两个大队为基干），骑兵第十三联队（联队长山崎武四大佐），独立混成第七旅团小川部队（部队长为独立步兵第二十九大队长小川雪松大佐），共计步兵18个大队为基干。

配合作战部队：第一一〇师团（师团长饭沼守中将），第二十七师团（师团长原田熊吉中将），第二十九独立飞行队，河北省特务机关（设在保定，机关长铃木繁二少将），石门特务机关（机关长石田丰藏大佐）。

注：第四十一师团的编制由师团司令部和步兵团司令部、步兵第二三七到第二三九联队、山炮兵、工兵、辎重兵等各兵种的第四十一联队，以及师团的通信队、武器勤务队、卫生队，第一、第二野战医院、病马厂所组成。编制定员规定为13836人，实际人数包括编制内的兵员人数和军队的文职人员总共达17055人。独立混成第九旅团的编制由旅团司令部、独立步兵第三十三到第四十大队以及旅团的通信队、炮兵队、工作队所组成，编制定员为4963人。

三、作战指导要点

作战第一期（自5月1日开始，约10天）：白泷部队在滹沱河北岸地区，小川部队在河间、肃宁地区，独立混成第九旅团在石德路南侧地区进行扫荡战，要估计到大规模作战会有困难，同时要将敌人压缩到滹沱河、滏阳河与石德路所构成的三角地带，阻止敌人从该地带逃出。在此期间，第四十一师团利用铁路运输从山西向邯郸、顺德地区进行伴动，然后在石德路沿线地区展开。

作战第二期（自5月11日开始，约5天）：第四十一师团（配属独立混成第九旅团）从石德路沿线向北挺进，白泷部队从滹沱河北岸地区向南进发，小川部队则从河间、肃宁向饶阳推进，分别发起突然袭击，将敌人包围在三角地带予以歼灭。

作战第三期（自5月16日前后开始，约25天）：前一阶段（约10天）划出作战地区，反复进行扫荡，以消灭敌人及其根据地设施。后一阶段（约15天）继续剿灭敌人残余势力，同时大力推进各项建设工作。第四十一师团则转入新作战地区的警备姿态，进而正式开展治安肃正工作。**12**

日军"作战实施计划"制订后，各参战部队及配合部队都开始了积极的战前筹备。其中，原本负责对冀中主要地区进行"肃正作战"的第一一〇师团和负责对冀中东半部地区"作战"的第二十七师团进一步加强了所属部队各驻地据点的设施，特别是碉堡工事和铁路等主要交通道路两侧的隔断壕，同时在各自"警备"地区连续不断地进行"讨伐"。准备直接参战的第四十一师团以及由第一一〇师团和第二十六师团抽出兵力编成的白泷部队，为对付冀中八路军，不仅进行了部队调动和编制调整，而且重点研究了在平原环境下的作战方法，创造出一种名曰"撒网战法"的搜索方式（即各步兵中队将一列纵队的分队按 500 米的间隔散开，大队再将各中队并列起来遮挡住整个大队所担任的正面，形成严密的搜索面，并将被搜索者赶向搜索网内的中间地带），还从天津地区征用大量自行车，在每个大队下都编配了 20 人左右的自行车队。为隐蔽对冀中的"扫荡"企图，日军先于 4 月 25 日和 26日在保定西北山地对冀西地区进行了"讨伐作战"。

1942 年 4 月 28 日，侵华日军华北方面军召开兵团长会议，正式下达命令：按既定计划于 5 月 1 日开始冀中作战。

对此，冀中八路军显然准备不足，这不仅与日寇想尽各种办法隐蔽作战企图有关，也与当时冀中军区的盲目乐观、出现轻敌思想有关。1942 年 1 月 17 日，中共冀中区党委发布工作指示时就称："太平洋战争爆发后，敌之大部陆军，特别是华北军队虽不能调离，但增兵华北的可能暂时消灭，兵力也更加消耗与分散，势必不可免地在军事上的力量必相对地减弱，为供给战争，必须确保占领区，更加强对我根据地资源之抓取。此种矛盾产生了敌后抗战的新形势"，"敌组织较前规模更大的'扫荡'将暂时不可能了，但小的'扫荡'，分区的'扫荡'则不会停止且将增加"。**13** 这种判断明显低估了华北日军为支持太平洋战争而更加积极进行作战、摧毁抗日根据地的可能性。

这种思想，实际上中共中央也有所察觉。1942年3月，中共中央北方局、中央军委华北分会在给太行、太岳区的指示中就说："太平洋战争爆发后，中央虽曾一再指示，敌人对我敌后根据地绝不会放松，且更加残酷的'扫荡'仍将到来。各根据地对这一指示的实质的了解尚不深刻，有不少同志，甚至于领导同志中尚有某种程度的轻敌心理。在敌人开始'扫荡'时，我之准备工作是十分不够的。"[14]

到了1942年4月，随着日军对华北"扫荡"不断，冀中区党委、军区才连续发出反"扫荡"紧急指示，纠正了年初时的基本观点，明确指出："太平洋战争爆发后，敌人不可能对冀中大的长期'扫荡'的观点，必须即时肃清。应进一步从思想上、物资上积极准备多事之秋的春季大'扫荡'。"但经过了一段工作，冀中部队中的轻敌思想"并没有得到真正解决"，虽然也为可能的"春季反扫荡"工作做了准备，却没有想到这次日军的"扫荡"目的竟是彻底地摧毁冀中，变冀中为"治安区"。[15]

## 日军在全面进攻冀中之前首先突袭了冀南

日军为了更加突然和隐蔽地进攻冀中抗日根据地，按照预定计划，在对冀中展开突袭之前，首先令日军第十二军于1942年4月29日突袭了冀南地区。

截至4月28日傍晚，准备突袭冀南地区的日军第十二军各部队已部署完毕。其中，林芳太郎率独立混成第七旅团部署在山东武城以北龙华附近，吉田峰太郎率独立混成第八旅团部署在山东武城以西垂杨村附近，铃木贞次率独立混成第一旅团部署在河北曲周附近，重田德松率第三十五师团部署在河南濮阳附近。为隐蔽企图，第十二军相关部队极力以假计划、假命令及散布流言等方式进行情报欺骗，真实命令却一概采用口头方式传达。各部队的调动一律选择在日落后轻装迅速移动。

4月29日拂晓，日伪军共计1.5万多人，由第十二军司令官土桥一次亲自在临清指挥，同时向冀南地区发起了突袭，并迅速形成两个大包围圈：一个以山东城武北部的武官寨、十二里庄一带为中心，重点合围的是冀南军区党、政、军领导机关和新七旅；另一个以河北邢台至临清公路以南的邱县东目寨、摇鞍镇一带为中心，重点合围的是冀南军区第四军分区及地方党、政机关和新四旅。

此时，冀南军区、冀南区党委、冀南行署等20多个机关及新编第七旅刚刚由河北故城的郑家口附近转移到山东武城的武官寨地区。由于冀南军区司令员陈再道和副司令员王宏坤前往军分区视察工作、政委宋任穷正在太行区参加会议，军区机关只有参谋长范朝利和政治部主任刘志坚坐镇。

4月28日后半夜，冀南军区司令部情报科副科长程诚向军区领导报告：新编第七旅第十九团发现附近有日伪军夜间集合，情况异常。但冀南军区认为，这不过是敌人要进行一般性"扫荡"，没有马上转移。但到了4月29日早晨，新七旅的第十九团和第二十团都先后与敌人发生了激烈的战斗。第十九团边打边走，从饶阳店附近向西穿插，顺利地跳出了合围圈。

主持冀南军区机关工作的范朝利、刘志坚听闻各方向交火声激烈，才感觉情况不妙，赶忙组织人员向南转移，于4月29日10时左右，会集到了十二里庄一带。这时，大地里的高秆植物还没有长起来，平地上聚集着冀南军区机关、军区后勤工厂、军区医院、冀南区党委机关、冀南行署机关、行署文工团、冀南报社、冀南银行、冀南党校、冀南财校以及从各地来总部培训、学习、开会的干部群众，共三四千人。而掩护这一大批男女老少的只有冀南军区的特务团。

由于敌人已完成合围，冀南军区等机关和部队只能立即突围。由于北面的敌人兵力最强，并且正在不断地向南推进，不能迎敌而上，而在东面，过了运河后大部地区都是敌占区，且渡口上又均有日伪军把守，没有突围希望。这样，就只能向西面和南面突围了。因为过了清凉江以西是抗日游击根据地，所以范朝利和刘志坚决定向西突围，由特务团负责断后掩护，并调动正在附近活动的新七旅第二十一团和骑兵团打前锋。

新七旅骑兵团冲锋在前，率先将敌人的封锁线撕开一个口子，但后面的队伍却在跟着突围时很快就被打散了，还没有跟上来，刚在封锁线上撕开的口子就重新合上了。骑兵团只好再次冲破封锁线，回到包围圈内，于14时许，回到十二里庄东南。这时，日军已经占领十二里庄北面的几个村子，在坦克、装甲车的掩护下，成梯队地疯狂压过来，几架敌机也在空中盘旋和扫射，到处都有受惊骡马的凄厉嘶鸣声。被围在合围圈内的突围人员，军民混杂，一片混乱。

范朝利、刘志坚经过侦察与分析，发现北面和东面都是日军独立混成旅团，而南面和东南面是从武城县赶来的日伪军，战斗力相对弱一些，决定火速向南和东南方向突围，仍以骑兵团为先导，机关骑马人员紧随其后，特务团和第二十一团部队则在左右两翼掩护徒步人员向外突击。

冲锋号再次吹响，骑兵团换了个方向继续发起冲锋，但南面的日伪军火力也很强大，骑兵团遭到很大伤亡却仍然未能冲出去。而在侧后担负阻击掩护任务的特务团在日军坦克的攻击下，也已难以支撑。很多机关干部都觉得最后的时刻到了，纷纷开始撕碎文件，破坏器材。在悲壮的气氛之中，骑兵团政委况玉纯决定奋起一搏，他亲自充当旗手，单手擎着红旗，冲在骑兵队列最前面，高声喊出了那句后来响彻冀鲁豫战场、为冀南军区政委宋任穷多次颂扬并最终成为骑兵团集团冲锋口令的经典口号："骑兵团！共产党员集合！"

骑兵团战士们人人抽出腰间的战刀，怒吼着，分成两路向敌人冲去，突围人员紧随其后，特务团拼尽力气在后方掩护。骑兵团终于冲开了敌人的第一道封锁线，冀南区的主要党、政、军领导和总部机关的大部分都冲了出去。到17时许，骑兵团团长曾玉良联合第二十一团又在大辛庄附近冲出了敌人的第二道封锁线。最终，共有 1000 余人顺利突围，于 4 月 30 日抵达枣强县西南地区，完全跳出了敌人的合围圈。敌人妄图消灭冀南党、政、军机关的阴谋宣告破产。

就在武官寨地区冀南军区机关部队浴血突围的同时，冀南第四军分区等机关、部队和新编第四旅在东目寨、摇鞍镇地区也遭到了敌人的合围。

4 月 29 日拂晓，日伪军发起合围之时，驻在邱县县城东北部的新编第四旅旅长徐深吉并未意识到这是敌人的一次大规模行动，只是听见枪声越来越近，立即决定率旅机关和直属队向东北摇鞍镇方向转移。新四旅副旅长杜义德率第七七一团驻在邱县马头镇，与由曲周向东推进的日军一接火，立即率部队向西转移，因为该团驻地正好是敌人合围圈靠西边的边沿地区，未受什么损失就顺利地跳出了合围圈。新四旅政委文建武率第十团驻在威县东南，一发现敌人开始出动，就迅速向北突围，因行动迅速，又处于敌人合围圈北部的边沿地区，也很顺利地跳出了敌人的合围圈。

而新四旅旅长徐深吉率领旅直机关和直属队转移到了摇鞍镇，却发现四面均是敌人重兵，显然已陷入敌人的合围圈中，形势十分严峻。这时，驻在梁二庄附近的第十一团发现旅部机关陷入重围，决定前来掩护徐深吉突围。徐深吉命令第十一团迅速向南突围，尽量保存实力，不要向旅部靠拢。第十一团遵令突围未果，又转向东北方向突击，一直战斗到黄昏时分，终于冲出封锁线。徐深吉令随旅部行动的第十团第二营向东突破，经反复拼杀，掩护旅参谋长陈明义及旅直属队一部和通信队电台冲了出去。随后，他又乘着东南面敌兵减少，组织第二次突围，又掩护出去一部分人员。最后，徐深吉指挥警卫连掩护直属队向南面发起第三次突围，一直战斗到 15 时许，终于率领剩余人员冲出了包围圈，虽毙伤日伪军 200 余人，但自身也伤亡了 300 多人。

这时，冀南第四军分区司令员杨宏明、政治部主任孙毅民、参谋长郑重率军分区机关驻在邱县西孝固村，第四军分区地委和专署机关驻在东孝固村。

4月29日拂晓，听到西边突然枪声大作，第四军分区机关立即向东朝着摇鞍镇方向转移，10时许聚至临西县南杏元村附近时，地委机关以及赵鹤亭为团长、张世益为副团长的第三十六团也都聚到了这里，恰恰由此进入了敌人布置的包围圈。

杨宏明决定分路突围：孙毅民、张世益率第三十六团第三营向西南方向冲击，杨宏明、赵鹤亭率第三十六团第一和第二营及分区直属队向馆陶县梭庄方向突围。然而两路突围都遭到了敌人的重重拦堵与阻击，经过浴血拼杀，各有一部人员冲了出去，但冀南军区第四军分区司令员杨宏明、政治部主任孙毅民等多名军、政干部都牺牲了。后在1942年10月，中共冀南区党委及冀南行署为纪念杨宏明、孙毅民烈士，将临清县西部及清河、清江、企之三县的各一部新建为县，命名为"宏毅县"。

日军这次对冀南地区的大突袭，使得冀南的抗日斗争形势更加恶化，抗日根据地面积缩减至五分之三，抗战力量也受到了巨大损失，冀南军民的抗日斗争进入了更加艰苦的阶段。

然而，日军突袭冀南还只是为了开展"五一大扫荡"而进行的"佯攻牵制"行为的一部分。

## 冀中地区突然被敌人四面包围

日军"五一大扫荡"按预定计划要进行一个半月，分成三个阶段，第一阶段先将冀中地区的八路军主力驱赶、压缩到滹沱河、滏阳河与石德铁路所构成的三角地带，第二阶段将之彻底消灭，第三阶段再对冀中地区进行反复"扫荡"，取缔抗日根据地，将之变为"治安区"。正式行动之前，日军独立混成第七旅团鉴于此时的河流积水不足、未成障碍，先于武强小范镇附近的滏阳河上筑起一道拦河坝，使小范镇至献县间河水上涨，形成阻截线。同突袭冀南时的做法类似，日军各任务部队在行动前一晚日落以后才开始行动，悄然进入各自的预定出击地点。

1942年5月1日，日军各任务部队突然从四面包围了冀中地区，并不断向中心区推进。其中，敌独立混成第七旅团及第二十七师团共出动七八千人，从河间、肃宁、献县、衡水等地出动，分别由东南和东北向西推进，"扫荡"肃宁南北及滹沱河以北地区，并严密封锁献县至安平段的滹沱河及衡水至献县段的滏阳河；敌独立混成第九旅团部队五六千人，袭击"扫荡"东南方石德铁路沿线以南地区，并严密封锁晋县至衡水段的石德路；第一一〇、第二十六师团共七八千人，由定县、安国、新乐、无极等地出动，分别由西北方和北方向南推进，"扫荡"沙河、潴龙河以南、滹沱河以北地区，并严密封锁深泽至安平段的滹沱河。日军各主要"扫荡"部队自冀中边缘区开始，稳进稳扎，逐步增建据点，一步步向抗日根据地中心区深县、武强、饶阳、安平等地压缩。

此时，冀中军区、冀中区党委和冀中行署的机关正驻在饶阳西南的张保村一带。得知日军开始"扫荡"了，冀中军区司令员吕正操马上进行了反"扫荡"部署。冀中区党委和冀中总工会还于5月1日白天在村边的一片枣树林子里召开了直属机关干部纪念五一国际劳动节大会。

会上，冀中区党委书记黄敬向干部们分析了当时的形势，号召机关干部分散到群众中去，发动群众坚壁清野，坚持斗争。然后请吕正操讲话。吕正操微笑着走上主席台刚欲讲话，突然"叭叭叭"响起了几声清脆的枪声，这是防空警报。不一会儿，张保村上空响起了飞机的轰鸣声。黄敬建议大家到地道里去避一避。

吕正操抬头看看盘旋的5架敌机，知道这是敌人的侦察机。他微笑着对大家说："也许是冈村宁次坐飞机来看望我们了，好，那就让他看吧，晚上再演场戏给他看。"[16]吕正操的幽默，把大家都逗笑了，并一起抬头看着这5架飞机，就像观看空中表演似的。10分钟后，5架飞机就昂起头飞走了。

吃晚饭时，侦察员气喘吁吁地跑来向吕正操报告："西面敌人已过安国、伍仁桥、深泽、束鹿；南面敌人到了辛集、磨头、衡水一带；东面敌人经平大公路南下，已到河间、献县、小范、武邑；北面敌人也到了肃宁、博野、蠡县、安国一线。"

站在一旁的黄敬听说有敌情，忙问吕正操是否取消预定的晚上演出。吕正操表示：就想让敌人知道，我们在这里。

这天晚上，冀中军区文工团在张保村演出了话剧《日出》。几盏汽灯照得周围几里一片通明。演出一直进行到半夜。

5月2日下午，吕正操率领冀中军、政机关及直属队1000多人，由张保村出发，西行15公里到达邹村，然后转向南方，先向南通过沧（县）石（家庄）公路敌人的封锁线，再向东南，于5月3日凌晨转至深县、武强、武邑三县交界的朱家庄一带，行进了50余公里。当得知敌人已封锁石德铁路并在"扫荡"路南地区的情况后，冀中军、政机关即于5月4日至8日向滏阳河西岸靠近，南北游动于前后尚村、南北翰林、张家村一带，隐蔽待机。

在此期间，冀中区党委和军区于5月7日发出指示，确定以发动全民武装自卫、开展广泛的游击战争、全面坚持根据地斗争为反"扫荡"方针，要求各部队既要灵活、积极地打击敌人，又要避免与敌硬拼，各主力部队应以一部配合地方武装、带领各地游击小组，分散坚持内线斗争，大部应迅速转向敌人侧后，乘虚袭击敌人据点和交通线，策应内线部队的反"扫荡"斗争，并划定冀中各军分区的破袭目标："六分区磨头、衡水、束鹿、深县、宁晋及石德线"；"七分区定县、安国、西伯草、新乐、定安线及平汉线新乐至定县段（正定北）"；"八分区沧县、青县、文安、新镇、大城及津浦、平保、津保线"；"九分区饶阳、任邱、肃宁、望都、张登、高保、保蠡线及平汉线（保定至定县）"；"十分区积极乘机向大清河挺进，并相继爆破北宁路"。**17**

5月8日夜，吕正操查清和判明敌人合围态势后，发现敌人在小范镇的滏阳河上放下水闸、造成滏阳河水位上涨，遂连夜率队在敌人小范镇据点以南三四公里处的豆村附近，徒涉齐腰深的水流越过滏阳河，跳出了敌人的"铁壁合围"圈，进入滏阳河、子牙河以东地区。

5月9日，吕正操率队在交河、卓城之间的军张庄隐蔽了一天，夜间向东转移到东光西北的砖门，10日夜继续向东转移到东光北面的李朝庄、曲龙河一带。这里距津浦路只有四五公里，是敌占区的边缘。队伍进村后，不打扰老百姓，只由村里办事人员领到群众家中，找个草棚子或门洞住下休息。同时，在每个村口都放哨设岗，严密封锁消息，对过往行人，只放进，不放出，进村的人，有亲友的投亲友，无亲友的由部队接待，等部队走后再放行。

至5月10日，日军已经按计划完成了"第一期作战"。其间，华北方面军于5月4日在石家庄设置了战斗司令所。5月7日，敌"扫荡"冀中东北部地区的第二十七师团以紧急电报的方式向华北方面军报告："综合各情报判断，三角地带内敌之主力，正在陆续向东北方地区逃避移动中。因此，方面军应变更作战计划，调第四十一师团到天津方面，将敌军包围在子牙河、任邱、河间地区，予以歼灭。"但华北方面军参谋部给出的意见是："军区的主力仍在三角地带以内，故第二期作战方针不必改变。"并给出了四点得此结论的依据。

一、该地区为晋察冀边区的给养基地，是多年来努力建设的地区，不可能经易丢掉。特别是最近为防备日军的讨伐，加紧了根据地地下工事的建筑。

二、从对民众工作来看，不能设想共军会丢掉民众自己逃到边远地区去，特别是在已经形成根据地的地方，使之空室清野，为了将来的生存打算，恐怕也是很难做到的。

三、即使正规军暂时逃避，而本地的军队、分区的军队和民兵还存在，而且大部分正规军已经逃避的情况尚未证实。倒是有理由可以认为是敌人方面的宣传。

四、军区和各军分区司令部的不断移动，报据通讯谍报判断，仍然是在三角地带以内。[18]

冈村宁次同意参谋部的意见，但仍然担心冀中八路军主力北上或东进，让他精心筹划的"大扫荡"计划落空，所以在5月7日当夜又增加了防范措施：派一部分兵力增援独立混成第七旅团，收缩其作战地区的范围，扼守滹沱河及小范镇以北滏阳河的主要渡口，并加强搜索；调动骑兵第十三联队速到束鹿集结，从5月8日清晨开始控制小范镇至衡水间的滏阳河一线地带；令准备参加"第二期作战"的第四十一师团1.7万多人由山西临汾地区乘火车赶赴邯郸地区佯动，待5月11日前夜在石德铁路辛集至衡水段展开。

从吕正操的转移路线可以看出，5月7日冀中区军、政机关也的确仍在滹沱河、滏阳河与石德铁路所构成的三角地带之内，正是5月8日敌人骑兵第十三联队开始控制小范镇至衡水间的滏阳河一线地带后，欲利用河流形成天然阻障，开闸放水，才使得吕正操惊觉后，及时地跳出了包围圈。而在内线坚持斗争的八路军部队，则与敌人进行了顽强的战斗。5月1日，冀中军区第七军分区第二十二团的两个连，在定县赵户村与前来"扫荡"之敌展开激战，毙敌40余名，获战马8匹，敌以失败而溃退；第二天敌人又来进攻，又被打死打伤20余人；5月8日，敌人又发起第三次进攻，结果又以死伤80多人的代价失败而归。5月10日，冀中军区警备旅带着第一团第二营，在深县护驾池遭到有装甲车、坦克车、飞机助战的敌四五千人的围攻，激战竟日，八路军以伤亡40余人的代价毙伤敌军300余人，随后乘夜安全突围。冀中军区骑兵团所属三个连奉命分散坚持内线作战，与敌激战数日，该团政委汪乃荣壮烈牺牲。

日军第四十一师团沿石德铁路展开后，从5月11日开始，"五一大扫荡"

就进入了"第二期作战"阶段，至此，围困冀中的日军兵力已达4万人以上。为了实现在三角地带消灭冀中八路军主力的设想，日军第四十一师团统一指挥独立混成第七和第九旅团、第二十六和第一一〇师团的任务部队及骑兵第十三联队，先后重点对深县东南地区、安平西南地区、武强至安平道路的东北地区、深县东北和安平地区等进行反复"扫荡"，以寻找八路军主力部队。但因为按吕正操的安排，马本斋率领回民支队向冀鲁豫边区转移，第六军分区过石德路南下，第七军分区向沙河转移，第八军分区向交河转移，第九军分区转向白洋淀，第十军分区向大清河转移，冀中区军、政机关也在沿着子牙河不断北进，于5月14日至16日，活动在远离合围区的任邱、河间、大城地区。只有冀中军区警备旅、骑兵团等仍留在根据地坚持内线作战。5月11日，冀中军区警备旅旅长兼第六军分区司令员王长江带领第一团第二营先后在深县南和饶阳县的大小尹村与敌遭遇，各受到不同程度的损失，骑兵团经多次战斗也造成了很大伤亡。但敌人到5月15日"第二期作战"结束时，仍然未能寻找到冀中八路军的主力部队。

## 第六军分区主力被分别包围在三个村落里

5月16日起，"五一大扫荡"进入"第三期作战"阶段，日军重点对三角地带和滹沱河以北地区进行"拉网扫荡"，因仍未能捕捉到冀中领导机关和主力部队，即开始调整部署，一面以第四十一师团主力替换在核心区内"扫荡"的疲惫部队，一面分兵向滹沱河以北追寻已突围的冀中军、政机关。此时，中共中央北方局、中央军委华北分会于5月20日致电吕正操、黄敬等。

一、冀中大规模"扫荡"正在急剧发展，日益达到"扫荡"的高潮，然这是日寇在新的冒险之对华北特别对晋察冀边区进行严重镇压的中心一环。这是因冀中几年来斗争的开展给敌重大威胁的缘故。估计日寇这次"扫荡"是以彻底摧毁冀中区为目的，因此，必然是空前艰苦与严重的。

二、由于冀中区有五年来抗日平原游击战争的基础与经验，有广大群众斗争的发展，我们相信冀中区是有力量与有把握来粉碎敌人任何残酷的"扫荡"。但这种空前艰苦与空前严重的情况下，就要求冀中全区的党、政、军、民、学加强密切的团结，以最大的顽强性与毅力坚持斗争到底。

三、冀中区的"扫荡"与反"扫荡"斗争不是孤立的，而是紧密连系着华北战局。八路军是党所领导的军队整体。我们号召全华北各个地区配合你们作战，并已令冀中邻近各区直接进行配合，箝制与妨碍敌人向你们的进攻，但粉碎此次进攻的主要责任还在冀中本身。我们号召冀中全体军民，团结在冀中党及冀中八路军的周围，发挥最大的顽强性与坚忍性，争取与粉碎敌人此次大"扫荡"的全部胜利。[19]

但冀中区军、政机关显然并没有认真领会这份电报的精神，误以为日军第四十一师团的部队更替是大"扫荡"已经结束了，甚至还有人轻信了从天津、保定等大中城市传来日本天皇被刺的传闻，冀中军区于是在5月21日发出《关于反敌"清剿"恢复根据地》的指示，要求第六、第八、第九军分区主力部队，回到中心区去，以连为单位分散行动，积极打击小股"清剿"和立足未稳的敌人。

5月23日，更替完毕的日军第四十一师团在冀中核心区发起了全面大"清剿"。敌人最先在深南遇到了冀中军区第六军分区的主力部队，并很快就将第六军分区部队分成三部分，包围在崔氏村、王家铺村、李家角村等从西南向东北约15公里长距离上的三个地点。

被包围在崔氏村附近的是冀中军区宣传部部长张仁槐和第六军分区第一

团政委陈德仁带领的第一团第一营第二连等部队共约 200 人。陈德仁欲抢夺村子与敌对战，不想一股日军乘汽车抢先进入村子，布置好了阵地，陈德仁只好在村外机动，结果村子左右两边又出现大量日军，将八路军包围在村外的一片苜蓿地里。八路军无法构筑工事，就地卧倒，依托土垄向日军射击。而日军则开来汽车，排成横列，将机枪架在车顶居高临下射击，再配合以掷弹筒，八路军处境极其艰险。陈德仁率众发起冲锋，迎着机枪子弹冲向日军汽车，用手榴弹炸开一道缺口，自己却中弹阵亡。张仁槐等率其余部队奋力冲出，但没跑多远，即被随后而来的日军汽车追上，张仁槐举枪自尽，其余人经奋力战斗，最终只有少数人突围。

这时，第六军分区第一团副团长郭慕汾，带第一团第一营的第一和第三连，与临时转移来的冀中区党委政治保卫连等约 400 人，也被装备有坦克、火炮和几十辆汽车的 2000 多个日军围在了王家铺村，八路军以连为单位守住不同的村角。第一营营长徐月波带领第一连在村东口与日军展开的战斗尤为激烈，从 8 时一直战斗到 15 时，日军多番进攻一直未能冲进村子，最后选择以坦克开道，从政治保卫连防守的西南角打开了突破口，但因坦克被披着湿被子冲上来的八路军战士用集束手榴弹炸毁，只好又退了回去。16 时，日军开始向村子里发射毒气弹。八路军只好突围，徐月波带着尖刀排冲锋在前，郭慕汾负责断后，最终只有不足 100 人突围成功，第一团副团长郭慕汾中弹牺牲，其余战士全部殉国。

而被包围在李家角村的则是一直坚持在冀中三角地带战斗的冀中军区第六军分区司令员王长江和参谋长叶楚屏带领的第一团第二营等部队，共 300 余人。5 月 23 日清晨，王长江等在刘家角路边休息时，巧遇从冀南辗转而来的冀南军区第五军分区政治部副主任张俊峰带领的第二十七团的几个连以及武邑县大队的部分人员，也有 300 余人。张俊峰等刚刚因为保护百姓转移，与日军边打边撤，结果与第二十七团团长吕琛、政委查茂德带领的团主力打散了，才退到了这里。双方刚介绍完情况，日军就赶了过来。两支部队决定先就近抢占村庄，王长江率第六军分区部队进了李家角村，张俊峰率第五军分区部队进了任角村。两村相隔 1 公里，互为犄角之势。

日军奔到之后，将主力放在与两村构成三角形的位置，用重机枪火力封锁了两个村庄的联系。7 时未到，战斗同时在两个村子打响。

守在李家角村的冀中第六军分区第一团第二营营长林子元利用村南的阁楼，率先布下瞭望哨和机枪阵地，居高临下地先给闯进村子的日军骑兵一个措手不及。日军见吃了亏，马上改用步炮协同的方式发起进攻，炮兵将炮落点固定在步兵前方约 40 米处，炮弹一炸，步兵就往上冲。第六军分区的这支队伍因已与日军屡屡交战，早熟悉日军的这种进攻法，待炮弹在自己阵地上响过两秒钟，即投出一排手榴弹，此时日军正好冲到距阵地 30 米距离内，恰好进入手榴弹的最佳杀伤距离内。因此，日军屡屡冲锋，都未能奏效。战至中午，日军隐藏在一片坟地后的炮兵阵地也被第二营的掷弹筒摧毁。

日军见两面同时进攻并没有取得太大的进展，转而集中攻打任角村的冀南第二十七团部队。双方激战到傍晚时分，张俊峰等为掩护村中近千名百姓撤离，一直坚守到全员牺牲。其间，因为日军的火力封锁，李家角村八路军只能以向日军还击的方式缓解冀南第二十七团的压力。

天黑之后，王长江率冀中第六军分区部队乘着夜色成功退出李家角村。随后继续边走边战，第一团第二营又经几次遇险，只剩下不足 100 人，缩编成了一个连。

面对越来越严峻的冀中形势，冀中区军、政机关于 5 月 31 日发出指示："冀中为敌北进之后方基地，敌欲确保已具决心"，日军"反复奔袭我之主力与机关，使我无立足之地，无喘息之机"，"目前形势之严重非短期所能打开，因此我之方针，除不放弃一切可能与敌作斗争外，必须尽一切可能保存力量，以待时机"。**20** 随后，冀中军区先于 6 月 1 日电告中共中央军委、八路军总部和晋察冀军区，冀中军区主力部队准备转移，接着于 6 月 4 日命令"各军分区部队向冀南和路西转移"，"自拟路线，自定移动时机"。**21**

于是，坚持在冀中战斗的各八路军部队，开始逐渐向外围转移。王长江所率第六军分区第一团部队缩编成的一个连，在转移途中遇到了同样在转移的曾在定县赵户村坚持斗争的第七军分区第二十二团。

## 左叶率第二十二团的两个连智战宋庄

冀中军区第七军分区第二十二团的两个连在团长左叶、政委梁达三的率领下，自5月1、2、8日在赵户村连续击退敌人的三次进攻后，在5月23日，又迎来敌人集中步、骑兵共1000余人的第四次进攻。当日11时30分，战斗打响，敌人从三个方向同时发起冲锋，经过两个小时的激战，至13时30分，第二十二团战士退出前沿阵地，固守到赵户村村庄内。敌人不知利害，一直冲了进来，这时，以手榴弹为主的村落战斗又打响了。战士们依托高房，居高临下，不断向冲入街巷的敌军投掷手榴弹，敌人被炸得血肉横飞、鬼哭狼嚎。在战斗最激烈的南街口，直战至17时，敌人冲锋了十次均被打退。天黑之后，左叶派出13名战士组成小分队，利用地道摸过敌军阵地，绕到其侧后，突然攻击了敌军拴马之处，战马脱缰，乱冲乱叫，又一时间枪声四起，敌人误以为八路军援军赶到，吓得仓皇撤退。这一战，又有180多名敌人送了命。

随后，左叶、梁达三率第二十二团部队边打边转移，于6月8日转战到了深泽县北约8公里处的宋庄。因途中先后遇到了王长江第六军分区的一个连以及冀中民兵的两个大队，几路人合在一起，一共有300余人。这时，他们突然发现周围日军各据点都增加了兵力，敌人有要出兵"扫荡"的迹象，于是边组织村民转移，边迅速部署兵力，投入紧张的工事构筑。他们把街口堵死，把院落打通，从村外到村内，由屋下到屋上，紧密地筑起了三道工事。经过数小时的工作，一个村庄内外、房屋上下、家家连接、层层相通的有着火力联系的防御体系便形成了。

6月9日7点多钟，果然有一队日军大约200多人向宋庄走来。左叶立即命令各部队进入阵地，准备战斗。当敌人距阵地只有30余米时，只听得一声："打！"顿时，八路军的轻重机枪齐响，烟尘起处，人仰马翻，当即倒下一片。敌人明白遭到伏击后，立即转入反攻，可连冲了四五次，却毫无战果。

这时，敌人不再冲锋了，而是从四面把宋庄包围起来，静待援兵。时间不长，附近的敌人渐渐地聚拢过来，10时左右，深泽、无极、定县、饶阳、旧城、安平等各大据点增援来的敌人兵力总数已达到1700余人。

约11时，由深泽、无极方向来增援的敌人，率先发起了猛烈的进攻，其余方向的敌人闻听枪声，也发起了攻势。八路军指战员们立即利用阵地优势大举还击，几名特等射手此时大展身手：李清斋用跪射的姿势瞄准由北往南运动着的敌人，一连打倒了7人；庾治国接连将村西庙台上敌人的一个机枪射手和一个弹药手打倒……一些战士故意在高层枪眼里晃动手巾，以吸引敌人向其射击，特等射手们则利用低层枪眼瞄准，以静待动，枪枪命中。当成班成排的敌人快冲到墙根时，战士们就从工事里跳出来，把一排排的手榴弹一起投向敌群。敌人的多次冲锋就这样被打垮了。

但敌人的进攻也越来越猛。前沿工事经过敌人炮火七八个小时的轰击，大部已残破或倒塌，更使人心焦的是，战士们的弹药越来越少，但敌人却越来越多。左叶决定，大家再坚持几个小时，待天黑后即突围。目前可以先放敌人再接近一点，这样既可以减轻敌人重兵器的杀伤力，又可以发挥己方近战的特长。

战斗继续进行。敌人见村中火力有所减弱，立即又冲了过来，可一冲进村子，就会遭到猛烈的打击。至18时，敌人共冲锋30余次，除丢下无数尸体外，并没有冲进村中半步。

当夜幕笼罩大地时，敌军停止了进攻，在阵地上点起一堆堆大火，以此来壮胆、助威。左叶令所有部队分成小分队，趁敌人沉睡时，绕过哨兵，从敌人火堆的间隙里悄悄摸过敌人的阵地，在兵不血刃、一弹不发的情况下安然转移了出去。

6月10日拂晓，敌人先用大炮轰击了一个小时，然后小心翼翼地进入村中，可村子里早已空空如也。这一战，八路军共毙伤敌人400余人，而自己仅伤亡73人。宋庄战斗成为抗战史上平原村落战的模范战例。**22**

然而，同在6月8日这一天，冀中军区第八军分区却受到了严重损失。第八军分区司令员常德善、政委王远音本来在敌人"扫荡"之初已率军分区机关和所属第二十三团第二营转移到了任邱、河间、大城地区，但在6月初又返回到了中心区。6月7日，当该部转移到肃宁窝北镇的雪村时，突然遭到日军4000多人的四面包围。战斗从6月8日拂晓打到黄昏，一刻都没有停止。激战的枪炮声、飞机的呼啸声、子牙河的咆哮声以及人喊马嘶声，构成了一幅残酷的战争场面。常德善手持机枪，冲在队伍的最前面，在雪村村北的开阔地上、沟渠中，与敌人展开殊死拼杀，许多战士赤膊上阵，挥舞着大刀扑向敌人。在战斗中，常德善身中20多弹，仍然用肩膀顶住机枪向敌人扫射，直至流尽最后一滴血；王远音也因腿受重伤，行走困难，用手枪自杀殉国；第八军分区所属第三十团政委汪威和副团长肖治国、第二十三团第二营营长邱福和等也都壮烈牺牲。

6月9日，第九军分区部分机关及第十八团转移至定县马阜才村时，也遭到了5000余日军的包围，损失严重。第九军分区政治部主任袁心纯、第十八团代理团长焦玉礼等被俘，团政委钟洲等牺牲。**23**

## 冀中区机关从掌史村突围

所幸，冀中区军、政机关和第二十七团一起在吕正操、黄敬的带领下，损失不大。他们一直在冀中三角地带的周边灵活转移，于6月1日越过石德路进入冀南地区，6月12日拂晓进至威县北面的掌史村。

掌史村地处冀南游击区，周围5公里之内有敌人的8个据点，就在村子西北1公里处，也有敌人新建的一个据点，正在筑碉堡、修工事。掌史村有三四百户人家，大都是砖瓦房，村周围有断断续续的土围墙。村东有一条可通大车的自然沟，深约15米，宽约5米。村南有一片洼地，村东和村西各有水井一口。

吕正操进入掌史村后，立即指派部队布置警戒，构筑工事，等机关人员刚一进入驻地，西北方向就突然响起了枪声。不一会儿，有几个伪军向村庄走来，刚走到村边，就被八路军警戒分队的一排子弹给打跑了。待太阳升起时，伪军增至数十名，又耀武扬威地边打枪边叫喊着靠近过来，进至距八路军已布置好的阵地四五十米时，发现眼前全是草绿色军装和明晃晃的刺刀，吓得掉头就跑。

吕正操得知这一情况后，立即召集第二十七团的主要干部开会，他说：敌人很快就会对我们发起进攻，但敌人还不知道我们是什么部队，更没有发觉我们是冀中区的领导机关。敌人第一线的进攻兵力，也就是掌史周围敌据点的兵力，不超过500人。打到12时左右，敌人第二线的兵力，即威县、南宫等地的敌人可能会增援过来，不超过1500人，待打至下午或黄昏时，敌人的第三线兵力也可能会增援过来，总兵力就可能达到3000人以上了。我们要坚守一白天，待晚上才能突围，要准备好对付最严重的情况。所以，在此之前，确定要封堵好街口，做好坚固工事，隐蔽目标，对待可能过来的进攻之敌要放近了再打，主要用步枪、冲锋枪、手榴弹，少用轻机枪，不要用重机枪、迫击炮。在战斗中，不准跳出工事反击。各伙食单位也要不举炊烟，用自带的干粮充饥，以迷惑敌人，造成敌人的错觉，以为我们人员很少，并不是大部队，这样就可以延缓和减少敌人的增援。具体部署是：第二十七团第二营担任村南、村东及东北面的防守，第三营以两个连担任村西及村西北面的防守，留一个连为预备队。军区的特务第一和第二连负责守卫军区指挥所大院，防止敌人突入村内。**24**

果然，上午 10 时左右，掌史周围据点的敌人集中了三四百人过来发起进攻，主攻方向选在西面，先用炮火轰击，接着用步兵冲锋。八路军早已熟悉了敌人的这套进攻战术，当敌人炮击时，先隐蔽于工事内不动，等敌人冲击到距阵地五六十米时，所有轻机枪、步枪突然开火，手榴弹也不断投向敌群。敌人遭受重大伤亡后，马上退了下去，没多久又发起第二次冲锋，日军一个指挥官把军上衣脱下，连连号叫着，挥舞着指挥刀，结果被特等射手杜胜清一枪击毙。

打到中午，敌人援兵来到，总兵力达到 1000 余人，将掌史村四面包围，敌人的炮火也更加猛烈。随后，敌人开始施放毒气，八路军用毛巾沾上尿、醋，裹上大蒜防毒，加之当天还刮着三四级的风，敌人毒攻的阴谋未能得逞。从中午至 15 时，敌人又发起的两次攻击都被击退后，于 16 时又将兵力增加到了 1500 余人，发起了更为猛烈的进攻，以每梯队百十来人的规模发起多梯队的连续冲击。吕正操担心敌人援兵不断，甚至会动用飞机，才强调不得使用重火器，以免招至强敌，至此，因为时间已近黄昏，敌人援兵也有限，于是下令使用重火器还击敌人。刹那间，八路军的迫击炮、轻重机枪、步枪、冲锋枪一齐开火，敌人立即丧失了斗志，再也没有组织进攻，只是有一阵没一阵地放放冷枪、冷炮。

天将黄昏，吕正操再次召开会议，布置突围事宜，确定分两路突围：一路走村东自然沟，再转向东南；一路从村南洼地突出去，然后也转向东南。两路突围队伍在掌史村东南十四五公里的狼窝村集合。突围时间是 21 时，为迷惑和牵制敌人，突围时先以第二十七团的一个连向西北方向佯动。

这天夜里，天很黑，伸手不见五指。在西北方响起了八路军佯动部队的枪炮声、喊杀声以及敌人回击的枪炮声之后，两路突围部队同时冲出了掌史村。向南突围的一路比较顺利，没有遭到敌人的阻拦，向东突围的部队一度遭到敌人猛烈的火力阻击，但经过短暂的战斗之后，也顺利突出了重围。

掌史村战斗，八路军共毙伤敌人三四百人。吕正操后来回忆道："我预计那次我们至少损失一半人，结果，在突围中我军无一伤亡，只伤了一匹马，却捡了敌人一辆自行车。"**25**

6月13日清晨，八路军的两路突围部队顺利在狼窝村村边的一片树林里集合。此后，吕正操和黄敬率部队成功地走到冀鲁豫军区驻地，受到冀鲁豫军区司令员杨得志、政委苏振华的热情接待。冀中领导机关到达冀鲁豫军区不久，王长江率领的冀中第六军分区剩余部队、马仁兴率领的冀中骑兵团、马本斋率领的冀中回民支队等也都先后转移过来。离开时，奉中共中央命令，冀中党委书记黄敬、冀中行署主任徐达本留在了冀鲁豫军区工作，冀中回民支队和冀中骑兵团的两个连也调拨给了冀鲁豫军区。8月底，吕正操等向太行区转移，到涉县时，刘伯承、邓小平亲自迎接，彭德怀也来看望慰问。吕正操在八路军总部住了一个月后，途经晋察冀的平山、阜平一带，于1943年1月又回到冀中军区驻地唐县张各庄。同年8月，中共中央军委调遣吕正操带冀中军区六个主力团前往延安，9月初，改令已到达晋西北兴县的吕正操留在晋绥军区，并于1943年11月任命吕正操为晋绥军区司令员。

冀中区党、政、军领导机关和主力部队转向邻区后，留下坚持斗争的干部、游击队和群众转入了艰苦的反"清剿"斗争。日军"五一大扫荡"虽然于1942年6月20日结束，但敌人仍在到处搜捕留下的部队和干部，挨村挨户搜查，并实行"三光"政策，妄图彻底摧毁冀中抗日根据地。但冀中人民坚持抗战的决心却坚不可摧，许多群众在家中挖地洞、垒暗墙，想方设法掩护八路军伤病员和地方干部。留在冀中的武装和广大抗日群众，在极端残酷的情况下，转变组织形式和斗争方式，继续进行着不懈的对日斗争。

冀中军民在两个月的反"扫荡"中，共作战270余次，毙伤敌军1万余人，粉碎了敌消灭冀中领导机关和主力部队的企图，但冀中抗日根据地也受到了日军十分严重的破坏。敌人据点增至1635处，公路增到6000多公里，封锁沟增到3000多公里，冀中抗日根据地被分割成2670多个小块，且大部沦为敌占区，部分变为游击区。冀中军区部队减员将近一半，地方党、政机关和群众团体受到很大损毁，伤亡和被掳走的群众共达 5 万多人，冀中地区出现了"无村不戴孝、处处闻哭声"的悲惨景象。

1942 年 7 月 4 日，中共中央北方局就冀中斗争方式发出指示："今后冀中总的方针如下：坚持平原群众抗日游击战争不变，但目前的工作方针，则应是隐蔽地掌握乡村政权，建立与开展城市、加强点线区域的、交通沿线区域的广泛统一战线工作。斗争方式以隐蔽武装斗争为主，但必须有公开的小型的即来往不定的武装斗争与之配合，以便欺骗敌人与掩护隐蔽武装之存在。同时须善于利用各种合法的斗争方式，保护群众的日常生活利益，以保持力量，保持党与群众的联系。"*26*

此后，冀中地区的地道战、地雷战、敌后武工队等都得到了进一步的发展，以一种更新、更灵活的形势，仍然在不断地抗击着日本侵略者。

## 注　释

*1.*《贺龙传》编写组：《贺龙传》，当代中国出版社 2015 年版，第 195 页。

*2.* 日本防卫厅战史室编：《华北治安战》（下），天津市政协编译组译，天津人民出版社1982 年版，第 18 页。

*3.*《贺龙传》编写组：《贺龙传》，当代中国出版社 2015 年版，第 196 页。

*4.*《贺龙传》编写组：《贺龙传》，当代中国出版社 2015 年版，第 196 页。

*5.*《贺龙传》编写组：《贺龙传》，当代中国出版社 2015 年版，第 196 页。

*6.*《贺龙传》编写组：《贺龙传》，当代中国出版社 2015 年版，第 197 页。

*7.*《贺龙传》编写组：《贺龙传》，当代中国出版社 2015 年版，第 197 页。

*8.* 李克夫：《田家会歼敌战》，见中国抗日战争军事史料丛书编审委员会编：《八路军·回忆史料》（6），解放军出版社 2015 年版，第 264—272 页。

*9.* 日本防卫厅战史室编：《华北治安战》（下），天津市政协编译组译，天津人民出版社1982 年版，第 130—131 页。

*10.* 日本防卫厅战史室编：《华北治安战》（下），天津市政协编译组译，天津人民出版社1982 年版，第 131 页。

*11.* 日本防卫厅战史室编：《华北治安战》（下），天津市政协编译组译，天津人民出版社1982 年版，第 140—142 页。

**12.** 日本防卫厅战史室编：《华北治安战》（下），天津市政协编译组译，天津人民出版社1982 年版，第 148—149 页。

**13.**《中共冀中区党委关于太平洋战争爆发后的工作指示》，1942 年 1 月 17 日，见中共河北省党委研究室编：《冀中历史文献选编》（上），中共党史出版社 1994 年版，第 601—602 页。

**14.**《中共中央北方局、中央军委华北分会关于反"扫荡"斗争给太行、太岳区的指示》，1942 年 3 月，见中国人民解放军历史资料丛书编审委员会编：《八路军·文献》，解放军出版社1994 年版，第 783 页。

**15.** 苏锦章：《冀中第七军分区"五一反扫荡"的回顾》，见冀中人民抗日斗争史资料研究会编：《冀中人民抗日斗争文集》第 5 卷，航空工业出版社 2015 年版，第 1696 页。

**16.** 吕正操：《冀中回忆录》，解放军出版社 1984 年版，第 202 页。

**17.**《中共冀中区党委、冀中军区关于敌"扫荡"冀中及我之对策》，1942 年 5 月 7 日，见中共河北省党委研究室编：《冀中历史文献选编》（上），中共党史出版社 1994 年版，第 638—640 页。

**18.** 日本防卫厅战史室编：《华北治安战》（下），天津市政协编译组译，天津人民出版社1982 年版，第 156 页。

**19.**《中共中央北方局、中央军委华北分会关于冀中反"扫荡"问题致吕正操等电》，1942年 5 月 20 日，见中国人民解放军历史资料丛书编审委员会编：《八路军·文献》，解放军出版社1994 年版，第 800—801 页。

**20.**《中共冀中区党委、冀中军区关于坚持冀中工作的指示》，1942 年 5 月 31 日，见中共河北省党委研究室编：《冀中历史文献选编》（上），中共党史出版社 1994 年版，第 650—651 页。

**21.**《吕正操等关于坚持地区保存有生力量的指示》，1942 年 6 月 4 日，见中共河北省党委研究室编：《冀中历史文献选编》（上），中共党史出版社 1994 年版，第 655—656 页。

**22.** 贺明：《宋庄之战》，见中国抗日战争军事史料丛书编审委员会编：《八路军·回忆史料》(6)，解放军出版社 2015 年版，第 273—281 页。

**23.** 崔楷、李景湖：《冀中军区九分区十八团史料》，见《冀中人民抗日斗争文集》第 9 卷，航空工业出版社 2015 年版，第 3252 页。

**24.** 成学俞：《"五一反扫荡"中的冀中领导机关》，见《冀中人民抗日斗争文集》第 9 卷，航空工业出版社 2015 年版，第 3213 页。

**25.** 吕正操：《冀中回忆录》，解放军出版社 1984 年版，第 216 页。

**26.**《中共中央北方局关于坚持冀中斗争问题致聂荣臻等电》，1942 年 7 月 4 日，见中国人民解放军历史资料丛书编审委员会编：《八路军·文献》，解放军出版社 1994 年版，第 824 页。

# 第 十 五 章

# 染血太行

日军发起"大扫荡",妄图奔袭八路军总部——岩松义雄组建两个"挺进杀入队"——邓小平南下阳城县,召开"枪杆会议"——正在十字岭北面山口组织突围的左权,仰面倒了下去——郑国仲发现苏亭村的确是打伏击的理想之地——刘伯承率第一二九师师部突出合围

## 日军发起"大扫荡",妄图奔袭八路军总部

从 1942 年 5 月 9 日起,八路军第一二九师就不断得到内线人员的报告,长治、潞城、襄垣的日军正在调集兵力,紧急征集粮草,强抢民间骡马,召集伪组织聚会,抢修老爷岭等地公路。又据临汾敌工站消息:日军第四十一师团近日调赴德州,很有可能要对太岳区进行"扫荡"。

5 月 11 日,彭德怀从八路军总部给第一二九师发来电报:"平汉路近日日军运输繁忙,大批日军到达安阳、新乡后,正抓紧时间补充粮食弹药。"

获此消息后,八路军第一二九师师长刘伯承不禁又想起了这一年春季时的反"扫荡"作战。

日寇在 1942 年春季对第一二九师所在的晋东南地区进行的"扫荡",实际上是日寇华北方面军"一号作战"的一部分。"一号作战",日军又称之为"冬季山西肃正作战",为期约为一个月时间,是由日军第一军负责对山西全境进行的一次"大扫荡"。其中,"扫荡"晋东南地区的为日军第三十六师团,与此同时,日军第四十一师团"扫荡"沁河河岸地区,独立混成第三和第

十六旅团"扫荡"晋西北，独立混成第四旅团"扫荡"石太线南方地区。第一二〇师进行的田家会歼灭战就发生在此次日军"扫荡"晋西北之时。

1942年2月2日，日军第三十六师团所属步兵第二二二、第二二三、第二二四联队及山炮兵、工兵等共6000余人分别由泽州、潞安、沁县等地向八路军的抗日根据地悄悄靠近。随后，日军于2月3日拂晓，突然以奔袭方式分三路向八路军太行地区第二、第三、第四军分区发起进攻，一路由辽县北犯石拐，一路由武乡东犯王家峪，另一路由长治、襄垣合击黎城，企图一举摧毁各分区领导机关及其武装力量。由于八路军抗日根据地的军民预有准备，日军在奔袭途中不断遭到八路军正规部队和游击队的伏击和袭扰，行动受阻，保证了抗日根据地里各分区机关部队的及时转移，各路日军全部扑空。

当晚，三路日军共同转向桐峪、麻田地区，准备合围八路军总部。刘伯承立即令新编第一旅在东阳关、潞城一线，分开派遣部队结合当地的游击武装，以袭击、侧击的手段坚决拖住日军，掩护领导机关撤退，又令第三八五旅第十四团前出到涉县以北清漳河沿岸地区，迎击深入"扫荡"的日军。

由于八路军新编第一旅等部队对日军展开了猛烈的伏击和袭击，有力地牵制和迟滞了日军的行动，待日军进至桐峪、麻田附近时，八路军总部机关已安全转移到了麻田以东的郭家峪。

日军因两次奔袭计划均告失败，遂转而进行"辗转清剿"。在和顺县的羊蹄凹、龙王庙尖，辽县的左会、黄漳，武乡县的蟠龙、石板等地，到处捕捉壮丁，抢劫耕牛等牲畜，恣意烧杀抢掠，撒布糜烂性毒剂残害群众，对根据地进行了灭绝人性的摧残。为了支援太平洋战争，日军特别注意搜刮资材，凡对战争有用的东西，一律装车运走，连破铜烂铁也不放过。

对此，八路军总部于1942年2月11日向各兵团通报了敌"扫荡"情况并下发了应敌对策。

（一）太岳报称：（1）敌以六千余兵力"扫荡"太岳区，先以轻装袭入，然后建立临时补给线（太岳有三条）。（2）不逞则加增其大兵。"清剿"特点：集中六千余兵力彻底"清剿"一地后再转他地。（3）其目的要我根据地变成荒无人烟，敌所到地人不分老幼全部带走，否则枪决。牲畜不分牛、驴、猪全部拖走，房屋资材甚至山林全部烧毁，损失空前。

（二）据俘敌第三十六师团炮兵部队某士兵供称：（1）当出动时，官长曾宣布第一号作战命令，"扫荡"期为一月，以后转其他地区"扫荡"。（2）官长宣布初进入我区时不要乱杀，待退时则大肆捕捉壮丁，烧、抢等。

（三）敌此次"扫荡"太岳区：（1）初以多路兵力，多方夹袭合击我指挥机关。（2）修通临时补给线及时运输粮弹。（3）现正分区"清剿"，破坏我之建设，寻找资材，捕捉人员，惟尚未大烧。根据上述事实，估计敌后"扫荡"：A、采取对每一地区之持久"扫荡"。B、以重兵突然袭击我主力而不可能时，则实行分区彻底"清剿"。C、首先不一定寻找我主力作战或以消灭我之有生力量为目的，在遇我抗击时反取慎重行动。D、以彻底摧毁我根据地之目的，彻底实行"三光政策"，大批捕捉人，摧毁根据地一切社会财富及我之建设。

首先大肆政治上之欺骗（初来时不烧不搜）麻痹民众，以达到捕捉之目的。这是自太平洋战争爆发后，企图从人力、物力、财力等方面消失我的条件而使我自灭，对我各抗日根据地"扫荡"的军事的、政治的新方针与新方法。这个新方针与新办法将在全华北、华南、华中实施，应引起特别警惕：

（子）各抗日根据地党、政、军、民都必须有充分的准备，首先应有广泛深刻之政治动员，把敌寇"扫荡"太行、太岳的险恶事实在民众中进行广泛宣传，揭破敌寇新的阴谋方针与办法，打破把在目前新形势下敌之"扫荡"，当作以往的"扫荡"看待的观点，指出自太平洋战争爆发后对敌后严重战局估计不足之盲目乐观主义，反对麻木现象。

（丑）对于"扫荡"反"扫荡"之战争动员，必须进一步的具体与深入。对于空舍清野、保全人力、物力必须有重新检查，纠正过去对于这些工作的粗枝大叶的现象。对于所有资材（民众资材包括在内）必须搬走分散隐藏。对于自卫队民兵等的作战工作存在着之形式主义，必须切实取消，使之更适应于战争，把真正的群众性游击战争开展起来。这对粉碎敌人之"清剿"是有极大作用的。

（寅）对敌"扫荡"作战中作战指导，应以破坏敌人之长期"扫荡"与分路"清剿"为目的：（甲）当敌主力进攻我们时，我主力部队应大大的向敌之重要交通线，特别是进攻我根据地敌之后方，乘机积极活动，破路翻车，袭击据点，消灭伪组织，破坏敌伪金融，截击敌之移动、运动部队，断绝交通。同时广泛散发我之宣传品，召开群众大会，发动敌占区民众破坏敌伪已组织起来之社会秩序，开展敌占区工作站等等。（乙）应以有力部队在宽正面向敌之临时补给线活动，打击敌运输队，中断其后方供给。（丙）以一部行动配合各地方部队及人民武装向敌人腹地开展大规模之游击战争，给予敌不断消耗与损失，使敌坐卧不安，不能分路，不敢"清剿"。（丁）在有利条件下亦不放弃集结较大兵力消灭敌之一股或一路，但一般的反"扫荡"以长期为宜。（戊）党、政、军、民各个组织均应抽派大批干部，协同武委会领导民兵自卫队等坚持各个村镇、各个地区之游击战争，打击敌之"清剿"部队，直接保卫民众，以密切军民关系和锻炼民众游击战争。[2]

在此情况下，刘伯承令第一二九师第三八五旅、新编第一旅等部队强化游击战争，以营、连为单位分散活动，大胆、机动地利用伏击、奔袭、急袭、骚扰等手段，摧毁日军的运输补给线，打击日军的"清剿"部队，并派干部帮助县、区指挥部开展工作，全力进行全面的对敌斗争。

相关各部队接到命令后，迅速分遣出若干分队，结合游击队与民兵，开始了坚决的反"清剿"作战。日军遭受各处的打击后，不敢分散配置，只得集中兵力四处奔袭。一连几天，日军都在以较大的兵力来回运动，并曾两次向麻田、桐峪一带合击八路军总部机关、五次合击第二军分区。但八路军总部及军分区机关每次都巧妙地转移到了安全地带。

2月26日，黎城日军在潞城日军配合下，开始扫荡太南地区。2月27日，刘伯承率第一二九师指挥所越过邯长路，进至涉县以东的王金庄。他令新编第一旅和第三八五旅主力迅速开到太南地区，利用太南的险要地形，实行据险机动的伏击和阻击，杀伤日军有生力量。当天，日军进犯石城地区的先头部队百余人行经烟驮村，新编第一旅第二团一部采取伏击手段，给日军以突然、猛烈的打击，日军除十余人逃脱外，其余全部被歼。新编第一旅又与第四军分区第三十二团结合游击队和民兵，依托虹梯关、老马岭等山地要隘，节节抗击，前后又歼灭了日军百余人。

3月1日，日军聚集到平顺地区，准备撤退。刘伯承判断日军经过在大山深谷中的连日行军，必已疲惫不堪，一路上又屡遭打击，士气必衰，现在急着回归老巢，阵势必乱，正是八路军对其进行伏击和追击的好时机。于是，他迅速作出了打击撤退日军的部署：派第十四团第一营袭击微子镇，牵制该地日军无法向南增援，令新编第一旅、第三八五旅、第四军分区部队以主力置于平顺以南，准备打击向长治撤退的日军。另以一部兵力置于平顺以北，防止日军向微子镇撤退。

3月2日，日军果然西退长治。八路军新编第一旅、第三八五旅集中4个营设伏于南寨里。日军刚一进入伏击地域，八路军部队即展开了猛烈攻击，各种武器射出的子弹和掷出的手榴弹暴风骤雨般地落入敌群，打得日军鬼哭狼嚎，死伤200余人。日军遭受重击后，仗着武器优势，拼命地向外突围逃跑，八路军部队乘胜追击，其中一部向东直追到杨威，对着日军的尾部一阵猛打，主力部队则乘胜西进到长治、潞城、壶关一带敌占区，乘势袭击了当地的日伪军，摧垮了维持会，大大震惊了日伪军。

至此，八路军在太行区的反"扫荡"斗争胜利结束。经过太行地区军民同命的艰苦奋战，共毙伤日伪军 3000 余人，日军的"扫荡"计划再次被粉碎。

日寇的春季"扫荡"增加了像捕捉奇袭、纵横"扫荡"、辗转驻剿、反转电击、三角阵势、夜行晓袭等许多新招术。且从 4 月底、5 月初开始又大规模地"扫荡"了冀南和冀中地区，这些抗日根据地的损失都很惨重。

因此，1942 年 5 月 12 日，刘伯承、邓小平正式向第一二九师各部队、各军分区下达了反"扫荡"命令。

果然，两天后，日军就对第一二九师师部及八路军总部所在的晋冀豫边区进行了"大扫荡"。这次"大扫荡"是日寇所谓"1942 年度治安肃正建设计划"中的一部分。早在 1942 年 2 月 25 日至 26 日，冈村宁次在华北方面军各兵团参谋长会议上，就将"对太行山北部地区开展治安肃正"作为对冀中进行"五一大扫荡"之后的重要事项，并确定了"晋冀豫边区作战主要由第一军进行"的责任分工。[3] 随后又正式将此次"扫荡"命名为"晋冀豫边区肃正作战"，亦称"C 号作战"。

日军第一军鉴于八路军总部及第一二九师"仍盘踞于晋冀豫边区的山西、河南、河北省境附近的山岳地带（太行军区）及沁河中游河畔地带（太岳军区），屡次巧妙避开日军讨伐的锋芒，企图扩大其势力"，从 1942 年 4 月上旬就开始做"以歼灭太行、太岳军区的共军为目的"的"扫荡"准备，并于 4 月 16 日下达了"作战计划大纲"。其"作战设想"为："预定 5 月 15 日作战开始，作战分三期进行，第一期（8 天）消灭沁河河畔之共军；第二期（20天）消灭涉县北方地区之共军；第三期（20 天）消灭涉县南方地区之共军。"其中，沁河沿岸正是第一二九师太岳军区机关所在地，涉县以北是八路军总部所在地，涉县以南则是第一二九师师部所在地。八路军总部与第一二九师师部相距大约 25 公里。

为此，担负主要"扫荡"任务的第三十六师团进行了准备训练，并在编成装备上有如下规定。

一、参加作战部队的编制：

步兵联队：联络本部、步兵 3 个大队、步兵炮中队（由配备联队炮两门编成）、通信队（五号无线报机 5 台、小型无线报机 6 台、电线 20 盘、电话机 4 台、对空联络班 1 个），均为乘马小队。

步兵大队：大队本部（对空联络班 1 个）、步兵 3 个中队（编制为 80 人时，分编成两个小队，各配有重掷弹筒 4 个、轻机枪 4 挺；编制为 90 人以上时，分成 3 个小队，各配有重掷弹筒 4 个，轻机枪 6 挺）、机枪中队（由重机枪 4 挺、大队炮 1 门编成）、作业小队（包括队长共约 20 名）、俘虏工作队（包括队长共 10 名，队长由下级军官担任，兵四、中国人五、翻译一）、特务工作队（队长以下约 20 名，以宪兵下级军官为队长，用中国人编成，全员武装，使用常设人员）、挺进杀入队（临时编成）以及行囊被服等。

山炮兵大队：由大队本部、山炮两个中队（每一中队配备山炮两门，另装备步枪若干）编成。

二、参加作战部队的装备：

弹药：以每种武器单个计算，步枪 120 发、轻机枪 1000 发、重机枪 3000 发、重掷弹筒 40 发、大队炮 60 发、四一式山炮 100 发、九四式山炮 100 发。除上述弹药外，步兵每人携带手榴弹两个，各大、中队配备必要的信号弹及发射烟雾筒。

粮秣：每人 4 天的粮食、每匹马 4 天的草料、行囊供 3 天用。

被服：身穿夏服、携带雨衣、便衣中队的便衣到潞安领取。

三、其他：

步兵中队的行囊，由大队集中解决，中队行动时，经常不配备马匹，作战时不使用中国方面武装团体。因此，要从第二、第三大队抽调步兵一小队归联队直接调遣，留守警备兵力则由各中队四年老兵约20名、新增兵及教官、助教、助手及伤病号，锻炼兵（乙）班、各本部负责治安的军官等组成。**4**

从日军第三十六师团的编成中可以发现，冈村宁次在这次针对晋冀豫边区的"大扫荡"中还打造了一件"独门暗器"——挺进杀入队。

"大扫荡"开始之前，冈村宁次对第一军还不是十分放心，他找来第一军军长岩松义雄叮嘱道："把前线指挥部放在长治，适时派出挺进杀入队。这次作战，不仅要发挥正规军队的作战作用，也要发挥挺进杀入队的特殊作用。挺进杀入队组建得如何了？"

岩松义雄答道："我们已在第三十六师团挑选好了两个联队，组成两个挺进杀入队。步兵第二二三联队队长益子重雄中尉，还有步兵第二二四联队队长大川桃吉中尉，分别担任队长，各自特别挑选约百名士兵，改穿便衣，可随时化装成八路军，力争捕捉到八路军首脑，如不得手时，也要搅乱八路军的指挥中枢、报告其主力退却方向以及在其隐藏军需品之前发现其所在。"

岩松义雄又说："这两个挺进队各有分工：益子重雄率领的益子挺进队负责破坏八路军总部，刺杀彭德怀、左权等；大川桃吉率领的大川挺进队负责破坏第一二九师师部，刺杀刘伯承、邓小平等。现在，他们已给部下印制配发了彭德怀、左权、刘伯承、邓小平等人的照片以及简历。一切就绪。"

1942年5月8日，岩松义雄向第一军下达作战命令：5月15日，准时发起进攻作战。在此之前，各队要对作战企图极力保密，第一军将另派部队同时在石太路以北和京汉路以东地区进行侦察及"肃正讨伐"，以行欺骗。

## 邓小平南下阳城县，召开"枪杆会议"

1942年5月15日，天色阴沉。

日军第一军第三十六师团及第六十九师团的一部分兵力共7000余人，直奔沁河沿岸的东峪村及沁河河谷的马壁村地区，首先对太岳地区发起突然袭击。

刘伯承立即给太岳军区司令员陈赓等发去电报：在日军大部队奔袭合击太岳军区领导机关及其部队武装时，太岳军区机关要与王近山的第三八六旅主力及时转出外线，内线则由该旅第十六团及第七七二团一部带领当地游击队和民兵不断打击搜山"清剿"的日军。

由于这几天第一二九师政委邓小平正在太岳军区中条山一带活动，刘伯承很担心邓小平的安全情况，又赶忙发电向太岳军区查问。

邓小平这次前往中条山一带活动，主要目的是恢复和扩大晋豫边区抗日根据地。5月17日，邓小平带领太岳军区政治部主任王新亭等领导干部抵达阳城县的暖辿村。此时，由于日军"扫荡"，原本驻在此地的晋豫边区首脑机关已经迁移到了上河村，并有消息称，当夜日伪军即将偷袭暖辿村。邓小平冷静分析敌情后认为：日军不善于夜间行动，估计日伪军不会来得太快，所以不必连夜撤退，可安然在暖辿村过夜。因此，晋豫特委书记聂真前来向邓小平汇报了开辟晋豫区和中条区抗日根据地、建立党组织和抗日民主政权、加强民运工作、开展武装斗争等方面的工作情况。邓小平很满意，强调要继续巩固扩大抗日根据地，进一步发动群众，开展减租减息运动，建立地方武装，整顿部队，安定群众生活。

5月19日凌晨，日伪军一部从索泉岭出发，直逼暖辿村。邓小平命令豫晋联防区主力部队阻击敌人，亲自带领晋豫边区党、政机关向析城山最高峰圣王坪转移，让日伪军在暖辿村扑了个空。邓小平随后派出一支军队向青龙、黑龙一带迂回，以迷惑敌人，自己却率领晋豫边区党、政机关进驻到了暖汕村附近的吉德村，同干部群众一起露营，吃野菜，与敌人周旋。当在暖汕村扑了空的日伪军闻讯赶到吉德村时，邓小平已经带领部队转移到了李疙瘩村。日伪军又追至李疙瘩村，以三面包抄之势围攻邓小平、聂真、王新亭等人。邓小平指挥部队用巨石作掩护，用树林作掩体，猛烈地对敌人发起反击。突围之后，西进到沁水与翼城交界处的大山深处隐蔽。

随后，邓小平又来到阳城县的枪杆村，了解到这里的中共地下组织活动频繁，所以日伪军戒备森严，不断进行"扫荡"和"清乡"，妄图蚕食抗日根据地，再加上溃退而来的国民党散兵游勇占据山头胡作非为，反动会道门"天仙妙道反共救国仁义社"勾结日军无恶不作，使得重新开辟抗日根据地的工作遇到了重重困难，于是在此召开了晋豫边区党、政、军机关干部和豫晋联防区司令部会议（史称"枪杆会议"）。邓小平在这次会议上提出：晋豫边区在"十二月事变"（又称"晋西事变"，即1939年12月阎锡山进攻山西青年抗敌决死队事件）以前就曾经是具有重要战略意义的抗日根据地，当地的许多地下党组织在"十二月事变"以后一直坚持地下斗争，为八路军部队开展工作创造了良好的基础。八路军部队进入晋豫边区之初，虽然不可能建立大块的根据地，只是斑斑点点的一两个县、几个区或者是若干个村，但经过艰苦努力，将其连成一片，局面也就相当可观了。各部队要先打若干次有把握的小规模的漂亮仗，不要贪大求多，只要每战必胜，就必然会鼓舞士气，提高干部群众建立根据地的信心和决心。也不要过早过分地刺激敌人，以减少创建根据地的困难。针对八路军部队和地方干部生活艰苦、体质下降、非战斗人员增多、不利于创建根据地的情况，除了保持必要的机动部队以外，其余部队以连、排为单位，分散深入敌后，以便缩小行动目标，减少敌人的偷袭，解决粮食供应方面的困难，增加情报和消息来源，掌握敌人动态。还要抽调有作战经验、有一定政策水平的连、排干部，组成武装工作队，打击小股敌人和汉奸，宣传、动员、组织群众，建立抗日民主政权，搜集国民党中央军遗弃的作战物资，建立情报机构，配合地方党组织和地方政权开展工作。

后太岳南进支队和晋豫边区党委根据邓小平在这次会议上的指示精神，经过4个月的艰苦努力，基本上肃清了区域内的日、伪、顽军和土匪武装，将抗日根据地人口扩大到20多万人，并建立起了豫晋联合办事处与豫晋联防区，以及阳城、垣曲、绛县、沁水、晋城、翼城等一批县级抗日民主政权，组建并扩大了地方武装力量，搜集到一些国民党军队遗弃的资材，恢复建立了一些地方党组织。

刘伯承的电文发出几天后，太岳军区司令员陈赓、政治部主任王新亭共同发来急电：邓小平已安全抵达暖汕，随后已与太岳军区机关一起安全转移。另外，他们又共同向刘伯承汇报了日军此次"扫荡"太岳军区的特点：一、造谣、欺骗、麻痹和威胁我军，以隐蔽其企图。如，"扫荡"中条山一带的敌人在进攻前造谣称要进攻浮山。二、行动秘密突然，常以一独立支队（不下1000人）完全夜间运动，作远程的拂晓袭击。有的还伪装成八路军，绕过村庄向预定的目的地直进，奔袭八路军的各级后方机关。三、敌人若事先估计到八路军部队可能会转移到的地方（特别是重要高地），则会预先在预估地点秘密设伏，一发现八路军即会重重包围，企图一举歼灭，并会大量采用空军力量进行猛烈的轰炸、扫射，以阻止八路军部队运动。

刘伯承认为他们归纳的这几个特点很有参考价值，特别是敌人常常派出伪装的独立支队，而且是夜间秘密行动，这就说明敌人已经提前查明我军各统帅机关、后勤机关的驻地。这要通报各部队、各军分区严密注意，各机关都要马上转移。师部摊摊大，也要准备行动。

5月18日，刘伯承又接到阳城方面送来的情报：日军盛传调集了7个师团，准备40天给养，马上就要将"大扫荡"范围推进到太北地区来。刘伯承立即发电，督促太行区各旅、各军分区进一步做好应急准备，并令陈锡联率第三八五旅负责掩护第一二九师师部的行动。

5月19日，突袭太岳区的日军留下第六十九师团兵力继续在沁河河畔

"扫荡"，调动第三十六师团开往太行区涉县的南面与西面地区，并出动独立混成第三、第四旅团，协同第一一〇师团所属的独立混成第一、第八旅团开往涉县的东面和北面，对涉县第一二九师师部机关形成了总共2.5万人的封锁包围圈。

在包围圈的东侧，日军从平定、昔阳、井陉、元氏、赞皇等地同时出发，分头向测鱼镇、黄北坪、浆水、将军墓一带发起局部合击，驻在该地区的第一军分区机关和基干军队，在军分区司令员秦基伟的率领下，避开敌人的锋芒，适时向外转移，使得日军一一扑空。

而在包围圈的西侧，从长治、潞城等地出动、向东兜击的日军，则将目标直接指向了第一二九师的师部机关。

5月21日晚20时，随着敌人的距离越来越近，刘伯承率第一二九师师部机关从赤岸以南的会里村迅速发起转移。此时的夜晚，尚能依稀辨别出树木和道路。这天是农历的四月初七，清清的漳河水映出了皎洁的上弦月，给八路军部队的行动增添了一些光亮。第一二九师参谋长李达随刘伯承率领着指挥所走在前边，第一二九师政治部主任蔡树藩率领直属部队殿后。

5月22日清晨6时许，刘伯承一行转到了太南区的固新镇。刚一落下脚，刘伯承立即电令各旅和各军分区：

> 日军正开始对太行区实施夏季新的全面"大扫荡"，各部应即：
>
> 一、分若干精干小部队深入敌之"扫荡"基地，接敌侦察；
>
> 二、派得力干部带小部深入下层领导县、区、村指挥部；
>
> 三、基干团加强便衣活动乘机进行机动；
>
> 四、各领导机关力求短小精干，派干部帮助下层。[5]

接连三天，刘伯承一直守在作战室里，及时掌握敌情，不断下达指示。新编第一旅和太北各军分区源源不断地报告着敌人的动向和进止位置。机要科的参谋们也在接连不断地向刘伯承呈送来各类电报。

在第一二九师指挥部的作战室里，刘伯承指着标好最新情况的示意图，对李达和参谋们说："这次敌人判断我们的主力采用的是缩入腹地中心作战，会重演敌进我退、诱敌深入的老办法，所以才会从各个方面一齐向腹地中心奔来，来了一个铁桶大合击。"**6**

"那么，我们现在要怎么办呢？"他像自己问自己，未等大家作答，就接着说道："我们基干军队如果能够不与合击敌人作被迫的战斗，即能转移到合击圈外背击敌人，摧击敌人的补给线，袭击敌占区据点，则为上策。如上策不可能实现，那么，仅与一方来的敌人略为战斗，即转出到合击圈外，进行上述作战，则是中策。若是被敌人越压越缩，最终陷入敌人从四面八方来的大合击圈的圈心，那不管我们如何反击，都将很难得出好结果来的，这就是下策了。"**7**

他端起用太行山土产茶叶泡的浓茶喝了一口，接着说："我们的基干部队能否及时跳出敌人的合击圈，关键在于能否掌握好利害变换线。敌人在制订合围计划时用的是'圆规划法'，即以预想的某一合击目标为圆心，依据其兵力和各路可能会合的时间划定了一定范围的合击圆周。这个合击圆周形成的那一刻，就是利害变换线。我们的基干部队要确实掌握好这个利害变换线，才能及时地转移到合击圈外机动。只要我们的干部们能够经常查明敌情、隐蔽自己，平时对地形熟悉，能够预见到战斗的复杂，就能使自己在各游击部队佯动的掩护之下，实现这一点。"**8**

日军第一军根据其"扫荡"分期计划，第一期于 5 月 23 日结束，已完成对八路军中枢地区"具有纵深面的包围形势"，接下来将于 5 月 24 日开始第二期："在封锁线内分散部署兵力"，"实行彻底的扫荡剿抉"。

5 月 23 日，日军第一军司令官岩松义雄向所属部队发出电报，督励嘉勉一线日军继续奋战。5 月 24 日凌晨，各路日军同时由各出发线向包围圈内开始了进攻，日军第二十九独立飞行队也参加了协助搜索和地面攻击。在东线，平汉路的日军折向西南，一部控制了太北制高点峻极关，武安日军合击阳邑后继续西进，平定、昔阳的日军会合和顺日军合击松烟、拐儿镇后进至上庄、下庄地区；在西线，长治、武乡、辽县的日军合击黎城、桐峪等地后，也不断向腹地深入。5月25日，日军第一军将战斗司令部从太原移到潞安，各地日军与八路军的大小战斗不断发生。

5月23日，在固新镇第一二九师师部指挥所，李达向刘伯承报告说：现在已有多处发现冒充八路军的日军小分队，昨天黄昏，在浊漳河岸的王曲村，曾有三个民兵发现一支举止异常的小股部队，但见他们穿着八路军的服装，就放他们过去了。不过就在今天拂晓时分，在小曲村附近的民兵也发现了一支小部队，民兵询问他们的番号，队中有人答是新六旅的，因为咱们没有新六旅，而大家又习惯性地称第三八六旅为老六旅，又发现他们还都穿着皮鞋，就对他们产生了怀疑，让他们把枪交过来，结果他们突然向民兵开了枪，就跑掉了。接着皮定均第五军分区也发来了电报，说在小曲发现有穿皮鞋、灰衣服的敌探100余名，有向王堡、会里前进的模样。我们的侦察员早上也有报告，说咱们师部从会里村转移之后3个小时，就有一股伪装的日军小分队进了村子，自称是新编第六旅的，向老百姓询问咱们师部的去向。

5月14日，八路军总部曾发过一份通告，说敌人在"扫荡"胶东时，曾冒充我军，每到一地即用我军代号发出通知、通令，贴布告，以"收容"我失散人员及部队，并派大批汉奸化装政府及我地方工作人员，背着行李，"接见"我军，刺探军情。彼等以白毛巾、镜子、黑色旗为记号。这说明，华北日军可能正在酝酿着什么阴险的奸谋。

刘伯承要求师部今后更要注意保密工作，凡有关军事秘密，特别是涉及我军的行动与驻地等内容，一律不准在电话中明述了，以免被敌人的探子截取。师部领导以后一律使用代号。

5月24日，刘伯承率指挥机关转移到固新镇以南、位于清漳河和浊漳河汇合处的合漳村。在此，刘伯承曾几次给左权打电话。为防止特务窃听，刘伯承因与左权在苏联留学时是同学，就改用俄语与其对话，报告八路军总部，第一二九师师部所发现的化装成八路军的日军小股部队的行动规律和路线，并请左权转告彭德怀，建议八路军总部机关尽快转移。

此后，从 5 月 25 日到 27 日，第一二九师师部却与八路军总部的电台联系不上了，直到 5 月 28 日才得到八路军总部的音信。然而，刘伯承和李达听到的却是一个天大的坏消息："总部于 24 日晚在偏城南的杨岩、索堡、麻田、阳邑敌共三千余压迫下，被合围于南艾铺、窑门口，于 25 日午被包围。后向石灰窑以北突出敌围，电台五全失，左权阵亡，罗主任、立三部长 **9** 向黑龙洞突围，详情不明。" **10**

## 正在十字岭北面山口组织突围的左权，仰面倒了下去

1942 年 5 月 24 日，八路军总部和中共中央北方局机关从辽县的麻田镇和郭家峪转移至山西、河北、河南三省交界的南艾铺、窑门口一带。一路上，敌情警报不断传来：辽县、和顺、武乡、襄垣、潞城、武安、涉县、内邱、邢台等地日军都在大量增兵，且辽县日军已经分批出动。在转移过程中，八路军副总司令彭德怀、副参谋长左权等率领的八路军总部和中共中央北方局机关，又遇到了野战政治部主任罗瑞卿率领的野战政治部和后勤部部长杨立三率领的后勤部机关。由于机关庞大，后勤部队携带物资过多，行动迟缓，结果从 24 日夜走到 25 日凌晨，一夜只行进了 10 多公里，并造成八路军总部司、政、后与北方局机关和特务团的人马上万人都挤在了一起的不利情况。

5 月 25 拂晓，大部队由南艾铺出发向北转移，走出不远就被敌人飞机发现。随后，日军出动主力部队共 1 万多人从四面压缩，以南艾铺为目标，进行"铁壁合围"。八路军总部的警卫部队并不多，好在又遇到了第一二九师第三八五旅的第七六九团，因此保护八路军总部和北方局的任务自然有一

部分落到了第七六九团的身上，团长郑国仲感到自己肩上的担子重多了。

郑国仲和第一营营长李德生一起向八路军总部请示任务。彭德怀、左权指示：除派出部队侦察以外，对前面十字岭四周的高山加强警戒，以便在发生紧急敌情时控制高山。

这十字岭位于南艾铺和北艾铺之间（南艾铺属于涉县，北艾铺属于辽县），海拔1300多米，有一条羊肠小道自南艾铺曲曲折折地通向山上，到山顶大约有3公里。山顶上，有路北通北艾铺。只要控制了这座山，南北艾铺一带就可能做成一盘活棋。为了控制这座山，第一营营长李德生和教导员王亚朴商议，由王亚朴带领第三连登上十字岭掩护大部队经过，李德生带领第二连和第四连前往南艾铺西南山上阻击来袭的敌人。

王亚朴率第三连登上山顶，指战员们都认为这个山岭地势很好。王亚朴决定：将第三连部队分散开布置，一个排放在山顶上向西警戒，一个排放在靠南的山包上向南警戒，一个排放在山路东侧偏北的山包上向北警戒。

一切布置就绪以后，王亚朴环视四周，从南艾铺到窑门口，几公里范围内到处不见炊烟，完全是一幅山河破碎的凄惨景象。他在山头上走走坐坐，心神不宁地等待着山下的消息。

5月25日中午时分，有几架日军飞机在十字岭上空进行了低飞盘旋，然后急急忙忙地掉头飞去。半个小时之后，又有数架日军飞机重新飞来，开始向地面轮番轰炸和扫射。紧接着，地面上也有大批日军接近，第七六九团的部队已率先与日军接上了火，枪炮声一阵紧似一阵。这时，八路军总部机关等人马正在越来越多地向十字岭方向聚集过来，很容易成为日军集中轰炸的目标。

彭德怀、左权立即召集罗瑞卿、杨立三等人进行紧急会议。会议认为，八路军各总部机关已处于敌人的合击圈内，考虑到山区道路少，机关人员多，目标太大，集中行动很困难，决定迅速分路突围：左权率八路军总部直属队和北方局机关，沿着清漳河东侧向西北方向突围，从和顺、辽县间转入外线；罗瑞卿率领野战政治部机关向东南青塔方向突围，转往武安方向；杨立三率后勤部机关向东北羊角、黄泽关方向突围。作战参谋们也分路随行，各携电台，等冲出去以后再联络和集中。

会商结束，各部人马分头行动。左权带着八路军总部和北方局机关，刚走上十字岭山坡，已被日军飞机发现，立即遭到一阵猛烈的轰炸。此时，东面约2000米远的一个山头已被日军占领，也在以山炮、机关枪等对准了十字岭开火。

在此紧急情况下，左权令作战科科长王政柱率警卫连连长唐万成带领一个排，掩护彭德怀先突围过去。彭德怀不肯，坚持要留下和机关一起走。左权对彭德怀说："事关重大，你安全突围出去就是胜利，我直接指挥机关突围就行了。"⚊说话间，已令警卫连将彭德怀架上了马。

这时，大部分队伍都还堆积在十字岭的南坡上，处于敌人的飞机轰炸和地面炮火的封锁之中。彭德怀已在马上，不得不走，便拍马疾行，后面紧随着十余骑，一齐向着日军火力交织的岭头北山口冲了过去。日军注意到为首的那匹枣红马，立即把火力对准了它。彭德怀在马背上伏下身子，忽东忽西，一直从南艾铺方向冲上十字岭，又沿着山路直往北艾铺奔去。

趁此时机，八路军总部机关人员加快了步伐，陆续通过十字岭。但这时敌人的飞机仍在轮番飞来轰炸，十字岭上的机枪、步枪声交织成一片，手榴弹的爆炸声此起彼伏。

一股日军妄图抢夺十字岭。一时间硝烟弥漫、弹片乱飞，坚硬的岩石被炸成无数碎片，抛到空中，又跌落下来。日军凭借猛烈炮火的掩护发起了冲锋，守在岭上的第三连战士奋起反击。日军的飞机也过来协助地面进攻，王亚朴命令："用机枪向飞机射击！"于是，第三连立即组织了对空射击组，只要敌人飞机一飞来，他们就机枪齐发。直到南艾铺的小道上已空无一人，八路军总部人员全部突出南艾铺，王亚朴才命令第三连部队：各排互相掩护，向北艾铺方向撤退。

此时，左权也已翻过十字岭，正在招呼着队伍向北艾铺转移。一路上，到处都有敌人的火力封锁，空中的敌机又在不停地轰炸。左权高呼着让大家跟上队伍，已喊得声音嘶哑。在走到十字岭以北的高家坡山腰时，已只剩下敌人的最后一道地面封锁线了。左权组织队伍突围到山口，炮弹又打了过来，在接连的爆炸声中，有一块弹片击中了左权的头部，左权仰面倒了下去……

跟在左权后面突围的是北方局党校学员李锡周、穰明德、李克林等人。他们呼唤着左副参谋长，悲声恸哭，但左权再也不能答应他们了。李克林从左权的身上取下左轮手枪。为了保护好左权的遗体，穰明德捡了一个草黄色的背包，把背包打开，覆盖在左权的身上。然后，他们将左权的遗体安放到了一堆灌木丛中，又在灌木丛上盖了青枝绿叶……

左权的手枪后经其警卫员郭树宝之手交还给了作战科科长王政柱。

刘伯承得知左权殉国的消息后，紧急将此情报告给延安。毛泽东和朱德得知后，都眼含热泪，久不能语。朱德于6月2日为左权写下悼诗。

> 名将以身殉国家，愿拼热血卫吾华。
> 太行浩气传千古，留得清漳吐血花。**12**

6月15日，朱德又在《解放日报》上发表了题为《悼左权同志》的文章；6月21日，《新华日报》(华北版)发表周恩来的文章：《左权同志精神不死！》。

正在延安中央研究院的左权夫人刘志兰初闻左权殉国的消息，更是泣不成声，饱含热泪写下了一篇悼念左权的文章，情之切切，令人心酸。她写道：

> 虽几次传来你遇难的消息，但我不愿去相信。自然也怀着这不安和
> 悲痛的心情而焦虑着，切望着你仍然驰骋于太行山际。我曾写道："愿

以廿年的生命换得你的生存。"或许是你重伤的归来，不管带着怎样残缺的肢体，我将尽全力看护你，以你的残缺为光荣。这虔诚的期望终于成为绝望。当得到你的牺牲的通知时，陷我于绝望的悲痛中，痛哭、悲泣，释不去郁结的悲哀，吞噬着我的心，滴下血来。我不是在梦中吗？我常常这样提醒自己，而天空是澄清的，太阳辉耀着，这是绝对不可能挽回的事实。我不忍设想原来精神盛旺、身体健康的你，怎样遍体伤弹地辗转于血泊中，也不敢想像你在断绝最后的呼吸和思想时，想到未完的事业和亲爱的人时，怎样痛切地感到对生之留恋。我痛悔不在你的身旁，分担你的痛苦，这是永远的恨事了。

结婚三年来，我们的感情是深厚的，体会到爱与被爱的幸福。我们是同志、朋友，又是夫妇，你不愿因私人生活而妨碍工作，也不愿自己亲爱的人仅作一个柔顺的妻子，而希望她做党的有力的战士，你从不阻止我远去工作的热诚，且给予鼓励，以好好工作和学习共勉。

在共同生活中，你有着潜移默化的力量，我更是一个热情、积极的、幻想很深的青年，在你旁边渐变得很踏实、深沉，一面开朗地认识革命事业的伟大规模，一面体验到人生的丰富的意义。你的全部生活溶于革命事业中，每天萦绕于脑际的是如何有益于党和军队的事业，虽然经常是冷静地沉着地处理工作，我常感到你内部有着不可摇撼的决心和燃烧的热情，发出惊人的力量工作。给我印象最深的是百团大战之役，你全部精神浸沉于这一伟大战役的计划中。你部署队伍，研究敌情，和花很大的精力研究怎样更有效力地破击敌人重要交通线上的铁桥、隧道、车站，写电稿，看地图。8月20日午夜，你虽有着胜利的把握，也仍为行将发生的战役焦虑着，没有睡眠，在屋内和院中徘徊，等到捷报像雪片一样传来，你更忙碌地研究战况，阻击敌人的增援，扩大战果。回想数十万健儿、数百万群众，在祖国的原野上，展开七昼夜的破击战，使敌人背腹受击、惊惶失措，娘子关峰峦上飘扬着国旗，是怎样一幅壮烈的图画。

……

由于你的牺牲更加深我民族的仇恨和斗争的决心，日本法西斯不仅奴役我的国家，且残杀了我亲爱的人。对于革命，我贡献了自己的一切，也贡献了我的丈夫。你所留给我最深切的是你对革命的无限忠诚，崇高的牺牲精神，和你全部的不可泯灭的深爱。为了永恒地纪念你，我将努力将二者紧密地结合起来，学习你，继续你的遗志奋斗。在任何困难之下，咬着牙齿渡过去。有一点失望和动摇都不配做你的妻子。

愤恨填膺，血泪合流，我不仅为你流尽伤心的泪，也将为你流尽复仇的血，你永远活在我的心里，今后悠长的岁月中，想到你将是我最大的安慰。

亲爱的，永别了，祝你安息！**13**

刘伯承和邓小平后来也合写了《纪念我们的战友左权同志》一文，追念左权将军光辉战斗的革命业绩，文中写道："左权同志的牺牲，不仅是中华民族、中国人民和我党我军的重大损失，就在同志感情上，即个人的友谊上，也使我们失掉了一个最亲密的战友。我们的悲伤，是不可以言语形容的。"**14**

7月7日，仍在重庆的八路军参谋长叶剑英也写下了悼念左权的《满江红》一词。

敌后坚持，捍卫着，自由中国。试看那，橛枪满地，汉家旗帜。剩水残山客我主，穿沟破垒标奇绩。问伊谁，百万好男儿，投有北。崦嵫日，垂垂没，先击败，希特勒。会雄师，踏上长白山雪。风起云飞怀战友，屋梁月落疑颜色。最伤心，河畔依清漳，埋忠骨。**15**

9月18日，晋冀鲁豫边区政府为纪念左权将军的不朽功绩，应辽县人民的请求，将辽县更名为左权县。

10月10日，晋冀鲁豫边区党、政、军、民5000余人，在涉县石门村举行了左权公葬大会。彭德怀亲笔撰写了《左权同志碑志》。

> 左权同志，湖南醴陵人，幼聪敏，性沉静。稍长读书，即务实用，向往真理尤切。1925年参加中国共产党，献身革命，生死以之。始学于黄埔军校，继攻于苏联陆大。业成归国，勠力军事，埋头苦干，虚怀若谷，虽临百险，乐然不疲。以孱弱领军长征，倍见积极果决之精神。中国红军之艰苦缔造，实与有力焉。迫乎七七事变，倭寇侵凌，我军奋起抗敌，作战几遍中原。同志膺我军副参谋长之重责，五年一日，建树实多。不幸1942年5月25日清漳河战役，率偏师与十倍之倭贼斗，遽以英勇殉国。闻得年仅三十有六，壮志未成，遗恨太行。露冷风凄，恸失全民优秀之指挥，隆冢丰碑，永昭坚贞不拔之毅魄。德怀相与也深，相知更切。用书梗概，勒石以铭。是为志。**16**

左权是抗日战争中八路军牺牲的最高军事长官。他1905年出生于湖南醴陵县黄茅岭，1924年入黄埔军校第一期学习，1925年加入中国共产党，同年赴苏联，先后在莫斯科中山大学、伏龙芝军事学院学习。1930年回国后到中共中央革命根据地，历任中国工农红军学校第一分校教育长、红十二军军长、红十五军军长兼政治委员、红一军团参谋长和代理军团长等职。1937年8月始任八路军副参谋长，曾参与组织指挥晋东南反"九路围攻"、百团大战、黄崖洞保卫战等著名战役。

左权殉国后，第三八五旅第七六九团团长郑国仲率领第一营、旅山炮连和团直属机关一路护送彭德怀等八路军总部和中共中央北方局人员向外突围。1942年5月25日晚22时到达东黄漳时，正遇到欧致富带领的八路军总部特务团。七六九团的护送任务结束了。

彭德怀突围后，继续西行，渡过清漳河，逐渐会聚过来的突围人员有200余人，队伍于5月26日在小南山稍作休整后，次日抵达砖壁村，之后顺利地返回了武军寺附近的下南会村。

罗瑞卿率领野战政治部机关与八路军总部和北方局机关分开、向东南青塔方向展开突围后，不断遭到敌人的炮击和敌机的追踪轰炸。不久，他们就与杨立三带领的后勤部人员会合。待到天色渐黑，罗瑞卿、杨立三立即率众沿着山沟向东南方向突击前进。

他们边打边冲，一路突击到青塔附近，却发现敌人已在黑龙洞峡谷布好了阵势堵住了山口。周围的崇山峻岭中，到处都在弥漫着尚未散尽的硝烟。罗瑞卿、杨立三只好往回返，没走多远就遇到了执行掩护任务的第三八五旅的第十三团。于是，第十三团向青塔后山发起了进攻，抢占制高点，掩护机关人员从青塔后沟北坡登上东山，但马上又受到了东山方面敌人的顽固截击。经过激烈的战斗，才终于在敌人强大的封锁线上撕开一个缺口，突出了重围。

此后几天中，这支队伍仍在不断地遭到日军合围。为了不使大部队行动形成敌人追击的目标，罗瑞卿、杨立三命令大家分成战斗小组，化整为零，分散突围。在战斗中，罗瑞卿与杨立三也一度被冲散，经过20多天的奋战和奔走，他们最终顺利地返回了八路军总部驻地。

## 郑国仲发现苏亭村的确是打伏击的理想之地

在十字岭掩护八路军总部和北方局机关转移的第一二九师第三八五旅第七六九团，一部由团长郑国仲率领着保卫彭德怀等北下，而仍留在南艾铺西南山上阻击敌人的第一营营长李德生，待八路军各部人马都已离开十字岭后，率第二连和第四连集中火力，向西南方向打开一个突破口，全部冲出到尖庙以南地区，并于当夜返回麻田，后在共庙山庄一带与第三八五旅旅长陈锡联带领的旅部部队会合，打了一个多月的游击。**17**

郑国仲和团政委漆远渥率领团直属队和第一营教导员王亚朴带着的第三连，完成护送任务后，转移到了拐儿镇一带。

1942年5月26日黄昏，郑国仲一行先将第七六九团机关和直属队疏散到拐儿镇以南一带，决定把第一营第三连抽出来，寻机打击一下正嚣张的敌人，鼓一鼓部队和群众的斗志。为此，他们派出数名侦察人员去侦察敌情，又派出数名机关干部去联络地方武装，做战前准备。

5月27日中午时分，一个团侦察员带着太行军区第七军分区武委会主任刘玉堂和南桃园村村长义呈祥赶到团部，提供了一个情报。他们说："在黄漳经苏亭到辽县的路上，经常有敌人的运输队来往。敌人正把'扫荡'抢劫来的东西加紧往回运，押运的日军少则百人左右，多则不超过300人。因仅有一些民兵游击小组袭扰，他们未经过大的打击，麻痹得很。"

郑国仲一听："好，咱们就找个地方打它一家伙！"

刘玉堂立即建议："郑团长，苏亭可是个好地方。"

郑国仲等立即前去察看地形，发现苏亭村的确是个打伏击的理想之地。这地方东面和西面都是山丘，村北是曲转的山路和河滩，隔河有东寺垴。东寺垴前面是陡崖，崖下的河滩大路呈"己"字形。敌人只要钻进去，掐住两头，就可以来一个瓮中捉鳖。

查看地形归来后，郑国仲让第一营教导员王亚朴再次带人前往苏亭进行现地勘察，并在现场根据具体的地形特点商拟详细的作战方案。

作战方案很快确定下来了，王亚朴决定由第三连第一和第二排及地方民兵出战：以第一排携两挺机枪置于东寺垴南面沟口山屹梁的断崖上，以第二排携一挺机枪置于北面沟口山屹梁上，构成交叉火力；以步兵半个班置于东寺垴前面的半山腰上，保证侧翼安全；以一个编村（根据地中心村，相当于乡的规模）民兵加上部队一名干部和三名战士，置于东寺垴西北高地上，阻止可能前来抢占高地的敌人；另以一个编村民兵隐蔽在东寺垴前面的石崖上，负责向下推石头，并由该编村民兵派出两个观察组，负责监视敌人动向。

任务分配完毕，就只等着敌人来了。

不久，粟城敌工站送来情报：粟城日军 300 余人，将于 5 月 30 日上午押送大批物资经柏官寺、苏亭去往辽县。

5 月 29 日午夜，第三连第一、第二排和民兵按计划进入了阵地，连夜垒起石头，构筑射击工事。尽管山崖上野草过腰深，八路军战士和民兵们仍对阵地进行了周密的伪装。为使射击精确，他们又测量了射击距离：架在西面沟口的机枪，离河滩公路有百余米；东面沟口的机枪，则更近一些，离河滩公路不过五六十米。此外，苏亭民兵还在公路和河滩间摆设了一个梅花形的地雷阵，并在阵间轻轻地盖上了不少马蹄印，用以伪装。

5 月 30 日黎明前，一切战斗准备完毕。天渐渐发亮时，天上忽然涌来一团团乌云，不久，霏霏细雨斜飘而下，给山野间罩上了一层雨雾。这对于隐蔽设伏的企图来说，真是天公作美。

然而，或许是天气变化的缘故，日军在上午竟然没有来。大家心里不禁有些着急，耐着性子一直到 13 时左右，观察哨传来报告：日军 300 余人，押着 200 多名民夫、300 多匹骡马，已全部通过了柏官寺。

战士们一阵兴奋，马上枪上膛、弹揭盖，沉下性子，静候着日军过来。下午 3 时左右，9 个骑着大洋马的日军头也不抬地闯进了伏击圈。没隔一会儿，又有 5 个跟随而来。日军的先头部队刚一过去，后面的大队人马就已接踵而至。走在头里的打着太阳旗，紧跟着的是四路纵队的步兵，走在前面的 10 个人还都扛着大旗，颇有一种凯旋的架势。在步兵后面，是几十个骑马挎刀的家伙，再往后便是辎重队，大车、毛驴、洋马拉了一长串，上面装载着掠夺而来的东西。

日军队伍走进沟里一大半后，埋在大路上的一颗地雷"轰"的一声爆炸了，当场炸倒了两个。日军队伍连忙闪到小路上，停了一会儿，见四周没有动静，一个骑马的军官走了出来，让先头部队先停下，派出几个工兵跑到前面去排雷。可是，前面虽然停了下来，后面的日军却仍在一个劲地往前拥。片刻工夫，大路上、河滩上已密麻麻地挤满了人和牲口，如同在赶骡马大会一样。

埋伏在山崖上的八路军战士和民兵们抓住了这个大好时机，相互一示意，三挺机枪同时向敌群扫开了，手榴弹也如雨点一般地落了下去。

枪弹声一响，日军完全乱了套，密麻麻地前拥后堵，挤成一团，有时一颗子弹就能穿透两三个。一些敌人见势不妙，开始飞速往前面的石崖下跑，将崖下又挤得密麻麻的。没想到石崖上面也有民兵在一直等着呢，20多个民兵一齐用力，将石崖上垒了两人来高的石墙推了下去。但见崩天裂地似的一阵闷响，巨石滚滚，许多日军连喊叫都来不及便给砸成了肉饼。与此同时，架在东寺垴的两门掷弹筒也开火了，一颗颗炮弹在敌群中开了花。一些又跑到河滩上去的敌人更加无处藏身，无不成了八路军的活靶子。

这一仗打了半个多小时，日军连组织反击的力量都没有了。但由于第七六九团在突围后弹药缺乏，一挺机枪只补充了40多发子弹，步枪更是一支只给10多发，设伏部队的子弹很快就打光了。王亚朴考虑到兵力太少，日军还有能力反扑，不宜出击，便下达了撤退令。

撤退时，负责掩护的第二排第五班想趁机去捞几支枪，结果有个战士因被冷弹击中牺牲了——这是这次战斗中八路军唯一的伤亡。

此次战斗，八路军与民兵共毙敌140余名，其中包括一名"讨伐队"的中佐副总指挥。**18**

## 刘伯承率第一二九师师部突出合围

就在第三八五旅的战士们在苏亭打伏击时，第一二九师师长刘伯承也正在紧张地指挥着反"扫荡"战斗。

1942年5月25日，刘伯承在合漳接连发出三道命令，要新编第一旅旅长韦杰和太行军区第四军分区司令员石志本乘长治空虚，到长治附近迅速、勇猛地打击日军，摧毁伪组织与补给线；太行军区第一军分区司令员秦基伟利用太行山横谷东西机动，或打圈游击，或打击日军补给线；冀南军区政委宋任穷出动第三军分区基干团主力向营井、武安出击，一部到武邯路西段积极破袭，以有力的外线活动配合太北腹地的反"扫荡"斗争。

这一晚，刘伯承又向参谋询问了太岳反"扫荡"的进展情况。因为邓小平仍在太岳地区检查指导工作，此时正随着太岳南进支队一起行动。刘伯承发电向陈赓询问详情。第二天收到陈赓的复电，说：敌人于5月24日再次合击了东峪和西峪，但毫无所获，太岳军区正在指挥主力部队袭击敌后城镇，破毁同蒲和白晋铁路，领导腹地小部队和游击队、民兵反"清剿"，邓政委待岳南"扫荡"结束后即回太岳。闻此消息，刘伯承放下心来，感到松了一口气。

陈赓回电之时，邓小平又回到了晋豫边区首脑机关驻地阳城县的上河村，并随后于5月26日在这里召集营长、县长以上的军政干部开会，商讨开辟晋豫抗日根据地中条区的大政方针。这次会议，史称"中条区高干会议"或"上河会议"。在会上，晋豫区党委书记聂真作了题为《中条区过去四个月工作的检讨》的工作报告，邓小平作了《在中条区高干会议上的发言》。邓小平实事求是分析了中条区的形势：中条区根据地的特点是游击性很大、维持会还存在、我方的政权还不够巩固，现在只掌握阳城和沁水西南部，以及翼城、绛县、曲沃、晋城、济源的一部分，而基本区域只有5万人口，因此，要采取切实的办法，力争中条地区成为巩固的抗日根据地。为此，邓小平指出几条具体办法：一要大量发展组织，包括党组织、抗日民主政权、统一战线等力量，关键是抗日武装力量，要采取精干隐蔽政策积蓄力量，敌占区党组织应打入日伪军内部去工作，这对将来形势的变化，有着决定性的意义；二要运用各种形式建立武装，不能用百分之几来限制，当然是越多越好，但也应防止一些不切实际的错误做法；三要首先建立抗日政权，越快越好，因为有了政权才能养活武装力量，运用政权组织才便于开展各项工作，抗日民主政权的重要职务，应该掌握在进步人员和共产党员手里，这一点，在开始建立政权时，显得更为重要；四要广泛发动群众，建立各种形式的群众组织，党员以积极的群众面貌出现，这样一旦形势有变，也不会受到很大的损失；五要扩大统一战线，要正确运用统一战线政策，发展进步势力，争取中间势力，孤立、打击顽固派，刚开始的时候，可以暂时允许根据地内的维持会存在，但是不允许维持会给敌人送钱、送粮、送物资，当工作发展到一定程度时，就不再允许维持会存在，在敌占区和接敌区，要开展政治攻势，实行革命的两面政策，减轻人民负担；六要在军事上不过分刺激敌人的原则下，多打一些小埋伏战斗，截击敌人运输的物资和粮食。总之，能否发展力量，取决于有没有正确的政策及一套相应的办法，要把大刀阔斧的魄力与一点一滴的务实作风恰当地结合起来，党、政、军、民有机地配合起来，抓住中心环节，研究具体实施步骤，保证每项任务都能实现，要提高现有干部队伍质量，大量吸收积极分子，在群众运动中培养干部。

邓小平讲话后，会议针对重新开辟晋豫边区的方针政策，以及如何克服目前存在的困难，进行了深入讨论，使与会人员统一了思想，明确了目标，鼓舞了斗志。

日军获悉邓小平正在上河出席会议的情报后，立即部署兵力，纠集济源、阳城、沁水、垣曲、翼城等地的日伪军4000余众，分兵六路合击，大举进攻上河村，妄图消灭八路军高级干部。邓小平面对严峻形势，决定提前结束会议，立即转移，先途经黑虎、白菟，西进到沁水县的东川村，下一步准备再向历山主峰舜王坪西面的都垛村一带转移。

当日夜间，晋豫边区党委书记聂真和司令员刘忠率领边区机关人员以及护送邓小平的警卫分队，行军到达沁水县东川村东面的油坊圪梁，停下来稍歇。此时已是 5 月 27 日凌晨，行走了大半夜的干部和战士都很疲惫，就向当地老乡借来一些门板，在打麦场上和衣而睡。派往西川村侦察敌情的侦察员回来报告说：一股日军已经占领了西川。说话间，在油坊圪梁就能听到枪声了。

东川和西川两个村庄只隔着一道山梁，相距不足 4 公里，形势十分严峻。邓小平认为：日伪军这次的目标，主要是八路军和晋豫边区的首脑人物，而日伪军指挥官一般总会认为首脑人物必定要骑马，因此必然会特别注意马匹行动，遇到骑马的人就会穷追不舍。为此，他召开紧急会议，迅速作出了几项应变对策：一是调整行军路线及方向，将由西进历山的计划改为穿越东峡，东进到阳城县境内的析城山；二是部队轻装前进，干部一律弃马步行；三是让地方民兵将战马赶进深山里去，转移敌人的注意力。

决定一经作出，立即付诸实施。邓小平等人走在队列前头，率队中速行进，不慌不忙，秩序井然，悄无声息地进入了东峡。不久，西川村的日军已赶了过来，占据东峡西侧山崖顶的有利地形，居高临下，虎视眈眈地端枪搜寻。而峡谷中的八路军官兵则一边隐蔽自己，一边攀山过林，靠着露营和野菜躲过了几天，待敌人退走后，又出了东峡。

在此期间，太行、太岳两区部队和游击队、民兵，在刘伯承的三道命令下，已分别向着日军补给线及敌占区铁路干线、城镇、据点等发起了全面有力的破袭。辽县至黄漳、潞城至黎城、武安至偏店等日军的主要补给线，不断路毁车翻，迫使日军不得不分派重兵掩护运输。新编第一旅副旅长黄新友率突击营乘虚袭入长治飞机场，烧毁日军飞机 3 架、汽车 14 辆、汽油库两座。第三八五旅一部也攻克了虒亭、五阳、黄碾等日伪据点。

日军后方屡遭袭击，在根据地腹地"清剿"又受到八路军小部队和游击队、民兵的不断打击，加上各抗日根据地内空舍清野，粮、弹等难以补充，日军本拟进行 20 天的"第二期作战"，不得不临时缩短为 15 天，匆匆于 6 月 7 日结束，到 6 月 9 日已全部撤出了太北地区。

日军放弃对太北地区的"扫荡"后，进入"第三期作战"，将进攻重点放到了浊漳河以南，拟从 6 月 8 日起，以第三十六师团从西方、独立混成第三旅团从东北方、独立混成第四旅团一部从东南方对平顺以东地区实施封锁"围剿"，并将第一军战斗司令部移到了彰德。

6 月 7 日，刘伯承就接到侦察报告：日军已在涉县、黎城、潞城调齐了人马，补充粮弹，即将出动南犯，南面林县日军也已做好了配合准备。

刘伯承命令第三八五旅和新编第一旅主力进到邯长路附近，在日军"扫荡"开始后迅速转到外线，袭击日军侧后，并掩护师指挥所和直属队转移。第三八五旅还要分派两个有力支队在黎城、涉县间和潞城、微子间破袭，另以一部控制桂花西北山地；新编第一旅主力则在黎潞段东侧活动，与第三八五旅相互策应。

6 月 8 日，刘伯承跟李达、蔡树藩进一步研究部署了反"扫荡"的各项工作，根据机关战斗化的要求，决定师指挥所与直属队分成前、后两个梯队：前梯队组织精干人员，主要担负指挥任务；后梯队加强警卫力量，保证安全转移。前梯队由刘伯承、李达率领，后梯队由蔡树藩率领。

6 月 9 日晨，日军开始了针对太南区的"大扫荡"行动。在涉县至黎城近 30 公里的正面进攻线上，日军出动 1 万余人组成 20 余路的"梳篦"队形，步步向南推进。日军满以为使用这么密集的兵力，一定可以捕捉住第一二九师的指挥机关。

但第一二九师前、后梯队开到涉县以南的黄贝坪时，刘伯承就下了命令，停止前进！这里离邯长路仅 15 公里，敌人意想不到第一二九师指挥部竟敢在这里按兵不动。

随后，刘伯承令第三八五旅加强对邯长路的袭击，特别要注意消灭公路附近的敌方封锁队，并随时准备掩护师部指挥机关突围。

中午，北面一路日军进到了黄贝坪以西 10 公里处的宋家庄。担任警戒的新编第一旅第一团一部对敌进行了阻击，激烈的枪炮声传到了师指挥所，人们不由得紧张起来。这时，侦察员前来报告：西面敌人正沿着王曲、安乐村向石城急进。

下午1时，刘伯承向部队下达了转移的命令，前进方向是：经黄岩西、杨家庄，从响堂铺以东的神头村一带穿过邯长路，而后进入佛堂沟山地。随后，前、后两个梯队拉开距离，静肃地往北疾行。他们避开大道，专走偏僻的小路。由于山路崎岖，刘伯承时而骑马，时而步行，李达和参谋、警卫员紧紧围在他的前后，新编第一旅政委唐天际则带着第一团第二营担任师部的警卫。

黄昏时分，第一二九师师部的前、后梯队先后到达杨家庄西南大山沟里的一个小村庄，村庄里空无一人。人们不停地走了半天，个个感到又饥渴又疲劳，刘伯承决定在此聊作休整。

入夜，部队继续转移。刘伯承对李达交代说："鬼子搜山的队形很密，一旦遭遇，他们马上会进行向心合击，那我们的处境将万分危险。现在千万不能让鬼子发现我们的行踪。夜间行军不易观察，你要多派侦察员出去，一边直接侦察，一边与沿途的秘密情报通信所联络，随时掌握确实情报，免得陷入被动。"[19] 李达遵命作了布置。

为了缩小行军目标，刘伯承令前、后梯队加大距离。一连翻过了几道山梁，估计快接近杨家庄附近的大路了，忽然有侦察员跑来报告："前面杨家庄已被敌人占领，一股敌人正在沿着大路向南搜索。"

刘伯承忙令队伍折向西行。走了一会儿，左前方山上火光闪亮，隐约传来人叫马嘶声。刘伯承忙令大家注意，这时才发现，一连绕了几个弯，却与后梯队失去了联系。

刘伯承让前梯队暂时休息，便和李达、唐天际等登上一个山头，向四周观察。刚才见到火光的地方是左侧一两公里外的王家庄，从王家庄再往西往北，到处都散落着星星点点的火光，再往东北方看去，杨家庄、申家庄、北水直到神头村，连绵的大山间都有灯火闪烁、高低明灭。

刘伯承迅速作出判断：敌人已从东、西、北三面进行了严密封锁，企图把第一二九师指挥机关合围在黄花、石城地区，按原计划循着杨家庄、北水出神头村的路线已经走不通了，好在预先已在西面作了布置，下一步可以利用陈锡联第三八五旅的掩护，从黎城、东阳关之间突出去。

说罢，他又转过身去问唐天际："你们常在这一带活动，地形熟悉，你说说，改往响堂铺以西突围走哪条道好？" **20**

"师长，从西北这条大岭过去，就到了宋家庄的北山，再向北翻过香炉峧，往西直插石盆凹，一过邯长路就是东、西黄须，离第三八五旅控制的上、下桂花很近。这条路是牧羊人走出来的，不少地段很险要，不过安全有保障，就怕后面的后梯队这么一大摊子过不去。"

"转移的方向就这么定了。难走一点不要紧，最重要的是安全、保险。从前俄军统帅苏沃洛夫有一句名言：'凡是鹿能走的地方，人就能通过'。我想，在今天我们也可以说，凡是羊能走的地方，人就能通过。" **21** 刘伯承断然下了决心。

为了联络上后梯队，刘伯承坚持在原地等候。李达怕耽误过久危及刘伯承及指挥所的安全，便带一个排回去找后梯队。

李达走后，刘伯承率领师指挥所走向西北方的大岭。

农历四月末没有月亮，周围漆黑一团，伸手不见五指。一踏上那条牧羊道，果然十分难走。人们手脚并用，或抓住树枝向上攀缘，或斜着身子往下蹬滑。牲口经过前拉后推才肯朝前移动。蓦地，只听得一声闷响，一个沉重的物体坠下了山崖。黑暗中有人报告："师长的大黑骡子掉下去了。"

大黑骡子驮的马褡子里，装着刘伯承的行李和书籍文件，其中有他的《合同战术》译稿，那是苏军系统论述诸兵种和空军各自的战斗性能及其协同作战的一部军事学术著作。侦察班班长立即带两名战士下山去寻找。

队伍走了半夜，拂晓时抵达香炉峧。这里已远离敌人的合围中心，刘伯承让部队原地休息，马上命令电台与第三八五旅联络。有参谋前来报告：跟第三八五旅的电台联络上了，陈锡联回电说，已按照师长昨天的指示，控制了黎城至东阳关之间的公路和上、下桂花的山地，保证指挥所安全通过。

刘伯承看过电报后签了字，说："再给陈锡联发个报，告诉他后梯队和李参谋长可能在宋家庄、王家庄一带，令他注意联络，并以一部侧击响堂铺、神头村，进行策应。"**22**

6月10日早饭过后，侦察班班长和两名战士赶回来了，他们找回了刘伯承的全部行李和书籍文件。

黄昏，刘伯承率领师指挥所前梯队从枣畔村越过邯长公路，到达东黄须。历时一昼夜、行程25公里的难险突围胜利结束了。为了更加安全起见，队伍又往外走了一段路，连夜赶到北社村。

6月13日晨，第三八五旅来电报告，李达、蔡树藩率后梯队安全转到了响堂铺以南山地。

当天下午，后梯队终于赶到了北社村。李达、蔡树藩向刘伯承简要地汇报了后梯队与前梯队失散及脱险的经过。原来，6月9日夜间，在杨家庄东南的大路边，后梯队被日军的一股搜索队挡住了去路，不得已又回缩到了山沟里，等到日军搜索队过去，再出来时已找不到前梯队了。队伍转了两天，一直未能跳出日军的合围圈。为了缩小目标，队伍不得不分散行动。直到6月12日夜，在李达的统一指挥下，后梯队才安全地转移了出来。

日军由于再一次没能找到八路军总部和第一二九师师机关，遂于6月16日转向陵川、辉县、林县地区，对国民党军队进行了扫荡，以填充战绩。到7月8日，日军全部收兵回营。

对于这次"大扫荡"，日本军史上称："第一军通过多次肃正作战，取得了大的成果，特别是摧毁了大量的军事设施和军需品，打击了正在重建中的中共第十八集团军。然而在方法上，尚有需要检查批判之处。如军的统帅过于武断，对于与作战密切相关的治安工作及掌握民心方面缺乏办法。此外，对部队进行了不适合第一线实际情况的不合理的指挥，追求表面上的武功战果，讨伐易于捕捉的重庆军残部，而对于第十八集团军，虽摧毁其根据地，使之陷入极端的困境，但未能制其死命。"**23**

1942 年 6 月 24 日，邓小平结束对太岳区和晋豫边区的巡视，回到了武乡县王家峪。刘伯承与邓小平等对此次日军"大扫荡"进行了认真的回顾与总结，于 7 月 4 日完成了《第一二九师司令部关于太行军区夏季反"扫荡"的初步总结》。

这份初步总结分为三部分：第一部分为敌人"扫荡"的一般经过，第二部分为八路军反"扫荡"作战的经过及战果，第三部分是几点经验教训。总结中称：

> 这次太行区夏季反"扫荡"自 1942 年 5 月 19 日起至 6 月 17 日止，共计 30 日。其中，自 5 月 19 日起至 6 月 9 日止为第一阶段，敌人主要"扫荡"了邯长路以北的第一、第三、第五、第六军分区，出动总兵力估计约 2.5 万人至 3 万人，企图消灭八路军首脑机关及有生力量，并长期辗转"清剿"，破坏抗战军民的物质资材；自 6 月 10 日起至 17 日止为第二阶段，敌人主要"扫荡"了邯长路以南的第四、第五军分区，出动总兵力约 1.2 万人以上，企图消灭第四、第五军分区并顺势南下"扫荡"太南、豫北地区的国民党军。
>
> 在"扫荡"中，冈村宁次以调集大兵合击的方式，把"三分军事、七分政治"的阴谋施展得更为周密，对易控制而不易"扫荡"之处加强守备，对易摧毁而不易守备之处进行集中"扫荡"，其特点如下：一是集结优势兵力构成所谓"铁桶合围圈"；二是在形成合击圈后构建"搜剿网"；三是出动特务队及别动队潜入后方；四是交互使用欺骗宣传与恐怖手段。
>
> 面对敌人的"扫荡"，八路军主力以适时分遣转移外线和组织突击队等方式摧毁敌之补给喉管与主要重镇，敌"归剿"时则适时对其进行伏击或袭击，主要战斗如奇袭长治壶关战斗、赤壁伏击战斗、苏亭伏击

战斗、袭击五阳黄碾战斗、袭取黎城、收复涉县诸战斗等；在敌疲惫南移时，八路军则以野战旅主力尾敌截击，先后克复黎城、涉县以至全部控制了邯长路。

敌寇在八路军太行军区全区军民密切结合的奋战下，不断摧毁其后方补给线，突袭其后方重镇，予敌以重大损害，又加以比邻区域的积极配合，敌寇号称中条山式的大"扫荡"终于又一次被粉碎。

此次反"扫荡"作战中的几点经验教训：一是要加强军民结合的斗争，特别要开展群众游击战争；二是要善于适时进行兵力的分遣集结，尤其是对突击队的运用；三是统率机关要力求短小精干，军用资材的埋藏应极端秘密并适当分储；四是要切实组织建立起情报通信网；五是锄奸防谍工作需要发动和依靠广大群众；六是在反"扫荡"中，比邻的各个区域要互相配合、彼此呼应。

总之，今后战争日益频繁，战斗间隙也愈短促，各抗日根据地与敌占区的游击性同时增大，我们应时刻感觉到敌寇有随时进行大小"扫荡"之可能。因此，我们腹地、边地的备战与敌占区的情报工作等的设施也应是经常进行的。如果事前麻木，事后走到悲观，都是不对的。我们要切实运用此次反"扫荡"的经验教训，加强各种组织工作、经常检查实施的进度是粉碎敌人"扫荡"的必要条件。**24**

### 注 释

**1.**《刘伯承传》编写组：《刘伯承传》，当代中国出版社2015年版，第170页。

**2.**《彭德怀、左权、罗瑞卿关于日军"扫荡"太岳区的特点和应取的对策致各兵团首长电》，1942年2月11日，见中国人民解放军历史资料丛书编审委员会编：《八路军·文献》，解放军出版社1994年版，第771页。

**3.** 日本防卫厅战史室编：《华北治安战》（下），天津市政协编译组译，天津人民出版社1982年版，第101页。

**4.** 日本防卫厅战史室编：《华北治安战》（下），天津市政协编译组译，天津人民出版社1982年版，第177—178页。

**5.** 《刘伯承传》编写组：《刘伯承传》，当代中国出版社2015年版，第171页。

**6.** 《刘伯承传》编写组：《刘伯承传》，当代中国出版社2015年版，第171页。

**7.** 《刘伯承传》编写组：《刘伯承传》，当代中国出版社2015年版，第171页。

**8.** 《刘伯承传》编写组：《刘伯承传》，当代中国出版社2015年版，第171页。

**9.** 罗主任，即八路军野战政治部主任罗瑞卿；立三，即八路军总后勤部部长杨立三。

**10.** 李达：《抗日战争中的八路军一二九师》，人民出版社1985年版，第238页。

**11.** 王政柱：《忆左权将军》，见中国抗日战争军事史料丛书编审委员会编：《八路军·回忆史料》（6），解放军出版社2015年版，第70页。

**12.** 朱德：《悼左权同志》，见《朱德诗词选》，人民文学出版社1986年版，第34页。

**13.** 刘志兰：《为了永恒的记忆——写给权》，发表于延安《解放日报》1942年7月3日，见《八路军总部在麻田》，山西人民出版社1990年版，第344—347页。

**14.** 《左权传》编写组：《左权传》，当代中国出版社2005年版，第722页。

**15.** 王政柱：《忆左权将军》，见中国抗日战争军事史料丛书编审委员会编：《八路军·回忆史料》（6），解放军出版社2015年版，第71页。

**16.** 王政柱：《忆左权将军》，见中国抗日战争军事史料丛书编审委员会编：《八路军·回忆史料》（6），解放军出版社2015年版，第71—72页。

**17.** 《李德生回忆录》，解放军出版社1997年版，第116页。

**18.** 郑国仲、王亚朴：《苏亭伏击战》，见抗日战争军事史料丛书编审委员会编：《八路军·回忆史料》（6），解放军出版社2015年版，第257—263页。

**19.** 《刘伯承传》编写组：《刘伯承传》，当代中国出版社2015年版，第175页。

**20.** 《刘伯承传》编写组：《刘伯承传》，当代中国出版社2015年版，第175页。

**21.** 《刘伯承传》编写组：《刘伯承传》，当代中国出版社2015年版，第175—176页。

**22.** 《刘伯承传》编写组：《刘伯承传》，当代中国出版社2015年版，第177页。

**23.** 日本防卫厅战史室编：《华北治安战》（下），天津市政协编译组译，天津人民出版社1982年版，第183页。

**24.** 摘引整理自《第一二九师司令部关于太行军区夏季反"扫荡"的初步总结》，1942年7月4日，见中国人民解放军历史资料丛书编审委员会编：《八路军·文献》，解放军出版社1994年版，第826—831页。

# 第 十 六 章

# 洪泽峰烟

日伪军兵分五路扑向淮北抗日根据地——新四军第九旅第二十六团
在朱家岗血战十八个小时——韩德勤背信弃义，侵占山子头——陈毅下
达指示：见了韩德勤要假装不认识——韩德勤连吃十几根火柴头，声称
"不成功便成仁"——古有诸葛亮七擒孟获，今有陈军长三捉韩德勤

## 日伪军兵分五路扑向淮北抗日根据地

1942 年 11 月 7 日，在洪泽湖西岸祖姚庄抗日军政大学第四分校的大操
场上，红旗翻飞，人声鼎沸。这天正值俄国十月革命胜利 25 周年纪念日，
新四军第四师正在这里召开庆祝大会。师长彭雪枫作完纪念报告后，主持会
议的师政委邓子恢宣布文艺演出开始。

这时，侦察科科长将一份敌情通报递到彭雪枫面前：驻在徐州的日军第
十七师团与驻在蚌埠的独立混成第十三旅团各一部以及分别由宿迁、睢宁、
泗县、盱眙、固镇等地据点出发的伪军第十五、第二十八师等部，共 6000
余人，辅以骑兵、坦克，在航空兵支援下，由第十七师团师团长平林盛人坐
镇睢宁统一指挥，兵分五路，企图以分进合击的方式一举歼灭新四军第四师
主力及淮北党、政机关，摧毁淮北抗日根据地。

自太平洋战争爆发后，日军抽调在华部分兵力南下，把重点作战集中于
华北地区的大"扫荡"和南京周边华中地区的"清乡"，使得淮北抗日根据
地在近一年来显得比较平静，新四军中有很多人因此滋长了太平观念。就

在上个月的豫皖苏边区第二届参议会上，彭雪枫还特别提醒大家要居安思危，才能有备无患，并强调指出："敌人大规模'扫荡'终有来临之一日"，"要打破太平观念，一切为着战争，一切为战争服务，向着最坏的情况准备一切"。**1**

彭雪枫的提醒绝对不是危言耸听。还在 1941 年 11 月，南京汪伪政权就专门成立"苏淮特区行政公署"，矛头直接对准豫皖苏边区。他们不惜金钱和禄位，派出大批暗探和汉奸潜入新四军各边区内部侦察一切。他们化装成难民、逃荒者、小贩、卖唱的，甚至娼妓，散布于新四军各级驻军部队及各机关附近，侦察新四军部队的番号、人员、武器、首长姓名、部队动态、地形道路、各种会议内容、到会人数、开会经过、会议结果等，并搜集各类文件、报纸以及小册子。这些暗探按组织方式及侦察性质，可分为随军侦探、临时坐探、长期坐探三种，其中的长期坐探更注重于"内线布置"，常打扮成流动小贩或逃荒人员，甚至施展"美人计"，妄图潜入新四军内部。

1941 年秋抗日军政大学第四分校招生时，淮阴敌特即派数名女子伪称是上海女学生，企图勾引招生人员，混入学校。可笑的是，敌人的这一招根本就无法奏效，一个女特务说："新四军虽然是讲恋爱自由的，但其实要想在他们内部达到结婚的目的却十分困难，共产党不准干部腐化，不风流勾引不上，可太风流了，他们又不喜欢。"**2** 日伪竭力地在淮北地区搜集情报，正是在为能够随时发起"扫荡"而做准备。

彭雪枫将侦察科科长送来的通报递给了身边的师参谋长张震，然后命令：通知团以上干部到司令部开作战会议。

在会议上，张震首先向大家介绍了敌情：日伪军此次"扫荡"兵分五路，第一路由泗县到青阳，第二路由宿迁到曹庙，第三路由淮阴高良涧到蒋坝，第四路由盱眙到洪泽湖，第五路由五河到郑集，采取的是海、陆、空并进的方针，共出动飞机 12 架，骑兵 600 人，坦克 20 辆，汽艇、汽划子 20 艘，汽车 120 辆。

彭雪枫掐灭手中的纸烟，镇定地站起来说道："虽然敌我兵力相比，他们是 6000 多人，我们将近 1 万人，数量上超过敌人将近一倍。但从武器的质量和官兵的战术素质上来比，他们又远远超过我们。这一点，我们必须有清醒的认识，不必护短。再说我们弹药也比不上敌人多，敌人又有飞机、坦克、汽车，进攻速度也快。在敌优我劣的情况下，不能与敌人硬拼，死拼硬干恰恰是敌人所欢迎和求之不得的。所以，我们要用灵活的游击战术来对付它，具体来讲，可分为三步：第一步，我们的主力先要跳出敌人的合围圈，并以一部力量与地方武装合作，就地坚持抗敌，与敌纠缠；第二步，我们的主力在跳出敌人合围圈后，要转移到敌人来袭路途的侧翼和后方，协同处于敌人最后方的我军部队，对敌人发起破击战；第三步，如果前来'扫荡'的敌人步步为营，建起据点，则要寻找其弱点，甚至帮他们制造弱点，然后再坚决地给予其袭击和拔除。"**3**

散会时，彭雪枫对骑兵团团长周纯麟作了个别交代，说要首先发挥你们骑兵的威力，你们从半城洪泽湖边上，渡过淮河和安河，插到正北敌人后方的交通要道上，袭扰他们，要弄得他们晕头转向。

会议结束后，彭雪枫、邓子恢于当晚率领师部机关，神不知鬼不觉地转移到了淮河和女山湖之间的郭家村。这里是江苏的盱眙与安徽的凤阳、嘉山三地的接合部，三面环水，南临津浦铁路，中间丘陵起伏，淮河在北边弯弯曲曲绕过，女山湖泛起碧绿的涟漪，清幽闪光。郭家村地处淮河以南，日伪军此次"扫荡"是以淮河为界的，所以没有注意到这个仅有一河之隔的小村庄。

彭雪枫和邓子恢带着指挥所，就是在郭家村指挥着整个淮北区反"扫荡"作战的。战前，彭雪枫命骑兵团的周纯麟带着电台，每隔一小时向他报告一次敌情，又令第九旅旅长韦国清和第十一旅旅长滕海清时刻等待他的出击命令。

## 新四军第九旅第二十六团在朱家岗血战十八个小时

1942年11月14日，日伪军的疯狂"扫荡"正式开始。按照部署，新四军除第九旅的第二十六团留在内线坚持外，其余部队都跳到了外线。敌人走一路烧一路，一个个村庄被洗劫。由于战前老百姓有了准备，敌人所过的村子，大部分群众家里的东西都已搬光、藏光，人也走光。所以，敌人狼奔豕突，到处扑空。而新四军的骑兵团却已率先对其发起了进攻。

11月16日，新四军第四师骑兵团第三大队乘"扫荡"淮北的日伪军纷纷外出，在日伪军驻守的泗县和青阳之间的簸箕窑，从敌人侧后突然向日军发起袭击，击毙日军小队长和翻译官等多人，随后又三次袭击泗县城关。骑兵团第一大队也奉命对青阳进行了急袭。

第四师骑兵团成立于1940年6月1日。那一天，第四师的前身新四军第六支队司令部驻在安徽涡阳县北新兴集，为纪念五卅运动，正在驻地召开大会，却突然接到有日寇汽车队已开到村子东南的消息，第六支队立即投入战斗。战后，彭雪枫在总结战斗经验时决定：在第六支队中成立骑兵连，这就是第四师骑兵团最早的基础。1941年上半年，彭雪枫将骑兵连和所属各旅的骑兵班、排集中起来，搭起三个骑兵连的架子，随后于1941年8月1日在江苏洪泽县岔河正式宣布了新四军第四师骑兵团的成立。4

骑兵团急袭泗县和青阳拉开了新四军第四师对敌进行侧后破袭的序幕。接下来，第四师紧紧依靠抗日根据地的人民，不断派出小分队或侦察组，配合地方武装、民兵实行"敌进我退，敌驻我扰，敌疲我打，敌退我追"的游击战术，和日军两日三战。虽然每天敌我相隔只有一二公里远，但第四师人熟地熟，敌人总是找不到新四军第四师的队伍，而第四师却在持续地给敌人以不同程度的杀伤。有时候，敌人刚端起饭碗，新四军就突然袭击，打一阵枪，甩几颗手榴弹，迫使敌人不得不丢下饭碗，盲目追赶；有时，敌人刚躺下，新四军又摸了过去，东打一枪，西打一枪，牵着日军一直转到天亮。

搞得敌人吃不好饭，睡不好觉，晕头转向，处处扑空却又屡屡挨打，疲于奔命。

到1942年12月初，疲惫的日伪军只好控制着青阳镇、马公店等据点，改进攻为退守。而新四军第四师等的就是这个时候！彭雪枫抓住机会，下达了反击命令，向日军发起猛烈进攻。早就在等待命令的第九旅和第十一旅马上就展开了反击作战。

1942年12月8日，第九旅旅长韦国清、政委康志强向一直在内线坚持作战的第二十六团下达命令：12月10日晚配合外线主力，拔除日军金锁镇据点。

这是多么鼓舞人心的命令！第二十六团虽然在12月7日强袭青阳镇的战斗中激战了三个小时，还没有得到充分的休整，但接到命令后，仍然兴奋地奔向了新的战场。12月9日黄昏，这支500余人的队伍在团长罗应怀、政委谢锡玉和副团长严光的带领下，急行军开到了距金锁镇只有6公里的朱家岗。

朱家岗是一个东西走向的稍高于平原的岗子，东临洪泽湖，西靠安河，位于淮北根据地的腹地，上面坐落着曹圩、张庄、孙岗等几个自然村，除了南北各有一条抗日交通沟外，都是一望无际的开阔地。

第二十六团抵达朱家岗后，立即转入为攻击金锁镇的战斗准备。部队忙着准备攻坚器材，团部连夜在曹圩召开了连以上干部会议，对如何消灭金锁镇的敌人进行具体部署。当各营、连干部返回各自驻地休息时，已是12月10日的凌晨1时了。

此时的朱家岗已陷入沉寂，除了寒风在树梢上打着刺耳的呼哨外，看不到一点光亮，听不到其他的声响。就在这朔风刺骨、墨一样黑的夜晚，嗅到新四军第二十六团踪迹的日军第十七师团步兵第八十一联队联队长金子笃，出动3个大队加上少量伪军共有1500多人，偷偷地从青阳镇、归仁集、金锁镇兵分三路，把魔爪伸向了朱家岗，伸向了第二十六团。

在这次"扫荡"中，日寇平林盛人出动第十七师团的精锐力量，但20多天来不仅力不从心，而且还遭到了大量杀伤，所以他早已恼羞成怒，就像一个快要输光的赌徒，拼凑起老本，千方百计地要寻找新四军主力决战。

凌晨3时许，几声凄厉的枪声把罗应怀等人从睡梦中惊醒，也把分别驻在岗子上不同村庄的所有指战员惊醒了。

这时，驻孙岗第一营第一连的一个战士气喘吁吁地跑到曹圩，一头撞进了团部，向罗应怀报告："团长，鬼子包围了孙岗！现在正分两路向曹圩和张庄逼近。"

"敌人有多少？"罗应怀急忙问他。

"看不清，到处都有脚步声和马叫声，看样子敌人很多。是冲我们来的。"

这时，团部的作战参谋潘隆昌也进来报告："西南面和西面的敌人都已经接近。"

"迅速查明情况，进入阵地加固工事！"

罗应怀和严光一面观察情况，一面将第二营调至团部驻地曹圩待命，并令第三营以一个连的兵力坚守朱岗，挡住南边敌人，同时再出动一个连向北侧击包围孙岗之敌，第一营第二连由岗北交通沟向第一连增援。

5时40分，东、西、南、北四面都有枪声在响。这说明：朱家岗已被敌人包围了。

数倍敌人来势汹汹，原地坚守有全军覆没的危险，可是天将破晓，这里又地处平原，敌人有骑兵，白昼突围，更易遭受重大损失。是走？还是打？

罗应怀经过冷静的思考，坚定地提出了"坚守阵地，战到天黑，等待援军，待机歼敌"的主张。

意见很快得到了统一。打，危险！走，更危险！依托朱家岗坚守，只要咬紧牙关，是有可能胜利的，但若突围，必将被强大的敌人分割包围于开阔地，其后果将极为被动。况且敌军一直在寻找新四军第二十六团决战，早如受伤的野牛一般地疯狂，又怎肯轻易让新四军突围？平林盛人这条疯狗不是想啃第二十六团这块硬骨头吗？好！那就趁机拔下他几颗牙来！

枪声越响越近，如暴风骤雨袭来一般，炮声也越响越密，变得震天撼地。第二十六团下定了坚守朱家岗的决心后，全团的战斗部队立即展开。激烈的守备战就在这片辽阔富饶的淮北大平原上、在洪泽湖畔骤然打响了。

一阵阵天崩地裂般的枪炮声，撕破了黎明的幕帐。冲锋与反冲锋，争夺与反争夺，使不到1500米长、500米宽的朱家岗上烟柱四起，火光冲天，断木、尘土满天飞扬，密如冰雹的弹片疯狂地横扫过来。6时20分，天已大亮，但整个朱家岗却隐没在滚滚的烟尘之中。

紧张、残酷的阵地争夺战，首先在曹圩北面的交通沟东、西两端激烈地展开了。孙岗敌情发生后，第一营营长李光军立即命令第二连迅速占领北面的交通沟。

交通沟西端原是第二连阵地，他们击退上百名鬼子的两次冲击后，已是6时30分。因为第二连在12月7日强袭青阳镇的战斗中是主攻连，伤亡较大，全连只剩60余人，为保存第二连战斗骨干，罗应怀命令第二营第五连第一排接替第二连坚守交通沟西端的任务，将第二连移到西小庄二线阵地待命。因为操着浓重湖南口音的第五连第一排排长王康，虽然刚满20岁，身材小巧，但性格活泼，每战临阵总是精神百倍，十分机警顽强，所以罗应怀才派他去防守交通沟西端。

8时许，日军一个小队再次组织起向交通沟西端的冲击。王康使出诱敌计，让两名战士隐蔽在交通沟西端的横垛下，将成束的手榴弹盖全部打开，他率领其余战士稍作抵抗即向后撤。当敌人蜂拥般冲上来时，隐蔽在交通沟横垛下的战士们突然向敌群猛掷手榴弹，炸得敌人血肉横飞，抱头乱窜。王康乘势率全排反击，歼灭了该股敌小队的大部，苟存者狼狈退回了孙岗。

没多久，十余个伪军带着日军又向交通沟冲来。王康拔出大刀，往沟崖上一插，喊道："不怕死的，上来吧！"敌人不知道是怕又会扔出没完的手榴弹，还是看到在阳光下灿灿闪光的刀锋感到了胆寒，未经战斗就退了回去，转而集中力量向交通沟东端冲了过去。

交通沟的东端离曹圩只有十几米远，日军似乎已摸清曹圩是第二十六团团指挥机关的驻地，便集中优势兵力，企图抢占交通沟东端阵地。此阵地若被敌人突破，曹圩就要受到来自东、南、北三面的夹攻，出现非常险恶的局面。为加强交通沟东端的防御，罗应怀亲自上了阵地。

第二营副营长赵威抹了把被硝烟熏黑的脸，刚要向罗应怀报告情况，敌人就又开始从东北方向向着交通沟东端发起了进攻。第五连第二排排长王洪儒立即率领四、五、六班，用大刀、手榴弹与敌展开了拉锯战。敌人一度突破了交通沟东端，在危急之刻，王康率领第五连第一排的一个班及时从西端赶过来增援，机枪手余忠献用准确的点射，将闯进来的十多个日本兵都送上了西天。罗应怀在战斗中也被敌弹击中了右腿，骨折的剧烈疼痛让他昏迷了很长时间。

硝烟笼罩着曹圩北面的整个交通沟，沟崖上和路沟里敌尸狼藉。第五连第二排也有很大伤亡，人人脸上烟痕缕缕、血迹斑斑。经过5个小时的激战，日军虽付出了巨大代价，却未能进占新四军一寸阵地，但敌人对自己的失败是不甘心的。交通沟东端的日军又在集结兵力，从界头集也赶来了一路增援的日军。

为加强交通沟东端的防御，罗应怀和严光决定把第一营第二连重新拉上去。第二连连长孙存余性格豪爽，久经战斗磨炼。在上阵地前，他对罗应怀说："请团长放心，人在阵地在，我孙存余只要还有一口气，鬼子就休想在我面前前进一步！"

进入阵地后，孙存余带领一个加强班和第五连第二排、第一排一班的战士一起杀退了敌人的三次冲击。其中娄芝信、米炳开等都是特等射手，他们弹不虚发，每人都打死了五六个日军。

敌人见强攻仍然不能见效，就换上了毒辣的招数，选出特等射手爬上距交通沟 80 米远的一处独立房顶，向交通沟内射击，使新四军伤亡了六七个战士。孙存余发现此情后，气得直咬牙，骂道："好毒啊！正面攻不上来，爬到屋顶上向我们打冷枪。好吧，让你尝尝老子的枪法！"他从娄芝信手中接过三八式步枪，瞄准了敌人，"砰！砰！砰！"，三发三中，敌人的 3 个射手接续从屋顶上滚了下来。

敌人见此计不成，不得不旧戏重演，一个军曹挑着膏药旗，日军小队长挥舞着王八盒子，赶着 20 多个日本兵哇哇乱叫着又向交通沟东端冲了上来。孙存余只剩下一发子弹了，他对大家说："把手榴弹盖子全部打开，准备大刀！听见我枪声一响，就杀他个人仰马翻！"

子弹"嗖嗖"地在头顶上飞过，炮弹片不时地落在身边，战士们双眼盯着眼前的敌人，50 米、40 米、30 米……"砰！"孙存余的枪声一响，日军小队长立即惨叫一声，倒在地上，魂归了东洋。20 多个日本兵还没来得及后退，一阵劈头盖脸的手榴弹就在他们中间爆炸了。浓烟未散，孙存余带领战士们挥舞大刀冲入敌群，左砍右杀，将 20 多个敌人全部歼灭。

由于第二连连长孙存余在交通沟东端的阵地上与日军争夺得十分激烈，罗应怀放心不下，又派第一营教导员吴承祖过去组织战斗。吴承祖向第二连的战士们报告了第四连坚守东南圩门大量杀伤敌人的胜利消息，第二连指战员听了，受到极大鼓舞。大家向吴承祖教导员保证："誓死守住阵地！"吴承祖是位当过小学校长的政工干部，在战场上一向表现得沉着冷静。但当他在返回第一营指挥所要去向罗应怀报告情况时，一颗子弹穿透了他的胸膛，为革命事业流尽了最后一滴血。

12 时 15 分，对交通沟连攻不下、已恼羞成怒的日寇先是一口气向交通沟内发射了几百发炮弹，随后又发起了多次轮番进攻。曹圩北面烟雾弥漫，弹片横飞，战士们遍身泥土，满面烟痕，前仆后继，奋勇冲杀，一次又一次挫败了敌人的进攻。英勇的孙存余带着一个班依托路沟中的横垛，用大刀、手榴弹和敌人激战了3个小时，最后只剩下他和娄芝信、米炳开三个人。

敌人又成群结队地往上拥。娄芝信的眼都红了，头上的血渗透了绷带，流到脸上。他大声说："连长，把驳壳枪给我！"孙存余看了看驳壳枪，说："和你的一样，枪膛里空了。"娄芝信"唰"地从背后抽出大刀，说："连长！要死我们死在一块！"说着就往上冲，但还没有爬上沟崖，就跌了下来，英勇牺牲了。

"只要有我们两人在，绝不后退一步！"已多处负伤的孙存余向唯一的战友米炳开再次进行战斗动员。

第一营通信员小李的腿被打断了，他爬着回来，向团部报告了第二连的战斗情况。

"增援！一定要增援孙存余！"怒火在罗应怀的胸膛中燃烧，他命令第二连的三排长王学如、班长程明宽和一名战士，共带4排（20发）子弹和4枚手榴弹去增援孙存余。于是，一次又一次殊死的争夺战，又在曹圩东北角的交通沟里打响了。

战后，罗应怀曾问起这位英雄连长最后是怎样守住阵地的，孙存余笑了笑说："团部给了增援，我们人多了，武器加强了，力量大了。"

"力量大了？"这是一种什么样的力量啊？3个人，20发子弹、4枚手榴弹就是坚不可摧的力量！

更激烈、更残酷的战斗，同时也在张庄大院进行着。

张庄大院原是第一营营部驻地，战斗打响后，团部命令第二营第五连副连长戴春涛带着第三排去第一营营部换防。命令下达后，戴春涛等迅速抢占了张庄大院。刚进入阵地，敌人就开始进攻了，戴春涛让战士们把手榴弹准备好，沉着应战。他说："今天的战斗不同往常，打的是防御战，战斗时间长短不由我们来决定，必须节约子弹，敌人不到跟前不打，瞄不准不打，无命令不打。"话音未落，100多个日军已冲到阵地前。这些家伙犹豫了一下，见院内没有动静，就放着胆子像疯狗一样，一窝蜂似的向大院里冲来。离院墙只有几米远了，戴春涛下令："手榴弹，打！"一阵手榴弹飞向敌群，随着不断的爆炸声，敌人惊呼着、呻吟着，横七竖八倒了十多个，没死的掉头就跑。早已愤怒的机枪张开嘴追着打，子弹像一阵疾风扫过去，二三十个敌人像稻草人似的纷纷倒了下去。

8时30分，日军开始用猛烈的炮火轰击张庄大院。一时间硝烟弥漫，弹片乱飞，坚实的院门被炸成无数碎片，抛到空中，又跌落下来，围墙的一段也被炸平了。日军凭借强烈炮火的掩护又发起了第二次冲锋。

30多个日军一步一步地逼近张庄大院的院门处，大院里又没有了一点动静。但日寇这次学乖了，没有像上次那样疯狗般地往里拥，个个都像脚板生钉一样，一步迈不出四指地。

就在日寇犹豫的瞬间，新四军的手榴弹又横飞了过去，歪把子机枪也愤怒地吐出了火舌。日军被迫离开院门口，又涌向了围墙的缺口处。

其实在缺口两边早已壁垒森严，新四军战士的10把大刀正在伺候着。一个日本兵刚爬上缺口，就被一名新四军战士一刀把脑袋劈成了两半。又有些敌人爬上来，第五连战士迅猛地用刺刀挑，用大刀砍，用手榴弹砸。日军一看从缺口处突不进去，又挤向院门口。冲进院门的敌人，与守门的新四军第八班战士厮杀成了一团，一片大刀和刺刀的撞击声。激烈的肉搏战，延续了半个多小时，日军的冲锋又被打垮了。

恶毒的日寇接下来使用了火攻，大量的燃烧弹使院内房屋、柴草全都烧着了，整个张庄大院除了烈火就是浓烟，战士们个个被浓烟熏得喘不过气来。

渐渐地，浓烟被寒风吹散了。新四军战士们趴在地上，眼不离院外。他们发现离大院20多米的地方，敌人也趴在地上，黄乎乎的一片，正在向着大院匍匐而来。日寇的一挺歪把子机枪架在场埂上，3个射手趴在那里一动不动。戴春涛眼疾手快，赶紧投出一枚手榴弹，奋力地向敌人的机枪处扔过去，"轰"的一声，敌射手连同机枪都被炸翻了。新四军战士们趁着浓烟一跃而起，冲入敌群，挥动大刀，向敌人们的头上砍去，终于击退了敌人。

日寇先后集中了 3 个中队的兵力，连续向张庄阵地进行了 14 个小时的冲击。机枪、大炮、燃烧弹全都用上了，但戴春涛带领的第五连第三排战士，却像磐石一般坚强。在他们面前，任何强大的敌人都只能是像海潮一样，不管你怎样涨上来，最终都要退下去，再涨上来，还是要退下去。

而在整个朱家岗这场大范围的守备战中，曹圩东南门的阵地自始至终都是战斗的焦点。曹圩是第二十六团指挥机关的驻地，跟团部驻在一起的还有第二营营部和第二营第四连。曹圩既是第二十六团必须要坚守的主阵地，也是敌人进攻的首要目标。

曹圩只有几十户人家，和淮北大多叫作"圩"的村庄一样，村外筑有土圩子，圩外有水壕。出入曹圩的唯一通道是东南门外水壕上的一条便道，紧靠着东南门的圩外有一个宽阔的打麦场，场上有草堆、车屋，场外停放着两辆笨重的三轮牛头大车。敌人凭着兵力多、火力强，集中了 150 余名日军，在机枪、山炮等火力掩护下，成群地沿着打麦场的开阔地向圩门发起猛烈冲击，妄图从东南门突入曹圩，一举歼灭第二十六团。

从 6 时起，第四连第三排的新四军战士在排长耿立成的带领下，已连续打退了敌人的 5 次猛烈进攻，人员已所剩无几。

情况已万分紧急，第二十六团的几位领导分析了当时的情况：我们困难，敌人更困难！我们有牺牲，敌人伤亡更惨重！只要我们横下一条心，咬住牙，坚持到底，最后的胜利必定属于我们。

这时，副团长严光说："我手里还有一个班的预备队，现在这块钢该用到刀刃上了。"

团政委谢锡玉忙问："你是说九班，'小鬼班'？"

严光严肃地点了点头。

原来，第二十六团第二营的第四连，有个第九班，全是年纪只有十五六岁的年轻战士，大家都亲切地称之为"小鬼班"。精兵简政后，团里曾决定把他们送到后方去学文化，可他们死活不愿离开前线。以往在行军、作战时，这个"小鬼班"几乎是个"包袱"，但现在，他们能够成为钢刀上的利刃、成为一只铁拳、成为坚守东南门的坚强砥柱吗？何况，他们还是第一次看到这样激烈的战斗，有的"小鬼"过去有时还哭鼻子呢。

但在这严峻的时刻，"小鬼班"迅速地集中了起来。他们穿着宽大的不合身的棉袄、棉裤，腰间披着手榴弹，手里紧握着大刀，整齐地站在烈火浓烟的圩子里，听着严光的战斗动员。

26岁的副团长严光，左手紧握一把染着敌人血污的大刀，说："小同志们，谁是穷人的硬骨头，就在这最困难最危险的时刻站出来吧！刺刀见血最英雄，杀敌立功最光荣！"

"谁怕死，谁狗熊！副团长，快布置任务吧！"

"我们一定能守住东南门，一定能打退鬼子！"

严光深情地望着这些小战士们，内心无比激动。他把"小鬼班"编成了两个突击组和一个抢车组，就让他们开上了阵地。

激烈的战斗打响了，"小鬼班"战斗情绪极为高涨。在机枪、步枪火力掩护下，突击组先向敌人投了一阵手榴弹，把敌人打乱后，紧接着就挥舞大刀，高呼着"为烈士报仇！"直冲敌群，日军被"小鬼班"的突然袭击搞得晕头转向，狼狈逃窜。抢车组乘势把打麦场上的两辆大车抢了回来，堵塞住了被炸毁的大门。

突然，几十根黑色的烟柱腾到半空，敌人的炮弹在圩门附近发出"轰隆隆"的爆炸巨响，一束束密集的子弹在小战士们的头顶上尖声呼啸。在强大的火力掩护下，日军军曹打着旗子在前边引导，几十个日军端着刺刀又冲了上来。

只有三四十米距离了，第四连副连长尹作新发出了"齐射"的命令。一排排子弹射出，敌人一个个应声倒地，结束了他们罪恶的生命，剩下的敌人连滚带爬地逃回路沟中，日本旗和那个日军军曹的死尸，都丢弃在了圩壕的外边。

14时许，重新拼凑起来的敌人，在猛烈的炮火掩护下发起了最后一次冲击，密集的炮火把新四军构筑的掩体大部轰平，阵地上一片硝烟弥漫，呼吸困难。尹作新副连长和"小鬼班"班长周茂松等被敌人的炮火先后击中，壮烈牺牲。

复仇的火焰燃烧着每个小战士的心，他们个个像小老虎一样勇猛顽强，完全忘记了饥饿和疲劳，与敌人展开了反复的争夺。两辆大车被敌人的子弹打得像蜂窝一样，但"小鬼班"就以这两辆大车做依托，十进十出，反复冲杀。

一度有两名日军冲到了大车前边，一个从车上爬过来，立即被"小鬼班"一枪打倒，另一个从车底下钻过来，一名小战士马上跳了过去，银光一闪，刀起头落，已将其砍死在车下。英勇的小战士们用大刀敲得车板梆梆响，嘴里高声怒骂："狗东西，不怕死的都上来吧！"

战斗到15时，150余名日军对东南圩门进行了十多次冲锋，圩门外已经死尸累累，枪支弹药遍地，他们始终未能跨进圩门一步。"小鬼班"的阵地像钢铁一样坚强。

16时许，新四军的增援部队终于赶来，第九旅旅长韦国清带着骑兵部队从朱家岗东面直插而入。日寇一见新四军援兵到来，立即丧失了斗志，赶紧溃退。

第二十六团马上组织各部向溃退的敌人发起追击。但敌人只顾逃命，弃械遗尸，仓皇败回了青阳镇、金锁镇等据点。

在朱家岗周围的战场上，日寇又遗下了10多具尸体，在他们身上发现有"大和神社""千叶神社"发给的铜制、木制、纸制的各式各样的"护身符"。可见，这些东西并没有帮助他们逃脱侵略必败的死亡命运。

朱家岗战斗，第二十六团的新四军指战员有73人英勇牺牲，60多人光荣负伤，而日军则付出了三至四倍于新四军的伤亡代价，最后狼狈溃逃。英雄的第二十六团血战18个小时，抗击了弹药充足、装备精良、数量上占绝对优势的日本法西斯军队，守住了阵地，取得了胜利。新四军第四师政治部出版的《拂晓报》在头版头条位置登载了第二十六团朱家岗战斗的胜利消息；而第二十六团政治处宣传股股长叶英写的《血战朱家岗》大鼓词，更是在淮河南北到处传唱，极大地鼓舞了淮北军民的战斗雄心。

朱家岗战斗后，因部队疲劳，次日攻击金锁镇计划取消，但其他战斗仍在进行，如在马公店、泗城东关帝庙以及沱西等地的战斗。新四军第四师各部队在师长彭雪枫、政委邓子恢的指挥下，不断与敌展开激烈战斗，包括袭击战斗、袭扰战斗、遭遇战斗、伏击战斗、破击战斗、守备战斗等，在此次反"扫荡"的33天里共经历37场战斗，最后于1942年12月17日将敌彻底击溃。

日军对淮北抗日根据地规模空前的"大扫荡"，以其失败而结束了。日寇平林盛人的第十七师团像一头断了腿、折了角的"野牛"，溜回徐州蛰伏了起来，再也不敢轻举妄动。**5**

## 韩德勤背信弃义，侵占山子头

进入1943年，新四军第四师"三十三天反'扫荡'"的硝烟还未完全散尽，洪泽湖畔又乌云密布，阴风突起。

1943年3月10日，蒋介石发表了实际由陶希圣执笔但署了自己名字的小册子《中国之命运》，全面歪曲中华民族发展史和中国近百年革命史，鼓吹封建复古主义和法西斯主义，反对自由主义和共产主义，宣称"中国之命运完全寄托于中国国民党"，抛出一个主义、一个政党、一个领袖的政治观点，极力诬蔑中国共产党和八路军、新四军及其领导的敌后抗日根据地，为掀起第三次反共高潮进行政治动员和舆论准备。

　　3月14日，在蒋介石的统一部署下，汤恩伯属下鲁苏豫皖边区第二路挺进军总指挥王仲廉，乘新四军第四师主力第九旅和骑兵团等部正全力应对日伪军之际，从阜阳、蒙城派出3个团越过津浦路东进，日夜兼程，径直向洪泽湖一带逼来。同时，刚刚在新四军第三师黄克诚部的掩护和救济下得到充分休整、元气日渐恢复的韩德勤，也背信弃义，放出"南返原防，收复失地"的烟雾，率领顾锡九的第八十九军残余和李仲寰的独立第六旅、王光夏的保安第三纵队，从苏北地区偷渡运河西犯，侵占了新四军淮北中心区青阳镇以北的金锁镇、界头集、山子头、盛圩一线，企图由东向西、与王仲廉部两面夹击新四军第四师，并公然叫嚣要在洪泽湖畔建立新的反共基地。

　　韩德勤部侵入山子头地区后，不遵守已与新四军签订的协议，逮捕共产党泗阳县中杨区的副区长，缴了中杨区区队的枪械，杀害伤员、地方干部和群众，并召开所谓"士绅会"，妄图委任他们的伪区长、伪乡长。

　　就在十几天前，八路军参谋长叶剑英还跟周恩来说：日寇前一段时间的"扫荡"计划"首先是歼灭韩德勤，然后向我盐阜区等地"进攻，由于韩德勤派代表与新四军第三师黄克诚部谈判，新四军"本着团结抗战的原则不计前仇"，"配合韩部作战，并对韩部遭敌攻击逃至我区之小部队予以安慰"，"当敌向韩部扫荡后，我各部即开始积极向敌伪出击，配合其作战，牵制了敌人"，"在此次我军积极配合作战下，韩我关系或将有改善的可能"。❻

　　然而，叶剑英显然是以君子之心度小人之腹了，韩德勤紧接着表现出来的完全是一副忘恩负义的心肠。这无疑激起了抗日根据地军民的无比愤慨，新四军各部队纷纷摩拳擦掌，要求严惩韩德勤部。对于蒋介石妄图制造第二个皖南事变的阴谋，在重庆的中共中央代表团负责人周恩来早已有所察觉，并及时通知了陈毅。陈毅对此进行了慎重的研究，并作出了及时的部署，向新四军第四师、第二师和第三师发出了聚歼韩德勤部的预先战斗号令：为击破顽韩在洪泽湖边建立反共基地之企图，并粉碎王仲廉部之东进、巩固现阵地计，新四军第四师主力及第二师第五旅、第三师第七旅、淮海军分区部队归第四师彭雪枫、邓子恢统一指挥，就地歼灭该顽。

为给韩德勤最后一次机会，淮海军分区派员劝说并警告韩德勤、王仲廉，希望他们遵守协议，顾全大局，退返原防，如不受劝告或故意拖延，一切后果咎由自取。

但劝说与警告并未见效，淮海军分区司令员刘震、政委金明报告称：在劝告之后，韩德勤毫无收敛之意，气焰依然十分嚣张。

3月15日，新四军军部致电所属各师："在敌寇'扫荡'盐阜区韩德勤部时，我三师部队配合作战，并予暂时撤退我区的韩部以充分之接济和照料，及时对撤返津浦路西霍守义部沿途慰劳。现在盐阜区'扫荡'已经结束，窜至程道口一带的顽军王光夏部不但不听劝告，速返原防，而且在该区内构筑工事，逮捕我行政人员与群众领袖，强抢我区财产，破坏我根据地，并阴谋控制我洪泽湖一带作为配合顽军东进的基地。我们经过多方耐心劝说，顽王亦置之不理。我们为自卫起见，决本先礼后兵的方针，以武力驱逐其重返原防。"[7]

同日，新四军军部正式下达作战命令。

> 顽韩亲率王光夏纵队及八十九军一部进占程道口、里仁集一带地区，企图与路西王仲廉部会合于洪泽湖沿岸建立根据地，以图与我抗衡。如若韩、王企图实现，将引起淮北、淮南形势严重变化，我今后华中斗争任务亦受极大影响。兹为打破韩、王建立洪泽湖根据地之企图，决定在韩、王未会合前，首先集中打击韩德勤部以达我各个击破之目的。
>
> 战役组织部署动作如下：
>
> 一、此次战役部队编成，除第四师以一部担任警戒，阻击顽东进部

队外，该师主力与第二师第五旅、淮海临时指挥部及第三师第十九团、第二十团，淮海军分区部队等统由第四师彭、邓指挥。

二、淮北第四师阻顽东进之部队，目前应积极活动，阻击与迟滞其东进。

三、我对顽韩作战兵团应立即集结于韩军周围适当地点部署完毕。同时，第四师一面派遣代表与韩说明当前淮北形势之严重，敌之"扫荡"即将到来；同时霍守义所率第一一二师部队路过淮北时纪律极坏，沿途扰乱民众，逮捕我工作人员种种不轨行为，地方损失颇重，引起群众不满，同时霍部声言韩主席即将率大队来洪泽湖岸一带，引起群众异常惊慌。我已表示如韩擅自行动发生误会，我概不负责等理由以拒之，同时淮海部队应即以各种方式劝导韩德勤、王光夏部按照其代表与黄克诚师长前定之诺言立即归返原防，如其不受劝告或故意敷衍以拖延时日，则绝勿受其欺骗，我即给予迅速、坚决地打击并歼灭之。过去我方对韩、王之援助仁至义尽，强调团结是应该的，现在已到不武力驱逐韩、王则更要妨害整个抗战团结前途。故前线各部队首长应迅速动作，完成驱逐韩、王，根本粉碎其盘踞运河两岸之目的。

四、各部接电后限 17 日前行动。临时指挥部及第二师第五旅电台立即与第四师切取联络，听候第四师彭、邓指挥。彭、邓应即进行具体部署并具报本部。各级政治机关即本此电意旨进行内部动员，揭破韩、王阴谋及本军之必要的自卫处置，不武力驱逐韩、王，则更要妨害整个抗日团结前途。❽

于是，彭雪枫按新四军军部的要求，于 3 月 15 日接到命令的当天就召开了作战会议，预先进行作战动员和任务分配，并部署战前侦察计划。

3 月 17 日 14 时，彭雪枫再次召开作战会议，分析双方的具体态势，并下达作战命令。根据各方侦察，占领山子头、盛圩等地的系韩德勤总部和王光夏的保安第三纵队、独立第六旅，共2500至3000人，而新四军各部因为正在反击日伪"扫荡"，部队比较分散，可以就近集中起来的只有第四师第九旅的第二十五、第二十六团，第十一旅的第三十一、第三十二团各一个营，以及第二师第五旅第十四团的四个连，第五旅旅直属队正在率第十三团由淮南向北行进。彭雪枫称：根据新四军军部的命令，3月17日必须发起战斗，已无法等待各部主力全部集中，就已达到的部队，由韦国清指挥第九旅第二十五、第二十六团，负责歼灭山子头地区的韩德勤总部和王光夏保第三纵队本部及所属两个团，得手后北移会攻其独立第六旅；滕海清指挥第十一旅第三十一、第三十二团的各一个营及第二师第五旅的四个连攻击顽军独立第六旅；正在赶来的第二师第五旅第十三团到达后即作为总预备队。为加强对山子头的进攻力量，彭雪枫又将第四师的师部警卫营调归给韦国清指挥，并要求各部队黄昏时分进入各自战斗位置，夜间0时发起攻击，战斗要迅速，不要打成对峙，不能拖延时间。

## 陈毅下达指示：见了韩德勤要假装不认识

山子头是成子湖西北岸的一条西南、东北走向的土岗子，岗上有孙圩、韩圩、王圩、裴庄等主要村庄，韩德勤总部和王光夏的保安第三纵队分别盘踞在这几个圩子里，韩德勤的总部设在王圩比较坚固的地主庄院里。

3月17日15时许，为了出奇制胜，韦国清率第九旅的两个团首先隐蔽到了离战区较远的朱湖、许圩、马宅地区，决定采取远途奔袭的战术，直捣山子头。20时左右，第九旅各部开始向山子头方向前进。当时碧空万里，星光灿烂，但过了23时，天空中突然乌云密布，接着雷雨交加。在漆黑的雨夜中，指战员们满身都湿透了，顶着冷雨寒风，走在溜滑的泥浆路上，为了防止滑倒掉队，干脆后面的人扯着前面人的衣服，一个紧跟一个往前走。旅长韦国清和副旅长张震球在山子头西南的赵家沟设置了旅部指挥部。

这时，雨渐渐小了。原本韩德勤的驻地均设有固定哨和游动哨，警戒颇严，但因为下雨，顽军撤回到房内躲雨，新四军已接近到咫尺之处，顽军竟仍未发觉。

3月18日0时，第九旅第二十六团准时打响了战斗。该团以分头包抄的方式率先向顽军保安第三纵队第五团发起了突袭，由于其哨兵正在烤火抽烟，新四军一枪未发即将其俘虏，然后突入顽军营房内，大批顽军仍在睡梦中，纷纷爬起就擒，小部顽军向东北方向溃逃，很快就被新四军歼灭。

此时，第九旅第二十五团也分头向王圩发起合围，全歼了外围顽军后，于2时许围拢了韩德勤盘踞的地主庄院。这所庄院易守难攻，顽军据守顽抗。新四军一部先以机枪封锁了院门，又一部登上韩德勤总部所在的屋顶向院内扫射和投弹。顽军倚仗着坚固房屋仍拼命反击，被新四军战士在房顶上扒开几个洞口扔下的手榴弹炸得逃到院内，成了俘虏。但韩德勤与王光夏仍龟缩在房内，不肯出降。第八连指导员孙长兴带领4名战士冲入房内，当场击毙王光夏，活捉了韩德勤。到凌晨4时许，山子头地区的顽军全部被歼灭。

盘踞山子头北侧的顽军独立第六旅，听到山子头方向的枪声后，立即开始收缩。滕海清率第十一旅的两个营及第二师的四个连，于0时30分向其发起了进攻，由于双方兵力差距较大，逐渐分别形成对峙。战斗到白天10时许，彭雪枫调动在山子头方向的第九旅部分部队加入战斗，并派参谋长张震赴现地组织和指挥。这时，新四军第三师第七旅第二十团和第二师第五旅第十三团也先后赶到战场，并强烈要求参加战斗。彭雪枫遂撤出第九旅兵力，将第二师、第三师部队分别作了部署。午后发起总攻，第三师第五旅仅用10分钟即全歼顽军独立第六旅一部，第二师第七旅与第四师第十一旅配合，也迅速全歼了顽军独立第六旅的另一部，独立第六旅旅长李仲寰在战斗中被击毙。

从攻击开始直到战斗结束，整个山子头战役共计 15 个小时，韩德勤、王光夏所率的顽军，除少数逃窜或溃散外，全部就歼。顾锡九率领的第八十九军残余部队 1000 余人，此时已进至灵璧以北，接应越过了津浦路的顽军王仲廉部。王仲廉得知韩德勤、王光夏已被新四军全歼后，当即逃回津浦路西，顾锡九部亦由此转隶到顽军第十九集团军。至此，韩德勤最初在苏北所辖 1 个军共 3 个师、10 个常备旅、10 个保安旅的所有军事力量全部崩溃，而蒋介石欲派顽军东、西合击新四军的阴谋也随之彻底流产。❾

韩德勤随着俘虏队伍缓缓地向前行进，两旁是端着刺刀的新四军士兵，韩德勤感到阵阵寒气袭上心头：如今落到新四军手里，恐怕命是保不住了。

"你的姓名、职务？"一位新四军军官在盘问。韩德勤抬起了头，胡乱地编造了一个姓名。

"你见到韩德勤了吗？"新四军军官继续问道。

其实韩德勤早被认出来了。战斗一开始，陈毅就曾指示不能打死韩德勤，要把他吓走。新四军军部早已料到这场战斗定会把韩德勤的部队打得七零八落。而在韩德勤失去反共的本钱后，让他继续待在江苏境内，对新四军更为有利。汤恩伯实力雄厚，一心反共，对江苏觊觎已久，如果他知道韩德勤被击毙，定会请示蒋介石委任他担任江苏省主席，这对于江苏境内的新四军非常不利。不想韩德勤不争气，竟然给了生路都不知道如何走，轻易就被俘虏了。

1943 年 3 月 18 日，韩德勤被俘的消息一传到新四军军部，陈毅立即下达六点指示。

一、对韩德勤本人可佯装不知，但应与一部分中上级军官一道优待，一道释放，并严防其自杀和对外自认。

二、对一般俘虏可开欢送会，优发旅费，遣送回路西，并派人作诚恳的解释和宣传。

三、我们宣传措辞，专责王光夏破坏黄、韩协定，停留运河两岸及洪泽湖沿岸，制造磨擦，并欲乘大军东进一鼓歼灭本军，本军不得不采取必要措施，例如霍师西移，本军不仅不妨害且下令援助。现王部已解决，则本军对省府官员及韩总部官兵，皆系抗战朋友，绝无恶意，之后欢送路西，重整旗鼓，并对王、（独立第）六旅方面亦即停战，令其回路西去，以表示本军顾全大局之诚意。可立即在俘虏官兵中派一人去顾锡九军中，表示如其愿西移，本军决不妨害，且予以赞助。

四、对韩一面装着不认识，一面将王光夏搞磨擦予以说明，一面又须将韩、王等大军东进欲消灭我军的阴谋予以揭露，使俘虏官兵均能明白此点，谅解我之立场，转而引起对韩、王之不满。

五、战役应迅速处置和转移。

六、对韩俘放事，对内、对外应守秘密。**10**

但韩德勤并不知道陈毅已下达了上述指示，还以为新四军并没认出他来，在被问及是否见到韩德勤时，忙惊恐地说道："没有，没有。"

"你可以被释放，但以后不许再做伤天害理的事情了。"新四军军官亦假装没认出他来，挥挥手，示意韩德勤过去，抬眼向着后边叫道："下一个！"

韩德勤惊喜万分，但没走多远，就又盘算开了：这会不会是新四军故意装作没认出自己来？然后等自己走到人少的地方时，从背后来个冷枪，就把我当作无名小卒给消灭了，就算是有人追问，他们也可以推脱责任，说问过我，但我没说实话。况且，自己就算安全出去了，可眼下已成了光杆司令，我要去哪儿呢？怎么向上峰交代呢？想到这里，他又折了回来。

"我是江苏省主席韩德勤。"他战战兢兢地向那位新四军军官承认了身份，"我要见你们师长和政委。"

新四军军官见韩德勤已自己招认了，只好派人将他送往师部。

在洪泽湖西岸半城镇的新四军第四师师部里，这位堂堂的国民党上将、独霸一方的省主席，首先表演了一幕所谓"不成功便成仁"的假自杀丑剧，连续吃了十几根火柴头，其实就是把一整盒红头火柴都吃下去，也不会致命的，接着他又开始了假绝食。

但到了3月19日早晨，他就结束了绝食。吃饱喝足之后，他又摆出了"副司令长官"的架子，责问新四军为什么要打他。

第四师领导为了给这位"副司令长官"和"省主席"留面子，按新四军军部的指示，把一切责任都推在了王光夏身上，说明新四军发起山子头战役，是因为王光夏背信弃义，在事先毫无通知的情况下，突然侵入淮北抗日根据地中心区，所以才忍痛自卫。但韩德勤并不识相，十分强硬地说："王光夏是我的部下，你们打王光夏即是打我。"并责怪新四军没有执行与他互不侵犯的协议。

第四师政治部主任吴芝圃当即回答道：现在日本人在我们的国土上横行，战火连天，中华民族处在生死存亡的危急时刻，每一个有良心的中国人，都拿起了武器，全力对付日本的侵略。而你们却不断破坏国共合作，和新四军搞磨擦，你是个民族的罪人。然后又在原则问题上义正词严地表示：尽管如此，新四军仍然以大局为重，从不愿扩大事态，轻启事端，这次山子头事件，也是你韩德勤与王仲廉勾结在前，新四军迫不得已，才起而自卫于后。

彭雪枫则以第四师自成立以来始终处于国民党军队两面夹攻的状态为例，厉声责问道：你们把我们从淮北路西赶到路东，现在又对我们东西夹击，难道只有我们主动跳到洪泽湖里淹死，才算我们执行协议吗？韩德勤被问得哑口无言，手足无措。

于是，韩德勤不再蛮横，又换了一副面孔，开始向彭雪枫和邓子恢诉说自己的"苦衷"，说他虽为蒋介石的嫡系，但得不到重用，国民党内的旁系在"极力地竞争"着他这个"江苏省政府主席"的位置，汤恩伯就一直在监视着他，并且对他有"加害之意"，由于蒋介石与中共争夺敌后的方针不变，所以他对与新四军订立的协议也"难守诺言"，并承认，这次山子头事件，是由于他的过错才引起了新四军的"问罪"，他希望新四军能够给他"留面子""给出路"，还提出要面见新四军代军长陈毅。

## 古有诸葛亮七擒孟获，今有陈军长三捉韩德勤

陈毅等研究了第四师发去的电报后，把自己的建议上报给中共中央，说明韩德勤的力量已被歼灭殆尽。彭雪枫、邓子恢近日与韩德勤会谈，韩德勤站在其本身利益上，已愿与新四军私下合作。韩德勤本人估计，若能迅速得到新四军的谅解，则仍能保持其省主席地位。韩德勤为其本身利益，可能会与新四军靠近，不会积极策动蒋介石派部队东进。因为派来的部队小，东进无用，若派来的部队大，则会遭到日军拦截，无法顺利东进。即令有东进的部队过来，韩德勤也会担心自己控制不住而感到自危。韩德勤此时最忧虑的是，被释放的时间拖久了会使问题扩大，到时他本人虽然获得了自由，但其前途会被牺牲掉。因此，新四军主张与韩德勤订立协定，进行私下合作，并应迅速将其释放。即使韩德勤背约再行反共，但他的力量已经很小，又在新四军的掌握之中，也易于制服。同时，王仲廉等东进的决心必会更加动摇，蒋介石虽坚持反共也无能为力。因此，新四军要尽快与韩德勤达成妥协，释放韩德勤也要快。

给中共中央发完电报后，陈毅连夜渡过洪泽湖，匆匆赶到第四师师部。他听取了彭雪枫、邓子恢详尽的汇报后说：韩德勤被俘，最怕杀他，其后见我不杀，则力谋保持其江苏省主席地位，故多方哀求央说，此点可以利用。因此，可以答应他在今明两日内在我控制下先行恢复电台，这样，一面便于侦察重庆的态度，一面又因韩德勤并未下台，重庆方面也不便以汤恩伯取代他，而汤恩伯因未得到江苏省主席位置就不愿让自己的主力东进，这样对我更为有利。而且，韩德勤在我掌握之中，文章更好做。

彭雪枫、邓子恢等根据陈毅的指示，立即开始部署接下来的工作，并全面封锁了韩德勤被俘的消息，又派出与韩德勤一起被俘的参谋处长陈沛浩出去找王仲廉，佯称韩德勤已经潜伏下来。

随后，陈毅又向中共中央并华中局汇报：

> 韩求我以巩固其地位之动机露骨而明显。我们已恢复其电台先与顾祝同通报，并将其真情告顾。第一、二两电已发出，尚未得复电。据军部通报，汤恩伯已将韩被俘消息报蒋，重庆反共集团正酝酿两种江苏地盘斗争，一是与我党之争，一是抢主席之争。据此，我们建议，应在蒋对韩决心未下之前，自动送韩出境，其好处是可以进一步利用反共派内部冲突，使蒋感到棘手，或可改善何应钦、顾祝同、韩德勤等对我之关系，对华中反共实力最大之汤恩伯以打击，维持着汤恩伯、韩德勤、李品仙三派的冲突，在华中对我亦有利，同时更可能使国民党军人及士绅阶层对我有好感。假如再不释放韩，将来释韩，徒增恶感。且蒋也不至于即将韩之主席撤掉，因有何、顾等之说情。且根据与我磨擦之孙启人等，于释放回去后即行复职，预料蒋似以韩在苏北敌后坚持，前年兴化之恢复，韩曾要求将省政府移苏南，蒋未准。因此，日内即送韩到王仲廉部中去似为上策，只着重对蒋、韩等采取分化争取，则不必附带释韩条件，更可表示我态度。如何，请示，以速为妙。**12**

电报发出后，中共中央尚未回话，饶漱石等先从华中局回复称："我们主张暂不释韩。"陈毅只得再电华中局，解释称，韩德勤致顾祝同的电报已经发出，"顾得电必转重庆，见韩有下落且未俘，顽方减少焦虑，必鼓动王仲廉东进"，"我们进攻王之部署已就绪，王顽如再续进即可接战"，而"韩本人要求过路西述职一次，说明韩已与中共部队首长见面计议苏北问题，并与新四军合作"。**13**

3月29日，毛泽东等人经过认真研究，通过华中局张云逸、饶漱石向陈毅发出复示电："同意陈所提办法处理韩、王问题"，"如陈估计韩留苏北比较有利、韩去路西反而不利时，即可使韩留苏北。但不论如何，均必须与韩订立一个秘约，方不上当"，"对王仲廉部须先礼后兵，不必急打"。电文中特别说明："此间与四师台不畅通，各电均盼张、饶转陈。"**14**

3月31日，已在延安担任中共中央军委副主席、中共中央书记处书记的刘少奇电告陈毅：

"29日何应钦与周恩来、林彪谈话，提出韩德勤被俘事。周答，韩违约到运河西，并向我进攻，捕杀我人员，致引起冲突，不料累及韩本人，后即发还人、枪，礼送韩出境，国民党方面对此事虽已模糊知道，但尚无向我提出稍微严重的交涉与条件的表示。你们让韩德勤与顾通电，此事可能向重庆方面敷衍过去，汤恩伯已令王仲廉部主力开回路西，留一部在路东收容韩散兵。"**15**

陈毅收到毛泽东和刘少奇的电报后，认为一切条件均已成熟，便决定约韩德勤谈话。韩德勤一见陈毅，甚为欣喜，连忙相迎，愧笑着说道："陈军长能屈身见我这败军之将，我无地自容，深感荣幸。"并提议共同摄影、成立文件以示互信。

陈毅答应了他，韩德勤说："我韩某在陈将军面前屡战屡败，这已经是第三次了。一次是1931年4月，在江西安福，我损兵折将一个整师，自己也成了您的俘虏；同年9月，还是在江西，在方石岭，我又做了您的俘虏；眼下这已是第三次了。韩某真是愧对陈军长呵。古有诸葛亮七擒孟获，今有陈军长三捉我韩德勤，怕是要给后人当笑柄了。"

韩德勤接着又滔滔不绝地检讨了自黄桥战役、曹甸战役直至山子头被俘等事，诉说听命于人、身不由己的苦衷。陈毅以民族大义和具体事实对韩德勤进行了开导和批评，然后说道：只要你放弃反共立场，为抗日尽心尽职就可以了。这次我们释放你回去，你还有什么要求吗？

韩德勤面带难色："照理说，我一个败军之将，能保住一条命已是千恩万谢，还何敢提要求，但看在我和陈军长这么多年交情的分上，有两个问题，还恳请陈军长给予周全。一个是，我只身一人返回，恐怕难以交代，能否还我一部分枪支和人员；另一个是，能否借给我些钱，以便生存。斗胆，斗胆了。"

陈毅与韩德勤的单独谈话，足足进行了7个小时。陈毅不仅答应了他的要求，交还他被缴获的手表、皮包和手枪，另送了他8万元钱款，还因为韩德勤感到身体不适，备了牛车为其代步。

4月1日，陈毅、彭雪枫设宴为韩德勤饯行。宴后，韩德勤愉快地上了路。临行前，留下其参谋长吕汉卿与彭雪枫签订了《新四军陈毅军长与韩德勤会谈备忘录十条》。

送走韩德勤后，陈毅、彭雪枫、邓子恢联名致电中共中央和华中局：从国共双方大局及韩德勤的表现出发，新四军仍本友好合作态度，进行政治争取，一面提高警惕，不被麻痹，作有力控制，则可能争取韩为有利时局之一员。对其立足地，拟划众兴以东、淮阴属来翁集以西、老张集八集以南、运河盐河以北地区给韩，以衔接到曹甸原防，但不能危害我之战略利益。[16]

4月2日，陈毅又电告中共中央及华中局：

> 韩德勤已于昨日下午送其归队。彼第一步到运河两岸收集旧部，恢复办公。双方成立友好协定、抗战文件并照相。请华中局、军部通知各地，对韩部应采取友好协助态度，对土顽亦宜宽大，只加紧我戒备，停止进攻。[17]

韩德勤返回后不久，便把他的副总司令部和江苏省府搬到了津浦铁路以西的安徽阜阳，在安徽地盘上当他的"江苏省政府主席"去了。而蒋介石的反共大军也被迫停止了东进行动。

# 注 释

**1.**《彭雪枫传》编写组：《彭雪枫传》，当代中国出版社 2005 年版，第 587 页。

**2.** 彭雪枫：《三十三天反"扫荡"战役述略》，1943 年 2 月 13 日，见中国抗日战争军事史料丛书编审委员会编：《新四军·文献》(8)，解放军出版社 2016 年版，第 18 页。

**3.**《彭雪枫传》编写组：《彭雪枫传》，当代中国出版社 2005 年版，第 591 页。

**4.** 程坤源：《驰骋在淮北平原上的铁骑兵》，见中国抗日战争军事史料丛书编审委员会编：《新四军·回忆史料》(4)，解放军出版社 2015 年版，第 208—213 页。

**5.** 罗应怀：《血战朱家岗》，见中国抗日战争军事史料丛书编审委员会编：《新四军·回忆史料》(4)，解放军出版社 2015 年版，第 221—235 页。

**6.**《叶剑英关于新四军配合韩德勤部反"扫荡"情况致周恩来电》，1943 年 3 月 2 日，见中国抗日战争军事史料丛书编审委员会编：《新四军·文献》(9)，解放军出版社 2016 年版，第 89—90 页。

**7.**《陈毅、饶漱石关于韩德勤背信弃义不返原防决以武力驱逐致粟裕等电》，1943 年 3 月 15 日，见中国抗日战争军事史料丛书编审委员会编：《新四军·文献》(9)，解放军出版社 2016 年版，第 93 页。

**8.** 韦国清：《山子头自卫反击战》，见中国抗日战争军事史料丛书编审委员会编：《新四军·回忆史料》(4)，解放军出版社 2015 年版，第 239—240 页。

**9.** 韦国清：《山子头自卫反击战》，见中国抗日战争军事史料丛书编审委员会编：《新四军·回忆史料》(4)，解放军出版社 2015 年版，第 241—244 页。

**10.**《陈毅等关于韩德勤被俘的处理意见致彭雪枫等电》，见中国抗日战争军事史料丛书编审委员会编：《新四军·文献》(9)，解放军出版社 2016 年版，第 103—104 页。

**11.**《陈毅传》编写组：《陈毅传》，当代中国出版社 2015 年版，第 164 页。

**12.**《陈毅传》编写组：《陈毅传》，当代中国出版社 2015 年版，第 164—165 页。

**13.**《陈毅关于韩德勤被俘和王仲廉来犯的处理意见致饶漱石等电》，1943 年 3 月 27 日，见中国抗日战争军事史料丛书编审委员会编：《新四军·文献》(9)，解放军出版社 2016 年版，第 116 页。

**14.**《中共中央书记处同意陈毅对韩德勤、王仲廉问题的处理办法致张云逸等电》，1943 年 3 月 29 日，见中国抗日战争军事史料丛书编审委员会编：《新四军·文献》(9)，解放军出版社 2016 年版，第 117 页。

**15.**《陈毅传》编写组：《陈毅传》，当代中国出版社 2015 年版，第 165 页。

**16.**《陈毅传》编写组：《陈毅传》，当代中国出版社 2015 年版，第 165 页。

**17.**《陈毅关于已释放韩德勤并订立友好协定致张云逸等电》，1943 年 4 月 2 日，见中国抗日战争军事史料丛书编审委员会编：《新四军·文献》(9)，解放军出版社 2016 年版，第 129 页。

# 第 十 七 章

# 滨海"翻边"

刘少奇回延安途中奉命解决山东问题——罗荣桓终于看到了"如雷贯耳"的水野清——罗荣桓提出"翻边"战术——许世友在胶东"翻边",行程二百多公里未损一兵一卒——陈光与罗荣桓一致同意三战甲子山——教导第二旅奔袭郯城——罗荣桓带病担重任,山东实现一元化领导

## 刘少奇回延安途中奉命解决山东问题

1942 年冬季,在陕北延安的中共中央所在地,毛泽东正思考着一个问题:究竟让谁来统一领导山东的八路军?虽然春天时刘少奇到达山东后解决了一些问题,但最重要的山东军队统一领导人人选仍然没有最终确定。

1942 年 3 月 19 日,时任中共中央华中局书记兼新四军政委的刘少奇奉中共中央之命,在八路军第一一五师教导第五旅第十三团团长周长胜率队护送下,从苏北阜宁单家港出发,迎着料峭的春寒,踏上返回延安的征途。在路上,刘少奇化装成老板,警卫班战士多化装成跟班和马夫。他们晓宿夜行,机智地穿过日伪军的数道封锁线,于 3 月底到达陇海路南赵庄,与前来迎接的第一一五师教导第二旅旅长曾国华率领的部队会合。4 月 10 日,刘少奇等人在曾国华的带领下,顺利到达中共中央山东分局及八路军第一一五师师部所在地——山东临沭朱樊村¹。

刘少奇进入山东,并非仅仅是途经,还带着中共中央交付给他的任务。

早在动身之前，中共中央书记处 3 月 3 日就曾致电刘少奇，指出"目前山东工作处在比以前更加艰苦的阶段"，"不仅由于敌人残酷'扫荡'，地区缩小与分割，主观上亦存在相当严重弱点"，在执行政策、主力部队与地方部队的关系、军队干部与地方干部的关系以及外地干部与本地干部的关系等方面都存在问题，要求刘少奇路过山东时，帮助慎重解决。同日，中共中央书记处也致电中共中央山东分局书记朱瑞：山东"近年来的工作，在旧的基础之上，曾有若干新的开展，这是好的一面"，但"亦有严重弱点"，"关于山东工作及领导干部之间的关系问题，中央已委托少奇同志路过分局时，协同你们检查和解决"。[2]

山东是建立较早的抗日根据地之一，是华北连接华中的战略枢纽。随着对日战争最后阶段的临近，中共中央已经认识到，打败日本后，国共两党"须合作建国"，"国民党在战后仍有与我党合作的可能。虽然亦有内战的另一种可能，但我们应争取前一种可能变为现实。因此就须估计日本战败从中国撤退时，新四军及黄河以南部队须集中到华北去，甚或整个八路、新四须集中到东三省去，方能取得国共继续合作的条件。如此则山东实为转移的枢纽。同时又须估计那时国民党有乘机解决新四的可能，如蒋以重兵出山东切断新四北上道路，则新四甚危险，故掌握山东及山东的一切部队（一一五师、山纵、杨苏纵队[3]），造成新四向北转移的安全条件，实有预先计及之必要"。[4]

但是，山东近两年的工作却令人忧虑。1940 以来，日军为了准备太平洋战争，巩固战略后方，加剧对各抗日根据地的"扫荡"。在山东，仅在1941 年就进行了近 30 次大规模"清剿"。年底，日军更是出动 5 万余人，对沂蒙山区发动了空前规模的"扫荡"。山东八路军由于各部队配合不够而遭受了严重损失。鲁南基本区被压缩在"南北五公里，东西一条线"的狭窄地带，其他地区也被分割成若干碎块。山东抗日根据地处于非常困难的环境中，同它将要担负的任务很不适应。

此外，在诸如反"扫荡"策略、群众工作等问题上，第一一五师、山东分局与山东纵队负责人之间也产生了分歧。山东党的集体领导没有形成，自然影响根据地的巩固工作。

1941年的反"扫荡"斗争结束后，第一一五师负责人罗荣桓和陈光曾认真地总结了经验和教训。他们认为，在这次反"扫荡"中，八路军虽然给敌人以重大打击，坚持了沂蒙山区抗日根据地，取得了很大的胜利。但是，根据地也蒙受了重大损失。造成这种局面的客观原因是敌强我弱和敌顽夹击，主观原因则是在工作中存在着一些失误。这反映了在领导上过去对于敌后斗争的长期性、残酷性、严重性的认识不足。在上半年比较和平的环境中，产生了麻痹情绪，未能接受其他地区反"扫荡"的经验教训，对反"扫荡"缺乏充分的动员和准备。同时，对于山东的三角斗争的长期性也认识不足，没有认识到谁都不可能一下子消灭谁，因而在反顽斗争时忽略了对其他敌人的注意。

罗荣桓等指出："在此次沂蒙反'扫荡'中，完全证实了中央军委所指出的观点：敌后抗日根据地敌我斗争已进入了新的、更加激烈的阶段。我们的斗争方针应该是长期的分散游击战争，采取一切斗争方式与敌周旋，节省并保存自己的实力，加强民兵及全部武装地方化，准备迎接配合战略反攻，这是万分正确的。同时证实，不采取灵活的游击战争，而守村守寨、单纯防御挨打的办法，和一切依靠主力打天下、想先将敌顽一齐消灭、打开局面后再进行工作等的想法，都是不正确的。"*5*

他们还认为：这次反"扫荡"中暴露出来两个最大的弱点，一个是群众工作薄弱，一个是我们的机关庞大。而且工作中存在着很严重的不切实、不深入、铺张、形式主义作风等问题。这不仅表现在几个大剧团在敌后公开会演，也表现在惯于开大会、作大报告上。这些机关作风都是完全不适合敌后环境的。

1942年1月30日和2月2日，罗荣桓致电山东分局并报北方局和中共中央，详细地提出了对分局领导的意见。他在电报中说：这决不是由于困难才抱怨，而是为了认真总结沂蒙反"扫荡"的严重教训。罗荣桓还表示：自己在分局中也有责任。因此建议分局召集一次扩大会，请中央派刘少奇同志前来参加，总结山东工作，展开自我批评，明确山东今后的工作方针，加强党内团结，以利于今后的斗争。**6**

刘少奇在 1941 年 1 月至 4 月曾领导过山东的工作，对山东情况比较了解。所以，罗荣桓等建议由他到山东来检查工作。恰好刘少奇返回延安去参加党的第七次代表大会也要经过山东，于是，毛泽东在 1942 年 2 月 4 日致电刘少奇，指出：山东"发生争论为时已久……你经山东时请加考查，予以解决"。**7**毛泽东还将罗荣桓及山东分局向中央反映情况的材料转发给了刘少奇。

位于沂蒙山区南麓的朱樊村是当时山东抗日根据地的中心。刘少奇等到来后，住在这里一家破落地主大院的三间正房里。他住正厅靠右边的一间房子，用两块门板做床，用包袱里换洗的衣服当枕头。正厅做会客和饭厅用，左边的房子由警卫员居住。其他随行人员住在朱樊村附近的小湾、半路等村。

刘少奇一到山东抗日根据地，不顾舟车劳顿，马上开始了紧张的工作。他先和山东分局书记朱瑞谈话三天，接着又同第一一五师代理师长陈光和政治委员罗荣桓谈了一天一夜，然后同山东纵队政治委员黎玉谈了一天。他带有浓重湖南口音的朴实话语，使得每一个接近他的人都感到无比亲切，而他一贯民主和谦逊的作风，又令人无拘无束，畅所欲言。

经过半个多月的调查研究和认真分析，刘少奇基本上找到了问题的症结，便于 1942 年 4 月 25 日至 29 日召开了山东分局扩大会议，除山东分局的几位委员(朱瑞、罗荣桓、黎玉**8**、陈光)以及萧华**9**、陈士榘**10**等，滨海区的县、团以上领导干部也都参加了会议。在会上，他就五年来山东的工作和今后任务作了报告，在充分肯定了山东地区坚持敌后抗战所取得的成绩的基础上，同时指出了工作中的缺点和错误。

他指出：抗战开始以来，山东工作的成绩是值得肯定的。山东不仅建立和发展了抗日武装，给敌伪以重大打击，建立了根据地与游击区，发展了大批党员，训练了一批干部，初步组织了基本群众，并且还派兵增援了华中的新四军。由此使我们在山东立稳了脚跟，创造了长期坚持山东抗战的条件。

但在山东领导工作中也确实存在着严重问题，主要是未能完成中央1939 年 11 月提出的"应争取我们力量在各方面的优势"的任务，在反顽固派斗争上表现不力，这是第一；第二，对建立根据地的重大意义认识不够，根据地还不巩固；第三，减租减息的开展不够深入，基本群众没能深入发动和组织起来；第四，丧失了一些建立政权的历史先机，已建立的政权未成为真正拥有广大群众基础的民主统一战线的政权；第五，党的组织还不够健全，领导不民主。

刘少奇详细分析了山东的三角斗争形势，认为："力量对比为敌占优势，顽军次之，而我则处于第三……山东敌、友、我是处于一种极复杂的长期三角斗争的相持局面中，谁也不能很快解决问题。"**11**

刘少奇认为，我们在山东之所以未能取得优势，不能都归咎于上述因素，我们工作中的缺点和错误也很多。由于一开始就缺乏明确、坚定、独立自主地发动组织群众、争取山东抗战领导地位的战略思想，失去了一些建立根据地、争取战略要点的先机。而第一一五师进入山东又比较晚，故未能迅速取得优势。而有些同志对山东形势的估计常常是陷于过分乐观，以为自己已有优势，已有领导权，对形势可能的恶化及困难则估计不足，在反对顽固派的斗争中缺乏坚定的方针与切实的部署。在执行统战政策上，过于信任中间力量，让他们在我们根据地内组织"抗敌自卫军"，而我们自己的地方武装，却没有普遍地发展起来。

刘少奇指出，在党的干部中，阶级观念、群众观念薄弱，减租减息没有真正开展起来，群众的生活没有得到改善。这是广大群众未能充分发动与组织起来的根本原因。同时，山东在锄奸政策上犯有严重错误，党内存在着主观主义、形式主义、空谈主义及党八股作风等。因此，我们接下来的工作是：第一，要粉碎敌人的"扫荡"，并进行敌伪工作，向敌占区发展；第二，击溃顽固派对我们的进攻，加强友军工作，进行统一战线工作；第三，组织群众，发展群众武装，加强军区工作和改造政权工作。而要做好上述工作的先决条件，就是调查研究，埋头苦干，打破主观主义、清谈主义、机关主义、官僚主义，到群众中去，到支部中去，改造一切不良的作风。

刘少奇在报告中还给国际国内的大势"算了算八字"，鼓励山东领导人团结奋斗，埋头苦干，特别是要在近两年内把各方面的条件准备好，以迎接新时期的到来。他说："第一，我们无论如何要坚持这最艰苦的两年，我们不要中途夭折了。无饭吃，吃草也要吃两年。留得青山在，不怕无柴烧。第二，准备好我们一切的条件，调查研究好，干部训练好，经验教训总结好，根据地巩固好，充分准备好就不会失去先机。在这两年中准备力量，以便两年后充分发挥作用。我们不悲观，不失望，不放下旗帜，不放下武器，不垂头丧气。哪怕什么逆转到来，哪怕什么困难到来，这都是破晓前的黑暗，不久就要天光。"**12**刘少奇的报告极大地鼓舞了山东干部，使他们深受启发，眼界开阔了许多。

随后，刘少奇又召开了山东分局及军政委员会的联席会议，讨论山东战略方针部署和主要干部配备、山东地方部队同第一一五师之间的关系等问题。会议决定：

一、建立山东有力的政治军事统一领导中心，一切领导集中于山东分局，山东分局下设一个军政委员会。

二、八路军第一一五师师部、山东纵队司令部及山东分局合并办公，三个机关原有直属队共万余人，现缩减至三千五百人（含抗大、特务团、党校在内）。所有工厂、医院、学校及后方勤务机关均拨归各战略区或裁撤，山东分局、第一一五师师部只保留领导机关和两个学校。加强各战略单位的工作和领导能力。第一一五师师部、山东分局、山东纵队的干部要统一分配。

三、山东纵队第一旅拨归第一一五师建制，胶东第五旅亦成为机动部队，将来亦拨归第一一五师。山东纵队其余各旅均拨归各军区，并将大部分散插入各地方独立团、营。

四、山东分局书记朱瑞和副书记黎玉均驻第一一五师师部，与陈光、罗荣桓一块办公，以彻底解决以前山东分局、第一一五师、山东纵队领导各司其职、权力分散、关键时刻思想难以有效统一的问题。

这样，诸如山东地方部队与第一一五师之间的关系等问题，大体从原则和组织上得到了解决。

山东的整个工作应该从何处着手来推进？刘少奇抓住了充分发动群众这个"牛鼻子"。经过调查研究，他感到山东分局工作中的弱点在于，群众观念非常薄弱，不知道依靠广大群众，不重视群众工作，轻视工农分子，把群众团体干部看为第四等人。农民群众没有同农救会建立起血肉相连的关系，农救会没有权威，群众积极性受到压抑，等等。

为此，刘少奇在1942年4月底对山东县以上干部作了《群众运动问题》的报告。他指出："脱离群众是共产党最危险、最严重而且是最应该受到责罚的事情"，"我们脱离了母亲——群众，就会同安泰[13]一样，随时可被人勒死。这个观点就应该在我们党中坚强地建立起来"。刘少奇对群众运动具有丰富的经验，他强调："群众运动以农民运动为中心，以减租减息、改善雇工待遇为中心"，目前，"夏收快要到了，我们住在广大的农村中，而对群众减租减息、改善生活的问题，是迫切地要我们去解决的，我们不应该失去这个时机"。[14]

接着，刘少奇又连续作了几场报告，对如何以群众运动为中心建设敌后抗日根据地做了全面而系统的论述。据当时听报告的黎玉等人回忆，这些报告"使与会同志受到很大的教育。大家一致反映：今后方向明确了，工作有办法了，对克服困难、夺取胜利，充满了信心"[15]。

这段时间里，刘少奇的工作十分繁忙。他白天参加会议，夜里在暗淡的油灯下，经常熬到二三更天。据当时跟随他的警卫员吴文桥回忆：由于连续几天的报告，刘少奇"嗓子都哑了，几乎讲一句话，就要咳嗽一声，脸色也不太好。我说找医生来看看吧，他总是微微一笑，摇摇头说：'不要紧，上了一点火，过两天就会好的'"[16]。

刘少奇的心血没有白费，山东工作很快有了好转。萧华回忆说："在少奇的具体指导下，山东根据地的减租减息工作如火如荼地开展起来了。人民从土豪劣绅如山的重负下得到了喘息，从切身利益中感到共产党、革命同他们的生存息息相关，极大地激发了广大群众的抗战热忱，根据地的每座村庄就变成了坚强的堡垒。"[17]

山东分局还有一件十分棘手的事情需要刘少奇帮助解决，这就是"抗敌自卫军"的问题。

1939 年夏，山东文化教育界的一些进步人士，由于受到当时国民党山东省政府主席沈鸿烈的排斥，来到了共产党领导的抗日根据地。他们中间有老同盟会会员、大学教授，也有参加过国民党的进步分子，有的早年就与共产党有过友好关系，他们拥护抗日民族统一战线政策。1939 年 7 月，在山东分局的支持下，他们发起成立了"国民抗敌协会"（简称"抗协"），主要负责人有李澄之、梁竹航、彭畏三、杨希文、路雨亭、耿光波等。其中李澄之是在山东颇有影响的人士，他曾在沈鸿烈包办的山东抗日动员委员会内工作，因为思想进步受到沈鸿烈排斥，便脱离国民党省政府，在地方上成立购粮委员会，帮助抗日部队购买军粮。沈鸿烈又出来干涉，李澄之愤怒地说：反正我们是要抗日的，国民党不让我们抗日，我们去找共产党。

从此，他和耿光波等人便来到共产党的根据地，参加抗日工作。一开始，"抗协"作为一个群众组织，在共产党领导的统一战线中发挥了积极作用。山东分局有的领导人忽视了发展进步力量这一工作，产生了把"抗协"组成一个中间性质的国民党组织的念头，硬性将"国民抗敌协会"改成"国民党抗敌同志协会"，实际上违背了"国民抗敌协会"多数成员的初衷。1940年7月，山东分局又帮助"抗协"建立了"抗敌自卫军"，并且供给他们武器和经费，还派进去许多干部。这样一来，"抗协"是既有"党"又有"军"，而且从上到下形成了一套组织，实际上成为在抗日根据地内与共产党、八路军平行的组织。虽然其领导人都是热心抗战的进步分子，但他们多是知识分子，没有带兵打仗的经验，而且出现了与共产党争权争位、争人争枪等错误倾向。

第一一五师的领导人，特别是罗荣桓对建立和发展"抗敌自卫军"有不同看法。1940年11月19日，罗荣桓与陈光在给第一一五师各单位的指示中提到，对于"抗协"组织，务使其领导权完全掌握在进步分子与对我同情者手里，对于"抗协"武装，须帮助掌握，防止"造成与我对立现象"，发现有不可靠或别具野心者时，另行处理。在无法改造的情况下，则由八路军接收整理。但这些指示，并未能真正贯彻下去，也未能从根本上解决"抗协"的问题。

对此，刘少奇提出了新的处理原则："任何抗日政党和政治团体，只要到我们抗日民主根据地来参加抗日，就必须服从我们党的领导和遵守党的各项政策。根本的问题在于有利于壮大抗战力量，而不是分散抗战力量。"**18**

依据上述原则，1942年4月间，刘少奇与朱瑞邀请"抗协"负责干部共十余人开座谈会，研究对"抗协"及"抗敌自卫军"的处理办法。经过耐心的工作，"抗协"负责人表示只有在共产党的领导下，才能真正达到抗战胜利的目的，愿意将"抗协"所属"抗敌自卫军"交由八路军统一整编。

1942年6月18日，"抗敌自卫军"编入八路军。7月13日，"抗协"山东省会部通知各级组织，将"抗协"的半政党性质改变为统战组织性质，同时做好解散的准备。下半年，"抗协"的各级干部逐步安排到政府的文教、经济部门任职，"抗协"的活动逐渐停止。"抗协"的主要干部和很多会员在后来的革命斗争中发挥了积极的作用，在政治上得到了锻炼，许多人加入了中国共产党。

刘少奇的山东之行，解决了山东抗日根据地长期没有解决的问题。黎玉等人由衷地感到，这是"历史的转折"，"从此，山东党拨正了航向，不仅胜利地度过了最艰苦的1942年，从根本上扭转了山东局势，而且由此乘胜前进，迅速壮大了人民抗日武装力量，不断巩固和发展了根据地，迎来了抗日战争的完全胜利"。**19** 罗荣桓也对刘少奇的山东之行心存感激，因为这帮助他解决了多年想解决而自己又解决不了的问题。

## 罗荣桓终于看到了"如雷贯耳"的水野清

山东工作全面走上正轨之后，根据中共中央军委提出的"蓄力量、熬时间、坚持长期斗争"的方针，罗荣桓把主要精力灌注于游击战争的理论和实践上。1942年至1943年，罗荣桓写下了《坚持我们的边沿游击区》和《克服在执行游击战中认识上的一些偏差》等一系列重要文章。

"在最困难的1942年，我们要坚持分散性的游击战，在分散性的游击战中，应以政治攻势为主。"罗荣桓多次强调这个观点。而在这种政治攻势中，罗荣桓还揭出了一个深藏的特务分子——水野清。

早在1941年冬天日军大举"扫荡"山东沂蒙山区的时候，八路军在济南的地下工作人员从日本高级特务机关谋略部弄到了一份绝密情报。在这份绝密情报中，日军的兵力部署、部队番号、长官姓名、重武器数量、出发时间、进攻路线等都写得很详细。它和八路军从各方面收集到的敌情几乎是一致的，所不同的是，对东面的敌情说得比较模糊，特别是对台潍公路和沂沭河平原上，只提到有多个据点增兵，却一点也没有提及这两个地方的坦克、骑兵和装甲部队。

这份情报引起了八路军第一一五师有关指挥员和参谋们的重视。在研究的时候，有人提出疑问："为什么东面的敌情，这样马虎呢？"

"提供情报的人，不一定掌握全面的情况。"另一人说。

"从情报的准确性上来看，是已经掌握了全面情况的，而且有些奇怪的是，敌人是在这份情报送来以后，才在台潍公路和沂沭河平原上增兵的。"罗荣桓对这份情报很重视，觉得这份情报的提供者，绝不是一般的人，否则不可能会了解到这么机密的情况。于是，他打电话叫来敌工部长王立人询问。

王立人说：这个人是济南日本谋略部的特务，名叫水野清。上次提供铜井敌据点情报的也是他。他自称是日本共产党员，是日共中央派他打进谋略部的。

罗荣桓点了点头。他清楚地记得，几个月前，鲁中八路军根据水野清的情报，打下了铜井据点，消灭日军一个分遣队，还缴获了一挺重机枪，俘虏近百个伪军。

敌工部长王立人走了，罗荣桓却仍在屋子里走来走去。这份情报，是日军"扫荡"前就拟好了的作战方案，不可能没有东路的兵力部署，为什么水野清把这方面疏忽了？敌人每次"扫荡"沂蒙山，我军多半会向东移到滨海区，这一规律敌人是知道的。东面才是敌人的重点，他们应该在这里进行重点部署，怎么会对这里的情况说得模糊不清呢？看来这个水野清可能有问题。

1942年春天，罗荣桓终于找到了一个一识水野清真面目的机会。这一天，罗荣桓正在豆油灯下看着秘书递上的一份电报。电报是游击区的地方部队发来的。电报上讲，有个叫水野清的日本人，带着26个我军在反"扫荡"中被俘的人员，从敌占区跑来，被我边沿部队扣留，请示如何处理。电报还特别介绍，在大"扫荡"初期，水野清带着几个人，曾在泰安东南山区搞了一个"王道乐土"的实验区。在实验区的范围内，日本鬼子和汉奸队，都不敢进去。因此，我军有些伤病员、老弱妇女和逃难的老百姓，跑到他的实验区隐蔽了起来。水野清还懂得医道，他亲自给伤病员治疗，用流利的中国话同伤病员聊天，暗示"王道乐土"实验区，虽然是日本特务机关办的，但他本人却是一个"国际主义者"。

水野清来了！罗荣桓决定先以一个普通保卫人员的身份，看看他到底是个什么样的人。

在老乡的一间堂屋里，罗荣桓终于看到了"如雷贯耳"的水野清。他细致地询问了水野清很多问题，发现其中有一些破绽。

不久，济南的敌伪报纸上以大字标题刊载了"水野清叛国事件"，同时刊登了捉拿他的"悬赏启事"。水野清的妻子也登报声明脱离夫妻关系，她骂水野清背叛天皇，是大和民族的耻辱，从此要与水野清一刀两断。

一个月后，边沿区的武工队，又从一个跑买卖的商人身上搜出一封秘密信件。信是用日文写的，经翻译，是济南的日本谋略部写给水野清的。信上叫水野清安心在八路军内工作，他的薪水每月如数照发，他的家眷已得到特殊的照顾。

罗荣桓找了有关干部就此召开内部会议。会上经过对获得信件的全过程进行认真的分析，认为这封信很可能是日本人故意让八路军得到的。

罗荣桓由此想到前一阵日方报纸上的声明。看来，敌人在报纸上大肆宣传水野清事件，就是想让我们相信，水野清是诚心反日的。不过，日本人公开宣传家丑，这还是第一次。鬼子不会白下本钱，一定有目的。而且敌人下了这样大的本钱，目的不会小。一定要进一步调查研究，彻底把它搞清楚。

敌工部根据罗荣桓的指示，加紧搜集水野清的历史材料，并向延安和各地发出电报和调查信函，指示济南的地下工作者，通过各种关系了解水野清的情况。

一年以后，从各方面得到的材料证明，水野清就是个国际间谍，是日军在华北的四大特务之一。他曾打进友邻国家的共产党组织，进行过破坏活动，1940年从大连一来到山东烟台，就在找各种关系想钻进八路军。他的原名还没有查清，平时用过许多化名，但水野清是他用的最后一个。

审讯开始了。水野清装出一副受害者的可怜相，大声为自己叫屈鸣冤，强调做了许多有利于我方的工作，在没有办法为自己解释时，就装疯卖傻，逃避对关键问题的回答。但狐狸总逃不过猎人的枪口，经过长期的审讯，在确凿的证据面前，水野清这个日军特务不得不低头认罪。他哀叹自己栽到了共产党的手里，是日本间谍的奇耻大辱。在交代中，水野清供认了日军特务机关派他打入八路军的四大任务：一是在山东共产党中，发展托洛斯基派；二是挑拨第一一五师和山东纵队的关系；三是瓦解山东八路军；四是收集全国八路军和新四军的情报。

罗荣桓发现水野清的真面目，防患于未然，有效地避免了革命的更大损失。水野清后来在1943年秋被处以死刑。

## 罗荣桓提出"翻边"战术

毛泽东在考虑统一领导山东八路军的人选时，曾经过很长一段时间的深思熟虑。刘少奇的山东之行虽然从原则和组织上解决了山东的军事分歧问题，但山东纵队和第一一五师两个军政委员会合并为山东军政委员会后，由于这个委员会中每人各管一摊，在工作上并没有形成合力，在领导上也没有真正形成核心。这就需要通过人事任命来确定一个统一领导这两部分武装力量的人。可谁最有能力、最适合挑起这副担子呢？是用山东纵队的人？还是用第一一五师的人？

陈光，是一员虎将，办事干练，作战勇敢，在十年的红军生涯中，从连长一直成长为红一军团的代理军团长，这也足以说明了他出众的军事指挥才能，但他群众工作经验不足，有时听不进他人的意见……

朱瑞，是军事指挥人员出身，曾入莫斯科中山大学和克拉辛炮兵学校学习，回国后任中共中央军委参谋、中央革命军事委员会总司令部科长。后来改任中央军事政治学校政治教员，从此就一直从事政治工作，有较丰富的群众工作经验，为山东抗日根据地的建设和抗日武装力量的发展作出了重大贡献，但其军事指挥才能未能得到真正的检验……

而罗荣桓呢，办事稳妥，善于处理各种矛盾和关系，团结他人，具有丰富的政治工作经验，现正在负责山东的军事指挥工作，抗战以来的作战经历已经锻炼了他的军事指挥才能，但主管山东军事工作的时间并不是很长……

毛泽东思前想后，最后把候选人集中到两个人身上，即罗荣桓和陈光。这两人都是八路军主力部队的领导，都一直战斗在抗日的最前线，都具备丰富的作战经验，是八路军中少数有才干的指挥人员中的两位，但两人中又只能以一位为主。

早在 1938 年 3 月林彪负伤时，中共中央军委和八路军总部就在第一一五师代师长的问题上产生过分歧，只是由于当时时间紧迫，八路军总部又先于中央军委作出了决定，陈光便成为第一一五师的代师长。刘少奇 1942 年夏季向中共中央详细报告了山东的情况后，毛泽东等人就感到了解决山东领导班子问题的紧迫性，并定下了要尽快调整的决心。

在定下决心之前，毛泽东曾就此事征求了在延安的杨勇等人的意见，并与彭德怀进行了反复磋商，最后决定把罗荣桓作为山东共产党抗日武装力量的最高领导人。而毛泽东最后之所以选中了罗荣桓，与罗荣桓越来越成熟的军事才能也有着莫大的关系。在严酷的斗争环境中，罗荣桓根据实践经验，创造性地总结出了对日斗争的"翻边"战术。

罗荣桓说："敌打到我这里来，我打到敌那里去"，"这就是翻边战术。即把主力部队，不是设置在根据地的腹部，而是部署在靠近一路敌人的根据地的边沿地区。当敌人'扫荡'时，不是敌进我退、诱敌深入，而是敌进我进，在弄清敌人特别是当面之敌的动向后，趁敌人的包围圈尚未紧缩，尚有较大空隙时，选择敌之弱点，由根据地经边沿游击区，翻到敌人后方去，打乱敌人部署，粉碎敌之'扫荡'。"**20**

"翻边"战术实际上是罗荣桓在对付日伪军"蚕食"和"扫荡"时将"敌进我进"原则与山东抗战实际相结合的理论产物。罗荣桓之所以要采用这一战术，是由当时山东敌后抗战的具体条件决定的。1941年，在日伪军集中重兵对山东抗日根据地进行反复蚕食和"扫荡"的情况下，山东抗日根据地进入最困难时期，鲁南根据地甚至被蚕食得只剩下一小条狭长地带。由于敌后根据地地域狭小，缺乏回旋余地，如果仍然照搬以前"敌进我退"的办法，那就退无可退，难以突破敌人的包围。而罗荣桓提出的"翻边"战术则极为有效地解决了这个问题。

罗荣桓正式提出"翻边"战术这一名词虽然是在1942年，但在过去的反"扫荡"、反蚕食中，他已多次运用过这种战术思想。1940年鲁南反"扫荡"和1941年的留田突围都是范例。

1940年4月间，日伪军集中8000余兵力，分别从邹县、滕县、峄县、临沂、费县等地出发，向鲁南抱犊崮山区进行春季大"扫荡"。罗荣桓与陈光商定：由陈光率主力部队绕到外线，从背后袭扰敌人，使其不能集中精力在根据地内"扫荡"，而罗荣桓则留在内线，带领第一一五师师部和特务团的两个营，配合四县边联支队，与"扫荡"之敌周旋。随后，第一一五师司令部、政治部和鲁南三地委便化整为零，分散活动。罗荣桓率政治部带了一个连的兵力不断在内线转移。

而在总体部署上，罗荣桓通过自己率队在内线与敌周旋，配合陈光在外线采取机动灵活的战术打击敌人后方，有力地牵制了在抗日根据地中心进行"扫荡"的敌人。在内线和外线八路军的共同抗击下，敌人的"扫荡"被粉碎。罗荣桓在葫芦套干部会议上总结经验时说："敌人利用青黄不接、部队与群众粮食困难之际来'扫荡'山区，我们是有办法克服的。我们把主力运动到敌人后方去活动，很容易解决。"**21** 这实际上就是罗荣桓"翻边"战术的萌芽。

后来在1941年11月日伪军对沂蒙山区进行大"扫荡"时，罗荣桓率第一一五师师部、山东分局和山东战时工作推行委员会机关共2000余人从留田突围，独自主张向南面朝着敌人的大本营方向突围，悄无声息地通过敌人的三道封锁线，跳出了包围圈，则是他对"翻边"战术的成功实践。

罗荣桓提出"翻边"战术之后，于1942年下半年亲自部署和指挥的海陵之战与甲子山之战，更是运用"翻边"战术的典范战例。

1942年8月6日，侵华日军华北方面军通报所属各兵团及中国方面的有关机关，开始准备第五次"治安强化运动"。新一轮"治安强化运动"将于1942年10月8日开始，12月10日结束，"坚持由中国方面主要发起的宗旨"，以"灭共"为主。**22**

为配合第五次"治安强化运动"，侵华日军华北方面军提前展开了1942年秋季"肃正作战"。其中，华北方面军直辖第二十七师团于9月17日至11月15日向冀东地区发起"扫荡"，华北方面军直辖第一一〇师团及第一军独立混成第三旅团于9月27日至10月5日在阜平地区"讨伐"冀西八路军主力，日军第一军自10月10日起发动对太行山脉南部抗日根据地的"扫荡"，随后于10月20日至11月底展开"全山西秋季剿共作战"。在山东地区，日军第十二军于9月27日至10月5日向鲁西八路军第一一五师教导第三旅发起作战，随后于10月10日至20日对山东益都东南山区及北部平原以及博山西南山区"扫荡"，转而再于10月27日至11月11日在鲁中、鲁南地区进行"讨伐作战"，重点打击山东纵队司令部及第一旅、第四旅等部。

1942年9月，秋收尚未结束，山东的八路军就得到了一份日军作战计划，说日伪将集中强大兵力"扫荡"滨海根据地。种种迹象表明，这次"扫荡"来势更大。这时，山东党政军领导机关都驻在滨海地区，显然是敌人很重视的目标。山东分局和山东军政委员会相继发出了准备反"扫荡"的紧急指示。

敌人将要"扫荡"滨海的风声越来越紧，老百姓在忙着坚壁清野，准备疏散，有些干部建议，党政军机关应迅速从滨海地区转移。

在第一一五师师部，罗荣桓却一直不让陈光发出转移的命令，认为不能盲目地相信这些情报。罗荣桓指着地图让陈光看，如果敌人决定合围滨海，四面的敌情必定有异常变化。可是现在，滨海区北面的潍坊和南面的连云港，都未发现敌人异常的动向。他怀疑这是敌人施放的烟幕弹，要求大家先不要急于转移，待看清楚敌人的动向以后再行动。所以，现在一方面要加强搜集情报，另一方面，也不能干坐在这，也要准备打一场漂亮仗。

罗荣桓提出：敌人要从这里打我们，我们就到那边去打敌人。如果敌人不打滨海，我们就在滨海打敌人。不管日军打哪边，王凤鸣，也就是现在这个杨步仁，肯定要有动作，他不光是日军的耳目，还是日军的一只手，就趁这个机会狠狠地教训他一下子，如果日军不打滨海，就算王凤鸣这小子倒霉！

罗荣桓决定在海陵一带对王凤鸣动手，并让教导第二旅旅长曾国华、政委符竹庭做好准备。

海陵位于滨海抗日根据地的最南端，是于1941年8月在赣榆、海州、郯城三县之间建立的新县，因为当地有一座马陵山，故取名"海陵"。海陵县治包括陇海铁路以北、东起白塔埠、西到马陵山的广大地区，辖有高捻、白河、马陵、东安、羽东、河南、末山、挂剑等8个区，是连接山东与华中两大抗日根据地的通道和纽带，地理位置十分重要，县境内的苏鲁地下交通线，更是由华中抗日根据地前往延安的唯一通道。

侵驻新浦的日军为蚕食海陵抗日根据地，先是在海陵县东面以韩家湖为中心，向北直至赣榆县欢墩埠都安设了据点，然后又向西推进，向末山展开包围之势，在海陵县中部则以横沟为中心，一路向北将据点安设到莲子湾一带，拟切断末山与羽山之间的联系，再向北扩展，在海陵县西部，又以罗庄为中心，向马陵山和郯马地区延伸，与顽军第五十七军第一一二师相勾结。日军蚕食海陵的目的不仅是想吃掉海陵抗日根据地，而且更想从东至西构成一条封锁线，切断山东与华中两大抗日根据地之间的联系，配合其推行第五次"治安强化运动"，在军事上破坏抗日根据地的基层组织，以期达到"以华治华"的目的。

而在日军蚕食海陵抗日根据地的行动中充当急先锋的，则是在当地人民中留下了累累血债的王凤鸣，他投靠日军后，改名杨步仁，当上了伪别动大队司令。王凤鸣率伪别动大队配合驻在牛山火车站和沙河镇等地日军，首先侵占了海陵县的上林、丰敦、茍庄湖等地，转而向西，又侵占了亭子埠、横沟、罗庄。双方相互勾结，采取步步为营的战术，仅仅两三个月时间，就将海陵县的 8 个区蚕食了 6 个半，并先后安设了 16 个据点，八路军只能在东西不到 15 公里、南北不到 25 公里的狭小范围内活动，苏鲁地下交通线被严重破坏，往来受阻，老百姓蒙受灾难，苦不堪言。王凤鸣不但在军事上蚕食进攻抗日根据地，而且还施展毒辣的政治阴谋瓦解八路军。在第一一五师政治部当过协理员的罗保成等少数败类就被他拉了过去。

就在罗荣桓和陈光计划攻打海陵的时候，日军已展开了秋季大"扫荡"，重点地区不在海陵，而是在鲁中。"扫荡"滨海的消息是敌人的特务机关故意散发出来欺骗八路军的。

可惜山东军区、省战工会及抗大等单位没有看出这个阴谋，于 1942 年 10 月底开始匆忙从滨海地区向鲁中转移。不料，敌人的重兵正云集在鲁中，就等待着滨海区的八路军往那里跳呢。山东军区等机关一到鲁中，敌人就纠集临沂、蒙阴、沂水等地兵力 1 万余人，分 12 路以沂蒙地区北部为中心开始"扫荡"，企图合围山东军区等机关部队。10 月 27 日，敌人合围到南墙峪，山东军区成功地突围到沂水以北的崮峪一带。11 月 2 日拂晓前，敌人又迅速向崮峪合围，八路军指战员与敌人激战竟日，毙伤敌人 600 多人，自己也伤亡了 300 余人，省战工会秘书长李竹如等英勇牺牲，山东军区政委黎玉也在突围中负伤。

对此，当时担任山东军区政治部主任的江华回忆道："1942 年 10 月，敌人以 15000 多人，对我沂蒙山区进行了拉网'扫荡'。'扫荡'之前，敌人扬言要'扫荡'滨海两个月，并通过特务机关将其'扫荡'滨海区的假情报和作战计划送到我军。同时，临沂敌人 2000 余人向沭河以东我滨海地区进犯，以迷惑我军。我山东军区驻在滨海，接到敌假作战计划后，罗荣桓同志主张先不忙于行动，看一看再说，我也同意这个意见，但军区一位主要负责同志却主张转移到鲁中沂蒙山区去，于是正中敌之阴谋。敌见我转入沂蒙山区后，首先在预定合围地区进行多次合击，以迫我集中。10 月 27 日，敌人分作 12 路，以我军区所在地南墙峪为中心构成直径 35 公里的包围圈，在飞机、大炮、骑兵的配合下，突然向我袭击。我军区机关迅速转移，未遭合围，转移到沂水以北的沂山山区。11 月 2 日，敌人又组织 8000 余人分 11 路对我合围。我发现敌情后，于拂晓抢占了笛崮山，我方兵力只有一个特务营和鲁中二分区的一个团。敌人从清晨起向我进攻，先用炮火猛烈轰击，接着从三面发起一次比一次猛烈的冲击。我军从早上到黄昏，打退了敌人 8 次进攻。天黑后，军区机关在特务营掩护下分数路突出重围。这场战斗，团长、政委牺牲，特务营仅剩下 14 名战士，最后被压缩到笛崮山东端，他们战斗到最后，跳下悬崖，6 名同志英勇牺牲，其余同志以后被救回。突围中，省战工会秘书长李竹如同志牺牲，黎玉同志也负了伤。我带着警卫班突围，最后只有警卫员滕代田和我冲了出来。"**23**

罗荣桓得知此消息后，十分痛心。但由于中共中央军委在 1942 年 8 月将山东纵队改为山东军区后，山东军区虽然隶属于第一一五师，却只是形式上的统一，山东军区并不完全听从于第一一五师的指挥。

就在此时，第一一五师师部作战处处长李作鹏来向罗荣桓报告：王凤鸣配合日军的行动，正在大力蚕食滨海根据地的东南部地区，向北已一直推进到了大兴镇和欢墩埠，距我们师部长期驻过的蛟龙湾、朱樊村等地都不到 10 公里了。

罗荣桓立即指示教导第二旅旅长曾国华：11 月 3 日发起海陵战役，先向南直插到陇海铁路，然后一一拔除铁路以北郯城、赣榆之间的伪军据点，部队动作不要平推，要从敌人中间突破，像一把尖刀，直插敌人的心脏。

在战斗任务布置之后，他还要求曾国华：战前要做好动员工作，让指战员人人都明白海陵战役的意义，狠狠打击王凤鸣、罗保成这些败类。

1942年11月3日晚，教导第二旅第四团及海陵地方武装等利用夜色掩护，首先包围了海陵县罗庄伪据点，然后以土炮和炸药包连续轰击据点外围的碉堡炮楼，突击队则越过壕沟，砍断铁丝网，翻墙攻入城内，经过7小时激战，全歼守敌。

海陵战役正式打响后，王凤鸣万万没有料到罗荣桓会在原地没动，而且会首先拿他开刀。这个时候，日军都已集结到鲁中地区去了，王凤鸣孤立无援。教导第二旅乘胜于11月4日上午直插到横沟，5日发起全面进攻，全歼了驻守在横沟的伪别动大队200余人，活捉叛徒、伪大队长罗保成。附近亭子埠、东安等据点的守敌见势不妙，不战而逃。

11月6日，教导第二旅第四团推进到韩家湖，并对伪据点完成了包围。韩家湖四角筑有4个大碉堡，围墙上也筑有明碉暗堡，据点外挖有深、宽各3米多的壕沟，沟外设有鹿砦、铁丝网。第四团将全团迫击炮都集中过来，以先炮轰、后喊话的方式，将军事打击与政治攻势相结合，迫敌投降。战斗仅用半个小时，160余名伪军便举着白旗缴械投降。接着，教导第二旅又乘胜攻克大小齐庄、丁旺、小屯、丰墩、上林等伪据点。

11月7日晚，教导第二旅第四团与第六团各一部以及滨海军分区的骑兵连向伪别动大队王凤鸣的老巢董马庄发起围攻。当夜白塔埠伪军出动200余人前来救援，被教导第二旅击退。11月8日晨，新浦、青口之敌又有千余人分别携九二式步兵炮前来董马庄增援，亦被击退。教导第二旅成功攻下董马庄，但王凤鸣已率200余亲信乘乱逃走。

海陵战役从11月3日打到8日，在不到一个星期的时间里，曾国华率教导第二旅连克敌伪据点16处，把王凤鸣1200多人的别动队打得七零八落，只有 200 多人逃脱。伪别动大队的罗保成、尹玉琢、李振东等几名伪大队长均被生俘，成功收复了海陵县被敌人蚕食的 4 个区，有力地配合了沂蒙抗日根据地的反"扫荡"，保卫了海陵抗日根据地和苏鲁地下交通线。

海陵战役结束后，第一一五师召开了祝捷和公审大会，枪毙了叛徒和汉奸罗保成等。罗荣桓也通过这一战进一步使得他的"翻边"战术更加深入人心。

所以，当第一一五师展开甲子山战役的时候，人人都明白，这将是又一场"翻边战"。

甲子山海拔 480 米，山势险峻，位于日照和莒县的边界、日莒公路以南，东濒黄海沿岸，南望滨海平原，西接沂蒙山区，北达胶济铁路，像一个楔子一样伸入滨海区的中部地区，距离中共中央山东分局、山东军区机关都仅十几公里，战略位置十分重要。驻在这个地区的原是东北军第一一一师，师中有很多共产党员，过去与八路军基本上友好相处。东北军的于学忠因与山东省政府主席沈鸿烈矛盾很深，在历次国共冲突时，基本保持中立。蒋介石看出了这个苗头，就将沈鸿烈调离了山东，任命东北军将领牟中珩为新的山东省政府主席。于学忠由此开始倾向于顽固派，积极参与国民党中央系顽军向抗日根据地的进犯。当时的山东纵队主力在黎玉的指挥下曾发起大规模反击，重创了东北军。后八路军主动与东北军修好关系，支援他们抗日反"扫荡"。此时，东北军内部发生了明显分化，进步力量与反动力量展开了尖锐的斗争。

1940 年 9 月，东北军第五十七军军长缪澂流与日军第二十一师团订立反共投降密约，该军爱国将领第一一一师师长常恩多与第三三三旅旅长万毅，率部发动了"九二二锄奸运动"，控制了第五十七军军部，发表了抗日锄奸通电。但是东北军中的顽固势力，在蒋介石支持下，不仅保护缪澂流，而且加紧打击进步势力，同时指挥部队同八路军搞摩擦。1941 年 2 月 17 日，第一一一师第三三一旅旅长、坚持反共立场并同日伪有联系的孙焕彩等人，趁师长常恩多患肺结核病重的时机，扣押了万毅。留在该师的其他共产党员，有的被迫撤离，有的被关押，有的被杀害。在孙焕彩等的控制下，第一一一师重新开始了与八路军的军事摩擦。1941 年 3 月，蒋介石给于学忠发来密电，下令秘密处决万毅，但于学忠迟迟未予执行。当年 7 月，蒋介石又派监斩万毅的特务直接到了第五十七军。

在这危急时刻，常恩多病情垂危，却仍担心着第一一一师的去向问题，他秘密派人找来于学忠总部的少将主任秘书郭维城："千万不能让第一一一师落入反动派手中。我现在无法行动了，委托你去救出万毅，然后率第一一一师通电全国，重申我们东北军在西安事变时的八大主张。"郭维城一一应允，于 1941 年 8 月 3 日率第一一一师发表了声明，并救出万毅，让他向八路军求援。

1941 年 8 月 5 日晚，山东分局召开紧急会议，研究对待"八三起义"的政策。罗荣桓在会上说：一一一师的事件是蒋介石分裂倒退政策所逼出来的。事变的性质是正义的、进步的，是和全国人民的抗战、团结、进步的要求一致的，我们必须予以支援。但东北军中反动势力很大，必然要镇压和分化这支部队，因此该部队可能会出现混乱。我们应采取紧急措施，从各方面支持他们。他还提议派万毅立即回去，以前撤出来的地下党员王维平也跟着回去，让他们和事变领导人一起掌握和稳定队伍。同时要严加防范孙焕彩的反扑。

事情正如罗荣桓所料，还没等第一一一师完全稳定下来，孙焕彩就纠集一部分部队抢占了甲子山区。第一一一师被迫转移至八路军的抗日根据地休整。常恩多师长在转移途中不幸病逝。

罗荣桓随后在 1941 年 8 月中旬调动部队协助第一一一师发起了讨伐孙焕彩的战役，一举收复了甲子山区。第一一一师继续使用原番号。经官兵代表民主选举，万毅担任了师长，郭维城任副师长兼政治部主任，王维平任副主任。第一一五师和抗大一分校还抽调了一批优秀的政工干部和模范战士充实到第一一一师中壮大连队，加强机关。

到了1942年10月，逃到日莒公路以北的孙焕彩重整残部，乘着滨海抗日根据地军民全力对抗日伪"扫荡"之机，兵分两路向驻在甲子山区的八路军发起偷袭，八路军集中第一一五师教导第二旅及滨海军分区的部队，与对方进行大小战斗20余次，毙伤顽军300余人，但由于日伪军进一步加大对山东的"扫荡"力度，不得不提前结束了战斗，孙焕彩等仍控制着甲子山以南的石场、址坊、刘家东山一带，成为滨海抗日根据地的心腹之患。

## 许世友在胶东"翻边"，行程二百多公里未损一兵一卒

1942年11月，冈村宁次鉴于配合第五次"治安强化运动"的秋季"肃正作战"效果不佳，又亲自从北平乘飞机抵达烟台，调动大批兵力，针对山东的胶东地区进一步展开了冬季"大扫荡"。罗荣桓一面调动兵力配合胶东反"扫荡"作战，一面不断地研究反击日伪军的对策。

此时，带领八路军在胶东坚持抗战的是胶东军区司令员许世友。1940年秋，中共中央军委为加强山东纵队的指挥力量，将八路军第一二九师第三八六旅副旅长许世友调到山东抗日战场，担任山东纵队第三旅旅长，率部转战于渤海之滨、清河两岸。1942年2月，许世友调任山东纵队参谋长，同年10月被任命为新成立的胶东军区司令员。

1942年11月，胶东大地渐渐换上冬装，从渤海湾吹来的朔风一阵紧似一阵。日军为了"大扫荡"，不断向胶东增兵，车辆不绝，调动频繁。各据点日伪军也纷纷出动，拉丁抓夫，抢粮抢牲口，到处都在挖掘封锁沟。伪军驻守的一些据点，也已由日军接防，或由日伪军共同驻防。

胶东半岛三面环海，一面沟通冀鲁平原，水陆交通便捷，物产富庶，自然条件得天独厚，战略位置十分重要。侵华日军也一直把胶东作为其往来于海上与华北之间的重要通道和"以战养战"的补给基地之一。随着胶东抗日

游击战争的蓬勃开展，八路军在重新打开牙山中心根据地以后，依靠牙山稳步向东、西两翼发展，巩固和扩大了昆嵛山、大泽山等根据地，大大地改变了胶东的战略局势。胶东大地上，抗日的刀光闪闪，斗争的烈火熊熊。日军赖以运送人员、军火以及其他物资的这一重要通道和补给基地，受到了重大威胁。

在日伪"大扫荡"开始之前，胶东军区司令员许世友与政治委员林浩在海（阳）莱（阳）边区召开了胶东军区营以上干部会议，作了紧急反"扫荡"动员，研究部署反"扫荡"作战计划。会议确定采取"保存有生力量，保卫根据地，分散活动，分区坚持"的方针，在胶东军区统一领导下，以烟（台）青（岛）公路为界，将主力部队和地方武装分为两个指挥系统：烟青公路以西有第十三、第十四、第十五团及西海、南海、北海三个军分区，归第五旅指挥；烟青公路以东有第十六、第十七团及抗大一分校胶东支校、军区直属队、东海军分区，归胶东军区直接指挥。在东、西两个指挥系统内，以团、营或连为单位，划分地区，分散活动，避免大部队过分集中。敌人要"拉网"，部队就破"网"。各部队隐蔽目标，以连、营等为基础单位，灵活机动地带领群众开展游击战。

1942年11月17日，日伪军突然由青岛、高密出动六七百辆汽车，沿着烟青公路、烟（台）潍（坊）公路向莱阳、栖霞、福山等地大量增兵，随后于11月21日清晨倾巢而出，"拉网"合围以牙山、马石山为中心的抗日根据地。合围圈南北不过90公里，东西仅75公里。日军出动1.5万人，外加5000余伪军，在海、空军的配合下展开了"大扫荡"。

日伪军以多路分进合击、密集平推的方式，白天摇旗呐喊，步步进逼，无山不搜，无村不梳，烧草堆，挖新坟，掘地堰，清山洞，连荒庵、野寺以及巴掌大的小土地庙也不漏过。夜晚则在野地里宿营，烧起一堆堆篝火，岗哨密布，在山口要隘还设置了带响铃的铁丝网，并夸口称："只要进入合围圈内，天上飞的小鸟要挨三枪，地上跑的兔子也要戳三刀。共产党、八路军更是插翅难逃！"**24**

胶东各村的人民群众普遍实行坚壁清野的原则应对敌人的"大扫荡"，并以当向导、递情报、送给养、挖地道、隐藏军用物资、掩护与疏散伤病员等方式积极支援八路军作战，发明了很多对付敌人的高招。例如，日军常常利用狼狗搜寻地洞口，这是很厉害的一手。群众就研究出一种好办法，用辣椒面拌上烟梗末撒在地洞口的周围，狼狗一闻到这种刺激性很强的气味，就会连连打喷嚏，嗅觉顿失。

趁着黄昏时分险峻的牙山峰峦渐渐隐没在苍茫的暮色之中，抗大胶东支校在敌人合围圈"网口"欲收未紧之际，一举跃进到敌人背后，并在地方武装的配合下，大破烟青公路栖霞、福山段，并三次袭击了福山城。而被敌人围困于朱吴北山的第十七团一部，熬过寒风刺骨的夜晚，待到黎明将至，乘着四周山梁上围着簇簇火堆的日军人困马乏之时，隐蔽贴近敌人封锁线，朝着篝火堆猛然甩出一排手榴弹，把昏睡中的日军炸得蒙头转向，大家趁势一跃而起，破"网"而出。

12月24日，日军收"网"合围马石山。莱阳、海阳、栖霞等地的群众有2000多人被围困在山上。执行任务途经马石山的警卫连第三排，毅然留下来带领乡亲们连夜突围。他们和地方干部、民兵一道，往返数次冲破敌人的"火网"，护送出群众1000多人。

而胶东军区指挥机关率领着第十七团第一营在敌人开始"扫荡"时，就反其道而行，由西向东，隐蔽穿越敌人的合击圈，一气插到日伪据点附近。等敌人回师向东拉"网"之际，他们又改奔西北方向，向着胶东日寇的大本营烟台前进。他们采取罗荣桓的"翻边"战术，不断向敌人的鼻子底下钻，前后行程200多公里，未损一兵一卒。日军反倒被自己精心策划的冬季"大扫荡"折腾得疲惫不堪，不得不于1942年12月底收兵回窜。胶东抗战史上日军规模最大、时间最长的"扫荡"，终于被胜利地粉碎了。

## 陈光与罗荣桓一致同意三战甲子山

罗荣桓一直在关注着胶东的反"扫荡"形势，得知许世友所率胶东军区机关安然无恙后，忙召集大家开会，准备趁着日军力量向胶东一带聚集，抓住翻边的好机会，一举解决掉孙焕彩！并建议把刚从苏北回来的梁兴初教导第五旅也拉上去。

由于山东形势近期吃紧，新四军直属独立旅受中央军委之命已陆续返回山东归建。其中，旅长梁兴初、政委罗华生先率两个团于 1942 年 10 月底返回，政治部主任刘兴元随后也率领着另一个团于 11 月中旬登上回程。独立旅归建后，恢复了八路军第一一五师教导第五旅的番号。

罗荣桓相信，教导第五旅，再加上教导第二旅第六团，山东军区第二旅第五团和第六团、滨海军分区独立团，还有万毅的第一一一师，这几股力量拧在一起，一定能把孙焕彩这颗钉子拔掉！

1942 年 12 月 16 日，陈光骑着快马亲临甲子山前线侦察敌情。在察看过地形后，陈光召集了一个小型会议，宣布采用中心开花的战术，由梁兴初带教导第五旅从东面绕过朱芦和刘家东山，攻占孙焕彩师部驻地石场；曾国华带教导第二旅第六团，孙继先带山东军区第二旅第五团和第六团从西面攻占址坊；万毅带第一一一师迂回占领甲子山制高点。各路要乘着暗夜隐蔽进入攻击阵地，第一一一师占领甲子山后，打信号弹，然后各路一齐攻击，一举占领石场后，再乘乱歼灭孙焕彩部。

12 月 17 日 22 时，第三次甲子山之战正式打响，八路军各部队按部署顺利展开。西路的教导第二旅第六团迅速攻占了东璇子，俘敌 80 余人，缴获步枪 60 余支，随后向址坊和灯笼山发起进攻。山东军区第二旅第五团迅速攻占三皇山，切断了顽军向西突围之路。山东军区第二旅第六团也成功地控制了北侧的浮棚山、云顶山、蒲汪等地，并将由粮山口南援的顽军击溃。第一一一师和滨海独立团等部在万毅指挥下迂回到甲子山东，直取南垛和北垛、再克赵家峪、刘家彩等顽军阵地。但东路的教导第五旅却出了岔子，他们因为刚从苏北回来，又被向导带错了路，本该要绕过朱芦和刘家东山北上石场，却穿插到了朱芦。待到发现这一错误时，天已经亮了，要赶到石场必须要经过孙焕彩的刘家东山阵地。

强攻刘家东山！陈光命令道。但刘家东山并不好攻，敌人凭借用石条修筑的坚固碉堡，以密集的火力负隅顽抗。教导第五旅虽然付出了很大的伤亡，但进攻仍然未能奏效。

陈光本来就是急性子，此时已急得不行。各方向的领队干部也意见不一，有的不愿继续打下去，以避免过大伤亡，有的强调无功而返，有伤士气，应坚持到底。陈光忙与罗荣桓商量。

正在师部参加生产节约大会的罗荣桓，听说战斗打得不顺利，心如火烧。他带上一个骑兵排，马不停蹄地赶到前线，一直来到距敌人只有500米的指挥所里，主持指挥员们开会，研究下一步的打法。会议上各抒己见，意见不一。罗荣桓重新分析了情况，认为不愿继续打下去和只顾死打硬拼这两种倾向都不对。现在必须打，但不能硬打。得改进战术，把山东军区第二旅的部队调过来，用炸药包摧毁敌人的坚固工事。

经过罗荣桓的调动，八路军部队在经过山东军区第二旅实施工程作业后，步步逼近，一直推进到敌人在石场的主阵地。教导第五旅经过连日的激战，逐步把敌人紧紧围在甲子山南麓南北长5公里、东西宽不到3公里的狭窄地带内。孙焕彩连续发起反扑，均被打退。战斗到12月26日，敌人一路800余人的援军也被教导第五旅击溃后，孙焕彩因内无粮草，外无援兵，明显丧失了士气。僵持到12月30日晚，孙焕彩无力再战，率残军分成两路突围，终在八路军的前后截击下均被消灭。

经过14天的激战，八路军共毙伤顽军1000余人，活捉1100余人，缴获步枪480余支、短枪近20支、轻重机枪20余挺、迫击炮3门。甲子山之战的胜利，从根本上扭转了滨海区的局面，为后来开辟滨北地区，打通滨海与胶东区的联系，创造了条件。

## 教导第二旅奔袭郯城

正当八路军进行海陵战役时，日军乘机加紧了对鲁南抗日根据地的蚕食，驻在临沂的日军打通从临沂经郯城到新安镇的公路，隔断了鲁南和滨海的联系，随后又于1943年1月中旬，进一步侵占了沭河西岸位于临（沂）青（口）公路上的重要集镇醋大庄等地，并构筑碉堡、安设据点，妄图打通临青公路，又修筑起由临沂东南面的重沟至郯城的堡垒封锁线，以图纵横分割滨海南部地区。

海陵战役结束后，教导第二旅旅长曾国华和政委符竹庭写信给陈光和罗荣桓，建议拔除醋大庄据点。信件发出后，第一一五师代理师长陈光亲自来到教导第二旅旅部，连夜召集会议。当时大家都以为要打醋大庄了，但在1943年1月16日的会议上，陈光传达了罗荣桓的指示：敌进我进，深入敌后，运用"翻边"战术，远距离奔袭郯城。

郯城地处陇海路以北的日军腹心地区，是日伪军经过多年苦心经营的后方补给基地。陈光要求教导第二旅趁敌人倾巢出犯、后方空虚之机，出敌不意，突袭郯城，无疑是一个大胆决定。但郯城墙高、壕深，并广筑有炮楼和碉堡，是一座完全堡垒化了的城镇。教导第二旅在尚无重武器的情况下，要啃下这块硬骨头，绝非易事。

陈光与曾国华、符竹庭等经过反复研究，决定把这一艰巨任务交给以战斗作风勇猛顽强、善打硬仗著称的教导第二旅第六团和第四团，并明确区分了任务：第六团第三营作为主攻部队负责从城南进攻，第四团第三营作为助攻部队通过进攻城北分散敌军主力。同时命令第四团团长贺健带领第四团第二连和临沭县独立营包围醋大庄及其附近地区的敌人，第六团政委刘西元带领该团第一营和海陵独立旅负责监视赣榆、新浦方向的敌人，以保障攻城部队的侧后安全。

符竹庭最后嘱咐大家：郯城有日军1个分队、伪军1个大队的4个中队据险而守，大家一定要发扬英勇顽强、不怕牺牲的精神，坚决完成攻城任务。

战前，为了牵制和迷惑敌人，教导第二旅派出一部兵力，联合临沭县独立营以及数千名民兵对醋大庄等敌据点展开围攻，把敌人死死缠在沭河沿岸。同时，滨海地委、滨海专署、滨海独立军分区也动员了上万名群众，在临沂至郯城的公路上，连续开展了大破袭活动。

1943年1月19日深夜，月明星稀，寒气逼人。教导第二旅第六团第三营与第四团第三营经过40公里急行军，突破敌人封锁线，直逼郯城。第六团团长贺东生绰号"毛猴子"，一向以打仗猛、胆子大、脾气倔著称，所带出的部队也实力甚强。第六团第三营动作神速，一路行至郯城，迅速抢下南关，并向南城门发起了进攻。敌人慌忙用沙包将城门堵住，使得第六团第三营的攻城之战一时受挫。

这时，陈光急令第四团政委吴岱率领该团第一营从临沂东南的石村迅速赶至郯城担任打援任务，同时要求两个攻城的营队务必在当夜攻下郯城。因为若不能迅速拿下郯城，不但周围据点的敌人会倾巢出援，外出"扫荡"的敌军主力也会掉头猛扑过来。到那时，教导第二旅就不得不在敌人的两面夹击下无功撤出，不仅将会遭到很大损失，而且对扭转滨海地区的形势也极为不利。

为了保证攻城奏效，两支攻城部队重新调整了作战部署。第六团团长贺东生亲自率领第三营干部，对城南的地形逐段进行仔细观察，并组织大家认真研究攻城作战方案。大家一致认为，攻城的突破口选在南城门的东面最为理想。因为敌人在丢掉南关之后，大力加强了对南城门的守备，而城东南角虽然有一座大碉堡，但戒备较差，同时南门往东200米处有一座民房靠近外壕，可以作为攻击出发点，况且民房后边还有一座天主教堂，若把机枪配置在教堂的钟楼上，有利于压制敌人正面城墙和南门楼上的火力点。

当晚 20 时许，在城北担任助攻的第四团第七连和第九连首先向北门发起攻击。顿时，枪声、爆炸声和战斗的呐喊声像浪潮一般，一阵阵穿过夜空。贺东生令第六团第八连担任城南主攻任务，随着贺东生"嘟嘟嘟"的一阵哨子响，掩护第八连攻城的火力猛烈地射向敌群。第八连架桥组立即抬起一架梯子似的长长木桥，成功地将之架到了外壕上。架梯组马上抬着梯子通过木桥冲向城墙，但城垛后的敌人拼命地往城下抛掷手榴弹，顿时浓烟滚滚，弹片横飞，架梯组无法靠近。第八连连长陈朝山急令各排到天主教堂大院里集合，把全连最优秀的投弹手集中起来，让每人携带一筐手榴弹，奔到城根下一字排开，一齐往城头上投掷。这一招术甚为有效，很快就压住了敌人的火力，架梯组迅速将梯子架了上去。

城头敌人见八路军战士开始顺着梯子往城墙上爬，急忙将浸满煤油的棉团点燃，顺着梯子推下来，战士们一边用枪把火团拨开，一边不顾身上冒着的火焰，继续向上攀登。城头上又有数名敌人合抱着大木头拼命地往外推梯子，火力组马上对着他们一阵猛烈的射击。这时，有些八路军战士已爬上了城，与敌人展开了争夺战。第六团第七连和第九连也迅速地爬上城墙加入战斗，很快就肃清了城门楼上的残敌，并迅速沿着南大街向北进攻。

在郯城城内，据守在十字街口的敌人用两挺机枪严密地封锁了街口。八路军改以挖墙打洞方式，逐屋逐院地同敌人展开争夺战。这时，在城北助攻的第四团也突破了北城墙，攻了进来。城内的敌人首尾受攻，惊恐万状，不断向周围的据点发出求援信号。

1 月 20 日 9 时，驻在离郯城 9 公里的马头镇的日军出动一个中队，带着 400 余名伪军急忙向郯城扑来，企图为面临灭亡的城内敌人解围。但当援军进到白马河与西关之间时，便遭到吴岱率领的第四团第一营的迎头痛击，经过白刃战，日伪军在付出 200 多人的伤亡代价后，只得溃退而去。

此时，郯城内的敌人已全部龟缩到伪县政府中，八路军炸开后墙、冲入大院后，伪军纷纷放下武器，只有躲入大碉堡内的日军顾问、指导官和 1 个小分队仍在负隅顽抗。教导第二旅第六团和第四团部队已胜利会合，他们连续向大碉堡里投掷炸药。碉堡被炸塌，8 个日军被炸死，剩下日军顾问滕元、指导官多田等 7 人，只得从残垣断壁中爬出来，举手投降。

八路军攻占郯城，犹如在敌人的脑门上拉响了一颗炸雷。驻山东日军立即放弃他们对滨海地区的"扫荡"计划，急调主力和郯城周围据点的敌人分路向郯城发起反扑，但教导第二旅早已做好了迎击准备。

1 月 21 日，马头据点的日伪军纠集了 300 余人率先扑向郯城。教导第二旅第四团第一营正在路上等着他们，见敌临近，一个势如猛虎下山的冲锋，就把这股敌人冲得人仰马翻了。敌人见势不妙，回头就逃。八路军乘胜追击，一直把敌人赶回据点，并将据点围住。

次日，临沂的日军又出动一个大队，分乘 40 余辆汽车，向郯城赶来。当敌人行至郯城官路口时，遭到早已埋伏在公路两侧的第四团第八连的痛击。敌人纷纷跳下汽车，在混乱中又遭到八连轻重机枪的猛烈扫射，被杀伤一部。敌稍镇定后，企图沿公路两侧路沟发起反击，第八连连长胡棣集中了几名优秀机枪手守住路口，在两个小时内，连续击退敌人发起的 7 次进攻。

敌人见沿公路进攻无效，转而又分出 500 余人欲从土城子方向取得突破。而教导第二旅旅部直属的特务二连早已守在土城子阵地上了，他们在连长何万祥的带领下，接连击退了日军的三次进攻。敌人的一排排炮弹在土城子阵地上连声爆炸，被掀起的泥土像阵阵冰雹落在八路军战士们的身上。但敌人的炮火虽然打得很猛，他们的步兵攻击却一次不如一次。这说明敌人已经没有多大攻击能力了。何万祥看准时机，毅然率领全连向敌人发起了冲锋。果然，他们这一冲，敌人就像落潮的海水一般退了下去。

教导第二旅第四、第六两个团以及地方部队乘机发起全面反击，一举拔掉郯城周围榆林、大埠、沙河、马头等敌人的大小据点 18 个。在醋大庄等地安设据点的日军看到后路被抄，也被迫全部撤退。日军企图修筑纵横两道封锁线的计划彻底破产。

在郯城攻坚战中，八路军共毙伤日伪军 400 余人，俘获日军官兵 7 人、伪军 520 人、伪警察所长及警备队正副队长以下 100 余人，缴获轻重迫击炮各 1 门、掷弹筒 3 个、轻机枪 3 挺、步马枪 800 支、汽车 4 辆、粮食 200 多万公斤，同时摧垮了郯城的伪政权。

郯城攻坚战的胜利，给了日伪军以沉重打击，并极大地鼓舞了滨海地区广大抗日军民必胜的信心。为此，远在延安的新华社发布消息，高度评价此战："我一一五师驻滨海、沂蒙各部连日袭击日寇，并一举攻克郯城，予敌'蚕食'以重大打击，实为 1943 年伟大的胜利之第一击。"**25**

## 罗荣桓带病担重任，山东实现一元化领导

就在山东八路军连连取得战斗胜利之时，罗荣桓却因操劳过度，身患重病。原先罗荣桓就有很重的痔疮，由于经常便血，有时甚至大量出血，身体渐渐虚弱。医生一再劝告他注意休息，但在紧张的战斗生活中，他哪里有休息的时间。就在甲子山战斗中，罗荣桓从第一一五师师部赶到甲子山前线的那天，快马加鞭跑了大半天，路上又没顾得上吃饭和喝水，到了前线又夜以继日地参加指挥战斗，打下甲子山回到师部后，又接着开会总结。一连十几天没有得到很好的休息，罗荣桓觉得腰酸腿痛，一开始还以为是疲劳的缘故，并未在意。

有天晚上，罗荣桓从屋里出来解手，夫人林月琴替他打着手电筒。当日大雪刚过，林月琴突然发现雪地上一片红色，赶忙去请医生。医生让罗荣桓留些尿，发现尿的颜色仍然是红的，里边还有血块，便劝罗荣桓卧床休息，停止吃辣椒，并服用名为"大健凰"的消炎药片。但罗荣桓可以做到服药、停吃辣椒，卧床休息却难以照办，正如他在 1943 年 1 月抱病写成的《坚持我们的边沿游击区》一文开头所言："接近胜利的难关、拂晓前的黑暗，是

要我们用最大努力才能渡过和克服的。"**26**

由于罗荣桓的病情日益严重,朱瑞、陈光、萧华等商量后便发电报向中共中央做了报告。此时,毛泽东已决定要让罗荣桓担负山东根据地党、政、军、民一元化领导的重任。罗荣桓得知中共中央这一打算时,担心自己不能胜任,于 1943 年 3 月 11 日致电中共中央,要求准许他休养半年。3 月 12 日,毛泽东、朱德复电:"你的病如果还不是很严重,暂时很难休息。"**27**同时,中共中央根据《关于统一抗日根据地党的领导及调整各组织间的关系的决定》精神,决定在山东抗日根据地实行党的一元化领导,成立新的山东军区,任命罗荣桓为山东军区司令员兼政治委员,第一一五师政治委员兼代师长。原代师长陈光调离第一一五师,返回延安学习并准备参加中共七大。临行前,陈光诚恳坦率地对身边的战友们说:"几年来的实践证明,罗荣桓同志是正确的,希望你们今后在他的领导下,搞好团结,好好工作。"**28**

此时,罗荣桓自然也不能再提休养的事,他忍受着病痛,挑起了重担。从此,山东建立了统一的军事领导中心,从根本上解决了山东武装部队统一指挥的问题。军事领导统一了,山东的局面也随之发生了明显变化。

1943 年 3 月至 4 月,原山东军区与第一一五师各直属机关实行合并,改为新的山东军区。新的山东军区辖鲁南、鲁中、胶东、清河、冀鲁边、滨海等 6 个军区,各军区共辖 16 个军分区、13 个主力团。其中,鲁南军区司令员张光中,区党委书记兼政委王麓水;鲁中军区司令员王建安,区党委书记兼政委罗舜初;胶东军区司令员许世友,区党委书记兼政委林浩;清河军区司令员杨国夫,区党委书记兼政委景晓村;冀鲁边军区司令员黄骅,区党委书记兼政委王卓如;滨海军区司令员陈士榘,区党委书记兼政委符竹庭。

这时,新四军代军长陈毅也知道了罗荣桓得病的消息,他拍电报给中共中央,建议让罗荣桓来新四军治病。他说,新四军里有位奥地利的泌尿科专家,名叫罗生特,医术很高明。于是,经中共中央军委批准,罗荣桓于 1943 年 4 月从滨海驻地出发,越过陇海路,经过苏北的淮海区、盐阜区到达淮北区，然后渡过洪泽湖，于 5 月 28 日抵达驻在淮南区盱眙县东南黄花塘的新四军军部。罗荣桓一路上还见到了黄克诚、彭雪枫、赖传珠、张爱萍、钟伟等老战友。经过罗生特的检查，罗荣桓左右两侧的肾脏都有病变，但这种病变究竟是肾肿瘤还是多囊肾，由于当时没有相应的仪器，无法再作进一步检查。罗生特决定对罗荣桓进行保守治疗，可罗荣桓一心牵挂着山东战局，无心静养，遂于 6 月 20 日踏上了归程。因此，陈毅随后又专门派出北京协和医学院毕业的专家黄农（后改名王雨田）陪同罗生特前往山东，陪在罗荣桓身边为其治病。

1943 年 8 月，中共中央山东分局书记朱瑞奉命前往延安准备参加中共七大，罗荣桓兼任山东分局书记。自罗荣桓主持山东分局和山东军区的领导工作后，山东抗日根据地完全实现了党的一元化领导，军队和地方的一切工作，均在山东分局和山东军区的统一领导下，统一思想，统一指挥，统一行动。从此，山东的抗战工作出现了空前的团结一致，山东抗战的局面也出现了很大的改观。

## 注　释

1. 朱樊村，今为江苏东海县南辰乡西朱范村。

2. 中共中央文献研究室编：《刘少奇年谱（一八九八——一九六九）》上卷，中央文献出版社 1996 年版，第 392 页。

3. 杨苏纵队，指晋鲁豫边区第二纵队，司令员杨得志，政治委员苏振华。

4. 中共中央文献研究室编：《刘少奇年谱（一八九八——一九六九）》上卷，中央文献出版社 1996 年版，第 402 页。

5. 《罗荣桓传》编写组：《罗荣桓传》，当代中国出版社 2015 年版，第 160 页。

6. 《罗荣桓传》编写组：《罗荣桓传》，当代中国出版社 2015 年版，第 160 页。

7. 《罗荣桓传》编写组：《罗荣桓传》，当代中国出版社 2015 年版，第 160 页。

8. 黎玉，时任中共中央山东分局副书记兼八路军山东纵队政治委员。

9. 萧华，时任八路军第一一五师政治部主任。

10. 陈士榘，时任八路军第一一五师参谋长。

**11.** 《罗荣桓传》编写组：《罗荣桓传》，当代中国出版社 2015 年版，第 161 页。

**12.** 中共中央文献研究室：《刘少奇传》，中央文献出版社 1998 年版，第 457 页。

**13.** 安泰，古希腊神话中的英雄，大地女神之子，可从大地汲取无尽力量，后被对手赫拉克勒斯诱离地面后在空中勒死。

**14.** 中共中央文献研究室：《刘少奇传》上册，中央文献出版社 2011 年版，第 421 页。

**15.** 中共中央文献研究室：《刘少奇传》上册，中央文献出版社 2011 年版，第 422 页。

**16.** 中共中央文献研究室：《刘少奇传》上册，中央文献出版社 2011 年版，第 422 页。

**17.** 中共中央文献研究室：《刘少奇传》上册，中央文献出版社 2011 年版，第 422 页。

**18.** 《罗荣桓传》编写组：《罗荣桓传》，当代中国出版社 2015 年版，第 162 页。

**19.** 中共中央文献研究室编：《刘少奇传》上册，中央文献出版社 2011 年版，第 425 页。

**20.** 罗荣桓：《反对敌人"五次治强运动"与"新国民运动"的报告提纲》，见《罗荣桓军事文选》，解放军出版社 1997 年版，第 149—153 页。

**21.** 《罗荣桓传》编写组：《罗荣桓传》，当代中国出版社 2015 年版，第 137 页。

**22.** 日本防卫厅战史室编：《华北治安战》（下），天津市政协编译组译，天津人民出版社 1982 年版，第 243—244 页。

**23.** 《追忆与思考：江华回忆录》，浙江人民出版社 1991 年版，第 195—196 页。

**24.** 《许世友回忆录》，解放军出版社 2005 年版，第 334—335 页。

**25.** 吴岱、贺东生：《郯城攻坚战》，见中国抗日战争军事史料丛书编审委员会编：《八路军·回忆史料》（6），解放军出版社 2015 年版，第 22—29 页。

**26.** 《罗荣桓传》编写组：《罗荣桓传》，当代中国出版社 2015 年版，第 175 页。

**27.** 《罗荣桓传》编写组：《罗荣桓传》，当代中国出版社 2015 年版，第 176 页。

**28.** 《罗荣桓传》编写组：《罗荣桓传》，当代中国出版社 2015 年版，第 176 页。

# 第 十 八 章

# 敌进我进

中共中央北方局提出"敌进我进"口号，要求大力发展武工队——第一二九师向敌占区派出第一批武工队——毛泽东指示晋绥军区：要搞武工队，把敌人挤出去——白洋淀活跃着数支水上游击队——冀中的地道被抗日军民称为"地下万里长城"——海阳的铁西瓜，威名传天下

## 中共中央北方局提出"敌进我进"口号，要求大力发展武工队

1942年9月起，侵华日军华北方面军为配合10月8日开始的第五次"治安强化运动"，提前发起了所谓"治强战"的"秋季肃正作战"。其作战区域除山东外，华北方面军还于9月17日至11月15日出动其直辖第二十七师团发起"冀东一号终期作战"，意欲将"冀东共军""彻底予以剿灭"，"使冀东道一举成为治安区"；在河南，则由其直辖第三十五师团"对新乡西北地区进行了肃正作战"；在冀中，由日军第一军第四十一师团及华北方面军直辖第一一〇师团"从9月中旬到12月底对白洋淀东南，尤其是河间附近，进行了最为活跃的肃正作战"；在冀南，"自12月中旬以来对巨鹿、武安、清丰各地进行了'共军剔抉战'"。[1]

在日军正式行动之前，中共晋察冀分局和晋察冀军区于1942年9月11日在河北平山县寨北村召开了党政军高级干部会议，晋察冀军区司令员聂荣臻根据当时敌强我弱、抗日根据地已在日军"五一大扫荡"中遭到极大破坏

的前提下，正式确定了"以武装斗争为核心，配合各种斗争，向敌后展开全面攻势，变游击区为根据地、敌占区为游击区，敌进我进，向敌后之敌后伸展"的方针。根据这一方针，晋察冀根据地主力部队派出三分之一到二分之一的兵力，组成大批武工队，向日军占领区腹地挺进。

武工队，全称"武装工作队"，因其活动区域主要在敌后，所以又被称作"敌后武工队"。他们终日在敌人的眼皮底下与其周旋，或突袭敌据点，或收集情报，有力地配合了八路军的主力作战行动，谱写了抗战史上的一个传奇。

而要追溯武工队的诞生，它正是中共中央北方局在推行刘伯承提出的"敌进我进"方针过程中的产物。彭德怀对此曾有说明："1940 年百团大战以后，曾为我一时打破的'囚笼政策'，不仅逐渐恢复，而且碉堡、公路更为增加，'扫荡'与反'扫荡'战争于 1942 年亦特别频繁；敌又疯狂实施'蚕食'政策和'三光'政策，使我遭遇严重困难。敌如此步步进逼，我步步退缩，长此下去，不是道理。部分战略区乃在军事指导上提出'敌进我进'口号，注意到向敌后之敌后发展。武工队及隐蔽游击根据地的建立，就是在这样主客观要求下应运而生的。"[2]

而在抗日战争中这个"敌进我进"的对敌方针正是刘伯承最先提出来的。刘伯承首次明确提出"敌进我进"的方针是在 1940 年 4 月中共中央北方局黎城高干会上，他在会上作《关于党军建设问题》的报告时说："现在对'囚笼'的粉碎，一退再退，退到何处？现在就是敌进我进，打磨盘应摸敌人的屁股。"[3]而这一提法如果再上溯的话，可追溯到刘伯承 1934 年在红军时期阐述《现在游击队要解答的问题》时的相关论述："敌人碉堡构成的封锁线，可以相当限制我们大兵团进行机动，然而，我们游击队确实可以自由出其封锁线碉堡的间隙，而入于其后方交通路上，实行穿袭。有些边区游击队就应该留在封锁线外，向敌人远后方，特别向其策源地开展游击战争，耗散其兵力，破坏其粮弹的运输，乃至造成地方暴动，就更有战略上的意义。"**4**1940 年 12 月，他主持编写《一二九师百团大战总结》，又专门列出了"敌进我进"一项，并作了具体的说明："如在根据地内无消灭敌人机会时，小部分部队应积极打击敌人，主力应迂回或转移至敌后积极活动，夺取敌据点，截断敌运输线，并趁敌归巢时打击其一路或二路。"**5**

刘伯承提出的"敌进我进"方针在字面上看似与毛泽东游击战十六字诀中的"敌进我退"相矛盾，实则不然，"敌进我进"与"敌进我退"在内涵和目的上是一致的，刘伯承在首次提出"敌进我进"方针时就作出了说明："敌进我退，不是牛的战术，堵敌人，而是诱引疲惫敌人，是牵牛，为的打它。"在抗日战争中，面对日本侵略者的不断"扫荡"和蚕食，"今天敌进我退是打磨盘问题"，也就是通过游击战争的方式不断与敌人周旋，但在实际应用中，有些人在具体执行"敌进我退"的方针时，"这里包含了一个问题，正规军队屁股摸不得，一摸就垮"，不敢去到日军正规军队的后面发起主动进攻，变成了一味打着磨盘后退，这实质上已违背了游击战十六字诀的精神本质。因此，刘伯承才提出要敌进我进，"打磨盘应摸敌人的屁股"。1940年 5 月，刘伯承在《白晋铁路大破击的战术总结》中，再次对此进行了阐述："如果敌人没有尾巴和交通线，那就无法持久战斗，也就无法立足生存。如果我军战斗，截断了敌人的尾巴和交通线，也就是扼住它的咽喉来打它，是容易致它的死命的。所以我军战斗，必须独立地以一部或主力截断敌人的尾巴来打，或者拿反围攻对付围攻来打。正面堵敌，敌进我退，正是敌人'囚笼'政策所希望的。"**6**

八路军副总司令彭德怀很赞同刘伯承的"敌进我进"方针。在各抗日根据地进入最困难时期的这一段时间，彭德怀也一直在寻找着可以在敌占区展开工作的好方法，后来，他从各地的实际经验中找到了答案。

冀中军分区向八路军总部报告说，他们有的侦察员依靠群众掩护，可以在敌人警戒森严的保定城内一待就是好几天。第三八六旅旅长陈赓也曾告诉他，该旅有个连，在敌占区活动了很久，从刺探情报到破坏交通等，搞了很多名堂。晋察冀军区也曾报告过，在1941年度，该军区曾组织过一种宣传队，在武装掩护下，深入敌占优势的地方开展政治攻势，名为武装宣传队，取得了很不错的效果。

彭德怀曾总结说："当敌封锁分割加紧时，我各地区曾有便衣队、便衣侦察组的组织活跃于敌我边沿地区，主要是刺探情报，破坏交通。这些侦察队员三五人一组，深入敌交通要道和据点附近，隐蔽活动，可达数日之久。因此，引起我领导机关的注意，认为这些经验很可宝贵。1941年敌'治安强化运动'实施以后，不少根据地变为游击区，不少游击区变为敌占区，根据地日益缩小，且遭受严密封锁，经济物资深感困难。为打破此退缩与被封锁局面，晋察冀于1941年夏，曾有'武装宣传队'的组织，在武装掩护下深入敌占优势地区工作，侧重在争取人心。至1941年冬，北方局始正式提出建立武装工作队，并大体规定其任务、组织、活动方式等。对其要求，不同于侦察队及武装宣传队，较二者为繁重。除一般宣传、调查工作外，兼负锄奸、发动群众、争取知识分子、打击敌'配给制度'、破坏敌伪统治秩序之责。"[7]

随后，彭德怀在1942年1月向各军区、军分区提出了组织武装工作队到敌占区活动的建议。1942年2月，中共中央北方局和八路军野战政治部联合下达了关于组织武装工作队的指示，规定每个军分区都要组织一至两个30到50人的武装工作队，队长和政委由政治上强、懂得军事、相当于地委或能力强的县委书记的干部担任，另配以知识分子及懂日文口语的干部。工作要经过训练，然后越过敌人封锁线，进入敌占区，发动群众起来开展政治的、军事的、经济的、文化的全面对敌斗争。

## 第一二九师向敌占区派出第一批武工队

在此要求下，最靠近八路军总部的第一二九师率先集训了武工队。为抓好武工队的组织工作，刘伯承、邓小平拟定了关于武工队组织及任务的要求，作为组建和派遣武工队、小部队的依据。他们采取办集训队的方法，决定先训练出一批批骨干，再分派下去继续组建武工队。集训队成员是从各部队挑选出来的军政素质好、战斗经验丰富、工作能力强的干部，并加上太行抗大六分校的毕业学员。集训队按工作区域划分成若干组。训练内容主要是了解和研究社情、敌情和各阶层的民情，明确敌后工作的任务与原则，熟悉相应的战术，并通过必要的演习熟练掌握，制订出行动计划。

参加集训的干部大多数对开展武工队工作是积极热情的，他们在第一二九师司令部、政治部的具体指导下，认真进行着政治、军事等各方面的学习和训练。但也有部分人员在认识上存在偏差，有的担心光凭几支武工队在敌占区闹不出大名堂，况且孤悬敌后，处境险恶。有的认为在武工队里限制束缚太多，群众条件和后勤供给差，不如在正规军和根据地里干得痛快。刘伯承和邓小平多次到集训队里跟大家讲形势，讲武工队的作用和意义，讲开展工作的方法和战术，帮助大家端正态度、提高信心、消除疑虑。

1942 年 3 月里的一天，阳光明媚，春意盎然。刘伯承兴致勃勃地从赤岸村出发，专程赶往虎头山下的秘密集训基地。远远地，他就看到数十名英姿飒爽的战士挺立在训练场上，正在等待着他的到来。

这些人正是第一二九师训练的第一批武工队员，当天就要出发，前往敌占区展开工作。集训队负责人见刘伯承走近，立即敬礼报告，简要地汇报了集训的情况后，请刘伯承做指示。

刘伯承挥挥手，说："大家辛苦了。你们要我来讲一讲武工队初次出动到敌占区的工作问题。今天我就来讲几条原则，点点题，文章还是要靠你们去做。搞武工队是件新鲜事，经验要等你们去创造。"[8]

他说："干武工队和干别的工作一样，必须明确工作任务、组织要求和工作方法，当然，我还要着重讲一讲战术。"[9]

接着，他按着自己的思路，有条不紊地讲了起来："武工队初次出动应着重于简单的政治宣传，或兼侦察，任务不可过重，距离不可过远，最多走出去一昼两夜的路程，在敌占区不要久留，次日晚间至少应回到敌我相持的游击区，必要时要秘密通知就近的游击队接应。这是为了求得初次出动的胜利，以便提高信心。"**10**

"武工队的组织、派遣由军分区负责。人员依需要可多可少，少者十几，多则几十。因为是深入敌占区独立活动，环境困难，所以领导要配强。队里的指挥、政治干部都要是政治坚强、大胆机敏而有威信者。这一点关系活动成效。你们分派下去后要听从分区首长的安排，但要协助分区首长组织出动前的训练，就像我们在这里做的一样。"**11**

他具体地阐述了武工队工作中极为重要的政治内容。"武工队要突出政治进攻，应以政策和革命的两面策略，运用宣传与组织的方法，察明敌人欺骗、配给与压制的情形，尤其是秘密爪牙的分布。并乘机进行集会，团结群众，而本身特别应严格遵守纪律。敌占区的秘密工作与公开工作应有必要的配合，但两者必须严格分开，以免暴露力量，遭到破坏，这点要十分注意。"**12**

"武工队的战斗应根据政治工作任务的需要与否来决定，不进行任何与之相违背的战斗。战术一般采用避实击虚的奔袭动作，使得敌人措手不及，无法捕捉。在突然与敌人遭遇时，小敌可捕捉击杀，大敌则要避开。当敌人来合击时，以麻雀战分遣撤退，但预先应确定第一、第二集合场，便于收拢部队。行动时应利用隐蔽地形和昏暗天气，声东击西，神出鬼没，散布谣言，曲折运动，以迷惑敌人。行军不重复一路，宿营、休息不久停一地，即使暂时停止也应在四通八达之处，一切使敌人不意。放警戒不宜过远，以免过早暴露。全部活动必须严守秘密，不露动向，依靠居民作潜伏地探，通信也极应秘密，不落痕迹。对敌人要特别注意捕击它的侦察与通信机关，使它耳目手足麻痹失知，摸不着我方规律，而利于我方抓住它的弱点进行袭击和合击。"**13**

看着队员们兴奋活跃的面孔，刘伯承笑了。他是属于那种讲究语言艺术、重视表达效果的人，声音本来就清脆响亮，再加上讲话幽默，大家听得津津有味。他做了一个手势，示意大家集中注意力。接着发问："听说你们有人看不起武工队，怪话连篇，说什么'一条长虫两个蛋，敌人窝里难动弹'，有这么回事吗？"**14**会场里立即响起一片哄笑声。

"别小看这一条枪两个手榴弹，发挥得好，威力可大了。武工队深入敌后独立活动，任务艰巨、困难，危险在所难免。但它的作用和意义十分巨大，是扼制敌人向根据地'扫荡''蚕食'的战略性行动。武工队斗争内容复杂，包括政治、军事斗争。形式多样，有隐蔽斗争，也有公开合法斗争。既要使自己站住脚，又要打击敌人，配合根据地的斗争。正因为这样，所以才把你们这些骨干拿出来，去挑这副重担。我们还想了办法，在目前经济极困难的情况下给你们提高待遇，每人加发五元钱、一套军装、一套便衣。为便于你们独立行动，特地规定武工队对一些重大问题可以先斩后奏。当然你们应谨慎行事，不能乱来。"**15**

一番话把大家的情绪更高地鼓动了起来。刘伯承最后鼓励大家："武工队是创造、发展游击战争及其政治工作的发动机，希望你们通过一次又一次的实际斗争闯出新经验、做出新成绩，成为带动我师和各军区武工队工作的先驱者！"**16**

场地上立即爆发了一阵热烈的掌声。

第一二九师经过不断的培训与派遣，组建的武工队很快就在各地发展了起来。仅仅几个月时间，太行、太岳、冀南三个区就出现了42支武工队，1400余人。这些武工队像一支支利箭，飞插进根据地的"格子网"中或边沿敌占区内。为加强武工队的威力和便于掩护，各军分区还相应组织了一批武装宣传队、侦察队等小部队，随武工队一起行动。这些武工队、小部队采取灵活多变的办法和战术，宣传群众，组织群众，打击日伪武装和政权，瓦解和争取伪军，开展和繁殖游击战争，并逐步站住了脚跟。

经过半年的实践，刘伯承、邓小平又于1942年9月主持制定了《关于武装工作队的几项决定》，明确规定武工队的政治领导由军分区政治部负责，武工队的队长必须是营以上干部，政委必须是县（团）级以上干部，地方政府应派驻代表，并进一步确定了武工队的任务和行动准则：切实照顾和保护群众利益，发动群众，依靠群众进行斗争；要由武装作依托，包括部队的武装支持和武工队本身的武装，以坚持斗争，保持优势；惩治死心塌地的汉奸、特务；加强武工队自身的思想建设和组织建设。

第一二九师培训武工队的实践和刘伯承提出的"敌进我进"方针赢得了中共中央北方局和八路军总部的肯定。彭德怀指示华北的晋西北、晋察冀、山东、冀鲁豫等根据地也要普遍开展起武工队工作。

由此开始，各地的武工队不断发展壮大，从山区到平原，他们破坏铁路，割电线，平毁封锁沟，消灭日伪零散人员，神出鬼没，大显身手。有时候公路上出现娶亲的花轿，专门在狭窄处与敌相遇。敌人正欲盘问，从轿里杀出个彪形大汉，和轿夫、吹鼓手一起让敌人饱尝一顿子弹、手榴弹。诸如此类的战斗场景在各地不断发生，搅得敌人焦头烂额，惶恐不安。武工队还时常在夜间深入敌占区，或张贴宣传品，揭露日伪暴行，或动员抗粮抗捐，建立秘密民兵组织。他们深入敌人心脏内部，采取各种方法消灭敌人，特别是在伪化白区，对瓦解、说服和动员伪军起义起到了重要作用，被称为打击日寇的"怀中利剑、袖中匕首"。

日军"冀东一号终期作战"结束后，在冀东担任日军北部地区队少将队长的铃木启久总结道："9月的终期作战开始以来"，除修建隔离线、设置无人区等措施外，"并在同时施行严厉剔抉、加强保甲制度、频繁讨伐、经济封锁等措施。然而即使到11月末，在认为治安最好的唐山附近，也还有袭击煤矿方面人员的事件发生。对地下活动的封锁是极为困难的"。**17**

到1942年12月日军第五次"治安强化运动"结束时，日本军史总结道：

"华北方面军在秋寒的山野上开展了激烈的肃正作战，同时，军、政、会、民打成一片推行各项工作，以期摧毁敌方抗战力量并完全杜绝敌方的收粮工作"。"对此，中共方面在军事上始终采取游击战术，力求保存实力，同时在中共地区实行了经济反封锁，潜入我方进行破坏户籍调查和以宣传谋略等方法瓦解我方阵营的工作"。"这样，第五次治安强化运动宣告结束"。12 月 10 日，伪"华北政务委员会"委员长王揖唐发表讲话称："本次运动已成功地在预定期间结束，但今后仍须继续实践以期运动的彻底。"华北方面军当局也于 12 月 11 日发表了谈话，指出"此次治安强化运动已收到伟大成果，华北的肃正建设工作确立了新的前进基础"。[18]这些落在书面上的文字不管被日军粉饰得多么辉煌，但一点也遮掩不住他们对于失败结局的沮丧。况且，日军的"治安强化运动"组织到第五次也已是强弩之末，以后再也没有力量组织了。

进入 1943 年，中共中央北方局和八路军总部更是要求各地要深入贯彻"敌进我进"方针，并进一步加强武工队的建设和输送工作。武工队与抗日民众相互配合，八路军各军区逐渐化被动为主动。

晋察冀军区一面深入敌后广泛开展游击战争，一面不断派出武工队进入敌占区。北岳区在 1943 年上半年的反"扫荡"斗争中，共歼敌 1700 余人。到 1943 年底，先后恢复和发展了 2000 多个村庄，建立了 5 个县的抗日民主政权。冀中区大力发展地道战、地雷战，创造了"院落伏击战""化装奇袭"等新战法。雁翎队、水上游击队更是名声远扬。冀东派出的武工队和小部队，也前后攻克敌人据点 40 余处，基本上恢复了原有基本区，并开辟了北宁铁路以南、滦河以东的部分新区。

晋冀鲁豫边区各军区在 1943 年又派出了近千支武工队和小部队，开展起变游击区为根据地以及在敌占区建立隐蔽游击根据地的斗争。太行区、太岳区、冀南区等三个区的军民联合对"扫荡"太行区的日伪军发起反攻，歼敌 2500 余人。到 1943 年底，冀鲁豫、太行、太岳和冀南等抗日根据地，都由武工队和小部队在不同程度上恢复和扩大了面积，其中冀南军区更是拔除和逼退了敌人据点140余处，恢复和开辟了10个县。

山东军区于1943年初以600多名干部组成43个武工队，深入铁路沿线和敌占区。一年中，山东军区的武工队和小部队共拔除日伪据点340多处，开辟村庄7000多个，还在伪军和伪组织中建立了1000多个内线关系，促使7000多名伪军溃散或逃亡。

## 毛泽东指示晋绥军区：要搞武工队，把敌人挤出去

八路军在全华北推行"敌进我进"方针、大力组建武工队的做法，也深得毛泽东的赞许。1942年10月，中共中央晋绥分局副书记林枫到延安向毛泽东汇报了晋绥抗日根据地的敌情和斗争情况。晋绥抗日根据地，东与晋察冀边区相连，西与中共中央所在地陕甘宁边区隔黄河相依，东南面紧靠晋冀鲁豫根据地，是陕甘宁边区的屏障，也是中共中央与敌后各抗日根据地联系的唯一交通要道。1941年至1942年，日寇先后对晋绥抗日根据地进行了大小"扫荡"30余次，历时总计近400天，晋绥抗日根据地的形势日益恶化，面积也在日渐缩小，最严重的时候，靠近晋中平川的第八军分区，竟然只剩下了17个村子。晋绥抗日根据地的党政军民因为当时把主要精力都集中在生产上，忙于解决最迫切的衣食问题，因而对敌人的蚕食政策还缺少真正有力、可以改变局面的反击。毛泽东听后，很快就作出了指示：晋绥军区要发动群众，搞民兵，搞武装工作队，"把敌人挤出去"！[19]

为此，中共中央晋绥分局决定召开干部会议，对毛泽东的指示进行认真的传达和讨论。而就在会议筹备过程中，毛泽东又于1942年10月30日发来电报，要求晋绥军区要"检查根据地迅速缩小的原因，制定出积极开展游击战争、向敌人挤地盘的具体方案"。毛泽东还说："必须振奋军心、民心，向敌人采取积极政策，否则地区再缩小，前途甚坏。"[20]

1942 年 11 月 4 日，中共中央晋绥分局在兴县蔡家崖正式召开会议，传达了毛泽东的指示，并进行了讨论。大家一致认为：毛泽东不提把敌人"打"出去，或是"赶"出去，而偏偏提出"把敌人挤出去"！这个"挤"字大有文章。会上分析：抗日战争是军事、政治、经济、文化各方面犬牙交错的战争，所以要"挤"敌人，就要从军事上、政治上、经济上、文化上全面地去"挤"。而要把敌人"挤"出去，不仅要靠军队，尤其要充分发动群众。会议将毛泽东的指示和晋绥地区的实际情况联系起来，反复研究、讨论，拟出许多"挤"敌人的具体办法之后，晋绥分局发出了新的对敌斗争指示，指出"把敌人挤出去"是晋绥地区今后对敌斗争的方针和任务，党的一元化领导和充分地发动群众是把敌人"挤"出去的最根本保证，必须把党政军民一切力量动员起来，在各级党委的统一领导下，密切配合、积极开展对敌斗争，从军事上、政治上、经济上、文化上全面地去"挤"敌人。而武工队则是在军事、政治、经济、文化上全面"挤"敌人的战术单位，是"挤"敌人的先锋，必须大量扩充与建立，除原有武工队以外，各主力部队还要抽出三分之一的兵力、各游击队抽出二分之一的兵力来组织新的武工队。队长、政委须选派政治、军事斗争经验丰富、政策水平较高的营以上干部担任。指示中还提出了许多具体的要求和规定：在军事上主要是广泛地开展群众性的游击战争，坚决打击敌人的进攻和"扫荡"，采用各种方法，把敌人"挤"到交通干线上，"挤"到据点里，并进一步"挤"掉一部分据点。而"挤"掉敌人据点的方法则包括：第一，包围孤立，造成敌人的困难，迫其撤走；第二，相机乘虚袭占之；第三，必要时策动伪军反正，里应外合占领之；第四，形势需要、条件可能时，集中兵力袭占之。同时要大力开展政治攻势，瓦解日伪军和伪政权，摧毁"维持会"和肃清汉奸、特务；等等。

会议之后，晋绥军区于 1943 年初从部队和地方抽调了 320 多名富有斗争经验的干部，加强到武工队中，使每支武工队都有营以上的干部负责。武工队的数量也由 15 支扩大到了 37 支。他们不动声色地进入敌占区和游击区，开始"挤"敌人。这些武工队员有时分散，有时集中，有时单独活动，有时配合主力行动，大力宣传群众、发动群众、组织群众，不断地打埋伏、摸哨兵、袭据点、撒传单、割电线、捉汉奸，把鬼子整得顾头顾不了尾，顾前顾不了后，日夜不安，坐卧不宁。

广大人民对此也是热烈拥护和响应，一起加入到了"把敌人挤出去"的斗争之中。在靠近敌人据点的村庄里，几乎每到晚上都可以听到"走！挤敌人去"的呼唤声，都可以看到民兵和广大群众在敌人据点附近埋雷、破路、割电线、开展政治攻势等活动。"挤敌人"成为晋绥根据地党政军民最熟悉、最活跃的口号，成了广大群众自觉的行动。广大群众想了许许多多巧妙的办法对付敌人，针对敌人的政治欺骗、军事进攻、经济掠夺、文化麻痹开展斗争，取得很多胜利。在第八军分区，群众为断绝芝兰敌人的水源，先在井里放上死猫死狗，可敌人把死猫死狗打捞出来后还照样打水，一位老大爷献计说："把头发剪碎放进井里，看他再怎么吃。"于是群众中立刻掀起了剪头发热潮，男人剃了头，妇女剪了辫子，把头发剪碎放进井里后，任凭敌人怎样打捞，也打捞不净，敌人断了水源，再加上武工队的不断打击，最后只得卷起铺盖，灰溜溜地跑了。在第六军分区的忻县，有个蒲阁寨，是敌人靠近抗日根据地比较突出的大据点，但附近群众想了许多办法"挤"敌人，敌人仍不肯撤走。后来，先是有个村子的群众提出大家都把家搬到根据地里，不"维持"敌人了，其他村子的群众也积极响应。一夜之间，蒲阁寨周围数公里内的群众全都搬进了根据地，连个盆盆罐罐也没留下，只剩敌人孤零零的几座炮楼，里边的敌人从此吃不上、喝不上，一露头又会尝到武工队的冷枪，最后只得撤回了忻县。

就这样，在中共中央晋绥分局和晋绥军区的领导下，党政军民齐动员，全面展开了反蚕食斗争，一个村庄一个村庄地、有计划地向敌人"挤"地盘。截至1943年上半年，晋绥抗日根据地的军民先后"挤"掉了敌人据点50多个，摧毁了800多个伪村政权，建立了500多个抗日村政权，恢复了1000多个村庄。²¹晋绥军区第二、第三、第六、第八军分区的广大军民基本上把敌人"挤"到了各据点和交通线附近。整个晋西北已经由"敌进我退"的被动局面，转变为"我进敌退"的主动局面。

后在 1944 年 8 月，美军观察组来到延安了解中国共产党领导的敌后抗日力量及其在对日作战中的作用，八路军副总司令彭德怀连续于 8 月 6 日、8 日和 9 日与美军观察组进行了三次谈话，介绍了八路军自 1937 年以来 7 年中在华北地区抗战的情况，其中讲到八路军在百团大战之后位敌占区的斗争时，是这样说的：

> 我们组织了武装工作队，越过敌正面的封锁沟墙、据点、公路，潜入于敌人的格子网内（囚笼里面），在"中国人民大团结一致对敌"的口号下与群众共商对敌斗争的办法，切实保护人民利益。
>
> 武装工作队是军队、政府、人民结合的一元化组织，也是军事斗争与政治斗争相结合的斗争形式。其成员包括军队中的中下级干部和模范战士、政府的负责人或工作人员、知识分子、敌工干部与日人反战同盟的战友等，组织精干，纪律严明，政治觉悟也较高。每个队员都是战斗员、宣传员、组织员，能打仗又能独立作政治活动，分合自如，出入无常，敌人找不到他们，老百姓却经常与之会面，同敌人进行明的、暗的、文的、武的、动的、静的各种斗争，其活动的最高准则是处处为人民着想，一切为着人民利益、为着抗战利益。
>
> 武装工作队在敌占区的经常工作，是发动与组织人民，展开对敌政治攻势，比如寄慰问袋给日本士兵，利用机会与日本士兵用电话通话，上夜课，占领敌人的会场宣传我军与盟国的胜利战绩，通过访问伪军家属进行对伪军的政治工作等。总之，用各种方法，燃起日伪军的反战火焰。打击敌宪兵队、特务队及死心踏地、鱼肉人民的汉奸，使其不敢随便入乡勒索人民，减轻人民的负担与痛苦，同时对于可以争取的伪

军伪组织人员也设法加以争取，摧毁伪政权、伪情报网，解放伪合作社和仓库，使敌失去统治、奴役和掠夺人民的爪牙。反对敌人的抓丁、抢粮，在敌人抓丁、抢粮时，予以袭击和截击，以解救壮丁、保护粮食，等等。

武装工作队在敌占区活动，处处要取得人民的掩护与配合，因而宣传与组织人民为其经常的重大工作。比如，组织"反资敌联防线"、"哄鬼大同盟"游击小组、"保家民团"等，增加真正的人民自卫力量，以数村或数十村互通声气、齐心对敌。武装工作队在一个地区活动得久了，在老百姓中生了根，就可以创造出隐蔽的游击根据地，把敌人占领的土地从敌人的口中挖出来。

如此反"扫荡"、反"蚕食"、反"清乡"三者相结合的斗争，一方面粉碎了敌人的"扫荡"，停止了敌人的前进，使其压缩与摧毁我抗日根据地的计划失败，同时又在敌后之敌后解放出许多村庄，建立起抗日基地，把敌占区变为游击区以至游击根据地，使敌人的"治安强化运动"破产，使"治安区"永远不安，使其一切吸吮物资、征兵南下的计划均成泡影。敌人一九四二年曾拟在华北征粮二千万石，结果其所得当不超过十分之一。如在太谷县预定征粮六万石，结果连抢带买只得三千石，仅及预征额的二十分之一。在我政治攻势宣传下，日军士气逐渐下落，一有调往太平洋的风声，士兵们就愁眉不展，向人表示"死啦！死啦的！"山西、河北、山东各地，都一再出现日军集体自杀或失踪事件。石家庄、安阳等地还发生过日兵暴动事件。这样士气的部队，即使有一两个师团调往太平洋作战，效能也要降低。抗战第四、第五两周年（1941年和1942年），我俘获伪军三万三千二百六十九人，反正的有九千四百八十四人，此外，被我打散、解放的伪自卫团与被征壮丁则更不计其数，无怪乎敌酋和汉奸头子王揖唐都叫苦连天，说什么"华北因匪患不靖，兵站基地的一切使命均无法实现"。**22**

武工队在抗日最艰难时期的实践成功，实际上也是刘伯承所提出的"敌进我进"方针的胜利。1943年7月以后，刘伯承接连写出《敌后抗战的战术问题》和《武工队在敌后活动的战术问题》等论述，对"敌进我进"方针作了科学的概括。

"敌进我进"就是我军敢于脱离自己的后方，进入到敌人的后方，与广大民众结合作斗争的行动。当敌寇攻占华北，友军南退，人民涂炭之时，我军曾在战略上进入敌后华北，结合民众斗争，掩护友军，因而建立了抗日民主根据地——即日寇痛呼为"盲肠炎"者。假若不是这样，要想敌人不去进攻西安、重庆、昆明，不在华北完成殖民统治的秩序，那是不可思议的事。又假若我们在反"蚕食"、反"扫荡"中，在战役战术上，不以一部或主力到敌人侧背作战，强化游击与政治攻势，而能巩固根据地，也是不可思议的事。

不过，"敌进我进"是结合敌后广大民众作解放斗争的战术，而且我军在大后方又领不到饷弹已四年于兹，"敌进我进"的战术，对于我们实成为舍己为国、至大至刚的行动，原非脱离民众、空谈爱国者所能做得到的。曾经有人进入敌人后方，结果未能立足，或被敌人驱逐与消灭，甚或变节投降，而自绝于抗战胜利之路，这没有别的道理，就是自私自利，高悬于广大民众的头上，甚或压迫民众的缘故。

日寇的作战见解，是建筑在"敌退我进"之上的。故在抗战之初，以为我军只是掩护主力，收容部队之散兵，其次则认为游击队尚可聚歼，以后才喊出"八路军在占领区如此滋蔓，实乃皇军心腹之患"。这是由于日寇的作战要务令上并无"敌进我进"的条文。**23**

刘伯承提出的"敌进我进"方针，不仅以后成为八路军重要作战指导原则，而且最终也成为代表着中国革命武装斗争历史经验总结和中国共产党集体智慧结晶的毛泽东军事思想的组成部分。甚至到了1963年，彭德怀在回顾抗日战争时期敌后作战指导原则时，仍然写上了这样一条："集中主力，采取敌进我进，从敌间隙转换阵地，寻找有利战机，歼灭敌军弱小部分。"**24**

　　而在抗日战争时期，为推行"敌进我进"方针而成立的大量敌后武工队，不仅取得了重大成绩，同时也激活了群众的抗战热情，并创造出了许多群众性游击战争的具体战法和特殊组织，如地雷战、地道战、铁道游击队、水上游击队等。这些群众性的游击战法和游击组织，充分利用各自在各地的优势条件，变被动为主动，逐渐成为重要的抗日斗争方式，也都体现了"敌进我进"的方针。彭德怀在1943年1月《关于敌占区与游击区的工作》一文中曾说过："人民群众由于客观环境的要求，凭其固有的机智，有许多天才创造。办法之多，运用之妙，远非局外人所能想象。"

## 白洋淀活跃着数支水上游击队

> 白洋淀是咱家乡，保卫家乡理应当。
> 只要不当亡国奴，喝口淀水也舒畅。
> 鬼子一天不消灭，决不放下手中枪。**25**

　　这是活跃在冀中平原白洋淀地区的水上游击队自编的"队员之歌"。

　　冀中平原不仅有一望无际的平原，还有不少河港湖泊。其中，白洋淀位于冀中平原新安（今安新）、高阳、任邱和雄县境内，由99个大小淀泊构成，共计366平方公里。淀内水域广阔，平时水深2至3米，洪水期可达5米半深。淀内三分陆地，七分水面，有62个村庄，水产丰富。白洋淀与文安洼、东淀苇塘相连，淀洼相通，共同构成一片广阔的水域。文安洼位于文安、大城和任邱三县之间的文安县境内，面积280平方公里，东淀苇塘也在文安县境内，总面积 270 平方公里。这水乡三区不仅水域广阔，而且有大清河由西往东穿流而下，是天津、保定间水运必经之航道。又由于这三区淀内盛产鱼虾、菱藕和芦苇，周围则种植水稻，又是北方的鱼米之乡。

1938 年日军入侵白洋淀，并在赵北口和同口等大村镇安上了据点。从此，日军的汽艇在淀内横冲直撞，撞翻了捕鱼船，撞折了莲荷，就连鱼鹰也遭到了毒手。淀内外 40 多个村庄惨遭日军烧杀抢掠，这片富饶的大地顿时成了人间地狱。

群众被夺去了渔船，被赶出了村庄，有的还遭到无端杀害。但日军的凶残并不能使人民屈服，白洋淀人民的抗日斗争情绪日益高涨，他们纷纷组织起来，充分利用水淀有利的地形，展开了水上游击战争。

1938 年秋，中共新安县委和抗日县政府成立后，即在水乡三区成立了一支水上抗日武装——三区小队，由郑少臣任队长。不久，新安县又以水上猎户为骨干，以 40 支水上打猎用的火枪大抬杆为武器，成立了一支水上抗日游击队。因为他们使用的是火枪，为防止枪上的药孔被水打湿，队员们常在药孔处插上一根雁翎，所以县委书记侯卓夫命名它为"雁翎队"。1938 年 10 月中共文安县委成立后，又在文安洼和东淀苇塘组织起抗日自卫队，成立了文安县大队，1940 年 6 月文安县与新镇合并改称文新县后，县大队也改称文新县大队。三区小队、雁翎队、文新县大队等水上游击队在冀中军区的大力支援下，充分利用淀洼有利地形，采取机动灵活的战术，开展水上游击战，不断打击附近的日伪军。虽曾屡遭"围剿"，却仍然日益发展壮大。

1942 年初，日军在展开第四次"强化治安运动"之前，以"肃正作战"为名，对白洋淀、文安洼和东淀苇塘等水乡三区进行了封锁和"扫荡"。敌人先后在澎耳湾、丰富庄、王仙庄、于屯等村增修了据点，并在各水路相接的交通要道增建岗楼。

地处文安城东南约 10 公里的姜庄子，是一个水陆交界要地，也是抗日武装和抗日工作人员进出文安洼的必经之路。因此，日军于1942年2月8日侵占了姜庄子，并在村子东西两头各修建了一处据点，侵驻有敌人130多人，配有火炮和机枪，其中日军30多人驻在村东，伪军100余人驻在村西。中共文新县委决定拔掉姜庄子村的这两处据点，但文新县大队仅有50多人，且装备差，弹药也不足，要攻下日军据点困难很大。

正在这时，冀中军区第八军分区为迫使日伪军收缩兵力，由军分区司令员常德善指挥分区部队，联合任（邱）河（间）县支队等地方武装，向文安洼周围的敌人据点发起了进攻。文新县大队利用这个机会，配合第八军分区，于1942年2月12日夜，由县大队长储国恩率领精干小分队首先袭击了文安县城，俘虏伪军50多人，砸开监狱，救出40多名抗日干部。接着又于2月17日，以军事进攻配合政治攻势，争取了左各庄据点伪中队长李学增带领40多名伪军反正。

文新县大队成功拿下了文安县城和左各庄据点，本以为可借此吓走姜庄子据点的日军，然而对方却负隅不动。中共文新县于是在县大队和三区小队里挑选了19名机智勇敢的战士组成突击队，化装成木匠，每人携一把斧头，并暗藏短枪，于2月23日深夜，悄然潜入姜庄子村，隐蔽在与村东日军据点只一房之隔的一座破房子里。拂晓时，突击队员迅速接近敌据点，正碰上日军伙夫开门，储国恩率突击队员火速冲了进去，先闯入东屋，趁日军还在睡觉，一阵利斧劈砍，将10个日军全部消灭，然后利用刚刚缴获的机枪向西屋里已被惊醒的日军扫射，同时不断向屋内投掷手榴弹，大部敌人当场被炸死，仅4名日军从后窗逃出，逃到村西伪军岗楼硬逼着伪军护送其前往别处日军据点，伪军担心日军因损失惨重会在安全后寻他们撒气，便在路上乘其不备开枪灭口，当即打死3人，仅1人逃到日军据点后，说了句"木匠用斧头把我们的人全砍死了"，就断了气。文新县水上游击队仅用一个小时的战斗，就将姜庄子据点的30多名日军全部歼灭，并缴获1门炮、2挺机枪、20余支步枪和短枪以及子弹、炮弹共万余发。

从 1942 年 2 月 12 日到 2 月 23 日，水上游击队接连取得奇袭文安城、智取左各庄和姜庄子斧头战的重大胜利，中共冀中区党委《冀中导报》和延安《解放日报》都予以了报道，称之为"半月三捷"。

日寇 1942 年 5 月在冀中发起"五一大扫荡"期间，冀中第八军分区司令员常德善和政治委员王远音等到达文安，两人牺牲后，文新县水上游击队也进入了困难时期，他们化整为零，利用苇塘和淀边的草丛作掩护，与敌人展开了顽强的斗争。敌人的水上搜查紧了，队员们就走上岸来，三三两两化装成悠闲的钓鱼人，默默地监视着敌人。一遇到零散的汉奸特务或单独的敌船，他们就拔出短枪和马刀猛扑上去。有时候，他们口衔空心的苇秆，带着武器埋伏于水底，待机颠翻敌船。他们还趁着敌人集中兵力"围剿"淀塘、岗楼内部空虚的时机，化装拿下了张庄和赵北口大桥的两个岗楼。

1942 年 9 月，晋察冀军区司令员聂荣臻在平山县寨北村的会议上，明确指示冀中军区要"建立以白洋淀、文安洼、大清河一线之苇塘为主的游击根据地，并逐渐向外扩展，恢复与开辟工作"。为加强水上根据地的建设，冀中军区第九军分区司令员王凤斋、政治委员魏洪亮等分别深入白洋淀水乡，第十军分区司令员刘秉彦、政治委员邝伏兆等也率部进入了东淀苇塘，组建武工队与当地的水上游击队共同与敌人展开机智的斗争。他们在苇塘里建营房，开办"苇塘党校"，组织苇塘大练兵运动，开辟了苇塘根据地。驻在苇塘里的游击队，经常以苇塘根据地为依托，主动出击，截击日军的陆上小分队和水上运输船队。

到 1943 年夏季，冀中的抗战形势发生了很大转变，白洋淀、文安洼和东淀苇塘的形势也大为好转。盘踞在水乡的日军，逐渐处在了四处挨打的被动局面。往来于淀洼上的敌船，一只两只已经不敢出来了。于是，战斗在水乡的八路军和游击队员乘胜上岸，向敌人的据点发动进攻。没用多长时间，就拔掉了淀洼周围的大批敌据点。日军不得已，将设在白洋淀里的据点也逐渐撤出了。

而战斗在白洋淀、文安洼和东淀苇塘的水上游击武装，却在抗日斗争中不断发展壮大。到1945年初，白洋淀三区小队已发展成为拥有3个中队共100多人的抗日部队，文新县大队发展到有200多人的文新支队，正式编入冀中第三十八区队。他们和八路军主力部队一起投入了对日军的攻势作战，先后参加了解放文安城和新安县全境的战斗。

## 冀中的地道被抗日军民称为"地下万里长城"

在冀中，不仅雁翎队、三区小队、文新县大队等抗日武装力量的水上游击战美名远扬，这里的地道战更是远近皆知。

1943年2月7日，一支浩浩荡荡几百人的日伪军队伍冲进了河北保定清苑县的周庄"扫荡"，结果一进村子，刚才明明还在的许多人却转眼都不见了。忽然前面闪过一个人影，敌人马上冲上前去，可那人却转过了一个弯儿，敌人跟着转过弯去，竟又没了那人的踪迹，但见前面有一扇门。敌人忙追上前去拉门，却听得一声雷响，已被炸倒了好几个，而眼前的门竟是个假门。敌人再也不敢乱动，原地仔细观察了一番，终于发现距假门不远处，有一个地道口。有个敌人刚往前走了几步，不知何处飞来一枪，当即就夺去了他的性命。其余的敌人马上聚集起来，一部分向外警戒，一部分小心翼翼地继续往地道口靠近，等终于走近了，一掀地道口上的盖子，却又听得一声雷响，当即又被炸倒了好几个。原来，这个地道口也是假的，下面并没有地道。就这样，这支几百人的日伪军在周庄里转来转去，连个百姓的正脸都没见到，自己却有200多人被莫名地消灭了。周庄也因此被誉为"战斗堡垒村"。敌人此时还不知道，这正是冀中人民新发明的"天、地、荫"三道相结合的地道战战术。

"天"，是指高房，就是在各家较高的房屋之间搭上天桥，把各家房院用天桥连在一起。这样，如果敌人进村，守在村口房上的抗日军民，就可以及时发现敌人、消灭敌人；敌人攻进村子后，抗日军民又可以沿着房房相通的天桥转移到安全的房顶隐蔽起来，然后把天桥撤走，待敌人上房一露头就给予其迎头痛击。同时，抗日军民还可以在街中十字路口等处较高的房子上修筑堡垒，居高临下地控制着村庄周围，伺机消灭敌人，也可以利用高房堡垒打巷战。

"地"，是指地面，就是村庄里的各个院落都把门或窗打通。敌人进入村子后，抗日军民可以在这个院子打了敌人后，通过另一个院子跑到第三个院子或是转移到其他地方，并以地雷战相配合，在各个院子间故意留下容易让敌人发现的通道，然后在这个通道的门口或是隔帘上埋上或挂上地雷，敌人在追赶中进入这个通道就会触发地雷的爆炸。而敌人在吃过亏之后，即便减少了伤亡，也不敢随便闯进各个院子搜查了。

"荫"，是指地洞和地道。因为地道口都是设在各家隐蔽的地方，并且院院相通，敌人进村"扫荡"时，抗日军民既可以在房上监视、打击敌人，又可以在地面利用院院相连的通道与敌人周旋，或寻机打击敌人，必要时则钻进地道隐蔽、转移或突袭敌人。

"天""地""荫"三个战场互相依托，互相支援，密切配合，抗日军民能藏、能走又能打，可使进村"扫荡"之敌到处处于被动挨打的地位。在"天、地、荫"相结合的战法中，地道战发挥着最为重要的作用。抗日军民又在地道战中创造了"冷枪战"，就是利用设在街口和院落厕所、墙角、鸡窝、碾棚、锅台、牲口槽和旧墙基等隐蔽处地洞口的秘密射击孔，由民兵和游击队员把守，待敌人进村后，瞅准机会向敌人射击。因为抗日军民在暗处，敌人在明处，所以一般都是待敌人距射孔十几米、几米时才射击，可以做到百发百中。此外，在地道战中还有洞口地雷战，就是在菜篮子及其他筐里放上地雷，挂在屋内、院内的锅盖下或门窗上、厕所里、鸡窝上等敌人经常搜查的地方，然后拉上引线，敌人进院搜查时就会碰响地雷被炸死。有时地雷炸响后，民兵或游击队员还可冲出地道，歼灭残存的敌人。

冀中的地道战自 1943 年开始逐渐发挥出威力，也是历经了一段漫长而艰苦的过程，并伴随着难以形容的流血的悲痛和胜利的欢笑。冀中的地道被抗日军民称为"地下万里长城"，是冀中军民在平原改造地形的伟大工程，为夺取抗日战争的胜利发挥了重要的作用。

地道战最早是和破坏敌人铁路、公路的交通战联系在一起的。1938 年底，日军侵占了冀中蠡县、肃宁等地区后，便开始到处修公路，建据点，对冀中抗日根据地进行分割包围。为破坏敌人的交通线，根据地军民展开了轰轰烈烈的破路斗争。敌人白天强迫群众修路，军民们在夜晚又把它破坏掉。当时，八路军为了便于行动，就动员冀中人民改造平原地形，把所有的乡村道路挖成壕沟，一方面便于隐蔽地进攻敌人的据点；另一方面通过在沟里埋地雷，还可使敌人行动不便。

敌人由于交通线被严重破坏，于是调集大批兵力对破路的村庄反复包围、合击，很多领导破路运动的根据地干部和斗争骨干很难在村里找到藏身之地。1939 年秋，蠡县的干部们想了一个办法，即在敌人进村"扫荡"时，干部、民兵和游击队员跑到野地里挖个"土窑窑"藏身。后来，又把"土窑窑"盖上木板、秫秸秆，再培上土，上面种上庄稼，这样就更隐蔽。随着斗争的深入，在冀中一些地区又创造了"活埋人"的办法，即在坟地里挖一个"新坟"，上面插上灵幡作伪装，坟内放置风箱，用空心的向日葵秆通气，人藏在里边，躲过敌人的搜捕。

但是天长日久，就引起了敌人的怀疑，再加上叛变者告密，敌人开始在野地里"拉大网""挖新坟"，许多干部和民兵、游击队员因此牺牲了。村外站不住了，干部和民兵们又回到村子里挖洞。先是在村边背巷挖。这样的洞，除能够掩护工作人员外，还可以藏些东西，人们称这种洞为"蛤蟆蹲"。为破坏敌人的交通线和"扫荡"，广大军民还充分利用原有的交通壕，挖了许多短小坑道通往坟地、苇坑、寺庙等处。有的还在小坑道里挖了许多"土窝窝"，用以藏物。这就是地道战的开始。

地道战在蠡县、肃宁、高阳、任邱等地开展起来后，很快得到了中共冀中区党委和冀中军区的肯定和支持。冀中军区政治委员程子华认为地道是对敌人作斗争的一个好办法、好战术。冀中军区司令员吕正操和冀中区党委书记黄敬，也积极赞成与大力支持开展地道战。1942 年 3 月，中共冀中区党委召开地委书记会议，要求冀中各地全面推行利用地道与敌人斗争的方法。于是，地道战很快就在冀中平原抗日根据地得到了推广。

而在早期，修建得最为完善、规模也最大的，则是无极县赵户村的地道网。赵户村从 1941 年冬天起就开始大规模挖地道，昼夜不停，当年就在全村中挖了 13 条主干道和 100 余个隐蔽洞，但由于没有分支地道将隐蔽洞与主干道连通起来，还不能适应真正的作战需要。所以从 1942 年春天起，赵户村又陆续挖了 50 多条支干线，将各户的小地道与主干线连接了起来。这些地道总长 15 公里，距地面 8 尺深，每隔 20 丈距离就设有一个可容纳一个排休息的大洞，地道口大多设在草地、猪圈、糠棚等各种隐蔽之处，形成了全村户户皆有隐蔽洞并随时可转移到地道主干线、支干线、高房工事以及村外堑壕、防御工事等的立体防御体系。

赵户村的这一地道体系，在日军"五一大扫荡"中发挥了非常大的作用。冀中军区第七军分区第二十二团团长左叶、政委梁达三率领两个连四次击退敌人对赵户村的围攻，在一定程度上就是得益于地道战战术的使用。在 1942 年 5 月 1 日至 8 日的前三次战斗中，第二十二团还主要是把地道作为躲避炮火的掩体、转移兵力的通道以及隐蔽射击的暗堡。左叶、梁达三在第三次赵户村防御战打完以后，经过深入分析，认为一味在村里被动挨打终究会吃亏，还应该更加充分地利用地道的优势。因此在 5 月 23 日的第四次赵户村防御战中，第二十二团先是在阵地前埋设了大批地雷，以地雷战的战术阻止敌人从地面上侵入村庄，同时组织精锐力量，利用地道潜出到敌人后方，偷袭了日军骑兵大队，由此击退了日军的围攻。

因此，在 1942 年日军"五一大扫荡"以后，冀中的地道战开始有了新的发展，也出现了很多新形式。由于受到日伪军的反复"扫荡"，冀中的各个村庄里几乎家家都挖了地洞。但大多还只是仅有一个进出口的死洞，只能消极地藏人或藏物。敌人一旦发现洞口，就会往洞里开枪、灌水或放毒，有很多军民因此而牺牲。

为解决既能藏又能走的问题，抗日军民们开始学习赵户村的经验，对地洞进行改造，建造院院相通的多口地道，把一家一户的地洞通过地道连接起来，做到家家相通、院院相连。这样，死洞就变成了活洞，敌人一旦发现了某个洞口，藏在里面的人还可以从另一个洞口逃出去。就这样，冀中的地道不断地在对日斗争中发展完善，由家家相通又发展到村村相连，由村村相连再发展到洞口有真有假，由地道只能用来藏身逃跑发展到可以灵活反击，再发展到地道有活有死，再发展到防水地道、防毒地道等等。

到了1943年，冀中军民创造性地把地道战与高房和地面斗争紧密结合起来，并配合地雷战、冷枪战以歼灭敌人，群众称之为"天、地、荫"三结合。此时，地道战已发展得日臻完善，战斗力也越来越强。**26**

1944年9月，冀中军区重建，新任司令员杨成武为进一步发展和完善地道战，先后亲自前往任邱、蠡县、大城、饶阳、安平等地考察，称赞地道战是冀中军民以英勇的战斗精神和无穷智慧筑起的一道"地下长城"，使无险可守的冀中平原变成了抗击敌人的要塞，并对进一步改进地道的保密、通风、照明、防火、防水、防毒、防病和转移出击等问题提出了许多建议。冀中的地道也因此得到了更大的发展，地道的功能大幅度由消极躲避向积极进攻发展。仅在1944年下半年以后，冀中新挖的地道就有1万多公里。冀中军民凭借长年累月一镐一锹修筑起来的地道和机动灵活的战略战术，战胜了日伪军多次残酷的"清剿"、"剔抉"和疯狂"扫荡"，同时也让日军曾经引以为傲的炮楼，变得形同虚设。日军第六十三师团师团长野副昌德就曾哀叹："'剿共战'已变成了'地道战'。"

## 海阳的铁西瓜，威名传天下

在地道战中，单纯的地道所起的作用有限，必须要以武装斗争和爆炸运动来掩护。冀中的地道战离不开地道与地雷的紧密结合。冀中同时也是在抗日根据地中最早开发和运用地雷的地区之一。由于地雷战比地道战更具有广泛适用性，各抗日根据地的地雷战也都轰轰烈烈地开展了起来。其中，山东海阳县的地雷战尤为著名。

1940 年日寇侵入山东海阳一带以后，海阳民众建立起了各种抗日武装，纷纷成立了"青抗先""青妇队""职工会""农民自卫团""儿童团"等抗日组织。分布在青岛至烟台公路两侧的赵疃、文山后、西小滩、瑞宇、纪家店、筥峱夼、亭儿崖、槐树底、摆架岭等村庄，因为距敌人据点较近，各村的村民们凭着熟悉的地形，神出鬼没地在日军眼皮底下活动起来。民兵们拿起土枪、土炮、大刀、长矛，积极开展反封锁、反"扫荡"活动，他们贴标语、撒传单、割电线、偷武器、捉伪军，以打"麻雀战"的方法搞得日伪军神魂不安，而最令他们闻风丧胆的，则是地雷战。

1943 年春天，在保卫麦收的战斗中，瑞宁村民兵队长于凤鸣把两颗12.5 公斤重的大地雷埋在青岛至威海的公路上，炸中了由行村出动的 5 个日本兵。消息传开，邻村民兵交口称赞，摩拳擦掌地说："啥时候我们也弄几个地雷，叫鬼子尝尝'铁西瓜'的味道！"

后来赵疃村民兵队长赵同伦到区上开会，海阳县"武委会"主任栾进阶介绍了平度大泽山区民兵摆地雷阵杀伤敌人的经验，并托着两颗地雷说："这家伙很厉害，一炸一大片，谁要？"未等别人答话，赵同伦抢先跳到台子上，把两颗地雷抱了去。回村后，他马上找来赵守福等几个民兵骨干一起研究埋地雷的方法，琢磨使用地雷的"道道"，随后还真的炸倒了十几个敌人。

大家亲自品尝了用地雷炸鬼子的味道，就一起要求上级多发几颗地雷，可区上说："现在我们的兵工厂条件差，一时难以大量生产地雷，大家要多动脑筋，自己想办法解决。"

赵守福等几个人苦苦摸索，最后根据放炮打石头的原理，研制出一颗石雷，经过试爆，效果很好。于是，大家就地取材，在石头上凿个圆洞，填进炸药，安上导火索，制成拉雷、绊雷、滚雷等各种石雷杀伤敌人。

这种方法一村传一村，很快就普及了整个海阳县。地雷战轰轰烈烈地发展起来了。几乎村村都自制地雷，不仅造出了大批石雷，进一步又研制出了铁雷。于是，各村又很快就掌握了制造铁雷的技术。造出了石雷、铁雷之后，大家经过反复研究试验，又创造出一种飞行爆炸雷，由大雷引爆小雷，大老远就飞过去，追着日伪军的屁股炸。他们还在雷坑里埋上石子、铜片、碎锅铁之类的东西，大大增强了杀伤力。还有人发明了一种空中绊雷，挂在敌人必经之路的树杈上，专炸日军的指挥官和骑兵。此后，大家进一步开动脑筋，发明创造，使地雷的品种不断增多。由开始的拉雷、踏雷、绊雷，发展到头发丝雷、水雷、标语雷、飞行雷等30多种。埋雷的方法也在不断改进，由单一布雷发展到大摆地雷阵。雷的种类多了，埋雷方法也多了，于是，敌人所到之处，大小路口、山坡、树林、河套、瓜田、菜园，甚至住户的台阶下、水桶底、衣箱里都装有地雷，敌人走到哪里都有雷声。

为了对付地雷，狡猾的日军想出了鬼点子。有一天，日军要抢粮食，便从驻地抓来一些老百姓，强迫他们牵着牲口在前边踏雷开路，日伪军畏缩在后，妄图达到既保命又抢到粮的目的。见到这番情景，大家又气又急，为了不伤害群众，只得强压怒火不拉预埋的地雷，敌人见阴谋得逞，不禁扬扬自得。第二天又故技重演。哪知大家连夜想出对策，发明了一种长藤雷。等前面的群众走过雷区以后，迅速扯动长线，随着几声巨响，后面的敌人一个个被炸得血肉横飞。

日军被地雷吓破了胆，以后又让伪军在前面寻雷、起雷。抗日军民见机又有了新发明，研制出一种真假子母雷，在一个坑里，上面是假雷，下面是真雷，还故意留下埋雷的痕迹。伪军发现了，起出假雷，立即拉动下面的真雷。

日军见此计不成，就不起雷了，见到可疑的地方，就用石子、面粉之类的东西撒出一个圈，压上一个写有"雷田"字样的纸条，以提醒后面的人。大家见此，也跟着在旁边撒几个圈，然后专门在中间的空隙地带埋上雷。后面敌人来了，东绕西绕，最后还是踩在了地雷上。

敌人见画圈不灵，又想出一个鬼点子，用一根长长的竹竿，前头钉上一些铁钩子，由几个伪军战战兢兢地推着它排雷。大家于是再把夹子雷加以改装，用胶皮连着绳子，绳子再连着胶皮，把夹子和地雷的距离拉长。当伪军推着带钩的竹竿排雷时，铁钩挂住胶皮向前一推，后边的地雷恰好在脚下爆炸。

但敌人仍不甘心失败，又从青岛搬来一批工兵，用探雷器开路。于是，大家又连夜试验，研制出一种灵敏度极强的头发丝雷。探雷器一触即炸，日军还没反应过来就粉身碎骨了。

就是在这种斗争中，海阳县的地雷战水平不断得到提高，同时推广的面积也越来越大。1943年冬，赵守福、于化虎等60余人奉上级命令组成胶东远征爆炸队，多次赴莱阳、黄县、蓬莱、胶济铁路沿线等地配合胶东八路军主力作战，并为各地的民兵和主力部队培训爆炸手。从1943年到1945年，海阳地雷战大显神威，共炸死、炸伤敌人1025人，涌现出赵疃、文山后、小滩等三个"胶东特等模范爆炸村"，造就了赵守福、于化虎、孙玉敏等3名"全国民兵英雄"以及11名"民兵爆炸大王"。1943年，山东军区政治部授予海阳县"民兵工作模范县"称号。1945年6月，胶东武委会又授予了海阳县以"战斗模范县"称号。正如一首歌谣中所唱：

> 海阳的铁西瓜，
> 神力无比大。
> 四面八方开了花，

打发日军回"老家"。

轰轰轰!

迎来抗战胜利,

东方出彩霞! **27**

## 郝贞发现日军要偷袭铁道游击队,把没拉弦的手榴弹投了出去

山东不仅海阳地雷战战绩显著,还有一支名声响亮的游击队,那就是铁道游击队。

1938 年 3 月,枣庄失陷后,铁路工人洪振海、王志胜等投奔到峄县东北墓山地区参加了抗日武装,被编入苏鲁人民抗日义勇队第三大队第三连。同年年底,洪振海、王志胜被派回枣庄矿区,到敌国际公司当铁路工人,隐蔽在车站附近,组织抗日活动。1939 年,二人又发展了 6 名铁路工人,成立了铁道游击队,洪振海为队长,王志胜为副队长。1940 年 2 月,八路军苏鲁支队正式将铁道游击队命名为"鲁南军区铁道大队",别称"飞虎队",并派去杜季伟担任政委。从此之后,这支游击队利用铁路消灭日军,抢夺枪支物品,支援正规军的战斗,名闻千里。

皖南事变后,新四军军部决定开辟一条从华中盐城地区北上、经山东南部西去延安的秘密交通线。铁道游击队长期担负着这条秘密交通线在鲁南地区的安全保障任务,相继护送刘少奇、陈毅、陈光、罗荣桓、萧华、叶飞等近千名干部穿越津浦铁路通过敌占区,行经鲁南境内,从未出现过差错。

1942 年 4 月,铁道游击队在刘店开会,不想被汉奸分子告了密,附近的日伪军闻知消息后,立即派人悄悄地摸了过来,企图活捉洪振海。但机警的游击队员们早就设好了暗哨,敌人刚一进村,就被放哨的郝贞发现了。洪振海立即部署任务:先发制人,主动反击。游击队员们主动冲出迎敌,当场

将日伪军打死 2 人，缴枪 3 支。日军特务松尾一路狂奔，眼见跑不脱了，慌忙间藏进路旁的秫秸堆里，企图趁机再越墙逃跑，正巧，这时候郝贞就在附近，发现松尾就冲了过去，两人搏斗起来。无奈松尾力大，几下子就挣脱掉了，继续逃跑。郝贞急中生智，掏出预藏的手榴弹，奋力地甩了过去。可惜郝贞没用过手榴弹，匆忙中忘了拉弦，松尾乘机逃掉了。

经过这次事件，铁道游击队的队员加强了警惕。几日后，游击队领导回到了驻地黄埠庄，不巧忽遭临城日伪军 1000 余人的包围。在阻击和突围中，大队长洪振海不幸牺牲，后由刘金山任大队长。这时，铁道游击队已发展到 4 个中队，200 余人。1942 年 7 月，当刘少奇检查指导完山东工作之后，由滨海区返回延安时，就是由铁道游击队担负的护送任务，他们一直将刘少奇护送到鲁西。

1943 年春，根据形势的发展，山东八路军为加强统一领导，将铁道游击队与微湖大队、滕沛大队合编为鲁南军区独立支队，铁道游击队编为第二队，共 400 余人。1943 年冬，鲁南军区独立支队被编入鲁南军区第二军分区，铁道游击队仍保持原建制，在军分区的领导下，主要活动于临枣和津浦铁路沿线。抗战胜利后，铁道游击队经过整编，一部分留归鲁南铁路工委领导，一部分编入华东野战军鲁南军区特务团。**28**

敌后武工队、雁翎队、铁道游击队、地道战、地雷战等这些精彩纷呈的人民战斗组织和战斗方式，不仅有力地配合了八路军部队推行"敌进我进"方针，也使日本侵略者体验到了组织和武装起来的中国人民的力量。正如毛泽东在抗日战争时期一再强调的，"兵民是胜利之本"，"战争的伟力之最深厚的根源，存在于民众之中。日本敢于欺负我们，主要的原因在于中国民众的无组织状态。克服了这一缺点，就把日本侵略者置于我们数万万站起来了的人民面前，使它像一匹野牛冲入火阵，我们一声唤也要把它吓一大跳，这匹野牛就非烧死不可"。**29**

## 注 释

**1.** 日本防卫厅战史室编：《华北治安战》（下），天津市政协编译组译，天津人民出版社 1982 年版，第 210—213 页。

**2.** 彭德怀：《武工队的组织与斗争》，见《彭德怀军事文选》，中央文献出版社 1988 年版，第 160 页。

**3.** 《刘伯承在中共中央北方局黎城会议上的报告——关于党军建设问题》，见山西省档案馆编：《太行党史资料汇编》第三卷，山西人民出版社 1989 年版，第 245 页。

**4.** 刘伯承：《现在游击队要解答的问题》，见《刘伯承军事文选》，解放军出版社 1992 年版，第 42 页。

**5.** 《一二九师百团大战总结》，见何理等选编：《百团大战史料》，人民出版社 1984 年版，第 234 页。

**6.** 刘伯承：《白晋铁路大破击的战术总结》，见《刘伯承军事文选》，解放军出版社 1992 年版，第 155 页。

**7.** 彭德怀：《武工队的组织与斗争》，见《彭德怀军事文选》，中央文献出版社 1988 年版，第 157—158 页。

**8.** 《刘伯承传》编写组：《刘伯承传》，当代中国出版社 2015 年版，第 190 页。

**9.** 《刘伯承传》编写组：《刘伯承传》，当代中国出版社 2015 年版，第 190 页。

**10.** 《刘伯承传》编写组：《刘伯承传》，当代中国出版社 2015 年版，第 190 页。

**11.** 《刘伯承传》编写组：《刘伯承传》，当代中国出版社 2015 年版，第 190 页。

**12.** 《刘伯承传》编写组：《刘伯承传》，当代中国出版社 2015 年版，第 190 页。

**13.** 《刘伯承传》编写组：《刘伯承传》，当代中国出版社 2015 年版，第 190—191 页。

**14.** 《刘伯承传》编写组：《刘伯承传》，当代中国出版社 2015 年版，第 191 页。

**15.** 《刘伯承传》编写组：《刘伯承传》，当代中国出版社 2015 年版，第 191 页。

**16.** 《刘伯承传》编写组：《刘伯承传》，当代中国出版社 2015 年版，第 191 页。

**17.** 日本防卫厅战史室编：《华北治安战》（下），天津市政协编译组译，天津人民出版社 1982 年版，第 216 页。

**18.** 日本防卫厅战史室编：《华北治安战》（下），天津市政协编译组译，天津人民出版社 1982 年版，第 245—246 页。

**19.** 周士第：《把敌人挤出去》，见中国抗日战争军事史料丛书编审委员会编：《八路军·回忆史料》(6)，解放军出版社 2015 年版，第 244 页。

**20.** 周士第：《把敌人挤出去》，见中国抗日战争军事史料丛书编审委员会编：《八路军·回忆史料》(6)，解放军出版社 2015 年版，第 244 页。

**21.** 周士第：《把敌人挤出去》，见中国抗日战争军事史料丛书编审委员会编：《八路军·回忆史料》(6)，解放军出版社 2015 年版，第 248 页。

**22.** 彭德怀：《八路军七年来在华北抗战的概况》，见《中共党史研究》1985 年第 3 期。

**23.** 刘伯承：《敌后抗战的战术问题》，见《刘伯承军事文选》，解放军出版社 1992 年版，第 285 页。

**24.** 彭德怀：《关于作战指导原则》，见《彭德怀军事文选》，中央文献出版社 1988 年版，第 632 页。

**25.** 帅荣、李健、贾桂荣：《水上游击建奇功》，见中国抗日战争军事史料丛书编审委员会编：《八路军·回忆史料》(5)，解放军出版社 2015 年版，第 47—48 页。

**26.** 旷伏兆、魏洪亮、刘秉彦：《冀中的地道斗争与地道战》，见中国抗日战争军事史料丛书编审委员会编：《八路军·回忆史料》(6)，解放军出版社 2015 年版，第 121—131 页。

**27.** 赵守福、于化虎：《海阳地雷战》，见中国抗日战争军事史料丛书编审委员会编：《八路军·回忆史料》(5)，解放军出版社 2015 年版，第 71 页。

**28.** 杜季伟：《铁道游击队的创建和发展》，见中国抗日战争军事史料丛书编审委员会编：《八路军·回忆史料》(5)，解放军出版社 2015 年版，第 56—60 页。

**29.** 毛泽东：《论持久战》，见《毛泽东选集》第二卷，人民出版社 1991 年版，第 511—512 页。

# 第 十 九 章

# 走向黎明

冈村宁次推出"西安作战"计划，拟进攻西安与延安——日军在太平洋战场失利，"五号作战"计划中止——日军"治安强化运动"与"清乡工作"皆告失败——中国共产党掌握了渡过难关的法宝，敌后抗战形势好转——毛泽东判定"抗战胜利还须两年"至"三年"——《解放日报》发表《中共中央为抗战六周年纪念宣言》

## 冈村宁次推出"西安作战"计划，拟进攻西安与延安

1942 年 12 月 17 日，侵华日军中国派遣军总司令官畑俊六在南京召开会议，参会者包括华北方面军司令官冈村宁次、驻汉口的日军第十一军司令官冢田攻、驻上海的日军第十三军司令官下村定、驻广州的日军第二十三军司令官酒井隆。这其中有两人是新任的司令官，原第十一军司令官阿南惟几因为 1942 年 7 月转任关东军第二方面军司令，其职位由南方军总参谋长冢田攻接任，原第十三军司令官泽田茂因仅有的一只眼也已失明而被迫辞职卸任，其职位由日本陆军大学校校长下村定于 1942 年 10 月接任。这次会议的主要内容是下达中止进行"五号作战"准备工作的命令，并明确指示各军此后应以加强治安、压迫当面之敌、确保占领地区作为主要任务。这一会议的召开，标志着日军大本营和侵华日军非常向往并决心要推行的"五号作战"计划正式中止。

日军"五号作战"计划的中止是由于其在太平洋战场上的形势发展所迫，

而这一计划的形成，也同样是由于其在太平洋战场上的形势发展使然。

日军自 1941 年 12 月偷袭珍珠港、挑起太平洋战争后，一度进展顺利。由于日军对于在太平洋和东南亚地区的作战，事先经过缜密的计划、充分的准备、严格的保密并在作战中指挥得力、协同顺畅，确实在最初收到了预定的作战效果。迄 1942 年上半年，日军在东南亚战场上可谓是屡屡得胜。在马来亚战场上，日军第二十五军先后占领马来亚、新加坡，迫使该地区英军司令珀西瓦尔于 1942 年 2 月 15 日投降，之后又于 4 月 5 日空袭了锡兰首都科伦坡，4 月 9 日击沉了在印度洋北部海面上的英军哈密斯号航空母舰；在印度尼西亚战场上，日军第十六军于 1942 年 3 月 5 日攻占雅加达，3 月 9 日攻占万隆，当地的荷兰守军司令戴帕尔登投降；在缅甸战场上，日军第十五军经与中国远征军和英军作战后，由缅北侵入中国云南省西部，于 1942 年 5 月 5 日攻占了芒市、龙陵，到达怒江西岸；在菲律宾战场上，日军第十四军不断推进，于 1942 年 5 月 7 日在马尼拉湾口的哥黎希律岛上逼降了当地的美军司令温立特。据此，日军南方军总司令官寺内寿一和当时的总参谋长冢田攻，于 1942 年 5 月 19 日向其大本营提出了"南方军作战任务已经完成"的报告。

按照日本天皇裕仁在 1942 年 4 月 15 日批准的日军第二阶段作战计划，接下来日军将重点在太平洋上扩大占领区，切断美国海军通向西太平洋和澳大利亚的海路并攻取印度洋上的锡兰。按照计划，日军拟从 5 月 7 日始攻夺新几内亚东南部的莫尔兹比港，从 6 月 7 日始攻夺中途岛，从 6 月上旬始，扩大在阿留申群岛上的占领范围，再从 7 月 8 日始攻夺新喀里多尼亚岛，从 7 月 18 日始攻取斐济，从 7 月 21 日始夺下萨摩亚。[1]

这时，已被暂时的胜利冲昏头脑的日军高级决策指挥机关以及部分高级将领，同时也在积极研究在中国战场上的作战方案，决定乘着其在东南亚胜利的余威，集中一定兵力，向中国大后方发动大规模进攻，歼灭中国军事力量，摧毁抗战基地，彻底结束在华战争。积极主张这一方案的日军高层人员，包括日军参谋总长杉山元、参谋次长田边盛武、作战部长田中新一、中国派遣军总司令官畑俊六、华北方面军司令官冈村宁次、时任驻汉口的第十一军司令官阿南惟几等人。这一作战方案即"五号作战"计划。

"五号作战"计划最早是由冈村宁次提出的。1942年2月，冈村宁次在召开所属各兵团参谋长会议所下达的《1942年度治安肃正建设计划大纲》中，拟定在"以剿共为主的作战讨伐上，首先对冀东、冀中地区，然后对太行山北部地区开展治安肃正工作"，并将所谓的"冀东作战"称为"一号作战"，将"冀中作战"称为"三号作战"，将根据情况要进行的"西安作战"称为"五号作战"。[2] 据华北方面军作战参谋岛贯武治称："华北方面军正在全力以赴进行剿共作战，以期迅速恢复治安，但如能增加作战所需兵力而形成有利局面，认为可以设法歼灭西安方面胡宗南指挥的重庆嫡系第八战区的部队。然而当时第八战区的部队在与我军对阵的同时，与延安的共军也处于对峙状态。如仅将西安攻下，反而对华北的主要敌人共军有利，因而考虑在下一步就消灭延安。这件事已被列入方面军的1942年度肃正建设计划之中，而且于1942年2月初向中国派遣军作了报告。"[3]

但中国派遣军总司令官畑俊六显然比华北方面军有着更大的野心和布局考量。1942年2月前后，日军大本营鉴于其在南方作战初期的顺利进展，作出了新的形势判断："为完成长期战争，一反过去预定采取的守势战略，现在已是转而采取攻势战略的时机。"因此，日军对于南下作战战前所预定的攻取地区以外的要地，也积极进行了局部作战方案的讨论。中国派遣军"始终对中国事变的解决表示强烈的关心和责任感，随着南方作战的进展，对中国方面的积极作战也做了种种研究"，并制定了一个方案，于1942年2月20日向日军大本营提出了申请。这个方案的设想是："预定在1942年的夏秋季节，华北方面军对西安进行作战，第十一军对长沙、常德进行作战，两方面的作战均应击败面前的敌军，特别要寻找中央军予以击破，同时要占领各主要地区，藉以加强对重庆的压力。"在这个新的"五号作战"方案中，中国派遣军实际上是在冈村宁次提出的"西安作战"计划基础上，又加进了"长沙、常德作战"计划，但日军大本营在对这一计划进行会议讨论后，下达的是"1942 年度在中国方面维持现状"的决定。[4]

## 日军在太平洋战场失利，"五号作战"计划中止

尽管日军大本营未能批准中国派遣军上报的新"五号作战"计划，但畑俊六的提议无疑激发了日军高层部分人员对尽快解决中国战场的强硬态度，"在中国战场如不更加积极地使用武力就无法使重庆早日投降的想法开始抬头，特别是军部上层早就迫切希望尽快解决中国事变"。1942 年 3 月 19 日，日军参谋总长杉山元在上奏"关于今后的作战指导"条陈时，提出"希望利用大东亚战争的成果，对中国事变的处理，断然设法尽快解决"，建议"从其他方面调遣几个兵团与驻华兵团一起，共同进行大规模作战"，以"歼灭敌之中央军，或攻占战略要点，使重庆政权受到直接威胁，或策划分裂瓦解其各部队，便重庆政权更加丧失控制力量"。随后，日军参谋本部作战指导班于 1942 年 3 月 27 日起草了"对重庆作战指导纲要（草案）"，并在参谋本部内外进行了审议，认为："自中国事变发生后，这是前所未有的处理事变的绝好机会，如失此良机，就只能在英、美、蒋结成一体的体制下进行处理。因此，设法使之脱离这种体制乃是成败的关键，这是不容犹豫的。"[5]

1942 年 4 月 6 日，杉山元在前往南方战场视察的归途中到上海会见了畑俊六，传达了日军大本营关于对中国事变处理方案的内情。自此，中国派遣军内部也开始加紧了对"五号作战"计划的研究工作，并明确将"五号作战"由"西安作战"提升到重点针对重庆的"四川作战"。只是冈村宁次还不知道日军最高层的这些动向，仍在"单纯地从维持华北治安和对敌施加压力的观点出发，企图到南方作战结束后，大约在 6 月或 9 月间就可以向西安发动进攻，击溃第八战区胡宗南部队，然后消灭中共的最大根据

地延安"**6**。

1942 年 5 月 16 日，日军参谋本部参谋次长田边盛武奔赴上海会见中国派遣军总司令官畑俊六等人，声称在日军南方作战取得胜利后，"今缅甸公路已被切断，与美、英完全断绝联系之重庆，其抗战态势已与往根本不同。此际考虑世界战争之动向，如加以适当的政战略措施，将成为得以掌握解决中国事变头绪之良机"，希望中国派遣军为随后的作战进行准备。其中，"五号作战"又细分为两部分："西安作战"简称为"50 号作战"，拟出动 5 个师团大致在 1942 年 9 月以后发起；"四川作战"简称为"51 号作战"，拟出动 11 个师团于 1943 年春季以后发起。**7**

就在这个时候，太平洋战场上的战争形势却开始出现了对日军极为不利的局面。1942 年 5 月 7 日，日本海军第四舰队在进攻新几内亚的莫尔兹比港过程中，在赤道以南的珊瑚海遭到美国太平洋舰队的有力反击，日军祥凤号航空母舰被击沉；6 月 5 日，日本联合舰队在进攻中途岛时更是遭到了彻底失败，4 艘航空母舰葬身海底；而日军第十七军准备进攻法属新喀里多尼亚岛和英属斐济、新西兰属萨摩亚时，于 8 月 7 日在所罗门群岛南部的瓜达尔卡纳尔岛遭到美军的反击和封锁，几近全军覆没。

然而，这种不利局面不仅没有浇灭日军高层对"四川作战"的热情，反而令其更加激进起来。日军参谋本部在 1942 年 8 月 25 日向天皇上奏《根据目前形势陆军方面的作战准备》文件中认为："鉴于 1943 年下半年以后英美尤其是美军的战斗力将有明显增强，在考虑必须在此以前力争以积极的作战行动达到战争目的时，1943 年陆军作战在条件允许情况下，要以对华积极作战为指导战争的最大目标。"**8**

这个"对华积极作战的设想"，声称其"目的在于消灭敌中央军的主力，占领四川省的主要地区，摧毁敌方抗战根据地，以促使重庆政权屈服或崩溃。为此，中国派遣军以主力从西安方面，以另一部分兵力从宜昌方面向四川平地进攻，消灭敌中央军，攻占重庆及四川省主要地区"。为此，"应在

1943 年春由一个方面军（以 12 个师团、两个混成旅团为基干）从山西南部，另以一个军（以 5 个师团为基干）从宜昌方面开始进攻，各自击破当前之敌。方面军应确保西安平原地区并前进到广元（西安西南约 350 公里）附近，从宜昌方面出击的部队应前进到万县（宜昌西方约 300 公里）南北一线，各自做好以后作战的准备。根据形势的发展再发动攻势攻占重庆和成都，占领四川省主要地区"。**9** 为此，日军参谋本部经研究，决定在华北、华中原有 61 万日军的基础上，再由日本国内抽调 12 万人、由南方战场抽调 6 万人、由中国东北抽调 18 万人，将出动 97 万大军合力进攻四川。这个军队人员数目是非常庞大的，因为日军在 1941 年 12 月投入东南亚战场进行南方作战的地面兵力才 39 万人。**10**

1942 年 8 月 30 日，日军参谋总长杉山元将拟于华北、华中两个方向进攻四川的作战计划代号重新修正为"五号作战"。

在此前后，日军各预定参战部队进行了详尽的作战训练和情报准备，并积极修建了将用于作战的公路、铁路以及水井。华北方面军参谋长安达二十三还亲自飞往秦岭、巴山等地上空进行了空中侦察。

1942 年 9 月 4 日，日军大本营向中国派遣军下达了《五号作战准备纲要》，令其着手进行可能的作战准备工作，"在完成正式的准备工作之后，预期于 1943 年春季以后发动作战"。随后，日军大本营又先后于 9 月 7 日和 9 月 14 日连续采取了从南方调给中国派遣军一部分兵力和拨给一部分军需品的措施。

但这时日军在瓜达尔卡纳尔岛的战况却正在日益恶化，而德军在北非的形势也无进展，印度洋、西亚方面的前途也开始趋于暗淡。9 月 22 日，日军大本营指示延缓拨交"五号作战"所用的军需品，之后又于 10 月中旬命令将侵驻华南的第二十三军第五十一师团调归正参加南太平洋作战的第十七军。10 月下旬日军在瓜达尔卡纳尔岛对机场的誓死攻击以失败告终，而北非埃及的阿拉曼以及苏联斯大林格勒的战况也出现了对德军不利的形势。这样，日军大本营在10月底不得不承认：针对当时的战争局势，只能将作战焦点置于南太平洋方面。

1942年11月4日，日军参谋本部向中国派遣军提出在1943年中止"五号作战"的意见。11月26日，侵驻华中的日军第六师团也被派往所罗门群岛的南太平洋战场。12月10日，日军大本营正式通知中国派遣军："五号作战的准备工作在1943年间中止进行。其他进攻性作战，在判明南方形势以前也应暂停。"[11]为此，中国派遣军总司令官畑俊六于12月17日在南京召开会议，向各军司令官传达了中止"五号作战"准备工作的命令，结束了所谓的"对华积极作战"。就在这次会议结束之后，新任第十一军司令官冢田攻在12月18日乘飞机由南京飞回汉口途中，在太湖县境内被国民党军第四十八军防空部队击落，当场丧命。

"五号作战"计划中止后，日本的对华政策也出现了大转变。1942年12月21日，日本御前会议上决定了一项"对华处理根本方针"："帝国以国民政府参战作为打开日华局面的一大转机，本着日华提携的基本精神加强国民政府的政治力量。同时，力求消除重庆的抗日依据，而与真正的新中国共同向完成战争目的前进。"[12]也就是说，日本侵略者如今不但无法发动在中国进行近百万人规模的"四川作战"，连在中国的大多日常"治安作战"也要推给汪伪"国民政府"了。

在此新方针下，汪伪"国民政府"于1943年1月9日发表了对美国和英国宣战的布告，并与日本签订了《关于为完成战争日华合作共同宣言》。然而，由于汪伪政权无论是在军事实力还是政治影响上都无足轻重，它发布了宣战布告也是徒增笑柄，并未得到理会和反响。对此，中国派遣军总司令官畑俊六显然也对日军在华的前途感到悲观，他在日记里写道："仅有的最后一策，成败虽属疑问，但既经御前会议决定，我等谨遵执行。"又说："南方形势依然不容乐观，今后中国派遣军更须提供兵力和资源。"[13]此时，侵驻华北的日军第一军第四十一师团也已接到了要调往南太平洋战场的决定。

　　然而，日军不断向南太平洋战场上投送兵力，却无法挽救其必败的噩运。1943 年 2 月，日军在瓜达尔卡纳尔岛战役中彻底宣告失败，标志着日本军国主义开始走向衰落，并由此一蹶不振，直至彻底无条件投降。

## 日军"治安强化运动"与"清乡工作"皆告失败

　　1943 年 3 月 24 日，冈村宁次召开华北方面军参谋长会议。与以往不同，这次会议十分沉闷，会场上笼罩着一层悲观的气氛。各军、师团主官不再像以往那样活跃，大多数时间只有冈村宁次一个人在口干舌燥地宣讲。

　　"当前，共军已经逐渐扩大了势力，地下活动继续深入，同时，表面活动又像两年前那样活跃起来。然而，友邦国民政府方面的中国势力，却很难进展，方面军又基于兵团抽出转用于其他方面，以致战斗力逐渐下降。华北治安殊堪忧虑。"**14**

　　在座的日本军官们静静地听着，其实人人都明白这个现实。但这个现实不仅仅是由于他们不卖力，整个国际环境和中国地区的形势，正在发生不利于法西斯的变化。日本以及它的法西斯盟友，其咄咄逼人的攻势正在日益回落。

　　在欧洲战场上，斯大林格勒会战刚刚于 1943 年 2 月 2 日结束。这场持续了 7 个月的大会战，是第二次世界大战中苏德战场上的一次决定性战役。苏联在这场会战中的胜利，标志着苏德战争的进程发生了根本性的转折。德军遭到苏军的致命打击后，元气大伤，已不可能对苏军发动全面进攻，只能转入防御。这样，苏德战场的主动权就开始转入苏军之手，希特勒德国开始一步步走向自己的坟墓。正像毛泽东早在 1942 年 10 月就指明的："只要迫使希特勒转入了战略防御，法西斯的命运就算完结了。因为像希特勒这样法西斯国家的政治生命和军事生命，从它出生的一天起，就是建立在进攻上面的，进攻一完结，它的生命也就完结了。"**15**随后，苏军乘胜于 1943 年初开始在北高加索、顿巴斯、列宁格勒等方向发起了反攻。

在北非战场，德意联军也遭到了巨大的失败。英军于 1942 年 10 月在阿拉曼地区发起大规模进攻，一举击败德国名将隆美尔，使北非和整个地中海的形势发生了对西方盟国有利的变化。从此，战场的主动权完全转到英军方面。同年 11 月，在艾森豪威尔的指挥下，美英盟军在北非登陆，1943 年 3 月，盟军对隆美尔的德意联军发动大规模进攻，迫使其撤退至突尼斯以北。

在太平洋战场上，曾经狂妄一时的日本，自 1942 年 5 月在珊瑚海第一次受挫后，就基本上没再品尝到胜利的滋味了。1942 年 6 月的中途岛一战，已标志着太平洋战场的战略态势出现根本转折，日军由战略进攻转为战略防御，美军由战略防御转为战略进攻。1943 年 1 月，美、英两国首脑在摩洛哥的卡萨布兰卡举行会议，并签订协议：在太平洋及远东方面的军事行动将继续进行，以保持对日本的压力，一旦德国战败，便立即对日本发动全面攻势。正如毛泽东在 1942 年 10 月就提到的，"明年也将不是日本法西斯的吉利年头。它将一天一天感到头痛，直至向它的墓门跨进"**16**。历史正在如是发展，日本侵略者的政治生命和军事生命都在日益枯竭，国际环境一天比一天地不利于日本。

这种国际环境和日本的处境不能不让冈村宁次着急。他继续着他的讲话："在当前的国际环境下，我们为了防范苏联，不得不抽调兵力前往关东，此外，太平洋战场上也需要从中国地区增派兵力，现在，我们华北方面军已抽调出两个师团开赴太平洋前线，而在计划中，我们还要调出 4 个师团，其中 1 个前往关东，3 个前往太平洋战场，就在今年内。"

会场上马上响起一片低低的议论声。冈村宁次继续道："我们本来就已兵力不足，但为了国家的整体计划，我们为做出了牺牲而感到光荣。在本年度中，华北方面军的使命是，应付 1942 年晚秋以来日趋严重的整个战局，为了完成大东亚战争，确定华北兵站的安定，向开发建设迈进，对支持战争应做出比过去更大的贡献。"

冈村宁次的话终于告一段落，会场仍然静悄悄的。

这时候，华北方面军参谋长大城户三治站了起来。原参谋长安达二十三此时已被调往南太平洋担任新组建的第十八军司令官。大城户三治说："自我军加强工作以来，逐渐好转的华北治安，到1942年底又趋恶化。本年度以来，中共的活动再度激化，致使治安急剧变坏。"

大城户三治继续说："其原因，我分析有以下两点：第一，随着整个战局的恶化，由于我军精锐兵力的抽出、转用，以及兵团的改编和新建，警备兵力的频繁换防和装备物资的减少，士兵素质下降，士气不振等因素，以致战斗力减退，从而使中国政府**17**、民众在精神上产生了动摇和叛离。第二，中共方面自百团大战以后，用两年多的时间，极力扩充势力、进行地下渗透与政治工作。最近为了策应盟国方面的攻势，在军事、政治、思想各方面，再次开始了积极的行动，并得到多数民众的同情，从而迅速扩大了势力。"

大城户三治又说："共军不仅阻碍华北，而且阻碍整个中国的发展，是摧残全体民众福利之敌。我军决心彻底剿灭华北建设的死敌共军。但中共的溃灭，仅粉碎其武装力量还不够，更重要的是，必须将中国方面的新政治力量，随着武力贯彻到赤化村去。"

这时，冈村宁次说："铲除共军对我占领地区的阴谋活动，极为必要。但1943年7月以前的作战指导，是迅速实行兵备整顿，正确、圆满地实行对华处理根本方针，使之不受阻碍，同时要以准备兵团抽出转用及今后作战为重点。"

大城户三治补充道："但我们现在困难也很多，由于各种关系，我国对依靠中国物资的要求愈来愈增大。相反，鉴于目前中国经济由于物价暴涨急遽趋向崩溃的实际情况，日华双方应互相协力采取各种紧急措施，迅速而坚决地防止中国经济的崩溃于未然。"

未等冈村宁次回答，第六十二师团师团长野副昌德站了起来："在师团里，还有一个很大的困难，就是我军士气问题。现在军中厌战情绪浓重，据有关统计，华北地区1940年以前从未发生投敌犯罪。到1941年发生了两件，1942年也发生了两件，1943年以来，此类事件迅速增多，其中大部分是性质恶劣的故意投敌。而且这些只是本人归队或由我方逮捕的案件数字。据估计未逮捕、失踪、投敌嫌疑等的数字可能是相当大的。另外，自杀现象也很严重，去年7月，在曲阳有4名士兵自缢，河底村有10名士兵集体服毒，阳泉也有两名因不愿执行任务而自杀。现在，我们的很多地区，军心涣散，民心叛离，共军活跃。我们虽然占有点和线，但处处薄弱，宛如赤色海洋中漂浮的一串念珠，情况十分严重。"[18]

冈村宁次依然沉默，几年来的参谋长会议，在他的记忆里，这是最艰难的一次，这些问题无法回避，但作为侵驻华北日军的最高长官，他要鼓起大家的士气。

他说："关于中国经济问题，派遣军总部已上报了大本营，帝国政府准备从国库中拿出25吨黄金投放到华北和华中地区。至于共军猖獗问题，我们仍要加大打击力度，特别要加强打击共军在我占领区内的阴谋活动。"

由于侵华日军为了太平洋战争的需要而在人员上不断减少，日军参谋总长杉山元于1943年5月1日又对在华兵力进行了改编，新设第六十四、第六十五师团，编入华中的第十三军，又将第十三军中第十七师团调出编入华北方面军。这样，到5月底，中国派遣军的总兵力又恢复到了56.2万人。然而，杉山元的这一行为也受到了不少批评。参谋本部作战部长绫部橘树就说："在华兵力之大小，虽有占领地区扩大、对峙之敌军兵力等关系，但从整个地面作战来看，中国并非主作战的正面，而在此部署近30个师团兵力，这在全军兵力的配置上是不相称的，应当毅然削减在华兵力，以准备美英的反攻。"[19]

不过，侵华日军由于其精锐部队不断被投入到太平洋战场，新补充的兵源又多为新建师团，不仅新补充人数已无法抵上被调出兵力的数量，且其战斗力更是无法同日而语。又由于日本从1943年始在中国大力推行所谓的"对华新方针",战略兵团尽可能地收缩集结,转而以汪伪"国民政府"的军队来担任"维持治安","实有相当困难"。

在汪伪"国民政府"担任军事顾问的晴气庆胤对伪"国民政府"的内部情况有着这样的评价:"国民政府在建立政权的同时,即丧失了过去和平运动的热情,一味追求理想面,缺乏对现实政治的认识,对战时情况下的政策和施政的关心渐趋淡薄,而且也没有统治能力和经济方面的基础。参加政权的人们热衷于获取权利,政府成了贪官污吏的巢穴。由于这是出于日本政府的计划,因而日本在国际信誉上也应负一半责任。"[20]

汪伪政府担任起在华"维持治安"任务后,不仅日军在华北已推行了五次的"治安强化运动"无法继续,而且在华中的"清乡工作"也在1943年6月就基本宣告了失败。日本军史对"清乡工作"有着这样的回溯和总结。

　　1941年7月以后,选定长江下游苏州以北的江南地区,为了将该地区建成模范和平地区,开始了清乡工作。清乡就是要扩大江南工作的成果,要在国民政府直接统治下的所有省市普遍实行这一工作,以便建立地方治安,复兴和繁荣民生,从而达到加强国民政府政治力量的目的。这就是说,清乡工作要分阶段进行,首先划定一定地区为清乡地区,按"三分军事、七分政治"的原则,以日本军队和中国方面警备武装力量,在指定地区内彻底进行肃正。与此同时,发动中国方面的军、政、党、民各方面的全部力量投入清乡工作,设法恢复治安,振兴政治经济。日本方面在结束军事行动后,即无需参与一切有关这方面的工作,由中国人自行建设自治、自卫和自力更生的和平地区。这样一来,日军的负担即可减轻,而且随着清乡工作各种措施的进展,清乡工作地区逐渐扩大而遍及全国,最后将达到建设新中国的理想。这一设想是从局部和平过渡到全面和平的解决中国事变方案的实践,具有根据新条约的规定使日华合作具体化的意义。

自1941年初以来，中国派遣军总司令部和国民政府经过反复磋商，终于从3月份开始了具体准备工作。汪兆铭亲自就任清乡委员会委员长，由警政部长李士群任秘书长负责实际工作。日本方面第十三军及军事顾问部参加了委员会工作。首先在南京至上海间长江南岸及苏州以北划定一小块地区，从7月份开始了第一期清乡工作。随着工作的进展，在无锡北部地区，相继开展了第二期工作，并取得了显著的成果。1942年清乡工作进一步扩大开展，在江南地区，由乡镇到城市，包括主要交通路线在内的模范地区逐渐建设起来。同年夏季，因第十三军主力部队调去参加浙赣作战，清乡工作暂时停顿。同年秋季，重新开展了扬子江北岸地区、上海周围、太湖东南地区的清乡工作。1943年，在安徽省、浙江省境内也进行了清乡准备工作，国民政府的政治基础得到显著扩大。然而，在这期间，清乡工作与国民政府的一般行政发生了矛盾，而且矛盾逐渐激化，已发展到难以调和的程度。在人事上也积累了很多问题。到同年6月，清乡工作终于陷入了分裂瓦解的结局。**21**

## 中国共产党掌握了渡过难关的法宝，敌后抗战形势好转

与日本侵略者正在走向衰败的景象恰恰相反，中国广大的抗日军民熬过了难关，正在进入一个新的上升时期。

正如1944年4月12日毛泽东在延安高级干部会议上回顾抗战历程时所讲：

我党在抗日时期的发展，可分为三个阶段。1937年至1940年为第一个阶段。在此阶段的头两年内，即在1937年和1938年，日本军阀

重视国民党，轻视共产党，故用其主要力量向国民党战线进攻，对它采取以军事打击为主、以政治诱降为辅的政策，而对共产党领导的抗日根据地则不重视，以为不过是少数共产党人在那里打些游击仗罢了。但是自1938年10月日本帝国主义者占领武汉以后，他们即已开始改变这个政策，改为重视共产党，轻视国民党；改为以政治诱降为主、以军事打击为辅的政策去对付国民党，而逐渐转移其主力来对付共产党。因为这时日本帝国主义者感觉国民党已不可怕，共产党则是可怕的了。国民党在1937年和1938年内，抗战是比较努力的，同我党的关系也比较好，对于人民抗日运动虽有许多限制，但也允许有较多的自由。自从武汉失守以后，由于战争失败和仇视共产党这种情绪的发展，国民党逐渐反动，反共活动逐渐积极，对日抗战逐渐消极。共产党在1937年因为在内战时期受了挫折的结果，仅有4万左右有组织的党员和4万多人的军队，因此为日本军阀所轻视。但到1940年，党员已发展到80万，军队已发展到近50万，根据地人口包括一面负担粮税和两面负担粮税的，约达1万万。几年内，我党开辟了一个广大的解放区战场，以至于能够停止日寇主力向国民党战场作战略进攻至5年半之久，将日军主力吸引到自己周围，挽救了国民党战场的危机，支持了长期的抗战。……

1941年和1942年为第二阶段。日本帝国主义者为准备和执行反英美的战争，将他们在武汉失守以后已经改变了的方针，即由对国民党为主的方针改为对共产党为主的方针，更加强调起来，更加集中其主力于共产党领导的一切根据地的周围，进行连续"扫荡"战争，实行残酷的"三光"政策，着重地打击我党，致使我党在1941年和1942年这两年内处于极端困难的地位。这一阶段内，我党根据地缩小了，人口降到5千万以下，八路军也缩小到30多万，干部损失很多，财政经济极端困难。同时，国民党又认为他们已经闲出手来，千方百计地反对我党，发动了第二次反共高潮，和日本帝国主义配合着进攻我们。但是这种困难地位教育了共产党人，使我们学到了很多东西。我们学会了如何反对敌人的"扫荡"战争、"蚕食"政策、"治安强化"运动、"三光"政策和自首政策；我们学会了或开始学会了统一战线政权的"三三制"政策、土地政策、整顿三风、精兵简政、统一领导、拥政爱民、发展生产等项工作，克服了许多缺点，并且把第一阶段内许多人自以为了不得的那股骄气也克服下去了。这一阶段内，我们虽然受了很大的损失，但是我们站住脚了，一方面打退了日寇的进攻，一方面又打退了国民党的第二次反共高潮。……

1943 年到现在为第三阶段。我们的各项政策更为见效，特别是整顿三风和发展生产这样两项工作，发生了根本性质的效果，使我党在思想基础和物质基础两方面，立于不败之地。……**22**

正是由于中国共产党在 1941 年至 1942 年这段艰苦困难的时期，学会了很多本领，掌握了渡过难关的法宝，敌后抗日根据地的军民才得以成功地粉碎了敌人一次又一次残酷的"扫荡"和蚕食，接连战胜敌人在华北的五次"治安强化运动"和在华中不断扩大范围的"清乡工作"，使日本侵略者日益陷入困境。从 1942 年冬起，冀南、冀中、冀东等抗日根据地已开始恢复，至 1943 年，整个华北敌后抗日根据地均进入了恢复和再发展的新阶段，华中的"清乡工作"也走向了破产的结局。

细数起来，中国共产党在抗战最艰难时期能够胜利渡过难关的"法宝"甚多，广泛体现在经济、政治、思想等各个方面。在经济上，有减租减息、大生产运动；在政治上，有"三三制"、精兵简政；在思想上，有整风运动、党的一元化领导等。

减租减息，是中共中央早在 1937 年就正式提出来的基本政策，曾写进《抗日救国十大纲领》。1937 年 10 月，第一一五师一部进入晋东北后，率先展开了减租减息斗争。从 1940 年初到 1941 年底，减租减息政策在各抗日根据地的巩固区进入了普遍贯彻阶段。1942 年以后，各抗日根据地更是把这项政策作为重点，深入到了群众的内部。

大生产运动，是中国共产党领导抗日根据地军民开展的以自给为目标的大规模生产自救运动。由于抗日根据地不断缩小、国民党政府停发八路军经费，加之华北等地连年遭受自然灾荒等原因，华北抗日根据地财政经济发生极大困难，军队供给濒于断绝，陷入没粮吃、没衣穿、没被盖、没经费的困境。为了支持长期抗战，战胜日本侵略者，中共中央和毛泽东动员抗日根据地全体党政军民，自力更生，克服困难，渡过难关。1939 年 2 月，中共中央在延安召开生产动员大会，毛泽东号召陕甘宁边区军民"自己动手，生产自给"，要求各部队在不妨碍作战的条件下参加生产运动。陕甘宁边区党政机关、部队、学校和群众响应号召，首先开展起大规模的生产运动。毛泽东、朱德、周恩来、任弼时等中央领导人亲自动手，种菜纺纱。1940 年 2 月，中共中央军委向全军发出《关于开展生产运动的指示》，同年 12 月，毛泽东又向党内提出：要"认真地精细地而不是粗枝大叶地去组织各根据地上的经济，达到自给自足的目的，是长期支持根据地的基本环节"[23]。由此，各抗日根据地相继开展起了轰轰烈烈的大生产运动，并取得了巨大成绩。1941 年，陕甘宁边区的机关、学校、部队通过生产解决了 70% 的所需经费。1942 年，各部队和地方政府的经费已经完全可以由自己解决。到 1943 年，仅晋绥、北岳、胶东、太行、太岳、皖中等六区就已扩大耕地 600 万亩以上，陕甘宁边区机关和部队每年所需的 3900 万公斤小米中，有 1500 万公斤已由自己生产，许多部队的粮食和经费所需实现了全部自给。八路军第一二〇师第三五九旅开赴南泥湾屯田垦荒，因为成绩卓著，更是被誉为执行中共中央屯田政策的模范。

"三三制"，是中共中央在 1940 年 3 月 6 日正式提出的建立抗日民族统一战线政权的政策。根据这一政策，抗日民主政权中人员的分配，共产党员、非党左派进步分子和中间派分子各占三分之一。抗日战争中，共产党对实行这一政策是坚定不移的。如1941年3月16日邓小平在提议成立晋冀豫边区临时参议会上的讲话中就曾指出："三三制的民主政权原则，为本党所提出，为本党全体党员所忠实奉行的主张"，"我们共产党人素来反对一党专政，既不赞成国民党一党专政，也不主张由共产党包办政权，因为任何一党专政的结果，都只能顾及一党之私，不能顾及全体人民的意志，而与民主政治相违背。我们共产党人认为，在今天民族危机异常严重的关头，必须集中全民族一切抗日阶级、抗日党派的力量，才能最后战胜日本帝国主义。所以必须有代表各抗日阶级、抗日党派的三三制政权，才能实现这样伟大的任务"。同年4月15日，邓小平又撰写了《党与抗日民主政权》一文，阐述了"三三制政权的实质是民主"，在实际工作中要反对"以党治国"的观念。他指出：假如说中国是一个半封建的缺乏民主的国家，则反映到党内的是：共产党员一般缺乏民主的习惯。把党的领导解释为"党权高于一切"，甚至发展成为"党员高于一切"。结果是非党干部称党为"最高当局"（这是最严酷的讽刺，不幸竟有人闻之沾沾自喜）。结果群众认为政府是不中用的，一切要决定于共产党。"于是要钱的是共产党，要粮的是共产党，政府一切法令都是共产党的法令，政府一切错误都是共产党的错误，政府没有威信，党也脱离了群众。这实在是最大的蠢笨！"他在文章中严厉斥责了这些现象，提出党的领导责任是放在政治原则上，不是包办，不是遇事干涉。要善于使党的政策成为政府的法令和施政方针，要教育和责成政权中的党团和党员有充分的民主精神的政治家的风范，养成遵守政权的法令、纪律和秩序的习惯。

而"精兵简政"，则是党外人士李鼎铭先生于1941年11月首先倡议的。毛泽东对这个倡议非常重视，于当年12月正式下达了相关文件。毛泽东在1942年8月4日致陈毅的电报中说："伴随着极端残酷斗争，根据地缩小必然要到来，而且可能很快到来，这一点如不预先计及，将来必要吃大亏。在此情形下，不论华中、华北，都不能维持大军队，如愿勉强维持，必难维持。……如使根据地民力财力迅速枯竭，弄到民困军愁，便有坐毙危险。现在华北、山东须下绝大决心实行彻底的精兵简政"。**24** 他在给中共中央晋察冀分局的电报中更是具体地指出："你们现在只有90万人口的比较巩固的根据地，其他能收公粮的90万人口是处在游击区中，而你们连马匹折合计算，尚有8万多人脱离生产，这是决不能持久的。目前你们应即下决心减去3万，只留5万……如果明年更困难，再准备从5万中减1万。"**25** 通过"精兵简政"，各敌后抗日根据地"鱼大水小"和"头重脚轻"的状况得到了根本扭转，成功地解决了机构庞大和受到战争破坏的社会经济缺乏足够承受力之间的矛盾，使敌后抗日根据地的建设更加适合游击战争的需要。

整风运动是一次马克思列宁主义教育运动。1941年5月，毛泽东在延安作了《改造我们的学习》的报告。同年9月，中共中央作出《关于高级学习组的决定》，从组织上采取了推进高级干部整风学习的措施。1942年2月，毛泽东又先后发表了《整顿党的作风》《反对党八股》两个演说，标志着整风运动由准备时期转入全党干部党员普遍整风时期。整风以整顿思想方法和思想作风为主，反对主观主义以整顿学风，反对宗派主义以整顿党风，反对党八股以整顿文风。

1942年9月，中共中央政治局又作出了《关于统一抗日根据地党的领导及调整各组织间关系的决定》，要求全党必须严格执行民主集中制，下级服从上级，全党服从中央，强调加强各抗日根据地领导的统一是为了更顺利地进行抗日战争，一切服从战争是统一领导的最高原则。1942年12月，中共中央向各地区党的领导机关发出《中央关于加强统一领导与精兵简政工作的指示》，要求各抗日根据地结合精兵简政，加强统一领导，在建立领导一切的区党委或中央分局的基础上，确立各自的领导核心。

1943年10月，中共中央在总结经验的基础上，将上述法宝综合在一起，对各项政策加以高度概括，形成著名的"十大政策"。中共中央政治局在向各根据地下发的《关于减租生产拥政爱民及宣传十大政策的指示》中明确了这十项政策："第一，对敌斗争；第二，精兵简政；第三，统一领导；第四，拥政爱民；第五，发展生产；第六，整顿三风；第七，审查干部；第八，时事教育；第九，三三制；第十，减租减息。"**26**

各抗日根据地军民依靠"十大政策"，不仅顶住了日伪军对各抗日根据地的疯狂破坏，战胜了种种难以想象的困苦，而且使各抗日根据地逐渐得到恢复和巩固，并依靠几年来积蓄的力量，不断取得了反"扫荡"和反蚕食的胜利。

在华北，冈村宁次于1943年3月24日下达了1943年度《作战警备纲要》，确定利用有限的兵力，将作战重点指向八路军及各抗日根据地。华北八路军根据中共中央北方局关于进一步巩固抗日根据地、坚持敌后游击战争、克服困难、积蓄力量、为反攻做准备的指示，继续深入贯彻"敌进我进"方针，按照主力军、地方军、人民武装相结合，根据地、游击区、敌占区的斗争密切配合的原则，派遣千百支武工队、小部队，深入敌占区，积极打击敌人，除奸反特，宣传群众，瓦解敌伪军，改造伪政权，变敌占区为游击区，变游击区为根据地，不断恢复和扩大根据地。

晋察冀军区的北岳区在1943年1月至3月，以主力部队与敌后武工队、小部队相配合的作战方式，成功击败了日伪军对行唐、平山、灵寿、曲阳、唐县一线的侵袭，随后又于4月19日至5月15日在阜平及其附近地区粉碎了日军第一一〇师团等部的"扫荡"，并进一步恢复和发展了大片地区，建立起新的抗日民主政权，逐渐取得了对敌斗争的主动。冀中区为执行武工队任务，将连队改为小连大班制，全面展开了分散的群众性游击战争。他们充分利用纵横交错的冀中地道，攻克和逼退敌据点、碉堡42处，使许多小块根据地连成一片，大大改善了斗争环境。冀东区也派出大批武工队、小部队深入到丰润、宁河、滦县、遵化、玉田等敌后地区，攻克敌据点40余处，基本上恢复了原有基本区，并开辟了北宁铁路以南、滦河以东的部分新区。

晋冀鲁豫边区各军区遵照1943年1月太行分局高干会的精神，积极贯彻"敌进我进"方针，共派出近千支武工队和小部队，开展变游击区为根据地及在敌占区建立隐蔽的游击根据地的斗争，并于1943年5月粉碎了日伪军以八路军总部及第一二九师主力为重点目标的再一次"扫荡"。太行军区趁此机会将平汉路西侧的广大地区，大部恢复为游击根据地。太岳军区通过争取和瓦解部分伪军，打开了高平、晋城以北以及青城、沁水、曲沃、翼城、沁县等边沿区的斗争局面。冀鲁豫军区也恢复和发展了1140个村庄，并在齐河、茌平、禹城间开辟了一块新的游击根据地。冀南军区则在伪军和伪组织中建立了"抗战复仇同盟""回心社""忠义社"等秘密组织，并在敌占区内秘密建起500多个民兵自卫队。

晋绥军区于1943年初派出主力连和游击中队，配合武工队参与对敌斗争，他们进入离石至岚县、忻县至静乐、五寨至三岔堡公路沿线及交城以西的山区，发动群众，一个村庄一个村庄地将敌人挤出地盘，仅用3个多月就摧毁了800多个村级"维持会"，在500多个村庄恢复和建立了抗日政权。

山东军区于1943年继续采用"翻边战术"，开展和繁殖游击战，瓦解和争取伪军，共拔除日伪据点340多处，开辟村庄7000多个，还在伪军和伪组织中建立了1000多个内线关系。

在华中，畑俊六在1943年初为确保其苏北和南京、上海、杭州之间的占领区及在长江下游的交通安全，一面调整日军在华中对新四军作战的兵力部署，一面加强汪精卫伪政权，扩充伪军，重点对苏北、苏中和苏南抗日根据地实施侵袭和破坏。中共中央华中局和新四军军部遵照毛泽东关于华中应准备在最严重形势下坚持斗争的指示精神，对新四军各部队发出《关于坚持敌后艰苦斗争的指示》，号召咬紧牙关，坚持最艰苦的斗争，坚决完成反"扫荡"、反"清乡"和反蚕食的任务。

1943年1月，华中日军第十三军纠集伪军分别由徐州、海州、如皋等地，向淮阴、涟水、南新安镇、响水口、盐城、兴化等地发起"扫荡"。苏北的新四军第三、第四、第一师一面以部分兵力开展游击战打击和钳制敌人，一面集中力量选择敌之弱点，不失时机地予以反击，使得"扫荡"苏北抗日根据地的日伪军不仅到处扑空，而且屡屡遭到新四军的内外线夹击。2月27日，日伪军只好改全面"扫荡"为全区"清剿"，开始在阜宁东、西及射阳河东地区构筑据点、公路，建立伪政权，企图长期控制该地区。但在新四军第三师内外线部队及游击队与民兵的有力打击下，顾此失彼，被迫收缩，新四军第三师各部以"围点打援"和伏击、袭击战术，展开全面反击，于4月14日胜利完成了反"扫荡"作战，共毙伤俘日伪军1800余人，攻克据点50余处，不仅挫败了敌消灭苏北区新四军领导机关和主力部队并控制该地区的企图，而且更是为坚持长期斗争及而后恢复和扩大苏北抗日根据地创造了条件。

1943年4月，华中日军第六十师团带领伪军采取先军事后政治以及军事与政治相结合的手段，开始对新四军苏中地区的南通、如皋、海门和启东地区进行"清乡"。苏中抗日军民密切配合，坚持内线斗争的部分主力、地方武装及民兵，在敌空隙中灵活穿插，击敌不备，同时集中外线部队力量先后攻克安丰、富安、钓鱼庙等10余处据点，于5月底取得反"清乡"斗争的重大胜利。与此同时，苏南和浙东抗日根据地军民也胜利完成了反"清乡"斗争。

1943年5月，淮海区新四军为粉碎日伪军的蚕食政策，在地方武装和民兵的配合下，重点向沭阳东南以塘沟为中心的地区展开反击，先后攻克敌据点10余处，歼灭日伪军5000余人，基本上恢复了淮海抗日根据地的原有态势。

1943年夏季，淮北地区的新四军第四师一部主动向不断蚕食淮（阴）泗（县）和邳（县）睢（宁）铜（山）地区的日伪军发起反击，拔除了罗圩、顺河集等日伪据点26处，并派武工队深入敌占区，恢复与开辟了13个区70多个乡的游击区。

在华南，东江、珠江和琼崖地区的抗日游击战争在进入 1943 年后也取得了进一步的发展。

东江地区的广东人民抗日游击总队所属各大队，从 1943 年 1 月开始向日伪军展开了广泛的主动出击，先后攻占了伪军的重要据点王母圩和福水等地，使东尧、宝安两县和广九铁路以西的抗日根据地连成了一片。

珠江地区的抗日游击队到 1943 年初已发展到 300 多人，主要活跃在南（海）番（禺）中（山）顺（德）地区，并在 1943 年 4 月成立了珠江指挥部，由林锵云任指挥、罗范群任政治委员，他们以五桂山为中心，正在不断发展壮大。

琼崖地区的琼崖抗日独立总队于 1943 年 1 月作出"坚持内线、挺进外线"的决策，留第二支队主力在琼山、文昌地区坚持内线斗争，派出第一支队向西挺进，前往琼山、澄迈两县交界的儒万山地区建立新的抗日根据地，第二支队一部向琼东、定安转移，继续扩大琼东南的抗日根据地。

总之，到 1943 年上半年，无论是八路军、新四军还是华南抗日游击队，无论是在华北、华中还是华南的中国敌后战场上，抗战形势都有了不同程度的好转，并逐渐进入到恢复和再发展的新阶段。

## 毛泽东判定"抗战胜利还须两年"至"三年"

对于中国军民抗战形势的发展变化，毛泽东早在 1942 年 9 月 7 日为延安《解放日报》所写的社论中就已明确指出："抗日的第五第六年，包含着这样的情况，即接近着胜利，但又有极端的困难，也就是所谓'黎明前的黑暗'的情况。这种情况，整个反法西斯各国在目前阶段上都是有的，整个中国也是有的，不独八路军新四军的各个根据地为然，但是尤以我军的各个根据地表现得特别尖锐。我们要争取两年打败日寇。"[27]

而到了 1942 年底，随着日军在南太平洋战场上的失利和德、意军在斯大林格勒和阿拉曼等战场上的形势恶化，中共中央已敏锐地预见到了战争大势，并开始为转向反攻而做准备。1942 年 12 月 23 日，中共中央北方局在向华北各抗日根据地下达 1943 年工作方针的指示时，就已提出：1943 年"是国际上两条阵线进入决战之年，反法西斯阵线力量在日益增长，而法西斯阵线则败局已成"，"华北党的基本任务，在于进一步巩固敌后抗日根据地，坚持敌后抗日游击战争，克服困难，积蓄力量，为反攻及战后做准备，以便迎接伟大新时期的到来"。**28** 八路军野战政治部在 1943 年 1 月 8 日下达 1943 年政治工作方针的指示时也称："本年度总的方针为坚持敌后，熬过时期，从各方面去隐蔽地积蓄力量，为反攻与战后做准备。"**29**

1943 年 1 月 5 日，毛泽东就新四军的行动总方针给陈毅、饶漱石致电时明确提到"整个抗战，尚须准备两年"，并要求新四军"须想各种办法熬过两年，保持我军基本骨干，不怕数量减少，只要骨干存在，即是胜利"，同时告知陈毅等中共中央在抗战结束后的计划："我们正与国民党谈判，将新四军编为八路一个军，取得合法地位，并答应国民党于胜利后开至黄河以北，以期继续合作，共同建国。目前国共已接近一步，但要具体解决悬案，恐尚须拖一时期。在远东慕尼黑危险即国民党投降危险存在时期，我们向江南、浙东发展是必要的。在此种危险已不存在，我们须准备在战后与国民党继续合作时，我们即须准备于战后开至黄河以北，这是总方针。"**30**

毛泽东不欲在抗战后打内战、希望通过和平谈判与国民党共同建国的想法，在他 1943 年 1 月 25 日给彭德怀的电报里也有提及："在德、意、日打倒后，国际国内形势均会发生根本变化，这一形势是利于人民不利于独裁的。但蒋在抗战中有功劳，同时人民心理厌恶内战，故我们应争取在抗战后与国民党建立和平局面，在民主、民生上做文章，去年'七七'宣言是在这个基点上发的。争取边区和新四军合法化，并答应国民党在战后将黄河以南部队集中到黄河以北；两年来《解放日报》及新华社，根据'和国'方针，尽量避免刺激国民党；去年九月蒋约我见面，派了林彪去，现尚未回；到适当时机，我准备出去见蒋，以期谈判成功。所有这些也都是从这个基点出发的。就是精兵简政，除当前作用外，也有这个作用，我们既不准备打内战，无须多兵，兵少又可减轻国民党的畏惧心理，求得和平，以待全国人民的觉悟，如果人家要打，我们也有恃无恐。"*31*

然而，由于国民党政府并未珍惜国际反法西斯局势的大好发展时机，继续坚持保存实力、消极抗战的政策，未出半年，毛泽东就将"抗战胜利还须两年"的判定调整为"三年"。1943 年 6 月 1 日，毛泽东致电彭德怀时说："国民党对敌、对外（英美）、对共、对民、对党（中央与地方、西西与复兴）五方面均无妥善办法，危机日渐增长。彼方对东条扶汪倒蒋新政策毫无对策，投降者增多，战力大损；英美仍是集中对德，援华甚少，口惠实不至，彼方无丝毫办法。对我疑忌甚大，不愿解决问题，天天宣传我党罪状，打击我党威信，励行特务政策，图从内部破坏我党，此外亦无办法。甘、黔、川、陕民变四起，规模甚大，除镇压外，无他办法，党内纠纷不绝，有增长趋势。凡此均使抗战局势，处于日益困难地位。抗战还须准备三年，彼时中国情况如何，深堪注意。"

对此，毛泽东同时也提出了中国共产党在接下来三年里的应对之策："我党应在此三年中力求巩固，屹立不败。对敌应用一切方法坚持必不可少之根据地，反'扫荡'反'蚕食'之军事斗争与瓦解敌伪之政治斗争均须讲究最善方策。对国民党应极力避免大的军事冲突，使彼方一切力量均用在对敌上。对人民除坚持'三三制'外，应以大力发展农业、手工业，如人民（主要是农民）经济趋于枯竭，我党即无法生存，为此，除组织人民生产外，党政军自己的生产极为重要。对党内政策，一是整顿三风（应坚持一年计划）；二是审查干部（清查内奸包括在内）；三是保存干部（送大批干部来后方学习）。如能实施上述各项，不犯大错，我党即可立于不败之地。"*32*

此时，中国共产党领导的八路军、新四军和华南人民抗日游击队，经过长期艰苦斗争的锻炼和考验，在度过严重的困难时期后，各部队的军政素质也得到了很大的提高。自 1943 年夏秋之交起，随着日军在敌后战场特别是华北敌后战场上逐渐失去战场主动权，华北地区的八路军已逐渐拥有了局部优势，并率先揭开了敌后战场战略反攻的序幕。

## 《解放日报》发表《中共中央为抗战六周年纪念宣言》

1943 年 7 月 2 日，延安《解放日报》发表了《中共中央为抗战六周年纪念宣言》。[33] 宣言中称："我中华民族团结起来反对万恶的日本法西斯帝国主义的神圣战争，已经过去了整整六年了，当此抗战六周年纪念的伟大节日，正值全世界反法西斯同盟与法西斯侵略同盟两大阵线发生了力量对比的巨大变化之际"，"自从万恶的法西斯各国发动侵略战争以来，我们中国以及全世界一切反法西斯侵略的国家，久经艰苦斗争，但是一向处于劣势地位的这种不利情况，现在已经根本改变了。这是一个国际范围内的有决定意义的变化。这个变化是由苏联第二个冬季攻势的胜利，英、美在北非的胜利，中国的六年抗战与英、美过去一年在太平洋上对于日寇的打击所造成的，其中特别是红军在斯大林格勒的胜利起了转变整个战争形势的主要决定作用"。

宣言中称："在反法西斯同盟国方面，现在是处在空前有利的形势中"，"第一，苏、英、美三国的团结，由于苏联在斯大林格勒与英、美在北非的第一个有计划的联合作战，而更加巩固了"；"第二，苏、英、美战胜德、意法西斯的决战，将在今后一年中展开起来"，"给予德、意法西斯以最后决定性的打击的时机，是已经成熟了。只要欧洲大陆上能够迅速开辟第二战场，则在今后一年中打败德、意法西斯是毫无疑义的"；"第三，苏、英、美团结的巩固与对德、意法西斯决战的实现，将不但是德、意法西斯的失败，也是日本法西斯的失败"；"第四，太平洋上的形势，也因美国力量的增强，英、美联军的几次作战胜利与中国的坚持作战，而转变为对同盟国有利，对日本法西斯不利"，日本法西斯"无论如何是要被打倒的"。

宣言中称："在法西斯侵略国方面"也出现了"显著的变化"，"第一，是法西斯侵略国已经陷入国际上完全孤立的地位"；"第二，是法西斯侵略国内部的团结亦已发生危机"；"第三，过去一年反法西斯同盟的伟大胜利，又造成了法西斯侵略国家的军事危机"；"第四，一切法西斯侵略国，由于他们的国际孤立、内部不和、军事危机这样许多的因素，再因为他们的残酷的惨无人道的统治，就造成了在他们国内与在他们占领区内的政治危机"。"日寇的本国人民是一座火山，日寇所统治的中国人民、南洋各地人民、朝鲜人民与（中国）台湾人民，又是许多的火山，只要反法西斯同盟国（中国在内）给予日寇几个严重的军事打击，这些火山是会爆发起来的"。

宣言中称："我们与苏、英、美诸同盟国不同的，他们是先进的工业国家，我们是落后的农业国家。但是我们仍然艰苦地进行了整整六年的抗战，超过任何国家的抗战时间，这是由于全国人民与全军将士的努力。在抗战第六年中，我们遇到了同盟国与侵略国的力量对比发生了决定性的变化，变到于我们及同盟国极端有利，于侵略国极端不利的局面。在抗战第七年中，我们又将遇到新的有利的变化，各同盟国对于西方法西斯的最后决定性的打击实现之时，就是整个法西斯失败与世界各民族解放大部分实现之时。到了那时，东方法西斯的失败与东方各民族的解放，也就接着会要实现了。"

宣言中称："在六年抗战中，证明中国共产党对于保卫祖国的神圣战争是无限忠诚的，八路军、新四军与敌后人民的艰苦奋斗是史无前例的。侵华敌军的半数是由他们之手抗击了六年，并且还要继续抗击下去，直至驱逐敌军出中国。他们是没有任何弹药与军饷的援助，但凭自己的忠诚与创造力达到了这样的奇迹。"

宣言中进一步阐明："抗战的第六周年，同时即是中国共产党诞生的第二十二周年。中国共产党在其诞生之时，即在中国历史上破天荒第一次向中国人民提出了反帝反封建的纲领，并根据此种纲领在各个时机规定了各种具体实施的政策。二十二年中，全体党员和全国广大的人民群众在一道，为着

607

实现此种纲领与政策，为着反对帝国主义及其在中国的走狗，为着民族解放与社会解放，流血牺牲，前仆后继，举行了轰轰烈烈英勇顽强的斗争，不管敌人如何强大，道路如何艰难，他们总是坚决前进，绝不徘徊，绝不畏缩，终于使全国人民从黑暗中找到光明，从绝路中找到生路。二十二年的历史实践已经证明，我党奋斗的方向，是使中华民族起死回生的完全正确的方向，并将在今后的历史实践中继续坚持下去，直到完全胜利而后已。"

## 注　释

**1.** 日本防卫厅战史室编：《日本军国主义侵华资料长编——〈大本营陆军部〉摘译》中册，天津市政协编译委员会译，四川人民出版社 1987 年版，第 227 页。

**2.** 日本防卫厅战史室编：《华北治安战》（下），天津市政协编译组译，天津人民出版社 1982 年版，第 101 页。

**3.** 日本防卫厅战史室编：《华北治安战》（下），天津市政协编译组译，天津人民出版社 1982 年版，第 93 页。

**4.** 日本防卫厅战史室编：《华北治安战》（下），天津市政协编译组译，天津人民出版社 1982 年版，第 92—93 页。

**5.** 日本防卫厅战史室编：《华北治安战》（下），天津市政协编译组译，天津人民出版社 1982 年版，第 93—94 页。

**6.** 日本防卫厅战史室编：《华北治安战》（下），天津市政协编译组译，天津人民出版社 1982 年版，第 95 页。

**7.** 日本防卫厅战史室编：《日本军国主义侵华资料长编——〈大本营陆军部〉摘译》中册，天津市政协编译委员会译，四川人民出版社 1987 年版，第 363 页。

**8.** 日本防卫厅战史室编：《华北治安战》（下），天津市政协编译组译，天津人民出版社 1982 年版，第 194—195 页。

**9.** 日本防卫厅战史室编：《华北治安战》（下），天津市政协编译组译，天津人民出版社 1982 年版，第 195 页。

**10.** 日本防卫厅战史室编：《日本军国主义侵华资料长编——〈大本营陆军部〉摘译》中册，天津市政协编译委员会译，四川人民出版社 1987 年版，第 551 页。

**11.** 日本防卫厅战史室编：《华北治安战》（下），天津市政协编译组译，天津人民出版社 1982 年版，第 197 页。

**12.** 日本防卫厅战史室编:《华北治安战》(下),天津市政协编译组译,天津人民出版社 1982 年版,第 271 页。

**13.** 日本防卫厅战史室编:《华北治安战》(下),天津市政协编译组译,天津人民出版社 1982 年版,第 274 页。

**14.** 日本防卫厅战史室编:《华北治安战》(下),天津市政协编译组译,天津人民出版社 1982 年版,第 284—285 页。

**15.** 毛泽东:《第二次世界大战的转折点》,见《毛泽东选集》第三卷,人民出版社 1991 年版,第 888 页。

**16.** 毛泽东:《第二次世界大战的转折点》,见《毛泽东选集》第三卷,人民出版社 1991 年版,第 888 页。

**17.** 中国政府,指汪精卫伪国民政府。

**18.** 日本防卫厅战史室编:《华北治安战》(下),天津市政协编译组译,天津人民出版社 1982 年版,第 280—281 页。

**19.** 日本防卫厅战史室编:《日本军国主义侵华资料长编——〈大本营陆军部〉摘译》中册,天津市政协编译委员会译,四川人民出版社 1987 年版,第 767 页。

**20.** 日本防卫厅战史室编:《华北治安战》(下),天津市政协编译组译,天津人民出版社 1982 年版,第 97 页。

**21.** 日本防卫厅战史室编:《华北治安战》(下),天津市政协编译组译,天津人民出版社 1982 年版,第 97—98 页。

**22.** 毛泽东:《学习和时局》,见《毛泽东选集》第三卷,人民出版社 1991 年版,第 941—944 页。

**23.** 毛泽东:《论政策》,见《毛泽东选集》第二卷,人民出版社 1991 年版,第 768 页。

**24.** 中共中央文献研究室编:《毛泽东年谱(一八九三——一九四九)》(修订本)中卷,中央文献出版社 2013 年版,第 396 页。

**25.** 中共中央文献研究室编:《毛泽东年谱(一八九三——一九四九)》(修订本)中卷,中央文献出版社 2013 年版,第 464 页。

**26.**《中共中央政治局关于减租生产拥政爱民及宣传十大政策的指示》,1943 年 10 月 1 日,中共中央文献研究室、中央档案馆编:《建党以来重要文献选编(1921—1949)》第 20 册,中央文献出版社 2011 年版,第 585 页。

**27.** 毛泽东:《一个极其重要的政策》,《毛泽东选集》第三卷,人民出版社 1991 年版,第 880 页。

**28.**《中共中央北方局关于华北敌后抗日根据地一九四三年工作方针的指示》,1942 年 12 月 23 日,见中国人民解放军历史资料丛书编审委员会编:《八路军·文献》,解放军出版社 1994 年版,第 876 页。

**29.**《八路军野战政治部关于一九四三年政治工作方针的指示》，1943 年 1 月 8 日，见中国人民解放军历史资料丛书编审委员会编：《八路军·文献》，解放军出版社 1994 年版，第884 页。

**30.**《毛泽东关于新四军的行动总方针复陈毅、饶漱石电》，1943 年 1 月 5 日，见中国抗日战争军事史料丛书编审委员会编：《新四军·文献》（8），解放军出版社 2016 年版，第 263 页。

**31.**《毛泽东关于战后形势和当前的中心任务致彭德怀电》，1943 年 1 月 25 日，见中国人民解放军历史资料丛书编审委员会编：《八路军·文献》，解放军出版社 1994 年版，第 894—895 页。

**32.**《毛泽东对国民党现状分析及今后工作方针致彭德怀电》，1943 年 6 月 1 日，见中国人民解放军历史资料丛书编审委员会编：《八路军·文献》，解放军出版社 1994 年版，第 920—921 页。

**33.**《中共中央为抗战六周年纪念宣言》，1943 年 7 月 2 日，见中国人民解放军历史资料丛书编审委员会编：《八路军·文献》，解放军出版社 1994 年版，第 924—932 页。

# 参考文献

1. 中国抗日战争军事史料丛书编审委员会编：《新四军·文献》（1），解放军出版社 2015 年版。

2. 中国抗日战争军事史料丛书编审委员会编：《新四军·文献》（2），解放军出版社 2015 年版。

3. 中国抗日战争军事史料丛书编审委员会编：《新四军·文献》（3），解放军出版社 2015 年版。

4. 中国抗日战争军事史料丛书编审委员会编：《新四军·文献》（4），解放军出版社 2015 年版。

5. 中国抗日战争军事史料丛书编审委员会编：《新四军·文献》（5），解放军出版社 2015 年版。

6. 中国抗日战争军事史料丛书编审委员会编：《新四军·文献》（7），解放军出版社 2016 年版。

7. 中国抗日战争军事史料丛书编审委员会编：《新四军·文献》（8），解放军出版社 2016 年版。

8. 中国抗日战争军事史料丛书编审委员会编：《新四军·文献》（9），解放军出版社 2016 年版。

9. 中国抗日战争军事史料丛书编审委员会编：《新四军·回忆史料》（3），解放军出版社 2015 年版。

10. 中国抗日战争军事史料丛书编审委员会编：《新四军·回忆史料》（4），解放军出版社 2015 年版。

11. 中国抗日战争军事史料丛书编审委员会编：《新四军·回忆史料》（5），解放军出版社 2015 年版。

12. 中国抗日战争军事史料丛书编审委员会编：《新四军·参考资料》（5），解放军出版社 2015 年版。

13. 中国抗日战争军事史料丛书编审委员会编：《新四军·参考资料》（7），解放军出版社 2015 年版。

14. 中国抗日战争军事史料丛书编审委员会编：《新四军·参考资料》（8），解放军出版社 2015 年版。

15. 中国抗日战争军事史料丛书编审委员会编：《新四军·参考资料》（9），解放军出版社 2015 年版。

16. 中国抗日战争军事史料丛书编审委员会编：《八路军·回忆史料》（5），解放军出版社 2015 年版。

17. 中国抗日战争军事史料丛书编审委员会编：《八路军·回忆史料》（6），解放军出版社 2015 年版。

18. 中国抗日战争军事史料丛书编审委员会编：《八路军·回忆史料》（7），解放军出版社 2015 年版。

19. 中国人民解放军历史资料丛书编审委员会编：《八路军·文献》，解放军出版社 1994 年版。

20. 中国抗日战争军事史料丛书编审委员会编：《华南人民抗日游击队·文献》（1），解放军出版社 2015 年版。

21.《毛泽东选集》第二卷，人民出版社 1991 年版。

22.《毛泽东选集》第三卷，人民出版社 1991 年版。

23.《毛泽东军事文集》第二卷，军事科学出版社、中央文献出版社 1993 年版。

24.《彭德怀军事文选》，中央文献出版社 1988 年版。

25.《刘伯承军事文选》，解放军出版社 1992 年版。

26. 《罗荣桓军事文选》，解放军出版社 1997 年版。

27. 《彭雪枫军事文选》，解放军出版社 1997 年版。

28. 林颖编：《彭雪枫家书》，文物出版社 1985 年版。

29. 《粟裕论苏中抗战》，江苏人民出版社 1993 年版。

30. 《周恩来选集》上卷，人民出版社 1980 年版。

31. 中共中央文献研究室编：《毛泽东年谱（一八九三——一九四九）》（修订本）中卷，中央文献出版社 1993 年版。

32. 中共中央文献研究室编：《周恩来年谱（一八九八——一九四九）》（修订本），中央文献出版社 1998 年版。

33. 中共中央文献研究室编：《刘少奇年谱（一八九八——一九六九）》上卷，中央文献出版社 1996 年版。

34. 刘树发主编：《陈毅年谱》，人民出版社 1995 年版。

35. 《刘伯承传》编写组：《刘伯承传》，当代中国出版社 2015 年版。

36. 《罗荣桓传》编写组：《罗荣桓传》，当代中国出版社 2015 年版。

37. 《贺龙传》编写组：《贺龙传》，当代中国出版社 2015 年版。

38. 《陈毅传》编写组：《陈毅传》，当代中国出版社 2015 年版。

39. 《李先念传》编写组：《李先念传（1909—1949）》，中央文献出版社 2009 年版。

40. 中共中央文献研究室编：《刘少奇传》上册，中央文献出版社 2011 年版。

41. 东方鹤：《张爱萍传》上卷，人民出版社 2000 年版。

42. 《中共中央文件选集》第 13 册，中共中央党校出版社 1991 年版。

43. 《中共党史参考资料》（四），人民出版社 1979 年版。

44. 《管文蔚回忆录续编》，人民出版社 1988 年版。

45. 《李一氓回忆录》，人民出版社 2001 年版。

46. 《曾生回忆录》，解放军出版社 1992 年版。

47. 王作尧：《东纵一叶》，广东人民出版社 1983 年版。

48.谢立全：《珠江怒潮》，广东人民出版社1961年版。

49.《琼岛烽烟——琼崖纵队副司令员庄田将军回忆录》，广东人民出版社2009年版。

50.吕正操：《冀中回忆录》，解放军出版社1988年版。

51.李达：《抗日战争中的八路军一二九师》，人民出版社1985年版。

52.《追忆与思考：江华回忆录》，浙江人民出版社1991年版。

53.《许世友回忆录》，解放军出版社2005年版。

54.《聂荣臻回忆录》，解放军出版社1986年版。

55.《张震回忆录》（上），解放军出版社2003年版。

56.《叶飞回忆录》，解放军出版社1988年版。

57.《李德生回忆录》，解放军出版社1997年版。

58.《战斗在鄂豫边区》，湖北人民出版社1984年版。

59.《任质斌在中原八年》，湖北人民出版社1998年版。

60.中共广东省委党史资料征集委员会等编：《琼崖抗日斗争史料选编》，广东省内部刊物，1986年。

61.《浙东抗日根据地》，中共党史资料出版社1987年版。

62.《八路军总部在麻田》，山西人民出版社1990年版。

63.《皖南事变》编纂委员会编：《皖南事变》，中共党史出版社1990年版。

64.《皖南事变》（资料选辑），中共中央党校出版社1982年版。

65.《皖南事变回忆录》，安徽人民出版社、上海人民出版社1983年版。

66.《皖南事变文电选编（国民党部分）》，安徽省档案馆，1985年。

67.《皖南事变资料选》，上海人民出版社1983年版。

68.《纪念皖南事变50周年专辑》，同济大学出版社1990年版。

69.张鼎丞、邓子恢等：《星火燎原》第六集，解放军出版社1997年版。

70.蒋纬国主编：《抗日御侮》第九卷，中国台湾黎明文化事业公司1979年版。

71.中共南通市委党史办公室编：《苏中四分区反"清乡"斗争》，江苏人民出版社 1985 年版。

72.中国人民军事革命博物馆编：《彭德怀元帅丰碑永存》，上海人民出版社 1985 年版。

73.黄秋耘等：《秘密大营救》，解放军出版社 1986 年版。

74.曾生等：《东江星火》，广东人民出版社 1983 年版。

75.中共河北省党委研究室编：《冀中历史文献选编》（上），中共党史出版社 1994 年版。

76.冀中人民抗日斗争史资料研究会编：《冀中人民抗日斗争文集》第 5 卷，航空工业出版社 2015 年版。

77.冀中人民抗日斗争史资料研究会编：《冀中人民抗日斗争文集》第 9 卷，航空工业出版社 2015 年版。

78.山西省档案馆编：《太行党史资料汇编》第三卷，山西人民出版社 1989 年版。

79.日本防卫厅防卫研究所战史室编：《中国事变陆军作战史》第三卷第二分册，田琪之、齐福霖译，中华书局 1983 年版。

80.日本防卫厅战史室编：《日本军国主义侵华资料长编——〈大本营陆军部〉摘译》中册，天津市政协编译委员会译，四川人民出版社 1987 年版。

81.日本防卫厅战史室编：《华北治安战》（上、下），天津市政协编译组译，天津人民出版社 1982 年版。

82.[日] 稻叶正夫编：《冈村宁次回忆录》，天津市政协编译委员会译，中华书局 1981 年版。

83.[日] 远山茂树等：《昭和史》，吴文译，生活·读书·新知三联书店 1958 年版。

84.[苏] 瓦·崔可夫：《在华使命》，万成才译，新华出版社 1983 年版。

85.[苏] 季米特洛夫：《季米特洛夫日记选编》，马细谱等译，广西师范大学出版社 2002 年版。

　　86.杨云若:《共产国际和中国革命关系纪事》,中国社会科学出版社 1983 年版。

　　87.中国新四军和华中抗日根据地研究会编:《新四军的组建与发展》,中共党史出版社 2019 年版。

　　88.郭汝瑰、黄玉章主编:《中国抗日战争正面战场作战记》,江苏人民出版社 2002 年版。

　　89.陈汉平编注:《抗战诗史》,团结出版社 1995 年版。

总　策　划：蒋茂凝

策划编辑：曹　春

责任编辑：曹　春　许运娜

封面题字：李向东

装帧设计：汪　莹

**图书在版编目（CIP）数据**

抗日战争．艰苦奋战：1941 年 1 月—1943 年 6 月 ／
《人民军队征战丛书》编写委员会编；郭辉，赵南迪编著．
北京 ：人民出版社，2025.8（2025.10 重印）. --（人民军队征战丛书）．
ISBN 978 - 7 - 01 - 027510 - 9

　I . K265.06

中国国家版本馆 CIP 数据核字第 2025T798X3 号

抗日战争　艰苦奋战

KANGRIZHANZHENG JIANKU FENZHAN

1941 年 1 月—1943 年 6 月

《人民军队征战丛书》编写委员会　编

郭　辉　赵南迪　编著

**人民出版社** 出版发行

（100706　北京市东城区隆福寺街 99 号）

北京汇林印务有限公司印刷　新华书店经销

2025 年 8 月第 1 版　2025 年 10 月北京第 2 次印刷
开本：710 毫米 ×1000 毫米 1/16　印张：39.25
字数：538 千字

ISBN 978 - 7 - 01 - 027510 - 9　定价：158.00 元

邮购地址 100706　北京市东城区隆福寺街 99 号
人民东方图书销售中心　电话（010）65250042　65289539